圣人可汗

隋文帝

刘乐土◎著　　上册　　中国铁道出版社有限公司
CHINA RAILWAY PUBLISHING HOUSE CO., LTD.

图书在版编目（CIP）数据

圣人可汗：隋文帝：全2册 / 刘乐土著. —北京：
中国铁道出版社，2017.3（2021.9重印）
（中国历代风云人物）
ISBN 978-7-113-22618-3

Ⅰ.①圣… Ⅱ.①刘… Ⅲ.①杨坚（541－604）–
传记 Ⅳ.①K827=41

中国版本图书馆CIP数据核字（2016）第308034号

书　　名：圣人可汗：隋文帝
作　　者：刘乐土

责任编辑：田　军　　　　　电　　话：（010）51873012
编辑助理：奚　源　　　　　电子邮箱：tiedaolt@163.com
封面设计：MXK DESIGN STUDIO
责任印制：赵星辰

出版发行：中国铁道出版社有限公司　　（北京市西城区右安门西街8号　邮编100054）
印　　刷：三河市燕春印务有限公司
版　　次：2017年3月第1版　2021年9月第2次印刷
开　　本：787mm×1092mm　1/16　印张：34　字数：648千字
书　　号：ISBN 978-7-113-22618-3
定　　价：85.00元（全二册）

目 录

【第一回】

荐英武圆通传信，讨昏聩奉忠拟檄

日落时分，巍峨苍翠的凌岩山笼罩在一片迷蒙的暮色里。这是一处福地洞天，远看群山丹崖，直指天际，青山披翠，万壑流泉。驻足山麓，只见巉岩林立，松柏森森，时有山鹰翱翔，白鹤清唳。

凌岩峰下的五斗坪上，一位敝衣跣足的僧人伫立在破败的静慧寺前，僧人苍然古貌、酡颜白眉、银须飘飘，颇有神游八极之表。

长满青苔的山门上巨大的匾额依稀可辨"敕造静慧寺"的字样。释迦牟尼的法身上爬满了枯藤，长满了荆棘，满眼是断臂的金刚、无头的罗汉。

山风呼啸，隐约传来一阵歌声，这声音苍劲而自然，略带有一种禅音道情。

歌声渐近，来者是一位年轻樵夫，身材魁伟，双目有神，眉宇间透出一股英武之气，身着皂色衣裤，足踏一双草履。他猛然发现废墟前伫立着一位老和尚，先是一惊，继而上前施礼问候："大师何来？"

老僧合掌回礼："老衲云游天下，今日至此瞻仰瞻仰！"回答字字铿锵、声震林岳。

"天色已晚，长老请随我到村里用斋借宿，如何？我们李家堡向来重佛礼道，大师必受欢迎。"

"恭敬不如从命。"

两人一前一后行走在荒野小道上，心下各自都感到颇有几分缘分。

"施主贵庚？可曾闻得这古寺的来历？"长老合掌而问。

"晚生今年二十一，名唤三虎，"青年将柴担换一个肩，继续道，"听我爷爷讲，这寺大概有三四百年了，据说是西晋的什么皇帝下令修造的，还听说在北魏时就被烧毁了。"

"不错！静慧寺乃西晋武帝时建造，当时寺院宏伟、众僧云集，终年香火不断，远近闻名。可惜太武帝一纸诏书，诛杀天下僧人，焚烧经书，捣毁佛像。一座名刹就这样顷刻间灰飞烟灭了。唉！"

长老一声长叹，眼前仿佛又浮现出那悲惨的一幕：如林的官兵手执长戈蜂拥而至，几百名老少僧众像牲口一样被驱赶到大雄宝殿内，一阵冲天的火光淹没了撕心裂肺的哭喊声……

老僧还清晰地记得，当时自己正在凌岩峰上采药，目睹了这里发生的一切惨剧。作为全寺唯一的幸存者，他后来远走他乡，隐居于荒山野岭，朝夕与山林泉石为伴。屈指算来，已一百余年了。

李家堡距离静慧寺八九里山路，他们走到村口时，已繁星满天。老僧凝视着夜空下的深垫高墙，不禁百感交集：一百多年了，山乡依旧，但自己已是银须华发了，总算又回到了故里！

李家堡是一个颇具规模的大庄院，依山建在一个山坳里，周围四个山头相拥，只有一面开阔，周遭筑有三丈来高的寨墙，二丈来宽的护城河环墙而过，俨然一座大城堡。的确是地势险要，易守难攻。

这种坞堡在南北朝时期的北方相当普遍。由于长期混战、攻伐频繁，百姓们纷纷依附于高门大户建堡自保，小者几百户，多者上千户，堡主往往是同族或当地的豪强乡绅，堡中人家多是聚族而居。相邻坞堡又多联姻结盟，以求互助。

在年轻樵夫的引领下，他们过了护村桥，进入山村。此时正是掌灯时分，石板铺就的村路两旁散落着低矮的茅草屋，从简陋的房门里漏出的一条条昏暗的光线，照着脚下坎坷的小道。

左右拐了几个弯，来到一个不大的院落前，行至院内，小伙子放下柴担，兴奋地喊道："爹，来客人啦。"

"谁来了，三虎？"

随着声音，从屋里走出一位鬓发斑白、腰背微驼的老汉，他来到老僧跟前端详了一下，和气地道："啊，是位长老呀，请进来吧！"

刚一坐下，老僧便道："老衲今天一来为化斋借宿，二来是为寻亲。我有一侄名唤李来贵，就住在这个村上，算起来有许多年了。"

老汉先是一怔，继而又面带敬慕之色道："活神仙！活神仙哪！不然怎么还记得我百年前的老祖上呢？您老人家怕是已有百余高龄了吧！"

"阿弥陀佛！"老僧双手合十道，"聚散随缘！今日在山上偶遇三虎，直觉告诉我此乃吾李家之根，果不其然。今日来此老宅，特地来探视家族中人。现在朝廷乃随国公杨坚主政，已经放开了禁令，大兴佛事。想必不久静慧寺院就要重建了，阿弥陀佛！"

听罢，老汉和三虎扑通就跪将下来："晚辈李成、李三虎给老祖宗请安。"

原来这位老僧就是前朝名僧——名法师。他自幼生长在李家堡，七岁时因家贫被父母舍到寺中做了个小沙弥，从此与家里少有往来。他聪颖好学，悟性极高，且一心向佛，终日潜心修炼，成为主持长老的得意弟子。后虽隐居深山，但仍和其他僧尼一起继续苦苦修行，成为法力深厚的世外高僧。他所修炼的禅功已登峰造极，能够延年益寿也就不足为怪了。多少年来，他一直有个心愿，就是要重修静慧寺，前几日得知大周朝的随国公大崇释氏，意欲恢复天下所废寺院，才从秦岭大山中匆匆赶回故土，没曾想，一回来就遇到了自己的后嗣，这岂不是天缘！佛教当兴，天下将一统。一名法师预料今后天下将从大乱走向大治，从分裂走向统一。

然万里锦绣江山，到底谁主沉浮？

推崇佛教的随国公杨坚，时任北周左大丞相，节制百官，此君长相特异，气度不凡，兼宽厚儒雅，文韬武略，众望所归若水流大海。

是啊，大乱思治世乃人之常情。

遥想西晋末年，无数百姓流离失所，西晋王朝也终于走到了尽头。短期的统一又重新走向了分裂。江南司马睿在建康建立了东晋；北方各族首领互相混战，在短短一百二十多年里先后建立了大大小小的国家二十多个，主要的有十五个，加上西南的成汉，人称十六国。直到北魏统一北方。

几百年来，华夏大地兵连祸接，只杀得"白骨露于野，千里无鸡鸣"。士农工商人心思和，祈盼着圣君明主一统天下，从此永不闻刀兵之声。

仅李家堡一村，百十年间就有上千人死于兵祸，几百个妇女被掳或被奸杀。北周初年，周齐大战，北齐败兵几千人攻破了寨子，开始了野蛮的奸淫烧杀。败兵走后，幸存的人们冒着满村的余烟找寻亲人时，满目凄凉惨不忍睹：砍掉头颅、挑断肚肠的男尸，全身赤裸的女尸，脑浆迸裂的婴儿……

李成父子四人恰巧外出，才幸免于难，可怜老伴横尸村口，十六岁的女儿下落不明。为此，李成病倒了几个月，发誓要报此血海深仇。他督促三个儿子跟族叔李季苦练武艺，为的是将来讨还血债。后来大虎、二虎随周武帝两伐北齐，南下伐陈，虽然先后战死，但李成认为死得其所。

一名法师听完李成的诉说，猛然立起，在屋内转了两圈，转身对三虎道："本想度你出家，但你俗缘未尽，须得先做一番大事业，二十年后功成圆满再随我修行。"顿了顿，再道，"你要成功名，须得先找到随国公。我师妹的徒儿智仙曾抚养随国公十三年，于他有恩，你可持我交于你的信物，去找智仙师太，由她引荐，定能成功。"

李三虎带着祖公的信物——一只精巧的玉如意和亲笔书信，带着少年郎建功立业的豪情，策马往长安奔去。

智仙师太是个什么样的人呢？随国公杨坚又将怎样安置自己呢？一路上，这两个简单而又复杂的问题在三虎的脑海里转了无数次。

智仙，俗姓刘，是北齐宗室女，随母姓，文宣帝高洋的亲侄女。文宣帝高洋性情残忍，是一个荒淫成性的皇帝。一天晚上酒酣耳热之际，忽然心血来潮，带着几十名亲信随从闯入其嫂嫂文襄皇后宫中。

高洋早就对美艳绝伦的寡嫂垂涎三尺，只是不得其便。那晚，文襄皇后轻衣淡妆后正和十四岁的女儿在灯下谈论着刚刚学过的《礼记》，高洋突然驾到，娘儿俩忙跪下接驾，高洋瞪着通红的大眼珠子色迷迷地在母女俩的脸上扫来扫去，母女俩羞涩地低下了粉脸。突然，高洋狂笑不已："朕以为今天只能吃到一块鲜肉，没想到又送来一块嫩肉！"

言毕，托起小侄女的下巴，望着她娇艳的粉腮，故作柔情地低声说："怎样？解衣伺候吧！"

文襄皇后惊呆了。她知道高洋不是个好东西，在后宫干了不少荒唐事，连太后也不放在眼里，但万万没有想到他竟会下流无耻到毫无人伦的地步。她们毕竟是他的亲嫂子、亲侄女啊！情急中，她只有咚咚地拼命磕头。

"皇上，皇上，不可以啊！她是您的亲侄女，才十四岁啊。皇上，请您看在列祖列宗的分上，饶了这可怜的孩子吧，皇上，文襄给您磕头，给您磕头了……"

高洋蹙紧了眉头，一甩袖子，恶狠狠地说："你敢坏了朕的兴致？"又转身吩咐，"传令下去，京城所有高氏妇女，连夜火速赶到文襄皇后宫中，不得有误，违者立斩！"

不一时，高氏家族的妇女们全陆续赶来了。她们尚不明白宫中到底发生了什么事。当她们看到文襄皇后满头是血，却仍不住地给皇帝磕头请求饶恕，而单薄的小公主跪在一旁瑟瑟发抖时，都面面相觑，心下已明白了几分。

高洋的狂暴还没结束，他命所有在场妇女全部脱去衣服，不从者就地处死。

此时，在他眼里，已没有亲疏、没有长幼、没有尊卑，剩下的只有人欲，只有男人和女人，什么王妃、什么命妇、什么公主，全成了他泄欲的工具了。

经过这次毫无人性的"洗劫"，文襄皇后疯了，十四岁的公主也几欲死去，是老太后整日看守着她，劝住了她。从此，她也就心如死灰，抛却了尘念。半年后，削发为尼。入庵后，师从慧明师太，被赐法号"智仙"，心地平静地开始了青灯黄卷、脱胎换骨的漫长生涯。博大精深的佛理开启了她的心智，她以独有的悟性，研习佛法精妙。一日，她幡然大悟，遂得佛法真谛，之后云游四方。抚养杨坚，那是后话。

李三虎在路上行了非止一日，最后风尘仆仆地来到了帝都长安。按照祖公吩咐，先去拜望智仙师太。智仙师太此时在长安城外的水静庵中修行，是此庵的主持。跟着小尼姑，三虎来到了智仙师太的轩堂。

智仙师太虽已年过五十，但岁月风尘似乎没在她脸上留下多少痕迹，人们依然可以领略到她年轻时的风采，她那沉静而恬淡的面容，令人肃然起敬。

"老尼现在可为你写书信一封，举荐你去找随国公，那里正是用人之际。"

谢过智仙师太，三虎拿着书信便登程赶路，不一日来到长安城里。帝都确实与别处不同，只见华厦林立，物阜人丰，热闹非凡。三虎无心观赏，问明了丞相府的去处，就匆匆赶了过去。

丞相府又与别的官衙不同，轩昂壮丽、气派非凡。巨大的朱红大门镶嵌着碗口大的铜钉，大门两侧雄踞着两对高大的石狮，两列士兵，手持长枪威风而立。三虎整了整衣冠，趋前问讯。

听说是来找丞相，队列中走出一位军官模样的人来，问明了情况，亲自带领三虎来拜见管家。管家是个细眉大眼的白发长者，他先上下打量一番三虎，接着询问了三虎的家中情况，然后又利索地展信细读。当他得知三虎是智仙师太所荐，立刻满脸堆笑，吩咐看茶备饭并亲自陪坐小酌，席间攀谈甚是投机。管家姓杨名顺，是杨坚之父杨忠遗下的老家奴，几十年来忠心耿耿，鞍前马后地伺候着杨家两代，深得杨坚的信任和尊敬，因而对杨家的亲朋故友也特别熟悉。智仙师太对杨坚有养育之恩，杨坚对师太也十分尊敬，这一点杨顺自然清楚，再者值得智仙师太引荐之人，必然不凡，杨坚也一定会委以重任，所以杨顺对三虎也格外殷勤。

饭罢，杨顺安排三虎去见杨坚之妻独孤夫人，并特意嘱咐了注意事项。这工夫早有人通报了夫人。

他们沿着游廊穿过两座小巧的木桥，来到了后宅。这儿院子不大，三间正房，两侧各有两间厢房，看上去普普通通，和李家堡的堡长家差不多。正房门外两个值日的丫环见有人到，赶紧进去禀报，杨顺引着三虎来到了客厅，落座后，三虎扫了几眼室内陈设，除了几件必备的家具外，并无太多摆设。

不一会儿，独孤夫人在两个丫环的陪伴下从里间缓缓走了出来。夫人身着半旧的衣裙，慈眉善目，和颜悦色，全没有诰命夫人的倨傲。

三虎起身叙礼已毕，管家呈上智仙师太的书函。

夫人看完后笑着说："既是师太引荐的人才，必然错不了，但不知你擅长什么？"

"蒙夫人垂问，三虎自幼习武，长拳短打，马上步下都识得一二，尤其擅长硬功，对兵书战策也略知几分。"

夫人乃将门之后，对此并不陌生。

"好啊，现在国家正值危难之秋，正需要为国出力的将才，你来得正好，随公一定会高兴的。"又转过来问道，"管家，老爷还没回府吗？"

"大概快了，已经派人去候着了。"

"你先把三虎安顿好。他这一路必然辛苦，要好好休息一宿。"

次日，天刚蒙蒙亮，三虎就早早起来练功了，这是多年养成的习惯。他先打了一套李家拳，这套拳法依五行相生相克的原理，刚柔并济，变化多端。练完套拳，三虎又手持长棍，舞了一套棍棒三十六式，这也是师父李季首创的，实用性很强。运一口丹田气，棍棒所指，鬼神难逃，舞到精彩处，只见周身被棍棒所绕，似有千百条棍子在旋转。

这一套表演，早被立在远处的杨坚瞧在眼里，只是不忍打断。三虎刚一收势，一旁伺候的小童忙上前告诉他丞相来了，三虎顿时又惊又喜，急忙随小童来见杨坚。

其实，杨坚到此也并非完全是为了三虎，他本来就有早起的习惯，这还是他在寺院中养成的，多年来一直如此。昨晚回来后，独孤夫人就向他禀明了三虎的到来，杨坚也想见一见。准备早饭后安排个时间，召见这位后生，不想在此遇见了练武的三虎。三虎不凡的武艺让杨坚着实高兴，现在又见三虎的形貌，更是满意。三虎八尺有余的身材，往那儿一立，如一尊山神，威武中透出一股儒雅之气。

三虎对杨坚渴慕已久，今日得仰尊颜，兴奋之情，无以言表。杨坚身躯伟岸、美髯飘拂、目光深邃，气度不俗。三虎趋前执礼相见，杨坚以手相挽，边走边问了些智仙师太的近况及一名法师的消息。当下便安排三虎为护卫，负责相府安全，并赐名李圆通。

此时的杨坚，担任左丞相尚不盈月，人事安排刚刚敲定。

杨坚任命郑译为丞相府长史、内史上大夫，刘昉为丞相府司马。此二人皆是杨坚在太学时的同学、宫中的朋友，积极支持杨坚主政，是杨坚入主丞相府的主要策划者。任命原内史上士李德林为丞相府掾属，负责处理日常军机要务，命心腹高颎为丞相府司录。李德林原为北齐通直散骑常侍兼中书侍郎，文典机要，且与名士颜之推同判文林馆事，是名满天下的文人才子。齐亡后，为周武帝所用，授内史上士。

时移势迁，周宣帝任用佞幸，李德林英雄无用武之地，常叹时乖命蹇，期盼时来运转。其时，经杨惠——杨坚的侄子牵线搭桥，才使他能够一展才学，施展抱负。高颎与杨坚夫人独孤氏交往甚厚，精明强干，智勇双全，甘冒灭族之风险支持杨坚。这两位奇才在杨坚辅政之初，一外一内，一武一文，成为杨坚的得力助手。

另外，他任用堂弟杨弘、侄姐夫窦荣定领"左右宫伯"，任妹夫李礼成为上大将军、司武上大夫等。这样以自己的亲属故旧控制京中部队和都城官府；加上李德林、高颎甘心入主相府府属，郑译和刘昉等人掌握中枢部门，京师大局已牢牢控制于杨坚之手。一个月来杨坚宵衣旰食，人虽瘦了一圈，但自己的辅政地位却大大巩固了。

这一不菲成绩的取得一部分应归于夫人独孤氏，在这多事之秋，他庆幸自己获得了夫人的巨大帮助，她的智慧与干练，杨坚深为叹服。每每想到夫人，杨坚心里就涌起阵阵暖意，他为拥有如此聪明能干的夫人而自豪。

独孤氏是他父亲的老上司上柱国大司马独孤信最疼爱的女儿，被父亲视为掌上明珠而呵护有加。杨坚非凡的仪表吸引了独孤信挑剔的目光，几经考验，独孤信决定把十四岁的独孤伽罗嫁给杨坚。

婚后的伽罗，持家、育儿、相夫、伺候公婆，和杨坚同甘苦共患难，彼此相亲相爱。特别让杨坚佩服的是她既是贤惠的女人，又是女中豪杰。

婚后最初的几年里，杨坚是在幸福和惶恐中度过的。

557年初，恭帝禅位于孝闵帝，北周代西魏。九月，孝闵帝被权臣宇文护废杀，明帝即位，杨坚被任命为右小宫伯，晋封为大兴郡公。宫伯掌管皇宫宿卫，右小宫伯为副职。在此之前，杨坚已被授予散骑常侍、东骑大将军仪同三司的勋衔，封成纪县公。

明帝虽然即位，但皇权旁落，掌权的仍是宇文护。

宇文护是宇文泰的侄儿，曾随宇文泰参加过西魏建立初年的历次战役，有勇有谋，颇有政治头脑。宇文泰是西魏的实际领袖，代魏之心路人皆知，临终前，他托孤于宇文护。

继立的明帝宇文毓是宇文泰的长子，早已成年，又聪明好学，再说又是独孤信的女婿，宇文护始终放心不下。对明帝的监视更甚于孝闵帝。为了避免嫌疑，就连独孤伽罗也少与姐姐往来，虽然姐姐已贵为皇后。

面对这种复杂的政治背景，杨坚的感觉是如履薄冰、如临深渊，这也练就了他眼观六路、耳听八方的政治敏锐和果敢机智的应变能力。

在右小宫伯的位置，做得机灵，上可博得权臣宇文护的赏赏，下可获得众大臣的尊重，跟奴才太监也可处得融融洽洽；而做得呆板，只会吃力不讨好，里外不是人。

这些对于初入仕途的杨坚来说，哪里能体会得到呢？父亲杨忠不仅是员虎将，也是位具有清醒头脑的政治干才。父亲的言传身教使杨坚受益匪浅，但更多的时候，是和夫人独孤氏两人共同探讨。

杨坚夫妇感情诚笃，无所不谈，宫中的风云变幻，杨坚谈得最为细致。

独孤氏提醒杨坚，对左小宫伯——杨坚的顶头上司，要表面上尊敬，凡事多向左小宫伯汇报，请他指教；对下属宫卫，要多体贴，多关怀，在生活上多照顾他们，要突出一个"义"字，宫卫家中发生困难要出钱出人去帮助；对朝中勋臣干才不要得罪他们，要有分寸地尊敬他们；而对皇帝身边、宇文护身边的近臣或耳目，只需同他们发展私人关系，不结伙，不入帮，处事的准则是大事清醒、小事糊涂。特别是同宇文护的关系要格外慎重，既不能亲近他，又不能疏远他，因为此人虽然可以逞雄一时，但处于矛盾的中心，仇家又多，恐难善终，敬而远之乃上上之策。

独孤氏的分析确有见地，杨坚开玩笑地对妻子说："真是英雄所见略同。"后来形势发展，一再证明这种处事策略是完全正确的。

明帝执政期间，杨坚经历了三次生死考验。

孝闵帝死后，太监小九因出力不少而荣升宫中总管，成了宇文护面前的大红人，在宫中权势炙手可热，连明帝也不得不畏惧他三分。

一天午后，他派小太监递给杨坚一封信，信中大意是说对杨坚敬慕已久，想邀杨坚到他府上一叙，届时务请光临。这封信写得软中带硬，着实让杨坚大伤脑筋。

从感情上说，杨坚看不起这种人，卖主求荣，无德无行，怎能与之共事；从理智上讲，这种人是小人得志，如若惹怒了他，他什么事都干得出来。再深一层想，他这样做未必不是奉着宇文护的指示办的，如果是后一种情况，那就更糟，杨坚犹豫不决。

回到家，父亲杨忠当即表示不能去，亲近小九等于明示与众勋臣为敌，因为此人的行径已引起不少老臣的厌恶，夫人的意见亦是如此。只是如何化解这一难题，让人颇费思量。

怎样才能既不引起小九的不满，又能顺利推掉邀请呢？

"你不是说你有个太学同学在宫里很得势吗？"

夫人的一句话提醒了杨坚："对，找郑译去。"

杨坚从心里不喜欢这个老同学，他不但学业疏陋，而且品行不端，是个见利忘义之徒。虽然如此，但毕竟同窗三载，而且郑译对杨坚佩服得五体投地。

"对，让郑译去为我消这个灾！"

杨坚派家人持书信把郑译请到家中，郑译本有意结交杨坚，所以乐意前来。这时，杨坚已装扮得七分病态，他拉着郑译的手，先叙旧情，又谈现在的苦闷，最后说："我实在只是个书呆子。右小宫伯尚且力不从心，常恐有负圣意，有负丞相大人的栽培，哪堪重任呢？你看看我这样子，唉！三天五日便生一场病，可不巧，今天又接到了小九公的请柬。我这个样子，怎么去得了呢？

还请老同学您百忙中为我在小九公面前多谢美意，请他多多包涵。病愈后，杨坚当登门谢罪。"

说毕令家人端上八锭裸金。

"还请老同学代我多多周旋，杨坚感激不尽。"

"客气！客气！老同学相托，我定当效劳。好在我同小九公交往甚厚，这话我一定带到。"

这一次侥幸过关，杨坚有种劫后余生之感。但接踵而至的人祸，几乎使他措手不及。

不知是哪个阴险之徒，向宇文护进言，说杨坚面藏反相。仅这一句话就可置杨坚于死地，那时节，杀人放火犹可赦免，唯有反叛一罪，杀无赦！没有反叛，有反相亦是必死无疑。可怕的是宇文护又将此事禀明了皇上。明帝也是将信将疑，于是暗中派人给杨坚相面。

说来也是天佑杨坚，这两个相面术士都认识杨坚，也曾给杨坚相过面。一个是名满京城的来和，一个是北齐的名士张宾。两人相面后都向明帝和宇文护说明道："此人虽面目清奇，但无大贵之相，也不存反相，将来最多官至大将军，不必太虑。"其实他们中只要一人稍有微词，杨坚顷刻间便会人头落地。

后来来和、张宾两人又暗见杨坚，告之一切，杨坚自然感激不尽。

"大恩不言谢，将来杨某若有出头之日，一定要重谢二位的再生之恩！"

从此以后，杨家上下无不为杨坚捏把汗，不知何时便会祸从天降。

独孤夫人整日焚香祷告，求佛保佑。

时过不久，明帝被宇文护派人鸩杀，凶手是小九。但宇文护贼喊捉贼，下令彻底追查，严惩凶手和玩忽职守的宫女、太监和护卫。一批无辜者被杀，成了替死鬼。杨坚身为右小宫伯，犯有统领失职之罪，难辞其咎，着令斩首。

消息传来，全家震惊，杨母当即昏厥过去。杨忠虽亦悲痛欲绝，却不能出面，如果出面，事情可能会更糟。

这时独孤氏虽也五内俱焚，但情急生智，忽地想起父亲的老部下侯伏侯万寿，侯万寿当年是父亲一手提拔的，虽多年少有走动，但总不至于不念旧恩吧。再说他现在是宇文护的左右手，他的话分量很重。他虽然投靠了宇文护，但那是情不得已，生活所迫。

独孤伽罗马上飞奔至侯万寿处，哭诉着请求他救一救杨坚。

侯万寿听完独孤伽罗的哭诉，二话没说，立即吩咐备马，上马直奔丞相府，他一路飞驰，进到相府，三步并作两步，直趋议事厅。

宇文护正与几个下属商谈议事，见侯万寿急匆匆赶来，忙问何事。侯万寿气喘吁吁地喝了口茶，急切地道："我闻护公要斩杨坚，可有此事？"

"我正有此意。"

"我以为不可。现在新君刚立，宜做安抚，若大开杀戒，恐人心不安。我为君想，当下应免去杨坚死罪，让其感恩戴德，戴罪立功。如此可稳住一大批老臣之心，望丞相三思！"

说完又望了望其他几人。内中一人名刘昉，与杨坚交厚，见侯万寿为杨坚求情，也跟着求情，其他几人亦一齐紧随求情。

宇文护见此情景更坚定了除掉杨坚的决心，心下暗想：连我身边的人都能为他求情，可见此人能量之大，此人绝不能留！但众人面子又不好驳，意欲暂时顺水推舟，日后再图良策。

宇文护稍作沉思，态度忽地来了个一百八十度的大转弯，爽然答应道："诸君既然一致求情，那就免去死罪，但不作惩罚又难向皇上交代，姑且罚他一百大棍。"

行刑时，几个曾被杨坚帮助过的护卫将棍子高高举起，轻轻落下，只听叭叭的响声，实际并没打多重，所以一百大棍下来，并未伤筋动骨，十天以后即可行走如常了。

可杨坚在家一待就是半年多，名为养伤，实为避难。

继位的周武帝宇文邕，是孝闵帝、明帝的皇弟，宇文护继续把持朝政，权势日炽。宇文护见到武帝不行君臣之礼，而以家礼相待，朝内朝外，宇文护一手遮天。

这样，杨忠父子的处境更为艰难了。宇文护故意冷落杨忠，对杨坚更是不信任，杨坚虽已右迁至左小宫伯，但有名无实。

保定三年，杨忠出兵塞北，与突厥合击北齐，兵锋所指，捷报频传，数日连下齐二十余城，兵临晋阳城下，北齐朝野震惊，急派大军驰援晋阳。晋阳乃北齐重镇。杨忠虽兵微将寡，但战绩辉煌，国人皆翘首以望。武帝对此评价甚高。后宇文护率军伐齐时，骁勇善战的杨忠却只能偏师策应。

对此，杨忠倒不以为然，但年轻的杨坚怒火中烧。杨忠反复告诫儿子，要保护好自己，必须要伪装好自己，给人一种淡泊名利、无心政治的印象。

此时的杨坚内心充满了矛盾与迷茫。少年的壮志时时冲击着他，师父的教诲声声激励着他。但眼前，时而是宇文护狡诈而凶狠的面容，时而又是鲜血淋淋的杀人场面。面对高悬在头顶的随时可能落下的屠刀，杨坚苦苦思索着对策。

记得七岁左右时，师太告诉杨坚："你不是凡人，是护法金刚转世，将来是要成就一番事业的，要成为一代天骄，就一定要记住我的话。"这话从此便在杨坚的心里扎下了根。

智仙不仅教习他佛理，传授他佛经，还注重培养他的气质和意志力。师太让他从面壁开始，一练就是半年，直到心如止水，稳坐如佛。冬天，滴水成冰的天气也在院子里跑上一百圈；夏季，烈日当头的时候，还要练习"禅功"。

就这样日复一日，年复一年，几年的工夫一晃就过去了。十来岁的孩子看上去沉稳老练，言行举止中自有一种内在的成熟。

当十三岁的杨坚来到太学，处在一群半大的孩子中间时，立即引来众多复杂的目光：有羡慕的，有友善的，有轻视的，也有嫉妒的……这些孩子们毕竟都出身豪门，对杨坚这种不卑不亢的态度反应很大，杨坚不在乎同学们的议论和态度，依然按照师父和父亲的要求习文练武。

在太学期间，他结识了一批志趣相投的同学。有后来成为其姐夫的窦荣定，成为其妹夫的李礼成，还有后来支持其完成大业的柳裘等人。他们几个常相约至长安郊外踏青赏春，谈古论今，他们也爱在月光皎洁的秋夜饮酒赋诗，尽展才华，有时也骑马驰骋，看山川地理，谈行军布阵，壮怀激烈的神情令人称羡不已。

杨坚在太学的几年里不仅学到了本领，更主要的是结识了一批贵族子弟，为他的帝业的建立奠定了良好的基础。

武帝继位以后，北周国力继续增强，而与此相反，与其相对峙的北齐和陈朝却国势日衰。北周积极调整战略，南御陈军，北伐齐人。

也就是在这种背景下，被搁置多年的杨坚终于获得了升迁的机会，被提升为大将军，赴随州任刺史。

临行前，杨坚与父母洒泪相别。此次之行，因为路途遥远，他没有带上妻子和孩子。杨坚准备在随州安定下来以后，再接他们。独孤氏没有送他，她不忍看丈夫离去的背影，只让长女杨丽华、长子杨勇代母送行。

随州地处偏远，但战略地位十分重要，易守难攻，因此，周、陈两军在此争夺十分激烈。宇文护派亲信宇文直镇守这一带。

杨坚刚到这里，就意外地见到了太学时的同学庞晃。庞晃现在是大司空卫国公宇文直手下的大将军，也是宇文直的亲信。但他并不是死心塌地为宇文直效力，他有自己的主张和处事原则。他对杨坚的印象向来很好，杨坚的到任使他非常高兴。庞晃作为重要官员陪同宇文直盛情款待了杨坚。宇文直虽是宇文护的心腹，但对杨坚并无恶感，甚至对他的才华略有所闻。

出于礼节，宇文直三天后派庞晃回访了杨坚。杨坚设家宴予以招待，席间谈话甚多。

"杨兄此次出任随州刺史，又进位大将军，可喜可贺啊！"

"多蒙皇上错爱、宇文丞相大人栽培，今后还望庞兄多多指点。"杨坚话语平静，面无喜色。

虽然庞晃一再表示出友好，但屡遭厄运的杨坚，心中的坚冰依然冷固，他对庞晃的戒备也不例外，更何况庞晃和宇文护集团的关系很特别。

"杨兄的处境和遭遇小弟也有耳闻，但自古英雄多磨难，兄长吉人天相，自有神灵护佑。我观兄长，日后定有大贵之日！"

"兄弟岂可乱讲，今日虽酒后之语，但若传嚷出去，是要祸及他人的。"

"小弟绝非醉话。当今形势，虽宇文护掌权，但他心狠手辣，杀人太多，已四面树敌，迟早要天降大祸于他。兄长虽暂处下风，怎知不是天意安排？"

杨坚默然无语，他遥望着辽远的星空，心里暗自祈祷："愿佛祖保佑我杨坚成为那颗最亮的星辰！"

庞晃自此与杨坚交往甚密，遂成知己。

一日，两人到山中打猎，时已黄昏，林中森然，蓦然间一道五彩光环现于杨坚头顶上方，庞晃万分激动地告诉杨坚，杨坚先是一惊，继而淡然一笑："一向如此，不然何以有诸多灾难。"

他们返回途中，突然从树林中窜出一只斑斓猛虎，挡住了去路。这一带山高林密，常有猛兽出没。猛虎向着他们长啸一声，围着他们转了三圈，又伏于地上望了一阵，然后纵身一跃，跳入林中不见了踪影。

两人这才回过神来，已是冷汗淋漓。二人虽是武将，但事情毕竟来得突然，让他们措手不及。不过事过之后，两人似乎都心领神会。杨坚更坚定了自己的目标，庞晃也如聆圣音，对杨坚更是俯首帖耳，自此以后便努力奔走于宇文直和杨坚之间。

天和三年春天，一封家信从长安捎来，信中言母亲病危。杨坚刚一读毕，就脸色大变，骤然气绝，吓得臣僚们又是掐人中，又是唤郎中，忙得一团糟。

杨坚醒来后，号啕大哭，只哭得天昏地暗、死去活来，任谁劝也劝不住他。不得已，家人请来了庞晃，庞晃看到杨坚时，见其形容憔悴，两眼红肿，也不禁心酸起来，庞晃待杨坚稍事平静下来，便劝杨坚告假回家侍母。杨坚于是急修两封书信，一封让庞晃转交宇文直，一封派人十万火急送至丞相府。

宇文直也无心挽留杨坚，准其告假，派庞晃代他送行，只说军务繁忙，不得脱身云云，让杨坚保重身体，代他问候老夫人。

庞晃与杨坚虽是同学同僚关系，此时二人交往甚密，庞晃已心属杨坚，遂密约杨坚若起事，当倾力相随。庞晃一直送杨坚至随州地界方回。

杨坚的到来使母亲的病情减轻了许多，杨坚一颗悬着的心也稍稍放了下来。经过一番深思熟虑，杨坚决定请求皇上准许自己留在长安伺候母亲。他深信提倡孝道的皇帝会答应，这样做更可一举三得：一来可以尽孝道；二来深居简出，便于保护自己；三来可以就近观察朝中动静，及时掌握局势的发展，以伺机从中取

圣人可汗：隋文帝

利。这时宇文护正忙于东征事宜，对杨坚的迫害也就暂时放在一边了。

　　残冬，正如这不可逆转的季节一样，朝中的形势发生着微妙的变化。
　　东征由于策划不周导致失败，宇文护为推卸战争责任，罢免了将军主帅侯万寿和侯龙恩的上将军之职，侯氏兄弟遂与宇文护有隙。后来，陈军在沌口大败宇文直之师，宇文直损兵折将，几乎全军覆没，宇文直也受到免职处分。宇文护更是恨铁不成钢，自己的亲信都被委以重任，而如此重要的战事失利却让他大失颜面，他也只好挥泪斩马谡了。从此，宇文护集团的内部矛盾也越来越大了。
　　天和三年，杨忠病故，杨坚按例承袭父爵随国公。
　　庞晃借吊唁之机，又来到杨府与杨坚密谈，这时他也因宇文直事件受到牵连，赋闲在家。作为原宇文护集团的一个重要成员，庞晃深知宇文护的实力和弱点，他向杨坚分析道："现在的宇文护虽貌似强大，但重要的助手已经和他离心离德，宇文护一党渐呈分崩离析之态，尽管他现在仍然八面威风、声势远播，其实是强弩之末势，没有多少实力了。局外人仍以为他的地位坚不可摧，但在我看来，只要两处边境事急，朝中兵力空虚，再联络旧臣内外夹击，里应外合，宇文护的势力顷刻间便可瓦解。宇文护势力一倒，朝廷内缺良臣，外乏猛将，这大周的江山岂不唾手可得！"
　　"即使宇文护势力消除，形势也未必如此发展，庞兄是否真的了解当今圣上？我倒以为当今圣上并非庸碌之辈，也并非心甘情愿做个傀儡皇帝，他这样做完全是迫于无奈，是一种聪明之举，他的忍耐和退让比起他的两位皇兄要高明得多，他成功地麻痹了宇文护，也就基本解除了被废、被杀之虞。我以为宇文护最终要败在宇文邕手中。我们现在不可心急，静观形势发展。当隐则隐，当静则静，我们现在唯一可做的是多结识些有胆识之人，但不要结党，只保持个人关系，这既是安全之策，又是当务之急。"
　　正如杨坚的判断，武帝确是位胸有谋略的智者，多年来韬光养晦、口不言权，唯宇文护之令是从。
　　大概宇文护也以为这位亲手扶起的挂名皇帝永远也不会危及自己的权势和地位了吧，他对武帝的监视也渐渐地松懈下来。武帝登基伊始，他的侍卫和宫中太监几乎全是宇文护精心挑选的，他们定期直接向宇文护报告武帝的全部活动。
　　日复一日、年复一年，报告的内容始终没有变化：早上侍弄侍弄花草，或逗逗那几只黄白相间的鹦鹉，上午到御书房读读书、练练字，下午到周妃或王妃那儿下下棋——但棋艺不精，赢少输多。宇文护也同他对弈过，棋技的确平平。晚上多是观看歌舞，由一群宫女组成的乐队和舞队专门为皇上演出。
　　这样的密报开始倒有些吸引力，可日日如此，宇文护干脆由一日一报改为半月一报，但武帝依旧是那样乐此不倦地单调地生活着，似乎再也没有别的要求和举动。

武帝身边的宫卫和奴仆们也慢慢地同他亲热起来，因为他没有脾气，他们绝不会担心受到斥责或处罚，比起别的宫里的宫女和太监，这似乎是他们前世修来的福。几个宫卫和太监甚至把自己的真实身份和任务也告诉了武帝，但武帝佯装毫不在意。

机会终于来了，天和七年，武帝以迅雷不及掩耳之势成功而出色地发动了一场宫廷政变，诛杀了权臣宇文护，收回了旁落多年的政权。

就在这年仲春，杨坚和庞晃密商通过宇文直向武帝进言，可利用宇文护远在同州（今陕西大荔县）的机会，秘密采取行动。一向对宇文护深为不满的左宫伯中大夫宇文神举，内史下大夫王轨和右侍上士宇文孝伯等十余人，先后秘密聚集起来，经过近一天的商议，初步议定了两条方案：即把宇文护引到京城，趁进宫之机杀掉他；或者是派武林高手埋伏在他回京的途中袭击。

但前者必须要做得不露声色，一如平常，要把宫卫、宦官和宫女中的亲信全部安排妥当，不能有一点异样，否则老奸巨猾的宇文护便会察觉到情况的变化；而后者如果干得干脆，收效会更好，但问题是宇文护警卫森严，出行时，总是前呼后拥，不易接近，而一旦失手，势必打草惊蛇，引起宇文护的警觉与怀疑，反倒不美。

方案由宇文孝伯暗中携带进宫，密报给武帝，武帝看后，终于决定将一个在心中酝酿多年的大胆的计划悄悄进行。

三月十五是皇太后的七十大寿，宇文护提前三天赶到了京城，随他前来的还有一千人马的精锐铁骑，统领是庞晃的磕头把兄弟李勇。

宇文护回京后，首先去了皇宫，一来为拜见皇太后，二来是谒见皇上。

宇文护虽然大权在握，但毕竟是臣子，必要的礼节还是得讲的。武帝见到宇文护，显得十分亲热，嘘寒问暖，无微不至。

忽然武帝话题一转，无不忧虑地道："太后春秋已高，却颇好饮酒，朕虽屡屡进谏，但未蒙垂纳，兄长今日入朝，还望能大驾前往，劝劝母后。"说着从衣袖中取出一纸文稿——谏文《酒诰》。

武帝殷勤地陪同宇文护前往含仁殿谒见皇太后，行过大礼，宇文护果真取出《酒诰》读起来。《酒诰》写得极为真挚，且文字深沉，读来朗朗上口，宇文护读得特别投入，动情处竟有些哽咽。

就在这时，一旁的武帝不动声色地绕到其背后，悄悄于袖中抽出玉梃，突然扬起，猛击宇文护后脑，宇文护完全没有防备，立时倒地。紧接着宇文直从旁边的布幔后"呼"地跃出，举刀便砍，宇文护的脑袋顿时和身子分了家，血流满地。可怜威风一世的宇文护哼都未哼一声，便一命呜呼了。

蒙在鼓里的老太后见到这个场面，登时吓得面色苍白，哆嗦着不敢再看。

在城外军营里，庞晃正与李勇推心置腹地进行长谈，李勇紧锁的眉头渐渐舒展开了。

第二天，艳阳高照，李勇在庞晃的陪同下晋见武帝。武帝神采奕奕，热情地接见了他们，一席话使残存在李勇心里的疑虑全扫光了。武帝加封李勇为大将军。李勇乘兴而来，满意而归，遂率领一千精锐星夜赶回同州。后李勇任同州总管，率军为武帝南征北战，立下汗马功劳，这是后话。

在长安城内，宫卫在宇文神举的率领下，包围了宇文护府，宇文护之子宇文会、宇文至、宇文静、宇文乾嘉、宇文乾基、宇文乾光、宇文乾蔚、宇文乾祖、宇文乾威等对突如其来的政变毫无察觉，一个个都稀里糊涂地搭上了小命。

在皇宫大殿内，被圣旨诱召而来的宇文护的亲信侯龙恩、侯万寿等几十人一入内宫，便被卫兵擒获，即时斩杀。

至此，宇文护集团的骨干分子几乎全部清除，鲜血染红了大殿，污浊的血水从殿内汩汩流向了殿外。外任的一些党羽也同样以各种理由被逐渐招回，一一杀死，一场干净、彻底的政变，在杨坚的秘密导演下成功地闭幕了。

在宫里，王轨与宇文孝伯等紧急起草了声讨宇文护的诏书，准备迅速发往各处，诏书内容大体如下：

朕即帝位以来，已十三年整。十三年来，皆由冢宰把持朝政。冢宰宇文护目无君长，行违臣节，心怀恶毒。且任情诛杀、肆行威福，朋党比肩，贿赂公行。喜爱之人便加以类传，厌恶之族便横加残害。朕的许多施政意图，皆被其肆意抑制而不得实行。正是如此，天下户口锐减，征赋加剧，家家贫穷，户户哀告，民不聊生。如今天下尚未统一，东有高齐、南有陈朝，正需加强武备。而侯龙恩、侯万寿等人，未立军功，先居上将之位，家中高门峻宇，甲第雕墙，实为同恶相济之党徒。如今，朕已肃正刑典，诛除首恶，其余凶党，亦皆伏法。从此维新朝政，与民更始。

结束了宇文护专权的时代，武帝终于实现了朝政的统一。

这是一个新的开始，武帝为了庆祝这一胜利，把这一年改为建德元年，表明他欲推行新政的意志和决心。

结束了宇文护的高压政治，也使杨坚长长地舒了口气，在宇文护被诛当天，他与夫人独孤氏把酒畅饮，这是多年来最高兴、最舒心的一天。他拥着独孤氏，忘情地说：“人逢喜事精神爽，今晚，我们再重温一下新婚之夜的甜美。我的体内正涌动着一股激情，也许我杨坚政治上的春天悄然而至了。”

独孤氏轻点杨坚的脑门，正色道：“你还是把这激情用在治国平天下中去吧，笑到最后才是赢家。"

杨坚的冲动遂而平静下来，拱手道："多谢夫人提醒！"

杨坚密切关注着朝政的变化。

武帝加强了对军队的直接控制。对诸军都督以上将官，亲加慰抚，令不少军官为之感动。后武帝东征，这批人中大都拼死以战，以报皇帝的厚爱。

武帝很注重军队的整训，不仅亲自传授用兵之道，而且频繁进行实战训练，使军队的战斗力大大加强，为今后的统一战争打下了良好的基础。

武帝经过长期总结和思考，对宇文泰所创立的府兵制进行了改造。

西魏时的府兵制，共置二十四府，分属于二十四军，由六大柱国大将军分领，下设十二大将军，宇文泰为最高统帅。杨忠生前就是十二大将军之一。

府兵全部挑选有勇力的农民充当兵士，免除本身的租庸调，平时仍从事生产，只农闲受战阵训练。另立军籍，可以随时调发。这部分力量，成为西魏的主要武力。

经过改造，府兵成为皇帝的侍卫，兵士改称侍官，隶属中央六卫，由皇帝统帅。

武帝同时把大量坞堡村落等豪族武装吸纳为国家军队，既消化了地方闹独立的军事基础，又消除了鲜卑将领对军队的把持。一举多得，杨坚暗暗为之叫绝。

后来，杨坚在开皇之初，便继承了武帝的这一成果，所不同的是，把府兵分隶于十二卫，军人称卫士，户籍改属州县，从事生产，取得了很好的效果，这和对武帝成果的借鉴是分不开的。

武帝的英明像一轮耀眼的太阳，令人眩目，但杨坚的心中却隐隐有着一层淡淡的忧愁。

鉴于宇文护以天官擅权，武帝令其他五府总结天官的历史教训，规定：大冢宰不兼他职，与五卿并列，实际上等于是把军政大权归于皇帝一人，无形中加强了皇帝的政治领导作用。这也是武帝多年来对政坛积弊深思熟虑的结果，是对秦汉政治架构的继承和拓展，反映了他对汉族文化，特别是对儒教精神的偏爱和厚积。

周武帝的一系列改革掀开了北周最辉煌的一页。

南北朝时期，正是我国佛、道大发展时期，尤其是佛教，无论是在北方的黄河流域，还是在南方的长江流域，都得到了广泛的传播。佛寺、庵堂遍布各地，人烟稠密的市镇、人迹罕至的野岭，凡是有人的地方，就能看到佛教徒，仅北周境内，僧寺、尼姑就数以十万计，大批青壮年沉迷于晨钟暮鼓中。

前方需要战士，后方等待着生产，人力吃紧。佛教和道教对蒸蒸日上的周朝产生了巨大的消极影响。武帝不得不借助文化、政治手段进行干预。

武帝规定：在各种文化中，以儒教为先，道教次之，佛教为后。

武帝对佛教的冷落，令杨坚费解和不悦。

多年对佛理的参悟，使杨坚对佛教产生了极深厚的感情。武帝的行为大大伤害了杨坚的感情。而武帝的这一倾向还在不断发展了。

武帝亲政的第三个年头，他诏令全国：

僧人们必须脱下僧服，蓄起头发，离开终日吃斋诵经的寺院。

所有道士必须脱下道袍、扔掉道冠，离开常年设醮炼丹的道观。

所有方外之人，要拾起锄头，扛起武器，做一个自食其力的俗人。

佛像、天尊纷纷被毁，道经、佛经焚烧殆尽，寺庙、道观尽赐王公，充为邸宅。

杨坚无法忘怀十三年中佛寺的日日夜夜，他难以割舍对佛法、佛理的依恋，他又想起了智仙师父对佛教的坚定与执著。

"如果有一天……我一定要把颠倒的乾坤翻过来！"他暗暗发誓。

禁佛风波刚刚止息，花喜鹊便喳喳喳喳地飞到杨坚府中的老槐树上叫开了。

喜从何来？

喜从皇宫中传来，从武帝的眉眼间传来。

武帝寻寻觅觅许久，决定纳杨坚的长女杨丽华为太子妃。

武帝宽厚的大手一把拉起行过大礼的杨坚，舒心开怀地说："两家联姻后，要更像一家人，荣辱与共，风雨同舟。"

一句话化解了杨坚浮在心头的愁云。杨坚喜不自禁，因为，这一天，是杨坚期待已久的，也是他精心策划的结果。

杨坚在宇文护时期备受冷落，甚至险些丧命，他把希望寄托在武帝身上，但建德初年的一系列重大人事安排，除了比较重用元老重臣，杨坚并没得到新的任命，一个信念又在他心头升起。

他约来了姐夫窦荣定、妹夫李礼成、堂弟杨弘及好友庞晃。

一个新的计划在酝酿着。

联姻，和皇家联姻，这是个大胆和诱人的主张。楚楚动人、贤淑聪慧的女儿给了杨坚新的希望。

庞晃的夫人和宇文直的夫人是表姊妹，相处很好。新年刚过，她们俩相约到皇宫去拜谒太后和皇后。

在皇后宫里，她们亲热地谈着，话题渐渐转到儿女的婚事上。太子宇文赟已到结婚年龄，但尚未纳妃，皇后和皇上准备在王公大臣家中挑选一位品貌端庄的姑娘，举荐的人选多如仲春之花，但往往只一个照面，皇后便给打发了。

宇文直夫人见机，便提到杨坚的长女杨丽华。姑娘今年刚满十三岁，含苞欲放，正是婚配的最佳年龄。在母亲的调教下，不仅美丽端庄，而且聪明高雅。

听到这样的介绍，皇后爽快地答应了宇文直夫人："过几天，让这母女进宫来，哀家要亲自看一看。"

两天后的一个丽日，小丽华在母亲的陪伴下，来到后宫，谒见了皇后。小丽华款款地行过礼，皇后挑剔的目光上上下下地审视着这个略带羞涩的少女。身材好，气质更是上乘，皇后下意识地点点头。她又让杨丽华抬起头来，细观之下不觉又添几分喜色。杨家女可称得上是端庄、妍秀、窈窕、俊俏集于一身了，特别是四目相对时，那嫣然一笑，两旁脸颊悄然现出两片红晕来，恰到好处地烘托出一对深深的酒窝。

皇后满意地向杨丽华点头示意。

"可以跪安了！"

此时皇后心中已有了八分的中意：王妃就是这个姑娘了。余下的只要向皇上禀明就成了。

当武帝下诏宣布这个决定时，杨坚的地位似乎一下子提升了许多。

杨坚如愿以偿，他庆幸自己向着既定的目标又迈出了坚实的一步。

月盈则亏，物极必反。身为皇亲，自然罩着荣耀的光环，但也未必不是件坏事，历史上因为争夺君位而祸及皇亲的大屠杀又有多少呢？

眼下，对杨坚来说，至关重要的是宇文赟必须取得皇帝的充分信任，才能保得住太子的地位不动摇。

这一念头一闪现，杨坚立即面有愁容地向独孤氏念叨："太子之位要想牢不可破，一是太子的行为必须收敛，不可有失德之嫌；二是要搜罗德才兼备、得力有效的辅弼人员；这三嘛，当然是我们的从旁相助了！"

杨坚掰着指头细数着。杨坚对这个宝贝女婿是有所了解的，所以此时是喜忧参半。

"武帝一向重视儒教的礼治，对太子的培养目标是'文能治国安天下，武能安邦御外侮'，要求做到'修身、齐家、治国、平天下'。如果不加强个人修养，不注意行为的检点，必然会触怒武帝，丧失武帝宝贵的信任。"

杨坚仿佛肩有千斤重担，脸色沉沉，语气郁郁。

"这些个方面，现在就要着手去做，否则就太迟了！"

"是啊，现在问题是太子本人没有意识到问题的紧迫性，依然不求上进，只知玩乐。我们真要寻个良策！"

独孤氏沉吟着，她的脑子在检索着有关信息。作为女人，她一直尝试着如何有效地拢住男人的心，尝试着怎样帮助丈夫去建功立业，怎样使出女人浑身的解数，唤起男人的激情和冲动，这些年，多少有些收获。

她若有所悟地说："妾身一时也想不到什么好的办法，太子年少，只图玩乐，眼下何不先通过太子妃慢慢劝谏，看看能否改观！"

"夫人可找机会到太子府去拜见太子妃，把这个意思给她禀明一下。"

不怪杨坚夫妇操心，这太子宇文赟的确是位令人头痛的主。

他最不喜欢的事就是读书。一捧起诗书就瞌睡，一部《论语》读了半年还不会讲读，更背诵不上来，老师再三说明，半部《论语》治天下，务必要诵读好，不然将来何以君临天下？可他偏说："刘邦未必会背《论语》，可手持三尺龙泉剑照样打下江山。"气得饱学之士无言以对。

他最喜欢的是舞枪弄棒，可又怕吃苦，学的全是三脚猫的功夫。

他还有一个癖好——好和女孩厮闹。他常常和侍候他的宫女们嬉笑打闹，连宫女们也私下里说他"没上没下，有失体统"。

但太子还是有顾忌的，那就是武帝的严厉。

武帝轻则训斥，重则鞭挞，宇文赟无不一一领教过。

武帝的初衷是把他培养成一统大业的人，但现实情况是他连一个常人也不如。但苦恼也罢，失望也罢，太子身上毕竟流淌着皇家血液，再说太子关乎国家大计，不可轻言废止。武帝现在观其言，察其行，只好退而求其次，只求他能做个庸君——只要有贤臣辅佐，假如连这个也难做到，也只好另立他人了。

宇文赟是个扶不起来的阿斗，但扶不起来也要扶，太子妃杨丽华按照母亲独孤氏的安排，开始循序渐进地对太子进行规劝。

古人说"亲其师、信其道"，意为要心悦诚服地让人听从劝告，必须拉近同被劝说者之间的心理距离，否则，纵然是至理名言，颠扑不破的真理也有被人拒之千里的时候。

太子妃多年来在父母的言传身教下修身、明理，在同龄人中堪称佼佼者，对为人之道、为君之道也能侃侃而谈。

太子对娇美的妻子是宠爱的，新婚伊始，太子沉浸在妻子的似水柔情中，而太子妃则时而娇嗔、时而纵情、时而讽谏、时而蜜语，仿佛是一枝带刺的玫瑰，甜甜地晃动在太子的眼前。

太子在不知不觉中有了明显的收敛，他不爱自己看书，却喜欢太子妃为他讲故事；他悬起了自己的宝剑，爱在太子妃优雅的琴声中退想。

有人将太子的变化报告了武帝，武帝半信半疑，几次明察暗访使他确信，太子有变好的迹象。他圣心大慰，把这一切功劳归到了他的老师身上。老师的教导固然有份，但其中真正的奥妙，恐怕只有杨坚夫妇和他们的聪明女儿最清楚不过了。

宇文赟的改变使杨坚稍稍安定下来。只要太子的地位不变，自己的处境就会逐渐得到改善，杨坚坚信这一点。

建德四年，武帝亲率大军出关直指河阴（今河南洛阳东北），开始迈出统一中国的第一步。战役部署时，杨坚有幸被任命为偏师统帅，率水师自渭水入黄河，策应主力。杨坚第一次获得了统兵的权力，他很珍视这个来之不易的权力，他要用好这个权力，用这个权力换取更大的权力。

这次战役的确显示了杨坚的卓越军事才能。

周军共出兵二十万人马，步军十五万人由武帝亲自统领，余下水军五万人由杨坚带领。这次出征酝酿已久，准备充分，将士们衣甲鲜亮，斗志正旺，大军浩浩荡荡越过黄河向北齐腹地进攻前进。

北周大军攻城陷地，所向披靡。

北齐兵将措手不及，丢盔弃甲，一败再败。

杨坚看到前线捷报频传，将士们皆喜形于色，言语间不时可见骄矜之气，心中顿时警惕起来。他知道如果这种情绪蔓延开来，将会给战役带来难以预料的后果。兵书云："骄兵必败"，必须提醒主帅及时消除这种情绪。

当杨坚的书信送至武帝手里时，北周大军已云集北齐军事重镇洛阳。

洛阳古称居天下之中，依山带河，为五朝建都之地，若攻破洛阳，便可据中州之地，进而可争夺中原，因此，自古洛阳为兵家必争之地。

北齐在洛阳驻有重兵，加上城坚壕阔，所以易守难攻。武帝统胜利之师，猛攻洛阳，但齐兵据险抵抗，毫无惧意。一时间洛阳城周围旗幡招展，号角连天，攻城的周兵踏着同伴的尸首，嘴衔大刀冒死向城头攀登，城头的齐兵则远射弓箭，近用刀砍，滚木礌石倾泻而下，到处充满了呐喊声、惨叫声、武器的撞击声。

就这样，双方鏖战了三个昼夜。周兵刚刚夺得一块立足之地，旋即又被增援的齐兵赶走。反反复复，多次易手。

周武帝焦急地在中军帐篷里来回走着，气色很不好，额头上不时沁出细密的汗珠。

这时，探马急匆匆送来一份急件。

信上说："齐兵已调集二十万生力军从东、北、南三个方向快速压来，先头骑兵已抵达洛阳四百里的地方。"

周武帝看罢，脸色骤变，他连日操劳，再加上急火攻心，猛然觉得一口咸物从嘴里涌出，一大口鲜血吐在地上。

随军御医慌了手脚，即刻将武帝搀至行军龙床上，细细把脉。还好是肝火上升，未有大碍，但要休养，要绝对安静。

宇文直奏请武帝先行，并立即全军班师回朝。大将宇文直临时担任主帅。他先令作策应的杨坚迅速准备船只抢渡马步军，一面留少量马步军继续佯装攻城，一面布置在洛阳南北埋伏少量军队以防北齐援军偷袭，掩护皇上和大队人马撤离。估计大队人马已全部撤离，然后才逐渐收兵。

两天后，北齐大军尾随而追。杨坚此时担任后军统帅。

他的周围聚集着不少大小偏将，紧张地望着他，大家心里都有一本账：如果被齐军追上，难免一场殊死的决战，但在天时、地利、人和均不利的情况下，以区区五万之众迎战二十万生力军，无异于群羊投饿虎，岂不叫人悬着一颗心？

杨坚用冷水洗了把脸，让自己先冷静下来。

他与诸将商议道："如继续驾舟逆水而行，必有被追上的危险，与其这样，不如舍舟步行，从旱路撤离，大家以为如何？"

众人以为只好如此。临行前，传令士兵把所有舟船一律焚毁。望着满河冲天的大火，杨坚率队匆匆向西撤退。

刚刚行军一个时辰，天上飘起了小雨，路上渐渐泥泞起来，行军的速度迟滞下来。正在这时探马来报，齐军已开始渡河，正朝这个方向追来。

杨坚望了望该死的天气，又望着艰难跋涉的队伍，内心一阵焦急。忽然，一个小兵前来报告：前面有个岔道，请示走哪条路。

杨坚眼前一亮，计上心头。

杨坚传令下去，着五百人的精悍队伍从小路返回，一路上旗幡招展，沿路丢弃军资什物吸引齐军，另一路主力则沿大路，悄悄行进，并减兵增灶。

齐军渡河之后，追到岔路口，一时拿不定主意，一个军士引来一位当地人，当地人便说小路上旗幡招展，想是大队人马。齐将一挥马鞭，向小路追去。追了二日，眼看追赶不上，军心松懈，无功而返。

从大路追赶的齐军，被军灶迷惑，怕中了埋伏，也不敢贸然追击了。

一场虚惊过去后，两支队伍三天后胜利会师，看着兵士们喜悦的表情，杨坚心里更是像蜜一般甜丝丝的。

这一夜，杨坚做了一个甜美的梦，一只凤凰衔来一枝仙草，停在杨坚的肩上，杨坚问神鸟衔的是什么，凤凰回答说是送给他的长生草。言毕，凤凰展翅飞去。杨坚醒来，不解其意。

大军返回长安时，其他各部都有不同程度的伤亡，唯有杨坚因临机而变，指挥有方，五万人马全数返回。

此役之后，武帝对杨坚更是刮目相看，视之为栋梁之材，恩宠日隆。

建德五年（576年），杨坚再次参加伐齐之战。这是历史上一次著名的北方统一战争。这次战争又是由周武帝亲自挂帅，而杨坚被委以主力的右三路军总管之职。

此次战争，周武帝志在必得。

北齐混乱的政局、凋敝的经济、涣散的军心为北周的这次战争提供了良好的条件。

北齐后主高纬说话不利索，言语表达不清，因此不喜欢召见大臣。除他宠爱、亲信的一些人外，再没有人同他说过话。他在华林园修建了一个贫儿村，自己衣衫褴褛，在贫儿村行乞，并以此为乐。他的亲信结党营私，祸国殃民。而宦官、胡儿、歌舞人、宫中奴婢等成为富贵人家的，不可胜数，同时他还分封了大量官职，以致狗、马、鹰都封了仪同刺史这样的头衔，而且都领有俸禄。

一批忠贞的大臣连连向高纬进言，却遭到了高纬的冷遇。他曾在含章殿一次斩杀八名"多嘴多舌"的大将、文臣。

高纬的昏庸残暴使得齐国上下人人自危，老百姓怨声载道，连边境的守军也在嚷嚷，如果再不发饷，就闹起事来，各自回家算了。

北齐面临着空前的政治危机，各方面的消息都说明大举伐齐的时机已经到来。

北周的君臣经过几年的励精图治完全具备了灭齐的条件。

一是稳定的政治环境。由于加强了皇权，消除了来自地方实力派或权臣的政治隐患，君臣之间，中央及州县的关系比较融洽，平和的政治气氛日益加强。

二是国力强盛。武帝崇尚节俭，爱惜民力，对劳民伤财的害民工程坚决制止，使百姓能够安心生产，物质财富得到了前所未有的增长，而对发展生产有功的地方官吏给予褒奖。重奖军功，对立有战功的将士朝廷都有奖励，士兵还免去租税和徭役。这样一来，军队的士气和战斗力得到了明显的提高。

三是民心盼望统一。北周和北齐分别脱胎于西魏和东魏，是北魏后期一分为二的，本是北方统一的国家。几十年的分裂和对峙，老百姓吃尽了苦头。多少人家破人亡，多少人妻离子散。月亮尚有阴晴圆缺，何况人呢？人们热烈地期盼着早日结束连绵的战争，盼望着和平的曙光早日降临。

周武帝统帅大军长驱直入，一举攻克了北齐军事重镇平阳（今山西临汾），打开了进攻晋阳（今山西太原）的南大门。平阳陷落后，齐后主急调大军围攻平阳。

周军进攻平阳的主将是内史王谊。此人有勇有谋，平易近人，很受部下拥戴。平阳得手后，其即受命坚守平阳。

齐后主亲率的援军气势汹汹，自恃平阳是座孤城，所以轮番进攻四门，但除了丢下无数具尸体外，平阳城岿然不动。

齐后主又下令挖掘地道，但王谊在城内也掘出一条条深壕，齐军一露头即遭到袭击。连续的失利使齐军元气大伤，不得不撤军北还，但齐军万万没有想到周军主力以逸待劳，已经等候多时了。

其实这正是武帝和杨坚等人早已订下的策略——围点打援，旨在消灭齐军主力。

早已疲惫不堪的齐军面对威武整齐的周军已有三分惧怕，两军主将各令一名战将出战。周军上场的是名声赫赫的柱国将军王显亲，一杆长枪为他挣下了盖世的英名，也挣得了荣华富贵。齐将是将军陈富，使一柄开山大斧，在齐军中也是位能征善战之将，为齐国立下了累累战功。两人在马上通名报姓后放马直取对方。

一个直刺对方心窝，一个猛砍敌人脑门，一来一往，一去一回。只见这个怒睁两目，那个咬牙切齿，只杀得尘土蔽日，双方的军士都看呆了。

约莫一百来个回合，只见两人中突然倒下一个，正待仔细看时，倒下的那人又猛然跃起，一枪将敌人刺下马来，原来王显亲用的一招叫"镫里藏身"，这是他的绝招。

周武帝看到这儿，用马鞭一指，周军排山倒海般冲杀过去，齐军哪里抵挡得住，立刻溃散开去，兵败如山倒，一发不可收拾。

齐后主在几员战将的死保下侥幸逃到了晋阳，可他早已魂飞魄散，面如土色，听到战马的嘶鸣就以为是周兵追来了，侍女们声音稍大一点都吓得直往床下钻，他在晋阳只待了一天就再也住不下去了，又匆匆逃到了邺城（今河北临漳县西南邺镇）。

暮秋时节，在晋东南山地的一处兵营里，一队巡营的士兵整齐地从一个又一个白色的营帐前走过，不远处的大营门前，四个全副武装的士兵手持长矛肃立两侧。

营内士兵有的在整理盔甲，有的在摩擦武器，有的在准备攻城用的云梯，有的在忙里忙外救治伤员，也有的在营内急匆匆地走着，似乎在传递着什么重要报告。

从高高飘扬的牙黄色军旗上看，这是一支北周军队，而大大的帅旗上则鲜明地写着"杨"字，这正是右三路军统帅杨坚的中军大营。围绕着中军大营远近还散落着上百座军帐。

大帐里，主帅杨坚正与身披盔甲的将佐们商议着进攻西汾州（今山西隰县）的作战方案。

西汾州城市虽小，但该城的战略地位十分重要，它扼守着北上晋阳的交通要道。西汾州地势险要，易守难攻，北周军队曾两次强攻均未奏效，看来只有采用智取的方法，才能减少伤亡，尽快夺此坚城。

"根据两天来的侦察和进攻看，西汾州虽然高峻，但齐兵军心涣散，战斗力并不强，只是慑于守城将军的淫威，不得已罢了，只要进一步瓦解其斗志，即可乘虚而入。"

说话的叫王臣，字奉忠，一个面皮白净的中年军官。

"奉忠所言极是，此乃攻心战术。古人云'攻心为上，攻城次之'，只要运用得当，可收奇效。"杨坚面露喜色，顿了顿继续说，"奉忠，现如此，想必已有奇谋了？"

"倒也不是什么奇谋。依下官看，不如写篇声讨檄文，内列齐帝的累累罪恶，趁天黑将檄文射入城内，让全城军民心生怨恨，无心守城，只要这种厌战情绪蔓延开去，此城不攻自破。"

"好！就依奉忠的方法。你可速速写好檄文，明日就办！"

"我已草就，请将军过目。"

杨坚接过来写就的檄文，不禁喜上眉梢。

檄文全文如下：

大周皇帝御前大将军杨坚谨告全城军民：武帝英明盖世，以孝义治国，以民为本，造福黎民百姓。全国上下均思报效之恩。我今率仁义之师，伐无道昏君，乃解民于倒悬，布恩义于四方是为义举。今齐主昏庸残暴，人人得而诛之。

齐帝有五大罪状可诛。

一曰：任性妄为，荒废政事。

二曰：荒淫无耻，宠幸奸佞。

三曰：滥用民力，劳民伤财。

四曰：堵塞贤路，残害忠良。

五曰：荼毒百姓，滥杀无辜。

似此桀纣之君，其罪恶昭彰，古今罕有，良禽择木而栖，良臣择主而侍，北齐灭亡，只在朝夕，奉劝全城军民，尊仁君，顺天意，不做无谓的反抗。凡投奔我大周者，皆视为大周的子民，得到应有的保护。

文章写得通俗明白，讲得都是大实话，便于传诵。杨坚随即传令，照此抄写数十份。

第二天一早，西汾州的城内各个角落到处可见缠着白绢的羽箭。

檄文的内容迅速在全城军民中传扬开去。

几个守城的士兵嘀嘀咕咕地议论着，脸上显出了愤怒的神色。

一个军官在几个卫兵的簇拥下登上了城头，对着几个聚众的士兵厉声喝道："谁敢妖言惑众立即斩首！"看来他们也知道了周军的檄文。

话音刚落，两个卫兵上前盘问道："刚才你们在偷偷议论什么？"

"议论怎么还不发饷。"一个士兵不冷不热地瞟着问话的卫兵。

的确，守城的士兵已半年多未领到饷银了，一提起这事，士兵们便气不打一处来。

"当兵吃饭，吃饭当兵，我们要求发饷，要吃饭，这也有罪吗？"

"国难当头，要协力守城。发饷是皇上的事，是将军的事，不是你们操心的事！"

军官的语气依然强硬。

"那就让皇上、将军们来守城吧，我们可是要吃饭的！"

士兵毫不示弱。

"卫兵，把这个领头闹事的拉下去砍了！"

"砍？现在周兵就在城下，今天砍谁的头还说不定呢！"

一个高个子士兵高声喊道，怒目圆睁。

"好呀，你们几个想哗变投敌呀，给我全部处死！"

这时城头的士兵越围越多，看到又要杀人示威，胆大一些的，手握武器，向着军官跃跃欲试。

一个卫兵刚要上前，早被前面的几个士兵乱刀砍倒。军官眼看势头不对，调头想跑，但哪里跑得了，他平时作威作福惯了，士兵们对他早已恨之入骨。一不做，二不休，士兵们索性杀了恶官。

顷刻间，军官和几个卫兵被砍作肉泥。兵变很快席卷全城，城内一片混乱。

乱兵中有人打开城门，向周军报信。城门洞开，埋伏于城外的周兵开始听到城上喧闹，又看到城门开处有一群乱兵，情知城内有变，马上报告了杨坚。

乱兵中推出几个为首的，作为代表来和周军谈判。杨坚很快答应了他们的要求：保护所有士兵和全城百姓的生命，帮助解决粮食问题。

杨坚的右三路军进驻了西汾州。一场攻坚战演化成了热热闹闹的悲喜剧。西汾州的胜利给杨坚的头上加了顶料事如神、多谋善断的金冠。

转眼已到了年底，北周大军屯兵晋阳城下，左右两路大军在城下会师。此时齐兵士气低落，无心再战，前后守了两天就被士气正旺的周兵攻破。

武帝挥胜利之师，金戈铁马，又分别在济州（今山东茌平县西南）、青州（今山东青州）、冀州（今河北冀州）和定州（今河北定州）大破剩余齐兵，并俘获了齐后主，北齐灭亡。

时为建德六年，公元577年。

在冀州战役和定州战役中，杨坚再立新功。为表彰杨坚灭齐的功勋，武帝特授他为定州总管，进位上柱国。

杨坚在既定的道路上又向前迈出了坚实的一步。

【第二回】

含沙射影讥王莽，居安思危防要离

定州为河北军事重镇。它西依太行山，东临大平原，地广人稠，兵精粮足，是个十分理想的经营之地。更让杨坚欣喜的还有另一件事，武帝把庞晃外放为常山郡（今河北正定县南）太守，而常山郡正位于定州的南边，紧靠定州。

真是天赐良机，杨坚和庞晃两人都沉浸在无比的喜悦之中。

皎皎明月下，两人畅想着未来。

一壶老酒，几碟小菜，两人在百年古银树下吟诵着曹孟德的千古名篇《短歌行》。

"对酒当歌，人生几何？譬如朝露，去日苦多。慨当以慷，忧思难忘。何以解忧？唯有杜康……"

月光下，半醉的庞晃仗剑起舞，和着杨坚咏诵的节奏。

杨坚不会忘记武帝亲政以来内史王轨和大冢宰宇文宪对自己的猜忌。

在朝廷中，功高震主、树大招风都是最为忌讳的。杨坚从青年时代起就从父亲杨忠那里得到了"自安"的"真经"，婚后妻子独孤氏也不时以自家的不幸提醒他，使他学会了韬光养晦。

但随着地位的改变："树"渐长渐大。木秀于林，风必摧之。从女儿杨丽华被宣布为太子妃那天起，杨坚就感到内史王轨的态度有了微妙的变化。

一日，武帝与王轨谈论国运的荣辱兴衰，武帝问："怎样才能国运久长、基业永固、子孙永续呢？"

"依臣看，近世各朝的更迭，不是强敌灭国，而是毁于自己之手。汉末，曹操的儿子曹丕建魏代汉，后司马昭之子司马炎废魏建晋，南朝宋、齐、梁亦是如此，由此看篡位者都是权臣或权臣后代所为，为国者要防微杜渐，对于可能的危险要有所准备。如果说前朝的江山易姓还有不得已的地方，那么西汉末年王莽的篡位不正是前车之鉴吗？"

对于这些历史，博学的武帝是耳熟能详的。王轨提到王莽，旨在提醒武帝，切莫忽视了另外一种力量——外戚。

王轨见武帝若有所思，接着道："王莽的姑姑是汉元帝皇后王政君。当时，王家声势显赫，而王莽从小就懂得伪装自己，他的伯父大将军王凤患病时，王莽蓬首垢面，数月不解衣带地奉侍左右，所以，王凤在临死前，向元后和成帝力荐王莽，称其最有德行。当王莽官拜大司马后，他更加伪装自己，他老婆见客，别人看她的衣着打扮，都以为她是使婢。当时，曾有四十八万七千五百七十二吏民上书称颂其功德。然而，就是这位道貌岸然的高德之人，毒杀平帝，拥立年仅两岁的孺子为皇上，自己却以摄政名义居天子之位，最后干脆自立为帝，取而代之……"

王轨一边说着，一边用眼睛紧盯着武帝，他实际上是在影射着杨坚，影射杨坚也非常会伪装。

那么谁是今天的"王莽"呢？杨坚？武帝不寒而栗。他深知太子的性情和能力，在杨坚的能力的映衬下，太子的未来不能不令人担忧。

但这毕竟是历史啊！历史会重演吗？

寝宫内，武帝背着手来回地踱着。

"宁肯错杀，也绝不能遗患！"

武帝恨恨地自言自语着。

但确实找不出什么处死杨坚的理由，他父子两代都忠于皇室，两代人为大周的江山出生入死，功绩卓著，如果仅仅因为毫无理由的推测，就大开杀戒，朝中老臣会怎么想，那些伤痕累累的武将会怎么想，老百姓会怎么想。从杨坚的家世、功劳和人品，到他的一言一行，实在找不到足以杀他的理由。杀他容易，但要给臣民们一个交代就难了。弄不好会落个昏君、暴君的恶名。

想到这儿，他不由得想起了北齐名将斛律光的冤案。

北齐名将斛律光有勇有谋，既有万夫不当之勇，又熟读兵书战策，运筹帷幄，决胜千里，拓疆展土，为北齐立下了汗马功劳。斛律光因功被拜为北齐的左丞相，封爵清河郡公。

斛律光为人光明磊落，心直口快，对不满之人常常怒形于色，因此得罪了一些人。这其中就有瞎子祖孝征。

祖孝征虽品行不端，但头脑灵活，能言善辩，拍马溜须无与伦比，更兼得精通音律，写得锦绣文章，所以从文宣帝高洋时代起就在朝中呼风唤雨，甚得高洋宠信。高湛、高纬当政时，更是离不开他，对他委以重任。群臣敢怒而不敢言。但斛律光却直言指斥瞎子，说："不除瞎子，北齐必亡。"

这一下祖孝征岂能罢休？于是暗中派人在京城各地散布谣言："如果没有斛

律光的家族保护，北齐早被北周吞并，斛律光应该封王。"

这些谣言在京城传得沸沸扬扬，有声有色，不几天就传到了皇宫，传到了齐后主高纬的耳中。高纬不禁大怒。

"斛律光你虽有战功，可我大齐并没亏待你们家，你本人封官晋爵，兄弟也一一受封，你女儿是皇后，儿子又娶公主，难道这还不够，还嫌我薄情寡义吗？你野心还真不小啊！"

齐后主下诏：处死斛律光。

群臣闻讯，纷纷要求高纬收回成命。兰陵王还以自己的身家性命担保，这话绝不是斛律光所说，乃北周施行的反间计。这个时期北周韦孝宽正率军与北齐对峙。兰陵王跪在殿前痛哭流涕："圣上啊，你怎么能如此轻率地杀掉国之栋梁啊？这是亲者痛、仇者快的事啊，杀斛律光，国无大将，何以御敌？这是亡齐的征兆啊！望陛下三思！"

"胡说，杀了一个斛律光，天下就会败亡，你分明是斛律光的同党，再胡说，一样定罪。"

"圣上，反正亡国的日子也不远了，与其死于敌人之手，不如现在殉国，免得看到国破家亡的惨象。"兰陵王说罢一头撞死在殿柱上。

"杀，杀，把斛律光杀掉，马上杀掉！"

高纬疯狂地叫着，因为暴怒脸色由紫变白。

斛律光和兰陵王的死对北齐朝野的震动如同地裂天崩，他们两是公认的名将，在百姓心目中是英雄和胜利的化身，北齐军民心里冷到了极点。

当然这对北周来说，是莫大的喜讯。

武帝想到这些，又把斛律光与杨坚作了对比：两人都是世代为将，家族中都不止一人受到封赏，都有贵为皇后、皇妃的女儿，两人的声望都不错。这么说来，枉杀杨坚是不是也会带来意想不到的后果？再说从前他派人给杨坚相过面，都说他是将军命，不至于威胁到我的江山。

想到这里，武帝的心里才有些释然，但是，他对杨坚的警惕却一点也没有放松。

果不其然，杨坚的一些行为又引起了武帝的注意。

北周虽然占领了北齐的全部国土，北齐政权也已不复存在，但遍布各地的坞堡和堡兵不能不说是一个不稳定的因素。武帝按照北周收编堡兵的办法，让各州的总管去具体执行，裁汰老弱，把一些精壮的堡兵编入国家军队中。

杨坚所在的定州在原北齐旧地中，人口集中，大的坞堡也较多，拥有堡兵几千人的大堡有多处。杨坚将各地的堡主请到定州总管府，盛情款待。堡主们对杨坚的气质和谈吐十分佩服，几个大堡堡主主动要与杨坚结为金兰之好，杨坚思之再三，爽快答应。他知道，如果拒绝，可能招来收编的困难甚至抵制。

几个大堡主的协力配合，带动了其他的小堡主，不长时间，收编工作便告结束，杨坚遂呈请武帝派员查验。

前来查验的是齐王宇文宪，此人与王轨一样对杨坚一直放心不下，也曾就杨坚奇特的长相做过文章，但都被武帝挡了过去。

他在定州转了几天，对杨坚的成绩还是给了几分赞赏，但他不是为赞赏而来的，他是为收集罪证来的。

杨坚也料定宇文宪前来不会给自己带来任何好处，虽然两人一同在战场上协力打过仗，但那是生死与共的合作，不得已而为之，现在，杨坚只能听天由命了。

宇文宪回到朝廷，密报了杨坚的不轨行为。

"杨坚在定州收编堡兵不颂扬皇上的恩德，却在树立个人的威信，到处收买人心；他还与当地堡主结为兄弟，恐有不轨行为，皇上不如趁早将他调回，免得根深蒂固，生出事端。"

听完宇文宪的报告，武帝心中感到隐隐不快，他沉思良久，一字一顿地说："暂调回京，另行安排！"

"依臣弟看，不如就把他放到南兖州（今安徽亳州）做总管，就当是一次例行调防。"

送走宇文宪后，杨坚隐约感到宇文宪回去不会给他言好，心生烦恼，就约庞晃一道去山中烧香拜佛。

武帝虽下达了禁佛的命令，但在偏僻地带，执行得并不彻底，再说不少官员在执行时也手下留情，特别是在原北齐地界，仍残留着一些古庙。

他们在山中的古庙里遇上了一位双目失明的老僧，老僧神态自若，说话不疾不徐："施主少安毋躁。待老衲传你两句偈语，'花开何须望，果熟待有时'。"杨坚闻言，烦恼顿失。二人谢过老僧，依原路返回。

一路上山风习习，云雾纱纱，二人的脚步迈得更稳健了。

几天后杨坚便接到诏书，改任南兖州总管，杨坚很平静地对前来送行的庞晃说："切记老和尚的话！"

杨坚又上路了，庞晃站在荒凉的古道上，为杨坚钱行。

杨坚频频回头，向庞晃招手，那手势的含义，只有胸藏丘壑的庞晃能读得明白。

武帝在攻灭北齐后，并没有完全沉浸在统一的欢乐中，因为北方有虎视眈眈的强敌——突厥。虽然北周每年都要把大量的"岁贡"——金银币、丝绸、茶叶等物送给突厥贵族（那是为了争取时间而采用的一种暂时的妥协政策），但突厥仍不时骚扰北部边境，有时，他们竟威胁边民，要定时向他们提供女人。

每次骚扰，北周都要经历一次血与火的劫难，而突厥使者的解释则轻描淡写：那是土匪所为，与突厥可汗毫无关系。

突厥的威胁一直像块巨石压在武帝的心里。现在，他终于腾出手来了。

他大力整训军队，扩充了骑兵，把最精锐的部队、最善战的将军都征调到一起。宣政元年，经过充分准备后，武帝召开了北伐突厥的誓师大会。武帝亲自主持，他历数了突厥给中原造成的累累罪恶。将士们群情激昂，听者无不咬牙切齿，特别是亲身经历过突厥残害的边镇士兵更是摩拳擦掌，决心狠狠打击作恶多端、不可一世的游牧骑兵，洗去多年的耻辱。

望着一双双充满复仇烈火的眼睛，听着那山呼海啸般愤怒的呐喊，武帝欣然地笑了。古人云，哀兵必胜。这场出击突厥的战争，已有了八分的胜算。

春末，正是用兵的黄金时节，人气正旺，战马正肥，武帝亲率大军，踏上了北伐的征程。

出兵才两天，武帝就患了风寒，随军御医建议武帝休息两天再往前赶。可武帝一摆手："我没什么大病，不必兴师动众，大军的行程一天也不能耽误，我在路上休息休息就可以了。"

第二天，御医把脉时，感到脉象不稳，再看看武帝消瘦的面容，面色黑沉，两眼无神。御医们慌忙会诊，又将会诊的结果告诉了齐王宇文宪，齐王宇文宪和随军的几位柱国大将军匆匆来到了御榻前。众人一齐跪下，齐声说："请陛下爱惜龙体，暂停进军，待圣体康复，再进兵不迟！"

此时的武帝也感到头晕目眩，四肢乏力，心中烦躁不安，遂口谕道："就依众卿之意吧！"

大军滞留在距长安二百里的地方，此地有个别名叫"斩蛇坡"，相传古代一勇士在此地斩杀巨蛇，拯救了一方百姓，所以有人就以此名纪念那位勇士。

当武帝询问此地何名时，一位近侍告诉他："据当地人说，此地叫做'斩蛇坡'。"

武帝闻听此言，脑子嗡地便响了。"什么，'斩蛇坡'，'蛇'即'龙'也，难道我要命丧于此？我的阳寿已到？"武帝心里一阵慌乱，下令道，"告诉齐王，即刻离开此地回京！"

次日，武帝病情又加重了，他言语困难，饮食很少，御医忙得团团转。

待返回皇宫，武帝已昏迷不醒。

武帝寝宫内，皇后、太子、近臣诸人皆戚戚然，宫女、太监进进出出，传医送药。齐王宇文宪责令御医姚僧垣一定要想尽一切办法治好皇上的病。

姚僧垣乃当代名医，他理解宇文宪的心思。于是言道："皇上历年来日理万机，积劳成疾。其成病的症候早就出现，只是一味忙于国事，一拖再拖，吃上几服药，稍好一些，又日夜不分地忙碌，臣等屡屡进谏，要圣上注意休息，注意调节，但圣上口中答应，仍是不爱惜龙体，以至今日……"

"圣上龙体一向强壮，怎么能一病就如此呢？"宇文宪不满意医官的解释，"你这分明是敷衍塞责！"

"王爷息怒，臣讲的全是实话。人体与天地阴阳乃是一体，一损俱损，今圣上体质已伤其根本。"他叹了口气，继续说，"冰冻三尺，非一日之寒。昔日神医扁鹊见齐桓公，起初病在肌肤，桓公不以为然；病在血脉，还是不信自己有病；病已发展到脏腑，仍然半信半疑，直到病入骨髓才想起治疗，但为时已晚。本来病在皮肤，用热水一敷就好了；病在血脉，还可以用针灸治疗；病在脏腑，药酒之力还能达到。但病已入骨髓，实在是无能为力。现在圣上的病已不是风寒这么简单了。目前，只有静心调养，或许可延缓时日。"

这时宇文神举也走过来说："难道真的一点办法也没有了吗？"

"根治是没办法了，只有延缓了！"

众人默然。

两天以后，武帝苏醒了，看到近前的众人眼中含泪，神情凄然，他心中异常清醒，知道该安排后事了。

他召来了宇文宪、王轨、宇文神举和宇文孝伯等重臣和亲信。他让王轨记录下自己的遗嘱："齐王宇文宪、内史王轨、宇文神举及宇文孝伯等诸人皆为我大周忠臣，国之栋梁，于社稷有功，于朕有恩，太子即位后当善纳忠言、善待忠臣，此乃大周之幸、黎民之幸。"

后又紧握四人的手垂泪道："诸公随朕多年，同甘共苦，风雨同舟，如今天下未定，朕即将怀恨而去，实在难以瞑目。太子不肖，还望善加引导，倾力辅佐，以继未竟之业……"

言未尽，又是一阵猛咳，吐出来，痰少血多。众人不禁又失声痛哭，哽咽难言，半晌才由宇文宪近前流着泪说："陛下待臣等恩深似海，臣等今生无以为报，唯有兢兢业业辅佐太子，治国安邦，鞠躬尽瘁，死而后已。"

随后又将太子召到近前。此时，病榻上的武帝，目光慈祥，言语和蔼。

"朕深知创业不易，守成更难，故爱之甚深、责之甚严，以往对儿的严责，无非是让你早日成才，担当起治国的重任。你承继大业后，务必要勤政爱民、爱惜忠良、善于纳谏、远离奸佞小人，切记，切记！"

"儿臣一定谨遵父皇教诲，请父皇放心。"

宇文赟悲悲切切，泪流满面。

"若能如此，朕也含笑九泉了。"

二十天后，武帝带着壮志未酬的遗憾，带着对太子宇文赟的殷殷期待咽下了最后一口气。

武帝的驾崩，对于宇文宪等人来说是莫大的哀痛；但对太子宇文赟来说，反而是一个最大的解脱——从此他便可以为所欲为了；而对杨坚来说则是一桩迟来的喜讯。

杨坚深知宇文赟是个不务正业、刚愎自用、成事不足、败事有余的角色。以他的个性绝不会和王轨、宇文宪合作好，久必生隙，若推波助澜，太子必会怒而除之，若是这样，自己便有机可乘了。

宣帝即位，立太子妃杨丽华为皇后，执掌六宫；杨坚作为国丈，进位上柱国将军，出任大司马。这步棋是意料中的，但下一步呢？杨坚在思忖着。

宣帝提升了经常向他谄媚奉承的郑译等人，使宇文宪、王轨等人心中陡然有了一种不快的情绪——更应该说是一种不祥，武帝的政治理想、用人准则看样子要完全改变了。

几天前，早朝上的一场激烈对峙，杨坚还历历在目。

宣帝在朝会上颁布了三项诏令：

一是恢复佛教和道教在中原的活动；二是推行汉化制度；三是大起洛阳宫。

首先出班启奏的是内史王轨。

"武帝鉴往事，察民情，制定了大周的各项法令制度，自实行以来，万民喜悦，国泰民安，海晏河清，国力大增，灭北齐，退南陈，方有今日的大好河山，今若轻改旧制，恐于国于民不利，望陛下三思。"

宣帝最讨厌老臣动辄用武帝压他。一听王轨又在为武帝表功，怒从心头起："先皇的文治武功就永远不能超越了吗？朕就是要做出点样子来给你们看看，先皇能做的，朕要做，先皇不能做的，朕也能做！"

王轨并不激动，依然平静地说："陛下立志发扬先帝的事业，是大周的福祉、万民的幸事，为臣不胜欣喜。不过治国光有志向还不够，要有行动，只有勤政爱民才能传播四海，国势蒸蒸日上。现在大起洛阳宫，劳民伤财，实在不可取呀！"

"又是这一套，朕都听腻了，以后不准再提，永远不准再提！"

宣帝执政以来，很少早朝，奏折也批阅得极少。王轨哪壶不开提哪壶，宣帝煞白的小脸变得通红。

"陛下呀，古来忠言逆耳，只有佞臣才会一味迎合天子，臣犯颜直谏，为的是陛下的百年基业呀！"

"犯颜直谏都是忠臣，那古代的邹忌算什么臣？都像你这样，那朕的尊严何在？不要以为你曾对先皇有功，就倚老卖老！"

"陛下呀……"

"你下殿去吧！"

宣帝与王轨的冲突已表明他们业已存在的矛盾表面化了。王轨是武帝朝的第一号忠臣，对大周朝怀有深厚的感情。王轨在宇文泰时就获重用。武帝时，王轨被列为心腹，委以重任，参与策划清除权臣宇文护的行动。武帝亲政后，王轨被授开府仪同三司，又拜上开府仪同大将军、封上黄县公。后因灭齐的战功，晋封为郑国公。

如今他虽忠心不负于朝廷，而宣帝却不容于他，也许他过于愚忠了吧！

"王轨此人终不得善果，不过还应该加速这种进程。"杨坚心里想，"这个老东西早晚会对自己不利的。"

杨坚悄悄拜访了郑译，郑译也乐意与杨坚增强联系。因为他们都是宣帝的红人。

比起杨坚来，郑译更希望王轨、宇文宪等人的时代彻底结束。他当年被降职与这几个人都有直接关系。

"想除他们倒也不难，想安个罪名还不容易吗？宇文宪权高位重，以谋反罪逮捕，必死无疑，而王轨必拼死谏阻，可一举收拾。其他几人更不足为虑，加上同党的名义即可除掉。"

杨坚小声地对郑译耳语着。

郑译频频点头称善。

一场阴谋在悄悄进行中。

郑译指使府人吴坚买通了宇文宪身边的一位近侍余进。余进嗜赌如命，吴坚便设赌局诱他。开始故意让他几局，余进以为今天手气不错，便投注更大，吴坚一伙人早串通好了的，余进失一局后，吴坚故意激他："余兄今天先歇歇手，明天再战吧！"

"什么？不敢赌了吗？我下大注，你敢不敢下？"

吴坚沉吟了片刻，猛一拍赌桌："兄弟舍命陪君子，我跟进！"

一局结束，余进傻了眼，眼看银子都流进了吴坚怀里，他搓了搓手，还要赌。

"余兄，算了吧，你的银子都输完了，用什么下注？"

"我押我的老婆！"

"那好，开局！"

余进又输了。

他赌红了眼。

"把我的左手臂押上！"

余进越输越倒霉，最后只能阴冷冷地对吴坚说："左臂是你的了。拿去吧！"

"你以为我当真要你的手臂、你的老婆？"

"赌场无父子，这规矩我懂！"

余进红着眼，不服气地叫道。

"我想跟你赌一生的荣华富贵，只要你办妥了这件事，赌债一笔勾销，兄弟还奉送你一生享不尽的荣华富贵，怎么样？"

吴坚盯着余进，稍停，又加重语气，说："就不知你有没有这个胆量去干！"

"有利可图就干，说吧！"

吴坚往余进身边靠了靠，低声说："现如今，皇上与你家齐王有矛盾，有心要除掉齐王。眼下，只要你敢出面指证他图谋造反，余下的事全不用你操心，你就算立了大功。"

吴坚说完，目光在余进脸上停留了片刻。

余进猛一哆嗦，生怕自己听错了，瞪着大眼珠子，反问道："诬告齐王谋反？这……平日里齐王可没亏待过我，这伤天害理的事，我怎能……"

他话未说完，吴坚冷笑一声："兄弟讲起仁义道德来了！可你是想要富贵呢，还是愿要灾难呢？你要想好了！"

吴坚故意停了一下，语气和缓地接着说："其实，这是他们叔侄俩的家事，我们兄弟犯不上为他们的恩怨做陪葬，你不去告他，自然还会有别人去告他，皇帝要做的事，谁能阻止呢？"

吴坚深吸了口气，拍了拍余进，又劝道："再说了，到时候齐王被斩，你能脱得了干系？至少也得判你个流放三千里，妻子儿女充做官奴，到时候是生是死，还难说呢！我是完完全全替你考虑，干不干你可要想好了，过时我可不候啊！"

吴坚鹰一样的眼光直逼余进。

余进此时心里乱糟糟的。

不做的话，真像吴坚讲的那样，自己的一生和家人的一切就全完了。一闭眼，给一刀也就罢了，那活罪可不是好受的，身在侯门，他是见得多了，那些犯官的家属在官衙内简直不被当人看待，特别是女人。

想到这儿，他有些不寒而栗。余进毕竟是赌徒出身，他猛一拍大腿，无奈地说："罢、罢、罢，就依你说的去做！我余进不求有功，但求平安，我这一生除了好赌之外，还从未害过人，这样，不知死后祖宗是否还会接纳我。"

"先安排好今生吧，来世谁能把握，至于身后的评说任由人们去吧！好人未必有好报，恶人也不见得能遗臭万年！"

由余进告发引起的宇文宪谋反一案在朝中闹得沸沸扬扬。

老臣们根本不相信齐王会谋反，都觉这其中必有蹊跷。

齐王乃宇文泰之子、武帝宇文邕之弟、宣帝的叔叔。在武帝主政以后，被武帝委以重任，官拜大冢宰。卫王宇文直叛乱时，他曾痛斥这是"逆天犯顺，自取灭亡"，并率兵征讨；武帝首次伐齐时，他以家资帮助北伐；伐齐之战时他破并州（今山西太原），占邺城，力擒任城王高谐，为灭齐立下了汗马功劳。战场上出生入死，朝廷上协助武帝，在学问上虽精通兵书战策，但从不炫耀于人。这样的人会谋反吗？

宇文孝伯为此进宫劝谏。

"齐王乃陛下叔父，是社稷名臣，陛下如果听信谗言，轻言杀戮，必会落个滥杀忠良的恶名，况先帝尚有遗诏，不许骨肉相残，现先帝尸骨未寒，就妄开杀戒，岂不冷了天下人的心吗？"

宣帝执意不听，宇文孝伯失望而归。

宇文神举又谏，宣帝反羞辱了他一番。

王轨几次要进宫面君，均被家人死死拦住，王轨痛哭流涕，声言若不许他进宫，他就绝食身亡。他让家人抬着一副棺木跟在他的身后，直奔宫中而来，他光着脚，散着发跪倒在殿前，泪流满面："昏君啊，你知道你杀的仅仅是一个齐王吗？你伤的是天下百姓的心，你毁的是祖宗的江山啊，你这样滥杀无辜，只会便宜那些奸佞小人，那些觊觎朝政的人，可怜大周几十年的努力就要毁在你的手中。武帝呀！老臣无能，随你去也。"说着起身就要撞柱而死，吓得宣帝大叫："抓住他，立即处斩！"

王轨怒目而视，大吼宫卫："谁敢近前！"

说着一头撞死在殿前。鲜血顿时四处飞溅。

宣帝最终没有放过宇文宪。宇文宪在押期间，多次要面见宣帝，表明自己的心迹，但宣帝根本不愿见他，他上的折子宣帝也不看，吩咐人给烧掉。

宇文宪被杀时，气管都被割断了，因为他不停地高喊"冤枉"。陪他上刑场的还有他的五个儿子，最小的还不足五岁。

不久宇文孝伯、宇文神举又以"出言不逊、诋毁朝廷、煽动人心"的罪名被监押，而"病"死在狱中。

武帝朝的几位忠心耿耿的重臣被一一诛杀，杨坚长长地舒了口气，前进道路上的绊脚石被轻易地踢开了。听说连几岁的孩子也被问斩，独孤氏有些不忍地问杨坚："我们这样做，是不是有些过分？"

"权力斗争，向来是这样残酷，不是你死就是我活，从来没有回旋的余地，父子兄弟也不能例外，一旦卷入这个漩涡，就身不由己。"

"是啊，政治斗争的原则就是有效地保护自己，无情地打击敌人，事已如此，我们还要小心被别人暗算，俗话说：螳螂捕蝉，黄雀在后。"

"现在朝中人士德才兼备者已寥寥无几，剩下的多是宣帝的亲近侍从，或以文学出身的世家子弟，既无军功又无资历，只会投机取巧、见风使舵，对这些无赖之徒，我自有办法对付。还有一些老臣，他们已成惊弓之鸟，明哲保身尚来不及，哪有心思再去琢磨别人。前天，御正上大夫柳机，托郑译帮忙出外作了华州

（今陕西华县）刺史。有政治才干的对手已清除干净，这可真得感谢老同学郑译和宝贝女婿了。"

"你别高兴得太早，笑要笑到最后！"

"夫人所言极是，我最担心的就是这位不务业而疑心重重的女婿了。"

好色是宣帝最大的爱好。如果说武帝在时，宣帝对涉猎女色还有所顾忌，那么登基以来，他在这方面的"才能"发挥得淋漓尽致。

他将父亲后宫中的佳丽收为己有，虽不敢冒天下之大不韪给以封号，但并不妨碍他畅游其中。他还根据好心情"创造"出许多新花样，他让宫女们在春天的御花园中赤裸着身子，身披薄如蝉翼的透明轻纱翩翩起舞，绿色的草地，彩色的蝉衣，仿佛盛开的朵朵鲜花。宣帝一边畅饮美酒，一边击节而歌。他觉得这才是皇帝的生活内容，这才是人生的最高境界。

清明刚过，皇后杨丽华邀请宗室命妇到皇家花园赏花。虽然郊外还有些寒意，但皇家花园已是花团锦簇了。

花荫柳枝下，身着鲜艳服饰的年轻妇女们同盛开的百花争美斗妍，清风徐来，笑语盈盈，给美丽的花园平添了无限生机。

宣帝是御花园的常客，今天也是满面春风。看到园子里这么热闹，不禁喜从中来，命乐工舞伎就在园中表演，与众人共享春天的快乐。

宣帝看到命妇中有一位美丽的女子，她有着秋水般的明眸、小巧的鼻子、鲜红可爱的小嘴。宣帝正在胡思乱想，皇后杨丽华把命妇一一介绍给他。原来这位美丽的女子是尉迟迥的孙女尉迟繁炽，她也是西阳公宇文温的媳妇。排起辈分应该是宣帝的侄媳妇。

宣帝把喜欢尉迟繁炽的事告诉了郑译，问他是否有良策。郑译面露难色，示意强夺不可取，但暗中做手脚也许是个办法。

几天以后，宣帝赐宗室命妇到骊山温泉沐浴，皇后杨丽华陪宣帝一同也上了山。宣帝让皇后杨丽华陪几个年轻的命妇一同沐浴。

皇上赐浴，对命妇们来说是难得的殊荣，而杨丽华明白，宣帝准是又看上谁家媳妇了。她知道宣帝的脾气，说也无益，只得随他去吧！

骊山行宫和温泉早在前朝就有了，武帝稍加修整，到了宣帝又进行了改造。这是一处园林化的建筑，宫室都是依山而建，亭台楼阁小巧玲珑，造型各异，各种木雕、石雕、砖雕栩栩如生，彩绘更是色彩鲜艳，刻画细致精妙，甬道多半是用青石砌成，游廊把各处的建筑自然地联系在一起，穿行其中，令人流连忘返。

通往御温汤池的是一条精致的白石甬道，两侧有石柱、朱栏，栏外是一排冬青树。

在侍女们的引导下，皇后和四个年轻的命妇来到了池边的房间———一间很暖的屋子，在侍女们的服侍下，她们除去了衣服，连亵衣、内袜都除了。

汤池是长方形的，长约二丈，宽约一丈四五，有梯级通向池底，池底是白色的玉石，两旁立有精巧雕花的木制扶手，池的左右有房间，光线自四周的长窗透入，这些窗关上时看不到外面的景物。

她们在齐腰深的池水中轻轻地划着水，池水清澈见底，荡着清波。

就在她们入池的那一刻起，一双淫邪的眼睛就不停地扫射着她们。宣帝等的就是这一刻。

呈现在眼前的好像是女娲娘娘特意造就的尤物，每一处构造、每一寸肌肤，无不透射出诱人的魅力。

宣帝把目光停留在尉迟氏的身上，比起其他几人，那青春的气息更慑人心魂。比起身着衣服来，赤裸更有一番情趣。

宣帝完成了他的审查，一种从外到内的审查。

在皎洁的月光下，在汤池的便殿里，宣帝完成了自己的又一伟大杰作——将娇美的侄媳妇改造成了自己的又一新娘。

他用不着去考虑别人的感受，更用不着去倾听他人的议论。他可以将自己的意志随意地强加给任何一位臣民。

他要尉迟繁炽成为他的第五位皇妃，谁也不能阻挡。宇文温无法忍受夺妻之恨，下场只有一个——被杀。

宣帝的生活是惬意的，有美女相依，有"忠臣"相伴，可以尽情享受人生了。他的担心只有一个：威胁他的帝位的人，不管是谁，格杀勿论。

上大将军王兴、上开府仪同大将军独孤熊手握重兵，能征惯战，在军中威信很高，曾在宇文宪手下立过赫赫战功，但他们居然对宇文宪之死表示同情！这不明摆着对抗朝廷吗？如今天不杀，必然养虎为患。

可怜二位将军未能死在攻伐的战场上，却倒在了暴君的屠刀之下。不久又有一位将军随他们而去，即开府仪同大将军豆卢绍，他仅仅因为看望了屈死者的亲属，就以"串通叛逆"罪而处死。

一桩桩、一件件，历历在目，杨坚不能不引以为戒，但他更敏锐地觉察到了它的另一方面——宣帝的滥杀已造成了臣民的恐惧，他已失去了人心。他不仅在北周赖以依靠的关陇集团中失去了威望，而且在北方世族中也渐失影响。

所谓关陇集团，就是进入关中的六镇鲜卑与以关中大族为主体的北方世族相结合的政治群体。鲜卑化的形式和汉族文化的内容构成了关陇集团的重要文化特征。这一集团力量的强大在周武帝攻灭北齐的战争中显示得十分突出，可以说，周武帝就是关陇集团的最高首领，他就是靠关陇集团的支持才获得政权，巩固政权，完成统一北方的重任的。相反，失去了这一基石，北周的统治就要发生动摇。

北方世族，主要是指原北齐境内的高门大族及汉族士人。周武帝对北齐的大族及士人采取的是优待政策，从而消除了北齐士人的亡国之耻，并使他们甘心效命于明主，而对"山东的缙绅之家、河北的武骑之士，只要有可称举之处，全都要加以录用"。

可见，关陇集团及北方世族是两支影响巨大的政治势力，他们的政治取向，事关北周皇权的安稳。

现在无论关陇集团，还是北方世族，已对宣帝的暴行渐渐失去了耐性，他们也许联想到了北齐的齐后主高纬，高纬和宇文赟何其相似！

他们在沉默中观望着。

他们在观望中期待着。

杨坚伫立在自家的院子中，微风习习送来缕缕荷香，院中荷池内荷花开得正旺。清风吹拂着他的青色长袍，这是不久前独孤氏为他新做的汉装，宣帝临朝以来，进一步推行汉化，提倡汉装。这一点杨坚接受了，而且不折不扣地执行了。

杨坚仰望星空，繁星闪烁，忽然，一颗硕大的流星，燃烧着划过夜空坠向西方。他心中不禁一震，这难道是某种预兆吗？于是，他自然联想到了近期国内接连发生的几件天灾。

六月初，胶州（今山东胶州）突然爆发海啸，数百条渔船葬身大海。七月初，河北境内多处洪水泛滥，水淹三个县城，几百个村庄成了水乡泽国。七月底，陇西发生强烈地震，房屋倒塌无数，死伤数千人。

比起以往年份，今年的灾情特别重。这是上天对失政的惩罚吧！

传说夏桀行将灭亡时，天空中有太阳争斗，天上很多的星星陨落，泰山崩裂，地震发生，伊水、洛水干涸。

商纣将亡时，黄河干涸，天下大旱。

周幽王宠爱褒姒，不理朝政，烽火戏诸侯，泾水、渭水、洛水都枯竭了。岐山也崩塌了，几年后犬戎攻破镐京，幽王被杀，西周结束。

现在北周已现亡国的象征，宣帝能活多久，北周的气数还有多长？

他想到了师父，他的前途早被师父预言了，他现在急切需要师父进一步指点迷津。

在智仙师父的庵堂内，杨坚聆听着师父的佛音："一个性情急躁的人，他的言行如烈火一般炽烈，好像所有跟他接触的人都会被焚烧；一个刻薄寡恩、无情无义的人，他的言行就好像冰雪一般冷酷，好像不论任何人碰到他都会遭到残害；一个头脑顽固而呆板的人，既像一潭死水又像一棵朽木，已经完全断绝了生机，这些人都不能建大功、立大业，也不会造福社会。你的机缘就在近年，在你的眼里、在你的心里、在你的一言一行中。所谓万事皆缘，随遇而安吧！"

听着师父充满禅机的话，杨坚顿悟，心中的疑云霎时随风而去，欣喜之情溢于言表："弟子荣登九五之日，当奉吾师为国师，发扬佛法，普济万民。"

智仙淡然道："你能成就大业，是黎民之大幸，为师平生视名利富贵如浮云，但求闲云为友，风月为伴。"

离开了庵堂，杨坚一路默念师父的话，不觉已回到了京城。

一日，杨坚的心腹宇文庆来到杨坚府上，密谈宣帝的近况。

"内侍传来消息，圣上由于整日沉溺于酒色之中，体力已大不如前，常密令太医配制壮阳药物，杨公如何看待此事？"

杨坚神情凝重，平缓地说道："天圣实在无德无才，视其相貌，寿命也不会长。加上法令繁苛，耽于声色，以我推测，差不多快要不久于人世了。"

杨坚习惯性地扬了扬眉，长舒一口气，又道："现在，诸侯们势力微弱，况且都远在属国，这就像大树没了根基，鸟儿剪去了翅膀一样。我现在所担心的是尉迟迥，他既是贵戚，又有声望，一旦危及老儿的利益，他必然乱国，然而他智量庸浅，子弟轻佻，贪而少惠，终不免要败亡。司马消难是个反复无常的小人，也不是久居人下之人，肯定要再次反复，但此人轻薄无谋，构不成太大的危害，大不了过江投奔陈国。王谦远在偏远的雍、蜀之地，最易生事，但他性情愚蠢，又素无谋略，只恐他受人挑动，不过无甚大碍。"

杨坚一口气说到这儿，一脸自信的神情。宇文庆听罢，如醍醐灌顶，对杨坚的远见卓识佩服得五体投地。

天元是宣帝的自称。宣帝是个不折不扣的一味贪图享乐的人。他登基临朝还不到一年，竟将皇位禅让给年仅七岁的儿子——静帝，改元大象，自称为天元皇帝。他把大量的时间用在了无休止的声色犬马中。

当然，决策权仍然在"天元皇帝"手中，这样他既可尽情享乐，又可免受临朝之苦，真是一举两得。

他曾向左右心腹毫不掩饰地说："我要在有生之年尽情享受这大好河山，尽情享受天下美女，吃遍天下美味。"

对于这位耽于享乐的皇帝侄子，五位在京的至亲叔叔有些坐不住了，特别是颇有城府的六叔宇文招，经常明里暗里多次暗示他要远离女色、疏远奸佞、勤于政事，把武帝的事业进行下去。这无异于戳了他的疼处，他不允许有任何人指责他，他更不想有人干扰他"钟爱"的享乐。

他杀气腾腾地对郑译说："老东西太可恶了，三番五次找我的麻烦，找个机会，我非宰了他不可！"

"陛下不必动气，保住龙体要紧。"

杨坚从郑译口中得知这个消息后，灵机一动，计上心来。他笑了笑道："若要不烦人，那还不容易，分封出去，让他们到封地去住，岂不一举两得！"

"这倒是个办法，我向圣上建议。到时，说不定宇文招还会感谢我呢！"

郑译有些得意了。

郑译的提议正中"天元皇帝"的下怀。

诏书很快下达。

宇文招为赵王、宇文纯为陈王、宇文盛为越王、宇文达为代王、宇文逌为滕王，五日内各赴其国。

宇文招接到诏书，不禁仰天长叹："奸臣误我，奸臣误国！"

他指的奸臣，其实就是郑译、刘昉之流。但他万万没有料到，这一重要决策的真正幕后策划者，竟会是面带忠厚、温文尔雅的杨坚。

得意的笑像长了翅膀一般从杨坚的心里飞了出去。

他在府中和独孤氏又一次暗暗祝贺他的成功——他已把宣帝身边真正有才干的人统统调走，宣帝被包围在一群小人之中。

从杨坚目前的地位看，的确值得兴奋，半年前，他被任命为大后丞，跻身于最高的四辅官之列，前不久，又再次被提升为大前疑，位居四辅之首。杨坚在家业、军功、外戚和个人的德才方面在目前的朝中无人可比。

这一点在朝中也几乎成了公认的事实。即使宣帝的两个大红人郑译、刘昉对他也是敬佩有加的。

事业上的事常常是月盈则亏，水满则溢。宣帝不知怎的，近来对杨坚隐隐地生出一种不快来。也难怪，这个脾气怪异、唯我独尊的皇帝不允许有权臣出现，不允许臣下的权力过大，不允许臣下对他有半点不敬。

也许是臣下中有人对杨坚表示了好感，也许是杨家势力太大，也许是杨坚启奏时语气不够和顺。总之，这种不快如果遇上火星，就可能燃成一把烈火，置人死地。

入夏，天气开始燥热，正午时分皇宫内的"天台"内一片寂然。所谓"天台"是宣帝的寝宫，因为他自比天上的皇帝，那寝宫自然叫"天台"了。

此时，正是午睡时分，可宣帝一点睡意也没有，他正在津津有味地欣赏一幅春宫画——"群芳争艳图"。这是宫廷画师郭开从原北齐的宫廷藏品中发现的。他深知宣帝的爱好，便郑重地拿来奉献上。宣帝果然龙颜大悦，当即赏赐黄金百两。宣帝对臣下向来少有赏赐，这次算是出手大方的了。

"群芳争艳图"其实就是众侍女手执折扇围着一个男子跳裸体舞。画面人物逼真、色彩鲜艳，各种姿态撩人心扉，看得宣帝眼睛发直，内心燥热。

宣帝虽然后宫佳丽无数，但画面上的这种玩法还是新鲜的。他突发奇想，要按照画面上的内容自己也玩一把。

他把这种新奇的想法告诉了他最宠爱的天左大皇后尉迟繁炽。

宣帝共有五位皇后，她们是：天元大皇后杨丽华、天大皇后朱满月、天中大皇后陈月仪、天右大皇后元乐尚以及天左大皇后尉迟繁炽。

尉迟繁炽听后，不觉面红耳赤，白皙的面颊如同盛开的海棠。她实在不愿皇上这样下去，虽然她与宣帝有杀夫之仇，但既已委身于皇上，只得嫁鸡随鸡了，再说宣帝并未亏待尉迟家，父亲还被特封为上柱国。

他让尉迟繁炽去操办这件事。

五天以后，排练完毕，宣帝偕五位皇后共同观赏，男主角当然是宣帝了。望着台上淫荡的场面，天元大皇后眉头紧锁。当大汗淋漓的宣帝回到皇后们中间时，杨丽华脸上笼罩着一层阴云，宣帝却是满面春风，拍拍尉迟繁炽白玉般的面庞，盛赞道："这些都是天左大皇后的功劳，让朕实在高兴。"

杨丽华瞟了一眼尉迟繁炽，拉着她的手，微嗔道："妹妹，咱们可要爱护皇上的身体啊！"

"姐姐，我……"

尉迟繁炽满脸的委屈，泪水夺眶而出。她想：我夫家全家被杀，仅有我一人，我心已碎，万念俱灰，但我又不能不顾念我娘家数百口人的性命而一死了之，只好苟且偷生，强作笑容。今天的事看来姐姐并不知情，小妹实在是奉旨行事啊。天元大皇后虽贵为六宫之首，但待人和蔼，平素与我手足相亲，我怎好埋怨她呢？

其实，杨丽华也猜出这并非尉迟繁炽的本意，无非从旁提醒宣帝要节欲，保重身体，她相信尉迟繁炽能理解她的苦心。

兴致正浓的宣帝看到杨丽华竟敢在他的面前责备他的"功臣"，不禁怒从心头起。

"你这存心是跟朕过不去！"

宣帝的态度来了个一百八十度的大转弯，脸色由晴转阴，吓得宫人们脸色煞白。

"朕好端端的心情让你搅坏了，你的胆子越来越大了！"

"臣妾岂敢，臣妾是为天圣的身体着想啊！"

"你竟敢顶嘴！你反了！你……你……我赐死你！"

宣帝气急败坏，声嘶力竭。

杨丽华两眼含泪、脸色苍白，扑通就跪倒在宣帝的脚前，她此刻想的不仅是自己，更多的是杨家全族人的性命，覆巢之下岂有完卵！

尉迟繁炽也跪下了。

"请天圣开恩，饶恕天元大皇后吧！"

"什么？你替她求情，是真的吗？"

"天元大皇后仁厚慈爱，与众姐妹亲密无间，同心侍候皇上毫无怨言。望天圣念夫妻多年的份上饶过这一回吧！"

说着，用眼示意了其他几位皇后。其他几人平日同杨皇后也相处甚厚，刚才一时被天圣的暴怒吓蒙了，现在一经提示，也纷纷跪下求情。

这下更惹恼了宣帝。尉迟繁炽刚刚受了她的数落，现在又回过来替她求情，可见她笼络人心手段的高超。

尉迟繁炽替她求情是否还另有原因呢？宣帝把这个问题反复地问了自己多次。对了，她们本来就有亲戚关系，杨丽华的二婶母尉迟氏就是尉迟繁炽的亲姑母。

这种盘根错节的亲戚关系在北周贵族中司空见惯，但可怕的是织成一个网，天元帝担心的也正在于此。

他不禁在心中盘算起杨家的势力来。

杨坚兄弟四人，杨坚是上柱国、大前疑，二弟杨整是车骑大将军，老三杨慧是驸马都尉、吏部中大夫，老四杨爽是柱国大将军。如果算上他岳父家的势力、姊妹家的关系、儿女亲家的关系，那就更复杂了。

而尉迟家也是一门三个上柱国、两个柱国大将军、四郡公，更是不可小觑。

"杨丽华今天之所以敢指责尉迟繁炽，那还不是仗着娘家亲戚的势力，我今天就是要看看这个势力到底有多大！"

宣帝怒火正旺地说："谁也不用求情，求也没用！"

这一幕早有人报告给了杨府。

而此时杨坚正在与其密友监天官长孙宇下着围棋。监天官，就是国家负责观测天象和其他自然环境的官员。这一局已下了有一个时辰了，尚未分出胜负。

报信人神情紧张地叙述了突如其来的经过，杨坚似听非听地点着头，眼睛依然盯着棋盘。

周围静得怕人，似乎连人们的呼吸都听得见。

"长孙公以为，天圣这是下的什么棋？"

杨坚终于开口了。

"还不是一着臭棋！"

"那么，长孙公看这棋子该如何动呢？"

长孙宇不愧是棋坛老手，官场宿将，几十年的官场经验告诉他要棋高一着，必须使用自己的杀手锏——利用天象做文章。

就在一个月前，两人对弈时，杨坚从容地说道："吾仰观天象，俯察人情，周历已尽，我欲代之。"

长孙宇立即附和："老夫亦有同感。这天道轮回，是上天的意旨，谁人能抗拒？"长孙宇近六十岁的人了，长杨坚十多岁，所以如是说。

今天出现这一局面，也算是上天赐予的立功机会。在长孙宇看来，这未必是件坏事。

想到这儿，长孙宇摸出一个白木棋子，重重地放在了棋盘上。

"这一子该出手了！"

"好！好棋！"杨坚喝彩道。

"若长孙兄出面，胜我十倍。天圣可能已对我有所怀疑，我若为女儿说情，无异火上浇油。长孙兄兵出斜谷，必然马到成功，我在家静候佳音。"

天已近晌午，长孙宇急匆匆赶到天台，称有急事要面见宣帝。值日的太监禀告了宣帝，可他不想见这位老头子，他讨厌带来的坏消息，让太监告诉长孙宇自己已就寝了。

长孙宇哪里肯走，央求太监转呈宣帝，事情紧迫，关乎万民生命，恳请宣帝接见自己。

看来这老头子当真有什么急事，宣帝一百个不高兴地穿戴整齐地出来了。

"有什么急事，快快奏来，我还要睡午觉呢！"宣帝板着恹恹的面容，无精打采。

"据天象反映，我国近期将有一场灭顶的天灾降临，届时天降巨星，人畜难逃厄运！"

"什么？又有天灾，一场比一场大！爱卿所言不虚？"

"老臣所言都是实话，岂敢欺诳天圣！"

"这如何是好！老爱卿可有良策？"

长孙宇沉吟片刻，显得无可奈何的样子，说："臣也没有更好的办法。"

他话头一转："不过有一法倒可试试！"

"快说，什么办法？"

"天圣初登皇位时，曾大赦天下，当时有凤凰在岐山鸣叫，白鹿在周围出现，这都是上天给予的国之吉兆。"长孙宇故意把宣帝爱听的话挑出来。

"可近来天灾频繁，天元虽修德但灾难仍时有发生，如今只有大赦天下，感动天地圣众，或能一免。"长孙宇是位老监天官，他的预言十拿九稳，武帝对他非常敬佩，每遇大事，常请他定个良辰吉日。

宣帝沉默良久，仍不放心地问："果能免灾？"

"只有一试了！天圣可沐浴斋戒三天，以待上天显圣。"

"也罢！昭告天下，除十恶之外，一概赦免！"

北周刑律把十种最严重的罪行定为十条，而天元大皇后的过失则不在其列。

诏令发布三天后，长孙宇又赶到了天台，神采奕奕地禀告宣帝，天灾已消除了。

"看来，上天被朕的德行感动了！"

"是啊，昔年，商汤为求取上天的甘霖，在桑林设坛祈祷，言词真切，一时感动上苍，话未说完就普降甘霖，使商朝百姓获得了少见的大丰收。为此，商汤还有感创作了一首名曲《桑林》，以表达对上苍的感激之情，可见，上苍是有情的。"

　　"老爱卿，你又为我大周立了一大功劳，朕要重重地赏赐你！"

　　"老臣为大周肝脑涂地在所不惜，只恨年龄太大，不能常随天圣左右。如天圣不弃，老臣可将小儿子带来交给天圣，这孩子略识天文，又通武略，跟在天圣左右也许能用得着。"

　　"爱卿何不早说，现在朝廷正是用人之际，早早送来，好为国家出力！"

　　"谢主隆恩！"

　　长孙宇的儿子长孙晟少年英才，文韬武略，出口成章，落笔生花，至于天文地理、阴阳八卦俱能谙熟于心，时人把他与三国的周郎周公瑾相比。

　　长孙晟聪明灵秀，且无骄矜轻浮之气，尤其孝顺。小时候邻人送来一篮新鲜的梨子，黄澄澄、香喷喷，母亲让他先尝尝，可他小脑袋摇得跟拨浪鼓似的，一本正经地说："哪有父母不吃，儿子先尝的道理。"

　　太学大儒于瑾听说十岁的长孙晟才思过人，有一回路过长孙家，便有意考考他，于是指着远处的一个宝塔随口念了一个课："宝塔圆圆，六角八面四方。"于瑾说完后觉得这个课够他想半天了，于是用手拍拍小家伙的头："慢慢想吧，想好了告诉老夫！"

　　"你告诉我了，还让我想什么呢？"小家伙把头一扬说。

　　"告诉你了？说来听听！"于瑾不解地问。

　　长孙晟不慌不忙，伸出一只白白的小手，说："你看，玉手尖尖，五指三长两短。"

　　老于瑾听他一说，惊讶不已，连声说："奇才，奇才！"

　　成人后，长孙晟博闻强识，竟青出于蓝而胜于蓝，比父亲更加博学，深得老父的疼爱。他平素最佩服两个人，一个是他父亲长孙宇，他对天文历法、地理风水都有很深的造诣。第二个人便是老父的朋友——随国公杨坚，他对杨坚的人品、才学都很钦佩。杨坚建议他用才智使自己封妻荫子，青史留名，他很赞成。不过何时入仕，他父亲自有主张。不久，长孙晟被安置在宫中任侍卫头目。

　　长孙晟从此踏上了充满传奇色彩的仕途。

　　宣帝的大赦，使天元大皇后捡了一条命，也使杨家避免了一场血光之灾。杨家上下稍稍舒了口气。

　　正是酷暑盛夏，午后太阳像个大火球，不停地向大地喷射着热量。花园里的花草晒蔫了，无精打采，平日上蹿下跳的狗儿也躺在柳荫下伸长了舌头在大口地喘着气。暑气令人恹恹欲睡，杨坚虽然只穿了件薄薄的白绸短衫，但仍热得满脸通红。

正在这时，家人来报说："窦大人来访，在客厅候见！"

窦大人，就是指的窦荣定，杨坚先前的太学同学，如今的姐夫，现任右宫伯。

"莫非宫中又有不祥的消息？"

杨坚边穿衣服，边嘀咕道。

杨坚猜对了，窦荣定带来的的确不是好消息。

"皇上虽赦免了天元大皇后，但对杨家还是耿耿于怀，依旧不时杨家长、杨家短，看样子是对杨家的势力有了怀疑。杨公可要早拿主意啊！"

"看来，我得暂时离开这是非之地。伴君如伴虎。我离开，既可避开皇上的怀疑，又可保天元大皇后的安全，家里的事，你就多操心吧。明天，我让郑译给我想想办法。他的话，皇上最爱听。"杨坚苦笑着摇了摇头，"事到如今，我要学走一回柳机的路子了。"

柳机为人正直，宣帝时任御正上大夫。曾屡谏宣帝，宣帝非但不听，反而痛责柳机，扬言要杀掉他全家。

后柳机寻机外调，做了华州（治所在今陕西华县西）刺史。

天台皇宫内，郑译和宣帝在棋盘上杀得难解难分，这是第四盘。前三盘都是以郑译败北而告终，这第四盘，郑译口口声声说："不能再输了，千万不能再输了。"

日薄西山了，郑译最终还是以微弱劣势输给了宣帝。

"臣今天真是输得口服心服，臣使出了全身的解数，也不是对手，臣甘拜下风！"

其实，这哪里是下棋，分明是郑译逗宣帝开心。郑译的棋术即使算不上一流，但二流、三流总能排得上的，战胜宣帝，那是小菜一碟。郑译若是揣摩不透宣帝的心思，那还能称得上是宠臣吗？

"天圣聪明盖世，做什么都可以做得比前人更好！"

郑译边说，边亲自给宣帝扇着扇子。

"现在四海太平、国泰民安，都是天圣治国有方啊！"

"郑大人，依你之见，朕算不算是伟大的皇帝呢？"

"那自然。不过，古来有创业的马上皇帝，有守业的太平皇帝，天圣当划入后面一种。"

"不，先帝能做到的，我也能做到，而且我要做得更好。我要马踏江南，统一河山，让子子孙孙也为我而自豪。"

"天圣英明！以我朝的实力，统一江南并不成问题。只要我们充分准备，苦练精兵，江南就是我朝的囊中之物了。"

"那么，郑大人有何高见？"

"小臣不敢！据臣分析，现北方已经稳定，有勋戚猛将尉迟迥大人镇守，可保无虞，益州有王谦，郧州（今湖北安陆）有司马消难，都是忠心耿耿的将才，治下政通人和，只是江淮尚需调整，可遣一上将，率精锐之师驻守扬州，一旦南征，扬州可成为重要补给地。"

"那么谁可前往？"

"扬州总管任重道远，须得重臣，最好是勋戚，方能胜任。"

"朝中谁最合适呢？"

"随国公杨坚如何？"

"最好，最好，让他去吧，永远不回来才好呢！"

第二天上午，杨坚便接到诏书，改任为扬州总管。杨坚长舒了一口气。

按照当时的惯例，新任官员应在十日内赴任。

"哪天启程呢？此次外任实为避难，应当选择一个黄道吉日，以利出行。"杨坚在心里暗暗想着。

他想到了老朋友来和。在宇文护时代，来和曾用三寸不烂之舌搪塞了宇文护，帮了杨坚一个大忙，从此与杨坚成为莫逆之交。来和坚信杨坚终有一天将贵不可言，而杨坚也深信来和的预测。有人称来和是"半仙"，在杨坚看来，来和的话的确可以作为自己的行动向导。

民间传言来和能预知吉凶祸福、生老病死，在北周时代，来和的相面术和占卜术被老百姓传扬得神乎其神。

杨坚登门拜访了来和，来和此时正患病卧床，当听说杨坚来访，他急忙披衣下床，情急之中竟然忘了穿鞋子。

杨坚询问了来和的病情，得知还是老毛病——肾虚、盗汗，便叮嘱要延医问药，善加调养，又安排自己的家人从杨府取来了上好的鹿茸和长白山老山参。

安排妥当后，杨坚说明了来意。来和扳动手指，口中念念有词，然后眼睛慢慢睁开，缓缓地说："吉日当在本月下旬，尚有十五日，随公可以从容准备，届时可辰时出发。如此可趋利避害。"

"有大师指点，坚可无忧了！"

当日，从郑译处传来消息："皇上近日身体不爽，我看你扬州之行还是缓缓吧，也许……"

杨坚听了，若有所思，眼睛里闪着一种异样的光。

翌日，从宫中传来消息，天元帝突发重病，急召杨坚进宫侍疾。

杨坚闻讯，不由仰观天宇。

时近中午，天空乌云滚滚，云脚低垂，不一会儿，疾风挟着暴雨，倾泻而下，天地万物笼罩在一片迷蒙的雨幕之中。

杨坚冒雨来到天台。天台的气氛像这骤然变化的天气一样，令人透不过气来。朝中的重臣几乎都集中到这里了，有的神情凝重，脸上堆满了乌云；有的表情木然，仿佛木雕一般；有的焦虑地来回走动，晃得人心里更烦；有的则沮丧着脸，像苦瓜似的。

御医姚僧垣出来了，人们的眼光齐刷刷地投向了他，希望从他的语言或表情中最先得到一些蛛丝马迹。

姚僧垣右手捏着一方浸湿的帕子，好像刚刚擦过汗，他没有和任何人打招呼便急匆匆地向御医院方向走去。

杨坚同四辅官之一的李穆及郑译一块进去探视宣帝。

宣帝只是偶感风寒，二十多岁的人按理说服几服汤药，休息几天即可痊愈，但躺在龙床上的宣帝此时一脸蜡黄，四目紧闭，情况很不好。

杨坚同郑译两人对视了一下，杨坚从郑译的目光中看到了一丝无法掩饰的惊恐。

不错，宣帝的健康与否直接关系着郑译的荣辱，郑译能否继续呼风唤雨，享受荣华富贵，关键要看宣帝的恩宠能持续多久。

宣帝的病情尚不明朗，最迫切需要知道的莫过于杨坚和郑译了。

杨坚和郑译一同来到了太医院，但姚僧垣不在。太医院的小太监告诉他们，姚御医回太医院交代几句后就回家了。

两人一路追到姚僧垣的家里，姚僧垣正在家中炮制一味丸药。

"这是我祖传的秘方，应该有一定的疗效，但天圣的病体实在太虚，下官只能尽力而为。谋事在人，成事在天了。"

说完，他微微叹了口气，接着说："人要想长寿，必须懂得节制，要想身体健康，就要明白预防的重要。过度劳累必然有损健康，纵欲只会损其根本。"

其实，杨坚已完全明白了姚僧垣的意思。周武帝死于过度劳累，而宣帝一定会死在无节制的色欲上面，看来，这只是时间问题了。

郑译似乎还并不太明白，接过话茬，追问道："天圣毕竟才二十二岁啊！"

他的言下之意是，宣帝毕竟年轻，或许可以度过此劫！

"古来谁人见过枯树生花，除非仲景再世、华佗显灵。下官曾不止一次地进谏天圣，靠药膳、补品不是长久之计，但天圣哪里能听得进去，硬是把自己的精血都熬干了，元气都损尽了，即使再年轻，缺了元气，也就形同枯木一样了。"

"既如此，那你为什么还要不惜动用你的祖传秘方呢？"

"这无非尽忠尽心而已！"

言毕，众人一阵默然。

晚上虽然比白天的暑气好受了许多，但依然很闷热，讨厌的蚊子飞来飞去，不时还要叮上一口。

郑译没有洗浴就躺下了，如果是往常，他会让几名侍女轮流为他扇扇子、擦汗。但今天，他一概免了，他想单独待一会儿，理一理一团乱麻的思绪。

宣帝一旦归天，八岁的小皇帝谁来辅政？这个人事关重要，如果由自己来担任呢？这是最保险的。

可是朝中文武大臣们能甘心吗？藩王们能首肯吗？各地的总管们如何摆平？

他摇摇头，假如走到了这一步，恐怕一天好日子都不会有了，说不定全家人的脑袋都得搭上。

这个"好事"不能想，更不能做，做了就下不了台了。

那么，如果藩王担任呢？这于情于理都说得通。现在五位王爷都在藩地，一匹快马，几天工夫就可以招来。

不行！这些王爷平素就看不起我，即使把他们推上前台，说不定不但不会报拥戴之恩，还会反目成仇，拿我的脑袋当祭品呢！这帮王子王孙，只会为自己的政治前途着想，需要你时你是功臣，会给你加官进爵，一旦政治需要，他也可以把你当成草芥一样，随时抛出去。他们是不讲良心的，他们只顾自己的政治前途。

那么宣帝的辅政大臣呢？

宣帝有四名辅政大臣：越王宇文盛、老臣李穆、尉迟迥和随国公杨坚。

很显然，四人中只有杨坚最为合适！

他认为只有杨坚辅政会对自己有利。

他列出了几个关键的理由：

其一，他和杨坚的友谊从太学时代就建立起来了。同学之谊是最为纯真的友谊，这种友谊往往能经得起时间的考验，而不受金钱、地位等的影响。

其二，他帮过杨坚，而且是非常宝贵的帮助。没有他的帮助，杨坚或许不会有今天的地位，这一点，杨坚自己也承认。换句话说，他对杨坚是有恩的。

其三，杨坚有着显赫的地位和重要影响。

杨坚既有世袭的爵位，又是国丈，还担任过大前疑，四辅官之首，论资历，他是几朝元老了。这些年来，据他所知，杨坚通过各种方式，结识了朝廷内外众多的朋友，形成了一张颇具规模的"网"，虽然杨坚从不结党。

此外，杨坚的几个兄弟姐妹以姻亲关系结成的各种关系，对杨坚的辅政也必然会产生影响。

其四，杨坚的才能出众，文能治国，武能安邦，善于处理各种复杂的关系。

特别是杨坚具有一种与众不同的气质，其政治前途不可限量。

这四条基本理由，郑译在心里又作了一番推敲、加工，确实无懈可击了，他准备用来说服他的好友刘昉。

第二天，服下姚僧垣的药丸后，郑译瞪眼看着有没有奇迹出现。可是半天过去了，宣帝并未出现好转的迹象。

郑译找到刘昉，直言相告，皇上怕是不行了，不知有什么打算，两人好有个商量。

"不瞒你说，我昨天整晚都没睡着，我在考虑下步该怎么个走法，事情到了这地步，我们不能没有个退路。"刘昉回答也很干脆。

"那你是怎么想的？"

"眼下皇上就要立遗嘱，谁来辅政将是问题的关键，这将决定我们的命运，我们只有联手，才能赢得这场胜利。那么你考虑得怎样了？"

"可以说是不谋而合，至于谁来辅政，我也有底了！"

"谁？"

"猜猜看！"

"我们都写在手上，看是否一致！"

两人写完，同时亮出了手掌，不禁一起念出了声："杨坚！"

下午，宣帝自己也预感到确实不行了，立即示意要立遗嘱。

立遗嘱是件非常严肃的事情，除了规定人员，一概不准入内，御正中大夫颜之议和小御正刘昉被一同召进宣帝卧室内。

此时，宣帝已气息微弱，口不能言，两人分别贴近宣帝努力去听，也听不出所以然，可是两人各有各的算盘。

颜之议刚正不阿，一心忠于大周皇室，他心里首推的辅政官应是皇族中人。

刘昉这边早已等候了郑译等人，郑译当即决定，速请杨坚来议事。

杨坚随着使者向宫中走去。这段路他平时不止走了千百回，但这次，他觉得是如此漫长。虽然他早有心理准备，但是宫中的形势瞬息万变，谁知道会不会有意外的情况呢？

会不会是阴谋？像当年武帝对付宇文护那样，来个突然袭击。

会不会郑译又临时改变了主意，故意诈说请他？也许郑译被人要挟，唯利是图的郑译是能做出来的。

也许是佳音，郑译他们已万事俱备，只欠东风了。

忽然，师父的话又闪现了出来，河北高僧的言语又回响在耳边，还有来和。

杨坚心里陡增了豪情，他相信时来运转，千载难逢的机会终于来了。

他大步向前迈着，仿佛是迈向一条铺满鲜花的金光大道，一条通向万民拥戴的高高在上的皇帝宝座。

他心里畅快多了，为了这一天，他经受了多少磨难，忍受了常人无法理解的牺牲，也做了多少不愿做的事，说了多少不愿说的话，他愧对自己、愧对妻子、愧对儿女们。这使他又想起了一件令他揪心的事。

为了政治上的联姻，他生生拆散了长子杨勇与一位小家碧玉的真挚恋情，而强迫他与北魏皇室贵族的女儿成亲，撮合成了一桩并不幸福的婚姻，长子杨勇至今仍神情恍惚。

结束了，这一切应该结束了。

杨坚一进宫，就被等候多时的郑译迎了过去。郑译、刘昉简要说明了情况。杨坚听后，自然十分高兴，但他并没有立刻答应下来，而是推辞道："坚无德无才，怎能当此大任，诸公还是推举他人吧！"

"随公切莫推辞，随公的家业、才能、影响力在当朝谁人能比，居此要津，乃众望所归，非你莫属。"

御史大夫柳裘、内史大夫韦谟及御正大夫皇甫绩等人也一齐劝进。这几个人当然也是杨坚的心腹。

杨坚还在故作谦让，刘昉可等不及了，便干脆利落地对杨坚说："随公若要真心去受任，就快些下定决心；如果再推三阻四，我刘昉自己可要挺身而出了！"

说这话时，刘昉真的是动情了，因为时机不等人，万一被颜之仪占先，可就前功尽弃了。

一旁的郑译也插话道："机不可失，时不再来，现在局势紧急，要早定大计。天与不取，反受其咎，如再拖延时间，恐怕后悔也来不及了！"

既然如此，杨坚的戏也不好再演下去了，于是拱手向各位说道："既蒙各位错爱，杨坚安敢违拗，杨坚愿与各位同心协力，共建大业。下面我们当务之急是先控制住宫中的形势。刘大人即刻准备遗诏，郑大人负责宫中的守卫，任何人没有我签发的手令，不得出入宫门，皇上的一切消息都要完全封锁，其余诸位，各司其职，随时听候调用！"

不大一会儿工夫，内侍向杨坚报告："皇上驾崩了。"

又一阵工夫，刘昉进来报告："颜之仪这个老东西，拒不在遗诏上签字，口口声声说：'没听见皇上任何声音，要对大周朝负责到底！'"

他换了口气："不签也得签，我仿照他的字体在遗诏上签了字。这老东西，以后非整治他不可。"

杨坚听后若有所思，吩咐刘昉道："现在要防止颜之仪与外界来往，这种人什么事都做得出来，你告诉长孙晟，要把颜之仪看严实些。"

话音刚落，长孙晟进来报告："宇文仲带领一支人马候在宫外，要求入内看视皇上。"

"难道有人透露了什么消息？宇文仲到底来干什么？"杨坚自言自语地说。

　　"一刻钟前，有一个宦官急急忙忙地出去了，当时宫中并未戒严。"长孙晟一边想一边说。

　　"那一定是颜之议早有准备。也好，他既然来了，那就休想逃走。"

　　杨坚眉头紧锁，右手用力一挥，一字一顿地布置："长孙晟严守宫门，放宇文仲一人进来，不准带武器入内。刘大人你去皇上寝宫安排一下，宇文仲一到，立刻动手，然后你去安抚外面的军队，说宇文仲要留下侍疾。"

　　宇文仲确实是颜之议招来的，他给宇文仲的信很短，只是说要他火速进宫，迟则生变。

　　看到宫卫要他单独进宫，他也只好照办。因为他没有宣帝的密诏，按规定也应如此。所以只好硬着头皮进去了。

　　来到宣帝寝宫，宦官们领着他刚刚来到御前，屏风后就窜出几个彪形大汉，宇文仲虽有防备，但怎料发生得太突然了，一下也未反抗，就被缚住了。

　　外面的士兵只听说宇文仲要留下来，并不十分在意，跟着领队的军官回去了。

　　稳住了宫中形势，下一步就是百官的态度了。

　　"对付这批人，当恩威并施，先在'威'上做文章，'恩'是以后的慢功夫。"

　　说话的是位细眼长髯的中年人，名李德林，此人博古通今，世事洞明，原为北齐的第一才子，武帝伐齐后被录为内史上士，很得武帝赏识，武帝曾握着他的手说："平齐之利，唯在于你。"足见武帝对他的态度。

　　可惜这位旷世奇才在宣帝时被晾在了一边，明珠投暗，李德林常有怀才不遇的感慨，饮酒赋诗，寄情山水。

　　对于李德林，杨坚早就有心结识，但鉴于此人过于聪明，时机不成熟，一直未能结交深谈，直到宣帝病重，杨坚才暗中派侄子杨惠前去试探。

　　谁知竟一拍即合，李德林慨然应允："德林虽然才疏学浅，但报效国家的赤诚之心还在，如果承蒙提拔，必然以死相报。"

　　李德林如此态度，大概基于三个原因：一是他已看透了宣帝的必然下场；二是预测出杨坚的政治前途；三是自己确实需要一个稳妥的政治靠山。

　　能得到李德林的帮助，杨坚感到又平添了一只有力的手。今天，是他和李德林第一次在一起议事。

　　李德林告诉杨坚只需用一种简单的方法就可完成这种复杂测试。当然测试容易办，而要笼络住人心，特别是栋梁之材，就要狠下一番工夫了。

　　杨坚立刻召见了他的老部下，担任宫廷宿卫官的卢贲和能言善辩的长孙晟，一阵低语之后，两人心领神会，各自领命而去。

　　就在这时，负责刺探消息的杨惠来报："现在皇上晏驾的消息已传遍了京师，可能是颜之仪传扬出去的，是秘不发丧还是怎么办？"

杨坚沉吟片刻，与李德林交换了一下眼色。

"按大周祖制，如期举行国葬！"

宣帝大行后十二日，京师举行了隆重的葬礼，但与前年武帝相比，无论是声势或是人们的悲戚程度都逊色多了。

此后，八岁的静帝由东宫入居天台宫。

尊宣帝谪母阿史那为太皇太后，尊宣帝生母李氏为太帝太后。

尊杨丽华为皇太后，静帝生母朱满月为帝太后，陈后、元后、尉迟后则无封号。

封小皇帝原配司马氏为皇后。

接着，在天台宫大会百官，依照宣帝遗诏封官职。

鸦雀无声的天台宫内，宦官朗声展读：

封拜汉王赞为上柱国，右大丞相。

封随国公杨坚为左大丞相，都督内外诸军事，假黄钺。

封秦王贽为上柱国。

拜郑译为柱国大将军，相府长史，内史上大夫。

拜刘昉为上大将军，相府司马。

封高颎为相府司禄，拜李德林为相府掾属。

改东宫（原静帝的正阳宫）为丞相府。

大赦天下。

这一人事安排自然是李德林的杰作。李德林长期在中枢机构任职，深知大周六官制度的就里。当初郑译和刘昉推举杨坚，是想让杨坚为冢宰，而冢宰虽居六官之首，但并不总摄六官，不掌管兵马，那样的话，只是名重言轻。如此安排，则是确立了以杨坚为中心的原则，同时控制了要害部门。听完遗诏，大家纷纷交头接耳，窃窃私语，有的则面呈不平之色。

从周朝的官制上讲，右丞相位高于左丞相，官品最高。但现在看，右丞相实际上是个聋子的耳朵——摆设，因为是左丞相节制百官。这一点，稍有常识的人都品味得出来，这是一场戏。无怪乎百官议论纷纷。

不过杨坚也早就料到了。李德林向他建议时，就说明白了，做样子也得做，名正言顺掩人耳目。

短时间的议论很快平静下来，人们都在心里敲着小鼓，打着算盘。

遗诏读完后，宣布退朝。杨坚前往东宫。几百人的队伍立即分作几股，有的人立即随后跟从，有的则在犹豫观望，有的不想动弹。就在这时，只听卢贲高声招呼道："想求取富贵的，都跟着下官走！"声音中含着杀气。

众官再看看四周戒备森严的宫卫，寒光闪闪的武器，不禁心惊胆战，无可奈何地跟着卢贲前行。

来到东宫门前，宫卫刚想阻拦，被卢贲上去就是两巴掌："拦我者死，全部给我退下！"

随即换上了自己带来的宫卫。

卢贲是个武夫，以猛狠而闻名宫中，早在杨坚任左小宫伯时，就在杨坚手下任小头目，和杨坚关系十分密切。他虽是个宫卫头目，但不能擅闯东宫，按规定擅闯东宫者，要被处死。

东宫原是静帝的寝宫，相当于太子宫，是和天台一样的警卫标准。杨坚今天就是要通过这场戏，让百官们看看，静帝的东宫我都可以随便出入，无人敢拦。意在昭示自己的权力和影响。

朝廷既已控制，下一步就应当是稳定京师，进而控制全国的局势，为此，杨坚主持召开了一个规模不大的会议。李德林、高颎、郑译、刘昉、杨惠、周岩等十多人参加了这次杨坚执政以来的第一次正式会议。

杨坚红光满面，首先激情四溢地感谢大家的鼎力支持，接着着重分析了当前的形势。

"眼下经过诸位的通力协作，朝官的情绪算是平静下来，朝廷内已基本稳定，形势正向好的方面发展，相信只要大家坚守好自己的岗位，朝中就不会出什么大乱子。"

杨坚呷了一口茶，接着说："京师地位的重要性是不言而喻的，但目前我们并未完全掌握，毕王贤至今担任着雍州（今陕西西安及附近地区）牧（相当于首都行政长官），这必然要妨碍我们的计划，如果他联合其他力量在京师叛乱，形势会非常严峻。"

他用冷峻的目光扫了一下全场。

"所以，我们要尽快拿出个办法，把这个隐患消除掉！"

杨惠首先站起来，对着杨坚说道："据侄儿的手下人报告，毕王贤今天散朝后在路上出言不逊，诅咒叔父，还说要给你点颜色瞧瞧，气焰实在嚣张。"

杨坚暂时没有给杨惠任命重要职务，只是让他名为雍州牧副职，实际上领着一班人四处暗中监察朝官的言行，以防出现意外。

杨惠话音刚落，郑译接着说："不行就杀掉，杀鸡给猴看，看谁还敢不老实！"

郑译一副义愤填膺的样子。

"杀当然要杀，但要师出有名，不能给人留下滥杀无辜的恶名。"杨坚补充说。

"随公所言极是。宇文贤手握重兵，威胁很大，绝不能留，这事就交给我和杨公子吧，一定给你个满意的结果。"

李德林主动请缨，用手捋着淡淡的胡须，平静地说。

"有李大人出面，这事我就放心了。"

杨坚微微一笑，满意地看着众人。

"随公，目前五王尚在封国，若被人拥立为帝或打着'清君侧'的旗号造反，那我们岂不就被动了。不如把五人全都召回京师，监押看管，免生祸端。"

高颎也谈了自己的忧虑。

"不错，我也在考虑这件事，依高大人看，当如何处置？"

高颎是独孤氏推荐的，与独孤家有着深厚的友谊，且其能文能武，对杨坚忠心耿耿，所以高颎的话，杨坚更加重视。

高颎缓缓地说道："宣帝驾崩的消息，现在他们不可能不知道，朝中的形势他们也可能分析得到，这样他们一定会有所防范，必须有一个非常充分的理由，才能使他们不得不进京。"

高颎顿了顿，接着道："眼下正有一件事足可利用。突厥遣使入朝求亲。今可册封一宗室女，前往和亲。听说赵王宇文招有个女儿，年龄、相貌、才学正可匹配。女儿远嫁，谅赵王也不会不来。越王、代王、滕王才智平平，不足为虑，只需下诏召他们进京即可，唯陈王狡黠，可派人计骗入京。"

杨坚点头称善，随后一一布置开去。

六月中旬，沸沸扬扬的毕王贤谋害执政罪被诛一案在京城引起了朝野人士的不少议论。有的痛骂毕王贤罪有应得，有的则为毕王贤鸣不平，而杨惠对事实真相最为清楚。

那是一个夜黑风高的晚上，偌大的相府里人们大都已入寝了，只有几处还亮着灯光。四周静悄悄的。

忽然，有人高声喊道："捉拿刺客！捉拿刺客！"

一时间，相府内像炸了窝似的，守卫们手执灯笼火把，到处搜寻，入睡的人也都被嘈杂的人声吵醒，互相打听原因。

"不要跑，站住！"

"再跑就射死你！"

这些声音在寂静的夜空里显得格外清晰。

不一会儿，就听到护卫们嚷道："抓到了，抓到了，真是胆大包天，敢到相府行刺。"

一个身穿黑色夜行衣的人被押到了杨惠跟前，此人看上去二十多岁，左腿微微有些瘸，灯光下面色土黄，也许是惊吓所致吧！

杨惠厉声问道："你叫什么名字，为什么要来相府行刺！"

"嘿，今天失手，便宜了老贼杨坚，既已被擒，任凭处置，何必啰啰嗦嗦！"说完把头一扬，不再答话。

杨惠命护卫搜身，在其衣袋中搜出一封书信，急忙呈给杨惠。杨惠扫了一眼，失声叫道："什么，是毕王贤的主谋！好呀，毕王贤我看你如何分辩！今晚暂且严加看守，明日送官审问。"

当夜无话。第二天早朝，杨坚上殿奏本，言毕王贤主谋行刺丞相，要三堂会审。小皇帝懂得什么，也只是点头答应："就依爱卿所言。"

毕王贤大喊"冤枉"，可人证、物证俱在，再说也是枉然，况且毕王贤亲手写的书信，铁证如山，汉王赞也爱莫能助。

那书信上写的什么？

信很短，大意是说：社稷行将倾覆，宇文氏子孙应尽忠国家，宁为玉碎，不为瓦全，与杨坚势不两立。

信是写给赵王招的。

毕王贤依律当斩，同斩的还有他的三个儿子。

赵王招暂时未予深究。

毕王贤的书信当然是假的，是杨惠花重金聘请的高手仿照宇文贤的笔迹伪造的。杀手也是重金聘请的，不过这位杀手可不是杀人越货的江洋大盗，而是位孝子，其家贫为了治疗母亲的重病，情愿舍身救母，他与杨惠约定，先付佣金，然后按照杨惠的要求，扮演了一位"受人指使"的刺客，并说为了行动秘密直接和毕王贤联系，是为了金钱才铤而走险的。

听说毕王贤派人行刺杨坚，朝中很多人是相信的，因为他们亲耳听到过毕王贤愤愤不平的话语，只是暗暗为之可惜。毕王贤性情刚直，行止颇有明帝遗风，在宇文氏中很有威望。

毕王被诛，空下雍州牧一职，杨惠欣然赴任。自此京师牢牢控制在杨坚的手中。

五王之中，最先得知宣帝晏驾的是滕王，滕王的封国在新野，距京师最近。信是毕王贤发出的，当信使把信亲手交给滕王时，滕王正在后花园中凉亭上小憩呢！

信上的内容着实让他吃惊和费解。

"又一个国丧，京师凶险，整天都是这东西！"

他在凉亭上踱着步子，脑子在飞速地转着。

"这凶险来自何方呢？和我有什么关系呢？"

他虽然是宇文泰最小的儿子，年龄也不大，但他耳濡目染的血腥并不亚于他的哥哥们，他一向少与人争，一味崇尚清静无为，最使他感到气愤和伤心的事就是为了富贵而不择手段，手足相残。

他常常徜徉于山水之间，寄情于歌诗之中，饮酒自娱，放歌抒怀。他喜欢东晋山水诗人谢灵运的诗歌，认为它清丽而自然，很合自己的口味。

"我不管他们哪个当政，只要给我一片山水就行了。"

几天后的一个黄昏，他接到了小皇帝的诏书，要他即刻回京为公主送行。公主是赵王宇文招的长女，今年刚刚十六岁。

既是侄女远嫁匈奴，当叔叔的应该送行，这也许是叔侄最后一面了，他的心里不禁涌上了一阵酸楚。他没有多想，便和使者踏上了回京的路途。

陈王宇文纯接到皇帝诏书比滕王晚了七天，执行宣诏的是杨坚的亲信长孙晟，时任宫卫的正上士，他这次来只带了两名随从。杨坚给他的任务是要动脑筋把陈王征召回来。

"要主动，就要调虎离山，决不能深入虎穴。"他主意已定。

他在离陈国最近的一个驿站停下来，然后派人进入陈国的齐州（今山东济南）对宇文纯说："小人随长孙晟奉天子诏书来陈，不料长孙晟病在途中，实在不能支撑上路，特遣小人前来告之，希望您能动身前往。"

宇文纯打量着这位年轻的兵士，他神态自若，不像在说谎，可转念一想京中的密报，心中不由得陡生疑虑。去，唯恐钻入圈套；不去，恐有抗旨之嫌。

罢！且做两手准备，多带些人马过去，以防不测。

宇文纯让副将带了一帮精干的兵士随行。一行人骑马来到驿站。接到通报的长孙晟一脸的病态，他扶病出迎，当看到宇文纯身后的兵将皆全副武装，立即实施制订的第二套方案。他故作神秘地对陈王说："今万岁病重，特奉密诏相宣，请屏退众人。"

宇文纯心里猛地一亮，难道令我回朝辅政或是传位于我？

他马上向左右挥了下手，从人皆后退，长孙晟看众人全部退到远处，才对陈王说："请陈王下马听宣！"

宇文纯不得不跪地听宣，长孙晟马上示意随行的兵士，并大声下令："抗旨不遵，拿下！"

两士兵手脚麻利地捆住了陈王。

陈王大声喊叫："卫士何在！快来救我！"

长孙晟手举诏书，高声叫道："陈王有罪，我奉旨召其入朝，尔等不得擅动，违者以抗旨论处。"

陈王的两个亲信仍不顾一切地冲向陈王，长孙晟手执宝剑，怒目而视："谁敢向前，先斩陈王！"

众人惊愕，渐渐退去。

长孙晟跃马扬鞭，带着陈王向京城急驰而去。

陈王被带到京城，并未定罪，只是由长孙晟向他道了歉，圣命难违，不得已而为之，敬请原谅。

陈王虽满腔怨恨，但又向谁诉说？宣帝已不在，几位兄弟也和自己一样被陆陆续续召回京城，还就数自己回来得最不体面，受了一肚子气。

陈王在担心着自己的命运，他在家中的佛祖面前不停地祈祷着，他几乎把全部希望都寄托在能普度众生的佛法上。

好运似乎真的来了。他被告知，他的王位丝毫不受影响，据说是杨坚的提议，他们还可以随时入朝，佩剑上殿。

他来到了六哥赵王宇文招家里。这是他被召入京以来第一次出门拜访。在宇文招的书房内，兄弟俩紧紧地抱在了一起。

"六哥，这莫非是在梦里，兄弟差点不能相见了！"

"这都是杨坚之流假传圣旨，挟天子以令诸侯。他们册封你侄女为千金公主，近日就要远赴突厥。你知道吗？孩子哭闹着不愿离开父母，我的心都碎了。"

宇文招眼圈红红的，手里无意识地翻弄着一本屈原的《离骚》。宇文纯理解六哥此时的心情。赵王平素就感情丰富，他的诗歌也长于抒情，不然，他怎么独独喜欢庾信的诗呢？

"听说了吧，毕王贤因为写密信，被杨坚免了职，现在正调查呢，说是毕王贤派人刺杀杨坚，你会相信吗？纵然行刺，也会周密安排，断不会让刺客带着毕王的亲笔信闯到杨坚宅中，我看这是贼喊捉贼。他们看中的是毕王手里的兵权！"

宇文招越说越气，长长的胡须也不停地抖动着。

"我看国贼不除，天下难安！尉迟大人在河北已誓师灭杨了！"

"是吗？这下可好了！杨坚这下够喝一壶了！"宇文纯一阵兴奋，白净的面皮也泛起一阵红云。

"好什么，好端端的国家又要烽烟四起了，武帝耗尽了精力才统一的北方又要开战，百姓才过上几天安生日子。这一切都是国贼杨坚引起的。"

"我们也不能全怪杨坚，若不是昏君宣帝自毁长城，有我四哥在，杨坚再大的本领也施展不了，是宣帝拱手让出了权力！"

宇文纯悲痛万分，用力捶击着桌子。

"岂止是宣帝有过，武帝也有过。"不知什么时候越王宇文盛走了进来。

看到六哥和九哥迷惑的样子，他坐下解释说："如果武帝不是误选了这么一位昏君，国家何以危急到这个地步？"

"这也难怪，祖制难违呀，从古至今传谪不传长，武帝又怎能例外呢？"赵王摇了摇头。

"就是这么个祖制，断送了我宇文氏的大好河山，为什么就不可以在皇族内部任人唯贤呢？如果四哥为君，我看江南半壁也早已属周了。"宇文盛大声地议论着。

"小声点，谨防隔墙有耳！"宇文招提醒着，宇文宪的惨祸仿佛又回到了眼前。

三人默对良久，昔日疆场上叱咤风云的英雄如今落得凄凄惶惶、风声鹤唳了。

早在西魏末年，宇文招就被封为正平郡公，北周初进封为赵国公，相继任过柱国、益州总管、大司空、大司马等职。武帝时，又被晋爵为王。武帝第一次伐齐，宇文招担任后三军总管。灭齐战役中，宇文招奉命率步骑一万出华谷，进攻北齐汾州（今山西吉县）。因在战役中有功，又被迁为上柱国。周武帝末，又被拜为太师。

而宇文纯亦是年少有为，周武帝保定年间，先后任过岐州刺史、开府仪同三司、柱国、大将军、秦州总管、陕州总管等，建德三年，被封为王。第一次伐齐之战中，宇文纯统领前一军。灭齐之役中，又为前一军，率步骑兵两万人守千里径，阻击北齐援助并州的军队，配合主力进攻并州。并州平后，进任上柱国、并州总管。

宇文盛也是一员虎将。建德四年（575年），武帝第一次东伐，宇文盛任后一军总管。灭齐战役中，宇文盛率军连克北齐数城。北齐平后，任相州总管，以后又任大冢宰。

三人均为大周的江山社稷立下过汗马功劳，如今眼看着大权旁落于外戚之手，而自己则被晾在了一边，不平和失落的情绪充满了整个书房。

三天后，毕王贤全家被斩。

这一天，赵王招喝得酩酊大醉，公主望着满头华发的父亲像个孩子似的呜呜哭泣，想到不久就要永别父亲，远嫁到不毛之地，不禁泪如泉涌。和亲的圣旨是两天前下给赵王的，从接到圣旨的那一刻起，公主就没停止过哭泣，她央求父亲向皇上言明自己的心迹，但赵王只能以酒消愁。

"毕王的今天，就是我们的明天啊，人为刀俎，我为鱼肉，公子王孙，只是杨坚手中的猎物，愿意射猎就射猎，焉知下一只猎物不是我宇文招吗？"

"父亲！"

"孩子，父亲无能，无力保护你啊！"

"父亲，我不嫁突厥，我要和父亲在一起，和母亲在一起！为什么非要我嫁不行呢？"

"孩子，圣命难违啊！你要去，你一定要去，你是我们宇文氏的希望，你不要忘了身上流淌的宇文家的热血！"

"步兵未饮酒，中散未弹琴，索索无真气，昏昏有俗心。涸鲋常思水，惊飞每失林。风云能变色，松竹且悲吟。由来不得意，何必往长岑？"

宇文招披头散发，仰天长吟，步履跟跄，如癫似狂。

"王爷，你就安分些吧，孩子明天就要上路，不要让她太分心。"王妃实在看不下去，上前劝解道。王妃年龄在三十开外，但憔悴苍老得很。

"何以解忧，唯有杜康，我还要喝！"

"父亲，你让我明日如何走啊！你老人家不休息，我就一日不走！"

"王爷，你的心情我们能理解，但你总得为孩子考虑啊！"

听到这儿，公主掩面夺门而出。

"叔叔，赵王府内线密报，明日为公主送行时，王府的杀手要趁机对你行刺，为安全考虑，希望你不要前去了。"杨惠对杨坚禀道。

"不，要去，这样重要的事情，我怎能不参加呢！对突厥人的礼节一点也不能马虎！到时你注意加强警戒，我自有办法对付。"

"万一不慎，还是……"

"你就放心吧！杀我杨坚的人还没出生呢。"

"那好，我就去安排。"杨惠转身就要离去。

"你回来，这个消息可靠吗？"

"不会有错，这个人是王府的总管，他亲耳听到的，刚刚派人送来的信。"

"好吧，你顺便去把高颎、李德林请来。"杨坚目送着杨惠匆匆离去，转身去了议事厅。

赵王府的总管原姓陈名林，是西魏破江陵时俘虏而来的，当时年龄才十几岁，面目清秀，口齿伶俐，被宇文招要来做了家奴，后被赐姓赵。

赵林有着一手绝活，即累千记万，从不差分毫。由于精明能干，被宇文招逐渐提拔，做了赵府的总管。

赵林与王妃的贴身使女云儿有染，云儿十六七岁，生得小巧玲珑，温柔可人。她本是犯官家的使女，来到赵府看到赵林仪表堂堂，有心认识赵林。而赵林也贪恋她的姿色，一来二去，两人竟到了一日不见如隔三秋的程度。

一个皓月当空的晚上，两人趁王妃不在府里，竟在王妃的床上颠鸾倒凤，折腾了半宿，筋疲力尽，不觉中呼呼大睡起来。

等到王妃从外面回来，发现床上的一对男女竟赤裸裸地交颈而眠，如五雷轰顶，脸都气黄了。

这一对情知闯下了塌天大祸，只顾求饶，王妃气得咬牙切齿，非要打死他们不可。

赵王也痛恨他们色胆包天，但毕竟是要面子的人，赵林被鞭打五十，云儿被卖到了边地。赵林自此被罚做苦力。

但后来的管家总比不上赵林，两年后赵林又被启用，但这以后确实比原先老实多了。

但老实是表面的，内心里却埋下了仇恨的火种。这件事后来被杨惠利用了。杨惠答应了赵林所提的条件，即要把王妃收为婢女，好好出一口恶气，他要当众奸污她，要让她裸体示众，要让所有的苦力把她玩个够。

他把赵王的一举一动都牢牢记住，并通过亲信经常与杨惠联系。

丞相府的议事厅内，高颍和李德林都到了。

杨坚把收到的消息简单地通报了一下，而后声音略有沙哑地说："五王不除，京城难以安宁，叛乱难以平息！"

"依我看，五王暂不要动，免得人心惶惶，更主要的是怕再起战端。现在相州等多处燃起战火，若再开战场，恐难以应付，而前方吃紧，后方务必要安定。"李德林从战局的发展方面提出了自己的忧虑。

高颍也插言道："李大人所虑很有道理。现在我们要五指并拢，集中力量对付叛乱，对五王可旁敲侧击，给以警告，必要时各个击破。他们现在已是笼中之鸟，飞不出去的。"

"那好，我们明天各盯住一个，看他们能玩出什么新花样！"

第二天上午，杨坚便带着护卫李圆通和高颍、李德林一齐来到灞桥。

这时，灞水两岸涌来了无数的男男女女，他们都想亲眼看看公主的风采，据传，公主比当年的王昭君还漂亮呢，沉鱼落雁，美若天仙，不然一个小女子何以能使两国化干戈为玉帛呢？

杨惠带来的京师禁军被严密布置在大道的两侧，灞桥由多名士兵守卫，一个个精神抖擞，严阵以待。

一队旱船队伍由远而近，围观人群情绪更高了。跑旱船是人们喜闻乐见的一种大众娱乐方式，每逢节日或重大喜庆的日子，人们都要尽情地玩耍。

那红红的旱船的确透着一种喜庆的气氛。化了装的演员们边做着划船的样子，边向两边围观的人群扮着各种滑稽的嘴脸。

杨坚的身旁站着李圆通，他双目炯炯，警惕地观察着周围的人群。

赵王宇文招带着陈王、代王、越王和滕王四人在桥东侧等着，他们要在这里和即将远行的公主道别，然后喝下公主最后敬献的礼酒。他们身后除了几个捧着酒壶的侍女外，再无别的闲杂人员。

人群又骚动起来，送亲的仪仗队出现了，队伍的前面是四列手擎红旗的骑手，随后是十二个衣着鲜艳的宫女，紧接着是两乘装饰华贵的花轿，花轿后又是长长的嫁妆队伍。花轿在赵王的面前落下，随后下来一位绝色佳人。这时人群轰动了，人们都伸着脖颈，瞪大眼睛瞧着，这少女随后为另一顶轿子撩起帘子，一位粉妆玉琢的少女款款走下花轿，原来这位才是公主。

公主来到赵王面前，深深作了一揖，无语地举起酒壶为父亲倒了一杯酒，随后又为四个叔叔一一敬酒，动作轻盈，但使人感觉似有千钧之重。只见赵王神情是那样凝重，他俯下身子，捧了一把脚下的黄土放到一个绿色的小包里，双手递到了公主的手里。人们看到父女的眼中都满含着泪水。

四周静悄悄的，刚刚喧闹的人群似乎都不存在了，人们凝神屏气目睹了这骨肉分离的一幕。

公主在使女的搀扶下上了轿子，灞桥又恢复了热闹。

这时杨坚听见人们议论纷纷。

一个小伙子带着十二分的怜惜，说："中原的男人难道都死光了，这么漂亮的姑娘要送往突厥！"

两个白发老人指指点点，摇着头，叹着气："嫁一个姑娘，就要花费这么多，光那花轿也够我们吃一辈子的了，太浪费了，太浪费了。"

"赋税徭役这么重，他们有的是钱。"

听着人们的议论，杨坚心有所感，回头对李德林说："回头准备起草两个布告，把减免徭役和禁止铺张浪费都写进去。"

突厥的迎亲使者走过来，双方都施了礼，杨坚接过侍者奉上的酒杯，和突厥使者举杯共饮，共同祝愿北周皇帝和突厥单于万寿无疆，祝愿中原和突厥永结同心、友好相处。

随后杨坚又把送亲使者长孙晟叫来同突厥使者相识，突厥使者见长孙晟是个高大的汉子，也很高兴，两个也对饮了两杯。

五王那边，只见宇文盛使个眼神，随着铿锵的鼓点，舞狮队伍滚过来了，那只狮子蹿腾跳跃，活灵活现。

尤其引人注目的是执掌狮头的那位舞得更是精彩，正当人们全神贯注之际，那只黄色的大狮子渐渐逼近了杨坚。

李圆通、高颎和李德林三人紧紧围拥着杨坚，而杨坚却慢慢地向赵王靠拢。

杨坚紧紧握住赵王的手，不停地表示祝贺和安慰，那样子像一对亲密的朋友。而后两人肩并肩地站着观赏金狮狂舞。

舞狮人几欲贴近杨坚，但都被李圆通巧妙挡过。

站在远处的杨惠就等着杨坚发信号，而杨坚却谈笑风生，视而不见。李圆通目光如电，一副凛然不可侵犯的样子。

仪式结束，天色已近正午，人们目送着送亲的队伍消失在天之尽头。

几天后，在灞水中漂着几具发臭的尸体，有人认出了他们就是耍狮的艺人。

第三回

观垂虹百鸟来谒，出奇谋三军建功

杨坚那天从灞桥回来，随行的还有为孙儿长孙晟送行的长孙宇。长孙宇好像永远都是笑吟吟的模样，他望着杨坚一脸的愁容，打趣地说："随公否极泰来，当云开雾散，还有什么不顺心的事？"

"长孙公啊，不当家不知柴米贵，坚虽权重，但诸事繁杂，这边结了，那边又起。现在五王图谋不轨，尉迟迥叔侄在外又兴兵叛乱，眼下是多难之秋啊！"

长孙宇又是微微一笑，拈了拈银白的胡须。

"孟子云'天时不如地利，地利不如人和'，只要人心齐，有奔头，劣势可变为优势，守势可转为攻势，我今献上一计，管叫将士们同心同德，为你奋勇杀敌。"

"长孙公有何妙计，快来教我！"

"今日午后将有一场雷雨，雷雨过后西天将出现彩虹。你可将众将官集中在相府开会，届时，你领着他们去院中观赏彩虹。"

"怎么样？"杨坚急着问。

"满院中群鸟翔翔，在你头顶盘旋，有的还要落在臂上、手中，你不必说话，它们过一刻会自动飞走。"

"有这么神？是你用的法术吧！"

"也可以这么说。但这是为天下百姓着想，你顺应天意、顺应民心，理应受此殊荣。"

"我还要做些什么？"

"注意，这是吉兆，你要镇静。大家看到这种征兆，什么也不用说，心中自然明白。你开会的时候再做动员和布置，效果就大不一样了。"

说完，他拿出一套青色的衣服、两颗黑丸药，对杨坚说："你换上这套衣服，服下这两颗丸药，它们会帮助你的。"

杨坚大惑不解地接下了这些东西。

午后果然一场大雨，雨过天晴。杨坚招呼着众将官来到院中，呼吸着透着泥土芬芳的清新空气，人们心情爽朗多了。

有人首先发现了彩虹，大家争相观看西边鲜明的七彩桥，那彩虹把湛蓝的天空装点得更加生动。一些年轻的将官兴奋得啧啧不已。

一群叫不上名字的小鸟从远处叽叽喳喳地飞来，看到众人不但不惊，反而收拢羽翼，一齐飞落在院中，忽而又飞起，在杨坚的身旁飞来飞去，几只大胆的还停在了杨坚的肩上，向着杨坚不停地鸣叫。

大家惊异万分，身子像被钉了那儿，一动不动地观看着这一人间奇景。

直到群鸟飞过，包括高颎、李德林、杨惠在内的亲信都只有纳闷的份。杨惠也只是最近听婶母独孤氏说起杨坚出生时的异状，但终是半信半疑。

今天所见，无疑是上天的安排，旨在暗示人们，杨坚乃真龙天子，务必要竭力辅佐。

今天参加会议的多是在京的青年将领，是经过杨坚和智囊们精心挑选的，他们在才智方面，都无愧于优秀的标准。

其中包括：窦荣定、杨惠、杨素、卢贲、李询、李浑、李彻、宇文述、虞庆则、韩擒虎、贺若弼、元胄、元宇、元谐、元孝矩、长孙炽、长孙平、史万岁、王谊、王世积、李圆通等几十人。

杨坚相信，这些人都是未来打江山、保社稷的柱石，在他们身上花费再多的功夫都是值得的。

"各位将军和未来的将军们，今天，在送亲的灞桥上，我耳闻目睹了人们对和亲的热烈欢呼，这是对和平生活的渴望啊！这就是所说的民心，民心不可违啊！"

杨坚说得很动情，边说边不停地挥动着手臂。

"可有的人不顾民心所向，肆意发动叛乱，启图重新燃起罪恶的战火，我们应该怎么办？"

"消灭他们！"

杨坚的话使群情激奋，将军们大声地回答着。

"对，用我们锋利的剑，去对付邪恶的战争。我们不但要消灭那些狂妄之徒，还要进军江南，统一全国，让全国从此结束战乱，结束分裂。数百年了，老百姓日夜都祈盼着这一天啊！让所有的百姓共同生活在同一片蓝天下，男耕女织，永沐和平的阳光。这一历史要靠谁来完成？靠你们，靠我们，靠我们大家。

"将军们，勇敢的男子汉，为国家、为民族、为个人建功立业的时刻来到了。让我们每一个人用自己的力量和智慧去书写伟大的历史吧！"

杨坚的即兴发言赢来了雷鸣般的掌声。

而后由李德林作了具体战略部署。

战略部署的指导思想是：政治手段第一，政治斗争与军事斗争密切配合，双管齐下；集中兵力打击首要敌人，以此动摇和瓦解其他叛军，最后实现各个击破。

杨坚首先成功地争取了关陇集团中举足轻重的两个家族——李穆和于翼。

陇西人李穆，是西魏十二大将军李远的弟弟，这时官拜太保，出任战略要地并州总管，位望隆重。其子李雅在灵机（今宁夏灵武县西南）镇守，防御突厥。后被授为大将军，任荆州总管。李穆的侄子李崇，时任左司武上大夫，加授上开府仪同大将军。

李氏一门，在朝的官者计有几十人之多。所以，李穆的态度不仅直接关系到关中的安危，而且牵动群情，影响到关陇集团其他各家族的向背。

对于能否争取到李穆的支持，杨坚并没有十分把握，他对前去游说的心腹柳裘说："我杨家与李穆家是世交。武帝时，李穆曾随家父东伐，后遭敌兵包围，情况非常危急。突围中，李穆中箭坠马，是家父冒着箭雨救下了李穆，当时伤势严重，他已经奄奄一息了。父亲一手抱着他，一手催马奔驰，待找到医生时，那马都累得站不起来了。幸亏救治及时，才保住了性命。我父亲为了从战场上抢出李穆，腿部中箭都不知道，等放下李穆后才发觉疼痛，这时蓝色的战袍已被鲜血全部染红了。"杨坚似乎在讲述一个遥远的故事，"这件事以后，家父便和李穆成了亲密的朋友，两家的交往也很深，后来，家父让我称呼李穆叫'父党'，很亲切的。

"不过，李穆对武帝的感情也很深。武帝少时和齐王宪都曾寄养在李远的家里，李穆常去哥哥家看望他们。武帝也把仁厚的李穆当做可敬的长辈加以礼遇。宇文护被诛，李穆复出后，又被武帝委以重任。李穆也知恩图报，忠心耿耿、尽职尽责。后来在灭齐之战中，冲锋陷阵，为灭齐立下了大功。武帝驾崩后，李穆伤痛欲绝，也是亲眼所见。

"但大周朝也欠了李家一笔血债。这一点，你也听说过。他们的心理上势必要留下一些阴影。

"说服李穆有可能，但难度较大，不过不是块硬骨头，也不会让你去啃。你要充分准备，做最坏的打算，我期待你的好消息。"

柳裘轻车简从，只带了杨坚的亲笔信和一名随从。

柳裘从踏上并州的第一步起就感到这里的气氛和京城一样紧张。

柳裘在书房里拜见了李穆。李穆虽然头发花白，但腰板很硬朗，精神头也很足。

接过柳裘奉上的书信，李穆很仔细地阅读着。杨坚的信主要是追忆友情，字

65

里行间透着一股浓浓的温情。

李穆看完书信，将信收到了宽大的袖内，脸上的表情虽比刚才自然一些，但仍感到是严肃的，令人透不过气来。

柳裘等到李穆看完书信，开门见山地问道："李公久经风雨，对眼下的形势有何高见？"

李穆端起茶杯，做了一个"请"的姿势，用杯盖拂去水上的茶叶，呷了一口，自言自语地说："不容乐观啊！"

他的这一并不明朗的态度，与柳裘的估计有些出入。

但柳裘并不知道在这同一间书房里，李穆的四儿子李士荣已同父亲密谈了一个时辰，话题和柳裘是一致的，就是对当前的局势应该采取一个怎样的基本态度，说白了就是，倾向杨坚，还是支持尉迟迥。

父亲理解儿子的态度，儿子希望选择后者，有他特殊的原因。李士荣的妻子尉迟氏是尉迟迥的三女儿，是个外柔内刚的女子，她已经明确地表示，如果李家放弃支持尉迟迥，她要么自杀，要么离开李家。

这两个结果都不是李士荣所希望见到的。他爱多情美丽的妻子，妻子也爱他，况且他们还有一双可爱的儿女。但生死关头，尉迟氏宁可舍去丈夫和儿女，以死来报答娘家，足见其家族的荣誉感是多么强烈。

晚宴是在特设的小客厅里举行的。菜肴虽然丰盛，但食客仅有三人：李穆父子俩和柳裘。

酒过三巡，一身书生打扮的李士荣站了起来，端起满满一觚酒，双手送到柳裘面前，说："柳大人，我佩服你过人的胆量。在这种特殊的时刻，你只身前来游说，真是了不起。我敬你一觚酒。"

"承蒙谬奖！"柳裘双手接酒，一饮而尽。"我柳裘官低人微，今日斗胆来到贵地，全仗着随公对你们的高度信任。柳裘此番前来，既不是为我自己求富贵，也不是为杨坚做说客，而是为你们李家的前程奔走！"

"为我们家？我倒要听听。"李士荣的嘴角闪过一丝不易察觉的冷笑。

"杨坚辅弼幼帝，乃是秉承先帝的遗训，顺天应人，况且杨坚德威过人，众望所归，这一点李大人想必领略过吧！掌印以来，除旧布新，深得人心。可尉迟迥逆天而动，不自量力，已惹得天怒人怨，他为一己之私利，要把战祸引向全国，这种失道的战争必将遭到彻底失败。而一些不明事理、不辨是非的人因受其蒙蔽，一味盲从，自以为正义在手，岂不知已为人所用，走上这种绝路，不是很可惜吗？"

"此言差矣！"李士荣一脸的不屑神情，他说，"相州，尉迟迥已经营数年，兵精粮足，城垣坚固，可谓稳如泰山。尉迟迥乃朝中元老，德才足以服人，门生弟子众多，关系盘根错节，振臂一呼，天下响应，若合而击之，京师必危如累卵，且夕可下。再说杨坚乃外戚监国，名不正，言不顺，天下人对此颇多讥议。依士荣看来，杨坚未必不败，尉迟迥未必不胜。"

"裘听说，得民心者得天下。随公尊佛重儒，天下佛门子弟无不称道，读书人也眉开眼笑，他轻苛捐，薄徭赋，厉行节俭，罢去扰民之役，天下百姓受益匪浅，这些措施顺民意、得民心，如久旱的甘霖滋润着人们的心田。民心是成败的变数，是根本。而尉迟迥在相州横征暴敛，生活糜烂不仁，失义无孝，相州百姓敢怒不敢言，民心、军心涣散。兵多又有何用？"

"你们不用再斗嘴了，这事容我考虑。"李穆终于开口了。

正在这时，一个约莫二十多岁的年轻人，一身风尘走了进来。

"十儿，你怎么来了？"

"是老十，刚刚到吗？"

李浑的出现使李穆和李士荣既意外又兴奋。李浑是李穆的第十个儿子，在宫中任侍卫头目，是杨坚的干将之一。

他是受杨坚的派遣特意从京城赶来的。现在前线战事正酣，将士们对实力雄厚的叛军心存不安，急需一帖强心药，而李穆的支持则是一味最好的心药。

杨坚对柳裘的成功并无十分把握，为保险起见，他派李浑星夜赶往并州协助说服李穆。

"父亲，尉迟迥在政治上是没有前途的，周室的气数也尽了，当今，谁能主宰乾坤，已像黑白一样分明了，天意已归于随公，我们怎能违背呢？周朝有恩于我们，但也有负于我们，不要忘了滚滚落下的七颗头颅，不要忘了数年的屈辱生活。我们没有什么值得愧疚的。父亲，别再犹豫了，该下决心了！"

李浑的话抓到了李穆的疼处，李穆总算拿定主意了。

第二天一早，李浑带着父亲特意准备的礼物又马不停蹄赶回京师。

这份礼物是一只普通的熨斗。但这小小的熨斗到了杨坚的手里便可执威柄以"熨安天下"，确实变成了一只不平凡的熨斗。

为表示同尉迟迥势不两立的决心，李穆将尉迟迥的儿子，朔州（今山西朔州）刺史尉迟谊捉了起来，押送入京。

李穆对神情恍惚的李士荣说了这样几句话："大丈夫处世间应大处着眼，不要斤斤计较。"

凡事总是有得有失，对李穆一家来说，最大的损失可能就是儿子的终生痛苦了。

李穆的支持对于翼家族的政治投向无疑起了很大的推动作用。

于翼其时为都督幽、定七州六镇诸军事，幽州（今北京）总管，雄踞河北，尉迟迥遣使招诱他，被他执送京城，使得杨坚紧张的神经又松弛了许多。

对李穆、于翼两大家族的政治收购，无疑是杨坚平定叛乱所打出的最成功的牌。

在杨坚召开的重要军事动员会上，能征惯战的大周名将韦孝宽没有参加，此时他正率军行进在征讨尉迟迥的途中。

尉迟迥的反叛是必然的。

尉迟迥与北周皇室之间有着割不断的血亲关系。他的母亲是周文帝宇文泰的姐姐昌乐大长公主，他的妻子是西魏文帝的女儿金明公主。尉迟迥的孙女尉迟繁炽先嫁宇文温，后被宣帝占有，立为天左大皇后。

尉迟迥一族在西魏与北周立国以来一直被重用。西魏大统十五年（549年），尉迟迥升任尚书左仆射，翌年拜大将军。

废帝二年（553年），他又攻克益州取得巨大成功，任大都督，统领益州、潼州等十八州诸军事，益州刺史，集军政大权于一身。宣帝时，尉迟迥任四辅之首的大前疑，后又转任战略要地相州总管。他的兄弟子侄也多被封官晋爵，如前文所述，一门三个上柱国，两个柱国大将军，四郡公，在北周首屈一指。

尉迟迥一直为他的血统和荣耀的家族而感到自豪，他把自己的荣辱和北周王朝的兴衰紧紧地联系在一起，岂能允许有人损害他目前的既得利益，他手中的几十万大军就是他的王牌。

对于尉迟迥的反叛，杨坚是有先见之明的。自己一无特殊军功，手中又无强大的武装力量，比起尉迟迥来，只能是小巫见大巫了。

而军功和军权在南北朝时期的改朝换代中则是必不可少的。现在的情况必然引起尉迟迥的反感和愤慨。

对于尉迟迥的这种表现，杨坚曾大大地领教过一回。

那是在宣布杨坚任大前疑的早朝上。在武帝临终安排的四位辅臣中，首要者称大前疑，在四位中，李穆和尉迟迥在年龄和资历上都远超过杨坚。而只当了几个月大前疑的尉迟迥却要将这一位置无奈地让给杨坚，心里实难咽下这口气。他望着杨坚，眼里像滴出了血，用鲜卑语恨恨地骂了句："什么东西！"

杨坚听得很清楚，他懂得鲜卑语，但他装作什么也没听见。小不忍则乱大谋嘛。但心里却在回敬："老东西，咱们走着瞧，有朝一日……"

这一天终于来到了。

杨坚为防止尉迟迥的反叛，在山东各州府的人事安排上做了较大的调整，安置了自己的一批亲信。

任李穆为并州总管。

任李穆的侄子李崇为怀州（今河南沁阳）刺史。

同学王谊被任为郑州（今河南许昌）总管。

姐夫窦荣定为洛州（今河南洛阳东）总管。

华阳人杨素与杨坚交往很深，被任命为徐州总管。

东垣人韩擒虎由高颎举荐，任和州（今安徽和县）刺史。

于翼任幽州总管。

这种战略布局，北可以防止突厥南下，南可以防止陈朝北进，并形成了由北、西、南三个方面对山东、河北的包围态势。这些布置是在很短的时间内完成的。杨坚争取了宝贵的备战时间。

远在千里之外的尉迟迥也并没有睡大觉，他支起他特有的大耳朵在探听着来自京师的消息。

阴雨连绵的六月初，尉迟迥接到了毕王贤的一封短信，他才知道，宣帝已经驾崩十多天了，执掌权柄的正是他瞧不起的"杨家小子"。这消息跟这恼人的天气一样坏透了。看完信，他失神地望着茫茫苍穹，气恼且抱怨着，不停地责备为什么老天这么不开眼，偏偏跟自己作对。

自古一朝天子一朝臣，杨坚虽不是君，但挟天子以令诸侯，跟君有什么两样，离君位还能有多远？

下一步杨坚会出什么招，傻瓜也会猜得出，看来，是认真考虑自己出路的时候了。

他急急招来了在朔州任刺史的儿子尉迟谊、时任将军的儿子尉迟惇、尉迟佑、侄子青州总管尉迟勤等一班子弟和亲信商讨对策。

尉迟谊脸色苍白，像个大病初愈的汉子，他的话听起来像个深谙世故的老人。

"杨坚初入相府，立足未稳，一时还顾及不到我们，暂时不会危及我们的利益；我们和杨坚虽有不快，但并未撕破脸皮，他对我们的态度并不明朗，不妨派人前去试探一下；再说我们家将军充室，麾下雄兵以万计，地阔城坚，处于战略要冲，杨坚要使政局稳定，怎会轻易惊动我们，如果可能，我们也主动伸出手去，两家握手言和，换来永久的安宁。"

尉迟勤听罢，嗖地站起身来，语气颇为激动："大哥未免太书生气了吧，你是以君子之腹度小人之心，杨坚他未必这么想。握手言和，那只是你的一厢情愿。依我看，杨坚能够一鸣惊人，脱颖而出，是他多年苦心经营的结果，他以如此平平资历，一步跨上高位，一人之下，万人之上，古今罕有，这足以说明他的阴险狡诈是无人能比的。这种人会与你以诚相见吗？他需要你时，也许能和你一时的共患难，但他的多疑会使你的一切梦想被打破，想一想，我们有这么多手握重兵的将军，他能睡得着觉吗？与他合作，恐怕到时候他吃大鱼大肉，而我们只能喝西北风！"

"如此说来，只有言战了？我看未必。从西晋以来，哪个朝代不是靠豪强家族打天下，又靠他们安天下的？杨坚无论走到哪一步，都需要强大势力的支持。关键是要做出姿态。再说以兵戎相见，我看胜负实难预料，一旦不利，我们何以为家？"尉迟谊慷慨陈词。

"我看大哥太悲观了！"尉迟迥的二儿子尉迟宽也坐不住了。

"依我看，我们不战则已，战必取胜！何以言之？一是我们有强大的军队，我们仅相州就有精兵二十万，训练有素，都是以一当十的好汉，勤哥的青州也有不下十万的精良之师，再有其他州府，可集合五十万大军；其二，我们有充足的粮草；其三我们有可借之兵。只要打出'勤王'的旗号，向全国揭露杨坚改诏的阴谋，其他总管必然群起而响应。到那时候，我们的星星之火，必成燎原之势，还愁打不败杨坚吗？"

尉迟宽说完，得意地望着他的老父，希望能得到几句赞许。

"只可惜杨坚不是笨蛋。"一直默默无语的尉迟佑开口了，"杨坚能熬到今天的地步，足见他有过人之处，据说他把很多能人笼络得团团转，什么高颎、李德林、杨素等人，个个都是人尖子。要想在军事上取胜确实不容易。"

"你怎么长他人志气，灭自己的威风！"尉迟勤大为不满。

"我的意思只是提醒一下，不可轻敌，不要掉以轻心，要拿出一个万全之策。战争一旦开始，就不是我们能控制得了的，这是一场命运的赌博，赌博就是冒险，我只是希望我们赢得多些，输得少些。"

"你说下去！"尉迟迥对五儿的话显得很有兴趣。

"我想，就两句话，取得广泛支持，激励军心民心。"

"好吧，这件事关乎我们家族的前途命运，让我考虑清楚再说吧，不过我们要从现在起，应做好应付危急的准备。"

正在这时，卫兵进来报告京师来人。

来人从京城带来了一份密函。

朝廷任韦孝宽为相州总管，命尉迟迥回京候旨。

"终于下手了！来吧，老子可要好好款待一下这位新总管！你们各回各地，准备起兵！"

听到这儿，唯有尉迟谊的表情耐人寻味，脸色也由白变红，由红转灰。

在这天尉迟迥召集的密会上，参加的外姓人很少，总管府长史晋昶就是其中之一。

此人能言善辩，机智多谋。他在尉迟迥身边已有五个年头了，办事仔细周到，很得大总管的赏识。

他在密会上一句话也没说，但心里却一直在想："尉迟迥虽说可称得上是一位良将，但并不是一位称职的政治家，缺乏驾驭能力和统等能力；不善权术；性格暴躁，贪财好色，充其量是个'项羽''吕布'的角色，而杨坚则可算得上当今的'刘邦''曹操'，我不能稀里糊涂为他陪葬，必须寻找自己的出路。"

机会说来就来。

第二天，朝廷宣诏的使者便到了。使者也是鲜卑人，名破六韩裒。晋昶暗暗高兴。

宣读完诏书，尉迟迥忙问韦总管为何没来，破六韩裒解释说韦大人因染风寒，正在路上养病，病愈后就赶来。

尉迟迥如何肯信，便顺水推舟，说："既如此，那就让晋长史代表我去看望看望，大人就留在府上休息。"

如此美差，晋昶真是求之不得，便欣然接受了任务。

临行前，晋昶来到总管府的贵宾室，私见了破六韩裒，互通姓名之后，破六韩裒便问起是否认识博陵李公辅。公辅是李德林的字，真乃天意，竟有如此巧事，李德林曾谈起过晋昶这位老同学。

"公辅让我代他问候你，他很想念你。"

"公辅是我的同窗好友，我也对他十分想念。"

"公辅现今效力于随公的相府，很受器重，公辅很想同先生长相聚首，共话未来，不知先生意下如何？"

"知我者，公辅也。昶愿长随公辅左右，昶现在正有一件急事要禀明。尉迟公要加害韦大人，想有所图谋，韦大人不可不防啊！"

"韦大人有所防备，所以先遣我来投石问路。我来时，李大人让我带封信给你，嘱我千万交到你本人手里。"

破六韩裒从内衣里掏出一封用白绢写成的书信。

晋昶迅速扫了一眼信的内容，激动地说："谢谢随公和公辅的信任，我一定做好内应，不辜负他们对我的期望。但眼下必须及时通知韦大人，晚了就脱不了险了。你现在给我写几句话，便于和韦大人联系。"

晋昶收好了便笺和密信，匆忙离开了总管府，跨上白马，向朝歌（今河南汲县北）方向飞驰而去。

晋昶离开不久，尉迟佑赶到，听说晋昶一人前往，便隐隐感到有些不安，心中暗想："这是关键时刻，一丝也马虎不得，万一晋昶走漏消息，岂不铸成大错？"

想到这儿，尉迟佑忙向父亲建议："事关重大，不可不防。我现带一支骑兵前去'迎接'，决不能留着这位猛将成为我们的克星。"

"好，还是五儿想得周到，你即刻出发。"

晋昶昼夜兼程赶到朝歌时，天刚擦黑，见到韦孝宽，奉上了书信，简单说明了来意。

听说形势如此危急，韦孝宽着实吃了一惊。他是位精明细致之人，马上断定危险就在眼前。他谢过晋昶，并应晋昶要求让从人把晋昶捆住，塞住了晋昶的嘴，说了声"后会有期"，匆匆出城而去。

一顿饭的工夫，尉迟佑率兵赶到，问起韦孝宽，客店的老板哪里知道名姓，只说有几个客商算清了店钱，已不知去向。来到韦孝宽的客房，只见晋昶被捆得结结实实，正在地上挣扎呢。

尉迟佑气得哇哇乱叫，一剑把客店老板戳了个透心凉。

随后他带着晋昶朝京师方向穷追，出城三十里地，到了驿站，问起情况，驿兵都说韦大人十万火急奉旨赶回京师，把驿马都牵走了。

尉迟佑气不打一处来，挥动马鞭把驿兵打得满地乱滚。他不死心，又驱兵追赶。到第二个驿站，驿兵也如前说。

看看疲惫不堪的追兵和气喘吁吁的马匹，尉迟佑情知是追不上了，他痛恨自己的马虎，更痛恨泄露消息的人。

第一个受怀疑的对象就是晋昶。

可晋昶说，他到的时候，韦孝宽正在收拾行装，我挽留他们，却被说成是诱骗他们，并说他们已从相州得知起兵造反的消息，不由分说把下官捆绑起来，还说把我留给你们去杀。说着说着晋昶哽咽住了。

"大人你想，我随你鞍前马后多年，你待下官亲如一家，我怎能忘恩负义、背主求荣呢？只怪我虑事不周，没有带上兵马，我有负大人的重托，甘愿受罚。"

晋昶虽然嫌疑很大，但苦无证据，也只好不了了之。但破六韩哀却被关了起来，只等查清泄密者后一同处死。

也是晋昶活该倒霉，李德林写的密信和破六韩哀用血写的便笺被送到了尉迟迥的手中。

这两封信又怎么会落到尉迟迥的手里呢？事情是这样的。

这两封信都是写在一块白绢上的。一面是李德林的蝇头小楷，一面是破六韩哀咬破手指书写的证明：此人可靠，从速返京。下面是署名。写在一起一是时间紧；二是方便安全。

当时韦孝宽看完书信，便随手揣进了怀里，没想到走得太急，遗落到街道上，被开茶馆的王妈起早拾到了。

早饭刚过，茶馆里坐满了茶客，笑容满面的王妈便讲起了她今天的新闻："老身今天发了点小财，出门拾到了一块素绢，可惜被人写满了字，上面还有用血写的字呢，回头得好好洗洗，还能派上点用场呢。"

坐在茶馆拐角的一位黑面汉子听说后，眼珠一转，高声应道："莫不是我丢的那块吧，王妈，拿出来看看吧，我请你吃点心。"

"哟，陈公子是交上桃花运了吧，哪家千金还写情书呢，到时候，可要请我们喝喜酒啊！"

"瞧瞧，陈公子今天印堂发亮，准有好事，我们今天的茶钱嘛……"

"老少爷们，休要取笑，若是娶亲，准保你们喝个够。"

说着话，陈公子接过了王妈递来的白绢。王妈不认得字，盯着陈公子问："上面写的什么呀？字小得跟苍蝇似的。"

"无非是些……嘿嘿！"陈公子哂笑着。

陈公子接绢在手，八个血红的大字特别吓人。

"从速返京。"陈公子在心里掂量着这四个字，"这必是一件重要文书，看来我的好运真的来了。"

陈公子谢过了王妈，辞别了众茶客，回到家中。他仔细阅读了不长的文字，心情既兴奋又害怕。

"对，把它交给尉迟大总管，赏钱不用说，还不得给个县令什么的当当，说不定还得赏个美女受用受用呢！"

就这样，这份性命攸关的书信躺在了尉迟迥的案桌上。

铁证如山，晋昶一句话也没说，他闭上眼睛，只等那痛痛快快的一刀，他觉得是命运在冥冥之中捉弄他。

最痛心的要数尉迟迥，他把桌子敲得咚咚响。

"竟敢背叛我，竟敢背叛我，把他给我烧死，烧死，这就是背叛者的下场！"

晋昶和破六韩衷被绑在城西的刑场上，周围站满了看热闹的人。

火把被掷向了柴堆，火光中只听见破六韩衷高声大笑："痛快，痛快，二十年后，又是一条好汉。尉迟老儿，你的下场不会比我好过，哈哈哈哈……"这声音随着劲风，被传得很远。

韦孝宽一行终于逃到了洛阳，他们在路上急行了两天两夜，吃喝几乎全在马背上。他们眼窝深陷，下了马，人都站不起来了。

东都洛阳现被杨坚的亲信控制着，韦孝宽的到来，受到了洛州刺史平凉公元亨，洛阳宫营作大监、窦荣定的父亲窦炽的热烈欢迎。

韦孝宽到达东都的第一件事就是派人八百里加急传送相州军情，请求丞相杨坚火速派兵增援洛阳。

韦孝宽不能回京，因为他将要担任讨伐尉迟迥的统帅。这是他离京东去时，杨坚交代过的。接任相州总管是假，试探尉迟迥的态度是真，如果尉迟迥造反，韦孝宽不必回京，迅速就地组织力量防守。

在为韦孝宽接风压惊的宴会上，韦孝宽讲述了相州之行的惊险。那语气中饱含对晋昶的感激之情和对破六韩衮的佩服。

"也不知他们现在会怎么样？"

"但愿他们能逢凶化吉！"人们安慰着韦孝宽。

尉迟迥穷凶极恶，所辖州县兵精将广，将帅能征惯战。若兴兵来取东都，事情必然很危急，因为东都洛阳兵力严重不足。这一点大家心里都有一本账。

"必须马上组织训练一支队伍，以备不测！"

"这事就交给老夫吧！老夫别无所长，训练兵士是轻车熟路。我手下修造宫殿的役人尚有五千，年轻力壮，训练好了，便是一支生力军，另外再招募一批勇士作应急使用，我看这样就能坚守一阵子了。"窦炽说。

"老将军主动请缨，大家都会满意的，元刺史，你也马上行动，通知百姓做好应急的准备。"

就在这时，有人来报：戍守河阳的兵士正在暗中商议哗变，将河阳献给尉迟迥。

众人大惊。

若河阳失守，洛阳便门户大开，后果不堪设想。韦孝宽眉头紧锁，拳头紧握，凝神思索着对策。

刺史元亨惶恐地说："这八百名兵士俱是河北人，家小都在尉迟迥的辖区内，他们恐怕是害怕家庭受迫害，不得已而为之。再说他们已戍守河阳几年了，生活艰苦，原先曾嚷嚷过要换防，这次肯定是要造反了！"

"好，这就有计了！"韦孝宽猛一拍桌子。由于用力过猛，酒菜竟溅了一身。大家看着他，一时间云开日出。韦孝宽是常胜将军，是大家的主心骨，他的一番主意，众人听后，都暗暗叫好。

在河阳的军营内，韦孝宽将从洛阳带来的慰问品摆放在院中，面对列队整齐的兵士说："大伙戍守河阳，护卫着东都，劳苦功高。我今天带来了酒、肉来看望大家，犒赏诸位。

"作为军人，我理解大家的心情，你们是守卫洛阳的功臣，应该得到奖赏。大家暂且休息两天，到洛阳领赏，在洛阳看看、玩玩，养精蓄锐。"

话音刚落，士兵一片掌声。

这些兵丁，来到河阳几年，连洛阳是什么样都不知道，他们早盼着这一天了。

"妈的，早听说洛阳有个白马寺，这下可要开开眼了！"

"洛阳美女满街都是，看看也解馋，说不定老子桃花运来了，还能领回来一位呢！"

"人活一世，痛快一时，老子身边的饷银全花在那些骚娘们身上，免得战死还不知道女人啥滋味。"

士兵们说着、嚷着，吃肉喝酒去了，韦孝宽把随身带来的几百人安排在河阳的防线上。

带着酒气和希望的兵卒到了洛阳就被一个个"请"进城中，软禁起来。

一场危机过去了。

六月十日，尉迟迥"清君侧"的讨逆队伍举行了出征前的誓师："杨坚贼子，无德无才，凭借太后父亲的身份，挟天子而令天下，他任人唯亲，赏罚无度，其谋逆之心，路人皆知。我等大周臣民承沐皇恩，感恩戴德，愿为大周的江山永固洒一腔热血，大家进可以享受荣华富贵，退可以守君臣大节，各位即将建立伟业的将士们，祝你们早日凯旋！"

相州的兵马为北周的精锐之师，且尉迟迥严于治军，军队的战斗力很强。

相州兵初战告捷，接连攻下三座县城，这一胜利大大鼓舞了相州军，也震动了周围的州县，一些州县眼见尉迟迥势力强大，纷纷响应起来，短短十余天，卫州（今河南淇县）、黎州（今河南濮阳西）、贝州（今河北清河县西北）、赵州（今河北隆尧县东）、冀州（今河北冀州）、瀛州（今河北河间县）、沧州（今河北盐山县西南）就先后派员联络尉迟迥，其侄青州总管尉迟勤管辖的青州、齐州（今山东济南）、胶州（今山东胶州）、光州（今山东莱州）、莒州（今山东沂水县）等地也宣布加入讨伐杨坚的行列。

反叛的形势愈来愈严峻，宣布"讨逆"的州郡越来越多。七月初，荥州（今河南荥阳西北）刺史邵国公宇文胄宣布加盟。

申州（今河南信阳）刺史李惠宣布加盟。

东楚州（今江苏宿辽东南）刺史费也利进国宣布加盟。

东潼州（今安徽泗县）刺史曹孝达宣布加盟。

徐州总管司录席毗据兖州（今山东兖州）宣布加盟。

前东平郡守毕义绪占据兰陵（今山东枣庄东南峄城镇西）宣布加盟。

如此的规模是杨坚始料未及的。

事态还在进一步发展。尉迟迥的讨逆檄文传到了郧州、益州、豫州（今河南汝南县）、襄州（今湖北襄樊）和荆州（今湖北荆沙）。

七月二十五日，郧州总管司马消难属下的九个州、八个镇群起而响应。

八月七日，益州等地总管王谦率十八个州起兵呼应。

豫州、襄州、荆州等地的部族，也纷纷效仿，焚烧村驿，攻占郡县。

一时间，北周境内狼烟四起，战火纷飞。

六月下旬以后，黄河中下游地区雨水开始频繁起来。沁水陡涨，宽阔的河面上浊浪滚滚，两岸积水盈尺，一片水乡泽国。

韦孝宽的连营虽都建在高阜，但道路泥泞，军帐里湿漉漉的，兵士们心情郁闷，思乡的情绪笼罩了整个军营，有人唱起关西小调，引来了一片惆怅。

其实将官们又何不是如此？总管们想起了家中的娇妻美妾，那些令人销魂的时光，他们背着韦孝宽偷偷地饮酒，醉了酒便击节而歌，以此打发时光。

韦孝宽也有他的难处。

连日大雨，道路不通，连军粮都运不过来，这样的天气，怎么开战？再说沁水河面宽阔，水势凶猛，渡河作战更不是明智之举。

为了阻止韦孝宽渡过沁水，尉迟迥陈兵十万在沁水北岸，严密防守，毫不放松。韦孝宽心里明白，若贸然渡河，恐怕代价太高，他先派出了一支人马沿河侦察，希望能找准渡河的最佳突破口。

因为李穆和于翼家族公开支持杨坚，等于为广大将士消除了心中最大的不安，虽然北方有不少人支持尉迟迥，但最重要的李、于两家不支持，尉迟迥怕也成不了大气候。

这件喜讯也着实让韦孝宽松了一口气。但仍有紧急军情令他不安，他从李穆的侄儿李询那儿得到密报：梁士彦、宇文忻、崔弘度收受了尉迟迥的重金贿赂，三人的营中传言纷纷，人心惶惶，一旦生出事变，后果严重。韦孝宽一面派人八百里加急给杨坚报信，一面和李询商讨对策。

在此之前，李询同样收到了尉迟迥的贿金，当然那是试探性的，若李询来者不拒，则表明尚有回旋余地。

当尉迟迥的使者携金拜访李询时，李询来了个顺水推舟，热情接待了年轻的使者，诉说了对叔叔李穆的不满，并表示身在曹营心在汉的心情。使者大加赞赏，以为重金厚爵又击倒了一位，满面春风。

"李将军真乃识时务者，现今天下尉迟将军才是众望所归，现在大周的州县已十有其六愿跟随尉迟将军，烽火北起冀州，南至东潼州，广袤千里的山东地区都已举起了义旗，郧州总管司马消难愿以所辖九州八镇呼应尉迟将军，更有益州的王谦总管也写信愿起所辖十八州兵马相随，天下的形势也将急转直下，就连你们的韦总管恐怕也得成为尉迟将军的俘虏！李将军，你就等着看好戏吧！"

李询感到使者话中有话，故作不解地问道："别人举事都在情理之中，但韦将军属下的将军个个都是他的心腹，且他本人勇冠三军，军势正旺，要想擒住他，恐非易事。这怕是将军的一厢情愿吧！"

"你哪里知道，韦孝宽快成光杆司令了，虽然是号称几十万大军，但兵权都在他手下的总管手里。告诉你吧，包括李将军你在内，已经有四位总管都是尉迟将军的盟友了，只要尉迟将军一声令下，马上就可易旗倒戈！"

"恕我直言，据我所知，除我因战术问题，多次与韦孝宽冲突而心生怨恨外，其他几位一向与他相处甚契，怎能骤然易志，我不相信，绝对不相信。"

"多事之秋，人们虑的是身家性命，想的是锦绣前程，友情只能放在后面了。不过那几位起初也都不很爽快，犹犹豫豫，瞻前顾后，哪像李将军果断、坚决，一拍即合。那几人若都像将军你一样，韦孝宽的日子就很难过了。"

"倒也是，谁不先替自己考虑呢？若多几人同心协力，不愁这支部队不姓尉迟。这样说来，我们要事先联络了，但不知怎样联络，跟谁联络？"

"李将军不必着急，什么时候联络，跟谁联络，到时候自会通知你。只希望你先写封短信，送给尉迟将军，以作说明之用。"

"也好。请问将军何时起程，何日能回来？"

"明早启程，至于回来嘛，少则六天，多则八天。只看军情需要。"

"既如此，我为将军饯行。今日也算我李询的再生之日，我要好好谢谢将军的引导。"

"恭敬不如从命！"

却说李询是个颇有心计的人，他看套不出重要情报，便决计在酒宴上施计。

酒是好酒，菜是好菜，二人屏退了其他人，边喝边聊，不觉两大瓮好酒都见了底，二人喝得是嘴滑舌硬，酒话连篇。

"那梁士彦老家伙真像个娘们，宇文忻也像个小脚女人，崔弘度是——是——是个官迷，我就佩服老兄的——气魄。你放心，回去后，我一定在尉迟大人那儿给你美言一番，包你有享不尽的荣华——富贵。到时候，可别忘了我呀！"

"我就算忘了自己姓什么，也绝不会忘了你对我的恩德，我的信你收好，千万别给我搞丢了！"

"你瞧，不全在这儿么！我是干什么的，把它给搞丢！"那使者从内衣贴身处摸出了一沓信。

李询数了一下，正好是四封。

李询的海量真是发挥了关键的作用。

第二天，天刚蒙蒙亮，李询就赶早来到韦孝宽的住处，一五一十地汇报了得来的军情。李询是韦孝宽信得过的人，韦孝宽对他讲的话深信不疑，因为这也与从别处得来的信息相吻合。

十万火急，怎么办？

刻不容缓，须马上给杨坚报送。为防万一，建议朝廷另派重臣前来督战。

李询一口气说出了自己以上的想法。韦孝宽略加思索，点头同意。

杨坚这些日子忙得昏天暗地，刚为韦孝宽派了兵、运了粮，又传来益州总管王谦举兵叛乱的急报，旋又任命老将梁睿为行军总管发兵讨伐。他硬撑着办完了这件事，只觉得头昏脑胀，四肢发沉。

"莫非病了？"他在心里想。

他这些天实在太累了，没睡上一个安稳觉，常常半夜就被叫起，或是被噩梦惊起，连独孤氏也被搅得不得安宁。

前两天，独孤氏进宫拜见皇太后，皇太后还特别嘱咐叫父亲不要过于劳累，让人送来了老山参和燕窝一类的补品。

如今，杨坚真的倒下了，独孤氏让人传唤太医到丞相府来。

这下惊动了不少人。高颎和李德林暗暗责备自己，都觉得为随公分担得太少了，以致随公积劳成疾。

李圆通急得直抹眼泪。倒是独孤氏心宽，安慰着李圆通："圆通，别着急，随公没有什么大病，就是劳累过度，休息太少，宽养几天就可痊愈。"

"这些叛贼太可恶了，我请求到前线去，把那些乌龟王八蛋统统杀光，让随公快快好起来！"

"你已经替随公分了不少心，你的丞相府护卫干得很好，做事井井有条的。随公常夸你能干呢！"

这番话说得李圆通不好意思起来，搔搔头，红着脸说："我想我会干得更好，我要用我的命去全力保护随公的安全，不辜负随公的信任和栽培。"

独孤氏满意地笑了。

第二天，杨坚服了几服药，蒙头睡了一整天，感觉轻松了许多。

掌灯时分，杨坚一边喝着独孤氏亲手做的燕窝莲子粥，一边同独孤氏闲谈着孩子们的婚事。像这样的交谈气氛，夫妻俩从前经常共享。

"勇儿夫妻的感情最近怎样了，还是那种不冷不热的样子吗？"杨坚接过独孤氏递来的丝帕擦了擦额头的汗水，问道。

"勇儿这孩子真有些任性。与元家结婚门当户对，媳妇有模有样，知书达理，不要说对待我们孝心可嘉，就是对兄弟姊妹也都显得大方热情，亲亲热热，人家姑娘哪点配不上他呀？我真猜不透这孩子心里怎么想的？不过最近有些好了，丫鬟们说，晚上他们的房间里有笑声了。我想，总不至于连你给指的婚，他会不认账吧！"

"他要是能理解我的苦心，也算他成熟了。不过我还是很喜欢他的那种个性，有点像我。"

"像你，还会掺假！要是全像你，那倒好了。"

独孤氏低笑着打趣着杨坚。

"燕窝粥好喝吗？我想再给你烧几道大菜补养补养，这些日子，我都快成尼姑了，就是不知道你今个儿可斋戒吗？"

杨坚听出独孤氏的话酸溜溜的，便想故意回敬几句。

"可不是吗？前两天南陈捎信来说，为表示友好，特送五百名歌妓舞女给丞相府，我正寻思着往哪儿安置他们呢！"

"你这个坏蛋，成心气我，我不给你熬粥了。"说着佯装生气要打杨坚，杨坚失声大笑。

"看来还是你沉不住气。哪儿来的歌妓舞女，那南陈就是遍地都是，也不会送给我，它前几天还派兵攻打我们呢。多亏徐州总管源雄英勇善战，力敌南陈宿将毕义雄、席毗，俘敌一千多人。"

"对这些平叛有功的将领你准备以后怎样封赏呢？"

"不说了，太医一再说不要操心劳神，我们说着说着就忘了。我想尽快好起来，一大堆事情等着我去干呢！"

"亏你还记得。以后你也少操些心，让高颖、李德林他们多干些就行了。"

独孤氏恢复了常态，一脸正色地说。

说话间，外面咚咚有人敲门，李圆通来报，韦孝宽有十万火急传送，信使务必要亲见随公。

李圆通望着一脸病态的杨坚，意思是说：见还是不见？李圆通心疼杨坚，刚才在外面已经劝阻了韦孝宽的信使，但信使却一本正经："耽误了军情，你能负得了责吗？"

李圆通情知事情紧急，战场上的形势瞬息万变，便也顾不了许多，立刻前来报告。

杨坚听说韦孝宽有急报，便知不会是什么好消息，心里一急，就觉得什么病也没有了。告诉李圆通，速请丞相府各府属前来议事。

在丞相府的议事厅里，不多时便聚集来了十几个人：高颖、李德林、苏威、郑译、刘昉等。

在此之前，杨坚已经接见了报信的将官，听取了汇报。他感到了事态的严重。

杨坚有个特点，就是他能够遇事不慌，即使心里再急，表面仍是平平静静。给人的感觉是成竹在胸，胜券在握，仿佛大山一般的稳健。

杨坚简单说明了前方的情况，然后用询问的目光扫视着大家，希望大家能各抒己见，拿出好的方案来。

客厅里出现了短暂的沉默。

郑译首先腾地站起来，愤愤地说："两军交战，岂容三心二意，假如战场上哗变倒戈，损失的何止是一城一地，恐山东的大好河山尽落尉迟老贼之手了，若延及关中，怕是我等为俘为奴也不可得了。为今之计，愚以为当走马换将，让他们回关中，斩断与叛军的联系，然后分而治之，严惩不贷，以警示那些企图脚踏两只船的观望者。"

李德林清了清嗓子，慢条斯理地说："依德林之见，这种事是情理之中的。当年官渡之战，曹军的三万之兵拒十万袁绍大军，双方在官渡相持三月之久，然众寡悬殊，曹军处于劣势，曹军中不少将官心怀异志，纷纷与袁绍私通，操军破袁之后，获得大量袁绍书信，有人建议清查严办，但曹孟德不以为然，说，大军压境，我本人尚且疑虑，何况他人呢？于是命令将查搜的书信举火焚之。此举令不少人心怀感念，从而更加稳定了军心。走马换将恐非上策。"

高颎也插言道："一来无将可换，二来换了主将，若兵不知将，将不知兵，打起仗来仍难以取胜。"

高颎讲得倒也是实情，现在能派出的将领都派出去了，分散在各个战场上，更加显得兵不足，将更寡。

"既不能换将，又不能误事，难道这仗就不打了吗？"刘昉显得很焦急。

其实，韦孝宽在给杨坚的信中写得很明白，只要求朝廷派一位重臣前去安抚就足够了。但杨坚故意引而不发，是想听听众人的见解，以便水到渠成地端出方案。

苏威半天没吭声，看到就要冷场，他不失时机地分析说："办法倒有一个，那就是派一位德高望重而又通晓军事的大臣前去督战，名为督战，实为协调关系，如此一来，心怀二心的人也不得不收敛，只要战场上取得重大胜利，那些人的异志自然就会消除。"

"好，正中我的下怀！"杨坚在心里暗暗喝彩。

"接着说下去！"杨坚鼓励着苏威。

"近日各个战场捷报频传，具有战略意义的地区牢牢控制在我们手里，叛军人数不少但被分割在互不连接的各个地区，易于各个击破。叛军虽看起来气焰颇盛，但互不统属，又各怀鬼胎，很难形成合力，难以同朝廷大军相抗衡。以上诸多因素，很多人并不明白，只要透彻地说明，那些人会幡然悔悟的。"

苏威边说边闪动着明亮的眸子，显得异常兴奋。

苏威是高颎推荐给杨坚的。这一席话，杨坚听得连连点头，也听得高颎心花怒放，不禁在心里称赞不已："好个多才苏儿郎。"

苏威八岁丧父，但仍像成人一样坚持为父守孝三年。守孝期间，苦学不辍，常秉烛夜读至深夜，《诗》《书》倒背如流。家财颇丰，但从不夸耀于人。后颇受宇文护赏识，但他看透了宇文护的为人，料定宇文护不得善终，便弃官逃入深山，与清泉、白石为伴，当起了隐士，因此就留下了一段佳话。

后来杨坚接触了苏威，通过两次长谈，杨坚为苏威的才学和人品所打动。苏威年龄长杨坚两岁，志趣也相近，谈话颇为投缘。苏威的一些建议，杨坚都认真对待，苏威前些日子所提的土地改革方案，杨坚很快就颁布实施了。

苏威一提议要派重臣前去督战，大家估计杨坚会欣然同意。

果然，杨坚满面春风："我也是这个意思，大家以为如何？"

其实，这是明摆着的，还有什么可说的。随后你一言，我一语，大家纷纷盛赞这个主意高明。

但问题是派谁去呢？大家谁也不愿首先开口应承。

其实杨坚心里已经有数，但他又把话题甩给了大家。

众人有的窃窃私语，有的低头沉思，有的显得惶惶不安。

杨坚微微一笑，把脸转向郑译说："我看郑大人就辛苦一趟吧，公德高望众，若能前去，定能马到成功！"

"谢谢随公的谬奖。我也正有此意，不过近来老母重病在床，恐一时难以脱身，你看……"

好个郑译，标准的老滑头，他唯恐杨坚点了他的将，早想好了遁词。他深知杨坚大孝，老母重病，儿子岂能远行？所以故意留给杨坚一个软话。

"既如此，你就先留在老母身边侍疾吧。那么刘大人能否挺身而出呢？"杨坚一口答应了郑译的要求，又转向刘昉道，"我以为刘大人文韬武略堪当重任，不会推辞吧！"

刘昉被杨坚一番话说得面红耳赤，显然有些激动："我刘昉岂是胆小怕事之徒，我随时准备为国出征，纵然战死沙场，也是堂堂一条汉子。可惜我这条不争气的腿，骑不得战马，跑不得路！"说着眼泪都下来了，摇着头，做痛苦状。

李德林和高颎两人听到此处，彼此相视了一眼，眼神中满含着讥讽和无奈。

刘昉的腿是一年前惊了坐骑摔断的，早就痊愈了，平时走路正常得很，但这段"光荣"历史关键时刻还真用得上。

"刘大人一向侠肝义胆，如果不是腿疾决无二话，这一点，我是能理解的。我看腿疾还需继续治疗，刘大人可不能马虎啊！"

其实对于郑译和刘昉，杨坚压根就没指望他们，这两人搞个阴谋诡计，走狗斗鸡，玩玩女人还行，若论上阵打仗，运筹帷幄，那就是挖他们的祖坟。

杨坚之所以要先点他们的名，是故意卖个面子给他们，以示尊崇他们，这是杨坚要的一个小心眼。

杨坚刚想开口却猛然咳嗽起来，捂着胸口，样子十分难受。

众人一齐站起，刘昉赶快倒了一小盅茶递给了杨坚。杨坚啜了口茶，稍事平静，以手示意大家坐下。

大家依次归座，只有一人仍然站着，那就是高颎。高颎的才干、人品很适合从事这个特殊的任务。杨坚有心，高颎亦有意。

"这样吧，让我去试试。前方军情紧急，容不得拖延时间，为防止延误军情，我明日就动身。诸位多多保重。"

"好！有高大人前去，凯旋便指日可待了。此去还应多多安抚，军中之事可临机而断，不必请示。"

来不及为高颎饯行，众人只好拱手作别。

韦孝宽派出信使赴京师之后，他的中军大帐没开过一次议事会。各行军总管也都按兵不动，与尉迟迥隔泌水相持。韦孝宽安抚众将士，只等河水稍稍退下，便可一鼓作气，渡过泌水。

这些天他不断派出小股的游骑到各处侦察，又督促运粮官把军粮源源运来、屯好，还派人到各营中宣传新订立的军法。

看到前来督战的是高颎时，韦孝宽满脸的皱纹似乎也展开了。第二天上午，所有将官齐集在韦孝宽中军大营，高颎朗声宣诏。

诏书高度评价了众将官的功绩，宣布了立功受奖的名单，还通报了近日各地的战报。接着，高颎详细分析了敌我双方的态势以及叛军的弱点和不利条件。高颎的分析深入浅出、全面具体，使人听后明明白白，增强了信心，鼓舞了斗志，更主要是打消了疑虑，稳定了军心，士气一下高涨起来。

高颎回到大帐内，和韦孝宽一起研究下一步的方案。

"以目前的形势分析，叛军的攻势已被遏止，随着战局的发展，我朝廷大军必然在数量、质量、民心的支持方面占据优势。这一点我在会上讲得很明白，相信彷徨观望的情绪会有所改变。只要战场上不出现重大失误，造成军事失利，军心就不会受到影响。适才我同宇文忻交谈，感到他不会轻易去赌自己的身家性命。他向来谨慎，岂肯轻易下大赌，他是个聪明人，不会看不出正在变化的形势。"高颎说完后，如释重负地伸了一下胳膊，"太累了，真想痛痛快快睡上三天三夜！"

"等打垮了尉迟迥再睡吧，我看咱们先确定一下渡河日期和兵力部署，其余的事让李浑去办吧！"

"兵贵神速，可在近几天相机渡河。"高颎建议道。

"我已令人在沿河标记，并选好了突击地点。用渡船搭成浮桥若干，多处同时出击，可一举成功。"

"对岸敌情怎样？"高颎问。

"他们大约有五万余人沿河守御，分散在二十多里长的战线上，以步兵为主，河中有木桩防止战船靠岸，守军统帅是尉迟迥的得力干将，人称'铁金刚'

的胡大鹏，据说该将颇识兵法，此人使两口双刀，武艺精熟，能开硬弓，箭法也很了得，百步穿杨，的确是名不虚传。"

"这么说来，这一仗一定打得很艰苦，我们得想个成熟的方案，要打得巧，打得准，打得狠。打败敌人而不被敌人打倒。"

"我已有方案。我们可兵分六路，多点攻击，搅乱其防御，这六路，两路强攻四路佯攻。以李询和元谐为东西两支主力，待他们渡河成功，可一路深入敌后实行包抄，一路扩大立足点，掩护其他人马过河，这样，可在渡河的同时，顺手牵羊，把尉迟迥的主力之一解决掉。行动采取突袭的办法，夜间进行。后天是初一，正可利用夜色作掩护，行动要迅速，打他个措手不及。"

"先派出少量善识水性的士兵潜水渡河，把水中的障碍和岸上的障碍清除掉，然后大队人马过河。"高颎对韦孝宽的方案表示赞同。

"这一点事先已有准备，只待命令了。"

酝酿已久的渡河战役开始了。

水军按预定的方案顺利地展开行动。

突击队清除完水中的木桩和岸边的木栅，又神不知鬼不觉地把巡逻和警卫的士兵全部清理掉。接着他们引来了第一梯队的船只，当几十条小船乘着黑夜依次抵达北岸时，意想不到的情况发生了，从叛军的营寨中突然涌出一群群兵士，张弓搭箭，直射兵船，随后便传来痛苦绝望的声声号叫。

难道敌人事先知晓？不然何以如此迅捷？

这要从叛军守将胡大鹏说起。

他当初受命于尉迟迥时曾立下军令状，若失掉泌水防线，愿受军法处置。因此自他率军守御以来，的确是劳心劳神，不敢懈怠。除了布置了各种障碍以外，还加强了巡逻：白日里严阵以待自不必说，夜间哨兵三步一岗，五步一哨，巡逻的军士每隔一段时间，便要巡查一次。后来，胡大鹏还不放心，又在各处安插了亲信做暗哨，一方面监视哨兵，防止脱岗，更主要的是严防韦孝宽的偷袭。

这天夜里，水军清除障碍时，无论哨兵，还是巡逻队都没察觉，河水的涛声淹没了轻微的锯木声，等到袭击哨兵、巡逻兵渡河时，暗中的哨兵才有所察觉，他们看到对方来势凶猛，便悄悄报告了胡大鹏。

胡大鹏立即意识到韦孝宽开始行动了。他暗传命令，让弓箭手整装待命，待敌方大军上岸时，突然反击，使敌人无还手之力。

这一招果然奏效，当暗暗窃喜的兵士以为偷袭成功时，迎接他们的却是骤雨般的长箭短弩。先头部队的惨叫声划破夜空传至对岸，韦孝宽心中骤然紧张："看来他们是有准备的，我们失算了。"

"传令，让先头部队停止行动，水中的人员立即撤下来，原地待命。"韦孝宽不得不下达了回撤的命令，那声音与他往日的气势判若两人，他不仅为一战失利而不安，更主要的是觉得在高颍面前丢了面子。

天近拂晓，韦孝宽和高颍视察完了各营的兵士，据初步统计，共被射死一百二十余人，伤一千五百二十多名，还有近四百人失踪。

这一仗无论对于下一步渡河作战，还是对高、韦二人来说，都是一个永远抹不去的记忆，尤其是看到那些十七八岁的士兵痛苦不堪的样子，韦孝宽心里便觉得沉甸甸的。高颍则走到哪里便安抚到哪里，他让随军的良医不惜一切代价挽救伤者的生命，尽量减少他们的伤痛；又叮嘱火头军给伤员端来可口的饭菜；对于战死的兵士，专门安排人料理，一律厚葬，并宣布给予家属优厚的抚恤。

韦孝宽和高颍的所作所为着实让全体兵士为之感激，为之振奋，大有愿为知己者慷慨赴难的激情。

偷袭不成，韦孝宽认为只有强攻，趁着士气正旺，不可贻误战机。

也是天公作美，这日早晨竟大雾弥漫，雾锁河面。韦孝宽灵机一动，计上心来，他与高颍耳语一阵，高颍不禁抚掌而笑，朗声说道："好计，好计，不愧是大周名将，这才是用兵之道，用计的奥妙！"

泌水上，上百只小船上面站满衣甲鲜明的士兵，呐喊着朝对岸冲去，船到中流，已隐约可见岸上的军旗。

这时对岸也人声嘈杂，梆子声一响，万箭齐发。这次叛军只闻呐喊声，不闻惊叫声，很是奇怪。过了片刻，战船悄然退下。

接着，又听河上传来划桨声，军器撞击声，那些叛军哪敢怠慢，又是一阵阵猛射。

如此三次，叛军已觉出点名堂，再查检弓箭，已所剩不多了。胡大鹏恍然大悟："妈的，中计了！"

可南岸上，一片欣喜之情，人们早把失利的阴霾驱得干干净净了。

韦孝宽看着那堆积的箭矢和士兵们的欢欣，也情不自禁地露出了笑脸。他的这次"草船借箭"用得不露声色，仿佛颇得诸葛孔明真传。

真正的渡河战又开始了，每只战船前排是盾牌手，每只船上都有猎猎的军旗，一阵阵南风吹来，战船的速度更快了。

这时，大雾渐渐退去，当看到满河战船排山倒海般驶来时，叛军们傻眼了，一些兵士开始后退，但被军官们挥刀斩了几个后，阵脚又趋稳定。

各船的军官指挥着兵士们开始向岸上冲去。

同斗志正旺的朝廷军队比起来，被折腾得筋疲力尽的叛军现在只想着如何能逃走了，他们不顾当官的威胁，纷纷向后跑去。

俗话说，"兵败如山倒"，一线败退的守河士兵像开闸的洪水一样，一发不可收拾。

韦孝宽从容地指挥各路总管追歼逃敌，如风卷残云一般。

残阳如血，充满了血腥气息的战场归于平静了，宽阔的泌水依然涛声如旧，好像数万名亡灵在呐喊。

各路凯旋的兵将满载而归，当他们把自己的战利品——敌人的头颅纷纷掷下时，数万只头颅成了最好的展览品，那些怒目的、切齿的、裂唇的、缺耳的、面目狰狞的、倒眉惊目的！他们若有在天之灵会作何感想呢？他们为谁而生，又为谁而死？一个个年轻的生命，在没有享受到生命的快乐前就匆忙地离去了！

在检查完各营伤亡人数后，令韦孝宽不安的是：李浑和他所率的两千余人不知去向。

李浑是位英勇善战的后起之秀，他的两千余人的部队也是军中精英，怎么会一下消失呢？即使战死，也会留有遗骸，可清理完所有战场上的死者，也找不到他们。

他们去了哪里呢？韦孝宽让人四处全力寻找，大军继续向东北方向追击前进。

此时的李浑正陷在一处绝谷中苦苦寻找着出路。

原来，那天登岸后，李浑的部队便紧紧咬住了帅旗下的胡大鹏，胡大鹏无力恋战，拨马便走，一路往北逃去。李浑一心想把他活捉，也随后一路追去，兵士们看李将军追赶，也尾随而去。

当时，战场上战马嘶鸣，杀声震天，四处尘烟滚滚，一片混乱，谁也没有注意到他们的行踪。就这样，从早晨一直追到黄昏，部队早已人困马乏。

这里已是太行山的崇山峻岭，眼看着胡大鹏和他的残兵败将摇摇欲倒，近在咫尺，李浑又鼓足了勇气催马向前，胡大鹏也不含糊，抖擞了精神，就要上前迎战，忽然一个兵卒上前拦挡，而后他们又急急向山里逃去。李浑实在不甘心到手的猎物溜掉，又率领着这疲惫之师继续穷追。

天上星星渐渐亮起来，可崎岖的山路却越来越难走，人也越走越累，有的兵卒走着走着就爬不起来了，李浑一边在前面探路，一边不住地给兵士们鼓劲加油。

山风渐渐大起来，吹在身上，冷得人直发抖，猫头鹰的叫声在深山巨谷中更增加了寒意。但前方胡大鹏的人语声又招引着他们，李浑咬牙切齿："狗日的，你跑到天边，我也要把你逮住！"

他们跟着前面的人影，转过一个山口，却突然发现前面的人不见了，一点声音也听不到了。他们望望四周，两面都是高岩陡壁，只有一条狭窄的小路，人怎么会突然消失呢？他们去了哪里呢？

李浑决定暂且在此露宿一晚，他清点了一下人数，发现只剩下不足五百人了。

就着山风，他们津津有味地吃着随身带着的干粮，有的兵卒吃着吃着竟"呼呼"地打起了呼噜。

这是他们自早上登岸以来的第一顿饭，第一次真正的休息。

李浑虽然也是四肢乏力，但他没有睡意，他望着闪闪的满天繁星，思绪的翅膀随着夜风飞得很远很远。

他想起了伯父李远，一生南征北战，东征西讨，叱咤疆场，风光一时，可惜死在权臣之手；他又想起了父亲李穆，风霜雪雨，几经沉浮，令人可亲可敬；他又想起了自己的从军生涯，他是在刀光剑影中成长起来的。

他不知道眼前这场讨伐战争何时能够鸣金。他看了看那些沉入梦乡的年轻的兵士们，听着他们均匀的鼾声，不觉一阵暖流涌上心头，是这些可爱的兵士们舍生忘死地跟着自己，保护自己，不然，他今天也许会孤零零地睡在这块不知哪里的荒山上，或许早被赶得发疯的敌人杀死了。

想到这儿，他油然而生出一种敬意，他决定要竭力善待这些可爱的兵士们。

不知过了多久，他被一阵吵闹声惊醒，他抬头看了看，已是晨光熹微，薄雾茫茫，几个晨起撒尿的兵卒在指指点点。

李浑环顾四周，也禁不住陡生寒意。

他们所处的是两山之间一块狭长的通道，遍地乱石和稀稀疏疏的杂草，他们昨晚睡觉的地方是在一处绝壁之下，两侧高山之上的绝壁间零星地生长着一些不知名的杂树，奇形怪状，蔚为壮观。

通道再向前延伸被一巨石拦住去路。于是他召唤着几名早起的士卒随他前去探查。走到巨石近前，他们才看清楚，贴着崖壁还有一条山道，仅仅能通过一个人，马匹不易通过。这也许就是人们所谓的"一线天"吧！他想，昨晚那帮人也许就是从这儿逃脱的。

他决定留下一部分人看守马匹，一部分人继续追踪。

穿过"一线天"，展现在眼前的是一块开阔的田野。它坐落在群山环抱中，面积虽不大，但在这大山深处，实属难得。

他们惊讶地观赏着：整齐的田块，稀落的茅屋，村路两旁是低矮的杂树，房前屋后是葱葱的山枣树和桑树。曙光初照，好一派小巧别致的山乡晨光图。

李浑忽地记起曾读过一篇东晋诗人陶渊明的《桃花源记》，那文中描述的不正是这样一种情景吗？

他沉浸在眼前的美景中，竟忘记了此行的目的，当初他读到该篇文章时，总觉得那是杜撰出来的，原来生活中确有此事。不用说，这里的居民肯定也是避躲战乱才来到这一"世外桃源"的。

李浑顺着一条碎石铺就的小径来到一处农舍前，一位白发老翁正在门前打扫庭院。老人看见有人来，先是吃了一惊，而后仔细打量着来人。

"你们这是从哪里来，到这儿干什么？"老者抖动着白胡子问道。

"老人家放心，我们是追赶一伙叛贼才误入宝地的，实在是唐突，还望见谅！"

"我们来到此地已有四十余年了，并不曾见到什么外人，哪来的叛贼？"

"老人家有所不知，现在已是大周朝，我们奉命讨伐叛匪，昨天我们一路追赶，在一处转弯之后，就失去了目标，我们是偶然发现这里的，原以为他们逃到这儿来了。"

"我并不是责怪你们。你知道吗？我们这儿无官无吏、无兵无匪、无法无罪，日出而作落而息，自食其力，自甘清贫，和睦相处，与世无争。我们不想搅扰他人的生活，也不想别人扰乱我们的平静。"

"老人家，我们无意窥探你们的世界，如果你觉得我们的到来是一种干扰，我们即刻退出，只求老人家卖给我们一些水和食品，老人家的再生之恩我们永世难忘！"

"看得出，你们是一支仁义之师，老百姓遇到这样的军队，那是莫大的福分。我们盘陀岭没人做买卖，有钱也没地方使用。你们如果缺水断粮，我家还有些余粮，淡水有的是，你们尽取所需，也算我姜老头又积了一些德。"

"姜老伯，恕我冒昧，晚生问一下，您是怎么到这儿来的？"

老人听到这儿，敛起了适才的喜悦之色，目光忧忧地投向了远方的乱山。老人凝重的神情告诉李浑，这里面恐怕会有一个曲折的故事。

"四十多年了，它早已化作了匆匆的流云，我已记不起来了。"

老人脸上浮起痛苦之状，李浑再也不忍去触动。他们李家的往事不也是斑斑血泪、不堪回首吗？

"对不起，我不该提起让您伤心的事。其实，世上的事就是那么变化无定，如同这七月的天气，刚才还是丽日晴空，一会儿就可能风狂雨骤。但愿天地有灵，国运恒昌，永保忠魂有一片宁静的山乡！"李浑若有所思地点了点头。

接着李浑向老人请教了败逃人马突然失踪的原因。

"那准是进了藏仙洞。在山道的大拐角处，有一个不易发现的山洞，山洞通向山外。但是知道这个洞口的人并不多。莫非……"老人顿了顿又道，"我们的一个后生听到我们讲外面的世界，一年前偷偷出山了。他是知道这个洞口的！"

"怪不得匪首听了那个兵卒的话乖乖地往山里跑！"

"难倒你们见到他了？他是个不太安分的年轻人。有朝一日遇见他，请你们劝他回到这儿，这儿少不了他，最要紧的是给我们守住秘密啊！"

"放心吧，老人家，希望我们今天的到来不会给你带来麻烦。"

老人目送着李浑一行人消失在"一线天"中。

李浑来到了山角拐弯处，果然在一片乱草和树丛中找到了那个洞口。胡大鹏他们肯定就是借这个山洞逃走的，洞口还有被践踏的痕迹。

众人补充了干粮和水，依原路返回，出发前，李浑再三叮嘱不可泄密，否则天理难容，军法不饶。

在山脚下，他们遇到了专门前来寻找他们的小股部队和一些掉队的军兵。两处合兵，一起继续往北行进。

泌水一战，尉迟军十损其八，侥幸逃脱的也急急如丧家之犬，惶惶如漏网之鱼。败军所过之处，百姓更是遭了殃，百姓们恨透了这帮为非作歹的叛军，盼着他们早日灭亡。

在相州大营，尉迟迥接到泌水失守的报告后颓然地坐在密室里，半晌不说话，他没有想到形势会如此急转直下，六月初的如火如荼现如今成了风卷残云。

他原以为十万大军可以在泌水创造一个奇迹，再上演一次以少胜多的"淝水之战"，但可惜的是韦孝宽不是轻狂的苻坚，胡大鹏也成不了谢玄，现在他的"天险"已失，韦孝宽即将兵临城下，如之奈何？

尉迟迥的智囊李水清看到主帅如此，也不好多言，且看他如何反应。

李水清是两个月前尉迟迥举事时闻风而来的。此人一向飘零四方，对各地的风土人情、山川地理都略知一二，他读书不多，但脑筋灵活、能言善辩，很得尉迟迥赏识。

李水清五十多岁的年龄，黄面皮、稀疏的头发，说起话来满脸俱是表情，他少时曾在北魏的六镇住了短暂的几年，身上多少带有一些六镇士兵特有的野性和阳刚之气，六镇起义时他的父亲战死，他也就成了四方流浪的孤儿。

他曾到过突厥，在突厥结识了一批朋友。这次随他前来投军的还有两个突厥朋友，都有一身的好本领，被尉迟迥委以重任。

"我定要和韦孝宽拼个你死我活！"

听到尉迟迥恨恨地说，李水清明白尉迟迥的打算了，但他认为这个打算并不明智，逞的是匹夫之勇，要扭转战局，非要从长计议不可。

"依水清之愚见，不如固守坚城，寻机而动。眼下敌人乘胜而来，士气正旺，与之对垒，无取胜的把握。现在不如退一步，留待以后进两步。"李水清说完，等待着尉迟迥的反应。

"不可。敌人劳师远征，已成疲惫之师，敌疲我打，正合兵法。岂能让他们养精蓄锐，渐成虎势！"

尉迟迥不以为然，固执己见，继续说道："我手中还有精锐骑兵五万，训练有素的军队十余万人，我要在韦孝宽面前显示我尉迟军的威武和强大的战斗力！"

李水清决定说服尉迟迥，让他放弃这一危险的计划："坚守不出不是向敌人

圣人可汗：隋文帝

88

示弱，而是一种策略。战国后期，秦赵大战，赵将廉颇审时度势，采取坚壁以待的方针，结果两军相持达三年之久。后赵王中了敌人的离间之计，换上了没有实战经验的赵括，赵括一改过去的作战方针，轻率地率军出征，招致全军被围困，四十万大军落得个被活埋的下场。"

李水清继续分析道："假如赵括也能像廉颇一样，采取正确的策略，扼守要塞，那么秦军也奈何不了他，赵国的历史可能要重写了！

"现在相州城内粮食充足，足可坚守半年！敌人求胜心切，期盼两军决战。如果我们避其锋芒，久拖不战，必然会漫其军心，使其斗志削弱，然后乘其不备，内外夹攻，可一举成功。"

"你讲的或许有道理，但我若与之相持，会使其他友军心生疑虑而取观望态度，其影响不可低估。再说未同敌人交手，怎知他们的虚实，我定要亲自会会他们，杀他个下马威，只要小胜，便可大振军威。"尉迟迥倒越说越来劲了，"先让力士突力铜、突力铁兄弟俩打个头阵，拨给他们一万兵马，你我在城头观敌料阵以保无虞！"

尉迟迥所言的突力铜、突力铁是李水清的突厥朋友，是李水清一手保荐的两员大将。兄弟俩不仅力气大，更兼一身好武艺，均有万夫不当之勇，眼下也是尉迟迥的红人。

再说韦孝宽率十几万大军，距相州城十里安下营寨。韦孝宽晚饭已毕，即升帐议事，安排次日的决战事宜。

第二天，五更造饭。天明时分，十五万大军已准备就绪，整装待发，身着黑色衣甲的队伍整齐地排列着，远远望去，宛如一大片的乌云。不多久，这片乌云便化为一条长龙，向相州城滚滚涌来。

八月的原野，大地一派葱茏的景象，万顷碧波，随风荡漾，吹起阵阵涟漪，送来阵阵沁人心脾的庄稼的清香。

古老的相州城，此时笼罩在一片战争的阴云里，高大雄伟的城墙上兵士如蚁，刀枪如林，一场大战前的恐怖，煎熬着人们。

李水清一脸无奈地随着尉迟迥来到南门的城楼上。自从尉迟迥不愿采纳李水清的建议，决定主力决战后，李水清的心里一刻也没平静过。此时，他只能寄希望在突力铜、突力铁兄弟俩的首战失利上。为什么？因为只有失利才能唤起尉迟迥的理智，从而影响或改变他的战略构思。

但突力铜兄弟俩并不理解李水清的苦衷，对于他们俩来说，打胜仗才是唯一的选择。他们自打投军到尉迟迥处，手无寸功，虽然尉迟迥重用他们，但他们心里总有些过意不去，他们决心要用战功来证明自己是当之无愧的。

当突力铜兄弟俩手捧令箭跨出大帐时，其轩昂的仪表，踌躇满志的神态，令人陡生几分敬意。

城门开处，一彪人马浩浩荡荡滚滚而至，在距离对方一射之地扎住阵脚，韦孝宽和高颖并列在帅旗前，举目望去，只见一杆牙黄军旗下站着两位铁塔一般的汉子，显得威风凛凛，杀气腾腾。

韦高二人不禁暗暗称奇，尉迟迥军中居然有如此人物，难怪气焰那般嚣张，为今之计，不如因势而利导，以诈败养其骄气然后徐而图之。

于是急传令下去，让后队改作前队，迅速退军三十里下寨，并丢弃军旗鼓帐之物；为防敌军乘势掩杀，前军且战且退，阻其攻势。并令众战将与敌交锋，只许败不许胜，以向敌示弱。

突力铜、突力铁兄弟俩果然神勇，连胜两员战将，尔后挥兵进击，气势如虹。怎奈韦孝宽军中强弓劲弩如雨似蝗，追击连连受阻，所获甚少，但毕竟初战告捷，尉迟迥喜不自胜，特令嘉奖两员战将。

而此时，军师李水清却不禁悲从中来，他已无力改变这一切了。

"明日谁来为我送葬呢？归去兮，归去兮，一切皆空，万事皆空。"李水清如醉般地呓语着，苍老似乎一下子就降临到了他的脸上。

尉迟迥决定以突力铜兄弟为前锋，明日与韦孝宽决出个雌雄。

"假如能拼死一战，那么鹿死谁手，可就难说了。杨坚啊杨坚，我尉迟迥岂是凡夫俗子，岂容你为所欲为！"尉迟迥的眼前展现了一幅凯旋的壮观场面。

第二天，广阔的战场上，双方数十万大军云集，一块是韦孝宽麾下的黑色方队，另一块是尉迟迥的黄色方队。

黄色方队中首先出战的仍是昨天的两员战将，两人在阵前立马未稳，两只冷箭从黑色方队中射出，直射进他们的咽喉，二人登时翻身落马，黄队立刻骚动。

黑队中韦孝宽鞭梢一扬，全军黑潮般地向黄队涌去，黄队阵脚大乱。但毕竟有尉迟迥压阵，况且这些兵丁都是尉迟迥调教出来的，能征惯战，几乎一色的关西大汉，打起仗来异常英勇，所以面对突如其来的攻击，初时惊慌，但很快便镇定下来，投入了肉搏战。一场惨烈的大战在城下展开了。

韦孝宽和高颖万万没想到尉迟迥的军队在泌水大败后尚有如此战斗力。他们在昨晚制订作战方案时，设想趁神箭手射杀敌军主将后形成的有利时机，可一鼓作气，乘胜追杀，摧毁敌人的战斗意志，敌人定会不战而溃。

现在看来，这个计划还是缺乏足够的估计，作为主帅，这是多么严重的错误。自己的部队长途跋涉，体力绝对赶不上敌人，敌方守城，养精蓄锐，正可以说是以逸待劳，如果拖延下去，结果肯定是很不利的。

怎么办？战场形势瞬息万变，一刻也耽误不得！

高颖一边想一边继续观察着战场的形势，忽然，他眼一亮，计上心来。

原来，这场旷古以来少见的决战，吸引了成千上万的老百姓在城四周观战。男女老幼人山人海。

高颎和韦孝宽一耳语，一部分军队立刻向高处的百姓冲去。

这些百姓只顾贪看双方的激战，哪里想到大军会向自己进攻，吓得慌不择路，四下奔走，很多人被挟裹进战场上，尉迟迥的黄队立刻便乱了。高颎又嘱咐军士们高声喊叫："尉迟迥战死了，快跑啊！"

这一招还真管用，尉迟迥的很多兵士信以为真，无心恋战，于是纷纷逃走。形势立刻有利于韦孝宽。杨素挥军追杀，迎面同尉迟迥的长子尉迟谊相遇，两马相交，不下十合，被杨素斩于马下，李询同尉迟迥的二公子尉迟宽交手，也不到二十个回合，一声大呼枪挑了尉迟宽。

败军纷纷涌进城去。守城的士兵看到大势已去，也只顾逃命，尉迟迥的十几万大军此时已土崩瓦解，溃不成军了。

战后，在进行战斗总结时，高颎颇感内疚地说："那一日，若没有那些善良好奇的百姓，也许形势会是另外一种结果，我素以爱护百姓自诩，不想在特定的时候却要利用他们的生命去做文章，我的心恐怕一生都不会安宁的。"

城已被韦孝宽四面突破。梁士彦从北门攻入，又奔西门；宇文忻部从西门攻入与梁士彦会师；元谐从南门，杨素从东门也分别冲入。

尉迟迥已成了孤家寡人，跨下一匹千里马，使他把追兵甩得远远的，他想逃回到自己的小城楼里，那里有他的爱妾和军师，他要亲手杀死他四个美貌的小妾，免得她们兵败受辱，他还要见他的军师，为他的不理智向他道歉。

但是他还是来晚了一步，小城楼外，空地上，四具穿红戴绿的女尸横在那儿，几个幼童的尸首也东一个、西一个，到处都是血。

尉迟迥定睛看时，尸体旁边，怒目注视着自己的不是别人，正是曾被自己屠杀了全家的于仲文。

于仲文是于翼家族的长孙，尉迟迥举兵前曾任东郡（今河南骨县）太守。于仲文的政治态度同于氏家族成员保持一致，对尉迟迥的引诱置之不理，惹得尉迟迥勃然大怒，两度围攻东郡，于仲文势单力孤，在外无援兵的情况下，兵败而逃，未及逃走的家眷儿女均被凌辱后杀死，头颅高悬在城门上。

于仲文只身逃回长安后被杨坚委任为河南道行军总管，随韦孝宽征伐尉迟迥。血海深仇时刻像烈火一样噬咬着他，他的最大愿望就是手刃尉迟迥。

所以今天城门一破，于仲文便率军直取小城楼。

他的部下都知道尉迟迥对于仲文的灭家之罪，拿下小城楼后，楼内聚集着上百人，但于仲文不是那种滥杀无辜之徒，让内中的丫环仆妇指认出尉迟家的成员后，便尽行放出其余的人，而独独留下尉迟迥的家眷。

按于仲文部下的意思，要把这个罪恶家庭的成员，全部剥光衣服，重重鞭打，特别是女眷，要让她们死得更惨，以血还血，以牙还牙。

而于仲文厌恶那种做法，虽然尉迟迥曾用这种毒辣的手段残杀过自己的亲人，但他只想报此大仇就满足了。

不待于仲文下令，几个佳人和孩童便倒在了兵士们的利刃下。

至于尉迟迥的军师李水清，于仲文并不认识，但他早在大军进城前便已悬梁自尽了。

看到自己的家人全部倒在血泊中，尉迟迥此时出奇地平静。他哈哈大笑道："这下，我们也算两清了。现在你我单打独斗听天由命吧！"

"你不配，你这个猪狗不如的东西，你残害了多少生灵，你枉杀了多少性命，你想一死了之，没那么容易。我要把你押到京城，受千人唾骂，受万刃之苦，方解我心头之恨。"

正在这时，一队人马从远处奔来。原来是行军总管崔弘度率兵赶来。崔弘度是尉迟迥大儿媳的哥哥，也曾接受过尉迟迥的"好处"，也算是与尉迟迥有些瓜葛。

尉迟迥惨然地笑望着崔弘度说："没想到，我们的最后相会竟然是这样。你赌赢了，杨坚小儿也赌赢了，但你们是用生命赌前程，而杨坚却是用阴谋赌天下。我败了，不是杨坚打败了我，而是天意亡我，今日死，无所憾，我为大周流尽了最后一滴血。皇天后土，在大周的千秋史册上，将会留下我尉迟迥的名字。一个失败的英雄的名字。人生自古，谁无一死？我死虽无重于泰山，但至少要比乱臣贼子杨坚要灿烂得多！崔将军，我们亲戚一场，愿我的人头会给你带来好运！"说罢，自刎而亡。

在庆功会上，将官们纷纷报上战利品：崔弘度献上尉迟迥的人头，杨素献上尉迟谊的人头，李询献尉迟宽的人头，李浑献上尉迟勤的人头等。

在庆功宴上，众将官推杯换盏，开怀畅饮，席间，杨素问起李浑的立功经过，李浑抹了一把嘴边的油，说起了他们那段不凡的经历。

原来，那日他们离开了大山，同各路寻找他们的小股部队会合后，继续向相州城进发。

这天，他们在一个小山村休息时了解到，此地离城不远了，不过要经过一段狭窄的山路。据当地百姓讲，山路有二里路长，其间杂树参差，野草丛生，是段险路。

可就在这时，几个负责侦察的士兵来报，一支大约三万人的部队正朝这儿开来，旗上写的是"尉迟勤"。

"看来这是一支增援部队，我们要想办法拦住他们，或拖住他们。"李浑分析道。

一名偏将提醒李浑："我们何不利用前面的地形打击他们一下！"

"好主意，真是天助我也。"李浑下令立刻上马，抄近路抢占地形。

在向导的带领下，部队兵分两路，分别占据了山路两侧的山顶。李浑登上山顶，只觉得正午的阳光晒得人头昏脑胀，好在山上风大，抵消了一部分热浪。李浑和副将们仔细地查看了地形，吩咐兵士们找好隐蔽的地点，收集石块和引火用的干柴。一切安排就绪，静静地只待敌人的到来。

也许尉迟勤为了抢赶时间，增援遭大兵压境的叔叔，竟不顾酷热和疲劳，只是催军前行，三万大军全是骑兵，行军速度倒也不慢，李浑的伏兵没等多长时间，就听到急促的马蹄声由远而近，先出现的是一支几百人的小股队伍，大概是支侦察部队，想必尉迟勤也担心这山路中有什么伏兵，所以这些骑兵很仔细地搜索着前进。

李浑的伏兵们此时高度紧张地隐蔽着，目视着最高的山头，那上面是李浑的临时指挥所，只要红旗一举，兵士们会立刻点火。

但李浑没举旗。过了一会儿，马踏山石的声响又传了过来，这应该是前锋部队了，旗手在前面开路，后续部队陆续进入了山路。李浑用心计算着，观察着，许久，他仍未举旗。有些兵士眼看着敌人一队队过去，有点沉不住气了，大约是紧张的缘故，有些人汗水不住地涌出，面前的山石都浸湿了一大片。

这时，山道上出现了一队衣甲整齐的人，中间有一个人骑在一匹炭火般的枣红马上，前后簇拥着的兵士们也个个身材高大魁梧，凭感觉，枣红马上的人定是尉迟勤。

"等的就是你。打蛇打七寸，擒贼先擒王，尉迟勤，你的末日来了。"

李浑在心里默念着，命令身边的旗手把红旗高高举起，让它迎风招展。一时间，左右两侧的山石后面，一团团熊熊燃烧的火把投向山下的草丛里，火把里夹着硫磺，扔到哪儿，哪儿便是一团烈焰，满山遍野立刻成了一片火海。

受到袭击的战马和兵士们顿时夺路而逃，可是山路狭窄，无处可躲，无处可逃，人马互相践踏，鬼哭狼嚎，声振山野，一些人情急之下奋力向陡峭的山崖上攀登，可立刻又被飞落的石块击中跌落山下而死。

整个伏击战午时开始，一直持续到未时，尉迟勤的三万人马除探路的几百人侥幸逃脱外，其余几乎全部葬身火海。整个山路上尸体狼藉，烧焦的尸体的恶臭随风飘得很远。

待火势渐止，李浑指挥着士兵们下山打扫战场，每个士兵的马项下都满缀着看不清面目的人头。

这场战斗，歼敌近三万，而李浑竟无一人伤亡。这真是一场少见的漂亮仗，无怪乎连高颎和韦孝宽都举杯祝贺李浑。

"李将军，你立下了如此大功，真是少年出英雄，你不但可以封官受爵，说不定丞相还要亲自给你做媒呢！可喜可贺啊！"

　　韦孝宽手拈着胡须半开玩笑地说着。

　　"谢过韦总管的奖励，李浑不敢奢望加官进爵，更不愿高攀贵戚，个人的婚事，我想还是自己决定。"

　　"哦，难得有如此胸怀，婚事方面……难道你心有所属？"高颎似乎听出了他的弦外之音。

　　"这……以后再说吧。不过我倒真有点请求。"

　　李浑看了看韦孝宽和高颎，又环视了众将官，十分认真地说："战场上免不了要杀人，但对于停止抵抗的人，对于无辜的人，不要轻言杀戮。那可是一条条鲜活的生命，生命是宝贵的，作为军人更应该珍视生命。我请求大总管向全军再强调一下，要切实保护和善待俘虏和平民的生命，严禁滥杀无辜。"

　　李浑的话还没说完，人们就议论开了，有的赞同，有的倒不以为然。

　　高颎和韦孝宽完全理解李浑的意思。其实他们心里再清楚不过了，许多士兵和将官杀红了眼，眼中只有活人和死人之分，而没有了该不该杀的区别，还有的个别人杀良冒功，但这种事总是屡禁不止。

　　"李将军所言极是，这关系到军威军纪问题，不能掉以轻心。"

　　第二天，在城郊外，韦孝宽面对千军万马再次强调了各项军纪，并鼓励将士再接再厉，乘胜追击，把叛匪彻底肃清，为朝廷立功，为百姓造福。

　　会后，部队再次兵分多路，围歼其他少量的负隅顽抗之敌。不久，各路捷报纷纷传来。据战报统计，总计消灭尉迟迥集团共计七十余万人，其中包括俘虏四十万，但事实上最后幸存下来的俘虏不足一万，残杀俘虏的现象非常普遍，但鉴于法不责众，最后也只得不了了之。

　　战后为超度战死者的亡灵，杨坚下诏在相州修寺庙一座，这已是平定尉迟迥胜利一周年之际的事情。

　　八月十七日，平定尉迟迥的战役宣告胜利完成。

　　十天之后，王谊率军进逼郧州近郊，司马消难连夜携妻子儿女及家私数担投降陈朝，荆郢诸州反抗的巴蛮遂告平定；杨素率精锐之师一举攻克荥州，宇文冑仓皇出逃，但被杨素布下的伏兵擒获。梁睿率二十万虎贲入蜀，连战连捷，王谦兵败被斩，益州全境平定。

　　这样，看上去轰轰烈烈的三方叛乱在杨坚强有力的指挥下，很快被荡平。

　　李圆通不仅武功超群，而且对杨坚忠心耿耿。一天晚饭后，孤独夫人派人把李圆通找来，语重心长地对他说："圆通啊，你来相府已经半年多了，为随王鞍前马后奔波，吃了不少苦，受了很多累。现在四海升平，八方同乐，这不世之功里，也有你的贡献啊！"

听着这番话，李圆通按捺不住内心的感动，双膝跪地，泪水夺眶而出："随王和夫人待圆通胜似父母，圆通虽肝脑涂地亦不足以报答。随王干的是治国平天下的大事，圆通能追随左右，是我前世修来的福气，何谈苦和累呢！"

独孤氏看着这个虎头虎脑的小伙子，从心里感到喜欢，她想为李圆通物色一门亲事，便轻声询问道："圆通啊，你现在已到了成亲的年龄，男大当婚，女大当嫁，我和随王都把这件事放在心上了，不知你怎么想？"

猛一提到这事，李圆通心里一热，但他把到嘴边的话又咽了下去。

看着李圆通欲言又止的样子，独孤氏料定其中必有隐情，便安抚他说："圆通，有什么事就尽管说出来，有我给你做主呢！"

"这——是这样……"

李圆通讲了一段自己真实的故事。

李家堡的东三十里地有座大庄子，名叫陈庄，庄里有上千户人家，庄里绝大多数人家都是佃户，租种陈老太爷的土地，陈老太爷不仅是大庄主，还是一方的霸主。

李圆通的姑妈就住在陈庄里，自家有几亩薄山地，还租种着十亩山地。姑妈有四个女儿、一个儿子，像姑妈一样，四个女儿都非常漂亮，不但人美，手也很灵。

但是这个庄子不知从何年何月起，有了这么一条不成文的规定：无论是出嫁的姑娘，还是娶进的新媳妇，初夜权都必须是庄主的，据说这个规定有多年的历史了，庄上的人大都习以为常了。

"这是什么规矩，难道就没有人反对？真是无奇不有！"独孤氏颇为惊讶。

"怎么没有？但谁反抗，遭殃的不仅是自己，还殃及全村人，神灵就会降灾。我的表妹和我同年同月生，小时候就订了娃娃亲，但我一想起那个天杀的陈庄主就恶心。"

"这种事情应该制止，我保证会给你一个完整的新娘。"独孤氏语气坚决地对李圆通说，"国家要安定，百姓要乐业，这是人心所向啊，你是个有志青年，要把眼界放长远一些。现在北周气数已尽，天下英雄都瞩目随王，而随王胸怀仁爱之心，不忍代周而建新朝，但天予不取，必受其咎，天下黎民百姓的意愿能违背吗？你如见到随王，可把我的意思说一说，现在他已经是骑虎难下了，不进则退，希望他仔细考虑清楚，再努力向前大步走！"

"我一定把夫人的话禀告随王，让天下百姓早沐浩荡皇恩。"李圆通激动不已，双目熠熠有神，面容泛着红光。

第二天趁杨坚难得的闲暇，李圆通沏上一壶好茶，直截了当地把独孤夫人的话原原本本托了出来，杨坚沉吟片刻，忽然向李圆通问道："这样做，百官会同意吗？万民会接受吗？上天会接受吗？"

"随王你革除了苛酷之政，更改为宽大的政策，删减了旧的法律，制订了《刑书要制》。百官怎能不同意？你躬行节俭，休养生息，百姓得到了实惠，怎会不接受？至于说天意，夫人早就说过，随王是前朝皇子转世，改朝换代正是上应天意，下顺民情，必然会受到上下的拥戴！"

"好小子，果然有了长进，不过像你这样对本王劝进的人现在是越来越多了，刚刚离去的太史中大夫庚季才也是为此事而来，他还为本王选择了黄道吉日！"

"哪一天？"

"本月甲子日，按他的推算，本月十三日为甲子日，甲为六甲之始，子为十二辰之初，甲数九，子数又九，九为天数。这一天恰逢惊蛰，乃阳气壮发之时。的确是个难得的好日子！"

"既然如此，随王何不早做安排！"

"我在等候我师父智仙法师的回音，我已差杨惠亲自去报告，待师父首肯，便作定夺。"

"智仙法师一向支持随王的大业，这只是时间问题了。"

不久之后，登基大典果真如期举行。

三天后，智仙法师的徒弟来报，师父已在三天前在庵中坐化，遗容宛如生前一样。仔细算来，师父坐化的那一刻，正是杨坚登基受禅的那一时。杨坚心中隐隐感到，这一切似乎是人为，但又是天定，仿佛是师父的着意安排。

581年，也就是周静帝大定元年，春天的脚步似乎来得特别早，积雪正在消融，冰河已经开冻，红艳艳的太阳暖暖地照着大地，迎春花已黄灿灿地开满了园子。

这天上午，杨坚格外兴奋，他又接到了朝臣劝进的表章。这次表章，朝臣中几乎所有人都签了名。

杨坚细看一下，驻扎塞上的军事贵族与关陇河东的世家大族都表上有名，他屈指数了一下，有李穆、韦孝宽、杨惠、李睿、高颎、杨素、虞庆则、李长叉、李询、郑译、王韶、贺娄子干、窦荣定、皇甫绩、李圆通、李德林、韦谟、长孙宇、贺若谊、刘昉、宇文忻、梁士彦、卢贲、王谊等三十多人。

杨坚大喜过望。

在此之前，杨坚的代周计划有条不紊地进行着。

五月二十四日，郑译、刘昉等人矫诏杨坚辅政；二十五日杨坚为假黄钺，左大丞相，总领百官，都督内外诸军事，九月二十九日，周废除左右丞相之号，仅设大丞相一职，由杨坚担任；十月十日，杨坚任大冢宰，总摄其他王府，集大权于一身；十二月十三日，杨坚晋封为随王，以十郡为国。大定元年，二月初九，杨坚任相国；总百揆，加封十郡。

杨坚接到劝进的表章，免不了要谦虚一番，什么"无德无才，请择有德才的人受吧"。众人再劝，杨坚允诺。

李德林受命为静帝起草禅让诏书。诏曰："朕自登位以来，天下大乱，幸好上赖祖宗神灵，才得以全保，然今仰观天象，下察民情，北之数降，行运于杨氏。随王辅位至今，德布四方，仁及万物，麒麟降生，凤凰来仪，嘉乐蔚生，这是上天的昭示。大道之行，天下为公，朕欲效前贤禅让之举，禅位于相国随王，以谢天下，望勿推辞！"

静帝遣人送至随王府，杨坚跪接圣旨，坚辞不受："臣德薄才浅，请别求大贤以嗣天位。"

如此，静帝三次降旨，杨坚也推让三次。这是旧例。昔日，魏篡汉，晋篡魏等，都是这般演戏。

篡位者毕竟心虚，唯恐遭后世唾骂，总是惺惺作态。

吉日选在二月十三日甲子。根据庚季才的推算，历史上最强大，朝运最久的周、汉两朝，其登基之日都在二月甲子（或甲午），所以这一天，宜应命受天下。

这一天，终于来了。

清晨，一轮朝日喷薄而出，染红了东方天际，万道霞光，穿云破月，洒遍了山山水水。

京城的大街小巷，一片欢腾。

早得到消息的百姓们一大早就起来了，洒扫庭院，张灯结彩，好事的孩子们有的燃起了鞭炮，激情的小伙子还吹起了唢呐。

佳时已到，杨坚身穿黄袍常服，在前呼后拥中威仪地迈出了相府。

在通往皇宫的路上，老百姓翘首相望，欢腾雀跃，"万岁、万万岁"的欢呼声不绝于耳。

文武百官已提前进宫恭候，他们伫立在御道两侧。杨坚缓步向宝座走去。这时，龙凤鼓响，景阳钟鸣，御香缥缈，气氛庄严肃穆。

临光殿前的长长的御道上，仪仗旗帜，连续不断；大殿廊下，摆着各色乐器，一边是金钟，一边是玉磬，还有笙、箫、琴、笛等。

杨坚头戴朝天冠，身披赫黄袍，腰横八宝镶珠带，足登无忧履。全副的銮驾：金瓜、钺斧、朝天镫、指、掌、拳、横。前面有二十四个太监用银棍挑着金锁提炉引路。

杨坚来到临光殿前，拜殿之后，走上龙台正中的宝座上落座。

太傅、杞国公宇文椿和大宗伯、金城公赵昞分别捧着册书和宝玺来到殿前，杨坚双手承接。

交接完毕，文武百官跪倒叩头，山呼万岁。

殿外，金钟响，玉磐铿铿锵锵，悦耳动听。殿前，那排列有序的炉、鼎，都吐出袅袅香烟，缭绕宫廷。

文武百官文东武西，站立两厢。

杨坚动情地望着百官，说："众位爱卿，朕今日登坐大宝，上赖黄天护佑，下蒙诸位襄助。相国司马、渤落公高颎为尚左书仆射兼纳言，相国司录、沁源县公虞庆则为内史兼吏部尚书，相国内部、咸安县男李德林为内史令，此三人分别负责尚书、门下和内史三省，为新朝宰相。韦业康任礼部尚书，元晖任都官尚书，元岩任兵部尚书，杨雄任左卫大将军，统领禁军。"

建国号为隋，建元开皇元年，立独孤氏为皇后、杨勇为太子。其余各王、大小官僚各有升赏，大赦天下。

与此同时，杨坚又于南郊设坛，遣使告天。杨坚登基仪式结束后，又率杨氏宗亲赴宗庙拜祭。

在这个特殊的日子里，沐浴在春光中的老百姓们，喜气洋洋，奔走相告，他们期盼着新王朝催生新气象，带给万民五谷丰登、百业兴旺，期盼着生活安宁，永无战祸。在这个特殊的日子里，杨坚心里、眼里和脸上无不充满着喜悦和亢奋，每一项活动都注入了极大的虔诚和真诚的向往。

当他从王府从容地起步，到脚踏在皇宫的御砖上，当他跪拜在祖先的牌位前默念祈祷，与祖先们神交时，他感到从未有过的荣耀和庆幸，几十年的忍辱负重，多少次的处心积虑，在这一刻全都升华成了那皇冠上的颗颗明珠。

登基大典是在热烈、隆重、祥和的气氛中进行的，但让杨坚稍感美中不足的是苏威的不辞而别。据说是回归故里、隐居田园了。

杨坚起初很是不解，但他很快从那份署名的劝进表中找到了答案。老将军窦炽没有签名，他可是在平定尉迟迥的洛阳之役中立了大功的，杨坚恍然大悟。气节，不错，就是这东西在作祟。

杨坚笑着对痛惜不已的高颎说："他会回来的！"

大封功臣，人们纳罕的是李德林的排位。无论是能力才能，他理应排在虞庆则之上。

这里面确实有隐情，在杨坚与众人商议如何发落北周宗室时，杨坚与李德林的意见几乎形同水火，使杨坚十分光火。

建议首先是虞庆则提出的。他认为："北周宗室当斩草除根。不除，便存在复辟的危险，一些旧臣也可能反复，远嫁突厥的公主也会力劝突厥南下进兵，以图复辟。只有把其宗室全部清除才可能断绝这一切危险。"

虞庆则的话重重敲在了杨坚的疼处。杀人，这对于新王朝毕竟是一种不光彩的事，但如果和会失去的利益相比，又算得了什么呢？

杨坚对虞庆则的话表现出了极大的兴趣。而李德林却不以为然，强烈反对。

"自西晋末年刘渊建立第一个非汉族政权起，中原大地经几百年的动乱，政治黑暗、道德沦落、人心离散、礼乐崩溃。王朝的更迭，必以杀伐开始，流血结束，厚德不行，人心惟危，以至于社会无有宁日，百姓水深火热。新王朝当以儒家思想为社会建立道德文化标准，反诸王朝的做法，向天下百姓示仁示德，逐渐构筑起道德伦理的千里长堤，这才是千秋大业的基础。"

杨坚听罢，面露愠色，他很想数落一下这个不知变通的宠臣，但他忍下了。

"李爱卿果然见识不凡。儒家之学说，佛道之理念，都应成为我朝提倡和推崇的思想，我们就是要把几百年来荒废的精神家园繁荣兴旺起来，这一点，大家要多多出谋划策。

"但隋朝乍兴，何为当务之急，一定要保持清醒头脑。如今突厥骑兵在我边境环列，侵我之心不死，随时会兴兵南下，陈朝拥有江南大好河山，也在觊觎我中原；国内治安也较为脆弱，经不起狂风巨浪。北周余孽，跃跃欲试，复辟之心何尝停止？他们一日不除，大隋的百姓就一日得不到真正的安宁。"

李德林还要力争，却猛地瞥见高颎在一旁用目光示意，他知道高颎在提醒他，但固执的性格又使他不得不说："陛下所言极是，但德林以为宇文氏已无权无势，充其量是些衣食无忧的富家子，不足以构成对国家的危害，让其自生自灭利大于弊。"

"爱卿不记得'五王'事件了吗？"

"这……"

杨坚的提醒勾起了李德林的回忆。那是"五王"被招进京城以后发生的事件。

一天，杨坚正在相府商议平叛的事，李圆通来报，赵王府家人持帖子在门房等候，说是要面呈随公。

"传他进来。看看这回又要耍什么花招。"

原来，上次灞桥行刺不成，赵王内心忧惧，但好在五王尚且安然无恙，宇文招在沉默了几天之后，又开始酗酒、吟诗以打发时光，并在寻找报复杨坚的办法。他想到过多种方案，又都被自己否定，最后他选择了鸩杀——用毒酒杀人。他认为只要杀死了罪魁祸首杨坚，振臂一呼，即可收回大权，重振大周雄风。

他这件事做得极其秘密，只有他和一名心腹侍女知晓。秘密知道的人越少越安全。赵王深深知道事情的轻重，他做好了最坏的准备，万一败露，他宁肯与杨坚同归于尽。

杨坚看着捧上的帖子，扫了一眼，然后吩咐家人给来人送上赏银，并告诉来人，他准时赴宴。

高颎和李德林、杨惠等人看着帖子上写道："盛邀杨丞相于明日中午赴赵府小宴。"杨惠把帖子一甩，愤然作色。

"黄鼠狼给鸡拜年，没安什么好心，干脆不要理他！"

"要去的话也一定要安排妥当，确保万无一失。"高颎不无忧虑道。

"去还是要去，堂堂丞相岂能言而无信，只要准备充分，料也无妨！"

"好，我就去闯一闯赵王的虎穴龙潭。我无须带多人，只带圆通和德林去足矣！"

第二天，杨坚在李圆通和李德林的陪同下，来到赵王府。杨惠带兵在府外警戒。

门上早有人禀报了赵王。赵王来到大门，振衣整冠，笑容满面："恭迎杨丞相驾临，小王不胜感激。"

"有劳赵王远迎，臣杨坚惶恐之极！"

在赵王的陪同下，杨坚几人步入王府。赵王府看上去不很大，但花木葱茏，景致宜人。穿过二层仪门，到了一处颇为宽敞的去处，从厅内的布置看，应是客厅。这是三间跨度较大的堂屋，两侧各有两间耳房，由过廊相连。厅内白粉刷墙，几张红木椅子、一张红木方桌、几件瓷器、一幅中堂不很华贵，倒也洁净。

寒暄一番后，双方问及身体状况及饮食。李德林察言观色，见未有异常，而李圆通则腰佩短剑站在杨坚身旁。杨坚和赵王两人谈笑风生，仿佛一对莫逆之交。

在跨院的厨房内，赵王府的管家赵林正在督促赶做精致菜肴，与其说是督促，倒不如说是监督，他不时在厨房内外穿梭，生怕有什么不测。

在他昨天接到赵王的口谕时，心里就盘算开了，赵王宴请杨坚，肯定不会是善举，但葫芦里卖的什么药呢？

一天来他一无所得，似乎没人知道这次请客的目的，他又不好直接去问。对他来说，多一事不如少一事。但他心里急啊，万一杨坚有什么好歹，他几年的心血，所受的苦岂不全泡汤了？

他用心观察着。但他无法远离，因为他今天的主要任务是把宴会安排好，开宴的时间到了，菜一盘盘地端向客厅，他让侍女小红去布置酒具，因为这项工作一向都是她做的。

小红一边答应着一边把酒具放在托盘内，可赵林看到小红在摆放酒具时，很小心地把一只看上去相似，但略大一点的玉杯放在一边。赵林心里一惊，莫不是杯中有毒？也好，那我就来个将计就计。

他突然叫过小红，让她去库房领取几只银碗，摆酒杯的事由其他人去做。待小红走后，他叫过另一侍女，低低吩咐一番，侍女领命而去。小侍女按照赵林的安排，把稍大一点的酒杯放在了赵王面前，然后把酒一一斟满。

赵王把酒杯高高举起，热情地请杨坚共饮一杯，说着一杯酒下肚，还说了句："先干为敬！"然后又连饮了两杯。

杨坚、李德林都是先看着宇文招喝完后才喝，先吃了菜才吃，一餐饭半个时辰结束了。赵王又恭送杨坚来到王府大门前看着他们远去。

杨坚这场酒喝得是不明不白，李德林也是心里犯糊涂，既不见刀光剑影，也不闻唇枪舌剑，平平淡淡的谈话，那宇文招是犯了什么毛病，难道是想和敌人握手？不可能，也许有更深的玄机，只是没有发现罢了。

杨坚前脚到府上，后脚赵林就赶过来了，他一五一十地向杨坚叙述了他暗审小红的经过。

在厨房里，小红被赵林用刀逼着说出了真相。

原来，那玉杯是用慢性毒药断肠草泡制的，喝了这种杯子的酒，一天后发作，全身发紫而死，药性奇毒没有解药。

杨坚听后，毛骨悚然，暗暗庆幸又逃过了一劫，特别地嘉奖了赵林。

李德林也恍然大悟，心里暗骂自己虑事不周。赵林还告诉杨坚，小红还捆在库房里，也许还能够用得着。

再说赵王送走了杨坚，心里无比地畅快，他准备重重奖赏小红，感谢她立下了大功，他想将来如能登上至尊之位，定要封小红个妃子什么的。

可里里外外找不到小红，有人说，赵林也不见了。后院守门的人说，赵林从后门出去了，说是奉了王爷的钧旨，有要事公干。

"坏了，坏了，赵林和小红一定是串通好了，也许计划早就透露出去了。这一对狗男女，我还把他们当人看待，竟这样忘恩负义。"宇文招失声叫道。

"杨坚不死，就是我亡。我这一生坏就坏在太轻信人。赵林本来就该杀掉，但我被他的假象骗住了，结果自食其果。唉，做人千万别太心善。人善遭人欺，马善被人骑。真是千真万确啊！"

赵王向所有家仆下令："一定要找到小红，活要见人，死要见尸，发现者有重赏！"

整个王府内像过筛子似的筛了一遍，仍不见踪影。

"谁提供线索，奖一百金！"

摆酒杯的小侍女怯生生地报告，她曾听赵管家吩咐小红去库房，之后就再也没有看到她。"妈的，这么重要的情况现在才说，真该给你几鞭子！"赵王大声斥责着，吓得小侍女连连后退，奖金的事早忘到爪哇国去了。

宇文招连忙吩咐家人去库房。

正在这时，家人来报，杨惠领兵在门外候见。宇文招闻听登时一身冷汗，忙传令请入。杨惠一身武装，拱拱手算是礼节："恕杨惠戎装在身，不能全礼。我奉丞相之令，前来搜查一个人犯，望赵王恩准！"

"本王府岂有什么人犯，将军怕是搞错了吧！"

"是不是错了，一会儿便见分晓。搜！"杨惠一声令下，兵丁们四散开去，吓得府内上下尽皆失色。

在库房内，被绑了手脚、堵住嘴巴的小红泪流满面，原想依附赵王能有个出头之日，不想今日连性命都难以保全。

她正在悲叹自己的命运，只听到有人在开门，听声音像是本府家人。随后又听到一阵嘈杂声越来越近。

门被打开了，进来两个男仆，小红都认识，她一阵高兴，但缚住的手脚无法动弹，只好呜呜地直向他们点头。他们一把扯下她口中的衣物，边给她松绑边骂道："忘恩负义的小娼妇，竟勾结外人害赵王，真是丧尽天良。赵王平日待我们不薄，我们怎能去昧着良心害人呢？"

小红听着他们的话，料是被误解了，刚要辩解，被几个冲进来的兵士抓住，不由分说地带走了。

小红被带到赵王和杨惠跟前，杨惠阴笑着对宇文招道："王爷，这就是我要找的人犯。她会讲述一个动人的故事的！王爷，恕不奉陪。走！"

宇文招眼睁睁看着小红被带走，却无可奈何！小红在被带走的一刹那，猛回头向赵王投去了最后一瞥。但赵王此时关注的已不再是小红而是自己的命运了。

在相府的一间小石屋里，杨惠力劝小红给予配合，允诺将来会有享不尽的荣华富贵。

但杨惠的一切劝导都无济于事，不管问什么，小红都是一言不发、一语不答。沉默还是沉默，僵持还是僵持。

"妈的，真是敬酒不吃吃罚酒。不给你点利害你是不会开口的。"他命令把小红吊起来。但一个时辰过去，两个时辰过去了，仍听不到半声求饶、一声呻吟。

"给我想点办法，一定要让她开口！"他丢下一句话，怒气冲天地走了。

几个彪形大汉把蘸水的皮鞭和藤条高高举起，雨点般地落在小红身上。小红一会儿工夫昏死了两次，但满身污血的她仍紧咬牙关，嘴唇都咬出了血痕。

"把她的衣服剥光！"一个小头目恶狠狠地说。

毫无反抗力的小红顷刻被扒得精光，身体呈八字形被高高吊起，在她的身下是一盆燃得正旺的炭火。七月流火，乘凉尚来不及，哪堪炭火的烘烤。当小红被解下时，呼吸已游如细丝，惨白的脸上无任何表情。

接下来，她一阵痉挛，在刽子手们的惊骇声中永远地闭上了秀美的眼睛。

"一群废物，成事不足，谁让你们动用的大刑？一点脑子都不会用！"

小红的惨死着实让杨惠恼火，因为手里又缺了一张王牌。

经杨坚点头，杨惠迅速兵围了赵王府。其实，赵王府早已处于严密的监控之下了。

赵王被抓，赵王府被彻底搜查，在大量的诗文信札中，有一封赵王亲笔书写的遗书，信中慷慨激昂地地诉说了自己对杨坚擅权的愤激之辞，表示愿与社稷共存亡，以死殉国。

杨惠如获至宝。宇文招被收监，赵府其余人众暂押在赵王府，赵府内外俨然成了一座兵营。

第二天一早，待狱吏要提审赵王时，赵王已脸色紫胀，口吐白沫，不省人事了。

赵王死，但罪名不减。谋害朝廷重臣，畏罪自杀，家产充公，人口被害。

赵林如愿以偿。他首先污辱了赵王妃，后又举证越王宇文盛与赵王同谋。两日后在市曹诛杀了越王及其幼子。

两个月后，赵林又协助杨惠查抄了陈王纯的府第，"搜出"大量武器和违禁物品，陈王有口难辩，当即也被斩首，随赵王而去。不几天官司株连到代王宇文达和腾王宇文逌，因参与谋逆，罪不可赦，兄弟俩同赴刑场。

"五王事件"影响之大，震动朝野。李德林自始至终经历了这场政治大搏杀。对此，他有自己的看法。

他私下里认为"五王"固然对杨坚有怨恨之心，但并非人人都有复仇之举。赵王忧愤之极，陡生杀杨之念是情理中事；越王虽同赵王过从甚密，但只是性情有些相似，生死大事未必肯同乘一条船；至于其他三位，纯粹是赵林从中做了手脚。当然，这只是李德林的心里话，他是不愿也不敢说出来的。

杨坚的一句话提醒了李德林，但李德林何尝忘记呢？

对于有些政治手段，李德林不仅赞成，而且积极策划。

杨坚入主相府之后，虽百事顺利，但总感议事不太方便。为什么？因为毕竟还有一位位居其上的右大丞相汉王赞，这个位置虽是杨坚用来遮人耳目的，但汉王赞却把它看得很重，凡事都想指手画脚。

杨坚看在眼里，气在心头，但又不便发作。李德林洞察此事，建议杨坚如此如此。杨坚闻听，马上笑逐颜开，把郑译找来，作了安排。

几天后，郑译盛邀汉王赞到府饮酒赏月。

此乃附庸风雅之事，汉王赞岂肯落后，欣然赴会。酒宴刚开，一曲雅歌引出八位身着白纱的少女，银色的月光下乐声舒缓，少女们舞姿柔曼，使人恍如置身于蟾宫之中。汉王赞一边饮酒，一边击节而歌，如痴如醉地沉迷于歌舞之中。

郑译眼瞟着宇文赞，心中已有五分的把握了，他端起满满的一觚酒，笑吟吟地道："请汉王满饮此杯。臣有句话，多日来如鲠在喉，今日趁此良宵，想面禀大王，不知当讲不当讲？"郑译故意卖了个关子。

待汉王饮完酒，低声说道："大王您是先帝的弟弟，文才武略，众望所归，而今孺子幼小，怎能成就大事？眼下先帝刚刚驾崩，人心未定，大王不妨暂且回避一时，回归您的府第，让我等从容摆布。待时局安定下来，再入主天台宫，岂不是上上策吗？请大王三思！"

一番话说得汉王赞如坐云端，仿佛腾云驾雾一般。他拍着郑译的肩膀，握着郑译发烫的手，激动得语无伦次："他日若能如愿，当忘不了君。"

"大王闲来无事，不妨多听听雅乐，观赏一下舞蹈。这几个舞伎是我多年来训练而成的，就算送给大王的礼物，请笑纳！"

汉王赞本是酒色中人，这份厚礼自然是来者不拒，简直把郑译当成了天下第一号忠臣良友。酒宴进行不多时，汉王便推说头痛，急急带着八个如花似玉的舞女打道回府。

第二天，杨坚听到郑译绘声绘色的描述，不禁感慨道："真是石膏点豆腐，一物降一物啊，德林又立了一大功。"

对于处置北周王室宗亲，杨坚是铁了心了。在他看来，这一隐患一天不除，他就一天难以安心。他的政治蓝图是统一江南、拓展北疆、横扫六合、囊括四海，而要实现这一宏伟目标，必须对内谋求长期的稳定。

换句话说，清除宗亲宇文氏是其不可动摇的政治步骤。

在风风雨雨的年代里，实力代表了一切，胜利就是真理。改朝换代就意味着新陈代谢，意味着杀戮，意味着残暴，恐怕每一个"禅位者"都概莫能外，所不同的只是程度大小而已。

而李德林虑及的亦是国家的长治久安。李德林认为只有武功的社会是个不健全的社会，必须要建立一套社会价值体系，真的确立一种占主导地位的思想体系。无疑，他最看重的还是"孔孟"的儒家学说。而其核心"仁"则是道德的最高准则，是道德的总体，其政治主张即"仁德政治"——仁政。孔子主张"为政以德"，要求为政者要关心庶民，为政者要克己正身，以身作则；要求对庶民应"齐之以礼"，重在教育，不重刑罚。

作为一名儒家的忠实信徒、饱学之士，李德林是信其言，行其事，他也并非不知道杨坚的所思所想，相反，他愿以自己的逆耳之言匡正新王朝不合理想的政策、行为，以期最终建立一个政治清明、国富民安、道德昌明的社会。

这一点，未必不是高颎的追求目标，但高颎自有自己的一套处事办法。他不

圣人可汗：隋文帝

会在激烈的冲突中失去理智，他会审时度势地理智而温和地接近目标。

这套作风，可能和他父亲有一定关系。

他父亲是东魏的谏议大夫，由于放言议政，遭到不少人的忌恨，勋亲们对他更是诽谤犹恐不足、继之以人身迫害。看看在东魏实在无容身之地，一家人便化装逃离了东魏投奔了招贤纳士的西魏。他父亲受到了爱才的宇文泰的器重，安排在朝中仍任原职，但他谢过了宇文泰，返身来到了有一面之识的独孤信门下，最后在独孤信的府中做了一名幕僚。而这一回他学乖了，聪明睿智但并不显山露水，因而赢得了大家的交口称赞。他言语不多，但往往一言中的，颇受独孤信的赏识。父亲死后，高颎以文才武略又进入独孤信的将军府，成为一名出谋划策的重要谋士。

因此高颎不仅以其才能和人品为独孤信喜欢，也使他能自如地周旋在将军府的各色人之间。也就是在这个时候，他认识了独孤氏并将友谊保持了几十年，即使是独孤家族最困难的时期也并未中断。

高颎看到李德林红着脖子同杨坚力争曲直，深为这位老友担忧，遂向李德林作了眼神暗示，但李德林似乎并未看见，没有理睬。

看到李德林那副倔强认真的尊容，杨坚又好笑又好气，最后不得不拿出了皇帝的威严："君是读书人，这种事你实在是不懂，你不必再说了。"

一句话噎得李德林愣住了，心里顿时凉了半截，不解地在心里问："政治能和道德分离吗？能和民心分离吗？能和信义分离吗？"

李德林讪讪地退到了一边，委屈和羞辱扫荡着他，他的脑子里一片空白。

高颎望着这位老友，心中不禁生出一股怜意，也为这位"北齐奇才"而忧虑。

虞庆则仔细地观察着，深为皇上能采纳自己的建议而暗暗庆幸，脸上掠过一丝不易察觉的得意，的确，因为这一建议，他增加了在杨坚心目中的分量，此后的岁月里，虞庆则入则为相，出则为将，多少与他的这次成功影响有关。

屠杀按照计划进行着。"五王事件"中共有近三十口男性宗亲成了刀下之鬼，其后，汉王赞、秦王贽、曹王允、道王充、蔡王兑、荆王元又陆续随其父皇武帝而去，连同他们未成年的儿子们。

静帝最后也未能幸免，被毒药酒害死。其后不久，邺王衍、都王犬也一一命丧黄泉。

宗室中其他人，如宇文胄、宇文洛等人，或死于战场，或丧身刑场，一门几十口人也如烟而去。

这个过程持续了半年，在各种名目下堂而皇之地进行着。执行者杨惠为清除门户可谓用尽了心思。一方面要完成头等重要的政治任务，又不能引起社会的震动，人心的不满，因此，他导演了一出又一出"精彩绝伦"的大戏。

【第四回】

平天下文帝宣法，束宫闱皇后动刑

杨坚自登上龙位以来，日夜操劳，比之做丞相时有过之而无不及。他常常想到老百姓的一句俗语，来得容易，去得容易，所以不敢稍稍懈怠。

一群太监、宫女跟在杨坚的身后向独孤皇后的寝宫缓步而行。不多时，便到了皇后的寝宫，独孤皇后虽贵有四海，但以宫殿的环境和饰物看，却是处处透着简陋，甚至于寒酸。

进到小院，迎面映入眼帘的是挂在宫墙上的串串金黄的谷穗和透红的辣椒，院墙周围栽种着丛丛青竹，掩映在灰色的青砖中，煞是好看。

院中几位宫女正在赏月，看到皇帝驾到，忙不迭地上前叩首。一个刚要进去通报，杨坚摇摇手，轻轻地步入室内。

皇后正在专心致志地为一件枕套刺绣，绣的是一株正在怒放的梅花，已经快完成了。她身旁两个宫女也在歪着脑袋看着。

一个宫女很机敏，看到杨坚，立刻扯了一下另外一个小丫头，向皇上请安。

皇后笑着放下手中的活，立身迎上前去："皇上过来，也没让人报个信，臣妾有失远迎，望皇上见谅。"

"朕闲来走走，不必兴师动众，朕就是想看看你，你还是那么闲不住。"

"几个小宫女在学刺绣，我给她们点拨点拨。她们都很聪明，学得很快，你看。"说着把刚才的那件绣品递给杨坚。

"不错，不错，有其师必有其徒啊，绣得有功夫。这样下去，何愁不出精品，不出大师啊！"杨坚连连夸奖，窘得那两个小宫女不知如何是好，绯红着脸半天才缓过劲来，不住地谢。"真谓名师出高徒！"

"那下联呢？"独孤皇后戏谑道。

"下联？张口就来嘛！请听，皇父育龙子。"

"自吹自擂了吧！"独孤皇后的情绪依然很高。

"这倒不是自夸。昨天，咱们勇儿就做了件漂亮事儿！"

"是陛下偏爱太子吧！"

"那倒不是！"

杨坚兴致勃勃地讲起了昨天殿上父子俩的对话。

"近因山东（今河北、河南、山东一带）地区流民很多，给当地带来了很多问题，朕打算把这些人利用起来，迁徙到北方来充实边境。经过多年战争，地广人稀，正是用人的时候。但太子听后，说有本要奏，朕知道他曾经略过北齐旧地，对山东一带情况熟悉，便准予启奏。

"太子是这样说的：'臣以为改变百姓的生活习俗应当采取逐渐的方式，不能一下子改变。百姓历来有怀旧恋土的传统，他们的流动离乡多是迫不得已的。'你听听，有长进了吧？有情有理！"

杨坚得意地继续说："勇儿又讲：'山东地区在北齐时就主暗时昏，北周平齐后，又虐待百姓，致使他们离乡背井，并不是他们厌恶故土，愿意流亡他乡。又加上尉迟迥去年叛乱，虽然将其平定，但战争给当地造成的巨大创伤还未复愈。儿臣以为几年以后，随着社会的安定，他们会归还本土。再者说，我国北部边境虽然屡遭突厥侵扰，但城镇峻峙，坞堡严固，用不着迁徙流民。'听一听，太子分析事理是何等清晰，不愧是朕的儿子！"

独孤皇后也附和道："他十五岁就被封为博平侯。二十五岁就拜为大将军、左司卫、封为长宁郡公。二十七岁外出做洛州总管、东京小冢宰，后不久又进位为上柱国、大司马、领内史御正，总管所有禁卫。这些年，他的每一个进步不都是陛下精心培养的结果吗？勇儿现在真的成熟了，臣妾替陛下高兴！"

"岂止勇儿，其余几个不是都能替朕分忧了嘛！兄弟几个出镇各地，同心同德，真是家和万事兴、家和国运隆啊！"

十月的金秋，举目四望，到处是起伏的谷浪，黄灿灿地透着沁人的芳香。向晚的夕阳洒落在无垠的原野上，投射到汹涌的激流中。

黄土大道上，一对白衣人并肩骑在马上，缓缓地信马由缰。

不远处是一个不小的村镇。

两人看上去年纪相仿，均为二十开外，一副书生打扮，枣红马上的年轻人眉清目秀，书卷气十足；白马上的小伙子浓眉大眼，多了几许粗犷，两人操着一口关西口音，边走边聊。

"文仲兄，适才说到杨坚当初功成后排座次，到底是哪些人榜上有名啊？"

"无非是拥立他的一些豪门世族。原皇族的元氏、长孙氏、源氏，以及弘农的杨氏、博陵的崔氏、荥阳的郑氏、河东薛氏、柳氏；此外周朝与杨坚过从甚密的豪强世族，如陇西李氏、安定梁氏、昌黎大棘宇文氏、昌黎徙河豆卢氏、武川宇文氏、代北贺若氏、乐浪王氏、抚风窦氏等，这些家族是杨坚起家的本钱。

"他们中的代表人物是李穆、于翼、韦孝宽、梁睿、杨惠、高颎、李德林、虞庆则、郑译、刘昉、杨素等人。"文仲滔滔不绝地说着。

"我不太明白，按说论功行赏，高颎、李德林为杨坚的平叛禅让、鞍前马后，没少出谋划策，但从他们的位次看，他们都在武将的后面，这是不是意味着杨坚重武轻文呢！"

"这倒不尽然。自西晋以来，讲的是门阀制度。世家的地位是评定品第的唯一标准，魏晋开始的九品中正制已完全沦为世族大户的工具。岂不闻，上品无寒门，下品无世族吗？高颎、李德林虽立下汗马功劳，但毕竟出身寒门，而杨坚的改朝换代更赖世族大户，杨坚心里岂不明白！"

文仲边说边抖了抖手中的缰绳。不知不觉小镇已到了眼前。这是一座商旅重镇，南来北往的人多在此落脚，小镇上的店铺虽到了打烊的时候，但仍看得出白日的热闹繁华。

几只鸽子从郊外飞来，在一座客栈前盘旋了一阵后，停落在客栈灰色的檐角上。客栈是二层小楼。在门前，客栈的伙计笑容满面地邀请两人上座，一手熟练地打起帘子，一手作请的动作。

小店虽不大，倒也显得俗中有雅：雪白的墙壁、乌黑发亮的桌椅、别致的茶具，令人赏心悦目。登楼凭窗而望，小镇上的房屋错落有致，袅袅炊烟在薄暮中飘荡，和着人语马嘶给小镇平添了几分诗情画意。

他们临窗而坐，一边欣赏暮色中的美景，一边小酌。酒是店主人家自酿的，绵甜爽口，正可消乏。三杯酒下肚，一阵暖意上涌。在店堂的正墙上，挂着一幅山水写意图：苍山碧水间，一个衣袍飘动的长者伫立在云雾中，眺望远方。

"剑寒，你看这画中长者是什么人？猜猜看。"面带酡红的文仲手执黑酒碗，目光扫射着画面。

"说对了，你要罚酒。照我看，很像你的那位远亲。"剑寒微笑着说。

"你说苏威？像，但又不像。"

"这是怎么说？"

"苏威素有雅望，宇文护时代便隐居山林，后大隋代周，苏威虽有功在身，但却不辞而别，重返山野。这是君子风范，雅士气节，在当时引起不少的议论。但可惜的是他经不住诱劝，最后又回到了朝廷。这一点，我是有看法的。"

听着文仲的解释，剑寒不服气地摇摇头，说："你说的既有理，亦无理！"

"何出此言？"

"不愿为官乃出世的思想，是其深刻的一面；被迫为官并非是本来的入世思想，是其表面现象。他是要个人的清名还是全族人的性命呢？权衡利弊，自然趋利避害了。但首先一点，他做官不是为了禄米，而是顾全他人。我看苏公高风亮节，可追比古人。如此说来，这酒你还是要喝。"说罢，给文仲斟满了一碗酒。

正在这时，高鼻细眼的客店老板殷勤地来到酒桌旁，笑容可掬地询问文仲、剑寒饭菜是否可口，小镇环境如何，二位一齐点头称是。剑寒顺手斟了一杯酒，邀请老板共饮。老板拱手作谢，笑吟吟地说："敝店风水一向很好，走马上任的官员在小店留宿，会一路顺风，青云直上，做宰相的人都有；赶考的秀才住在小店中，大多能衣锦还乡，光耀故里；经商的住过我的店，会商运亨通，财源滚滚。我看二位公子的气度，乃大富大贵之相，此番进京赶考，定能高中。"

二人在老板云山雾海的笑谈中如沐春风，剑寒摸出一锭银子掷了过去。老板收了银子，欢天喜地要走，剑寒又叫住了他："明早我们要起早赶路，预备热汤热水，提前叫醒我们。"

"放心吧，公子爷。"老板应一声，下楼而去。

这是开皇七年事。

隋文帝下令废弃了魏晋以来按门第高低选用官吏的九品中正制，实行科举制度。所谓科举，就是分科取士。隋文帝诏令一出，便引来一片欢呼声，许多世代耕读人家的子弟从此可以凭自己的才学，一展胸中的丘壑了。所以大考在即，天下读书人一齐涌向长安。

文仲和剑寒酒饭已毕，洗漱完，两人躺在新换的被褥上，惬意地畅谈着。这是个单间上房，店老板格外关照的。

剑寒望着房梁，突然问道："文仲兄可知道当今万岁为什么要实行起科举制度呢？"

"略知一二。"

"不妨说来听听！"

随着文仲的娓娓道来，一段鲜为人知的佚事——选官改制，渐渐地清晰起来。

故事还要从开皇元年说起。

一日，劳烦了一天的杨坚散步来到独孤皇后的宫中。

独孤皇后身着淡雅的半旧衣裙，坐在杨坚的对面。杨坚审视着妻子，感到岁月的沧桑明显地印在了爱妻的脸上，鱼尾纹已悄悄爬上了额角，发际间也偶尔现出了少许白发。

杨坚端详着这张熟悉的脸庞，一股暖意涌上心头。他来到妻子身旁，轻轻拔下了几根白发，感慨地说："真快啊，一晃几十年过去了。孔子云：逝者如斯夫，不舍昼夜。我们应当在有生之年多做些事情，使大隋朝江山永固，四海统一。但朕现在时常感到人才难得，现在不仅需要大量领兵的将才，更需要治国的贤才。"

独孤皇后深情地望着共患难几十年的夫君，那一脸的英气仍不减当年。

"高颖不是建议让各地推举贤能了吗？进展得不顺利吗？"

"这倒不是，一来推举的人少，再来良莠不齐，难以尽用。其实散居民间的贤能之士大有人在，只是无缘相逢啊！"

"那何不到民间走一走，一来了解民情，二来检查吏治，三来还可以寻访人才。皇上让圆通陪着下去，也让他顺便回家看看，把他的未婚妻接出来。"

"皇后说得极是，朕正有心出去散散心，放松一下自己。有圆通陪着，你也就更放心了。既然这样，我们后天就出发，现在正春暖花开，是出行的最佳时机。朝中有李德林、苏威和杨惠，朕多则半个月，少则十天便回。"

杨坚的双眸闪着兴奋，神采飞扬地说："朕带着高颖，暗察一下土地占有情况、军事布防情况以及河流、道路状况，做到心中有数。有人上书反映这些问题。看一看是否属实。"

"皇上可不要太累着了！"

"皇后也要多注意身体！"

两人依依惜别，像一对初恋的情人。

仲春时节，艳阳高照，暖风习习，杨坚一行五人驱车行进在黄土高原上。两名护卫驾着马车，车内高颖和李圆通左右陪着杨坚观赏两旁的田野风光。

越阡跨陌、穿村过镇，他们看到的是繁忙的景象以及战争留下的废墟。

杨坚既兴奋又沉重："要让老百姓都有饭吃，有事做，才能人心稳定、社稷永固。你们提议的'轻徭薄赋'的建议有利于经济的发展，已经收到了一定的效果，这项政策还要继续推行，认真推行。"

杨坚的语气是坚决的，很有感染力。

对于轻徭薄赋，减轻百姓负担，杨坚很早就注意到了，北周时期他也曾做过尝试，但行不通。

后来直到自己成了北周的监国，他让高颖起草过一份减轻百姓负担的诏书，以周静帝的名义颁布的，应该说对自己对北周都有较好的收获，自己捞取了政治资本——百姓的信任，而北周的好处则是少挨了不知多少骂名，停建害民的享乐工程，即是其一。

"那么，苏威所提出的兴建新都的奏请，陛下以为如何？"高颖又不太放心地问。

"新朝初立，百业待举，而营建新都，规模宏大，要耗费大量的人力、物力，如此劳民伤财，非我所愿。但长安自东汉丧乱以来，屡遭兵燹，目下都城破败，水源亦遭污染，若不彻底整治，确实难以再做都城。另外，新朝要有新面貌、新的精神，特别是除旧布新的思想。"

其实，在杨坚的心里另有一番道理：每至夜幕降临，那些政治清洗的牺牲品，尤其是北周皇室的阴魂，便会乘夜潜入，在他的梦中兴风作浪。造一座新都，正好可以镇镇邪气。况且，皇城偏在大域西南隅，不在中轴线上，又怎能体现天子的威仪和气度？

高颎一时猜不透杨坚的真实想法，没有应答。李圆通见状，遂换了一个轻松的话题："陛下，圆通成婚时，想请皇上、皇后都来喝喜酒。"

"为什么呢？"

"因为皇上和皇后就是我的再生父母，我现在的一切都是皇上、皇后给予的！"

"不是朕等偏爱你，而是因为你能干，全靠自己的能力。"

"圆通，你的未婚妻知道你回去，不知该有多高兴！"高颎也打趣道，"你怕是做梦也想她吧！"

经这么一说，李圆通竟不好意思起来，抓耳挠腮地不知如何回答。

说笑中，天已渐暗，马车来到了一座小县城，小城并不大，城墙上仍留有战火的痕迹，城门上方大书"零口"。

一行人穿过西城门，来到城内。他们在城内唯一的一个小旅馆前停下，高颎和一名护卫前去联系住宿。他们选了两间上等房，虽然房间不大，但还比较干净。

伙计点上了油灯，问道："客官要吃点什么？"

"把你们的拿手菜做上一桌，再温上一壶酒。先给我们打点清水洗洗脸吧。"高颎边说边摸出几个铜钱，"这是赏你的！"

伙计点头称谢，乐滋滋地转身走开。

"老爷，你难得出来一次，不妨尝尝地方风味。"高颎又对李圆通吩咐道，"大家一路辛苦，回头每人少饮几口酒，消消乏，但要注意警戒。"

"老爷"是对杨坚的称呼，而对高颎称"管家"。

菜陆续端上来了，腊羊肉、盒子豆腐、葫芦鸡、金线油塔等，香喷喷地摆了满满一桌子。

刚要下箸，就听到门外一阵吵嚷，高颎望了望杨坚："我去看看。"

旅店门外，一老一少皆衣着褴褛，老汉背着一把胡琴，少年怯生生地依偎在老汉身后。

老汉拱着手，疲惫的脸上堆满了笑对店老板说："老板，您行个方便吧，我们只卖唱，决不打扰客人，决不给贵店添麻烦！救人一命，胜造七级浮屠。让我们进去吧！"

看到店老板还在挥手阻止，高颎走过来，拍了拍老板的肩头："让他们进去吧，我们想听听！"

看到有人解围，老汉忙不迭地作揖。来到席前，高颎指着杨坚说："这是我们家老爷。你是哪儿人？能唱什么曲？"

"小老儿是陇州（今陕西陇县）人，家中遭难，衣食无着，不得不外出谋口饭吃。"他指了指少年，"这是小老儿的孙子，自小学了些山歌村曲。老爷爱听什么样的曲子？"

"曲子就免了，你只说说你遭的是什么难，说说你们陇州的民情、新鲜事。"

"说来话长。我有个小孙女，现在活着的话也有十八岁了。就在去年，她走亲戚路过州衙，被州官的衙内撞上了。这个衙内在陇州城内无恶不作，欺男霸女、吃喝嫖赌，因为他父亲一味宠着他，因此无人敢管。他见小孙女长得漂亮便心生歹意，强抢进州衙。"

"那后来怎样？"李圆通听着早将眉头紧皱，不安地问。

"我孙女宁死不从，最后撞墙而死。"老汉伤心地垂泪，"多好的孩子，却死得这样惨！我儿子闻讯后悲愤地赶到州衙论理，却被一帮恶奴打得半死不活，抬到家时已奄奄一息了，儿子死时口里一直喊着孙女的名字。

"就这样，他们还不肯罢休，三天两头唆使地痞流氓到家中寻衅。我儿媳悲伤惊吓过度，一病不起，不久也绝望地死去。我只好带着孙子弃家外出，流浪他乡。听说那个州官是朝中大官保举的，我们哪里惹得起，只好躲起来。"老者的所谓的"保举"，其实就是沿袭了几百年的用人制度"察举"。

听着爷爷的哭诉，小孙子也泣不成声。

李圆通红着眼睛，搬来板凳，让老汉坐下。他咬牙切齿，一拳砸在桌子上，溅得满桌子菜汁。他恨声道："这种害人的狗官，非宰了他方能解我心头之恨！"

"圆通，别急嘛，听听老爷的！"高颍理解圆通的心怀，劝慰着他。

"这种官，即便他本人不害民，纵容子女和下属为害百姓，也一样是犯罪，罪不可赦。这位老人，我有一位朋友，在朝为官，他可以帮你。只要你把上述话写成状子，有人会替你打官司。来，你请我的这位管家替你写状子，然后到京城找我这位朋友。"

高颍招呼伙计，让他为爷孙俩准备吃的和住的，又匆忙吃了点饭，挑灯写起了状子。

第二天，老汉怀揣着高颍递给的书信和状子，还有几两碎银子，依依不舍地挥泪告别，刚走了两步，又忽然折过身来，拉过孙子，一齐双双跪下，重重地磕了几个响头。

马车又继续向东驰去。杨坚一行一路上了解民情，访贫问苦，非止一日。第六天，他们抵达了李家堡。

杨坚等人的到来，使李家堡的人着实开了眼界。三匹黑马乌金似的，全身更无一根杂毛，马车制作精细，连车轮上都雕有花纹。几个人的穿着都很讲究，像是几个富商。

李圆通引着杨坚一行人来到了自己家里。穷家破院，家中一切都是老样子。许久不见儿子的李成老汉，乍见儿子回来了，激动得不知说什么好，拉着儿子结实的手，昏花的老眼不觉滚出两行浊泪来。

李圆通安慰着老父，又拿出几包点心放在缺了条腿的小案几上。

"三虎，这是——"李成刚才只顾激动了，几个客人被晾在了一边。

看到父亲的眼神，李圆通指着几个衣着不俗的人，悄悄和老父耳语了几句，李成听后又惊又喜，点点头，乐颠颠地出去了。一群看热闹的孩童也跟着李成一溜烟地跑开了。

不一会儿，屋里便三三两两挤满了人，小小草庐热闹起来了。李成忙里忙外地招呼着来人。

一番寒暄，李圆通清了清嗓子，向满屋子人介绍道：

"各位老少爷们，这几位都是三虎在外经商的朋友，他们同京城中的达官显贵都是至交，今天来到咱这里，一来是想体验一下我们山乡的民俗，二来是想听听大伙对现在的国策的意见，以便回去向朋友有个交代。三虎知道，在座的乡邻都是咱们这一带的高人，请大家随便谈谈，多少也算是参政吧！"

"参政，我倒没有此雅兴，随便聊聊也是尽我等地主之谊！"一位须发银白的老翁手拈长须慢条斯理道。

"七公言之有理，我们乡野之人只求个丰衣足食，开门谈的是柴、米、油、盐，闭户关心的是妻子儿女，热衷七情六欲，闲看生老病死，国家大事自有肉食者谋之，草民岂敢言政？"说话的是一位四十来岁的人，衣冠整齐，脸色苍白，但语气中透出一股锐气。

"那倒也未必。"搭话的也是位儒生装扮的人，"天下人管天下事，天下事天下人人管得，这也是于民的本分。岂不闻天下兴亡事，人人共担之。既然三虎有这个盛情，我等何不畅所欲言，说一说老百姓想说的话！"

"还是六叔快人快语。"李圆通嬉笑着点头称谢。

"三虎，你们不妨把这句话捎上去，老百姓希望的是平平安安，不打仗就行。"

"还有，就是多派些德才兼备的人做官，多为老百姓办些实事，对扰民害民的庸官、贪官、恶官要严厉处罚，决不能姑息。"

"对，还有就是物尽其用，人尽其才，把真正有胆有识、博学多才的年轻人都招揽起来，国家量才使用。应该允许各种人参加统一考试，不论是世袭贵族，还是寒门弟子一视同仁，平等竞争。"

"这个办法不错，先从县、郡、州层层选拔，再由国家统一出题，统一考试，优胜者由国家任命，或做官，或从文，岂不是人尽其才、各得其所吗？好！好！"杨坚似乎忘记了此时的身份——富商，竟啧啧称赞起来。

"我看还得革除我们这儿闾正特权！"

"特权？"人们几乎将眼光同时射向李圆通。

"对！"李圆通愤愤地说，"姑娘出嫁的初夜权，那是属于她丈夫的，闾正怎能随便占有？这就是陋习，是让人恶心的陋习！"

"谈何容易！世世代代传下的规矩，没有铁手腕是革不了的！"

屋内的谈论十分热烈，高颍一言不发静静地听着每个人的发言，他要凭记忆把这次谈话的内容全部整理出来。这是杨坚交给他的任务。

至晚，李成爷俩用当地最丰盛的饭菜，酬谢了邀请来的众乡亲。

杨坚一行滞留的时间只有一天，李圆通还有一件重要的工作等着去做——把表妹带走到京城成亲。

就在李圆通准备去接表妹时，一名驿卒飞马赶来，送上了一封八百里加急信函。

这是杨坚京城临行前约定的，一旦京城有重大事件，可按李圆通画好的地图，来李家堡找他们。

表妹是接不成了，杨坚看出了李圆通的心思，安慰着他："让高大人给本地县衙写封信，由他们接出护送到京，你父亲年事已高，也一同前来吧，早晚也便于照顾。"

"还是陛下为臣想得周到。这点小事还劳圣心记挂，臣真是诚惶诚恐！"

后来，当地县衙果然按照高颍的安排把圆通的父亲、表妹安全送到京城，这是后话。

杨坚一行人简单地准备一下，又匆匆上路了。

望着渐渐远去的马车，李家堡的人们后来才知道，原来这位神采奕奕的富商竟是当今圣上。

他们也许不会想到，正是因为他们的闲话推动了杨坚的"科举制度"的形成，中国历史上的用人选拔制度从此翻开了新的一页。

回京后，杨坚召见了几位肱股之臣。

李德林对古今用人选拔制度涉猎较多，思考也自然多一些："汉代采用的是以科目选拔官吏的制度。它始于文帝，至武帝成为定制。每年由丞相、列侯、刺史、太守等推荐，经过考核，任以官职。其主要科目为孝廉、贤良方正或贤良文学、贤良茂才等。这是汉代士人重要的做官途径之一。所谓贤良方正，就是指贤良方正能直言极谏者，以便皇上询问政治上的得失。

"孝廉科，是汉武帝采用董仲舒的建议，以儒家的伦理道德，特别是'孝'为标准，由郡国守相在所属吏民中选荐。到东汉，举孝廉者，往往被任为郎，更成为求仕进者的必由之路。

　　"魏晋南北朝选拔官吏的制度是大家熟知的'九品中正'，又称'九品官人法'，它一直延续到现在。

　　"魏延康元年，曹丕采用吏部尚书陈群的建议，每郡设中正，后来司马懿当政，又于各州设大中正，负责将本地士人按'才能'，实际上是以家世名望为原则，分别评定为九等，也就是九品，政府按等选用，所以称'九品官人法'。

　　"这两种制度在执行中都存在着很大的弊端。汉代的察举名义上以德才为标准，但实际上多由世家大族互相吹捧，弄虚作假，中选者多是大地主、大官僚和富商大贾子弟。以致当时有'孝廉不廉'、'富贵者贤'和'举秀才，不知书，举孝廉，父别居'的童谣。

　　"'九品中正'体制为了不让地方大族侵犯干扰中央用人权，选出了一些较适用的人才。可是中正本人往往就是地方大族或与本州郡大族有千丝万缕的联系，所以此制很快就成了完全为世家服务的工具，高品和被选任要职、高官的全是大族出身，中央至地方大权全归大族，形成了世家大族把持政权的局面。

　　"周武帝虽然对门阀制度触动了一下，但很不彻底。所以臣以为，我大隋要建章立制，就要吸取以往的教训，从根本上改变弊端很多的用人制度。"

　　李德林的一番宏论，使杨坚大加赞赏："李大人说得好！就说朕微服私访遇到的那起官害民的案子，大理寺已审结，那个州官就是靠行贿得来的乌纱帽，举荐他的人都得了他的好处。他有什么才德？除了会溜须拍马、巧取豪夺、为害百姓，哪还有半点父母官的样子？这样的贪官、赃官，其他地方肯定还会有，除了要严办以外，就是在制度上要防止类似的情况再次发生。

　　"李大人，这件事事关大局、长远，要从长计议，你可拟个办法，在一些地方试行，待积累了经验，我们再颁行全国！"

　　李德林领命而去。

　　从此，一般任官者都需经朝廷考试合格授官，凡九品官之列，皆由中央任命。此外，辟举为官者大为减少。

　　讲完这段鲜为人知的掌故后，剑寒疑惑地望着文仲，问："文仲兄，你所讲都是真事？怎么知道得如此详细？"

　　"不瞒你说，这些全是从我的表叔那儿听来的。当年，我的父母把希望寄托在我的身上，督促我说'书中自有黄金屋，书中自有颜如玉'、'万般皆下品，唯有读书高'，我起五更睡半夜，寒窗苦读了十年，但可惜的是连续两年未中。好在我的心思不在做官上，父母一亡故我便游荡江南塞北，寄情山水之间。不然，何以同剑寒兄同道呢？"

　　说完朗声一笑。

　　"彼此彼此啊！"剑寒也是一阵爽笑。

边塞传来急报，的确给杨坚带来了巨大的压力，他非常担心刚刚平息了内乱的隋王朝能否经得起三面夹攻，他无法使自己平静下来，心里在不停地盘算着实力，筹划着对策。可偏偏这时候，高颎又病倒了，而且还病得不轻。

高颎随杨坚返回京城后便一病不起，连日高烧，杨坚传旨，火速令太医去高府诊治，并一个时辰给他报告一次病情。

高颎本来想快一些赶回京城，协助杨坚处理南陈和吐谷浑进犯这一十万火急的大事，但不料染上了风寒，回到家中已是体力不支，可他怎么也不愿躺下来休息，坚持由家人扶持着赶到皇宫，但刚到大殿便晕倒在地，慌得众人七手八脚来抢救，杨坚也诏令其家人照顾好他，其他事宜待病好了再说。

高颎面容苍白，毫无血色，家人围在一旁盯着太医的一举一动。太医时而凝神把脉，时而细看舌苔和眼睛，事后，太医一再叮嘱要按时按量煎服汤剂，不可太伤神，要多注意休息。

这时皇宫内却灯火彻夜长明，杨坚和一班谋臣武将们七嘴八舌地讨论着战局。

"从陈军的攻势看，如不迅速派遣大军南下增援，长江中下游北岸的战略要地则尽失也。江淮间的大片新增的国土也将再次沦入敌手。

"据报，其前锋已连破数城，号称常胜军的淳于陵挥军越过大江，先克临江郡，后陷佑州城，守将战死，守军五千余人或死或降；另一路由善于统兵的智武将军鲁子达指挥，先攻下我郭默城（今安徽寿县西）后，又向西长驱直入；其部将任忠击破我增援历阳（今安徽和县）的部队，我援军统帅王延贵也被俘虏，三万人所剩无几，沿江州郡虽在奋力反击，但兵力不足，难敌陈军的强大攻势。望陛下早定大计。"

说话的是时为吴州总管的贺若弼，他三十出头的年龄，鼻直口方，满脸英气，说起话来声若洪钟。他原是韦孝宽的部属，打起仗来如猛虎下山、蛟龙出水，很得韦孝宽的赏识，特别是随韦孝宽攻取江北之地时，攻城略地，所向披靡，威震南方。

韦孝宽临终时，一再叮嘱高颎：他日若有用将之时，切不可忘了贺若弼，此人文才武略，在满朝文武大员中都是难得的，尤其一腔忠心，更是难寻，此等栋梁之材，万不可埋没啊！

韦孝宽病逝后，高颎向杨坚推荐了贺若弼，同时推荐的还有另一名猛将——韩擒虎。

贺若弼是专程从前线赶回来的，一旦朝臣确定破敌方案，立即返回南方。

"贺将军，兵不可一日无帅，南方战端一开，恐一时难见胜负。现在西方和北方皆有战事，兵力紧张，仓促间难以聚合大军南下，你可先率五万人马作前锋，明日到兵部办理手续，待大军集合后再遣上将统领增援。"

贺若弼领旨而去。

"陛下，据臣所知，南陈虽表面上来势凶猛，但其朝廷内部，矛盾重重，互相倾轧；百姓生活苦不堪言，怨声载道；军中贪生怕死者、腐化堕落者，层出不穷。依臣之见，对陈军只需用重拳狠狠揍他一顿，杀他个片甲不留，让他们心里害怕，南线便可安定了。"

杨惠是负责刺探战略情报的，他在南陈有一个庞大的情报网，南陈的政治经济、军事情况他知道的比陈宣帝少不了多少。

杨惠的话，杨坚是非常重视的，因为他提供的情报向来有很高的参考价值，几年来的政治斗争的磨炼，杨惠也成熟、干练多了。

杨惠说完后，只见杨坚轻轻点了点头，对此表示了肯定。

"吐谷浑的进攻，不可能等闲视之，这些人掠杀成性，占我弘州（今甘肃临潭县西）后还不罢休，今又得寸进尺，再攻我凉州（今甘肃武威），难民纷纷出逃，西部边境已无宁日了。况且他们一旦乘势东侵，滚滚铁骑不过旬日便可抵达京师，眼下朝廷应派一支劲旅遏制其攻势，或寻找战机，给以彻底打击。"

根据李德林的提议，杨坚决定任命颇有帅才的元谐为行军元帅，率行军总管萎子干、郭竣和元诰等步骑，取道河西走廊，直取吐谷浑的腹地，来个"围魏救赵"。

南线、西线的硝烟刚刚散尽，营建新都的建议又重被提到议事日程上来了。几番论证和实地勘察，杨坚最后一锤定音，开工兴建新都。

新都的地点选在龙首山（今陕西西安北，现已为平地）。

这一地址的选定颇有些来历。

一天，一个癞头跛足的游方僧人来到杨兴村，见村中一大树下，村民们在纳凉摆龙门，这个怪和尚高声断喝：这是天子的坐堂处，你们如何敢大胆聚在这里？众人以为和尚在讲疯话，全都哂笑。

这个和尚虽怪，言词恍惚，但他的话后来多有验证。这棵大树的所在地后来果然成为长安朝堂的位置。

这一传言，经好事者极力渲染，被吵得沸沸扬扬。传至宫内，杨坚龙颜大喜，日理万机中，亲率高颎、苏威等臣前往杨兴村。返京前，又特意拜访了一名法师。

原来，一名法师那年辞别李家堡不久，当时监国的随王杨坚便下令重修了静慧寺，使废弃了百来年的荒凉古寺又重现了当年的风采，老法师了却了自己的宿愿后，便留在寺中，做起了主持。

不久前，为了追奠西线、南线牺牲的将士，一名法师应杨坚之邀，专程来到了长安的大东寺。

一名法师依然貌古神清，霜姿风采，与杨坚谈经论佛，更有谈兴。

言及新都的迁建传闻，一名法师手捻佛珠，沉思道："老衲年岁百余，略通世事，当年游山历水之时，也曾见过几番景象，老衲曾看好了一块风水宝地。此处位于汉都城东南面，名为龙首山，它南及终南山子午谷，北据渭水，东临浐川，西接沣水。龙首原上，树木挺拔，林荫茂密之间隐然有股王气。新都所在，非它莫属！"

杨坚的精神陡然一振，眉宇间又多了几分兴奋。

高颎插言道："大师所言，如拨云见日，弟子茅塞顿开。"

高颎原对建新都颇多疑虑，经一名法师指点，才恍然大悟。他一眼瞥见佛桌上的卦签，遂向大师请求道："弟子久闻大师盛名，请指教新都的开工吉日。"

一名法师让杨坚抽了签。大师细读卦文："卜食相土，宜建都邑，定鼎之基永固，无穷之业在斯。"这几句话讲的是龙首山的大吉大利。

大师又算了一卦。大师闭目片刻，睁开双眼，朗声说："本年六月十八日，己卯土张除日，赤七、甲午时、五福入坤，宜修造、动土。"

杨坚又谢了大师，心中隐然有了新都的蓝图。

开皇二年六月十八日，杨坚下诏，命左仆射高颎、太府少卿窦炽、将作大匠刘龙等主持营建，著名的建筑师宇文恺任营建新都副监。高颎总大纲。

宇文恺是朔方（今陕西靖北白城子）人，迁居长安，字安乐，多技艺，有巧思。高颎虽负总责，但设计规划，全出自宇文恺之手。

宇文恺的初步设计方案完成后，呈送给杨坚御览。

"臣纵观龙首原全貌，发现原上有六条高坡，以为这正好像《周易》乾之六爻，因此，整个布局是这样的。在九二处置宫阙，为万岁的居所。九三立百司衙门，以应君子之数。九五贵位，不是常人可以居住的地方，所以安排玄都观和兴善寺来镇住它。"

宇文恺指着设计图，侃侃而谈。

"臣注意到，汉代皇宫偏在京都西南角，所以新都的宫城和皇城放在大城的正北方向。这包含着陛下南面统辖百官，君临百姓的寓意。另外，皇宫官署尽在高地龙盘虎踞，居高临下，既控制了要点，又充分显示了权威！"

宇文恺介绍到这儿，仰视着杨坚，希望能看到杨坚赞赏的表情。因为他为了这个设计，不知跑了多少路、爬了多少山、翻了多少书，画了无数的草图，他多么渴望能得到肯定。

宇文恺的设计不愧是上乘的，杨坚感叹道："不错，不错，正合朕意。建成后，朕要重赏你这个能工巧匠，也要奖励高仆射。"

杨坚向高颎投去了亲切的一瞥，高颎会意地笑着道："这是陛下知人善任的结果，臣又有何功呢？"

宇文恺担任"营建新都副监"正是高颍推荐，所以杨坚这么说。

对于图纸上花花绿绿的东西，高颍却不甚了了，宇文恺继续讲解："皇城外面布列着官僚宅第，再远的里坊才是百姓的居区，是根据高低亲疏和权力关系排布的。这也是按照皇上的旨意设计的。"

"好！北面仰望帝居，犹如众星拱北辰，细细察看，官署民居各得其所，秩序井然，繁华之中，又现等级。陛下的构思真是不同凡响，臣佩服之至！"高颍道。

杨坚得意地笑着："朕在东都洛阳时，看到那里的宫阙之间，常有人家间居，总感到不便于民，新都不使杂人居住在宫阙之间，公私两便，还可使风俗齐肃。"

宇文恺听完后喟然道："真正的设计者是陛下，臣只不过把它形之于图上而已。"

新都的前期设计由宇文恺担纲，而施工则由老臣窦炽负责。

这是窦炽的长项，他曾在北周时监造东都洛阳，因督造有方，工程进度快，不但未引起工匠们的怨恨，还结交了工匠中的佼佼者，成了很好的朋友。

杨坚选定他来主持营造这项宏伟工程，一来是看中了此人的组织调度才能，二来源于他对这项标志性工程的态度。

对于筹建新都，高颍心里原来是有些不赞成的，甚至对积极支持此项工程的一些元老们都有些疙疙瘩瘩，并和窦炽在私下里还有些口角之战，当然，那是一种温和的、不带杀气的争论。

事后，高颍总觉得有些过意不去，窦大人毕竟在年龄上、阅历上高于自己，虽然自己在官职上高于窦大人。

高颍有些日子没到工地来了。这一天，高直接到新都工地上寻找窦大人。守在工地上，这是窦炽的习惯，他几乎是全天候陪同那些出大力流大汗的工匠民夫。工地上遇有工匠民夫受伤或有病，他都忙不迭地组织抢救或治疗；有时材料短缺或人手不足，他都能马上与有关官员联系，以最快的速度解决。他夫人有时生气地说："你天天待在工地，干脆和工地成亲吧，一把年纪了，也不知道什么叫享福！"

工地坐落于一个开阔的高地上，工地上人山人海，人喊马嘶，伐木的伐木、挖土的挖土、运石的运石、打夯的打夯，有条不紊，井然有序。

找到窦大人是在一个巨石旁，几十个民夫正在搬运一块花岗岩，他们把十几根圆木垫在巨石下面，随着嗨唷、嗨唷的号子声，巨石缓慢地向前移动。一旁的窦大人挥动着双臂很有节奏地喊着号子。

看到高颍风尘仆仆地来到工地上，窦炽挥手招来一名兵丁，让他继续喊着，指挥搬运巨石。

来到工地简易的休息室，望着满头大汗的窦大人，高颍不禁笑了。

"怪不得工匠们老老实实地服管，原来你老大人竟是这样指挥的，身先士卒，可敬可敬。不过还是要注意身体啊！这样看来，十个月的时间真有希望落成啊！"

"我来实地考察过，发现可以就地取材，可以充分利用地势的多变，因地制宜。只要善于协调、组织、筹划，进度不成问题，质量也不会成问题。我那一班人马都做了妥善安排，人休息，工程不停，日夜连轴转，等你从南方回来时，这里已是繁华之地了。"

　　"但愿我再次来时，看到的还是这般热闹场面！"

　　"这是何意？"

　　"我真希望这场战争早一天结束，咱们要干的事太多了，耗不起这时间啊！"

　　"这倒是个理，我也想提上我的大斧，和你们一同奔赴前线。前些年，平齐之战中，我的斧下滚落过多少敌人的头颅，我也是个一提打仗便来精神的人！"

　　"老将军不愧是位心胸豁达的君子，咱们的争辩不记挂了吧？"

　　"嘴唇和舌头哪有不打架的，都是为了大隋朝的江山社稷，应该捐弃一切前嫌。再说这种小小争论也是好事，事不辩不明嘛，若连这种小争论也往心里拾掇，那还不给堵塞实了！"

　　高颎顿生一种感动，他觉得对窦炽太缺乏了解了。

　　这也难怪，北周时，有宇文护专权，朝中排斥异己，朝臣明争暗斗，滥用伎俩，后有宣帝施行暴政，大开杀戒，弄得人人自危。在这种政治背景下，大家讲话自然是言不由衷，难以听到心曲。

　　新王朝的建立，特别是杨坚所展示的政治风采和智慧给了上等阶层、中等阶层及至不少下等阶层的人以希望和信心。窦炽大概就属于这类人。

　　怀着一股激情，高颎告别了窦炽，挥鞭上马，现在，他对自己的使命更注入了一种新的诠释。

　　他还记得杨坚第一次提出修建新都的情形。

　　在杨坚看来，修建新都是加强统治的重要组成部分。他虽然是征求大家的意见，但那种不容置疑的语气，所有人都能听得出。高颎无意中瞟见了一旁沉默的李德林，那样子非常生动，似乎在听、在想，但又似乎什么都没有做。李德林学乖了，他悟透了沉默的力量，只要杨坚不点他的大名，他会一直沉默到底。

　　高颎的某些想法和李德林相似，但有时却跟不上杨坚的节拍。他自己也反省到了这一点，尽可能地让别人去表演，特别是在辩论的这种场合。

　　但赞成的声音越来越多，无非是对杨坚的理由再具体化地阐述一遍。

　　最让高颎感到不解的是一向以清高爱民而自居的监天官长孙宇老先生也激昂地阐述着自己的理由："臣近来仰观天象，俯察图记，种种迹象都强烈显示，必须迁都。古代尧都于平阳，舜定都冀土，这样看来，帝王所居之所，世代可以不同。"

　　长孙宇瞥了一下杨坚，抖动着白胡须继续着自己的表演："自汉高祖刘邦定鼎以来，古长安已历八百岁了，水皆咸卤，不甚宜人，为了千秋大业，愿陛下早定新都。"

高颖的心里悬着一本账——那巨大的开支如何应付！庞大的军费，再加上庞大的建筑费，对于刚刚有些笑脸的农民负担是否过重，若激起内乱又怎么办？

他终于还是忍不住了，但他只说了一句话："大批劳役和巨额的资金如何落实？"

"数目肯定不少，但还不至于影响国之根基，技术工匠按等级给付禄米，一般杂工由朝廷供应吃食。整个工期不会超过一年，每期工匠的劳役时间根据自愿的原则，去留自由，杂工可以每月一轮换，这样即使影响，也不致危及农业生产。至于资产，可以先向贵族大户筹借一部分，国家给付利钱，国库支出一部分，这样问题岂不就基本解决了？"窦炽说得有理有据。

"但这是修建新都，不是只建一两座宫殿，一年半载就完成它，未免有些夸张吧！"

高颖对老将军窦炽的话有些反感，认为他的话不切实际，有点吹牛皮的嫌疑，于是语气上很有些不客气。

现在看来，倒是自己有些见识少，虑事失于主观，高颖不禁内疚起来。

工程进展神速，到了年底，新都已经初具规模，巍峨的皇城宫阙已拔地而起，围遭城墙也已完成了一丈八尺的设计高度。

宽阔的道路、整齐的官衙以及庙观也正在修建中。

高颖等二次来时，惊诧地对窦炽说："难以置信，你们是在创造奇迹啊！"

"你的功劳也不小嘛！要钱给钱，要物给物，要人给人，这对工程是多大的支持啊！我们提出要拆旧盖新，您给皇上一说，这就成了！瞧，那太庙殿就是拆了宇文庙故殿建成的，这样，速度一下子提高了好几倍。"

"皇上还夸你呢！说这节约了大量的钱物，完全符合他的务实勤俭的主张，开了个好头，要奖赏您呢！"

"您替我谢过皇上，就说请圣上抽空来视察一下工地！"

窦炽兴致勃勃地说着，呼出的热气在冷空气中迅速形成一股雾气。他搓了一下双手，指着工地上热火朝天的场面，喟然道："春节快到了，真想让他们吃顿大肉，放放鞭炮，乐呵乐呵！"

"好吧，这个钱要花，值得花，愿意花！"

赶到宫中，已是华灯初上了。

杨坚饶有兴趣地听着高颖的介绍，不时地点头称道。

"给新都起个什么名字好呢？"高颖侧着脑袋自言自语地说。

"朕早就想好了，爱卿给参谋参谋。此都就叫'大兴城'，宫城的名字叫大兴宫，京县便叫大兴县，还有大兴寺、大兴园。爱卿以为如何？"

"大兴城，好名字，这意味着我们大隋朝从此大兴，走向强盛！"

"大兴，大兴……"高颎在嘴里念叨道，忽地想起，皇上当年的封号不就是大兴郡公吗？这大兴的封号给皇上带来了运气和吉祥，无怪皇上这么钟爱这个名字呢！

　　阳春三月，天清气爽，四野春花烂漫，八方喜气洋洋。经过十个月的建设，大兴城如期竣工了。

　　杨坚为即将迁都兴奋不已，下令大赦天下，让百姓分享喜悦。

　　这是值得纪念的日子，是个令人难忘的日子。

　　开皇三年三月十八日。

　　这天，天气格外晴朗，温暖的春风中，文帝黄袍常服，率百官隆重迁入新都。

　　宇文恺头前引路，边走边说："新都东西广十八里一百一十五步，南北长十五里一百七十五步。"

　　听到这儿，百官们无不啧啧叹赞，面带惊讶。

　　后来据建筑学家测算，大兴城总面积比明清时代的北京城约大一倍半，仅宫城中心部的大兴宫就比明清紫禁城大五倍，在近代以前，大兴城是人类建造的最大都会。

　　随着宇文恺，人们来到了大兴城中央的昭阳门街。这条街把皇城分为左右两部分，次第排列着各级中央官署。

　　穿出皇城，是一百五十多米宽的朱雀门街，它把大城一分为二，东为大兴县，西为长安县，各领五十四坊以及各占两坊地的东西市。

　　宇文恺指着十三列坊说："十三，象征一年十二个月再加闰月；皇城之南，东西排四行坊，象征春夏秋冬四季，每行设九坊，表现《周礼》五城九逵之制。这样布局，既巧妙又暗合古礼。"

　　杨坚身着龙袍，巍然地站在高高的大兴宫前，放眼尽望这宏伟壮丽的都城，心中油然而生一种皇权至上的感觉，仿佛这里就是世界的中心，这里才是天子的家园。

　　这是个收获而又浪漫的季节。

　　火红的高粱举了火把，沉甸甸的谷穗笑弯了腰，天上百鸟翔集，水中鱼儿欢游。这浓浓的秋意醉得人直想亮起嗓子唱几句"信天游"。

　　天空碧蓝碧蓝的，秋阳勾画着秋韵，和风吹奏着金曲，日近晌午，在大兴城的宫城内，一场热热闹闹的婚礼正在进行着。

　　高颎凯旋回京，正赶上这一热闹的婚礼。

　　震耳的鞭炮声过后，乐工们卖力地演奏着欢快的乐曲。一个唢呐高手把那云中的雀儿和林间的鸟儿声模仿得惟妙惟肖；几个吹笙的小伙子鼓着肚子，一边吹还一边挤眉弄眼，逗得人笑声连连，前仰后合。

朱门上，两个斗来大的金色双喜，一左一右，两旁写着一副对联，上联是：隋梁鱼水千年合，下联曰：儿女芷兰百世荣。

一手赏心悦目的行书，观之可亲。行家一看，便知是当朝右仆射、书法家杨素手书。这杨素的字写得很大气，有种洒脱飘逸的神采。这和门额上稳重的"晋王府"三个大字相映生辉。

今天婚礼的新人是杨坚的二皇子晋王杨广和梁朝公主萧氏。

人们嘻嘻哈哈，争睹新郎、新娘的风采。

新郎杨广神采奕奕，如沐春风，只见他风姿英伟、相貌轩昂、齿白唇红、阔额秀目，一副风流才子相。

再看梁朝公主，袅袅娜娜，羞答答迎风而立，小伙子们的眼睛直勾勾地盯着萧氏：眉如翠羽、肌似羊脂、脸衬桃花瓣、鬟堆金凤丝、秋波漾漾、春笋纤纤、柳腰微展、莲步轻移，真好似月中嫦娥到此，九天仙女下凡！

看的人都暗暗赞叹，几个好色之徒忍不住吞了吞口水，心头撞鹿，一时间骨软筋麻。

几个身着丽服的妇女悄悄低语着："公主的容貌像水一般美，心像水一样轻灵，真不知上天干嘛把好处都给了她？"这话听起来有些妒意。

另一个却说："这一对真是天造地设的鸳鸯，家业、才貌，相配相对，全天下又有几对！"

羡慕之情一览无余。

"听说晋王不只会领兵打仗，写起诗来也不让大家，五言诗中才情四溢。"

听话音是个女才子，那人说完粉脸一低，谦谦地笑着。

"看——嫁妆！"

随着这一娇声，人们的目光被一队送亲的队伍所吸引，先是宝髻云鬟众女捧着精致的妆奁缓步而来，后是衣冠鲜亮的壮小伙抬着一厢厢的器物、衣物。忙前忙后，人们看得眼都疲了。

乐声再起，礼仪按照顺序进行着。

亲友们、官员们及其他各色人物，熙熙攘攘，笑语盈盈。

杨坚夫妇眉开眼笑，并排而坐，笑吟吟地接受着儿子、媳妇的礼拜。皇上送给新人的是一对玉指环，独孤皇后送的是自己亲手绣制的两个同心结。

高颍没有什么准备，把从寿阳带来的两个活泼的布老虎送给了新人，这对土里土气的工艺品，原打算送给妻子邱氏的。

杨惠送给堂弟及弟媳妇一幅自画的鸳鸯戏水图，寓意在斯，兄弟俩相视而笑。

"二哥的婚礼够隆重的，三山五岳的出家人也赶来凑热闹，二哥的脸上够光彩的了！"

说话的是三皇子秦王杨俊，他身材适中，面如朗月，微有短髭，他瞅着四弟蜀王杨秀酸酸地说。

　　蜀王杨秀虽是弟弟，但长得比眼前的三哥结实多了，手中的玉笛边敲边说："三哥的人缘也不比他差，父皇、母后跟前，你也一样的受宠，结婚的排场肯定不会比他差！"

　　杨俊苦笑着摇摇头，嘘了一声，说："其实，父皇之所以隆重地举办这次婚礼，意在他重视和梁朝的关系。

　　"想一想，从周朝以来，梁朝便和中原有着微妙的关系，它既要仰我大隋的鼻息，又不甘心'小弟'的角色，有时还心存狐疑，但它扼守长江天险，战略位置十分重要，所以拉拢梁朝君臣，对我朝意义非凡。"

　　"王兄所言极是。听说南梁的宣帝就是宇文泰所立，魏人割取了梁朝的雍州，而把狭长的三百里荆州地区划归他管辖，并且在荆州设立守将率兵驻守在江陵的西城，名义上是帮助萧詧防守，实际却在于控制萧詧。萧詧名义上是南梁朝皇帝，但在上书魏朝皇帝时自称臣下，奉魏为正统。"

　　杨秀口中说着话，手里还不停地摆弄着玉笛。

　　"咱们杨家和梁帝还是世交呢。"

　　杨俊毕竟比杨秀大两岁，家世好像更熟知一些，在弟弟面前似乎有资格卖弄。

　　"周初年，齐攻周，周为了避免两面受敌，派遣爷爷驻防江陵，但兵少将寡，不足以震慑南梁皇帝，爷爷便让士兵在夜间举起火把成队地出出进进，以造成兵多的假象。萧詧果然上当。但从此爷爷便和南梁结下了友谊。"

　　"这么说来，现在和南梁联姻，是为了巩固这种传统友谊。"

　　"也可以这么说吧。不然父皇为什么要撤罢用来监视梁朝的总管和大量军队呢？"

　　"我明白了，父皇所以加强和梁的亲密关系，完全是从国家安全的战备角度去考虑的。阿弥陀佛，小小一桩婚事，竟能关乎国家的安全，太玄妙了，太玄妙了！"

　　杨秀仿佛彻悟又好像大惑不解的样子。但心里却在想：政治实在太复杂，还不如做个逍遥的闲王，与世无争。

　　婚宴开始了，高颎在皇上的旁边侍坐。

　　菜肴被端上来了，全是家常菜。高颎吃饭一向不讲究，吃什么都香，况且这些尽管只是家常菜，但做得有滋有味，很上口。

　　皇上吃得更香，他还不停地给身旁的李穆、于翼劝菜呢。

　　"味道还行吧！这里没有山珍海味，也一样可以做成盛宴嘛！现在国家百事待兴，百姓生活又很困难，好多事只能节俭一些。今天，就从朕开始做起，婚丧嫁娶，一切从简。"

　　杨坚的心情最近一直很平和，西边和北边相继击退了吐谷浑和突厥的进犯，南线又传捷报。加上刚刚迁入新都，心境顿时变得开阔起来。

今天二儿子和梁朝公主又结秦晋之好，喜事盈门，所以杨坚喜上眉梢，春风满面，吃起喜宴来，也胃口大开。

夜幕降临了，星星在天幕上眨着调皮的眼睛，窥视着人间正在发生的一个个小秘密。

杨广出门送客了，遗下萧氏一人独守着新房。她仔细打量着这个属于自己的小天地。新房朴素、整齐但充满着喜庆的气氛，这里没有什么奢华，却让人感到温馨。

萧氏从上午进入新都后，就在悄悄地从轿帘内窥探着这个上国的都市风貌。新都道路开阔，两旁建筑雄伟，林立的店铺、熙攘的人群令人眼花缭乱，她心中不禁涌出两个字：繁华。

结婚礼仪隆重但不烦琐，令她感受到隋朝与梁朝风俗的迥异。

"夫人，想什么呢？想我了吧！"

杨广的一声笑话打断了萧氏的思路。萧氏嫣然一笑，起身相迎。

萧氏娇滴滴地说道："妾身今后就全赖殿下了，我们梁朝也全靠殿下庇护了，我们今后生子生孙，永葆两国世世代代友好下去。"

"听夫人的，我也学点父皇的本事，凡事多和夫人商议，告诉你，我们的婚事是父皇点头、母后恩准的，我们可不能惹他们之中任何人反感，否则会一事无成。"

"臣妾记住了，还有么？"

"还有就是——"杨广搔了搔头皮、吐了吐舌头，"要注意节俭——"他故意把"节俭"二字脱长了音。

萧氏调皮地搔了一下杨广的腋窝，学着杨广的样子："臣妾已领教了，敢烦点拨。"

"我说的是正经话。父皇常教导臣下要厉行节约、反对华靡，从达官显贵到贩夫走卒都要以朴素为美。否则上行下效、奢靡成风，就会有亡国之虞。"

"这个道理妾身明白。宋、齐还有我们梁朝都有教训。"

"谁要胆敢公然地奢侈浪费，父皇也会翻脸不认人。外住的官员不知道父皇这个脾气的往往要大倒其霉，碰一鼻子灰。有一次，一个总管送干姜到宫中，正巧被父皇瞧见，认为用布袋子盛姜实在浪费，心疼得大加斥责。还有一次，那个总管又用毡袋裹香，惹得父皇勃然大怒，把那个总管抓来结结实实打了顿。父皇杀鸡给猴看，果然有敲山震虎的效果。"

"这么可怕。妾身倒是听说过不少父皇、母后勤俭的故事，不知是不是真的。说他们平时吃饭只有一道荤菜，六宫嫔妃都穿浣洗的衣服。还有，皇上每天乘坐的舆辇，一再修理，就是不肯换新的。"

"的确不假。这些事恐怕都成了奇闻，所以才传得这么远。不过还有很多好事你恐怕就不知道了。"

"你说嘛，好夫君！"萧氏的玉臂紧缠着杨广，撒起娇来。

"好了，说就说吧！今年年初，关中闹饥荒，父皇派遣左右出去探视民间生活，手下给他带回百姓吃的豆屑杂糠，父皇看后泪流满面，在朝堂上让百官传视，并责备自己。从此，他每天不再吃酒肉。"

"真是个少见的好皇上！"萧氏有些动情了，殷殷地说道。

"不过，父皇太抠门，换上我绝不过这种苦行僧般的生活。"

"那你要怎样？"

"不说了，实在太累了，明天再讲！"

杨广夫妇新婚燕尔，两人相拥而眠，不觉已是第二天巳时。

按关中风俗，婚后第二天，新婚夫妇要拜祭祖先，认祖归宗，祈求祖宗赐福保平安。

早饭过后，杨广夫妇在晋王府宫娥彩女的簇拥下来到了太庙。宫娥打起轿帘，请出萧妃。杨广在前，萧妃在后，双双来到太庙门前。

太庙是新落成的，高大中透出神秘，屋顶上部巍然高耸，檐部则如鸟翼轻展，金黄色的琉璃瓦与青绿色的檐饰沐浴在晨光中，和蓝天、白云相映生辉，呈现出一片辉煌。

进入庙内，光线顿时暗淡下来，器物上的金色、绿色的光彩给人一种光怪陆离的神秘气氛。

杨广夫妇拜倒在地，口里默念着祷辞。

杨广心中的话是神秘的，即使在祖宗的灵位前他也照样如此祈祷。

记得在太学读书时他和哥哥两人同诵一首诗，大都是自己先会背，哥哥杨勇要慢一些；写同样的文章，自己的文采总是会博得父皇的赞赏，而哥哥只会静立一旁听讲。

如果两人犯了错误或恶作剧，自己会乖巧地躲过母亲的责骂，而哥哥则默默等着挨打。

就因为自己是弟，他是兄，他成了太子，而自己只能是藩王。杨广在心里祈祷祖上给他带来机遇，建功立业，创造奇迹，得遂心愿。

萧氏心里有二盼。一盼家和，生下一帮皇孙；二盼隋、梁能世代结好。她担心有一天隋皇翻脸，那弹丸之地的江陵便会有灭顶之灾。她祈盼隋皇永远好心情，永远不翻脸。

拜祭完毕，在瑞香氤氲的太庙内，杨广领着萧妃一一拜认列祖。

"这是祖父杨讳忠之位，这是曾祖杨讳祯之位，这位是高祖杨讳烈之位……"

杨广笑嘻嘻地说："入了杨家的门，就是杨家的人，对杨家的历史应该一清二楚，以后也好给咱们的儿子孙子讲古论道，是不是？"

萧妃脸儿一红，低下了粉颈。

婚宴上，新郎杨广和新娘萧妃双双携手并肩的亲密情景，令在场的嘉宾深受感染。但婚宴刚刚结束，高颎在晋王府的一个隐蔽的角落，却瞥见了这样一个场面。

身着大红喜服的杨广，正对一个模样俊俏的宫女动手动脚，杨广放肆地在那女孩身上摸来摸去，而那女孩则半推半就。

高颎的心里顿时一沉，一股难言的忧虑猛地袭上心头，从前的一段传言又重新记起。

几年前的一个早上，杨广从太学回到家里，忽然发现在端茶送水的使女中间多了一名颇有姿色的女孩。那一晚他辗转反侧，寝食难安，女孩俏丽的脸庞总在眼前晃来晃去。

第二天，就在女孩为他端茶倒水之际，他趁机捏了两下女孩的手，那女孩羞怯地躲开了。

女孩温柔细腻的小手更激起了杨广的情欲，他一心一意寻找再次下手的机会。

机会终于来了，女孩不得已再次露面为他送书时，他一把拽过了女孩，强吻着，女孩的奋力反抗更激发了杨广的占有欲，他撕扯着姑娘的衣服，狠命地把姑娘摔到床上。此时的杨广眼里放射着贪婪淫邪的目光，弱小的姑娘成了他爪下的猎物。

眼看着就要失去姑娘最宝贵的贞操，女孩猛地鼓起了勇气，高声喊叫："救命！"

杨广变成了一头野兽，他捂住姑娘的口，把一条纱巾塞进了姑娘的嘴里……

女孩羞愤难当，当晚投井自尽。

事后杨广竟反污是女孩勾引了他，施计不成，无颜在世。

杨坚虽觉事情有些蹊跷，但对儿子的偏爱胜过了对事情的怀疑，独孤氏凭感觉认为一定是杨广施虐，但经不住儿子痛哭流涕的一番表白，宁愿信其无，不愿信其有。

但府里的下人心里是清楚的，都私下里叹息这个女孩死得太惨，二王子手段过于残忍、阴险。

高颎对这一传言一直半信半疑，但今天亲眼所见，使他完全改变了对杨广的看法，至少他认为杨广是个才胜于德的人。

回到自己家里，高颎才渐渐从不快中解脱出来。

高颎的凯旋受到了杨坚的高度赞扬，君臣二人分别数月又一次坐在了一起促膝长谈。

"陈叔宝继位后改变了宣帝的外交思路，由积极防御改为消极防御，陈朝大军只能与我隔江相望。据报陈叔宝为人懦弱，生活奢华，无治国之才，平陈只是时间问题了。"

"爱卿所言极是。平陈是朕的既定方针，只要时机成熟，爱卿就可以按照计划逐步展开。"

接着，杨坚兴奋地谈起了元谐大胜吐谷浑的经过。

"两次战役，斩敌数万，迫使浑贼率众来降，我大隋晓之以德，临之以教，对其降官各有封赏。令其各领其部，吐谷浑部暂时无虞了。"

元谐不愧为军中上将，调兵遣将，游刃有余，冲锋陷阵，勇冠三军。

吐谷浑乃游牧民族，主要散居在今甘肃、青海间。系原鲜卑慕容部的一支，其先祖居徒河青山（今辽宁义县境内）。西晋末吐谷浑首领率部西迁，其孙叶延始以吐谷浑为姓氏，从事游牧。南北朝时先后属宋、齐、北魏。

吐谷浑人长年生活在大漠风沙或辽阔草原上，养成了粗犷豪放、逞凶斗勇的性情，族中人无论男女，皆能提鞭上马，迎风高歌，国内每年举行一次勇士比赛，比赛马术、武术和箭法。最终获胜者可得可汗亲颁宝马良弓，尚未娶亲者可在美女群中任选一位为妻。在吐谷浑人看来，这是至高的荣誉。因此吐谷浑人精于打斗，长于骑射。

吐谷浑人平素以牛羊肉为主食，也吃些面食——那是用畜产品和周边汉民族换来的。每当中原地区国势强盛，他们便要求内附，以求通商。而当中原改朝换代或发生内乱时，他们便会乘虚而入，抢夺财物、人口。

人口也是吐谷浑贵族的财富，谁的奴隶多，谁就最有实力。他们还往往把抢来的妇女按年龄和相貌分成等级，或作妻妾、侍女，或当成礼品分给有战功者。

对于吐谷浑，自西晋时起，历朝都是采用"剿抚"并用的策略，隋朝也不例外。

元谐是久经战阵的人，有着丰富的作战经验，他根据双方不同的综合情况制定了迅速制敌的战术。

"要打就打歼灭战，让他们丧失元气，梦里也怕。"

这是元谐在向将领们宣布命令结束时的最鼓动人心的一句话。

后来的战斗都贯彻了这一战斗意图，尽管吐谷浑兵强马壮，但元谐却能充分利用各种天时地利的条件，智勇齐现，吐谷浑自然溃不成军。

截断粮草，使敌惊慌失措；火烧连营，使援兵全军覆没；使用反间计，使其同胞自相残杀，像一个优秀拳手使出的组合拳，打得敌军魂飞魄散，举国震惊。

按照计划，元谐及时通过俘获的敌将向吐谷浑可汗发出了"和"的信息，可汗立刻回应，派出使臣迎接隋朝的和谈代表。

在可汗的大帐中，隋朝使节有理有情的陈词、铁证如山的事实、精彩犀利的论辩，使举座皆惊，无不叹服中华上国的人才出众。

对于此役的有功人员，杨坚一一给予重奖，对于阵亡的士兵给以厚葬，并对其家庭给予赈恤。这令死者无憾、生者大慰的举措极大地鼓舞了出生入死的将士，给守卫千里边境的戍卒送去了最好的礼物。

西线的胜利和由此带来的边境安宁解除了隋朝四面受敌的窘境，杨坚也稍稍能睡个安稳觉了。

杨坚的安稳日子没过几天，担心中的事情终于爆发了，突厥强大的兵力从北方直压过来，入侵开始了。

突厥，广义包括突厥、铁勒各部落，狭义仅指突厥。

公元6世纪时，突厥游牧于金山（今阿尔泰山）一带，金山形似兜鍪，俗称"突厥"，因以名其部落。

突厥初属强大的柔然族，西魏文帝大统十二年（546年）首领土门击败铁勒，收其众五万余人。

废帝元年（552年）大破柔然，建政权于今鄂尔浑河流域。其军事实力对中原构成了强大威胁。

周时，突厥人利用北周、北齐分裂的现实"分而治之"，每年从两国收取献纳的大量绢帛。

即使这样，突厥人还是掠劫不止。在边境地区，一些人先装扮成商人，等即将成交时又掏出武器，群起而哄抢，很多突厥兵既是兵，又是贼，祸乱中原不已。

在北周内部对待突厥，多数人主张给予彻底打击，学习西汉对付匈奴的做法，武力征讨；也有人认为国力无暇他顾，与突厥开战，无异于削弱自己的实力。

杨坚执政后，北周以宗女千金公主嫁突厥可汗，一定意义上改善了突厥和北周的关系。北周巧妙地利用了这一机会成功地除去了依附于突厥的北齐余孽——高绍义，铲掉了北周的一块心病。

而这一时期，突厥内部也因汗位继承问题闹得不亦乐乎。继位的沙钵略因力量受到限制，只好暂时缓和同北周的关系。

缓和，这只是暂时的策略。这期间，沙钵略调整了内部关系，分封诸汗，给东面的弟弟处罗侯，西面的族叔达头，退位后的菴罗（居土拉河）、大逻等一一封了汗位，内部大体上各得其所。

于是，沙钵略便以为妻家复仇为由开始了试探性进攻。开皇元年的局部战争虽然规模不大，但给了杨坚很大的震动。

开皇二年，在鸡头山和河北山又发生了两次十分激烈的战斗，隋军均取得了胜利，这大大增强了隋军战胜突厥的信心。

正是春暖花开的季节，北国万里边境线上，烽烟滚滚，胡马嘶鸣，数十万凶猛的突厥兵越过长城，向隋朝腹地发动了空前的攻击。

平州（今河北卢龙县北）告急！临洮告急！幽州和周槃告急！

屯守乙弗泊（今青海境内）的行军总管冯昱夜间遭突厥几万人马的袭击，虽全体将士奋力反击，但终因众寡悬殊，死伤殆尽。弃城前，冯昱传令士卒将不能带走的粮食焚毁，水井填实，可用之物一并毁坏，不给突厥兵留下任何财物。五日后，冯昱的帅旗还在土城墙上飘扬，当突厥兵顺利打开城门时，发现城内已空无一人，一片死寂。残垣断壁间只有破旧的什物和人畜的粪便。

同样，在临洮，兰州总管叱李长叉也在惊恐中败下阵来，那漫山遍野的突厥兵鬼哭狼嚎般的呐喊让他实实在在感受了胡兵的强悍。以他区区数千人，来抵御数倍于己的敌人，是有些难为他了。所以杨坚对他的失败并未予以追究。

其他多处被突破的防线，杨坚都及时调遣精锐之师反击。

贺娄子干被派往河西走廊，在可浴赊山同行进中的突厥相遇，贺娄子干带队猛冲敌群，杀得敌人溃不成军。尔后，切断敌军水源，使敌方人马渴不可耐，等敌人心理崩溃之时，纵兵一鼓而大破之。

在此之前，上柱国李充在山西也打了一个漂亮仗，斩杀敌人数千。

在西北，左武侯大将军窦荣定被委派为秦川（今甘肃天水）总管，扼守西北要冲。

最悲壮的战斗发生在周槃。

行军总管达奚长儒率骑兵两千人出击敌人侧翼，但万万没想到，敌人设置了埋伏圈，达奚长儒刚进入周槃，四面八方便响起了号角声，敌人里三层外三层地将他们重重包围起来。

隋兵立时胆怯起来，这时但见达奚长儒振臂一呼："有血性的男子汉们，不要叫突厥小儿轻看了我们，人固有一死，与其畏畏缩缩地生，不如轰轰烈烈地死，弟兄们，只有死拼才有生路。"

随后把人马列成方队，布置成一个整体，且战且退，最外层的死了，里面一层再接着战，护卫着有生力量向主力靠拢。

突厥兵原以为依靠强大的骑兵几个冲锋就可以冲散方阵，但一天下来，突厥骑兵一次又一次的冲锋都似乎遇到了铜墙铁壁，死也冲不透。

整整三天，没有粮食，没有水，没有合上一次眼。战马死了，喝上一口马血，中箭了，拔掉箭头咬牙再战，武器打光了，就操起石头、木棍，有的士兵赤手空拳同敌人肉搏，敌人的利刃戳穿了手臂、戳穿了大腿，仍然死死地掐住敌人不放，牺牲时，口头还衔着敌人的半个耳朵。

达奚长儒身先士卒，多处受伤，浑身上下仿佛在血水中泡过一样，但眼睛炯炯有神，仍然坚毅地指挥着伤残疲惫的士卒们。

面对如此顽强的抵抗，突厥人也由衷地敬佩，深为这种不屈的精神而震慑。

这些没有留下姓名的英雄们，以自己的血肉之躯，筑起了更为坚固的长城。

几十万大军对付两千人，而自己损失逾万，这样的仗还能再打下去吗？士卒们疲惫了，可汗们也心灰意冷了。南侵的路上还会有多少这样的抵抗！财物掳掠不上，倒要赔上千军万马，可汗们决定撤军。

开皇五年，关东地区春旱又逢秋涝，夏秋两季的收成比往年减产了七成，有的乡甚至颗粒无收，一半以上的州县都上报了灾情，请求减免租赋。

杨坚望着雪片一样飞来的急报，坐卧不宁。赈灾、减税，哪一样都不能少，可这样一来，国库岂不就空了吗？倘若关中地区再像头几年那样遇上个旱灾、虫灾，那国家拿什么去赈济呢？杨坚越想越理不出个头绪。他索性把这一档子事暂搁一旁。

他把礼部尚书牛弘新撰的五礼放到了案上。刚翻了几页，高颍急急忙忙地进来了。高颍走得一头汗，坐下来，头上还冒着热气呢。杨坚顺手递了条土黄色的麻制手巾，高颍接过来胡乱地擦了一把。

现在，除了杨坚以外，高颍是最忙的人，走起路来，风风火火。也难怪，左仆射管的事就是多。

"皇上，据臣了解，现在国库不够丰盈的原因，除了天灾频繁以外，偷漏租税是主要根源。有的村子，有一半以上的户没有参加均田，仍租种的是豪强大户的土地。可租子有近一半要交给大户。"

杨坚腾地就站了起来，手捋着胡须，一字一板地说："竟如此严重！"

他又在原地踱了一圈，缓缓地说："朕以前也略有所闻。魏晋以来，很多农民依附豪强，成了所谓的'浮户'，还有的农民想方设法逃避租税。叫什么'荫户'。前几年对这种情况进行了清理，也挖出了不少，想不到情况还这么严重。"

"关键是制度不严密，监察不得力。不少审定户口和征税的官吏任意改变租税的负担，诈老诈小、以生为死、损公肥私、敲诈受贿，以种种理由谎报租税实情，还有的豪门大户和他们勾结在一起，欺下瞒上，偷逃应缴的租税。这种情况不是一时一地如此，关中、关东，北方、南方情况大同小异。"高颍神情很严肃。

"耸人听闻啊！看来到了不解决不行的地步。高爱卿，你提的问题很及时，朕也在思考同一个问题。你有没有一个成熟的办法呢？"

"臣以为要赶快制定一个具体的办法，诏令全国，强制执行。隐瞒户口的都是一些豪强官僚，都有一定的势力，且手法隐蔽，又相互勾结。所以应重点检查。不然，一家看一家，一户看一户，恶性循环，还是一句空话。"

"爱卿所言极是，你不妨具体说说。"杨坚陡然来了精神。

"臣考虑了很长时间，觉得这个方法值得一试。根据年龄和容貌详细检查户口，根据划分户口等级的标准，进行详细登记，发现隐瞒不实情况，闾正、族正都要办罪。"

"好，这个办法好！这样一来，定让那些浮户荫户无可遁形。那该给这个办法定个名字！"杨坚一扫适才心中的阴霾，像个孩子似的喜形于色。

"臣已想好了，就叫它'输籍定样'。"

"'输籍定样'，好！高爱卿，即刻颁诏！"

"那臣又要忙上一阵了！"

"反正你也是闲不了。对了，拨给关东诸州县的赈灾粮都起运了吗？"高颍刚想转身离去。又被杨坚叫住了。

"户部已办妥了，水陆两路同时起运。"

在刘昉华宅一间客厅内，几个人头碰在一起，神秘地指指划划。只听一个阴森森的声音道："皇上这一招够黑的，这不是断了咱们的财路吗？你看，几十年都这样过来了，偏偏大隋朝不允许有'荫户'，妈的！"

另一个公鸭嗓子抢着说："什么皇上的诏，那准是他的智囊高颍的主意，高颍这小子为讨皇上的喜欢，什么招都敢出，也不怕王公大臣们骂他八辈祖宗。"

"不管他，多收买几个闾正、族正，人为财死，鸟为食亡，重利之下必有勇夫，就是要跟这什么'输籍定样'斗斗法。"这是刘昉的声音。

"能行吗？"

"没什么大不了的！"

这是宇文忻、梁士彦几个人在密谋着。

过了两天，高颍和苏威在上朝的路上相遇了。苏威拱拱手，开门见山地问高颍："高大人眼有血丝，想必是熬了个通宵吧！"

"几个自讨没趣的闾正、族正，敢抗旨不遵，公然隐瞒'荫户'，昨天交由刑部处理，却问不出个所以然来，我料定他们是受人指使，交代只要说出元凶，便从轻发落，可后半夜几人突然中毒身亡。折腾了半宿，哪里能休息好！"

高颍摇摇头。

"这么说，这个小案的背后并不简单，可能和朝中的权贵有些联系，高大人下一步打算怎么办？"

"奏明皇上，首先给王公大臣打个招呼，尽量减少阻力。至于这件事，由刑部去查，结果报给皇上，由皇上定夺。"

"也好。"

恰在这时，刘昉从后边赶上，冲着二人一抱拳，施了礼，皮笑肉不笑地说道："今儿天气不错，二位心情肯定很好，大清早就聊上了！"

“彼此彼此。”二人笑着，算是回了礼。

刘昉心中暗骂：“高颍，你小子敢和老子斗，我叫你吃不了兜着走。那是先给你点颜色瞧瞧，你想挖根，没门，我叫你死无对证。然后，嘿嘿……”

又是两天后，早朝散后，杨坚把侄儿杨雄留了下来，板着脸孔问：“有人告发高颍在朝野暗中结为朋党，你了解吗？”

杨雄被问得猛一愣，急忙替高颍解释：“臣身为侍卫总管，朝夕侍于宫中，假若有结党的现象，还能一点不察觉？皇上你聪明睿智，事无巨细，亲览亲察，这一点，自然心如明镜。高大人做事用心公允，凡事奉法而行，臣是就事论事，望陛下明察！”

听到杨雄的回答，杨坚才放下心来说：“朕岂能相信这些不实之词，不过问问罢了。”

杨雄这才一块石头落了地。

杨雄作为杨坚的亲信，除了保卫皇宫，保证皇上的安全外，还负有监察百官的任务。幸而杨雄公正地回答，不然，高颍轻则被免官，重的要坐牢甚至杀头。

结党是杨坚绝不能容忍的。

因为这有先例。也就在去年，杨坚令太常卿牛弘主持制定《甲子元历》，参与修订的宰相苏威之子苏夔和监天官张宾意见相左，争执不下，杨坚便让百官来表决，结果苏夔赢得多数支持，张宾很不服气，气愤地向好友刘昉等人发泄说：“我从事此项工作几十年，竟不如一个毛头小伙子，这口气我实在咽不下去。”

刘昉给他出主意说：“苏威此人本来就行为褊狭，又长期主政，对立面是不少的，再说他的吏部，因铨选失意的人也不在少数，何不利用这些有利因素，参他一本，就说他结党。杨坚最忌这一条，一告一个准。”

张宾按照刘昉的指点上书揭发苏威与吏部侍郎薛道衡等人结为朋党，列举了尚书省、礼部以及地方官近百人与苏威都有弟子之谊或亲戚关系，还有干亲、结拜兄弟等。

杨坚本来知道张宾与苏威有矛盾，可事关朋党，他也顾不上这层了，下令蜀王秀和虞庆则等人会同追查、审理。

结果一个所谓的庞大的朋党集团被揭露出来，苏威被贬官，被牵连的知名人士竟达百余人。

幸好，高颍和独孤皇后为苏威讲情，不然就会被罢官甚至坐牢。不过，杨坚也知其中或许有不实之处，不然处理不会这么轻。

现在刘昉又故伎重演，想利用杨坚好疑的弱点来打击高颍。刘昉很善于利用各种条件，他这次有两个条件可资利用。

一是高颍所提的“输籍定样”触犯了大多数高官的根本利益，必然会引起公愤，高颎如倒台，此项政策或许就会夭折，这样倒高的同盟军一定阵容庞大。

二是，在朝廷高官中的确有不少高颎的弟子，或者是经他举荐的人，如苏威、李德林、韩擒虎等等。

刘昉估计，参这一本，高颎不罢官也得降职，杨坚决不会轻易放过。

杨雄的公正、杨坚的冷静，致使一场政治迫害案流产了。

当刘昉得知杨坚居然放过高颎后，百思不得其解，疑惑道："难道这杨坚读了《屈原列传》，知道楚怀王的教训了？"

刘昉想再行奸计，但看到朝廷元老们都乖乖地顺从了，也只好作罢。

通过半年的清查，共查出隐瞒户四十四万八千户，一百六十四万一千五百口。

杨坚笑了，当户部报上提议群臣宴射行乐时，虞庆则当即连忙告饶说："臣等十分感谢陛下的赏赐，能君臣一起共欢乐，实在是难得，但御史在旁边，恐万一醉了被弹劾，反为不美！"

杨坚允诺支开御史，群臣齐颂"万岁"。

为什么虞庆则那么怕御史呢？因为根据隋律，御史不尽弹劾之责同样受到严惩。虞庆则曾亲眼目睹过监察官员被杀的情景。

已是子时三刻，皇宫内一片静寂，秋夜的凉风吹来，李圆通禁不住打了个寒战。他照例是每天子时在皇宫内巡查一遍，而走到乾宁宫时总是驻足向院内望去，透过纱窗，那灯光在朦胧的夜色中显得格外明亮。

"又是一个不眠之夜！皇上为了国家社稷、黎民百姓，你可一定要当心圣体啊！"

李圆通在心里暗暗地念叨着。

"白日里你接见大臣，临朝听政，日理万机。夜里，你伏案批阅奏章，通宵达旦，呕心沥血。皇上，天下事那么多，您要好好休息一下啊！"

李圆通天天跟在杨坚的身边，看到的皇帝不是在谈治国之计，就是在议定邦之策，作为一名忠诚的臣子，他也私下里劝过皇上，可杨坚都是淡淡一笑："圆通啊，国家处在多事之秋，制度正在草创之时，百姓尚在贫困之中，这桩桩件件哪一项是容得了拖延的啊！如果不抓紧，战场就要吃败仗，受灾的百姓就要挨饿，牢房里就要多几个屈死鬼！

"我们的积弊太多了，不抓紧时间整治，天下就会大乱，得来的江山就要不保啊！"

杨坚的话是出自肺腑的。

今天，他照旧披着夹衫手不停笔地批写着奏折，御案上已堆起了高高的两座"小山"。今天刑部的一份折子引起了杨坚的沉思，又是参刘昉的！刘昉啊，刘昉，你怎能知法犯法，纵子行凶呢，你可真让朕为难啊！

刘昉可不这么想。

在一座豪华宅院的深处，昏暗的烛光映出窗纱上几个影影绰绰的黑影，他们一会儿指手画脚，一会儿交头接耳，好像在讨论什么，又像在密谋什么。

这是刘府——舒国公刘昉的豪宅。

"想不到我们担着灭九族的危险把他扶上至尊的位子，到如今却落了个狡兔死而猎犬烹，飞鸟尽而良弓藏的下场，真是叫人寒心哪，此人只可与其共患难，不可与之共享乐啊！"

刘昉满脸不平之色，对着其他几人牢骚满腹地说："他当时是何等谦逊，对我们言听计从，可如今……"

"是啊，我原以为他为人仗义，得天下后能共享荣华富贵，却原来这般忘恩负义！"

粗声大气的卢贲说起话来无遮无掩。也许当初对杨坚的期望值太高，杨坚登基后，自己的官位升迁不大，散骑常侍，这低微的官衔，值得一提吗？

"当年，为了他我可是冒天下之大不韪，得罪了多少人！真是自己瞎了眼，昏了头，错押了赌牌，让这小子给耍了。一片肝脑涂地心换来的是苍凉一片情。活该，活该！"

说到这儿，卢贲的眼里都冒出了火。

一直闷不做声的李询长吁一口气："早知今日，何必当初！"

李询是北周大将军李贤之子，隋朝太师李穆的侄儿，在平定尉迟迥的决战中，协助韦孝宽，立下了卓越的功勋。以自己的家业和自己创下的功业，按说应受到特别的重用，但眼下只得和刑部尚书元晖一起修建京畿水利工程。

李询抚摸着臂上的刀伤和眼上的箭伤，悲从中来。回想刀光剑影的战场，他和一帮手足一般的弟兄们眼也不眨地往敌阵冲去，那些兄弟们一个又一个地倒在了他的身旁，再也没有起来，而自己也多处带伤。

"我没有忠诚吗？没有勇气吗？或者没有统兵的才能吗？为什么圣上要那么偏心眼呢？把一帮家世不显、功业微薄的文人推上了高官显位。打江山的不坐江山，不打江山的偏要坐江山，这是哪家的王法？"

"还不是杨家的王法，杨坚的王法！"

卢贲接过话头，把手中的折扇齐刷刷地折断，冷冷地目视着其他几位："他不仁，咱也不义，不把我们放在眼里，他也别想稳稳地坐在龙椅上！"

"你是说……"李询凑上去不安地问。

"给他出出难题，让他也不痛快几日！"

李询疑惑地望着他，揣摸着这句话的分量。

有着显赫家世的李询毕竟不同于刘昉、卢贲，他虽由于个人际遇颇感失望，但并不想把事情做绝，更不想因此结党而走向反叛朝廷的道路，这同口不择言、率意而为的卢贲和心怀异志的刘昉有着根本的分歧。

漏鼓又轻击了一声，夜色更深了。

早朝时，苏威出班奏本："现天下初定，国力匮乏，百姓生活困苦，而浪费财物的现象却相当普遍，这是国家的不幸，如果长此以往，一旦出现严重的自然灾害，抑或出现外敌入侵，则国家必然会遇到危险。以臣之见从现在起，一要大力提倡节俭，杜绝浪费；二要积极积贮粮食等重要战略物资；三要重农抑商，让游食之民转向发展农业生产。

"国家要在各地建立义仓，贮存粮食；农民丰年若有余粮也要登记上报，作成余粮簿，公私之积都掌握在国家手中，则进可以攻，退可以守，国家的治理就走上了正轨。对消耗大量粮食的私人酿酒，要坚决杜绝，违者严惩。

"只有上下一心，国库丰盈，民风纯朴，国家才会长治久安。"

苏威奏毕，退到一旁。

只见杨坚赞许地点点头，肯定地说："爱卿言之有理，可着户部拿出个具体办法来。"

话音刚落，只见朝臣中闪出一人，手持笏板，高声奏道："臣卢贲有本要奏！"

"准奏。"

"苏丞相适才所言，多有不妥。让农民上报余粮说来容易，实则难以推行，即使有报，也未必可信，再说各级官吏，为本地区利益所驱，为求得升迁，会数字虚夸，无利则减少，岂可作为凭据！

"还有，禁止私人酿酒，未免小题大做了吧？历朝历代也没有听说过这种极端做法，百姓也会反对的，望陛下三思！"

卢贲的话引起了群臣的小声议论，多数人摇头，也有少数人点头，大家都把目光集中在杨坚身上。

杨坚扫视了一下文武百官，不疾不徐地说道："国以民为本，民以食为天。古之圣贤治理天下，无不遵从此理，所以万民才会安居乐业，天下才会大治。如果奢侈之风不刹，任由其发展，社会就会像一个身染重疴的病人，一步步趋向死亡。私家酿酒，事虽不大，但对奢靡之风推波助澜，其实并不小，古语说千里长堤溃于蚁穴，我们当谨记啊！

"至于说有些改革的具体办法，可以不必苛求，从无到有，我们隋朝的章法还有很多要建立和完善，我们提倡要勇于尝试，允许失败，错了可以改过来嘛。但很多陈规陋习不改革不行，不改革大隋朝就会国弱民贫，岂能千秋万代永固？"

杨坚的态度旗帜鲜明，卢贲的话又一次被驳回，一脸的晦气，低着头一声不吭，心里却在一遍又一遍地念叨："苏威、高颖有他妈的什么法术，哄得皇上言听计从，难道老子总是给他们当陪衬来显示他们的所谓盖世英才吗？狗屁！不按照他们的那套孝道就不能治国了吗？不用那帮文绉绉的人，就会天下大乱吗？如果没有武将，试试看，隋朝能安稳几天？皇上啊，你忘本了。"

卢贲不能不生气，因为十日前，他曾因苏威的"孝道"治国论同高颖舌战，最后是杨坚支持了苏威的观点。当时卢贲气得脸都变黄了。

最近连续两次同高颖、苏威交锋，都以自己的失败而告终，而杨坚对他们二位，不仅委以重任，而且处处偏袒。卢贲感到自己被彻底地抛弃了，失望之情、妒忌之火不禁油然而生。

对于卢贲的不满情绪，刘昉通过察言观色，旁敲侧击，了解得十分清楚。两人一来二往，渐渐成了十分要好的"难兄难弟"，推杯换盏之际，情更投意更合了。于是他们进一步扩大了圈子，李询成了第三位"沦落人"。

刘昉的脾气虽不及卢贲的"霹雳火"那么扎眼，但也阴得够水平，毒得上档次。

禁酒令颁布五天后，在长安城最繁华的永乐大街上，一处店面格外引人注意。这是一家杂货店，高高的门头上大书"刘记货栈"四个朱红的隶书，店面大门敞开，显得十分亮堂，店内货物齐全、排列有序，一看就知道经营人是个行家里手，尤其是那柜桌上一坛坛散发着浓浓酒香的青色砂壶，的确与别家不同。

店里客人进进出出，生意十分红火。两个小伙计一刻不闲地招呼着来人，结算着账目，一串串铜钱堆满了钱柜。

客人买得最多的是烧酒，因为别处都已明令禁售，只此一家，故而顾客盈门。

这是朝廷特许专卖？不是，这是刘昉的私家店铺，销售的酒全是自家酿造。

其实，刘昉公然违背禁令也不是第一次了。

在北周时，他就依仗着自己的特殊地位和身份，多次出售私盐，获得了巨大利润。但由于他与周宣帝有着不同寻常的关系，别人虽然心里有气，也只能睁一只眼闭一只眼。

但这件事终于传到了杨坚的耳朵里，杨坚紧皱眉头。

"真是狂妄之至，把国家法令置于何地，把朕的旨意当成什么了！"

杨坚欲把刘昉交由刑部严办，可朱笔在手，又踌躇起来。他背着手，踱着步，脑海里反复思量着："如果办严了，必然招来非议，什么'过河拆桥，卸磨杀驴'的话传扬出去，会冷了一批人的心，大隋刚刚建立，内忧外患未除，不可动摇其根本。但违法之徒不可不究，必须让百官知道，无论是谁破坏法令，都没有好下场。"

于是御批道："交由吏部酌办。"

吏部尚书虞庆则接到这一旨意后，反复揣摩，如果换上别人，他也许根据情节据实发落，但这一回他不能不考虑多一些。

虞庆则和刘昉曾有私人恩怨，这一点，杨坚也是知道的。

那是一年前的事了。

一日，虞庆则外出办事，他坐着晃晃悠悠的轿子，正想打个盹，忽然，轿子停下了，前面一阵吵嚷声，虞庆则刚要问个明白，一个小随从急忙来报："大人，前面有刘昉大人的轿子拦住了去路，请大人明示！"

按朝中的规矩，二官相遇，官阶低者当退避一旁让道。虞庆则是宰相兼吏部尚书，而刘昉则官低二级，理应早早让路。

虞庆则略一思索，从怀中掏出一件东西交给随从："把我的帖子呈给刘大人！"

"是。"

一会儿的工夫，随从回来了，气喘吁吁："帖子交给刘大人了，可……"

小随从欲言又止。

"如实讲来！"

"是。不过……"

"啰嗦什么？照实说！"

"是。刘大人把您的帖子给撕了，他还讲，别说什么尚书、宰相，就是当今皇上，对他也是礼遇有加的！他要让大人让道！"

"岂有此理！真不知天高地厚！传令下去让衙役驱散他们！"

虞庆则一向看不起刘昉，没想到他竟在自己面前摆起谱来，明目张胆地侮辱自己。于是怒从心头起，长眉倒竖，虎眼圆睁："什么东西，本是投机取巧、见利忘义、无德无才之徒，还恬不知耻，到处惹是生非，真是可恶之至！"

虞庆则带着一帮衙役，那刘昉也有一群打手，双方你一言我一语，由文斗到武斗，拳脚棍棒，打得天昏地暗，引得十字街头人山人海。

结果，双方两败俱伤，一齐告到了杨坚那儿。

杨坚耐心地听着，两方各执一词，公说公有理，婆说婆有理，特别是刘昉，装出一副十分委屈的样子，痛说自己怎样受辱的经过。

杨坚一时也难以断清谁是谁非，便安慰了二人，又以同朝为官、大局为重的话教导了一番，让二人回家静候处理。

派去调查的人回来后一五一十地作了陈述，杨坚对刘昉的张狂行为越发不满了。

杨坚在后来的早朝上就类似事情不点名地敲打了刘昉几次，刘昉心知肚明，心中也陡长了对杨坚的不满情绪，甚至几次托病不来早朝。

刘昉的嚣张不仅使杨坚无法沉默，更激起了以杨惠、虞庆则、高颎为首的一帮重臣的不满，尤其年轻气盛的杨惠，不满之情溢于言表，如果不是碍着皇上的面子，他早就派人收拾刘昉了。

一天，杨惠听家仆讲起刘昉大肆私酿、私售烧酒的事，忍不住向杨坚请示是否可以采取暗杀手段解决这个无赖。杨坚摇头否决了。事后杨惠反复思忖这件事，觉得未免有些鲁莽，如果真的暗杀成功，受到指责的首先是杨坚，其次就是负责京都治安保卫的自己了。这是一桩不合算的买卖。

还是皇上有见地："多行不义必自毙。让他表演，等到激起公愤，自然会受到应有的惩罚。"这才是欲擒故纵术，圆通成熟的政治策略。

开皇六年闰八月二十八日，这是一个不平凡的日子。

这一天，天高云淡，清风送爽，长安西郊的法场上万头攒动，近千名衣甲鲜明的兵士将围观人群和死囚分成两个区域，十个被五花大绑的人一字形排列，长长的乱发覆盖住他们的脸颊，背后插的亡命牌上清晰地写着：

钦犯梁士彦

钦犯宇文忻

钦犯刘昉

……

每个人的身后均站着一位手持明晃晃的鬼头大刀、面目狰狞的刽子手。行刑官身披黑袍，来到死囚跟前作最后的道别："各位，午时三刻将至，现在每人一碗老酒，李某恭送大家黄泉路上一路走好，来生切莫贪婪，勿恋富贵，平平常常做个人。"

说完兵丁端来十大碗烈酒，灌入十人的口中，然后乒乒乓乓摔碎十个黑碗。

鼓声隆隆，午时三刻到，监斩官李圆通掷下令箭，行刑官高声喊道："开斩！"

这一嗓子，声音尖亮，响彻了整个刑场，再看刽子手们手起刀落，十具无头尸寂然倒地……刑场外一片哗然。

朝野内外，很多人不理解，这些身居高位的人为什么要阴谋造反呢？用杨坚的话说就是人心不足蛇吞象；用高颎的观点，即人的品质决定了他的作为——他们的谋反行为完全出于一己之私利。

就在刘昉的不法行为被杨坚训斥以后，他在表面上有了一些收敛，但骨子里却种下了仇恨的种子。

他想到的最便捷的复仇方式是离间君臣关系。他的这个想法和他的铁杆同盟卢贲一拍即合，卢贲迫不及待地表示：让他窝里斗，使君臣互相猜忌，互不信任。

卢贲选择的突破口是最为敏感的太子之争——东宫太子杨勇和晋王杨广的矛盾。

如果单从才能的表现看，众皇子中杨广的才能表现得最为突出，最具实力同杨勇相抗衡。卢贲想利用的主要也是这一点。

他有条件出入于太子府和晋王府。因为在隋朝建立之初时，他便同二位交往甚多。

他知道太子喜欢良马，便花重金购得千里马一匹，并配以饰金的精美鞍鞯一付给太子送去。太子跨上马，坐在舒适的雕鞍上，其意气洋洋之色，竟毫不掩饰。

"这马多少钱？"

"恐怕有钱也难买到！太子知道千里马乃罕见之物，即使有物在此，寻常人也不识货，这马不是用钱来衡量的。"

"那我就暂且赏玩两日。"

"臣不胜荣幸。其实骏马配英雄，这马由殿下乘骑，正得其所！"

"嗳，我岂能夺人所爱呢！玩归玩，我还是要完璧归赵的！"

"殿下就是未来的皇上，普天之下，莫非王土，我的一切都是殿下的，何况区区一匹马呢？下官奉送殿下。"

"卢大人，你这样说话是犯忌的，不能乱讲啊！"那语气既显严肃而又不十分生气。

"我一高兴，竟忘了，该打！不过，这话除了圣上和晋王殿下外，别人倒不打紧。"

卢贲说这话时，有意把"晋王殿下"四个字放慢了语速，并拿眼睛的余光在杨勇脸上扫了又扫。

杨勇听着，不自觉地愣了一下，随即又恢复了平静，但那眼光里还残留些许的忧郁。

卢贲看在眼里，乐在心里。他相信凡是事关自己切身利益的，任何人都会竭力去维护，甚至不择手段。

他把疑虑的种子播在了杨勇的心里，欣喜而归。

在刘昉华丽的寝室内，烛光四射，他一边听着五姨太莺声燕语的娇笑，一边抚着脑门盘算着下一步好棋。

晋王杨广虽然兄弟排行第二，按老规矩与帝位无缘，但其种种表现表明，他并不安心只做一个封王。

开皇元年，仲春时节，有一次在下朝回去的路上，他看见杨广与一些大臣谈笑风生，脸上的笑意像春天的阳光般灿烂，那拱手作别的谦逊表情，让不少人受宠若惊。但他印象中的杨广并不完全是这个样子，至少不是那么虚心。

他决定布下一个艳局，检验一下自己的判断。

他邀上卢贲，在自己的华府上摆了一席盛宴——肉盘席。

杨广轻车简从、布衣麻履地赴宴来了。但这身简陋的衣装毕竟掩饰不住白白胖胖的身躯。一进刘府杨广便完全像一个非常随和的人与刘府上下打着招呼，携着刘昉和卢贲的手一起走进客厅。

与刘昉、卢贲的锦衣绣袍相比，杨广简直就是一个平民，但他仍潇洒地谈吐着，给人以不同凡响之感。

"晋王殿下向来以仁义播美名于天下，人皆仰之，臣等不胜惶恐之至，延请殿下到舍下小酌，为的是一叙臣等渴慕之情。殿下能拨冗前来，臣等实感念不尽。"

刘昉故意捧了杨广一通，那语气真是诚恳之至。

"二位乃开国的功臣，国家的栋梁，小王常怀感念之情还来不及呢，能与二位共叙衷肠，也是小王的福分！"

这杨广说得有情有义，一点也没有皇子的架子。

说着话，刘昉拍了一下巴掌，两个轻盈的女仆手托茶盘，款款走了进来，向杨广深深鞠了一躬，轻启朱唇："恭请晋王用茶！"说完把一只玲珑的玉杯呈到了杨广面前。

杨广的眼睛一亮，目不转睛地盯着两位身着荷叶绿衣衫的姑娘，香茶伴着美女，杨广的魂都飞走了。

"殿下，这是江南有名的龙井茶，请品尝。"听刘昉提醒，杨广才回过神来，从女仆的纤手中接过玉杯，啜了一小口。

"殿下，味道如何？"

"不错，名不虚传。"杨广品着，对香茶赞不绝口。

"殿下，实不相瞒，这煮茶的功夫，我们北方不及江南，臣特地用重金从江南礼聘了一位煮茶师和两位布茶姑娘，他们都来自西子湖畔。"

杨广再次把目光刺向二位姑娘：那窈窕的身材，那荷花般的面容，真是令人陶醉。

"采莲南塘秋，莲花过人头，低头弄莲子，莲子青如水。"杨广手里玉杯中袅袅升腾的茶香给了他诗的想象，他不禁吟咏起乐府民歌中《西洲曲》里的句子来。

"殿下真是好兴致，一杯浓茶引出一片情啊，睹物思景，睹物思情，妙，妙！"刘昉的喝彩博得了杨广的极大兴趣，他放下玉杯，饶有兴趣地探头追问道："两位西子姑娘，不知在江南时也采过莲子吗？"

"回殿下，奴家都是采莲女！"

"据说采莲时左采右摘，颇类舞蹈，不知能否载歌载舞再现采莲的盛况？"

"奴家歌舞粗俗，恐有污殿下耳目！"

"不妨，不妨，孤家就是要看一看原汁原味的江南风情。"

其实，她们哪里是什么西子湖畔的，而是地道的江北人，只不过经过训练包装以后，大体具备了江南风味。

瞧，她们一投手、一顿足、一顾一盼，真有江南靓妹的风采。旋转起来时，那飘起的裙衫像风动处起伏的稻浪，使人顿感到江南无限风光的秀丽。

姑娘们的美丽舞姿激起了客厅内阵阵的掌声。

"还是江南好啊，歌甜、人靓、舞更美，他年若能渡江南行，一定要痛快地领略一下不同凡响的灿烂文化，谢谢你们给本王带来了美好的享受。"

"能为王爷效劳，是奴家的造化！"说完，两个姑娘在刘昉的示意下，在杨广的灼热的目光中退出了客厅。

看来，杨广已有三分在意了。

眼看着火候已到，刘昉又笑问杨广道："王爷，你知道江南有道名菜，叫做'金鱼戏水'吗？"

刚才是喝的，现在又是吃的，倒是扣住主题来的。这道菜杨广吃过，还知道它的配料和做法，但仍装出不知道的样子："小王对此毫无研究，请指教。"

"这道菜的主原料是江南的糯米，还有莲子、桔饼、红枣、白砂糖等，可选取上好的糯米八两，莲子半小碗，红枣半小碗，糖桂花两汤匙，桔饼、冬瓜糖各半小碗，此外还需红、绿丝少许，白砂糖、猪油适量，至于说制法，恐怕至少要有四道工序。

"第一步，将糯米淘洗干净，上笼蒸烂，但要记住最好撒几次水。把莲子去红皮，剔莲心，红枣取核后水发待用；并选取两枚个大光圆的备做金鱼双眼，桔饼、冬瓜糖切碎。

"第二步，将蒸熟的糯米分出三分之二，与上面各种配料拌匀，当然别忘了加入白砂糖、猪油，剩余部分同样加入白砂糖，用拳头捣拌，越烂越好，如同糍粑一样。

"第三步，取十二寸的白玉腰盘一个，盘底抹上猪油，将拌和了配料的熟糯米放入盘内，做成金鱼型。表面覆盖一层加了白砂糖的熟糯米。鱼造型时，鱼的尾部要注意使人看到，有鱼在水中摆尾游动之感。金鱼头与瓷盘交界处用筷子插一小孔，再用食指将孔扩大，即成了金鱼嘴。

"第四步，将选出的两枚红枣做金鱼眼睛，再以食用红色涂抹鱼的全身，尾部少许。那么这条金鱼就会活灵活现地出现在你眼前了。"

"那么，这道菜想必你刘大人亲手做过，不然何以如此熟悉！"

"不瞒王爷，有高人指点过，下官略知一二。"

"小王倒想见识见识！"

"请看！"

随着刘昉的击掌声，三个头戴金鱼帽的女子半裸着身子，依次将"金鱼戏水"端至杨广等三人面前，三个女子轻舒玉臂，转动皓腕，娇滴滴地齐声道："请用美餐。"

杨广被眼前的情景惊得目瞪口呆，他尽管贵为王侯，但这样场面还是第一次

见到。

看到杨广的反应，刘昉马上解释道："美食还需有美器，这玉盘、象牙筷是美器，这美人也应是美器，她可以佐食，增添几许就餐的气氛。请王爷品尝！"

"请王爷品尝！"卢贲也向杨广劝着饭。

杨广夹起一小块填入口中，慢慢咀嚼着，满意地点着头。

"这道菜不仅工艺精致、赏心悦目，而且肥香糯甜，回味无穷！"

"王爷寥寥几句话，恰如其分地概括了此道菜的特点，真是位地道的美食家啊！"

"哪里，哪里，小王信口说来，不值一提，大家还是欣赏下一道名菜吧！"杨广显然急于要看更精彩的节目。

"说得是。"说着又是两声啪啪，刘昉的第二道江南名菜又奉上了。

第二道乃"西湖醋鱼"，它用质地细嫩的上好草鱼制成，色、香、味俱佳，托盘的乃是一位二八佳人，披一件半透明的白纱，玲珑的曲线在轻纱中毫无遮掩。

这与其说是欣赏美味，不如说是品赏美人，杨广咽了一口唾沫，眼光在佳人身上肆无忌惮地扫射着。

第三道是红绿相间的"翡翠虾斗"，这道菜虽制作并不复杂，但火候和放料却颇有讲究，刘昉边吃边介绍着。

这道菜持盘的是一位裸着双腿双脚的姑娘，那白皙光滑的小腿，匀称小巧的双脚宛然成了一道风景，又把杨广的目光吸引了过去。

第四道菜唤作"香酥肥鸭"。菜未到而味先至，令人馋涎欲滴。

再看端菜的人，竟是一位全裸的纹身女郎，她在双乳和阴部分别巧妙地画上了两朵含苞欲放的荷花和半卷半舒的荷叶，令人叫绝。

杨广一边嚼美食，一边大饱眼福，竟忘了身处何时何地。

菜不需多，精到即可；酒不必酽，透香便佳。几个人在"肉台盘"之间穿梭着，如鱼戏于清水之中。

刘昉和卢贲相视一笑，于是卢贲双手端起酒杯送至杨广面前，谄笑着说："王爷请满饮此杯，臣有话要禀告！"

杨广虽一身酒气，但头脑清醒得很，他尽管一时因挡不住诱惑而露出本相，但毕竟无关大碍，他料定这场酒宴之后必有其他内容，也许是非常重要的敏感问题，也许有事关自己的事体，但总之天机不可泄露。于是，他挥挥手，一切闲杂人员全退出了客厅。

"王爷向以善意待人，却不知有人不念手足之情，排斥异己，人前人后中伤王爷，臣实在难以理解！"

卢贲的话显然是在暗示杨广，杨广是何等聪明的人，他和太子杨勇存在的矛

圣人可汗：隋文帝

盾，他从不在表面表露出来。对于卢贲的话，他只是从嘴角撇出一丝不易察觉的奸笑，并未给以正面回答。

"宁使天下人负我，我决不负天下人。这是本王一惯奉行的做人原则。本王感念兄弟手足之情，从不以小过而责人，大丈夫做事当光明磊落，岂可暗箭伤人？这样的话今天到此打住，以后休再提起！"

杨广的言语颇为慷慨，刘、卢二人虽有进言，但也不敢多说了。

宴罢，刘、卢二人送走了杨广，满怀心事地回到了客厅。他们对于杨广的看法是一致的：此人深不可测，善于表演、伪装，狡诈之至，杨勇绝非对手。

卢贲手拈短须幽幽地说："杨广被如此语言一激，肯定加深了对杨勇的怨恨，二人如能自相残杀，才合我心意呢！我不仅要让他兄弟生疑，还要他们父子相疑！"

一天，卢贲在郊外遇到杨勇，又偷偷对太子附耳道："近来臣因多次到东宫拜见殿下，被皇上责问。臣遭猜忌无非降职罢官，可对殿下心存他意又意欲何为呢？"

卢贲的话猛然使太子想起近来府上的怪事，原来百官拜谒东宫的车轿往来不断，而最近却轿、马稀少，门可罗雀。原来如此！

"父皇，不是你亲口诏喻百官到东宫拜见儿臣的吗？现在为什么要出尔反尔呢？儿臣又有什么错呢？"杨勇在心里暗想，"难到是有人从中作梗？是儿臣有不良行为还是别的原因呢？"

其实，杨勇万万没有想到，自己的一言一行都有人定期向皇上汇报：收取百官的贿赂（附有礼单）、言辞傲慢、行为放荡不羁、生活奢侈等等。

"看来，父皇和母后已不再信任我了！"

卢贲莫须有的进言起了一定的作用，杨勇对皇上、皇后开始不满了。

卢贲对自己的杰作颇为得意。他与上柱国元谐、李询密谋进一步拉大杨坚和高颎、苏威的关系。一场新的阴谋又开始了。

刘昉、卢贲、元谐、李询与华州刺史张宾等五人分别行动，拿着罗列了高颎、苏威"十大罪状"的密折暗中串联、签名，美其名曰："清君侧"，但除了个别官员利欲熏心违心地签名外，绝大多数都能权衡利弊，审时度势，以各种借口拒绝加入倒"高、苏"的行列。

更有戏剧意义的是，有人将这一活动密告了杨坚。杨坚不动声色地将他们逮了个正着，人赃俱获，几人方感到大祸临头。

面对暴怒的杨坚，刘昉东遮西拦，把自己扮成了局外人，仿佛自己也是个受害者，而把全部的责任一股脑地推给了卢贲和张宾。

杨坚向高颎、苏威征询处理意见，二人皆曰："隋朝刚刚建立，人心尚未稳定，不宜牵连过多，不宜处理太苛。"

于是，杨坚以"龙潜之旧、不忍加诛"为由，对二人仅作"除名为民"的处理，而对刘昉、元谐与李询也只严斥一番。但自此以后，三人皆有职无权，挂名而已。五人跪在殿前，山呼万岁，感谢杨坚的宽宏大量。

但开皇五年，元谐终因谋反和诽谤罪而被下狱，这次罪证确凿，罪大恶极，被判死刑。被杀的还有上开府元旁、临泽侯田鸾、上仪同祁绪等。

杨坚在处理刘昉等五人时，的确表现了高度的灵活性，他相信，经过这样的处理，他们会改过从新，有类似经历的人也会得到一定的安慰，但事情并未像他所愿的那样发展。

刘昉经过两次申斥后，不但不思悔改，反而变本加厉地进行颠覆活动，这次他的合作伙伴是原北周老将梁士彦和宇文忻。

梁士彦和宇文忻俱为北周名将，与刘昉素有交往。梁士彦曾因死守晋州而扬名天下，宇文忻跟随周武帝平齐屡立战功。平定尉迟迥之役，他们在暗中接受了尉迟迥的贿赂后，不得已又参加了平叛之战。

这一点，杨坚也很清楚。所以在防御突厥的战争中，虽然宇文忻善于用兵，但终未获得大用。

刘昉虽没有认真读过书，但是善变。凭着不凡的棋艺刘昉渐渐成了少与人往来的梁士彦的座上客。

刘昉的频频造访，不仅赢得了梁士彦的好感，也乐坏了另外一个人——梁士彦的小妾。这个小妾原本是个妓女，风流惯了，床上功夫上乘。可梁士彦一把年纪，哪里经得她花样翻新的折腾，小妾渴望的，他满足不了。日子久了，情欲旺盛的小妾心中的那股怨气，火山一样地爆发出来了。

"什么男人，连那点小本事都没有，早知今日，何必当初！"

梁士彦被激怒了，便没好气地训道："你以为你是谁啊？你是靠卖身吃饭的，我赎你，是他妈的可怜你这个婊子。给你二两颜料，你就开起了染坊！今后，你少给我再提这事，不然，我把你还卖回妓院。"

从这以后，小妾变乖了。刘昉的到来，小妾自然高兴，因为两人曾在妓院相好过。

这日，刘昉醉醺醺地来到梁府。他不知又在哪儿喝多了。

一进屋，刘昉便愤愤然地说开了："往事不堪回首啊，杨坚他龙椅坐稳以后，就翻脸不认人，当年的开国功臣全给开了，留下几个也是掩人耳目的摆设，这让我们这些当年拿着身家性命作赌的人如何能咽下这口气！"

刘昉一提起遭黜便脸色发青，口诛犹不足，恨不能马上仗着三尺宝剑杀上金殿，与杨坚大战三百回合，方解心中的恶气。

又是暮春时节，连日的阴雨浇得人心里闷闷的，一阵春雷滚过，几只野鸟吓得惊慌失措，乱叫着冲向雨幕。

这天，梁士彦坐着小轿回到家里，他顾不上抖落朝服上的雨珠，便无精打采地在家人的搀扶下，来到小妾的内室。

梁士彦已好几天没光顾爱妾的卧室了，他刚踏进院门，守门的粗使丫鬟便扯着嗓子高声地通报："老爷到！"二门的丫鬟也随声接着通报。

只听内室的门帘响动，一个二十不到的妖艳少妇已笑容可掬地站在门首。

"哎呦，老爷，天下着雨您还想着奴家，叫奴家怎当得起！快，快，坐到这儿。"边说边搬动靠椅，垫上锦垫，一边又叫着，"小娟，快去给老爷沏壶新茶！"

看着梁士彦心事重重的样子，小妾故意翘起了小嘴，用留着长长指甲的手指捋着梁士彦长长的白胡须，撒娇道："瞧，老爷的脸多像外面的天公的脸，您就来个云开日出嘛！"

"你叫我如何能开心起来嘛！"

梁士彦嘟囔着，脸色依然阴沉，接着他伤感地说："王谊今天又被皇上赐死了！"

"王谊是谁？"

"屈指可数的上柱国。皇上的少时同窗、儿女亲家。"

"什么罪名呢？"

"谋反！"

"这样的人会谋反？莫非他拥兵作乱？"

"要是那样，死也值了。他和元谐将军二人酒后无聊，就请了几个外方的和尚念经，顺便算了八字，这纯粹是消遣的玩笑。可恨那胡僧，在王府吃了、拿了，事后还到杨雄那儿密告他们俩谋反。而我们的好皇上宁可信其有，而不肯多听二人的辩解！"

"那元将军呢？"

"无罪释放了。"见小妾不解，又补充了一句，"别人用人头担保下来的！"

"真是皇恩浩荡啊！"

"浩荡？伴君如伴虎啊，说不定哪一天老夫我也被'浩荡'了，仇家诬陷，落个凄凄惨惨的下场！"

"既然这样，那么何不寻个退身之计？"

小妾接过丫鬟手中的粉红色手巾，拭了拭梁士彦额头沁出的汗滴，继续说："听刘昉讲，现在反对杨坚的人越来越多，特别是那些宿臣老将，他们对杨坚一肚子意见，我看哪，反对的人一多，他的宝座就要保不住。你为他冲锋陷阵到现在，到如今也该为自己想想了，总不能功臣做不成，要做罪臣吧！"

小妾的话句句敲在他的心上，他觉得不能不有所防范，况且自己是有"污点"的。当年他和宇文忻收取尉迟迥贿金的事万一被查出来，杨坚和高颎还不定怎么整治自己呢！

想到这儿，他向小妾布置道："明天，请宇文忻将军到咱们家喝酒，你去让人准备一下吧！"

小妾应了声"是"，便用手甩着粉红色的香巾，一扭一扭地转到前院去了。梁士彦靠在睡椅上，眯缝着混浊的双眼，掰着枯瘦的指头，盘算着。

第二天上午，一身黑色便装的宇文忻如约而至。梁士彦和先到一步的刘昉早迎出大门外，入席时，三个人你推我让地谦让一番，落座后，梁士彦因年长东向坐、宇文忻北向坐、刘昉西向坐。

三杯酒落肚，梁士彦手拈胸前的长髯，一脸严肃地对宇文忻说："兄弟是否还记得平定尉迟迥的旧事？"

宇文忻眉头紧锁，略停了一下，仿佛自言自语："想一想，倒不如那时归了尉迟迥，论功行赏也该不失为上柱国！"

宇文忻声音发涩，不像他往日的亮嗓门，说完，一仰脖又灌了一大杯。

梁士彦又问："兄弟比起王谊，哪个地位更高，谁的资格更老，谁和杨坚的关系更近呢？"

宇文忻摇摇头，淡淡地说："王谊位列三公，乃关陇勋贵，和杨坚同窗加亲家，忻如何能比？"

"以王谊之贵、之尊，杨坚杀之如宰一条狗，你我的那件事都握在杨坚和高颎的手里，说不准哪天他们不高兴，抓你个小辫子，新账旧账一起算，那么，兄弟，你我的富贵也就算到了尽头了。"

说完，梁士彦又看了一眼刘昉。刘昉连忙接过话头，摆着手道："老将军何必过于悲观呢？天无绝人之路嘛！"

"话虽如此，但路在何方，计将安出？"梁士彦双手一推。

"无非上、中、下三策。上策嘛，就是及早在朝中寻找政治靠山，夹着尾巴做人。当今，杨雄、高颎、苏威之流都是大红大紫的人，投靠他们，仰他们的鼻息，就算是钻进了可靠保护伞的。

"中策嘛，就是彻底退出政坛，完全不问世事，归隐田园，终日与林泉为伴，做个自食其力的陶渊明；或者知难而退，闭门谢客，做个富公，只知日出日落，莫问春夏秋冬。

"至于下策嘛，那是要冒风险的，不说也罢！"刘昉故意卖了个关子。

"说来听听又何妨。"二人异口同声地说。

"造反，拥兵造反！"

刘昉压低了声音说："说起来冒险，其实只要同心同德，抓住时机，击败杨坚，另建新朝，谋个大富大贵，荫及子孙，并非痴人说梦！"

"好一个上、中、下三策，我欣赏刘兄的爽直！"宇文忻击节赞赏道，"若均之三策，依忻看来，应该倒过来论。那上、中二策，非我所愿，非我所能，我倒要取其所谓下策。

"其实，帝王的事业哪有什么天注定，还不是众人拥戴而成就的，远的不论，就说这齐、周、大隋朝，哪个又能例外？"

他对着梁士彦，忽然一拍胸脯，声音一下子亮了起来："梁老将军德高望重，何不做一番伟业，某愿南面而事之。只要将军拥有所辖军民，振臂一呼，我宇文忻定当影从。我们两处遥相呼应，然后与早已待反的义士们连接，天下动乱既起，四境必然燃起狼烟，到那时，杨坚只能顾此而失彼，首尾不能相顾，说不定不出半年，江山便可易手。以老将军的神威、刘大人之谋略和忻之才干，必不负天下人所望。"

宇文忻的怒火被刘、梁二人给点燃起来了，瞬间变得骄狂起来。

刘昉显得更兴奋，又将发亮的脑门向前凑了凑，指头点着桌面，像高超的将军在详解军情一样，说："宇文忻将军的方案固然不错，但需从长计议，进一步完善。我们不妨再想想其他的捷径，比如暗杀。"

"怕是难吧，李圆通手下的侍卫愚忠且善战，防守甚严，不易得手。"

宇文忻对宫中护卫的情况比较了解。

"防卫再严，也有疏漏的时候，宫中不好下手，可选在宫外。杨坚不是有外出视察的习惯吗？"

"对了，老夫想起来，杨坚大孝，每年都要亲自去城外祭祖，届时，必然要经过黄石岭。此地山高林密，便于伏击。"

他还没讲完，宇文忻便打断了他的话："不妥，这种地势，宫中护卫通常在一天前就派人把守了，别说是人，就是一只苍蝇，也别想飞近它。"

"越是危险的地段，防守也就越严，而看似安全的地方，倒会有机可乘。昉有一计，可叫他们防不胜防！"

"说来听听！"三个头凑得更近了。

"我们在杨坚必经之地布置刺客佯装祭祖，那个季节，到处都有人在祭祖，即使人多，杨坚也必不会生疑，护卫们也不会特别在意。突袭行动要狠、准、猛，行动人员要报定必死之决心。另外兵器上淬上剧毒，见血封喉，让杨坚绝无生还之希望。"

"问题有两个，一个是地点的选择，另一个是刺客的招募，不解决这些，恐难有胜算。"

"是啊，地点选在城内还是城外，是远还是近，是平地还是高处，既便于埋伏又能施展开武艺；那么刺客呢，既要武艺精，又要不怕死，特别是与杨坚要有深仇大恨。"

"这两方面我都已谋划过了。地点选在水边，让刺客事先伏在水里，口含芦管，武器用蜡外封住。行动时，岸上有人拉动他脚上的绳子通知他。刺客也有现成的。我的心腹已探听到在太行山深处，有一位身怀绝技的和尚，他就是原尉迟迥的亲信大将，名麻海，尉迟迥兵败后，他被迫出家到了云阳寺，几年来，他潜心修炼武功，念念不忘寻机复仇，他手下还有一批武艺超群的死士，我已派人与他结交，现在只需再派心腹与他联络有关事宜即可。"

"可派谁去呢，如此机密大事，要慎之又慎。"宇文忻搔了搔头，有些为难地说。

"我外甥裴通可去。这孩子跟随我多年，做事机敏，虑事周到，可担此大任。"

当下，梁士彦便修书一封，约好会面的时间、地点，交由裴通。

裴通是个心怀大志的青年，平素对梁士彦与刘昉交往过多就心存疑虑，现在听说要密谋行刺皇上，反叛朝廷，内心大惊。

他寻思，如果计划成功，那么必然会引起中原的战乱，势必殃及千百万无辜的百姓，那么刚刚统一的河山又会支离破碎，刚刚复兴的经济又会遭到无法挽回的破坏，去联络叛贼，我岂不是在助纣为虐吗！

去劝说他们放弃计划？不行，那无异于与虎谋皮，劝说不成反而误了大事。怎么办，去揭发他们的阴谋吗？而舅舅一向待我不薄，如此一来，我就成了以怨报德的人，这不正是自己鄙夷的吗？不辞而别吗？不参与这一血腥的活动，也不行，即使我个人不去，也总有人要去的。

裴通内心焦灼，左右为难。

现在若不及时浇灭这场罪恶之火，而任其蔓延成冲天的大火，以致尸骨如山，血流成河，妇女遭蹂躏，儿童失父母，冤魂野鬼遍地，那么，他的灵魂永远也不会安宁。

这些想法在他脑海中如流星一般，闪闪又灭，灭了又闪。亮亮闪闪，明灭不定。

"算了，还是上天决定吧！"

他拿出一枚铜钱，看了看，把铜钱往上猛地一抛，落地了，他捡起一看，是字，他叹了一口气，对天祷告："老天爷，请原谅裴通的不义之举吧！"

杨坚接到密报，内心十分震惊和痛心。月光如水的晚上，他不安地背着手在屋内踱着。

这时，太监通报李圆通求见。

礼毕，李圆通报告了内附的党项、羌人安置的情况和长城修筑的进展情况——这两者都是杨坚密诏李圆通暗中做的调查，以免官吏弄虚作假。李圆通报告完毕，看看皇上眉头仍然舒展不开的样子，便道："现在国内承平，四境肃然，百姓安居乐业，这是百年不遇的大治，皇上还有什么忧愁呢？"

杨坚看着李圆通，没有说话，顺手把桌上的一封书信递给他。

李圆通阅罢，顿时眼中冒火，切齿痛骂道："这些猪狗一样的人，没心、没肺、没长眼睛的东西，竟然想出这么毒辣的手段，要暗杀这么圣明的皇上！皇上，让我把这几个狗头抓起来吧！"

"不急。你说说他们信上讲的，你怎么看？"

"纯粹是胡说八道，满嘴喷粪。皇上宵衣旰食、呕心沥血、日理万机他们看不见，皇上访贫问苦、赈济灾民、惩处贪官他们看不见，杀几个犯上作乱的贼子，就成了滥杀无辜。难道位高权重就可以不要王法、为所欲为了吗？任人唯贤的美谈到了他们的嘴里倒成了又一桩罪状，真是颠倒黑白，他们的舌头统统都该割掉。"

李圆通涨红了脸，双拳握得叭叭响，像一只发怒的豹子。

"圆通啊，随他们说去，公道自在人心。"

杨坚接过信，收好，继续说："在旧官制下，世族大户，带兵的武将习惯了以祖制或军功晋爵、进阶；国家的治理也往往以这些世族大户、或功臣们为支柱。这样他们就形成了一个特殊的利益团体，牵一发而动全身。在全国检括户口，有人就竭力反对，结果新检出四千多万户，看看，他们每年要偷逃多少租税！高颎提出'输籍定样'完善征税制度，也有人反对。如果任由他们，不触动任何一方的利益，那么任何改革措施也推行不了，大隋的江山社稷靠什么来巩固？又怎能奢谈实现国家的统一呢？"

杨坚停了停，啜了一口浓茶，继续说："他们这些人之所以恨朕，要杀朕，就因为我让他们失去了不少特权，损害了他们眼前的一部分利益。这些人，眼睛是向上长的，只会跑官、要官、买官，而官位一旦到手，便会不择手段地弄钱、害民，为害一方。像卢贲、刘昉这些人，文不能定国，武不足安邦，就知道上蹿下跳，到处煽风点火，惹是生非。前两次违法，朕都体恤功臣，宽大为怀，一忍而再忍，但他们就是本性难移，他们既然阴谋叛乱，不惜破坏国家安全，颠覆国家政权，就必然要受到国法的严厉制裁，决不能再姑息养奸了，要给百官一个交代，给百姓们一个交代，至于怎么处理，朕已另有安排。"

看到皇上的语气这么坚决，李圆通如释重负，但责任感告诉他，对坏蛋决不能有丝毫的懈怠。

第二天，杨坚下诏，诏令梁士彦为晋州刺史。下诏的太监刚离开梁府，梁士彦便泪流满面，双膝跪地，双手伸向天空，半晌说不出话来。

此时，梁士彦的眼前恍然出现了自己身披龙袍、万众欢呼的热烈场面，脑海中，"天时、地利、人和"六个字交替再现，他做梦也没有想到人到暮年，上苍赐予的运气竟是如此之好。

他将这天字第一号的喜讯，迅速传递给刘昉和宇文忻。

乍一听，二人都以为是和他们开玩笑呢。当他们确信这是真实消息时，二人都处在高度的亢奋状态，大笑之后继之以狂歌、豪饮。三人都一致确信，这纯系天意，应抓住机遇，顺应天意，好好大干一番。

刘昉还提醒说："明天，梁公到朝中谢恩，相机行事，看看能否请求吏部多封赏几个自己人，这样，将来举事也名正言顺地多几个助手。"

这一晚，梁士彦兴奋地一夜未眠，不觉精神陡长，仿佛年轻了二十岁，搂着娇美的小妾，在床上颠鸾倒凤，大展了自己的威风。

第二天，梁士彦入朝谢恩，一番礼节之后，梁士彦话头一转："陛下，晋州地广人众，臣恐精力一时难以顾及，为有效管理，拟以薛摩儿为州衙长史，此人德才兼备，颇有能力，堪当此任，恳请陛下恩准！"

"准奏！"杨坚回答得十分干脆，尔后又问，"卿还有何奏？"

梁士彦本准备再推荐几位同党，但转念又觉不妥，于是便道："陛下如此器重老臣，臣当竭忠尽智，以报天恩。"

杨坚听罢，会心地点头一笑，这一笑，高颎会意，虞庆则理解，杨惠也心领神会。

回来的路上，尤其是梁府附近的街道上，行人似乎比平时多了不少，生意买卖也显得比平时多了几成，梁士彦的跟班嘴里还冒了一句："这生意人可怎么比往常多这么多呢？"梁士彦也注意到了这一点，但他认为这是他的"好兆头"，不足为怪。

紧张的准备工作开始了，府里上下都在忙着打点行李。其间他任命心腹裴石达为联络官，密切保持和刘昉、宇文忻的联系。

为安全起见，他们之间少有走动，只以书信往来。

行期越来越近了，这天，梁士彦随百官一起上朝见驾，顺便和其他人做最后的道别。

这天，刘昉和宇文忻来得较早，他们也像其他人一样同梁士彦打着招呼，道些吉利的话语。

早朝开始了，大殿上下，金鼓齐鸣，甚是威严，随着值日太监的尖细的高喊："皇上驾到！"杨坚身着黄色龙袍，头带通天高冠，步履坚定，神情冷峻地走来。他端坐在镂空的九龙椅上，接受着群臣的三拜九叩。礼毕，群臣分文武两班分列在两厢。

杨坚凛凛的目光扫视了一下殿前的群臣，严肃地说："有人曾劝朕要防微杜渐，谨防萧墙之危，朕还不敢全信，谁知竟不幸被言重了。现在，有人准备了一份十分周密的政变计划，连细节都拟好了。诸位，想见识一下吗？"

殿下的群臣听后，有的坦然，有的愤然，有的左顾右盼，有的则神色慌张。

杨坚的目光定格在刘昉的身上，继续说："老百姓常说：事不过三，此话大有道理。如果屡犯纲纪，而不思悔改，这种人必是品质恶劣的人，如果不但不闭门思过，反而变本加厉，甚至与朝廷为敌，与社稷为敌，与百姓的福祉为敌，这种人只能称之为祸国殃民的败类，而祸国殃民之人，有百害而无一利，留之何用？"

杨坚最后一句话，声音提高了八度，那是满含愤怒的宣判。

全副武装的宫卫们听到这儿，哗啦啦上来几个彪形大汉，分别来到刘昉等三人跟前，说声："请吧！"便架起来拖了出来。

只见杨坚将手一抖，散落下六七封书信，然后厉声问道："三位大人，认得此物吗？"

三人看到这儿，立刻像没有了脊梁骨一样，一下软瘫下来。

原来，那些书信都是截获得来的。裴石达第一次递信，就被杨惠派的人抓个正着，被威胁利诱后便投靠了杨惠，而三人收到的都是请高手模仿笔迹写成的。

然而裴石达的下场出乎他自己的意料，也被秘密处死。因为杨惠从心里厌恶那种卖主求荣、毫无气节的人。

杨坚本来在裴通密报后，便可采取行动，但他一来想一网打尽，二来要掌握更多的证据，让大臣们无话可说，于是便欲擒故纵，放长线钓大鱼。

杨坚为了让群臣牢记这次教训，又安排了一场别开生面的射箭比武，凡射中百米处的箭靶者皆有奖，奖品就是没收的三家叛臣的家财。这笔资财数目巨大，尤其是刘昉的家财，光抄他的家用了整整七天时间。

箭靶很特别，是用三个人的半身像画成的。比武每人都要参加，从高颎开始，按官职高低，先文后武的顺序一一走过靶台。

有些老臣觉得这种方法未免过分了，就故意把箭射向一边；而有些年轻的大臣，觉得很有些意思，便引弦而发，嘴里还念道："看箭！"射得准而狠。

标物越来越少，三人的半身像也已千疮百孔。对于一一离开靶场的文武百官，今天的比赛，的确称得上一阵长鸣的警钟。

杨坚因为夜以继日的辛劳，高度的精神紧张，曾一度累倒了，虽经御医多方调治，可总也提不起精神，面容依然十分憔悴。

一天，他在寝宫小睡，朦胧中，听到一阵轻细的脚步声，他微微睁开眼睛，看到是一位捧着盘子的宫女，那宫女来到小几旁，轻盈地把盘子放下，那动作像是在跳舞，杨坚注意到，这是一个新来的宫女。

她看到杨坚醒了，便冲着杨坚很自然地说了声："皇上醒了，药膳已备好了，请皇上慢用。"

这声音轻柔、甜美，仿佛嗅闻一口晨露中待放的鲜花一般令人清爽，杨坚不禁打量起这个姑娘来，人不胖不瘦、不高不矮，约莫十七八岁，不很漂亮，倒也清秀。

杨坚感到如一缕春风吹了进来，精神为之一爽，他坐起身来，随意地问了句："你是刚进宫的吧，叫什么名字？"

"回皇上，奴婢叫雪蓝，已进宫两年多了。"

她跪在地上，如歌般地回答着，那份温柔一如深潭内荡漾的春水，柔得能将你融化，又像把你的五脏六腑都在清潭中洗过一样，令人陶醉，令人眩目。

雪蓝退出去了，可她的音容依然挥之不去。

杨坚焦急地等待着她的再现，侧耳倾听那美妙的脚步声，但别的宫女和太监一个个来了又走，走了又来，就是迟迟不见雪蓝的身影。

杨坚在寝宫内来回地走着，从门口到内间，他一步步地数，像漏壶在计量着漫长的时间。

忽然，那轻盈的脚步声又过来了，杨坚猛地一转身——她来了，踏着祥云冉冉地向自己飘来；她近了，可以闻到她幽幽的熏香了；她又靠近自己了，似一种巨大的吸引力在辐射着他，他的心里漾开了层层浪花。

她端来的是清心的梨子，咬一口，爽到每个汗毛孔，不知怎的，满满一大盘，杨坚不知不觉给吃了个底朝天，连汁都喝光了。看到杨坚的馋相，雪蓝禁不住脱口而出："皇上好胃口！"

杨坚向她扮了个鬼脸，笑着抹嘴巴说："好吃，很久没吃到这么香甜的果子了，雪蓝，你是在哪儿偷来的仙果吧？要不，以前怎么没吃过呢？"

"皇上见笑，奴婢不是神仙，怎么偷来仙果？"

"比仙果还好吃！去，再给朕端来一盘！"

雪蓝不解地摇了摇头，又转身去了。她不禁纳闷，这平常的水果，怎么会变得比仙果还好吃呢？

雪蓝不一会儿又端来一盘，杨坚早等得不耐烦了。可这一盘不是梨子，而是山楂，红澄澄的，透着一股特有的果香。杨坚并没等雪蓝解释为什么又换了一种便开始品尝了，甜丝丝，酸溜溜，可口又可心。

杨坚随手夹起一个递到了雪蓝嘴边，吓得雪蓝连连摆手："奴婢不敢，奴婢怎敢享用皇上的御膳！"

"不是你要的，是朕赏你的嘛，拿着吧！"

听到他们的对话，别的宫女、太监都以十分羡慕、二十分嫉妒的目光望着这个幸运的女孩。因为根据他们的经验，这是皇上的特别恩赐，意味着皇上的特别恩宠，这是皇上少有的举动。

雪蓝从未见过这个阵势，不拿，固然不好；拿，又不敢拿，犹犹豫豫，窘态十足。还是一旁的太监提醒她："还不快给皇上谢恩！"

雪蓝接过山楂，刚要下跪谢恩，被杨坚止住："好了，吃完再说吧！"

雪蓝把山楂放进嘴里，想努力品出点味道来，但除了酸和甜以外，别的没什么特别，和家里的山楂味道一样啊。

杨坚边嚼着山楂，边欣赏着雪蓝凝神的样子，像在欣赏一幅名画。

夜色又一次笼罩了皇宫。在皇后的宫内，一个宫女正向独孤皇后报告着什么。

"那个小妖精长相如何？"

"没什么特别，一般，皇上身边的人全都是按皇后娘娘给出的标准选的，不妖、不媚、不艳。"

"她没什么特别的举动？"

"那个宫女很老实，一天也说不上两句话，再说，她刚去没几天。"

"或许是皇上今天偶然高兴一下，没什么大事就好，你们多盯着那个小丫头。"

"是，皇后娘娘，她一有异常，奴婢马上报告。"

再说杨坚熬过了一个难眠之夜后，一早就把雪蓝传来，让雪蓝为自己梳发。雪蓝默不作声地小心地梳理着杨坚的长发。

冷不防，杨坚一把抓住了雪蓝的双手，再看雪蓝，像一只惊恐的鸟儿不知所措地发着抖，颤颤地说："皇上，别，别……"

杨坚依然抓住不放。他奇怪地感觉到，这双手真如传说的那样：冰肌雪肤，不仅光滑白腻，还透着一丝凉意，握在手上，心里陡然生出舒适的快感，而这种猛然焕发的快感，已久违多年了。他闭了眼睛，细细地体会着，仿佛找回了他逝去的青春……

时光在无声无息地流着，而杨坚此时却感到时光已经凝固了。

这一天，杨坚的心里只有一件事，那就是要不要把雪蓝"收"在身边。

如果"收"了雪蓝，会给寂寞的心灵带来几许慰藉，但是当年与独孤氏的誓言呢？一生一世只爱你一个人！

"但这不能算是爱的。"杨坚又在心里说服自己，"这只是喜欢，喜欢而已，再说对皇后的爱依然海枯石烂不会变色。"

"但她能接受我的'违约'吗？"杨坚又想到了另一层。

独孤皇后的禀性他是清楚的，她敢作敢为的作风帮助自己成就了帝业，但如果把那种能力用来对付自己，自己确实应付不了。

杨坚不觉有些担心了。

但马上另一种声音在对他说："你富有四海，难道还不如一个种田翁开心吗？种田翁尚可以娶三妻四妾，你堂堂天子，区区一个女子都不敢纳吗？"

"朕乃有为之君，不是那类酒色之徒，断不会因一女子之故而荒废朝政。"杨坚又为自己寻找另外的理由。

他拍了拍脑袋，自嘲似的对自己说：杨坚啊，杨坚，你英明果断的风度哪儿去了，区区一个宫女用得着这么伤神吗？你简直成了婆婆妈妈的老太婆了！你是上天之子，每一个主意都是无可更改、不可替代的，皇后她又能奈我何？

杨坚终于下定决心招幸雪蓝。

太阳偏西了，可它却像一位步履蹒跚的老人，迟迟不肯落山。他让太监传旨给雪蓝，但一个时辰过去了，仍不见雪蓝的影子，就连传旨的太监也失去了踪迹。

杨坚勃然大怒，指示护卫头目，务必要找到二人，活要见人，死要见尸。

宫中的护卫都调动起来了，灯笼火把，照如白昼。太监、宫女们也三三两两提着宫灯在后宫内穿梭寻找。

天近拂晓时，几个太监在一间盛放杂物的屋子里找到了他们，然而他们却双双自缢身亡。高挂在房梁上，令人不寒而栗。

杨坚得报，如披冰雪，一时呆在那里，出神地望着发白的天空，半晌无语。

事出蹊跷，杨坚下令调查，但换了两个掌事的太监，都毫无头绪。杨坚尽管心里沉甸甸的，但时过不久，他的心思还是让位于繁忙的国事了。

而重新勾起这段不快的回忆的，是几年后的另一件事。

那天黄昏，他批完奏章，忽然想起曾经赏玩过的御花园小径，在日落时分该是另一番样子吧。

他踏着洒满野花的林间小径，独享着这落日黄昏后片刻的宁静。忽然，一阵幽幽的箫声自林中飞出，听得出箫声含着怨气，是失意人的倾诉。

他循声而去，在一株古柏之下，一个宫女模样的人正披散着长发，旁若无人地吹着。杨坚没有立即上前，而是站在两丈开外，静听那撼人心魄的箫声。

一曲终了，那宫女一手执箫，一手拂开额前的乱发，一抬头，望见了不远处的皇上，她没有惊慌，而是若无其事地向着杨坚跪下，声音不大地向杨坚请了安。

杨坚颇感意外。因为宫女见到皇上，都是忙不迭地下跪、请安，极尽卑恭之态，像这个态度的宫女，他还是第一次见到。

杨坚不禁打量起这个有失恭顺的女孩来。她高挑的个子，清瘦的面容，面色稍显苍白，露在袖外的十指白而瘦。杨坚料定她正在患病。于是关切地问道："你是哪个宫里的，怎么病成这个样子？"

"奴婢是园子的，向来无病！"

听着这回答，杨坚有些恼火，很想教训一下这个不知礼貌的奴才。但他还是压住怒火，继续问道："你是哪里人，什么时候学的吹箫？"

"奴婢家住长安，吹箫已有多年，是奴婢表哥教的！"

宫女的脸上依然没有一丝笑意。

"你表哥是干什么的，想必很善吹箫？"

"表哥是买卖人，临街的铺子让官家给封了，他别的什么也不会干，流落街头，可怜他贫病交加死在了街上。这箫是他给奴婢的唯一纪念。"

她叹了口气："奴婢入宫已有五年，唯有这支竹箫陪伴我，度过深宫的漫漫长夜，奴婢已过二十三岁，还有何求？"

说完，泪如雨下。

听着宫女的诉说，杨坚的心里也感到很不是滋味，怒气也消了，不知怎的，杨坚忽然同情起这个可怜的宫女来，他让宫女抹去泪水，拉起宫女便朝树丛深处走去，他想让这个幽怨的女孩从此不再幽怨。

面对激情似火的皇上，宫女开始不知所措，继而严词拒绝。

"皇上，奴婢进宫以前父母曾许下婚约，与表哥换过庚帖。奴婢与他也曾对着高山黄河发誓：与君相知，长命无绝衰。山无陵，江水为竭，冬雷震震，夏雨雪，天地合，乃敢与君绝！奴婢今天虽身在宫中，心却留在了宫外，表哥人虽殁，但奴婢情犹存。皇上也许同情奴婢，但奴婢绝难从命。如果皇上强迫奴婢，奴婢只有以死相抗争，为了九泉下的表哥，奴婢虽九死而无憾！"

一番话说得杨坚目瞪口呆，他绝难想到宫中还有这么刚烈的宫人，人间竟有这样痴情的女子。杨坚对她不禁肃然起敬，轻轻放开了她的手。

临别时，杨坚依然恋恋不舍地频频回望这位卓尔不凡的小女子。

之后，杨坚又特地看望了这位多情的姑娘。谁知，此后的故事都因这两次看望，掀起了一场不小的风波。

皇后的"眼线"把杨坚的行踪报告给主子。独孤氏第一次听到宫女报告杨坚和御花园中的宫女幽会，她还将信将疑，下令再探，第二次又报时，她再也沉不住气了，传旨把那个胆大妄为的宫女带来。

一阵劈头盖脸的巴掌打得小宫女晕头转向，打过之后，皇后阴沉着脸，恶狠狠地说："听说你的狐媚功夫不浅哪，引得皇上像丢了魂似的，三番五次地和你幽会。你知道自己有几斤几两吗？你知道自己的身份吗？皇上一世的清明让你这个小骚货破坏殆尽！你知罪吗？"

小宫女此时嘴角淌着鲜血，愤怒的目光环视着周围凶神恶煞般的和她一样的宫女们，她嘴动了两下，对着皇后便说："尊敬的皇后娘娘，您就这样不信任您的丈夫、当今的皇上吗？您就这样轻看一个命如小草般的宫人吗？皇上和我都没做错什么事，错的是您的这群狗奴才，错的是您自己！"

"还敢嘴硬！掌嘴！"皇后疾言厉色地命令道。

又是一阵左右开弓的抽打。小宫女越发不怕了。她甩了一下带血的长发，昂起头质问道："你们凭什么说我勾引皇上？小女子虽命比纸薄，可我有我的情我的爱，有我做人的原则，有我自己的尊严，我宁愿终生为奴，也不会出卖自己的情感。告诉你们，我才不稀罕什么宠爱，什么招幸，在我眼里，它们连粪土都不如。

"我并不贪图那耀眼的光环，那炽热的地位，我也并不畏惧死亡。从我进宫的那天起，我便将生死置之脑后了。你们今天将我抓来，无端地向我滥施淫威，你们是要遭报应的！"说完她昏倒在地上。

独孤皇后气得脸色铁青，声音颤抖着号叫："撕了她的嘴！不，不，扒了衣服，给我朝死里打！"

几个粗壮的宫女挥舞着棍棒，一下，二下，三下……

小宫女不喊也不叫，咬着嘴唇，豆大的汗珠顺着额头往下流淌……

说来也巧，就在皇后召走宫女不多久，杨坚也到了御花园，但杨坚扑了个空，一问才知道宫女被皇后传去了。

杨坚不解地想："皇后召一个小宫女干什么？"这么想着，他便往回走。忽然一个不祥的念头在脑中闪了一下，他立即朝皇后的宫中追去。

展现在杨坚眼前的是一具血肉模糊的人体，杨坚近前一看，就是那个要找的小宫女，小宫女还没有断气，她微睁着眼，望着杨坚，脸上现出惨然的笑，声音微弱地说："皇上，奴婢无罪！"说完，头一歪，便断了气。

杨坚指着脚下的血人，厉声质问独孤氏："这是怎么回事？"

"这个小贱货，臣妾只是问几句闲话，她竟然对臣妾无礼，臣妾一怒便让人打了她。请问皇上，你发的什么火？"

"你还问我发的什么火，你不觉得你太过分了吗？朕和宫女说上几句话的权力都没有了，好啊，太好了，你明天可以站在朕的头上拉屎撒尿了！"

杨坚越说越生气，用手指着独孤氏，大声地斥责着："朕每天除了政事还是政事，偶尔找人说会话，放松一下自己，这点连平民都不算奢侈的做法，居然受到你的监视，遭到你的横拦竖遮，朕问你，是谁给你的权力？你称过自己几斤几两吗？你知不知道自己的身份？你太恶毒了，太恶毒了，今后再敢对朕进行监视，朕就废了你！"杨坚说完拂袖而去！

就这样，杨坚十天没有和独孤氏说一句话。

也许独孤氏品出了点苦味，事后委托高颎向杨坚解释，言尽独孤氏的佳处来，但杨坚心里仍然冒出一股股怒气，说起话来不依不饶。

无奈，独孤氏搬出了自己喜欢的儿媳妇，太子勇的妻子元氏。也亏着独孤氏能想着这样的招数，儿媳妇劝公公，这公公总不至于一点面子不给吧！

果然，元氏不负所托，左一声"父皇"，右一声"万岁"，半是劝导，半是逗乐，让杨坚郁积的怒气渐渐消除一空。

又过了几天，独孤氏亲自下厨专门为杨坚烧了几个菜。她还特意让儿子们陪着，一家人十分难得地聚在一起，吃顿团圆饭。独孤氏还亲自把盏，连敬了杨坚三杯。

独孤氏设置这种氛围，其意十分明显，一是暗中提醒杨坚勿忘当年的誓愿，珍惜那份美好的情感；二是向杨坚致歉，虽然她从头至尾没说一句赔礼的话，但杨坚已领略到了。

但自此以后，独孤氏也稍稍放松了"管制制度"。

第五回

品清茶黄发私访，奉香茗绿珠传情

开皇八年（588年）的春天似乎来得格外早，一夜之间便柳絮纷飞、草长莺啼、春光和旭。艳阳铺在八百里秦川耀目无边的平坦绿野上，温馨、平和而安详。帝京长安就坐落在这片浩瀚无垠的翠浪绿野里，似乎战争的烽火已经熄灭，不会重新燃起。聚英酒楼的茶客无不称道天下的太平、百姓能安居乐业的大隋盛世。

"当今皇上真是一代英主，取北周而代之，着实开创了天下太平。"一个长者模样的老者，满布皱纹的圆脸，声音嘶哑地说，"五胡十六国的混乱终于过去了。"

"那就偃武修文了吗？"一个俊朗青年感叹道，"想我北方的黄河流域，混乱中也出现过三次统一，一次是前秦时期，一次是北魏时期，一次是北周时期。可惜，或时间不长，或陷入内部纷争，正所谓'五胡乱中原'啊。老人家，你是知道的，你给探究一下，到底是什么原因呢？"

"后生，你的这问题，老朽还真不好回答，我想，或许是内部权力纷争，嫡庶争相邀宠，远的不说，就看宇文家的周朝就略知一二了。"老者慢慢地答道，略有所思。

"此一也，以我之见，归结到最根本的是，国家尚未真正统一，人心难以思定，我说的统一应是指南北统一，想那秦皇汉武，何等风骚，天下归一，四海升平，那才是真正的统一。"

"后生，有远见啊，敢问姓名？"老者眼光发亮，"来来来，你我共饮一盏如何？"说着，端起高脚酒樽，移至青年跟前。那青年脸一红，惭愧道："不是晚辈的意见，是晚辈经常从家父那里听说的高见，适才晚辈见前辈气宇不凡，故意想在前辈面前炫耀一下。"

"噢，敢问令尊大人的姓名？"老者谦谦一笑，"我从你相貌能猜得一二，只是怕错说令尊名讳。"

"说起家父，那可是和当今皇上有同门师谊。"年轻人有些傲然地答道。

"这就是了，令尊定是北方大族博陵崔氏，崔仲方。"老者一阵咳嗽，干巴巴地说，"早在宇文泰时，你的父亲就很受喜欢，便让他与自己的孩子入太学学习，在太学里，他结识了当今皇上，说起他，可真是一个不可多得的智囊人物。"

"敢问前辈和家父熟悉？晚辈正是受家父所遣前来帝京复命的。适才进得聚英酒馆，权且歇脚，赶明儿要递交家父所上的奏折。"年轻人边说边移步上前，欲搀老者入座。

这位老者不是别人，正是在家养病赋闲的李德林，时为内史令。说起李德林，在杨坚"禅代"北周，平定三方，奠立隋朝大业的初期可谓肱股之臣。他自幼聪颖，几岁时就背诵左思的《蜀都赋》。东魏时期尚书右仆射高隆之曾对人说："如果老天能让这个孩子长命，必定能成为国家大才。"北周武帝灭掉齐后，曾专门派人到李德林府上，对李德林说："你是我平齐后的最大收获。"学问渊博、长于文章的李德林如今却散居在家，名义上是身体不适，实际上是他和杨坚在政治上有些意见相左。

今天，出来散心的李德林本来是微服私访，既想调查些民意，又准备把腹内的平陈之策详尽地熟润一遍，以便密奏圣上。记得去年岁暮，文帝离开京城驾巡同州，回到他幼年的故居，瞻仰他先父遗迹，追忆往事，流连盘桓了四天，责骂了许多人，心情甚是暴躁。这一切都传到他这个老臣的耳里，他就预测过，北周之后，四海应该归一，而当今圣上正为此而烦恼，所以，他不敢再待在家里，抱病前往面驾，正遇着前来召他的高颍，高颍手拿皇上的圣敕。李德林感激涕零，草就平陈十策，交付高颍带去给杨坚，总算消除了君臣之间的一丝嫌怨。说起那嫌怨，李德林暗自悲伤，想自己经历北齐、北周直至建隋代周的坎坷经历，无一朝一代的君主对待他不够意思，自己也是忠君事主，他硬是凭自己学富五车辅佐了一个又一个性格迥异的皇帝，除了受奸臣的打击迫害外，还没有哪朝哪代的君主对自己大发肝火，怎么这样的事情会发生在像文帝这样的一代贤君身上呢？

"前辈，家父确实嘱咐过我到京城要拜访同乡李内史令，适才听前辈猜得晚辈是博陵崔氏之后，莫非老前辈就是……"年轻人似有疑惑地定眼看着李德林思绪万千：堂堂开国功臣怎么会仅仅位居内史令这样不显山露水的官职，徒有京官的虚名罢了。

"好了。后生果然聪慧，你父崔仲方身体可好？"李德林幽幽地叹了口气，随口说道，"刺史一官确实有些委屈他了，"仿佛猜透年轻人的心思似的，"国家正处在用人之时，你也是年轻有为，回去之后，代我向你父问好，至于你说的什么献策，暂且莫提，到时候，我再去信，好钢用在刀刃上，现在，依我之见，还不是时候。"李德林呷了一口香茶，"今日会面纯属巧合，你且回去吧，要不可留在京城多赏玩几日，或者上我家，如何？"

"不劳前辈了，晚生这就回去，只是……"年轻人略一迟疑，起身离桌，转身对酒楼堂官道，"这老者的账都记在我的名下。"说着从怀中取出三两纹银，"晚辈这就回去回禀家父，暂缓计议。"年轻人搀着李德林慢慢步出聚英酒楼。

"不是老朽不让你父显示才能，实在是还不到时候，你知道，当今皇上近日忧烦正盛，弄不好，会火上浇油，你回去之后，就说老朽之所以阻止，特别是还没见着你父的奏折，因为老朽知道，你父为人直率，又是和当今圣上有同学之谊，说话锋芒毕露，难免挂一漏万。"李德林从怀中掏出一封书信道，"这是老朽在去年写的平陈十策，已给圣上奏明，却并未见有何动静，交与你父，告诉他，要想使圣上痛下决心，还是要师从'佛事'为妙。"

李德林说得不假。杨坚之所以搁置了李德林的"平陈十策"，关键就在于阐述利害时，少了天意。这位燕赵奇士中的出类拔萃的人物，对任何问题都洞悉三分。

"晚辈谨记。"说着，这位年轻人接过仆从递过来的马缰绳，翻身上马，拱手向李德林告辞，"老前辈保重身体要紧。"

此时耳中听得后面锣声清脆，一队青衣乌皂、精短打扮的家丁一路吆喝着走过来。行人纷纷往两旁闪去。李德林回头一看，瞭见了内宫总护卫李圆通。李德林心中不禁想到，连杨坚的家奴如今也位列二等了，自己这样的开国老臣真是没用了。李德林边想边蹀步走开。

皇宫大殿上，"皇上驾到！"李圆通一声中气十足的呼喊，震得殿东南角两株白果树上的乌鸦飞去，声音刺耳。

杨坚气宇轩昂，由宦官导引，缓缓地坐在雕龙檀香木制的宝座上。尽管刚才几声鸦鸣，使他眉头一皱，但随即被文武百官齐刷刷地北面朝拜声"吾皇万岁、万岁、万万岁"又唤起了精神。

"众爱卿，平身——"

两厢文武将相分列入队后，杨坚探身垂询，目光直射高颎："独孤公，你刚从南方回来，还吃得消长安的寒气吗？"独孤是高颎的赐姓，高家父子与独孤伽罗的父亲独孤信极为亲密，于是，独孤信在世时即视高颎为子侄辈，常呼之为"独孤儿"。由于这一层关系非同一般，所以即使在杨坚称帝后，也对他敬爱有加。至少到现在，还没有人能取代高颎的职位——尚书左仆射兼纳言，晋爵时，高颎为开国郡公，属从一品。高颎脱口答道："臣没感到有什么不适之处，倒感觉民风差异甚大。"

"不妨说来听听。"杨坚朗声道。

"臣初去时，也曾追寻些南方燕语莺声、雾岚朝霞。只是军务繁重，实在没有片刻闲暇。一江之隔，虽说是陈的天然屏障，却是我们的通天之途。隔三差五总有南方的军卒凫水过来，讨要些吃的，看他们面黄肌瘦，刀兵剑戟锈迹斑斑，可怜戚戚，就给他们一些白面馒头。足见民不聊生、苦不堪言。"

一番调侃的话，说是满朝文武个个喜气洋洋，连杨坚也含着笑意。"这么说，朕定要拯救百姓于水火之中了。可是，朕即位以来，一向本着隋陈友好的姿态，只是因那陈后主似乎永远不想同隋建交，互通友好，朕气不过，才让你去节制水陆军兵，做做样子。"说到这，杨坚眉峰一挑，"可是，自大隋立朝以来，本想通好，四次派遣使臣与之联络，可那陈后主竟然只派一次。更可气的是，众爱卿，大家都应记得，开皇五年，陈将湛文彻竟敢冒犯朕的和州，屡次滋扰朕的太平百姓，还有那陈后主在回复朕的诏书中，竟妄称他的半壁江南'宇宙清泰'，这'宇宙'二字岂是他能称得的，还诡言'清泰'？"

群臣顿时在下面喊喳不休，个个义愤填膺。

"你们还有什么话要说？"杨坚巡视群臣，不待话音落定，早有一员武将走出行列，跪倒金殿之下。原来是杨素。

"皇上，臣有一言，那就是依我大隋的兵力能够伐陈，并一定大获全胜。"杨素侃侃而谈，"自古得民心者得天下，如今我大隋基业稳如磐石，四海一统，只缺江南。那陈后主是一个荒淫无道的昏君，忠奸不辨，只知搜刮民脂民膏，民心盼望大隋伐陈，如果真举事，当是摧枯拉朽，势如破竹。长江天堑貌似屏障，实则纸糊一样，只消我大军一到定能崩溃瓦解。南陈军士军心涣散，人不思战。仅臣在奉节就收容南陈士卒好几千名。"此言一出，大殿又是一阵骚动。

杨坚不声不响，两眼死盯着杨素，内心有所不悦。

眼明心快的高颎忙从背后扯了扯杨素示意他止住言话。杨素茫然回头，看到高颎的眼色，心下疑惑。

"杨总管刚才所言，确实鞭辟入里。"高颎先替杨素圆了圆场，"只是有违圣意了。"杨素心中一顿，后背渗出了细密的汗珠，他暗想，我只不过是回京复命的，我还有诸多功绩没摆出来呢，哪能就说成违背圣意呢？

高颎看了出来，他是何等精明，何等才学。他知道，当今皇上伐陈的决策已经铁定了。伐陈是大事，但要做得既光明磊落，赢得政治上的高分，又要精于心计，求得军事上的突然。如果失去两条中的任何一条都不是上上之策。

"皇上，杨总管在奉节时，确实为伐陈想了不少主意，如那五层高的战船，配以五十尺长的拍竿，威力无比，虽说杨总管只要兵出蜀地就能慑敌魂飞魄散。有道是，上兵伐谋呀。"高颎一番话说得杨素茅塞顿开，他忙向杨坚叩首道："臣不知皇上谋算似海。"

杨素所言的杨坚的谋算实际上是放回俘虏，拒绝投降，做出一番不想伐陈的假态，令陈后主彻底麻痹，彻底放松警惕，早在开皇二年，杨坚就摆出伐陈姿态，但同时又作好谈判修好的准备。陈宣帝病逝时，杨坚还派专使入陈吊唁，宣布"礼不伐丧"，停止军事行动，这样做的目的是为了北御突厥，争取一个相对平稳安定的环境。任何克制忍让都有一定的限度，都是为当时情形所定。

弹指一挥间，八年过去了。江南的那块沃土是该向大隋进贡了。杨坚表情坚毅，扫视两班文武，这些都是忠臣良将啊。

看到黑塔似站立的贺若弼，少年慷慨，有大志，什么大志？不就是继承父志荡扫江南吗？贺若弼，你不知道，当你任寿州刺史时，朕对你是十二个不放心，很是担心你受尉迟迥的影响而搭错了船，幸好长孙平没有杀你，幸好有知人善用的高颎，给你说了好话，以人头保了你，你这个吴州（今江苏扬州）总管是干什么的？就是担负起平陈大任啊，你确实应该记住你的父亲贺若敦临死遗言：吾必欲平江南，然此心不果，汝当成君志。说得好，你可把你父的遗言铭刻在心了吗？

站在贺若弼身后的不是韩擒虎吗？看你容貌伟岸，有雄杰之表，品性好书，经史百家皆知大旨，可你可知朕的旨意？你韩擒虎近几年威震江南，所以朕拜你为庐州总管，就等你擒住江南那只肥虎了。

那腰带十围、有风神爽拔、杰人之表的大将不是王世积吗？你是因讨伐尉迟迥有功，才被拜为上大将军的，蕲州总管，交给别人，朕放心不下！

还有……

杨坚眯着眼慢慢扫过朝中的战将，心里宽慰了许多。转念一想，不觉又踌躇起来，猛将固在，谁能节制呢？再说朕虽想伐陈，可毕竟一直互相友好，难道仅仅因为陈后主荒淫无道就一定要伐吗？

带着这些疑问，杨坚似有难言之隐。他记得李德林的献策中有这么一句话给他刺激不小：南方国力尚强，军队规模亦不小，且占有地利，非可轻易欺侮，何况兵凶战危，大小强弱，全在俯仰之间，因此，伐陈的第一策就是以德威服。是啊，朕也威服数年了，也不见得产生什么效果。要不再等等看，内史侍郎薛道衡应该就在这几天回来吧。

"众爱卿，伐陈事宜，体关国家兴衰大计，虽说不再从长计议，但仍须斟酌思量，有好的奏折及时呈上。"杨坚停了停，转向一班武将说道，"你们都是国家的忠良之柱，速速赶回驻地，若有新的态势，及时回复奏呈。"

众将齐答："听凭皇上调派！"

"那就退朝吧。"杨坚在满是激越的氛围中，转身离开御座时回首看了一眼盘龙柱上的两条金灿灿的飞龙。

一代名儒、内史侍郎薛道衡几次作为杨坚的使臣揣着皇上的使诏与陈朝交好，杨坚总是千叮咛、万嘱咐，唯恐他不能胜任一样，让他去江南时，一定要隐去锋芒，万不可以言辞相激，使陈朝识破朕的本意，甚是谦卑之态。想我薛道衡几次出使、几遭冷遇，连金陵美景都懒得去赏玩，真是心境随事境而迁。小小江南，几经风雨，早已物是人非，从东晋建立，国家不统已有二百七十多年了，这期间，多少仁人志士、英王霸主都做过南北统一的努力和尝试，可惜均遭失败。几代英王霸主的梦想，眼看就要在文帝手中实现，可为什么文帝迟疑再三、再三迟疑，难道他不想功垂历史、华章流芳？明摆着，一个政治上的成功者、一个军事上的成功者、一个历史上的成功者的三顶华冠要戴在他的头上，他为什么就下不这个决心？

金陵驿馆。薛道衡正准备收拾行囊踏上北归的路途。白皙的脸庞、高而坚直的鼻梁在烛火的映衬下，投到墙壁上的阴影是那么轮廓清晰。忽闪的长长的眼睫毛都可以清楚地数过来。俊逸洒脱的文人气质本不该来应付这样复杂、充满玄机的外交场面。可杨坚硬是点了他的名。

他不得不来了。水雾弥漫，飘曳不定的烛火吱吱作响，氤氲的潮气在室内散发开来。来时，亲自到江边来迎接薛道衡的是河内温人司马申，薛道衡住进了司马申为他安排的金陵驿馆，静候陈后主的宣召。真是踏遍中华窥两城，无双毕竟是建康。薛道衡面对建康美不胜收的景致，真有点流连忘返了。

一大清早，薛道衡洗漱停当，便感受到一种轻纱薄雾般的温馨，苍茫的钟山山岚叠起，做佛事的钟声把一切尘凡在阵阵钟声的传播下，飘落于苍茫山中。等到日上三竿的时候，没有接到陈朝宣召的音讯，薛道衡吩咐侍童："这里挺闷的，随我游览建康古城。"

刚一出门，清冷冷、水盈盈的翠影，伴着晨雾云树，便赫然闪现在眼前。既不是久雨新晴的夏日，也不是天高气爽的初秋，一种凝华恬然的湿气使大地饱绽出一种无比新鲜、泼辣的刺激味儿。

毕竟是南方啊，薛道衡带着侍童信步而游，眼前古铜色的招幌随风招展，古褐色的城墙泛着青绿的凉意。

朱雀门一带的街市上，行人还稀稀落落，小贩们的吆喝声偶尔响起，像是不经意间的寒蝉在凄厉地叫，令人有些脊梁骨发麻。来来往往的官兵横冲直撞，世道并不太平。薛道衡望见朱雀大街右首的杏花酒楼门前人进人出，从身份上可以看出应当是王宫贵族子弟，行路姿态拿捏做作，语调似台上的唱腔，拖得老长。

远远的，就有一个堂倌儿模样的年轻人急颠颠地跑过来，对薛道衡点头哈腰道："这位大人，请到杏花酒楼坐坐，品品江南名茶，闻闻江南酒香，如何？"说着，就站在薛道衡面前，用手一指："大人，您看，杏花酒馆是建康城最好的消遣去处，如果闷得慌，还可以听听吴侬软语，轻拥温香暖玉呢。"

抬眼一望，从外观上看，杏花酒楼飞檐高挑，斗拱相连，淡青的琉璃瓦镶边，紫红色的桂树柱撑，气派尚可，本不打算去的薛道衡看见那楼有三层，十几丈高，是个登高望远的好去处，省得四处游赏，误了公事，也就信步随着堂倌走了过去。

在堂倌儿一声"有贵客上楼，准备茶水"的长腔中，薛道衡已登至三楼，挑了一张临窗的八仙桌。"烦请大人，用点什么茶？"那个堂倌儿不知为何跟着上楼。"刚才，听你说，什么茶都有，可否有珠兰绿茶，还有，你怎知我是什么'大人'？"薛道衡缓缓地问道。

"大人，看您问得多仔细，从您的装束、口音，我就知道您一定是北隋过来的官差，近几年，我们酒楼没少接待过像您这样的客官，有文的，有武的，俱是一表人才。依小人看，大人是文的，要不怎么知道如此冷僻的茶名。有，有，小的这就给沏茶去。"堂倌儿一打拱，就势下楼。

到什么山，听什么歌。薛道衡心想，这南方的人就是够机灵的。这珠兰绿茶，人常称莲蕊，颜色清淡，既非龙井，亦非素茶，非静心之人不能辨其妙。

侍童好奇地东张西望，雕栏画柱、鸟兽虫鱼，在飞檐的木壁上尚有一幅山水图，画的是江中独钓。侍童又嘴里啧啧称奇："老爷，您看那江边的宝塔，云雾缭绕，有似仙境，这样的去处，定是人间奇景。"薛道衡侧目一看，江中有一独钓的老翁，不禁感慨一番，江南多隐士啊。

凭栏远望，那远处的山坡上，原野里，到处泛着浩荡的春潮，已是梨花放蕊的时节，空气中浮荡起连天的香气。一条条蜿蜒曲折的土路穿行于花树丛中，像是闯进了茫无涯际的香雪海，又好似粉白翠绿的万顷花云浮荡在头上。晨风暖阳，虫噪鸟鸣。那苍郁黛青的山峦背景是一片高远而蔚蓝的天穹，白云像羊群、棉絮般舒卷着、游荡着……

"大人，请用茶。"堂倌儿手托两盏飘着淡淡清香的珠兰绿茶，悄声说。

"你下去吧，"薛道衡吩咐一声，"小桂子，你还是回驿馆看看，免得误了大事。"小桂子就是跟着薛道衡的侍童。小桂子道："老爷，您一个人在此？"迟疑一下又道："不如我们一起回去？"

"这离驿馆又不远，再说我是使者，是来通好的，不会有什么险事，你去去就回。"薛道衡呷了一口香茶，感到沁人心脾，确是好茶。

忽然感到眼前一亮，珠环交佩的玉石声叮当入耳，薛道衡抬头一看，只见一位清亮娇柔的绝色女子像是从香雪海中飘过来一样，光华万丈，在微微露肩的白色凝脂上披着一条狐裘坎肩，雪一样白，曼妙的体躯在质如轻云的重重轻绸中若隐若现，宽大的衣物如鸟翅飞舞。体态移动间，凌波微步，似乎要舞出春日万物复苏，群鸟嬉戏的活泼气息，美丽的脸庞有种勾人的妩媚，随着轻盈的碎步，频频放出年轻女子的青春与浓得化不开的热情。何止是薛道衡，就连散落在各个角落的贵族王公般的纨绔少年，都放下手中的香茗，傻呆呆地望着。

"果然江南出美女，偌大的大隋怕是再也找不到如此模样的人间尤物。"这女子约摸十六七岁，粉妆玉琢，脸上泛着柔和的光辉，一双会说话的杏仁眼，伏在一对又长又细的眉毛下，面带微笑，隐隐现出两只甜甜的的酒窝来。

"如此绝色佳人，怎会来到这杏花酒楼？"薛道衡正暗自思忖间，就听到那女子脆声道："翠儿，杏儿，这里还有一张空桌，我们就坐在这赏春吧。"接着，那女子就款步向薛道衡旁边的方桌走来。雪白的贝齿咬着红唇，独坐在一张方凳上，她视而不见满屋的炽热余光，目光越过层峦叠翠的花树，投向遥远的地方。

薛道衡深深的俊眸落在她半合着的眼睑上，望着那令人心醉神迷的柔媚脸庞，被深深吸引住了，他的一颗刚强的心也立刻柔软起来，放肆地让眼光继续在她美妙的脸庞上搜寻着。

"公主，你看那花海花潮涌起的冲天雪浪，刚才就把我们淹没在其中了，我说嘛，没入花海，不如登高远望，那景色尽收眼底了。"杏儿一边伸出玉葱似的纤指，指着窗外，似有新发现的兴奋劲，"翠儿，你要是在那花海中，能看到什么呢？"

翠儿一撇小嘴，娇气而嗔怒道："好啦，就算你说对了，行吧。"转过脸，用手拨拂去飘落在那公主肩上的几瓣细碎的花片。

"公主，我看翠儿准是嫌累，要不然，登上山顶再往下看，那景色会更别致的。"

"你们就别争了，"娇滴滴的嗓音带着女性的魅力四处辐射，晶莹的眼眸里溢彩流光，"只要出宫比什么都强。"说着，公主长吁一口气，撩了撩粉颈上的狐裘。

"唇芬郁如兰，舌甜如蜜香。"薛道衡不知不觉随口说出来，猛然一惊，急忙收口，感到脸上火辣辣的。"我怎么陷入温柔乡里、富贵梦中呢，幸好没有被听到，否则，定会招来一顿叱骂，那我真是无地自容了。还好，看那公主的情状似没有发觉。"薛道衡宽慰着自己。

一阵春风扑面而来，满屋清香。楼上所有的客人，不知不觉间已经下楼了。那个堂倌儿也不见上楼，而碧瓷玉樽的清香绿茶已经见了底，根根向上的茶尖左右微颤。

"看，绿柳如烟，皇宫也隐在其中，真是春色迷人。"杏儿指指点点。

"不要再耍贫嘴了，让我静一静。"公主手按微耸的酥胸，吐了一口气，"杏儿，下去要些茶水。"

"是，公主。"杏儿答应着，快步下楼。

想必此女子身份非同寻常，不然，怎么这儿一个客人也没有了，刚才那聒噪声，浪声谐谑的公子哥也不知道遁到哪里去了，薛道衡想到这里，就习惯地摸出一两纹银，放到八仙桌上，准备下楼回驿馆，反正茶也没了。

"这位大隋的使者，请留步。"公主张开樱桃似的红唇，声音有股强大的磁力。"使者不必介意，我是南陈的公主，宣帝的女儿，当今皇上的妹妹。"公主一番自报家门，令薛道衡诧异不止。

出于礼节，薛道衡赶忙侧目上前："在下正是使者，前来通好的内史侍郎薛道衡，不想在此偶遇公主，幸会，幸会。"

"薛使者，你看陈的大都建康风景如何？"公主以炽热的眼光、冰冷的语气缓缓说道："大隋代周以来，似乎总想和我们陈朝通好，是否真心诚意？"

薛道衡一时不知如何搭腔，一则，他还没有搞清对方身份；二则，他真的不想在这样美貌女子面前，说些违心话。他咳了咳，不情愿地回答："公主果然慧眼，一下就识出在下的身份，在下昨日刚到，由司马申大人安排到金陵驿馆，本想等候宣诏，好极早回去复命，可司马大人没有来，在下只好等候，见建康帝王气象甚浓，景色别致，故信步观赏，不想巧遇。"

"噢，"公主略作思索，又道，"薛内史既是来赏景的，何故要走呢？"

"只怕耽误了国事，在下想及时见到贵国陛下，回复我家隋帝之命。"薛道衡心情松弛下来。

不一会儿，杏儿端上两盏香茶，见公主和一位陌生男子正在搭话，立刻圆睁了双目，叱道："哪里来的臭男人，还不快快滚下楼去。"说着扬起小手就朝薛道衡紧走几步。

"放肆！"公主怒道，"这位是大隋使者，又不是建康城内的浪荡公子。"

"来，薛内史，这是'扬子江心水'，这是'梅花蕊上雪水'，不知薛内史要哪一盏呢？"

果然，此茶更是非比寻常，茶斟在杯内，澄黄淡绿，衬以白瓷杯、古青杯，真是古色古香，令人忘俗。

"都是好茶，"薛道衡谦让道，"清香气味，足以醒醉。"

"过奖了，薛内史，大隋也有名贵茶吧。"公主凝视着，低沉的声音轻柔如梦，像是能看穿他心中的奥秘，说道，"如果我记得不错的话，薛内史已是第三次来到建康城了。我只想知道，大隋频派使者到底意欲何为？"不知是眼前这位漂亮的男人在踌躇间的举止，还是他深沉如平静的湖面般难测虚实的表情，总是勾起公主谈话的欲望，他浑身上下散发的男人魅力，似乎会使她情不自禁地倾倒，倾倒在他若有若无的炽热眼光下，这一切和他那修长结实的体魄无关，而是来自他内在不可屈挠的意志力和逼迫人的神采与深沉。

这位陈宣帝的女儿，当今的绿珠公主，整日忧心忡忡。她自怨自艾，只因目睹了宫中的相互倾轧，一桩桩血淋淋的惨景使她目不忍视，加之自己的哥哥陈后主不理朝政，荒淫无度，糜风渐炽，她怎么能不担心自己的命运呢？见薛道衡低头不语，绿珠公主桃花般的粉脸上起了一层愁雾。秦淮河畔的歌妓楼阁不时飘来浪声蝶语，令她坐卧不安。她说不上来对薛道衡是好感还是恶感，只是觉得他与众不同，看他白而修长的手指优雅地端着茶杯慢慢靠近唇边，散漫的眼神若有所思，便又觉得他具有一定的危险性。

"如果真的陈、隋通好，那就是百姓的福分了。"绿珠抿了一口香茗，自言自语道，她警告自己别再将眼光投向他了，但眼睛却像是有违自己的意志似的，化成采花的翩翩蝴蝶，总爱停留在他轮廓分明的脸庞上，好似他是一朵再香甜不过的鲜花。

表面上满脸的愁容与幽怨，实际上激烈的心跳几乎要撞疼胸膛。

绿珠抬起修长的眼睑，嘴角上扬的红色朱唇挂着一滴透明的清茶，啪地落在玉瓷杯中，就在这一刹那，她的视线不期然地和薛道衡的一双锐眼碰上，绿珠公主像是被闪电击中，一种使人加速呼吸与心跳的热力，从那双深炯有神、莫测高深的瞳仁中喷出，慑住她所有的心神。绿珠不敢再坐下去，千百种思绪在她脑海中电闪而过。她还从来没有这么无助过，有多少王公贵族、将相之家的公子或英俊或勇武或儒雅，都没能使自己正眼瞧过他们。她立起身，踱到窗前，内心稍有镇定："薛内史，真希望大隋朝能够和我们陈朝永世通好，先皇在位时曾想过北伐，没有成功，反而失却了原属于江南的淮南之地。我这就去皇宫，告诉家兄，隋朝使者到了。我想不出三两天后，你就会回你的大隋朝廷复命了。"

悦耳的音色从她那形如弯月的粉唇间流出，如山涧清泉，树上黄鹂。

薛道衡惊鸿一瞥间，也禁不住心跳加快，但他立刻从自己发呆的状态中回过神来，眼光中满含谢意，望着倚窗飘举的裙摆，朗声道："多谢公主了。"那声音极富磁性。

"若是他会击节吟歌，想必也会响遏行云。"绿珠公主暗暗地想。

陈朝皇宫，陈后主叔宝正去往光昭殿，一路上，坐在华丽辇车中的陈叔宝酒气熏天，醉眼迷离。陈叔宝两大爱好，朝中人人皆知：酒与色。有着纤弱脂气的陈后主对张丽华宠爱非常，如获至宝。很快地，陈后主便封张丽华为贵妃，后来张丽华又生始安王陈深，更是成为陈后主的第一宠幸，张丽华也凭着风月场中的经验、善于察言观色的本领和长于表达论辩的口才，成为和陈后主一同参决政事的皇妃。

车辇慢慢向前，走向了光昭殿。陈后主拥着张丽华登上皇帝的软座。这在一班大臣看来早习以为常，几个忠臣都不用正眼，昂着头睥睨殿内的龙蟠柱，散骑常侍袁宪、尚书袁文友、右卫将军兼中书通事舍人傅縡、骠骑将军萧摩诃、护军将军樊毅等京城正直的文武官员，面对此情此景是敢怒而不敢言；而中书通事舍人司马申、都官尚书孔范、散骑常侍王瑳、王仪及御史中丞沈灌等都是奸佞之徒，跋扈之辈。

"众爱卿，北隋屡派来使者，欲以结好朕的大陈，可是，朕一向专心治理国政，实在不愿与那北方漠荒之地通好，他北隋战乱不断，饿死的人、战死的人不计其数，田地荒芜，想从朕的大陈谋取私利，用以抗击突厥、吐谷浑等狄戎异族，目的很明显，没有朕的大陈，仅自乱就够那杨坚受的了。"说着，陈后主看着司马申，"这几天，隋朝又来了一位使者，是个内史侍郎，叫薛道衡，听说颇通音律。"

"皇上，那个薛道衡已来过两次了。"张丽华娇嗔道，"奴婢记得，长得一表人才，还有不少诗作流传呢。"说着扭动了一下娇躯，对着陈后主的鼻子轻轻一点。

"司马舍人，你将那薛道衡安在何处？"

"臣已将他安排在金陵驿馆，皇上若要召见，就颁旨；若不想见，就给一封文书打发他回去算了。"司马申谦恭地对陈后主说道，"依臣之见，皇上还是见见他，免得让人说皇上不辨局势，这也不准备，那也不准备。"说着用余光瞟了瞟站在左边的几位老臣。

嗅着张丽华的体香，陈后主道："那就依你之意，见见吧。"低头在张丽华的粉颈上吻了一下，"哎，贵妃，朕让人给朕的《玉树后庭花》《临春乐》谱的曲子，宫人可会演唱？"

"这还用您操心，奴婢早就调教了，只待那薛道衡一来，就让他领略我们江南的丝竹天韵，定会让他体会到什么是天籁之音。对了，这件事，司马舍人、都官尚书孔范也都出了不少力。"

"那就赏司马舍人官，提升为右卫将军；赏孔范绫罗绸缎一千匹，黄金一百两。"

陈后主对司马申道："你去把薛道衡叫来，就说朕想让他见识一下南朝的音律。"

司马申领旨退下。

陈后主又望着孔范："孔尚书，近日忙些什么，怎么没到后宫一乐呢？孔贵人倒是整日在朕的面前念叨你这位干哥哥呢。"

孔范更是一位专会迎合奉承的人。本来孔范只是一介普通的秘书监，供职于陈后主的宠臣施文庆、沈客卿的府第，不想为两人所赏识，又加上孔范善诗文，借以带进宫去和后主及妃嫔们相唱和，见陈后主宠爱一位贵人姓孔，孔范就和孔贵人结为兄妹，自己也被提到朝中任职，除了几位奸臣包括自己的旧主施、沈二人外，朝廷公卿俱不放在眼里，无论官职比他是高是低。他经常对陈后主说："在外面带兵的人，都是行伍出身，不过是一介武夫，缺乏深谋远虑，在隋军面前，风声鹤唳，自扰军心，应时时换之。"陈后主也常常因这句话抓武将的过失，动辄免职，由孔范这样文不能治国、武不能骑马的人代替，使得武将人人自危，无心战守。

"回禀皇上，近日来，臣在家潜心文章，做得诗赋一首，想献于皇上留做谱乐唱和之用。"孔范喜滋滋地说着，以怀中掏出一叠宣纸折就的书折，轻轻打开，仿佛一只笼子里面装着金丝雀似的小心翼翼，转念一想，这些乐府诗作在堂诵读有些不雅，便又合上："皇上，待臣子奉献给皇上御览，敬请皇上斧正，有不合音律的地方，请皇上赐教。"

"哎，朕是欣赏你的才气的，不妨念一首来听听，与群臣乐乐。"陈后主说罢哈哈一笑，柔声道："爱妃也仔细听听，有不合适的提提看，免得让大臣瞧不起爱妃的市井出身。"

"啐，"张丽华嗔地一笑，"奴婢又不知音律，大臣爱说什么、就说什么，奴婢才不去管呢。奴婢只求和皇上日日多多共享欢娱。"张丽华眼神娇媚地挑逗着。

"好了，好了，朕不说就是了。"

日月既逝西藏，更会兰室洞房。
华灯步障舒光，皎若日出扶桑。
促樽合坐行觞，主人起舞娑盘。
能者穴触别端，腾觚飞爵阑干。
同量等色齐颜，任意交属所欢。

孔范抑扬顿挫地念着，靠他一旁站立的文人，也都摇头晃脑，跟着哼哼。

张丽华窃笑道："不就是写我们长夜狂欢之景吗？有一句简直一派胡言，'同量等色齐颜'，皇上，你说说，妾的身貌和技艺，其他人能赶得上吗？这句要改！"

"哎，朕想想，朕想想……"

"够了！"一声断喝，吓得孔范赶忙住口。性本耿直、屡受打压的吴兴人、章华再也看不下去了。紧走到殿阶下，双膝重重一跪，仰头高声道："皇上，皇上即位至今已六个多年头了。这期间，皇上不想想先帝创业时的艰难，不知臣等一班忠心侍主的老臣的心曲，不知违背天命后果的可怕，整日沉溺于后宫美色，亡国之音已渐渐入耳，整日惑于酒色之中，朝中老臣宿将，被皇上弃之于草莽之中，而奸佞谗邪的小人却升之朝廷之上。艳情左右政情，织草席的纷纷登堂执笏，与直言敢谏的大臣易位而居，嚣张于朝中。如今，隋朝大军压境，横戈待旦，饮马长江，在这种情况下，陛下若不改弦更张，用心朝政，擢拔忠良，恐怕亡国的日子不会远了。"章华说着，老泪纵横，满朝噤声。

突然哇的一声，张丽华扑在陈后主怀中，嘤嘤抽泣起来，粉肩一抖一抖的，令陈后主一时不知所措。后主的宠臣施文庆一见此情，忙上前禀道："皇上，章华所言俱是妖言，想皇上自登基以来，君臣同心，共治大陈，如今百姓殷实、物阜民丰，一派歌舞升平，哪有亡国之兆？"

沈客卿也随声附和："是啊，皇上年轻有为，就连北隋的皇帝也对我们皇上'顿首'再三，有些叛逆之臣，渡江降敌，他都不敢收容，——送回，哪来战事日趋紧急之说呢？"

紧接着，孔范道："哪一年春天，北隋不是派使者前来通好，要说隋军欲伐江南断不会在今日，早在宣帝崩驾时，就可进兵攻击，干嘛一拖六七个年头呢？"

施文庆又接道："你章华本是农夫，因你通点经史，善写文章，皇上征辟你入了朝廷提任要职，怎么会是弃之草野，皇上心存仁厚，连傅宰那样老臣不都在朝中任重要职位吗？"

陈后主一面听着两种不同意见，一面拍抚着张丽华："爱妃，别哭！"

"我就要哭，你章华算什么东西，胆敢污辱贵妃娘娘我和当今圣上，你眼里还有皇上吗？"张丽华银牙紧咬，面色变青，似乎气得一下子没上来气，晕厥在陈后主的怀中。

这下一闹，陈后主慌了，"爱妃、爱妃"地叫个不停，又对殿门外的宦官蔡临儿、李善度，急急嚷道："愣着干什么？蠢奴才，赶快叫太医来。"他的心思全在张丽华身上，脸色似有悲伤。陈后主凄厉地叫道："来人，把章华这个老匹夫推出去斩了。"

章华哈哈大笑，笑声毛骨悚然，转头对陈后主说："我本一介书生，躬耕陇亩、不问政事，幸有毛喜推荐，得以为国效力这三五年。只想皇上能继父业，精兵强国，仿效祖逖北伐，建立王霸功业，哈哈，此等名垂史册的美名要留于杨坚了。"说罢，昂首走出昭阳殿，笑声凄惨，在皇宫上空游荡，一会儿的工夫，笑声断绝。

百官悚然。

面对这样一个局面，诸多忠心大臣的心在泣血。右卫将军兼中书通事舍人傅宰两手紧握，仿佛要攥出水来，两腿却不住地颤抖。他要躬身上前，向陈后主讨个说法，这样下去，明摆着南陈迟早要亡吗？想起宣帝在位时对自己的种种好处，不禁老泪纵横，悲不自胜。他跨前一步，并不下跪，声若洪钟："皇上，皇上今天可真是能断大事的君主了，想尧、舜、禹三代贤主，想汉高祖至汉武帝都是有德的名君。俗话说，得民心者得天下。一国之君恭事天帝，爱其黎民百姓，节欲望、抛嗜好，远小人、近贤臣，旰旰忘食，未明求衣，这才能泽被天下，百姓感其恩典而念之，大臣感其贤明而拥之，这样的贤君，皇上做到了吗？"

听的人都吓得不敢抬头。一边是满心忧虑，暗自替老傅宰担心；一边是窃喜，又除了一个不通融的人。

陈后主见杀一儆百没有起到作用，不禁杀心顿起："你本是一个北人，不知何时流入南方，朕不计较你的身份，依然让你做官，给你厚禄，你还敢替辱骂朕亡国的叛逆说话？来人！"

"报——隋朝使者薛道衡觐见。"侍卫在宫门外一声长喊。陈后主的话刚说了半句，不知对傅宰如何发落。杀了吧，在北隋使者面前显得自己不能宽容，落一个屠杀忠良的臭名；不杀吧，难以除却心头的怒气；

皇上身边的近宠中书舍人施文庆进言道："皇上，傅宰罪当腰斩，依臣之见，先将他下狱，先接待一下隋使，让他领略我皇宫精妙音律，不能让这区区小事，坏了隋陈和好大事。"

和几个大臣低语后，司马申也了解到这一会儿朝中发生的事故，喜上眉梢，忙附和道："施大人言之有理，皇上不杀傅宰就是体现了皇上爱臣如子，特别是傅宰这样有才华的人。"

陈后主对傅宰也是很欣赏的，过去常在众臣面前夸他聪敏、有才气，说他"每遇军国大事，下笔辄成，未尝起草"，有时连想都不要想。也知道傅宰为人倔强，看不惯自己身边唱和诗赋的人，如施文庆、司马申、沈客卿等。

"傅宰，你也看到了，这可就是被你辱为奸佞臣子的人出来为你说情，留你性命的。"陈后主说道，"给傅宰治什么罪呢？死罪免去，活罪不饶，重打八十廷杖，押入狱中。"

司马申看着陈后主满脸庄严肃穆，心道：傅宰，让你明白，不和我们站在同一条船上的下场是什么。以傅宰在朝中的威信，只要治倒了傅宰，其他百官还不乖乖听命于己。

"皇上，依臣之见，这廷杖就不必打了，一者在北隋使者面前自露家丑；二者，凭傅宰的年龄和风烛残年的身子骨，别说八十廷杖，就是十廷杖，也要了他的老命。皇上，暂且投监，让他给皇上写悔过书。"

实际上，司马申想借机在朝中树立威信。

众大臣，如右卫将军萧摩诃等人平日里也都不把他放在眼里，他的人品差在朝中尽人皆知，他以中书通事舍人之职，掌握着朝廷的重要机密，但他却常常将这些机密透露给其他官员，以此向其他官员证明自己是皇帝的宠臣，树立他自己的威信。傅宰就他的这一劣行曾上书弹劾他，差点使他丢了官。朝中另一位大臣毛喜是他的妻兄，两家从不往来的缘故，皆是因毛喜讨厌、鄙视他。

司马申对傅宰可以说早已恨之入骨，在处理毛喜的事件上，傅宰就是不从，以至毛喜还能做官。现在，哼，老匹夫让你瞧瞧我的手段，顺我者昌，逆我者亡，自古亦然。司马申眼珠转了转，起身对陈后主说："皇上，依臣之见，将傅宰下狱后，还务必叫他写封悔过书，以治他的骄横之气。"

"那好，"陈后主沉吟片刻，猪肝色的脸稍缓和一些，转视文武大臣时心中一惊，那左边一排站立的官员皆昂首视天，面呈悲愤之色，难道这些人对朕都心存不满，只有自己的几位近臣、宠臣言语表情间还能赞同朕的主张？朕有什么过错，不就喜欢喝点酒，写点诗，喜欢和群臣共乐吗？

"众爱卿，大家一直担心北隋有虎狼之心，欲吞朕的大好河山，朕建议众爱卿多读一些历史，隔江分治的局面已有几百年了，老百姓早已风从民化，安心事农，谁敢想逆天道而行狼子野心，那都是不能得逞的。再说，长江天堑可不是秦淮河。水浪滔滔、危机四伏，那北隋又无什么高大战船，也无识水性的军士，如何渡江，怎么渡江，何人渡江？朕一向体恤百姓，深知稼穑之艰，所以在几年前，朕不顾病体，连颁减、免租税的诏书，怎么说不理朝政，不顾恤百姓？"说到这，陈后主的眼泪竟从脸上滑落下来，望着默不作声的百官，继续辩解道，"朕临危受命，幸有母后辅佐，但母后深明大义，待朕身体痊愈之后，即让朕自主处事。朕深知治国才浅，故深爱有才之人，由大臣忠心侍主，对有德行的人，朕一向封赏有加，从不猜忌。众爱卿或许不会忘记，毛喜那样目中无君，朕不也还让他担任永嘉郡内史吗？今日之所以诛章华，把傅宰投入狱中，实在是不忍看到朝纲混乱，君不君，臣不臣，那怎么行呢？特别在北隋使者频繁出使大陈之时，一旦被北隋知道，岂不笑朕朝纲混乱，所以，从今日起，必须整顿纲纪。"陈后主一番话说得众臣哑然。

还能说什么呢？章华死了，傅宰被投监，原来的吏部尚书毛喜当年之所以保存性命，还不是因为傅宰的直言恳谏？如今，死的死，坐牢的坐牢，流放的流放，谁还会再当出头鸟呢？

散骑常侍袁元友刚才一直要起身，都被袁宪按了下去。两人严峻地对视了一下，心领神会地低下头。

萧摩诃禀道："皇上，臣在江边还有些公务需处理一下，再顺便视察江防。"见陈后主点头应允，转身就走。对那忠诚事主的人来说，至少今天不可以再说了。

文臣武将急匆匆步出朝廷的场面，被候在宫门外的薛道衡看得清清楚楚，从他们郁闷而失望的神情中，他猜出了八九分。薛道衡摸了摸贴身的油纸包裹着的信袋，心里一阵踏实。看着笔直的御道两边的清秀花瓣，在露珠的浸润下呈现出一种成熟的风韵，花朵和叶片的相互陪衬就在这一刻达到了珠联璧合的境界，再合适不过了。

听到那长长的传唤声，薛道衡心想，赏景要天气好的时候，出使也需要好的心境，他整理一下衣冠，迈步往里走，随口吟道："山城二月愁寒雪，笔底千花占早春，天生丽质少人识，画图省识有来人。"

昭阳殿果然清幽雅静，整洁一新，没有北隋皇宫的香烟缭绕、左右街市的人声鼎沸，不时入耳的尽是江南的丝竹神韵，不时入目的尽是衣袖飘飘的宫城侍女。高高的昭阳殿矗立在眼前，殿下宽阔，青砖铺地，间以四角的奇香异草，越发郁馥刺鼻，姿态婆娑的舞女正在轻歌曼舞，优雅而缠绵，令人心旌摇荡，神不守舍。恰似娇弱的花叶不胜风雨，飘零而下……

薛道衡在一位宦官的引导下，径直穿过那群弱不禁风的舞女，拾级而上，他默数宫廷的白色玉阶层数，这是他的方法，当正好数到九十一阶时，他用余光瞟到前面的紫红色花葵蒲团，便双膝下跪。

"大隋朝使者薛道衡叩见皇上。"拜了三拜，耳听得"平身，赐座"后，薛道衡才立起身，坐在陈后主的下方，抬眼四处看了看，一切都很熟悉，那薄玉片镶缀而成的折叠屏风依然矗立那里，上面雕以百十名仕女夜宴，姿态迥异，婀娜无比，饰以青山绿水、曲栏清溪的背景，人景交融，天衣无缝，真是绝世珍品。那屏风下的红木桌上，摆着各色珍珠、玛瑙、翡翠、宝石等，在另一边是各色瓷器。单说那宝石就有红、蓝、黄、绿等色泽，玛瑙也有墨、茶、绿、蓝、黄等，薛道衡知道其中以紫色为最佳上品，若能带上金星那就堪称国宝、价值连城了。

陈后主一直在注意薛道衡的表情，也猜不透什么，便说："使者到来何干？"

"微臣奉大隋皇帝之命特意前来通好。"

陈后主下巴上的小胡须往上一翘："废话！通什么好，不是明摆着吗？朕的意思是说，你们隋皇帝杨坚屡次前来通好，朕早已知晓，并有回书，此番前来，该不是想获取什么吧？"

薛道衡微微一乐："臣既然前来拜见，自有要紧的事相商。"说着，从怀中摸出书信，递于站在陈后主旁边的宦官蔡临儿，幽幽地说："皇上想必知道，我大隋立国已有好几个年头了，从来不曾想到要合并江南，可我们皇帝总担心你们意欲北伐，虽说有长江之隔，两边大战无但小战频仍，这样下去必积小怨而成大仇。"薛道衡把目光投向满朝的文武又道："我大隋一向本着通好主意，对于陈军的攻击采取守势，想必您是知道的。"

陈后主当然知道，他也为此撤换了好几位将军，当初陈将湛文彻猛攻和州，和州隋军就是坚守不出，不想近日又有侵犯之事，他不满地朝着文武大臣说："众爱卿可知此事？"

"臣有所耳闻，"施文庆禀道，"臣一直不敢将此事回禀圣上。"

"是谁？"陈后主厉声问。

"是湘州刺史晋熙王。"施文庆嗫嚅地答道。

"陈叔文？"陈后主知道自己那十四弟，虽说控制湘州（今长沙）多年，一直不满职位低微，这一点张贵妃已在他的耳边说过多少遍了。陈后主念其是同父异母的弟弟，没有动他，不想他愈发胆大妄为。啪的一声，陈后主正色道："不管是谁，破坏了陈、隋通好的局面，都要惩治，众臣还担心隋军南侵，担心江防不稳，兵力不及，这不是授人以柄吗？"

"是啊，"施文庆接口道，"皇上向来以德威服天下，如今我大陈政通人和，民心安稳，就是隋军想吞我，一时也找不到借口，可不能由着居心不良的人擅意胡为，让隋朝耻笑。"

"居心不良"可算是戳着陈后主的痛处了。

张贵妃的耳目早就把陈叔文的一切探了个一清二楚，什么湘州的百姓都不知道有陈后主，什么晋熙王才是一代贤君，每每出府都受纳百姓的跪拜。要说你陈叔文能够爱护百姓、造福乡里，确保清明治州，那倒也罢了。这么大张旗鼓，把富裕的湘州看做是自己的天下，你还想称帝不成？

陈后主想，晋熙王到底意欲何为？明知道北隋无意南伐还屡挑事端，莫不是想惹出兵戈之乱，浑水摸鱼，一边收买人心，一边又想引狼入室。

"施文庆，你看这？"陈后主摸着胡须慢悠悠地问。

"依愚臣之见，"施文庆眼珠子骨碌转了一圈，"湘州歌舞升平，百姓勤于事农，谷物昌荣，晋熙王治理之功当不可埋没，还任刺史一职，实有不妥，不如升迁，以示皇上奖功扶忠。"

"那好吧，就依你之计，草个诏书，待朕下诏，将晋熙王调至太子监，把治政的经验传授给皇子们长见识。"

那谁去顶替其位呢？陈后主暗想，这不能当着薛道衡的面来讲。

"听说薛使者是隋朝的名儒，可有诗作吟来与朕共赏？"陈后主一时竟撇下国事，大谈雅兴，"诗自汉魏以来，才渐成一统。朕最欣赏的是合音律之诗，出自本性，要有哀怨，绮艳相高，极于缥缈，章句流艳，宕浮为妙。朕的朝中有不少文人骚客，很是精于此道啊。"陈后主谈起诗文，不觉洋洋自得。

"自有耳闻。"薛道衡略一欠身，"江南文人才子，吴侬软语，诗画风靡，实属于天然而成。而我北隋风沙大漠，自西魏以来虽渐染华俗，终带胡风，虽寄情于物，终不免于粗俗，不可与江南相提并论。"

司马申见机不可失，忙进言道："薛使者已递交了隋朝皇帝的书信，就算办了正事，回去复命时定要说明陈朝的通好主意，切不可负了我家皇上的一片美意。要不还是先请薛使者赏鉴我家皇上的新作《玉树后庭花》？"

"臣太愚陋，还有一件要事未能禀明。"薛道衡边说边从内衣中摸出另一封油纸袋，"臣出使时，皇上一再叮嘱，要把此物交于陛下。"

"是什么？"施文庆、司马申几乎同时问道。

陈后主满脸喜色："递上来，说不定是隋朝王宫的精品字画，那正可朕的心意了。"

"确实是画，皇上果然聪慧过人。"薛道衡把信物交给宦官蔡临儿，说道，"去年，陈的使者到大隋时，要我家皇上的画像，当时皇上有微疾，不能端坐太久，未能使陈使满意而归。此次皇上特意命臣带上，以恐拂了你们的美意。"

陈后主看着蔡临儿徐徐展开画卷，面色顿变，画上那双眼睛仿佛会说话似的，带着征服的欲望，带着蔑视的目光直逼陈后主，轮廓分明的国字脸膛上，宽而前凸的前额油光锃亮，真乃好相貌。看着看着，陈后主尖叫一声，面如土灰，脱口道："朕不想见到此人！"掩面后仰在龙座中，"快撤去，快撤去！"

慌得宦官蔡临儿、李善度急忙上前，三卷两捆把杨坚的画像拿了下来。

薛道衡说："怎么，皇上对我家皇帝熟识？"

"啊……"陈后主觉得适才有些失态，不觉面色一红，"隋朝的杨坚相貌英俊，但乍一眼看去，甚觉是异人之像，不似南方人眉清目秀。"

薛道衡道："说得在理，就是久居北方的人，初次见到我家皇上也常常失态。"

"真没见有这么宽大额头的人。"陈后主抹着额角的虚汗，没有说出下面的话，杨坚的额上有五柱入顶，目光外射，煞是吓人。他所担心的还是杨坚的帝王之相，至贵之容。

陈后主惊吓过后，很快恢复正常，调侃道："朕自幼在宫中长大，对相貌奇特之人所见不多，适才失态，让薛使见笑了。"

薛道衡不知如何回答，灵机一动，说道："实际依下臣看来，您也是帝王之相，玉面柳眉，温婉如水中之蛟龙，而我家圣上，八彩光眉四腔丽目，实是山龙之相。"

"好，好，都是真龙天子。"群臣附和道。

这时有宦官急急进宫，说张贵妃要赶来指挥《玉树后庭花》的演唱呢。

"罢了，"陈后主无力地摆手，"让贵妃好生歇着，不一会儿，朕就去后宫看她。朕有通事舍人司马申、施文庆在此，就够了。"陈后主确实不想让隋使薛道衡看见张贵妃坐在膝上的场面，毕竟是大陈国的明君，那样岂不大失国体？关键是北方人看不惯，冥顽不化，光知打打杀杀为乐事，岂知人间还有比打杀更乐的趣事呢。

"司马申，那就开始吧。"陈后主软绵道。

"奏乐！"一时间，筝响箫奏。

丽宇芳林对高阁，新妆艳质本倾城。
映户凝娇乍不进，出帷含态笑相迎。
妖姬脸似花含露，玉树流光照后庭。

两对宫娥彩女鱼贯而入，翩翩起舞。宫娥们高耸挽髻，云鬓间散缀各色花饰，长袖舞动间，香风熏人，起承转合间，无不露出粉颈玉腿，晃目惹眼，恰似群蝶采蕊，嘤咛不已。

两对男倡由大庭两旁走出，相迎着宫女而去，和声唱着七言诗句后三个字，步调整齐，跨步在一一相对的宫女面前，俯仰低合，极尽淫靡之态。时而追逐，时而嬉戏，口不离词，曲不离口，恰似过江之鲫，乱而有序。

纤纤细腰、风摆杨柳的体态，娇人可亲。随节奏的起伏，宫娥们不时抛出各种媚眼，环形情动，臀股相连，围成一个圈。时而挺胸，时而扭臀，时而高高地翘起大腿，做出各种渴求满足欲望的情态。丝制的纱裙几近透明，双臂向上时，玉藕似的臂膀尽露；弯腰后仰时，白色的肚皮在阳光下一片耀目的眩晕，能裸的部位她们全裸了，不能裸的部位也在表演中着意加以刺激性地突出。

薛道衡除了听、看以外，还着意留神了一下陈后主和他的朝臣的表现，俱是贪婪的目光，流着口水。有的聚精会神、目不转睛地看着，有的谈笑着，唾沫横飞，脏话、下流的话不堪入耳。

这是货真价实的亡国之音啊！薛道衡暗自思忖，古代延陵季子听罢列国的音乐，从而对每个诸侯国的前途命运做了惊人准确之议论，那吉凶、祸福、安危的一一判断，都被后来的历史证明了他的预言绝非信口雌黄。眼前这是什么？这是动物们发情时的哀鸣，这是淫荡时那肆无忌惮的宣泄，这更是兔死狐悲式的悲鸣，这是中箭的孤雁下坠落地前的绝望的呻吟……

他听群臣中有一声叹息，是那样的短暂，那样的急促，他想扭头寻找，又怕陈后主说他不入音律，只是呆坐着，只觉得眼前一片空白，白茫茫的，不杂些尘滓，一直延伸到无尽的地平线……天哪，这哪里是天籁之声，实在是淫荡之曲。薛道衡感到胸闷手凉，浑身颤抖不已，似乎眼前晃动的少女在如此混乱嘈杂的场面熏染下，都已经变为满脸皱纹的老太婆，薛道衡禁不住要呕吐起来，他用手捂住嘴，用眼示意司马申，但见司马申等人的表情极其舒适惬意，那陶醉其中的神态有如一锅黏糊糊的棒渣粥正熬到火候上。

薛道衡再也不能等下去了，他站起身，朝陈后主深深一揖，一个趔趄，斜倒在了棱凳上。陈后主吓得又是一惊，忙掉头看司马申和施文庆。

"臣昨日在驿馆，夜里受凉，身体不适。"薛道衡几乎强压身体的不适，再也说不下去。

"那好，那好，"陈后主对司马申道，"司马舍人，还是你送他去驿馆小憩一会儿，赶明儿再来听。"

当薛道衡离开昭阳殿时，耳中清静了许多，但那连绵不绝的艳词淫曲还不时飘入耳中。猛抬头，看到曾在杏花酒楼见过的绿珠公主，那袭白色的纱裙被疾过的南风吹得飘飘洒洒，一股神秘的静谧与温馨，一幅炫目的舒心和迷惑，让薛道衡清醒了许多。

绿珠公主目送薛道衡远去，望着那修长的身影，心中荡起阵阵涟漪。她何尝听不出宫中传出的是亡国之音呢？她一对杏眼似一泓清澈秋水，秋水漫溢，粉红的双腮上落下两行无声的秋水。

【第六回】

黑白枰前黑白论，是非地上是非生

隋宫。武德殿西厢密室。

杨坚的眼光阴郁而略显疲惫，在高颎、李德林、苏威等人的脸上慢慢移过，最后落在苏威的脸上："苏大夫，朕曾在三方叛乱时采纳过你的意见，废除苛捐杂税，革去酷暴之政，施惠于民，如今，你看朕的百姓生活到底怎样？"

沉默了好一会的苏威没想到杨坚会问自己这个问题，他知道，今天可不是商讨如何施仁政大计的时候，但苏威也不敢不顺着文帝的思路说下去，他用余光瞟了瞟了高颎。

苏威是高颎向杨坚极力举荐的人才，他是京兆武功（今陕西咸阳西）人，说起武功苏氏，那可是关中大族，苏威的父亲苏绰，是西魏时宇文泰手下的名臣，为西魏政权的巩固和经济上的发展作出了重要贡献。五岁丧父的苏威幼时就很有美名，对苏绰的过世哀容有加，极尽孝道，为时人所赞赏。

当苏绰帮助宇文泰制定征税之法时，当时就认为这个税法会给老百姓造成很沉重的负担，他对苏威说："现我朝初建，国力很微弱，为了增强国力，勉强制定此法，就像拉开的弓，不是正常情况下所实行的措施。将来，不知哪位有才干的人，能使此法改变得宽缓一些。"苏威谨记父亲的这些言语，暗下决心要完成自己的政治抱负。

宇文护专权时，要重用他，但他凭敏锐的政治眼光预见到宇文护必遭横祸，唯恐祸及自身，逃入山中，以读书诵经自娱。

杨坚辅政时，就想召他辅佐。杨坚当了皇帝，在高颎的推荐下，苏威作为太子少保，兼纳言、民部尚书。

当苏威恐不胜任，上表辞职时，杨坚当着满朝文武大臣的面说："大船能荷载重物，骏马能驰骋万里，你有过人之才，不要以职多任重相推辞。"

今天，听到文帝问话，苏威感到诧异，因为，满朝文武都知道，现在正是伐陈的紧要关头，可以说伐陈是头等大事，更是秦皇汉武般的功业，支离破碎的河山就要在杨坚手中完成一统。此时怎么会问起抚民来呢？

高颍用眼色示意他只顾说下去。

苏威干咳了一声，沉默了一会儿终于微笑道："自皇上登基开创大隋以来，平定三方，以德施政，泽被苍生，业已建立了不世之业，立了不世之功。罢济阳宫，天下百姓无不感天降甘霖；均田制的落实，已彻底改变了豪族任意侵占民田，以瘠荒之地强换丰腴美田，民不聊生的惨景。如今，民心安定，河渠开凿与兴修水利，粮食连年丰产；全国各地的仓储，积累了大批布帛，皇上又轻徭薄赋，现在，可以说是繁荣盛世。"

按理有这一番话，杨坚紧锁的眉头应该舒展，阴郁的目光应该灿烂，但杨坚只是默默注视着侃侃而谈的苏威一言不发。

"皇上，"苏威有些沉不住气，"自古以来，大丈夫当断则断，不留后患，如今，统一是历史的必然，是人心所向，是众望所归。再者说，统一需要的条件都已具备，军队士气旺盛，物资绰绰丰余，朝中战将无一不是可以出死力尽忠卫国者。皇上早一点发兵江南，江南百姓就会早一日沐浴皇上恩泽。"说到激动处，声音沙哑而哽咽。

高颍坐在一旁，不住地点头，手里拿起一枚棋子欲放不能，有投击的姿势，就是没有下落的劫点。

"这不是典型的举棋不定吗？"李德林自三方平乱之后的不平心态又再度复萌，"高兄，你倒是下子呀？"

"急什么呢？此子一落，德林兄中间的大龙就要完了。"高颍轻声地说，"有三个点都是绝妙的好手。"

两人慢声低语的交谈，使杨坚和苏威同时凑过脑袋，观看棋局的变化。密室一时陷入死一般的沉寂。大家都在沉思。

李德林嘿嘿一乐，笑道："高兄，我实在看不出有什么奇妙的高手，除非在三路上先顶一个，而你这么一顶在围棋规则里实属无赖之举，不能这样下啊！"

高颍低头一看，哟咳，还真是这么回事，虽说有三处可以落子攻击，可除了硬着头皮无赖地下这么一招外，还真无法联络上下两片白棋。

眼看就可以吃掉的黑棋大龙不能就这样轻易放过，高颍想，要是能在什么地方找到可以利用的"劫"就好了。

想着想着，心头亮堂起来。

"德林兄，劫材很多，漏洞不少，我看你怎么补得上来。"啪地一下在右下角投了重重一下，高颍笑道："这个劫材不可不打吧？"

额角渗出了细密的汗珠，李德林抬眼望着高颍，心里一阵醋意翻腾，这书生

圣人可汗：隋文帝

果然厉害，欲吃掉我的大龙，可谓无所不用其极，这东一下，西一下，还真弄得我晕头转向，跟不上节奏，合不上韵拍。苦苦思考了一会儿，李德林投子认输。

两人对视一下，都乐了。

杨坚何等英明，他拉着苏威的手说："有你辅佐内政，朕无忧；有这高、李二忠臣，吾无外患矣。"

苏威道一声"惭愧"，便对高颎说道；"敢情适才我说了这么一大通，你们两位一个字也没听进去，你们两位今天这葫芦里卖的什么药，不妨倒出来，让皇上看看到底是什么颜色？"

"哪里，苏大夫，你过奖我这老朽了。"李德林微笑道，"适才你说的话才是真正的定心药丸，没有你的话，皇上心里肯定不踏实。"李德林拿起朱笔在地图上轻轻一划，那一道波浪形的红杠杠就如此刺目地凸显出来，那红杠以北，直至突厥西线，显得像八卦太极图一般稳定；红线以南，则是广袤的南陈，直到天涯海角。

李德林说道："如今，自从皇上采纳了长孙晟的'远交近攻，离强合弱'的方针，突厥首领沙钵略和千金公主都已向隋纳员称臣，各个部落也暂息烽烟，可以说西部边陲也是河清海晏了。"李德林指着红线以南，"皇上，这片土地看似强大，实则不堪一击。"

杨坚恼怒地嗔道："朕一向不把南陈放在眼里，只是看了你的平陈十策之后，才踌躇起来。在众多大臣中，已有不少人认为朕不敢伐陈，有畏惧之意。前几天刑部尚书皇甫绩到东平郡任郡守时，借外任辞行之机，向朕进言陈朝必亡的三点理由，'大吞小，一也；以有道伐无道，二也；南北合一，人心所向，三也。'朕看后，虽说增添了一些信心，认为伐陈必胜。但也有一些忧虑，你们知道，朕立隋以来，一直和南陈交好，虽是麻痹他们，但一旦真的讨伐起来，借口并不是没有，而是不踏实。就像你刚才和高颎的对弈一样，局势很明显，孰胜孰负不用计算，但高爱卿的那步夺命杀招就是不好下。"杨坚看看高颎，又说，"几年前，朕本可以趁夺取淮南之机，渡江讨陈，后来是本着'礼不伐丧'的大义，一直拖延至今。如何能找一个名正言顺的借口呢？这是朕今天召你们三位来的真正用意。"

高颎觉得杨坚的话在理，一边漫不经心地浏览着棋盘，一边说道："皇上说的对，大规模的进攻，今天看来，条件是成熟了，缺的就是所谓'师出有名'。开皇二年，本可以借陈将吴明彻北征彭城失利的绝好机会攻陈，偏偏天不绝南陈，陈宣帝病死，古训不可违背，只好'礼不伐丧'。今天，内战早已平息，国库充实，竟然找不出口实了，早知如此，还跟南陈做什么表面文章？"

杨坚一听只好把视线再次落在棋盘上，可他看到的不是黑白的棋子，而是一双怪异的似笑非笑的眼睛，这是一双让他喜欢、让他忌恨的眼睛。

"梁朝这颗棋子不早已摆好了吗？"李德林慢悠悠地吐出这一句话，随后又后悔不已。

杨坚脸色一沉，含着威严的声音说："朕酝酿这颗棋子已有七八个年头了。"

对于一个在政治、经济、军事上都占有绝对优势的政权来说，寻找一个名义出兵与寻找一个名义休兵一样容易。

"朕从不兴无义之师，不举无名之师，'名'和'义'是朕治理天下的法宝。内史令真能预卜朕的心思？"

高颎和苏威暗自偷乐，你这榆木脑瓜的蠢货，活该，就不知改改驴样的禀性，就不知改改爱显才的虚荣心。不能记住教训的人，再有通天的才能也难免会遭受冷落的。古人云：伴君如伴虎，这下好了，你的"平陈十策"的功劳可能就会抹杀了。

李德林和杨坚的意见相左还要追溯到平定尉迟迥，王谦、司马消难之后，周王朝更姓移鼎已成定局，当时，讨伐突厥的虞庆则上奏折给杨坚主张尽诛宇文氏皇族，高颎、苏威等人也以为如此可以根绝后患。

李德林却认为周室羽翼已剪，无须多杀招来不仁之名，为天下所笑，既夺人国家，又夺人性命，况且由长孙晟护送的千金公主已嫁势力强大的突厥首领沙钵略，并且沙钵略在虞庆则的打击下已愿意和隋通好，不犯边陲，一旦诛杀了千金公主的父亲宇文招，公主势必大兴复仇之师，那才是国无宁日，又必然耽搁伐陈大业。

但杨坚采纳了虞庆则的办法，将周室宇文氏男子斩尽杀绝，还不客气地当着高颎、苏威等人的面训斥过李德林。

称制后，赏功的事使杨坚颇费心思。丞相之职肯定不设了，权力太大，往往使皇权受到制约，并有被架空的危险。为此，设尚书、门下、内史三省，分担着丞相的职权，让三方互相牵制。若论开国创业之功，李德林应该功居高颎、虞庆则、皇甫绩等人之上，那刘昉、郑译更不在可比之列。

可是，就因为所有的计策是听从李德林的，杨坚如果封李德林高官显爵，不就等于明告众臣李德林有盖世奇才，那势必贬损了自己作为一代英帝的形象，况且李德林书生气味太浓，行事往往超脱君臣规范之外，就像今天，竟在密室强求高颎下围棋，那一旦权高望重，岂不成了社稷隐患。

所以经过多方权衡，决定授高颎为尚书左仆射兼纳言，作为文臣班首。而李德林仅为内史令，且近十年了未能升迁，功劳远远低于李德林的虞庆则却被授为内史监兼吏部尚书。

一句"内史令"让李德林心生寒意，他只能默不出声。侧目见杨坚面无表情地摆开自己的衮冕，心道，这是拿"仁"来堵我的嘴啊。

高颎恍然大悟似的说："皇上处心积虑，臣等哪能想到呢？确实这样一来，'仁名'具备了。"

"明日早朝，即颁讨陈圣旨。"杨坚道，"朕看，这诏书还是由公辅来写吧。"李德林低首答道："臣谨遵圣命。"

"时间如流水呀。"杨坚感叹道，摆摆手，三人退出西厢密室。

跨进大门，便是一片宽有二十丈方圆的石地，奇花罗列，亭廊星布，水榭花香，幽雅宁静。跨进第二道门，是一条宽有丈许的回廊，通入靠墙角的一间草屋，草屋的右首是与四廊相通的正厅，足有十丈方圆，珍画古玩陈列有序，雕栋画梁，一色的紫檀木器布置得很是奢华辉煌，可谓达到极点。

正厅鲜红的大门两旁，白石玉阶上，正急匆匆走来两位少女，粉颈红腮，手里捧着棋具，往茅草屋赶去。

薛道衡风尘仆仆往北行来，算起来已有十余天了。一路上马不离鞍，竟缩短了出使南陈时所需时间的四天之多，看看明日抵达帝京长安不在话下，便信马由缰、脚力放慢，好好熟悉一下眼前的古道山林来。

侍童小桂子的嘴角已冒出了许多水泡，没办法，那也得赶路。

"老爷，时已薄暮，人饥马渴，"小桂子指了指西天下坠的夕阳，眯着眼道，"反正明天准到长安，何必急于一时呢？"噪音沙哑，他看到已经慢行的薛道衡，才斗着胆子说出了早想说的话。

是啊，由于贪行，薛道衡一路上只走官道不入官府，错过了一个又一个可住的驿站。他出使前可以威风八面，但回来一定张扬不得，这是杨坚一再交代的。

"嗬，前面树林很好，不知可有大虫出没、长蛇盘驻？"薛道衡故意调侃道，"听说我的小桂子本领高强，箭无虚发，来演试一下如何？"

"老爷，小桂子有多大本领，您还能不知道，这还用试吗？我这就给您练一下身手。"说着脱开鞍镫，在马背上倒竖金钟罩，随手从马脖上取出雕翎箭，搭弓在手，嗖的一声，箭镞直飞林中，刚劲迅猛。主仆二人拍马追去，刚出树林，眼前便是前面所说的那一处豪华的住宅。

薛道衡心中称奇，才离开两个多月的时间，哪来的这片豪宅，不用说肯定是此地大豪强、大地主所盖。他翻鞍下马，走过去，便发现那两位飘过眼前的侍女……

薛道衡绕过迂回的亭廊，只见茅屋内燃着松明亮火，两个长者各坐木板凳，对案弈棋，均为道家装束，两个侍女，一个旁侍，一个添火，四个人都关注着局势的变化。

"劫！"一个须发尚青的长者叫了一声，声调显得有点激动。

"杀！"另一个须发斑斑的长者回敬道，他的声调显得温和平静。

"劫杀何来？"忽然从墙隅发生古老苍劲的声音，"既然不食人间烟火，劫杀从何而来？"

薛道衡顺着声音一看，远离棋枰丈把外的地方还有位面容清廓、气宇轩昂的年轻人席地而坐，一个家将装束模样的青年侍立旁边，宛如泥塑木雕，全然不动。这时须发斑白老翁缓缓站起来，朝棋盘轻轻嘘了一口气，棋盘上的黑白棋子便如雪花柳絮一般飞扬起来。"既然没有劫杀就没有劫杀，那便是一团漆黑，黑白不明了。"

薛道衡等人惊异万分。

那老翁又发语道："何来俗人气息？将门外的人引进来。"

错愕间，薛道衡已破门进入茅屋中央。

定神一看，不见了那位气派不凡的年轻人，只见两个对弈的道士，默然地注视着自己。薛道衡轻身而入，稍微踌躇间，便将自己急于回家复命，错过驿站，只得到此借宿的情形说了一遍，不一会儿侍女献上香茶。

薛道衡刚啜饮一口，又被白发老者一语震动。

"薛使者，何必如此急急地忘私而废公呢？"白发老者一指屋内空旷的回壁，朗声道："薛使者，此去江南，建康的名胜可曾赏玩？那可是千年古都，帝王气象啊。"

想不到一切都在老者的预料之中，薛道衡不禁肃然起敬，问道："先生贵姓？"

"贱姓杨。"

"这位高士？"薛道衡转向另一道士。

"野老贱姓章仇，"说者嘿嘿一乐，"野老曾经和薛使者有过一面之缘呢。"

薛道衡定睛一看，不觉大惊失色，那默然的微笑间，声音容貌似曾相识，天哪，这不是江边那位送他渡江又在风雨中渐渐消失了的渔父吗？当时觉得他是一位隐士，怎会在长安附近的豪宅遇见？猛然觉得今日情形如坠入五里烟雾，什么都看不清了。

那位杨道士打破了这短暂的沉默："薛使者，此次往赴南陈朝，可曾听说宫中大变，忠臣被诛杀，佞臣受宠？"

声音低沉，但非常有力，每一个词都像是铁匠锤下飞溅的铁屑，带着炫目的弧光，投进薛道衡的心坎，不管情愿与否，薛道衡都感受到这位说话人内心的愤愤不平。

"这位蓝衣道士，正是你在江边遇见的渔父，此人乃隐士，名太翼，他的弟弟如今已到极乐世界去了，究其原因还不是后主小儿昏愦无道，我日夜观看天象，镇星出于东南已不止一日两日，光道日强。光愈强，南陈气数越尽了。"姓杨的道士侃侃而谈。

"陈后主生活糜烂且不论，朝政紊乱，哪里还有什么君臣之分，皇上与奸佞同榻而卧，共拥侍女，敢谏的忠良尽被贬黜，小人当道，佞邪专朝，上下相蒙；危亡不恤，人心涣散，众叛亲离，如此荒淫王朝，不亡何待！"

一语石破天惊，像山洪暴发，汩汩滔滔奔腾而来。

不知不觉中，那先前消失的年轻后生已进了屋子。

章仇老一指那英武青年："此人姓周名法尚，是陈朝有名的骁将，当年曾跟萧摩诃南征北战，立下齐天大功，可惜啊，如此勇武之人，却为谗言所中伤，亡命北投，说起那谗言起因更是令人碎牙断齿。"

周法尚已是浑身燃遍复仇的火焰："希望薛内史能将我推荐给隋朝皇帝，必有上用。"

薛道衡望着眼前的章仇老者：须发虽白，但目光依然炯炯有神，他似乎感到有些难以理解。

这等出类拔萃的人物为何还要遁迹山林，隐于江湖？看来，人的出世与入世往往存于一念之间。姓杨的老者不是别人，正是隐居于华山的冯翊武乡人杨伯丑，曾常对人说，他是受羲皇所教，与大道玄同，熟知老子的《道德经》，言谈举止奉为圭臬，理穷众妙，能预测凶吉，以阴阳术数驰名，尤精卜卦。

晚饭后，薛道衡求他预卜前程。

杨伯丑含笑道："卜以决疑，使者勿疑，但求人随事迁，不可枉顾奔命。你以内史侍郎的身份出使南陈，已是圆满，何需卜卦？若真信老者之言，不妨替你叨唠几句，道衡，道衡，显之于仁，仁者造化之心，用者造化之功，仁本内者也。仁者、智者，即君子也，若以天人赋受之界而言，继者，善也；成者，性也，万不可被形气所拘、物欲所获，诚如春夏之生长万物，用奉在外者，春夏是显，秋冬是藏也。"

薛道衡沉默了。

这一夜，薛道衡主仆二人被安排在华丽厅堂就寝。但他哪里睡得着呢？胡乱地睡了一会儿，大清早便起身漱口。回至茅草房，只见松烛如炬，油脂污地。

两位老者依然在棋枰纵横，捉对厮杀，不知日上林梢，一阵雾气随风而入，烛火散乱。

"二老，"薛道衡道，"昨夜蒙二老款待，不想二老竟是一夜未眠，实在是让道衡惭愧。"

"你是朝中之人，公务缠身，哪似我等闲云野鹤，居无定所。内使这一回去，不妨将周法尚带回引荐给隋帝，平陈定有大用。"

这时，周法尚已备鞍挎马，等候在门外。

"那好，"薛道衡笑道，"不知二老可要在下引荐？如果不，在下还有一问，此地宅是何所居？哪来昨日的两位侍女？"

杨伯丑说道："说你是仁者，仁者显也，此是你的最大缺点，不该问的事万不可问，不该知的事，万不可知。不过既然薛内史打听到了，老朽不妨明说罢。"

一阵短暂的沉吟，杨伯丑慨叹："此地也是君王所居之所，当然是前君主了。"

薛道衡吃了一惊："莫非皇上已有了动作？"

"内史不必担心，想那隋帝办事何等精妙，三思而行，你想，就目前伐陈来看，已是万事俱备，只欠声名了。这里就是他手中的一颗棋子，萧岿的儿子萧琮，现在是柱国，封为莒国公，因不习帝京的风水，故特在此处养性，一心向道，静心修禅。"

"这么说，皇上已等不及我回家了。只是这借口，借口从何而来呢？"

"内史不必忧虑，只需回去复命。据老朽看来，圣诏当在最近几天就要颁发，但战事还需假以时日。"杨伯丑不紧不慢地说，"一代圣主，做事的精细自是密不透风。"

几缕刺目的阳光从松林的隙缝间洒漏下来，草地上的厚厚松针错落有致地排列着，杂以几颗蓬松的松球。

林间的寂静让人感到寒意。薛道衡一行在林间穿行了几百步的光景，马蹄声声踏碎了晨露，踏碎了这片寂静，他回马观望昨晚留宿的豪宅，但见，松作龙奔，欲腾万里之云；石为虎蹲，试瞰千寻之涧。岩泉溅珠，正好濯缨洗足；清溪泻玉，可以洗去千山污垢。果然是个高士名人居留的好地方。

杨坚真有些火了，龙颜震怒起来，那满庭的奇花异草也禁不住地俯下身子，更何况满朝的文武。

班首高颎苦笑着脸，似乎也是不知所措，实际上是胸有成竹。他知道，杨坚光火的原因是，到现在为止，还有人对讨陈大计畏首畏尾。今日早朝，太常侍卿牛弘出班言道，皇上交给修订音律，特别是要给伐陈将士送行的声律还没有定下来，伐陈是大事，大事就要完美无缺，有一点缺憾都会有损国威，等等。

杨坚说道："众爱卿，平陈是朕的多年心愿，为了平陈，朕日夜操劳，多方调度，所有事情大多在机密的状态下进行。去年初，朕想颁诏，公示天下，使天下百姓知道朕的伐陈决心，有的人以北兵不习水战为由，劝朕少安毋躁。又有的人以粮草、兵力不齐为由劝朕斟酌。如今，所有的问题都已经解决了。"

杨坚随手拿起几个奏折："今天，各方奏报已经表明，所有准备已经结束了。"

"报！"殿前卫侍李圆通满脸赤红，"报，出使南陈的内史侍郎薛道衡回朝复命。"

杨坚龙颜大悦，他知道，薛道衡此去不仅能印证一下满朝文武的猜测，更能联络业已降隋的官员，有许多机密，就是连高颎、李德林、苏威这样的高官也不知晓。"传，快传薛爱卿进殿！"杨坚急道。

弹丸之地南梁，成了文帝伐陈的绝好借口。

早在南朝梁武帝末年，国内发生了"侯景之乱"，梁武帝太清二年（548年）十月二十四日，侯景打到首都建康城下，不消两日，京城内讧四起。梁武帝第七子湘东王萧绎就开始与众兄弟子侄展开争夺皇位的倾轧。他首先勾结西魏将萧纶杀死，然后又派兵将在巫峡称帝的弟弟萧纪杀死。

萧绎在平定侯景之乱后在江陵（今湖北江陵）即帝位，这就是梁元帝。血腥的亲情仇杀换来了一个充满血腥味的皇帝宝座，坐上去又感到是那么脆弱，各地反抗的叛乱不时传出。宗室内，萧绎的两个侄子萧誉、萧詧兄弟首先在襄阳哗变，借助西魏的强大势力和萧绎抗衡。襄阳在江陵正北四百里，是江陵北面的门户。

襄阳一失，萧绎所在的江陵便自然地失去了北面的屏障，直接暴露在西魏的军事威胁之下。

萧绎派柳仲礼率军进攻襄阳，萧詧急忙向西魏求救。西魏派杨坚父亲杨忠率兵急进，前往救援。第二年，能征惯战的杨忠便生擒柳仲礼，平定汉东，使萧詧转危为安。当时，西魏打算让萧詧继萧梁帝位，萧詧推说没有玉玺命，于是西魏便让萧詧担任梁王。

又过几年，到西魏恭帝元年（554年）九月，宇文泰命令柱国大将军于谨率军讨伐江陵，命萧詧率兵配合，先占据江津，堵住江南援军的必由之路，然后集中全力攻城。仅十日，江陵便破，萧绎被杀，几十万江陵人口被掠入关中开垦荒田。宇文泰又将襄阳从萧詧手中据为自己的封地，使萧詧进住江陵，立其为梁主，年号大定，这就是南梁。

南梁一开始就是西魏的附庸，南梁的皇帝从一开始就是西魏人手中的傀儡。萧詧虽有皇帝之名，但实际上给西魏上疏要称臣，并奉西魏为正统。

萧詧开始任命官员都要向西魏请示，说："封爵任命之事，颇费思量，不知从依何制。"

西魏宇文泰感到实在过意不去，便回命说："任命之事，当依旧制。"还说，"你也是一国之君，有权定制，不要把两国关系，理解为父子关系。"

这样，萧詧在册封荣章等级之时，才敢兼用柱国等梁朝旧制的名称。但宇文泰却在江陵设置了江陵防主，直接听命西魏，美其名曰助防，实际上就是监控，这一点，萧詧心里怎么能不明白呢？

当傀儡皇帝的滋味自然不好受，关键是无法面对自己的臣子。当江陵初平之时，萧詧的大将君德毅就对他说："如今西魏人贪婪凶狠，他们平定萧绎不是出于为民伐罪，所以一定会野心暴露，必定要大肆其残忍之情，杀戮诸军，俘囚士庶，以为军功。这些被杀被俘之人的亲属家眷，全在江东，对他们掠至异地的父母兄弟姐妹必然痛心疾首，刻骨不忘。殿下本心是要扫清宇宙，延续萧梁，然而面对悠悠众人，不可能挨门挨户去解释。而这些人遭受生灵涂炭，都会说是殿下造成的。殿下既杀人父兄、孤人子弟，人尽仇也。谁与您为国呢？"

可见在江陵人民眼中，萧詧是给他们带去巨大灾难的祸首。萧詧当了南梁皇帝，见襄阳已失，疆土狭小，时常怏怏不乐。北周武帝保定二年（562年）二月，当了八年傀儡皇帝的萧詧在忧愤中死去。

周武帝命太子萧岿即位，第二年改年号为天保，为南梁明帝。

这段历史，对于北周辅政、取周建隋的杨坚来说，那是再清楚不过了。

杨坚对萧岿厚爱有加，多次在朝中称赞萧岿机敏有辩才，文采出众、善于抚御，能得其下之欢心，等等。实际上，从内心里来讲，杨坚从未把萧岿视为一国之君，这一点和在西魏、北周时并无二致，那就是仍视萧岿为傀儡。

杨坚辅政之初，南梁与北周的附庸关系在继续着。不久，尉迟迥、王谦、司马消难各自起兵反对杨坚。

当时南梁中有一些大臣请求出兵与尉迟迥等人联合，以示对周朝的忠心。但萧岿的丞相柳庄劝道："陛下，这不像那好战的人说的那样，联合三方以示忠于北周，更不是千载难逢的机遇。您别忘了，我们弱小的南梁，要想求得生存，必须和北周搞好关系，而北周辅政杨坚权倾朝野，取而代之，建立新朝有何不可呢？建立了新朝后，如要翻出这一笔账来，南梁必不可保，何况南陈宣帝一直对我南梁虎视眈眈，那才是我们的心腹之患。若要和杨坚对抗，只能加速南梁覆亡，上上之策是出兵帮助杨坚巩固政权，中策是始终都不要出兵，但务必给杨坚通信，言明未能出兵的原因，实在是因为南陈亡我之心不死，不能分身。"

萧岿依从其计，这才在隋朝建立时取得了主动权。尤令他感到欣慰的是，杨坚在为晋王杨广招妃时，竟选中了自己的女儿，两家结为亲家，这是何等的幸事？

萧岿并不知道杨坚要在荆州地区为杨广选妃的深刻用意。请卜者遍观许多美貌的女子，皆言不吉，后见到萧岿女，卜者竟称大吉，杨坚对此坚信不疑，既满足了自己深层愿望，又符合术数之言，于是便册封萧氏为王妃。

独孤皇后对杨坚说："我们已和萧岿结为亲家，以后再不要对萧岿提防猜忌了！"

杨坚便很快撤掉了江陵总管这一重要的军事机构。通过此举，杨坚便在南梁的百姓中取得了民心。

实质上，南梁主仍然不过是由他摆布的棋子。但面子上，南梁的地位提高了。

萧岿入隋拜贺杨坚登基，杨坚赐其五百两黄金，两千两银子，一万匹布帛，一千匹战马，并下诏准许萧岿位在王公之上，就是意味着萧岿仍可以当他的明帝。

在隋朝，萧岿待了一个多月的时间。这期间，萧岿衣服穿得光亮艳丽，进退皆八马宝裘，一副天子尊相，连隋朝的百官对他的华表仪姿也倾慕不已。回归江陵之时，杨坚亲自为他饯行，一再叮嘱说：你此去要专制其国，说不定，我大隋哪天天灾来了，还真要向你讨点粮食以度饥年呢。弄得萧岿感激涕零。

果然在第二年，萧岿再次朝拜时，带来了粮食五万担，由车马拉着浩浩荡荡，绵延数里，很是壮观。

杨坚自然大喜过望，在送他回去时，拉着萧岿的手说："梁主久居在荆楚地区，一直不能还都建康，肯定是要思念故乡。你放心，朕必当发兵江南，灭掉陈朝，送你返回故乡。"

早年萧岿依附北周时，何曾受到如此礼遇，如今杨坚对他宠爱有加，他又如何不感激呢？

可惜，萧岿命短，开皇五年（585年）五月，他写给杨坚一封长信，说：自从南梁依附大隋以来，宠冠外藩，恩重如山，连我的女儿都蒙您的厚爱入了隋宗室，每每看到您文治武功之时，都想亲自披上甲胄，身先士卒，扫荡叛匪，用以报答皇上的知遇之恩。可是，我命运多舛，遭此重疾，死只是一两天的事了。长违圣世，想起来呜咽不止。更是因为遗嗣尚幼，叔父权重，其动向堪忧，唯恐有变，只怨我未能及时摆定，特地向您说明，望皇上特别降恩，教诲萧琮。他一向缺乏主见，容易受周围影响，但起哗变，又累及南梁的稳固。希望您与山岳同固，皇基与日俱永，那将是黎民百姓的盛事。我虽已九泉，也感到无憾矣。

这就等于一篇托孤遗言。杨坚为此特意命使者宣诏，命萧琮即位，年号广运。

鉴于形势发展，杨坚特地下了一道玺书给萧琮，以长辈口吻开导："负荷堂构，其事甚重，虽穷忧劳，常须自力。辑谐内外，亲任才良，聿遵世业，是所望也。"

然后内容一转，告诫道：你那里的疆土，和陈朝只有数尺距离，每当水波起纹，都应注意警备。陈朝一直对南梁有狼子野心，虽说一时无事，但彼此的疆界从未清楚地划分过，只是陈朝受朕的大军威慑，一直未敢轻举妄动，稍有不慎，即可陷入人家的股掌之中，因此务必不能轻视陈人而不设防以备。

最后说：朕与梁国积世相知，重以亲姻，情义弥厚。江陵之地，朝寄非轻，为国为民，深宜抑割，恒加饘粥，以礼自存。

如同萧岿一样，杨坚也担心萧琮年少，特别容易受叔辈们的影响。要知道，南梁的朝中有不少人对南梁依附大隋都心存不满。他们从骨子里认为北方人多源自塞上狄戎之族，没有受到过教化，只知征杀。

因此，重新设置江陵总管一职，刻不容缓。

退朝后，杨坚兴致很高。一切都在预料之中，特别听了薛道衡叙述陈朝后主如何荒淫无道，文臣武将忠奸不分，不由得在华辇之内哼起自己年轻时作的曲子，《天高》与《地厚》。那是杨坚亲自谱的曲，主要表现夫妻之义。他拥着独孤皇后，亲昵道："这可是为你而作，皇后，还记得朕在遭受猜忌时，时常怀抱琵琶奏一曲'天高'，音乐未了，你已是泪流满面，此情此景想是别有一番滋味在心头了。"

"皇上，为妻已看到圣旨，为何还不颁发？"独孤皇后道，"伐陈的元帅可定下来了吗？"

"这——"杨坚思忖再三，"皇后，朕一直对此事犯难，有心想让太子领兵，又恐其文气太多，更恐其身体不适江南水雾。行军大将军已备有名单，有杨素、贺若弼、王世积，要不再把守凉州的史万岁调回也行，就是行军总帅，一时颇为犯难。"

"太子可以不去了，可配合民部尚书苏威征集征战所需的粮草。"独孤皇后说。

"朕想也只能这么办，那只能让晋王广、秦王俊和清河公杨素分别节制。"杨坚说，"晋王广颇让人觉得放心，有文治武功，关键是他们夫妻一向爱慕，深合朕的心意，而那萧氏又是南梁人，想必能深得民心，或许有不少南梁军士愿意充作先锋。谁不想重回江南的家乡呢？"

独孤皇后不停地点头称许。

外面的朔风似乎紧了些，嗖嗖地带着寒意，独孤皇后往杨坚身上靠了靠，感慨道："几十年了，如今孩子们都能跃马疆场了，何等欣慰啊。"

"那是，那是。"杨坚随声附和。杨坚无论怎样也摆脱不了独孤皇后的影响，他欲加把皇后搂得更紧了。

"皇后，告诉你两个好消息。让晋王广统率中路渡江大军，已有九分把握。你不知薛道衡今天回来，带回两个重要消息。一是带回陈朝骁将周法尚，这位周法尚是个忠勇之人，按理不该投朕的大隋，朕也一向鄙视这类君不君、臣不臣的人，但此人绝非是这样，他原是萧摩诃手下的战将，不知怎的，一时传言他和萧摩诃的爱妾有染，被萧摩诃所猜忌，周法尚禀明自己是清白的，也为萧摩诃所认可，但朝中仍不时有讥笑、鞭笞之事发生，令他羞愤难当。朕已任命他为黄州刺史（今湖北新州县），密令他经略江南、伺候动静，直接听命于秦王。"杨坚说得兴奋，滔滔不绝。

"二呢？"独孤皇后追问。

"二是薛道衡此去江南联络了裴蕴。"杨坚更是得意，"此事，满朝文武均不知晓，只有薛道衡知道。"

　　裴蕴祖上数代都在南朝为官，父亲裴忌为陈朝开国元勋，官至都官尚书，后随吴明彻北伐，兵败被俘，被虏往长安。

　　文帝因其忠勇而礼待裴忌，渐渐地他看到陈朝气数已尽，遂感念文帝不杀之恩，特别是意识到相貌英武的文帝定能统一中国，便自告奋勇地向文帝进言，要通过往来使者，做其子裴蕴的工作。

　　当时裴蕴因为是功臣子弟的身份而受到陈朝宣帝的信任，任禁军直合将军，镇守兴宁陵（今江苏镇江），而兴宁陵恰是护卫建康的东北门户，其守将的向背自然关系到建康的安危，具有重要的军事价值。

　　薛道衡出使时，经江浦口渡江时，是与裴蕴相联系，侍童、神箭手小桂子出色地完成了任务。

　　此次去是带着杨坚的画像，回来时，是带着裴蕴的书信。这些策反工作取得的重大成就能不让文帝心花怒放吗？

　　朝中，杨坚对薛道衡举荐杨伯丑、带回周法尚一事大加赞赏："着薛道衡内史侍郎兼吏部侍郎。"但仍然没有言及裴蕴一事。

　　"妙啊，"独孤皇后说道，"皇上，您的胸中韬略比天空还高远，比海洋还宽阔。"

　　受到爱妻的表扬，杨坚沾沾自喜。

　　"皇后，您看今日是否可以颁诏天下，举兵伐陈了？"杨坚以征询的口吻说道，"梁朝业已不存了。朕想……"

　　正说间，李圆通急步赶到车辇前："报——"

　　杨坚探出头来："圆通，有何急事？"

　　"报，江陵总管崔弘度以六百里军情文书急送宫外。"说着，递上崔弘度的奏折。

　　杨坚眉头一挑，仿佛知道内容似的，信心十足地说："果然上钩了，朕的心头大石终于落下了。快，速传高仆射、薛内史到西厢密室。"

　　萧琮上台后，大概是为了表示对隋朝的忠诚，轻率地采取了军事行动，派遣大将军戚昕统率大军攻打陈朝的公安县城（今湖北公安县西北），不想戚昕骄纵轻敌，贸然进击，损兵折将。萧琮很是恼火，廷杖戚昕，打得戚昕遍体鳞伤。戚昕遭此羞辱，心中愤懑不平，遂与前来家中探视的大将军许世武秘密相约，要以江陵城防来换取陈的信任，就此撵走萧琮，并和陈的荆州刺史陈慧纪商定夜半三更举火为号。

　　大将军许世武是南梁朝内有名的亲陈实力派代表人物，但做事鲁莽，酒后失言。萧琮了解了一切，其阴谋败露，于是诛杀了许世武。

而许、戚二人皆是由萧琮自己任命，杨坚事后才知晓，若要由大隋来追究，这一阴谋到底要牵涉多广，实在无法追究。

在这种不稳定的形势下，文帝听从李德林的建议，在平陈十策中，有一条便是废止萧琮王朝，纳南梁为大隋的实际领地，以备作战物资。

这个机会，文帝怎会放过。于是首先征召萧琮的叔父萧岑入朝，拜为大将军，封怀义公留在京城，不令归国。

同时，复置江陵总管，以隋朝将军中最为严酷的崔弘度担任，加强对南梁的监视，控制局面。

崔弘度的严酷可以说是一战使之成名。当年平叛之战时，紧紧追着尉迟迥的人就是崔弘度，他在尉迟迥张开弓、搭上箭的紧要关头，不闪不避，反而摘下头盔，冲着尉迟迥说，认得我吗？

那尉迟迥如何不认得？崔弘度正是他小儿的岳父，两家原是姻亲，崔弘度不动声色，一指城四周密如蚂蚁的大军，只是冷笑道："今日各图国事，不得徇私，但有一点你放心，我还是会顾念亲情的，我会约束手下不许侵害你的家属亲眷，大势如此，你不要让他人动手。"一席话说得尉迟迥须发散张，双目圆睁，咒骂过后，竟拔刀自裁。崔弘度丝毫不为之所动，即令军士割下头颅邀功请赏去了。

当崔弘度到了江陵时，诏令颁下，所有与陈有染的人，俱要到总管府衙自首，否则一个个去查，查到者就地法办。而对南梁主萧琮，却依杨坚之意，让他召集文武大臣，悉数入朝帝京长安，不得有误。

萧琮毫无办法，自知南梁已完了，迫不得已带着众臣一路颠簸。沿途百姓顿足捶胸，号哭不已，有不少老百姓牵衣挽扶，伫立萧瑟的秋风中，默默无言，甚是悲泣。南梁完了，萧琮此去将再也回不来了。

就在崔弘度挥军江陵时，事情发生了巨变。实际上，崔弘度本可以在到了江陵后再照旨行事，不知为什么，却让诏书先行，而自己率领大军慢吞吞地一路赶来。其间多次驻兵观望，对外说是保护萧琮等君臣。

当军至荆门市西北时，离江陵只有七十公里，在此盘桓数日，吃住皆由当地人供应，一时鸡飞狗叫，掠夺民财，臭名自然就传出去。

一时间，整个江陵地区人心浮动。特别是有了一个传闻，就像西魏时期一样，要将江陵百姓送入秦川，并入汉中。

原先不稳定的因素再度动荡起来。萧琮的叔父萧岩、弟弟萧瓛见此情形，在民声的呼告下，带了一部分居民叛变入陈，人数近十万之众。

西厢密室，杨坚指着崔弘度的奏折说："你们看见了，梁陈一家的思想是多么根深蒂固地扎根在老百姓的头脑中，崔弘度有什么错？江陵总管不就是要求当地百姓做些贡献吗？不就吃了点粮食吗？那也是为了保护百姓的安全，要不然陈朝能让他们安心事农？"

"报，莒国公萧琮拜见！"

"好！让他来吧。"

杨坚指着刚一进屋就跪在地上的萧琮说道："你可知道，你的臣民有十多万人叛逃到南陈去了。朕大隋江山诚如你父亲所言永固千年，朕的子民不管到了什么地方都还是朕的子民。"杨坚说，"你在江陵时，就缺少对臣民礼仪教化之功，朕让你来帝京长安安享，你有什么感慨？"

萧琮跪在地上头也不抬，脸色惨白，伏地泣诉："皇上恩德，为臣没齿不忘，叔叔萧岩今日的做法实在有违圣恩，竟然认贼为父，臣说起感到齿冷，羞愧万分，都是陈荆州刺史陈慧纪离间之计，臣可以修书一封劝其叔侄二人改邪归正，臣服大隋。"

杨坚一摆手："不必了，幸好你身在大隋，无性命之虞，也算朕对得起你九泉之下的父亲了。"

转头对高颎说道："独孤卿，梁虽不在，但那梁朝子民岂不存？朕身为百姓父母，岂可弃一衣带水之民而不拯？"

高颎点头道："皇上，臣想崔弘度做得有些过分，不该进军时骚扰百姓。"

"哎，独孤卿，你总该替崔弘度想想，那十万大军走得又急，朕唯恐梁朝有变，故让他轻装行进，粮草肯定接济不上，但朕自有想法，一旦接收江陵，便三年减免赋税，朕的恩惠未及施行，哗变已成。朕想，都是南陈蓄谋已久，加上萧岩、萧瓛叔侄久存叛心。"

薛道衡说："皇上，梁业已被废，还是想些办法，前去安抚百姓，使之安定，不再生事为上策。"

"朕想让独孤卿烦劳一趟，速去江陵绥集遗民。"杨坚道，"萧琮也可修书一封，一并带上。对百姓说明原委，晓以利害。切不可再上了南朝的当了。"

萧琮喏喏称是。

高颎心道，那崔弘度是有名的酷吏，我去也未见得就能说服崔弘度。脑筋一动，掐手计算，崔弘度行军速度按理应当很快，不知为何到了荆门就慢了。

二十多天的时间，那萧岩叔侄何其从容不迫地携十万军民缓缓入陈，崔弘度是吃干饭的、是草包？宝贵的二十多天，就在无所事事中流逝，眼睁睁地看敌人逃跑。

想到这，高颎对文帝道："皇上怎样看待萧岩叔侄叛逃时，崔弘度仅是紧急奏折一封？"

　　杨坚白了高颎一眼，心想，你这个迂腐的左仆射，你不知道的事多着呢。

　　"朕自有旨意给崔弘度，你看，江陵总管就不用再设了，那小小地方岂可能设这样大的职务，但朕想，江陵确系重要的战略地位，委崔弘度以平陈行军总管之职，如何？"

　　高颎更加迷惑。薛道衡说："皇上安排得很是周密，只是不知伐陈诏书何时颁布？"

　　噢，一切的一切都是为伐陈而备，这个薛道衡懂得不比我少。高颎笑道："薛内史，你还提伐陈，别忘了你可是才从建康回来的，脂粉气还未脱尽呢。"

　　薛道衡脸一红："高班首，你可别取笑我了，除了在递交皇上的书信时还感到他们有一点国家的样子，其他皆淫靡不堪入目。我要会演戏，你就能知道那陈后主见皇上画像时的窘相，吓得面如死灰，好久才缓过神来。"

　　文帝也笑着说："怕是真龙、假龙会面，假龙露了原形，这个陈后主日后说不定还能谋个一官半职的，如果他不在这一场战争中杀身成仁的话。"

　　"绝对不可能！"薛道衡说道，"他可是贪生怕死之辈，皇上不明晓他为何眷恋深宫，就是因为，他感到只有和女人在一起才会安全。"

　　"哈哈哈！"君臣一阵大笑。笑声洪亮，底气十足，直破檀木扇窗，飞到宫殿上空。那是舒心的笑，是修炼数年、终成正果式的大笑，是云卷云舒，弹指间乾坤玩于股掌间的自信自强。有了这样的笑声，什么烦恼忧愁俱化做过眼云烟，飘散在无尽的天空、飘散在广袤的大地，或化为甘霖，或化为雨露……

　　多年夙愿，一朝喷发，如同水银泻地，不可再收。开皇八年（588年）三月九日，杨坚终于做出历史性的决断：下诏伐陈。

　　日前，太史王韶密报："镇星入东井"。意即对东南陈地用兵的良辰佳日即在今朝。

　　文帝一夜未合眼，掩上前线送来的急报：陈将周罗睺就从峡口（今湖北宜昌长江西陵峡口）屯兵地进攻大隋硖州（今湖北宜昌西北）。

　　这一件事不啻是火上浇油。不仅为再次向隋朝提供出兵的理由，更严重的是终于促成文帝痛下决心。

　　是夜，文帝走出烛火灼人的殿堂，透过沉沉夜幕，向南遥望，帝京长安一片阒寂，只有星星在瓦蓝色的夜空或明或暗地闪烁。

　　还有很多事文帝放不下心，他踱步来到皇后寝宫，与独孤皇后商议。

　　"万事俱备，只欠东风了。"文帝感叹道。

　　"什么？"独孤皇后轻声地问。

　　"千军也有了，一将难求啊？"杨坚自言自语，"征南讨陈的胜券已经在握，只是这帅位迟迟难以定下来。朕很想让太子去统领三军，又担心他对军事谋略稍欠火候，如果让异姓做三军统帅，又怕人言朕在如此大事面前退缩，最后论功行赏时不好办。"

"噢，"独孤皇后应道，"上次不是让二子晋王去吗？"

"是啊，可长江从西到东那么长，那么阔，仅从一面出击显然是不行的，朕要来个全面开花，事半功倍，中游、上游都应各设行军统帅之位！"

独孤皇后微微点头："皇上在长江上摆下的是一字长蛇阵。南陈是顾头顾不了尾。"

"是的，这是李德林的平陈十策中最重要的一条。万里长江摆开战场，处处是决战，处处是渡江的区域，这样成功的把握、机会最大。"杨坚充满信心地说。

"要不就让三子秦王或四子杨秀去，不行，杨秀还未及弱冠，秦王俊仁恕友爱，颇得我们欢心，这个孩子心特善，见不得血，皇上可记得六岁那年听了我给他讲关于你出身的故事时，他还吵着要出家为僧呢！这么大的事情就该让他出去锻炼锻炼，虽说在河南道行台尚书令时候有些政绩，但也多为谋臣僚属辅佐，依为妾看，倒不如让他主持中游？"独孤皇后一番分析使杨坚喜笑颜开，心想，知子莫如母。秦王的优点很多，唯独缺少干事的魄力和果断，此次就让他出任山南道行军总管，让他去完成分割长江上、下游陈军相互联络的作战任务，使陈军首尾不能相顾。再说还有江陵总管崔弘度做他的下手，那崔弘度可是个杀人不眨眼的主。郎舅相配，也是一个完美的组合。

秦王杨俊娶的妃子是酷吏崔弘度的妹妹。那崔弘度在长安时就以严酷著名，担任长安城巡城总监时，逮着犯人轻则烧烫烙贴，重则剥皮抽筋，眉毛都不皱一下，任凭犯人凄厉的喊叫，照样把酒小酌，谈笑风生，时称："宁饮三升酢，不见崔弘度。"此次带十万官兵浩浩荡荡进军江陵，表面上是协防南梁，实则驱使百姓投奔南陈。果然，萧琮的叔父萧岩、弟弟萧瓛带着部分属下叛入陈朝。

"皇后真是明见，"杨坚赞赏道，"时局的发展正在朕的预料之中，不成想，将帅的配置，夫人已是胸有成竹。皇后真是朕的诸葛先生，对一切事情都能神机妙算，了然于胸。"

杨坚微笑着，紧攥着皇后纤纤素手滑过他棱角分明的脸庞："从前，你和我度过了难忘时刻，度过一波又一波惊涛骇浪，等朕完成统一大业后，朕定会修一座豪华的宫殿，我们俩长相厮守，享足人间富贵，你想干什么就干什么。"

"皇上，为妾能享什么福，只愿有一条，如今后宫妃嫔不多，倘若那江南美女征召入宫，妾只求皇上不得与其他妃嫔有子，信守我们的誓言也就够了。当然，倘若是女也就罢了。妾还想再为皇上育下龙种呢。"

说这话时，皇后似乎有些气虚，红晕爬上脸颊，唇畔勾起无数笑意，如同投石于池塘之中，涟漪阵阵，微微小喘了一口气，亲密地凝视着杨坚。

195

"皇后，你现在已是六宫主宰了，还这么小心眼，朕绝不会违背当初誓言。"杨坚明亮如星的眼眸从皇后精致的五官往下巡视向颈肩柔美的线条，感觉体内熟悉的骚动和自己剧烈的喘息，只觉得周遭的空气变得烦热，连呼吸都困难了。

这一夜，龙马精神腾跃着，编织出一幅灿烂如画的美梦。

正中午时，一队队宫中护卫急匆匆地穿行在长安的大街小巷，驿站的无数快马奋蹄腾空，伴着阵阵嘶鸣，呼啸着蹄出帝京长安。那黄色的坎肩罩身显出身份的不同寻常，不用说，那紧背在身后的背包里有着加上玉玺的圣旨。

果然，迟迟不肯出门的京城百姓在一夜暴雨过后，一开门，发现没有预想到的水洼处处、泥浆四溅的场景，都新奇地踏着潮润的地砖一齐涌上街市，兴德坊、中宗坊、东西市呼啦啦冒出的人头像是从地下钻出来的。

总之，市民感到外面的世界变了，挨近午时的场景使人们更觉有要事发生：衢口城门贴满了讨陈檄文，黄巾底色的丝布上全是密密麻麻烫金的小楷字，锋芒毕露又清楚工整。人们争相品味，品着品着，心头的阴霾一扫而空，是啊，如此无道荒淫的陈后主，如此虚弱腐朽的南朝，岂能不伐？

有道伐无道，人们点头，默许，称颂，群情激昂。当初大军北扫突厥时，人们的表情可不是这样，有忧虑不安，有心存疑虑，而今天伐陈统一中国，了结几代人、几十代人的夙愿，人们怎么会不赞同呢？

坐在软轿中的李德林想，人心向背是一面镜子，能照出民意的真情实感。看来，民心是齐的。

晃悠悠的软轿把学富五车的李德林带回南北分裂的纷繁复杂的历史追叙之中。

历代统一的王朝，不论南北哪方，谁不想统一四海呢？

下了软轿，突然想起什么似的，"是啊，虢州崔仲方不是说有奏章要呈上吗？怎么没听皇上论及此事呢？"想到这，李德林忙让仆从赶紧起轿回到皇宫。这个崔仲方的妙计按时间来说应该就在这几日吧，这个老匹夫，我只不过嘱其公子带回去我的平陈十策供他参考，如今讨陈诏书都下了，如果还没有成形的方案，皇上不责怪，我自己也感到脸上无光。你崔仲方身为虢州刺史，打过数十次大小战，应该胸有韬略。

软轿一路快行，至宫门停下。

"李大人，您老还回来干什么？"李圆通上前问礼，并不客气的口吻让李德林有些不舒服，也不搭腔，径直往里走。

李圆通紧跟几步："哎，李大人，皇上正在用膳呢。"

李德林一听，掉过头直往御膳房跑去，颤巍巍的双脚有些发飘。到了御膳房，忽见几个宫中厨师在门口闲聊，猛地一拍头脑，我真糊涂了，趔转身复向西厢密室走去。

听了李德林的叙述，杨坚笑得泪都要下来了："朕深知公辅的心，朕也一样，你帮朕翻翻那叠奏折，整理一下。"转身朝门口喊道，"再备些酒菜来！"

"公辅，你的身体不好，多是积劳所致，"杨坚关切地说，"身体要紧，现在没有什么大事了，只待择期而攻。"

"不，不，圣上，"李德林正色道，"圣上日夜企盼的大事还没有定型呢。今日诏书一公布，南陈势必有所防范，万不可择日而攻，再说圣上可有方案以备用？"

"模型初具。"杨坚面露笑意，"公辅来之前，独孤卿也说了同样的意思，朕已让他去江边节制水陆各军了，待兵马调集后，再做打算。之所以先颁讨诏，还不是出师有名，朕看，对陈主用不着斗心计了，朕若不灭陈，陈说不定待羽翼丰满后还要讨朕的大隋呢。"

李德林头也不抬，哗哗翻一阵奏折后，颓然地说："虢州崔仲方应该有详细计划。为臣曾在聚英酒楼偶遇其公子，当时是为臣阻止他过早献策，免得传散开去。"

"那有什么？兵不厌诈吗！"杨坚反驳道，"迟早的事，最好是'早'了。朕对陈主不用计谋，那个小淫棍能有多大出息。听说下狱的耿直大臣已被赐死，这是多么败坏家业。"

"皇上夙夜所想，为臣的还能不看在眼里，急在心里。"李德林摊开一封封奏折，"皇上，这些计谋都出自大臣之手，足见人心所向，以高颎为长史的参军议事，节制调度足以协调三军，不妨先制订一个完整的方案，皇上以为如何？"顿了顿，杨坚见李德林眉峰一挑，就听李德林嘿嘿一乐，"这个老匹夫，终于来了！"

杨坚从李德林手中接过一封奏折，打开一看，也不由乐了。

仔细阅读后，不由心中暗暗叫绝，正合朕的心意。

一个比较完整而成熟的渡江作战方案渐渐在杨坚的头脑中形成。

秦淮桥畔，香风熏人，游人如织。皇宫内传出来的撞钟声，声声急促，震得行人不知宫中发生了什么大事，都在信步漫游之时伫立回望那巍峨的昭阳殿。一轮鲜艳的红日正挂在半空，华光四射，为古都建康涂下一道重重的金黄。

钟声越来越骤，雨点似的，行人的脚步不由自主地合着钟声的节奏加快了步伐。心中的疑团也如同西天的大块云朵，渐升渐高的过程中，色泽也逐步由纯白到灰白，继而变为一大块缓缓爬升的黑云，这是雨天的征兆。

人们脚步加快，从巷道口吹来的冷风已让不少人打了响亮喷嚏，纷飞的涕泪似乎是雨的序幕。

如果说行人只是短暂的疑虑的话，那是可以理解的，一介平民想那么过深过细又有何用呢？谁不知在当今的陈国，有五个膀大腰圆、能干活、出苦力的儿子都不会比一个纤弱的、风摆杨柳似的宫女强到哪里去。

今天的建康城里，有一个貌若天仙的姑娘，那真是三代吃素持斋、守佛诚心修来的善果，姑且不说被后宫的密探——穿着深灰色长袍，束扎着红色、黄色腰带的宦官们发现后，送往宫中取乐，单单是在琴师班学一两门技艺，往停在秦淮河畔的长长的游船一放，那也是日进斗银了，谁家王公子孙不以与妓唱和为人生最高乐趣呢？

杏花酒楼的窗棂空格中，映出一副娇美的愁容，她就是绿珠公主。她杏眼微茫，欲睁似闭，手扶雕栏，叹声不断。她遥望皇宫，聆听那晨钟，心中因愤恨而难以自抑，无法排遣时，杏花酒楼成了她聊以自慰的好去处。转头望见那张紫檀花木的八仙桌，薛道衡儒雅的身影挥之不去，仿佛就在昨日。

虽说是匆匆一面之缘，那定格在心中的身影比那晨钟更敲击着她脆弱的心扉。时常一站半日，茫然无所他顾。

"公主，看看天将下雨，我们还是回宫吧。"杏儿焦虑地催促道。

"公主，宫中从早上至今，钟声不断，不似平日的声乐，想来有什么急事，我们还是回去看看吧。"翠儿一旁劝道。

"公主，奴婢知道公主的心思……"杏儿想点破那层纸。

"杏儿，翠儿，"绿珠公主不悦的声音依然似轻歌行板，如山涧潺潺的流水，只是急促点，"准备一下，我们回去就是了。"绿珠幽幽地说，"能有什么事呢？难道是隋军打过长江了。我不信。"

其实，矛盾的心理交织着到了极点，以至想要说出那积压已久的心情，却又教什么事给压住了。说实在的，要真是那样，或许她心仪已久的梦想就实现了一半。

想到这，她的黑眼睛显得有些湿润。多么让人揪心的事啊。

自那次酒楼偶遇，算起来已有月余了。也是自那时离开后，就再也没有听到隋使前来通好的事了。

隐隐约约之中，绿珠公主不安起来。

她缓缓下楼时，渐渐地隐匿了脸上的丰富感情。一副孤傲的冷面美人带着无尽的相思和埋藏很深的痛苦进了马拉的车轿中。突然，一个醉汉斜冲过来，嘴里嘟囔道："我有心，她却没有心？"顺手一挑轿帘。

一声"可恶"的叱责从轿内飞出来，一口唾沫跟着飞出溅在醉汉的脸上，杏儿麻利地下了车轿，"啪啪"两声清脆的耳光打得醉汉更加东摇西歪。

可醉汉全然不顾："我有心，她却没有心，我有血有肉有感情，有七情六欲，有喜怒哀乐，可她什么也没有，她什么也没有，她只是泥娃娃塑造的女人，她没有心……她……没……没有……凡心……"

醉汉远去了，绿珠公主忽发奇想："女人也有没有凡心的？原想我应该是，至少在遇到薛道衡之前是，哎，多情自被无情扰，我在这儿苦苦思念，说不定人家正在家和妻妾共饮一杯香茶呢。"

绿珠心里坦然了许多，心也不揪得很紧，自嘲地苦笑了一下："不就一面之缘吗？"

啪嗒，啪嗒，果然几滴豆大的雨点砸在轿子的顶上，马跑得更快了。撩开一角帘幕，绿珠公主远远看见昭阳殿前聚满了一大群文武大臣，心中好生诧异，忙命车轿直奔大殿而去。

散骑常侍袁元友、仆射袁宪、骠骑大将军萧摩诃等一行正冒雨伫立殿前。军士不时地跑上跑下，锣声哐哐地不停。

殿前高挑的屋檐下也挤着一堆人：施文庆、沈客卿等正交头接耳，喜忧参半。

"看来，确是到了关乎存亡的关键时刻。"绿珠公主暗暗叹了一声，"杏儿，你去问一下，发生了什么事情？"

杏儿应了一声就准备下轿，绿珠看到袁元友向这边奔过来，忙道："不必了！"就自己紧裹了一下翠绿色披风，躬身下轿，由杏儿、翠儿搀着，急步向昭阳宫殿走去。

"公主来了，公主来了。"袁元友急得满头满脸尽湿了，不知是汗水还是雨水。

"公主，"袁元友给绿珠行个礼，绿珠忙欠身回礼，"公主，皇上已经整日不上殿了。这可怎么办？"袁元友急切地问。

"锣响五通后，皇上应该……"聚拢过来的袁宪大声地说了半句，感到态度激愤，遂平定了一下心绪。

"公主，我们在长江边上的军士都看到了隋朝的讨陈诏书，看来，隋要和陈打一场恶战了，事情如此紧急，可皇上整日都在光昭殿前的三阁中，国事荒废了，这可如何是好？"

绿珠点头："你们辛苦了，陈有你们这样的忠诚之臣，即使是国患当头，还应是无忧的。我这就去找皇上，务必速决。"

萧摩诃道："隋军虽说不敢贸然过江，但如要全面出击，怕是很难防守，如今上、中、下游皆由瘦弱军士把守，这怎么行呢？"

"臣是来向皇上请求辞行的，"萧摩诃说道，"同时，想劝谏皇上惩罚陈慧纪。"

"这叫什么话？"施文庆不满地嚷嚷，"臣正要等皇上来，向皇上禀明应给陈慧纪记功呢。"

言谈中，绿珠公主了解到事情的大致脉络，心中突突跳个不停，坐上车轿，沿着御道，直向临春阁驰去。

那高高的临春阁上，众多宫中嫔妃正在阁上宽敞的空地上，踩着鲜红的地毯边歌边舞呢。绿珠整了整了披风，缓步登上临春阁，那香气能熏得人透不过气来，望见陈后主陈叔宝正半瘫在张丽华的身上。

张丽华不时眉飞色舞地指点着宫娥彩女的舞姿，媚狐的笑声即使在鼓乐笙声中也依稀可闻："皇上，你答应奴婢的事可要应验啊！皇上，今天，皇后又违抗圣旨了，本来歌舞升平的盛世景象，更应该由皇后出面组织这样大型的歌舞，可是她总是仗着自己是皇后，从来对此不屑一顾，长此以往，谁还知道皇上还有个皇后？母仪天下的职责全由奴婢来承担了。"说完转过身去，拿起陈后主的手就往自己高耸的胸脯上送。陈后主一边点头，一边把张丽华美美地拥压在怀中，拥压着他永远摆脱不掉的柔软、温馨，感受着张贵妃轻轻抖动的身体，心里不由得荡漾起一阵阵满足的惬意。

睁开眼，就看见怒气冲冲的绿珠公主正拎裙直面走来，施文庆等几个佞臣正想上前阻拦，均被绿珠怒斥一边。

陈后主是被张丽华推搡着醒转过来的，脸色不由得寒了下来。他知道这绿珠公主的厉害，宣帝在位时，众多子女中，唯一疼爱有加的就是这位公主，平日里，她言谈举止绝无宫中淫靡之态，也绝不出入宫中的男女杂欢之列，大有清水出芙蓉的风范，在朝中享有一定的威望，老臣们曾私下里认为倘是绿珠公主是男儿之身的话，宣帝一定会让她承嗣皇位的。尽管如此，绿珠公主依然对朝中的事体有所参与，常常发出一些深合时宜的话来，无奈终究脱不了女儿身的束缚，又加上看不惯皇兄的生活习俗，故常常待在自己的住所，从不到皇宫中来，有时外出散心，以排遣胸中郁闷。

张丽华眼尖，看着绿珠急走过来，忙整理衣衫，侍坐在后主的身侧，悄声对陈后主说："皇上，看绿珠的脸色不对，怕今日又要寻皇上不体面了。"

陈后主不搭腔，冲着绿珠嘿嘿一笑："妹子，你怎么今天有此雅兴？到宫中来看个热闹啊？"

绿珠径直走到陈叔宝的面前，并不见礼，也不称皇兄，直言道："你可曾听到殿前锣声？"

"妹子，朕不曾听见。"陈后主搪塞道，"有什么急事吗？需要朕处理的，写奏折就可以了，敲个什么警锣呢？锣声是随便敲的吗？"

陈后主面露愠色，不快地想，这些大臣们不好好尽职守责，一天到晚什么事也不做，白拿了朕的俸禄，个个尸位素餐，还摆出尽忠的模样，实在恶心。只是现在碍于绿珠的面子，不便发火。

"绿珠，朕这几天感到胸闷气短，身体不佳，已有几天没有上朝，但臣下的启奏，却没落下一封，均由宦官蔡临儿、李善度二人转奏过来，朕抱病审批，哪敢懈怠？"

"好啊，"绿珠长叹道，"皇上就是这样审批的吗？"说着用手指指案前的几本奏折，"这几本讲的是什么？"

"全是上奏各地收成的，承天所赐，今年又是丰收年，各地喜折不断，朕也高兴，为了能和大臣乐上一乐，朕又排了几个曲子，绿珠妹子也欣赏一下，给朕提意见，妹子的意见，朕是重视的，朕向来认为，全朝中，不，整个陈国，在精通音律、赋诗吟诵方面还没能超过绿珠的。"

"够了，"绿珠长袖一拂，几本奏折散落地下，欺身进前，从怀中掏出一封诏书，"皇兄啊，你等着到长安去唱《玉树后庭花》吧。大陈国灭亡之期已经不远了。"随手把诏书递过去。诏书飘飘正好覆在几个奏折的上面。

张丽华俯身拾起，上下瞅了几眼，脸色一阵煞白。

"哼，你也知道什么叫怕吗？"绿珠公主叱道，"贵妃，看你把皇上带上哪条道了，你不就是整日想做皇后吗？给你皇后，也是一个亡国的皇后，大陈的江山都不保了，你又会好到哪里去？"

吓得张丽华哆嗦了好几下，想不到绿珠公主看透了自己。自己一心向往的就是登上皇后的位子，为此目的，不惜一切手段投皇上所好。陈后主已被香风熏得有些晕了，昨夜的缠绵中已答应过个三五天，找个借口废掉沈皇后，正式册封自己，"真倒霉！碰到这种事！"张丽华暗地恨恨不已。

陈后主着实慌了，天哪，隋朝的使者不才回去几天的时间吗？怎么说翻脸就翻脸呢？朕的陈国从来不想跟大隋交什么好，咱们井水不犯河水，怎么无端端地发下诏书讨伐朕呢？

"李善度！"陈后主拿眼瞪着跑在案前的太监李善度，"这么大的事没有大臣们禀报吗？"

"有，有啊！"李善度从怀中掏出数十封奏折，恭敬地呈上去，辩解道，"皇上，事情的起因是这样的，隋朝的武乡公，杀人不眨眼的崔弘度率几万大军进攻梁国，梁国的皇帝萧琮被掳押往长安，他的叔叔萧岩、弟弟萧瓛不堪亡国的惨痛，率了十多万百姓降了我朝，寻求避难，荆州刺史陈慧纪出兵接应，因此开罪了隋帝，于是就有这封讨陈诏书。适才，奴才想禀报此事，一见皇上玩得正乐，二是对陈慧纪的问题，大臣中有两种声音，所以，奴才还未及禀报。"

"噢，萧岩叔侄来降那是好事。"陈后主转头对绿珠说道，"绿珠妹子，这下朕就放心了，不就这一点事吗？值得敲锣动鼓的吗？妹子在此和贵妃们看戏，朕去了就来。"

"皇上的琴曲高雅，我欣赏不了。皇上快去听朝吧，这不是小事，两国即将开战，陈的兵力哪是北隋对手！"绿珠忧愤地说完后，一转身，带着杏儿、翠儿就下了临春阁。怎么办呢？她只能在泪水中倾泻悲痛，无力对抗。

绿珠边走边想，有人醉生梦死，我是不醉梦醒，我只渴望平静的空间，渴望能躲开触及自身的伤痛，让疲惫的身心好好休息，可是，现实的疼痛却像尾毒虫在梦里追逐着她，跟随她跑过千重山万层水。她不由得想起薛道衡，那样的文雅俊士，南陈一个都没有，尽管只见过一面，那也是深深的一面，像是不经意间石子投入湖面，情感的波澜哪是一时半日能解脱的呢？

感觉到后面一阵躁动，绿珠停步回望，见陈后主在李善度、蔡临儿的搀扶下，颤巍巍地下来，后面依然跟着涂抹得跟鬼似的张丽华。绿珠不由暗暗感叹，桀纣亡于女人，周厉王亡于女人，就连吴国国君夫差不也算是亡于女人吗？张丽华，你不就是有一副美人胚子吗？亡了我陈国，于你有何好处？

绿珠不能再想下去了。

宫门慢慢启动，吱吱的响声刺耳，太监的传唤一声接着一声，尖利而寒人，绿珠坐在殿前下首处的方凳上，背依着翠玉屏风，那里面雕镂的十仕女依然楚楚动人。绿珠熟悉这一切，尽管上次大隋使者薛道衡入朝时，绿珠不在场，那是自己刻意的，她实在不忍心对方把宫中的场面和自己联系起来。

施文庆首先出班："皇上，陈慧纪发来八百里加急喜报，萧岩叔侄率十万民众降陈，臣以为当发诏嘉奖，这样才能体现皇上赏赐不尽的仁厚胸怀。"

陈后主按着张贵妃的手，轻声道："爱妃以为呢？"

张丽华眼光瞟着绿珠心道："哼，你又不是朝中之臣，有什么资格坐在殿中听朝，既然这样，就让你来说说。"

"皇上，奴婢只知侍候皇上，哪里知道决策国事，再者说了，绿珠公主虽是女儿身，却文能安邦，武能定国。"

"老臣有一言当面奏皇上。"大将萧摩诃禀道，"皇上，虽说陈慧纪迎了萧岩叔侄，但未必是件好事。恰恰给隋提供了口实。"说着萧摩诃扬了扬手中的伐陈诏书，"何况，为了这萧岩叔侄，陈慧纪放弃了江陵军事要地，隋的军队就可直接临江饮马了，依臣之微见，不如把萧岩叔侄送还给隋国。这样陛下的两岸隔江而治才能稳妥。"

"不，兵法云，不战而屈人之兵为上策也。"孔范哑着嗓子，"皇上，依萧将军之见，我大陈还像个国家吗？干脆也上表依附杨坚得了。萧岩叔侄不肯归顺杨坚而归附我朝，正说明了皇上威服天下。如果怕打仗，还要武将干什么！臣还是那句老话，朝中的一班武将，只是逞匹夫之勇，一旦战事临迫，缺乏深谋远虑。"

"你——"萧摩诃气得满脸红涨，遭到如此羞辱，心中自是愤愤不平。

"骠骑将军，"陈后主慢悠悠地道，"孔爱聊说得在理，朕虽然很担心和大隋开战，主要是一想起战祸不断，百姓就要遭殃，但既然杨坚敢下战书，朕岂能示弱？将军世代忠良，国家又是用人之时，速回驻地，调度防务。朕从今日起决心和大臣们筹划方案，定叫杨坚有来无回。想那杨坚小人窃取周室天下，不好生料理，还徒生如此邪念，想吞并朕的肥沃江南，朕能怕他吗？"

软弱荒淫的陈后主能说出这样的话，着实给忠臣们一个极大的安慰。袁元友、袁宪等人点头称许。

端坐的绿珠公主闻言一动，毕竟国之将危，如能真如皇上所言，南陈或许有救。

"皇上，如何防御呢？"绿珠公主脆声道。

从声音中，陈后主就听出妹妹心头的怨气消了不少，高兴道："绿珠若有高见，不妨直说，朕一定采纳。"

"皇上，沿江上、中、下游都应有猛将固守才是，周罗睺守住长江上游，定能忠诚王室，护军将军樊毅守中游，建康门户就由老将萧摩诃把守，总之，各路军马既要各自死战，又要相互支援。"一席话说得满朝文武心中钦佩不已。

绿珠瞟了一眼施文庆道："施大人，湘州刺史的位子，施大人怎么还不赴任？"

湘州刺史原是晋熙王陈叔文担任，但被后主猜忌，因此，陈后主便让宠臣施文庆以大州都督的名义前去担任，不想施文庆却迟迟不肯赴任。

"噢，"陈后主说道，"施爱卿，朕虽然离不开你，但爱卿如能守住湘州，岂不更是为朕分忧？"

施文庆忙跪禀道："皇上，臣若去，恐中书舍人之职便形同虚设了，不过，臣以为，让沈客卿代臣赴职，岂不两全其美？"

施文庆之所以不敢身去湘州的理由是担心自己离京，新的当权者，特别是仆射袁宪、散骑常侍袁元友等人一旦入主中书舍人之职，一定会在皇上面前对自己揭短攻讦，那样，皇上定回转过来治自己一罪。再说，人贵有自知之明，自己的专长在于艳词拍马，哪里敢把一身细皮嫩肉送到如同豺狼一样的隋军口中。

见皇上点头，施文庆道："皇上，臣还有一言，不知当讲不当讲？"

"说，朕何时不让爱卿说话了。"

"皇上，隋朝虎狼之心已不是一日了，若隋想吞我江南，势必比登天还难。依臣见，隋的战书如同抹布，用过扔掉，上茅厕臣都嫌其脏。如果我大陈面对一纸诏书像是大祸临头似的，那岂不是长了敌人的威风，灭了自己的志气。"

"嗯，有道理。"陈后主频频点头，"不可以不防也不可太防，小题大做。王气在此，想当初齐兵三来，周师再来，无不摧败，他杨坚算什么东西呢！"

孔范一见，忙附和道："长江天堑，自古以来，就是为了隔断南北的，今天，那隋军能长出翅膀飞过来不成？"

陈后主哈哈大笑。

"那对陈慧纪该怎么办？"张丽华按住了陈后主抖动的双手，说道，"别忘了，皇上，今日上朝是要裁决大臣们的分歧的。"

"对，对，贵妃说的对。"陈后主两眼放光，要不是陈慧纪，朕还在临春阁和爱妃共乐呢？

"李善度，写！"陈后主说道，"陈慧纪代朕行威服之德，记大功，加封侍中、金紫光禄大夫、开府仪同三司，征西将军，增邑至六千户。"

绿珠公主带着杏儿、翠儿心事重重地回到自己的烟雨阁。一路上，有不少顽皮的孩子站在河岸上不停地往河里打水漂，看到孩子们嬉戏时无拘无束、天真顽皮的样子，她感到无比孤单。

杨坚对形势看得透彻，民心所向是大战取胜的关键。

昨夜，他当着薛道衡和高颎的面，再一次把赣州崔仲方的方案拿出细细研讨，说实话，至今收到那么多讨陈的策略，惟有崔仲方的方案甚合他的意思。

杨坚亲自剪落了宫灯中的灯花，灯光突明了许多。他指了指前面的奏折，调侃说："前面就不念了，无非是什么期数、运数之类，这个机灵人，当初太学同学儒家经典时，他就显得很聪慧，往往朕要三遍背得下，他一遍就行了。你们看这样一段话。"用手一指奏折的后面。

高颎、薛道衡低首细瞧，心中不免也高兴起来，怪不得那日朝上文帝看到崔仲方的奏折，竟第一次当朝面露笑容。

那奏折上写道：

今唯须武昌已下，蕲、和、滁、方、吴、海等州更帖精兵，密营渡计。益、信、襄、荆、基、郢等州速造舟楫，多张形势，为水战之具。蜀汉二江，是其上流，水路冲要，必争之所。贼虽于流头、荆门、延州、公安、巴陵、隐矶、夏首、蕲口、盆城置船，然终聚汉口、峡口，以水战大决。若贼必以上流有军，令精兵赴援者，下流诸将即须择便横渡。如拥兵自卫，上江水军鼓行以前。虽恃九江五湖之险，非德无以为固，徒有三吴、百越之兵，无恩不能自立。

意思是说，建议杨坚在长江下游之湖北蕲春、安徽和县、滁县、江苏扬州等地方秘密集结兵力，准备渡江。同时，在长江中上游的湖北江陵、钟祥、襄樊、四川奉节等地大张旗鼓地造船。陈朝若派精兵赴上游增援，则下游的精兵乘虚而入。若陈朝拥兵自守，则上游军可以顺流而下，配合下游隋军渡江。

杨坚看着两位爱臣，期待着他们说出自己的看法。

薛道衡款款地说道："崔刺史的计策可谓详尽至极，是个好方案，这就是说充分利用上流的有利条件，关键是杨素的出蜀能否成功，若杨素的十万精兵从益州顺江东下，那整条长江就是无用的屏障，或者说是纸做成的。"

杨坚点点头："爱卿分析得有理，只是——"

话音未落，高颎接过话头："臣明白了，那日朝中所言，为什么要提及前秦，想前秦原也是准备三路渡江的。"

"此其一啊，"杨坚不置可否，"自古用兵虚实相应，朕这是说虚亦实，说实亦虚，归根结底，荡平南陈那才是真实。独孤卿，可看出这崔刺史的方案似曾相识吗？"

薛道衡默默不作答。高颎岂能不知杨坚的用意："这不是西晋灭吴的翻版吗？"

杨坚默然。

薛道衡说："皇上，臣遵旨走遍长江隋军驻地，甚感高颎的计策见效，面对隋军的多次集结，陈朝的军士只是派个别军士守哨，再也不集结以抗了。看来，麻痹陈军的主要目的已达到，如果再这样下去，反倒损耗我方军士的战斗锐气，出兵应当提到日程了，再也耽延不得了。消息不知是否可靠，陈朝国主陈叔宝对我军伐陈已经保持警惕，即使那陈叔宝不懂军事，可他的朝中也还有不少忠贞不贰的将士，万不可掉以轻心。"

杨坚很感兴趣："说说看，都有哪些将士能忠勇兼备，朕要画其图形，列其姓名广布于军中，令将士只逼其绝境，逐而不杀。"

"皇上，那是后话，据为臣所知，与杨素对阵的陈将戚昕，与中游秦王俊相持的更是陈军中的支柱，水战、陆战皆行的陈将周罗睺、陈慧纪，护卫建康的是骠骑副将军鲁广达、骠骑将军萧摩诃，还有任忠、樊毅等人，皆为一世英豪。"薛道衡一口气说出许多人。

尽管杨坚爱夸对方的忠勇之将士，贤德之文臣，但是，听了这些长敌人志向、灭自己威风的话，心中总是不悦："薛爱卿久在江南，怕是染上了什么恐陈病了吧。"说得薛道衡急忙想辩解一番。

杨坚笑着阻止了："玩笑话，当真不得。"

"来人！"杨坚喊来宫廷侍卫，正四品的车骑将军李圆通忙过来问安。"圆通，到书房看看有没有奏折进上，顺便去找一下苏威苏尚书，牛弘牛尚书，若有空暇，都叫过来，咱们君臣议个通宵，把什么都考虑到。"

薛道衡暗想："这可苦了我了。我是人未离马，马未歇鞍，算了，几个月都过来了，还在乎这一夜吗？"不由自主地摸了一下有几寸长的胡须，这一细节被杨坚毫厘不差收到眼底。他拿眼正视了一下李圆通："如果两个尚书要睡了，就不要惊扰了，反正明天还有时间，朕不急，二位从前线回来的爱卿都困得不轻。朕虽然殚精竭虑，但智者千虑，还有一失呢。这一失怎么补上来呢？就是靠你们二位啊。待平定南陈以后，朕定重重地赏你们。"

二位连忙施礼："臣等沐浴圣恩已比天高地厚，实在不敢再有分赏之念，倒是请皇上把众多的官衔、金钱、布帛或一二美女留着赏给伐陈将士。"高颎抢先答了感恩的话。薛道衡不住地点头，也算是表达了心意。

功夫不大，李圆通抱来了几封奏折奉上，转身就出去了。

杨坚道："咱们君臣会议，就在今晚拟出方案。"

第一封奏折是杨素递上的，大意是高大的战船已建造完毕，并附有图纸，杨坚心中窃喜不已。

大舰船名为"五牙"，船长百尺，上有五层楼阁，船的前后左右有六个拍竿，长约三丈，专门用来打击敌人的战船，这种大船能容纳战士八百人。

小型的战船叫"黄龙"，能容纳水军一百人，此外还有一些小舰，轻快灵活。奏折的最后还附上：造船时的秘密丝毫没有外露，连木屑油漆等造船原料全都就地深埋，陈朝不能察觉到我方的丝毫意图。

杨坚道："这个弘农人杨素，曾经十几个人与齐军大战鸡栖原的勇气哪里去了？朕以为伐陈诏书都已公示天下，还有什么秘密可言，杨素若能率军自奉节倾力而下，出三峡与江陵的刘仁恩大军会合，陈必破矣。"

高颎点头道："皇上说得对，应该大张旗鼓了。"

薛道衡十分欣赏那战船，说："好个'五牙''黄龙'，这么大的船体能经几级大风？"

杨坚说道："薛内史还关心这个吗？问题是朕将要公开地代天伐逆，为什么还要秘密地进行。如果陈叔宝因为知道我们造船而改弦更张，我还讨伐他干什么？"

"是的，皇上已经把陈叔宝看透，这样的人在治国方面不会有什么作为的。"薛道衡说，"皇上，征兵进行的如何？"

"六七十万人还是能够征到的，这几日在长安校军场已演练得差不多了，朕想让独孤公此次回来全部带去。"

此次征兵是杨坚立隋以来第一次在全国范围内进行的军事总动员，共征集精兵五十万。

众所周知，隋承北周实行府兵制，每府约千人，大多都要担任京城戍守和守卫边疆，还不能满足平陈的需要。为此，牛弘、苏威等建议文帝大量增设府兵，特别是江淮等地增设三十多个府，专门为平陈而设，骨干大都由北方的乡豪担任，并参加平日的劳动；其次，把各地乡兵纳入作战序列，乡帅由本地乡绅担任，一律提大都督，这不仅能增加军力，还可吸收消化地方武装，增强国家内部的军队融合。所有这些得力措施的运用，无不为隋得以在半年时间内迅速扩军，组成强大攻击力量提供了坚实保障。五十万精锐部队已集结完毕，是能够完成对陈的兵力部署的。

"皇上，臣以为江南的三条线上都是得力战将，我们这里对人员编配应当恰当才是。"高颎说，"记得前秦的教训，我们就能成功一半。"

"这一点朕也考虑了，设三个行军元帅，各自独立，又彼此联系。"杨坚自信地回答。

再展一封奏折，是吴州总管贺若弼呈上的。展开一看竟是一首表明心志的诗：

交河骠骑幕，合浦伏波营。
勿使麒麟上，无我之姓名。

诗中说的"骠骑"，指西汉骠骑将军霍去病，"伏波"，指的是东汉伏波将军马援。

"口气不小啊，"薛道衡赞叹道，"贺若弼表示要像霍去病、马援那样为朝廷建功立业。"

"一首诗代表一个奏折，用以表明心志，好诗、好诗。"杨坚说，"这个贺若弼已在开始准备过江。"

高颎笑着说："贺总管有些等不及了，他的方法比我的高明。"

为了顺利过江，贺若弼采用麻痹敌军的战术，他叫人将老弱之马卖掉，用钱买了很多船，但都藏在河港叉流的苇丛中，只在湾内泊放五六十艘破船，陈朝间谍将这种假象带回去，陈军误以为贺若弼军中无船。在军队换防时贺若弼总是将声势搞得很大，几十条破船荡载军士在江北游来游去，大张旗鼓，多设营幕，号角吹得震天响，使得陈军误以为隋军将要渡江，急忙发兵防备，当他们剑拔弩张严阵以待时，却发现是隋军换防，虚惊一场。

久而久之，陈军对隋军大集人马换防的形式习惯了，也麻痹了，遂放松了警惕，以至声势再大，也熟视无睹。为了进一步迷惑陈军，贺若弼还常让士兵沿江射猎，弄得人喧马叫，陈军对此渐渐习以为常。

这些，杨坚当然知道。

"人都说，将门出虎子，一点不差，贺若弼真是处心积虑地完成他老子的遗愿。"高颎说着，嘴里啧啧称奇。

当李圆通回复苏威、牛弘的意见时，已是深夜寅时了。"朕本不想让他二人再来参与此事了，你们看，这又多了两份议案。"杨坚似乎无奈地摊开苏、牛两人的上书，"朕想约你们二人明日去校军场，等各路兵马调集整齐后，即誓师伐陈。"

高颎推开西厢密室的窗户，一弯残月斜挂在半空，夜色深重，但见流星从空中划过，拖曳一条光亮的尾巴闪现于夜空。杨坚毫无困意，心想，明日王韶太史又是一封密报"镇星入东井"必定无疑。不管怎样，冥冥之中真的有报应在，天将降大任于我杨坚双肩，我要是不担起来，岂不作懦夫之名流传千载？

文帝又是一夜未合眼，一个通盘的作战方案已经形成，这是杨坚在广泛听取了诸将的平陈建议后，博采众长，相互补充，经过反复斟酌后做出的，严格地说这确实是一个更加缜密周全、规模宏大的作战计划。在此计划中，隋军西起永安，东至吴郡，在长达数千公里的长江全线上向陈军发起进攻。主攻方向定在直取建康上，为了实现这一目标，分别在西面选择长江上、中游的宜都郡、江陵、郢州、蕲州，以及东面吴郡为主攻点，将陈军分割成三大段，令其顾此失彼，既不能组织有效的抵抗，又无法回师援京，最终被各个击破。

　　君臣三人直商讨到东方破晓，雄鸡高亢。远处的天空澄澈清爽，有炊烟数柱飘散在空中。

　　"独孤卿、薛内史，你们回去小憩，等各路人马调集后……"

　　"皇上，臣以为是不是再派使臣去一下，做最后的敷衍，如何？"薛道衡道。

　　"独孤卿，朕想听听你的意见。"

　　"要不，薛内史再去一趟，不管怎样，速去速回。"

　　"先休息吧，"杨坚说，"诸如此类的活动可以停止了，再说，那陈叔宝倒是每月都有使臣来，前几次朕已严厉驳斥退回，这次不管是谁，就扣起来。薛爱卿不必再舟车劳顿了。"

　　御膳房上来了三碗羹汤，里面漂着几块鲜红的鹿脯肉，香气诱人，杨坚招呼道："先喝了它，暖暖身子吧。"

　　"你们回去后，思考一下各路军马的协调和领军总管，给朕一个参考。"

　　校军场上，锣鼓震天；灞河桥上，千舟竞发。舟是新舟，岸上行走，伴随着震天响的鼓点，它们颠簸着、摇摆着、穿插着，似乎平地水涨三丈，它们真的在惊涛骇浪中稳稳行船。这是杨坚特意安排给将士们看的，特意让乐部组织了京师仕女日夜赶排，以旱船的稳当中寄寓一些理想，给南下平陈的将士送去一些安慰，辅以激动的鼓点把人群振奋得如痴如醉……

　　前来观看军威的大都是王公贵族，杨坚自有想法：这些人平日可以不干什么，拉出来凑凑热闹，也是投其所好。当初，在灞桥上演过的惊心动魄的一幕，杨坚时至今日也无法忘却。

　　今日，杨坚坐在车辇中，皇后独孤伽罗照例也在其中，两顶明黄的流苏伞盖高高地矗立着，一队宫娥彩女紧紧地跟在后面，太子杨勇骑在枣红的骏马上，金盔金甲很是威武。宫中卫士早已把守各路口。

　　杨坚望着远处攒动的人群，心中激动不已，皇帝不是天生的，只要能顺乎民意，治国有方，就为一世明君啊。

　　"万岁"声排山倒海地潮涌过来，对于杨坚来说，这声音已是很熟悉了。突然一个宫女脚下一绊直栽向杨坚的玉辇，那玉撵是由两头白象所拉，速度不快。杨坚连忙叫停。那位宫女正好依靠在杨坚的辇旁，吓得急急忙忙地往人群躲去。

"皇后，这宫女咋看好面熟？"杨坚疑惑地望着独孤伽罗。

"噢，"皇后转过头看了那宫女一眼，"皇上，你曾见过她，还抱过她呢！"说着把手一招："过来，给皇上瞧瞧。"

"皇后，奴婢刚才是不小心，踩了自己散拖在地上的丝带，自己把自己给绊了，惊扰了圣驾，罪该万死。"

"我也没说怪你呀，风琴过来，皇上还认识你呢。"皇后柔声道。

"皇上，这就是尉迟风琴，是叛逆尉迟迥的孙女。"

尉迟风琴低头施礼道："罪女叩见皇上。"

杨坚一听罪女，便不悦道："风琴，你爷爷犯下滔天大罪，已被朕处决了，你年纪小，那近十年以前的事，恐怕你还不记事呢。"

"罪女隐约记得，家父托奶妈把我抱出的。"尉迟风琴低声地答道。说着，皱着两道画得细细的柳叶眉，一脸天真。"尉迟家确实出美女啊，当年周宣帝宠幸的尉迟繁炽入宫不及十天就被封为天左皇后，而自己的女儿杨丽华辛苦侍候近十载也才是个皇后，而且差点被杀。这尉迟风琴不亚于她的姑姑，一张白皙的小脸蛋，大而黑的眼睛，直挺而微翘的鼻梁，有一张称得'诱人'二字的玫瑰色红唇，再配上两道秀气的眉毛，真是完美无缺。只可惜年龄尚小，隐约可想那束胸带下的花蕾正含苞欲绽呢。"杨坚深深地瞥了风琴一眼，真是一个天香国色的小女人。

独孤伽罗倒并不在意："回去吧，走了这么远的路，要是累了就坐到我的辇上来。"

"谢谢皇上，谢谢皇后。"尉迟风琴连忙低头躲过杨坚的火辣辣的目光。

长时间在宫中游玩，尉迟风琴耳濡目染了不少宫中的风气，她幼小的心灵也能感到两种不同的风气。一是以前在姑姑屋里玩耍时，只要周宣帝进来，也不避她就和姑姑尉迟繁炽脱去衣服，在床上行男女之欢。二是到隋后宫中，虽说文帝也有自己的宠幸，但大多是在皇后寝宫，从未见过他的风流，因此放心了不少。没想到今日不慎被杨坚记取在眼里，心中有些许不安。

过了灞桥，帝京郊外的大校场中，从清晨起就万头攒动，喧声不断，待到太阳出来时，更加照射得五颜六色的旗帜交相辉映，雪亮的枪尖、刀刃上迸闪着冷森森的光。骑兵们骑着高头大马，在中央空地里往来驰骋，舞动着手中的戈矛，剽悍地尖声呐喊。

杨坚从玉辇上站起，在禁军总护卫李圆通等人的簇拥下，把偌大个校场都走了一遍，检查各队士兵的甲胄是否整齐，牙旗是否鲜明。

这校场中的五万精兵正是史万岁从边关带回来的。这是一支久经沙场的军队。选拔出来的全部都是最剽悍的青年。史万岁骑着匹卷毛黑底雪花马，一副敬重服威的神情。

杨坚看到史万岁的身影，心中不快。史万岁？什么名字不好用，偏用万岁之名。但看到史万岁的部下个个强壮魁梧，心下才稍稍安稳了一下。人可貌相，人名岂能臆想？由他去吧。

"皇上，"史万岁翻身下马，弯腰行过君臣之礼后，禀道，"骠骑将军史万岁愿领十万精兵杀往江南，踏平建康。"

"你的忠心，朕已领了。此次领兵前来，并没让你带兵征讨，北地重镇不可有一日的马虎。突厥的沙钵略貌合神离，还要谨防才是。"

君臣正谈笑间，从各地奔赴校军场的人马嘶鸣着赶来，有长孙晟、崔彭……

看到这般年轻将领虎虎生气，杨坚说不出的高兴，龙颜大喜，对李圆通吩咐道："把御制的杏花村酒搬过来，把那十年陈窖的汾酒也搬运过来。"李圆通飞马去办。

史万岁传令三军，列队布阵，不一会儿，骑兵和步兵分别列成几个整齐的方阵，清风雅静不闻人声，只有空气中旌旗迎风飘扬，偶尔两声咴咴马鸣……

杨坚双腿紧夹战马，往前蹿了几步，伸出右手往空中一举。李圆通会意，高声呐喊：

"起乐——"

"斟酒——"

瞬时，鼓角长鸣，几万军马一齐欢呼，头上五色缤纷的旗帜，也迎风挥舞开来，伴着阵阵"万岁"的呼喊，校场上酒香四溢。

场中气氛，更见火炽了……

十月二十三日，隋朝终于打破七个多月令人捉摸不透的沉寂，于寿春成立淮南行省。再愚钝的人也能看出一场大战在即，陈后主这时也感觉到什么，但他并没有真正体会到事态的严重性，还幻想着像往常那样通过外交活动敷衍了事。二十五日，陈朝使者兼散骑常侍王琬和兼通直散骑常侍许善心来到长安。

薛道衡记不清和这两位可有一面之缘，在内史阁部把二人安置停当后就前往大兴殿请示文帝，脚步也轻快了许多。

宫中卫士急急而出，差点和薛道衡撞个满怀，此情此景和自己出使南陈时几多相似。从陈朝的两位使者口中，他了解到陈朝的最新动态，也平添了几分伤感：五月份，陈后主不顾绿珠等人的劝阻，在张丽华日夜不断的香风熏陶下终于利用这段短暂的和平时机，先废太子，改立张丽华所生的始安王深，并废黜了沈皇后，册立张丽华为皇后，宫里宫外，正一片忙乱。薛道衡还想知道绿珠公主的消息，但两位使者都闭口不谈。或许是削发为尼？还是深锁宫门、外出游历？想那年轻容貌，多情的思念令薛道衡心中怦怦跳动不已。他不时自责反省，想从思念的泥淖中自拔出来，想用妻子晓兰的如花容颜排挤出绿珠那张楚楚哀怜的仪容，却怎么也不能够。

到了大兴殿前，不觉吃了一惊。整个殿前都站满了各路将士，从头盔帽缨的着色看去，至少四品刺史、三品总管级的人就不下几十位，大多是从北漠边陲调入京城的。薛道衡由殿前侍卫通报后，静候在广德门外，不一会儿，李圆通领着薛道衡绕过大兴殿前往西厢密室，这里是杨坚的中枢，是杨坚的最高指挥部所在地，也只有在这里筹划妥当了，才能拿到殿前公布确保万无一失。这就是杨坚，从不在朝堂上随口说些无关紧要的话，确有帝王的金口玉言之风。

今天可真热闹，能上得来、进得去的头面人物都来了，薛道衡快速扫过屋里人，高颍、李德林、苏威、牛弘等人都在，另外还多了信州总管杨素、太子杨勇、晋王杨广、秦王杨俊，气氛凝重。因自己和杨素诗文唱和已久，情谊甚厚，所以不自觉地站在杨素的旁边。杨素很敬重地把左边的空位让出来，薛道衡迟疑间，杨素伸手拉住，说："道衡兄，就不必推辞了。"

高颍很在意地看了一眼李德林，果然李德林翘起了胡须。高颍暗想，别再不服气了。

"众爱卿，朕思前想后，决定于二十八日正式出师伐陈，根据众卿的建议，朕对各路将士做如下安排，如有不妥，请众卿当面指陈。"杨坚威严地扫视群臣。"淮南寿春已设行台省，任命晋王广为尚书令主持伐陈大局，命左仆射高颍为晋王元帅府长史，行台右仆射王韶为司马，实际负责处理军务。其下分三七作战区域，上游行军元帅是信州总管杨素、中游为秦王俊、下游为晋王广，分管七路大军。各行军元帅下辖行军总管分路出击。主攻方向就定在建康。"

晋王杨广心中的一块石头落地，他终于博得了父皇的信任，把这么重的担子交给自己，不由得往前跨步，躬身要发言，杨坚以眼色制止。

"皇上——"李德林心里真急了，心想，皇上太小看我了，我的智慧和计谋难道就到此为止了吗？当初，平定三方之乱，整个国家的形势还不是由我一个扛着，真是伴君如伴虎，现在嫌我老了。话还没出口，眼角倒先浑浊了。

"爱卿就不要逞强了吧，朕的身边少不了你，同样少不了薛内史。"杨坚一句话堵住了李德林那张从不分场合、从不饶人的嘴，"如今，晋王、秦王都已长大，该是让他们去锻炼的时候了，朕担心平陈之役结束，还有没有这个机会了。"

话说白了，李德林叹息一声垂头不语。

"儿臣一定为父皇出死力效忠，"晋王杨广语调激昂，指着摊在檀木桌上的地图，"儿臣保证一战即可拿下建康，活捉陈主那荒淫无道的昏君，解百姓于水火。"

高颎却寻思着三军主帅的职责应由杨勇担纲，他毕竟是皇太子，听了杨坚的安排，感到主帅人选已经不可能再有商榷的余地，但总的说来，将整个军事力量交给三个行军元帅指挥倒也是杨坚的独到之处，整个进攻战线：东接沧海，西起巴蜀，旌旗舟楫，横亘有数千里。这样长的战线，由一个中心指挥显然有失灵、失控的危险。在长江的上游、中游、下游设置三个行军元帅，形成三个指挥中心，这三个中心，既互相独立，又互相配合，倒也完整无缺。

"皇上筹划妥帖，我没有什么可说的。"高颎说着，把眼光转向薛道衡，希望他能够做些补充更正。最好点出太子应披挂出征，鉴于自己和太子的关系，实在说不出口。薛道衡也暗自叫苦，让杨广为行军总元帅倒也无不妥之处，只是杨俊年方十九，从无大战经验，为人又懦弱，对人倒是仁恕友爱，望着站在杨坚身旁的杨俊，薛道衡："秦王俊年轻雅俊，臣不知皇上为何要年轻的秦王去担任伐陈的大任？"

杨坚叹了一口气，说道："众卿的心意都叫你说出来了，朕想自己的五个儿子有出息的不多，既然几十万士卒、几百名战将都能为朕的大业出生入死，朕还怜惜自己没有出息的儿子吗？再者说，朕从心底上是想让太子勇前往，那反而对诸将作战不力。太子勇也有意出征，朕甚知儿子的禀性。几位大臣，目前……"

杨素道："皇上圣明，臣感激万分，请皇上放心，臣等一定戮力同心，不会让皇子们有毫发损伤。"

"朕不是这个意思。从来的征伐朕都没有做如此细致的安排。杨素，你的任务就是一定出蜀，平陈的序幕就从你那开始，也就是说，能不能调动陈军主力关键在你了。朕十分担心，江南水土会使将士们不服，特别是水战，一旦陈军死拼硬缠，皆不能拖延，务求每战出奇。"

"臣等谨记。"杨素、高颎忙回应道。

"薛内史，陈朝的使者都说了些什么？"杨坚问，"他们有没有透出什么消息，特别是陈叔宝对备战的安排。"

"都已安排妥当了，但不是陈叔宝的备战，而是臣将二位使者都安排在驿馆，两人都对陈叔宝牢骚满腹，盼望着皇上早日发兵。"接着把陈宫中的一些变故说出。

"早在周宣帝时，南朝陈使韦鼎就对朕说过，天下实为一家，不想过去十几年了，还由长江分隔着。不许二位使者回去了，朕再也不想和陈叔宝玩猫捉鼠的游戏了。"

"走，随朕上殿，各地行军总管们怕是等不及了。"

大兴殿前，全是经过文帝细加遴选的战将。金盔金甲，锃亮耀目，文帝在文武官员的簇拥下刚一登上殿阶，山呼"万岁"声就响彻上空。文帝朝下一望，也热血沸腾：几代英王霸主的梦想，就要被我杨坚变成现实。今天，就要在大兴殿前犒赏三军将领，严明军纪，赏罚有则，确保此次伐陈万无一失。

杨坚接过宫人的银爵，端立在大殿檐前摆下的香案后面，将银爵三次高举过额，一感天二谢三军，三慰百姓。太子杨勇兴奋地注视着杨坚过于慢吞吞、过于庄严的动作，他忽然发现，父皇没有翕动嘴唇，而是抑制自己的剧烈颤抖，眼角似有泪珠滚出。他连忙拿出丝绢，却被高颍暗中一扯制止住了。

杨坚敬过三杯御酒后，朗声道："自汉末黄巾之乱起始，三国鼎立，天下一分为三，直至魏晋交替，十六国血战，南北朝对峙，大乱特乱已经四百年了！这是灾难深重的四百年，饥寒交迫的四百年，家破人亡的四百年，白骨蔽野的四百年！非但百姓涂炭，公卿贵族也血流成河，难免朝夕之祸，遥想我辈列祖列宗，谁家不饱受乱离之苦，哪一族不遭伤亡之痛……"

说到这里，杨坚脸挂泪花，他激动地说："这种局面应当结束了，这是天意。开皇立隋以来，国阜民丰，物资殷实，朕上禀天意，下顺民心，赖将士效命，平定三方叛乱、垂制后世，兴农固本，国力日渐昌盛，而陈主叔宝凭长江水阻，得以安命江南，而江南百姓也因此备遭涂炭，民不聊生。如今，收复江南、统一中国的任务就摆在诸位面前，诸位都还年轻，但胸怀韬略、文武双全，你们既是指挥员，又是身先士卒的战斗员。在你们身上垂系着成败的关键，你们是朕的大隋军中的精华，是朕大隋军中的骄傲！你们是收复江南、统一中国的中坚和主力。四百年来动乱的历史将在你们手中结束！你们的功绩将盖过谢安、祖逖，你们的声名将万古永存！三国以来，将相多如牛毛，有几个能统一中国？所以，出将入相何足道哉？大丈夫要立不世之功，成不朽之名！结束四百年来的战争，统一中国，迎来一个太平盛世的中国，就是立下了不世之功，成了不朽之名！"

杨坚至此一顿，从每个人都闪烁着兴奋和奇异的光彩中，深知自己的目的已经达到。

"众将军，跨过长江，直捣建康。"杨坚高高举着手用力一挥，在半空划个整圆后就停住不动了。

"万岁！万岁！"大兴殿前声响遏云。

二十八日，天刚微明。杨坚亲率文武百官伫立在太庙前面，做出师前的最后一次告庙仪式。

早有黄土铺地，清水泼洒，纤尘不起。搭建高有三丈的拜将台上，旗幡猎猎，迎风作响。文帝望着澄澈的天空，如雨洗过般绚烂多姿，一轮红日轻快地爬至骊山丛林顶端，光芒四射。杨坚静静地注视群臣。高颍会意，出示早已拟好的诏书，朗声念道："行军元帅晋王广兵出六合，指挥协调左右两翼共攻陈都建

213

康，左翼是贺若弼率领的大军，从广陵直攻京口，右翼军由韩擒虎率领，从和州直攻姑苏，两地乃建康门户，如其克谐，则建康门户洞开，陈叔宝即大隋股掌中玩物，不可得脱。"

晋王杨广、吴州总管贺若弼、庐州总管韩擒虎，依次登上拜将台，跪拜杨坚，从杨坚手中接过军印，庄严而下。

如下依次是：清河公信州总管杨素、荆州刺史刘仁恩为上游两路军马；秦王杨俊兵出襄阳，沿沔水从武汉入长江，与宜阳公蕲州总管王世积相会合。

又命：青州总管燕荣出东海（今江苏连云港）从海路南下，以占领吴郡包抄建康。

陆陆续续登台接受军印的元帅总管九十人。

封授完毕，杨坚命各路总管大饷士卒，下诏：凡朕大隋子民，在平陈之役中，立功者士卒皆免三年田赋，军官皆越级提拔，能够生擒陈主者，无论其出身低微还是名门望族，皆封上柱国，万户侯。

站在拜将台上的杨坚对众百官说："朕要亲自为将士们送行。"

校军场上，三军阵势严整，远望去，旗帜飘动，可蔽天日。当文帝和众臣出现时，万众振臂高呼，激荡起排山倒海一往无前的气势。文帝激动得不能自抑，有如此雄兵还怕江南陈叔宝吗？他换辇乘马，在三军面前一路走过，后面跟着即将奔赴前线的三位行军元帅。"万岁"声此起彼伏，那声浪一阵高过一阵，简直要把文帝掀下马来，文帝紧夹胯下良骥，战马会意昂首嘶鸣。

"出发！"文帝亲自一声号令，从百十里内的方阵中，一队队军士鱼贯而行，直向东南。

文帝不辞艰辛，一直把大军送出帝京，送出潼关，送过黄河，一路上，文帝是千叮咛，万嘱咐，大多数时间内是父子三人并马而行，杨广几次恳请父皇驻马留步，痛哭哀求，文帝也不为所动。

送出黄河，送走晚霞，一程又一程，直至风陵渡口。当翌日朝阳冉冉升起的时候，文帝立马在河东的山冈上，目送大军随黄河滚滚东去。

在河东，在黄河之滨，文帝连发几道御旨对作战事宜再做布置，整整两夜，文帝都未曾合眼，他激动啊，是的，期盼数百年的梦想就要在自己手中实现，这是名垂史册的帝王之业，大隋来得惊心动魄，来得风雨如晦，历经艰难，而大隋，统一的大隋都是文帝亲手开创，远接秦皇汉武，下启大隋盛世，统一的梦想就要实现了。

第七回

平南陈一龙邀宠，夺头名二虎争功

　　天将灭陈朝，陈朝岂能不灭。古人说：天作孽，犹可恕；自作孽，不可活。如今验证于隋灭陈的史实中了。隋军压境，警报如潮。长江中上游的战报如雪花般飞向建康，又融化在施文庆之流的案头。

　　时近年底，陈后主忙着大办新年元会。这是他的专长，也是他的爱好。如按往年惯例，趁热闹饮酒作诗倒也罢了。但今年不同，文的要上，武的也要来。

　　原来，南梁萧岩、萧瓛叔侄因担心崔弘度掩袭，抢先行动，把陈慧纪招引至江陵城下，恃仗着陈慧纪的掩护，驱虏文武百官及江陵十万民众投奔陈朝，从而为杨坚提供了伐陈的口实。实际上，萧岩叔侄的投奔，陈后主表面上是欢迎的，内心却很是猜忌。因此，陈后主把他们带来的部兵尽加解散，让萧岩当东扬州（今浙江绍兴）刺史，萧瓛当吴州（今江苏苏州）刺史，同时委派将军任忠镇吴兴，监视二萧。

　　此次陈后主大办新年元会，命二萧参加，同时命令沿江防务的舰船也都相随回京，意在炫耀军威，震慑二萧。置强敌于不顾，而倾水军之力向两个行将就木的政治废人示威，造成沿江江面没有陈朝战船的空隙，真应了薛道衡所说的话：陈朝气数将尽。

　　陈宫，诸灯皆燃，凝辉焕彩，非常好看。仅燃灯的人就有几十个宦官专司其职。陈后主有旨：京城内凡有品级的官员，无论男女或王府官员，均按其品级穿戴。有的内着蟒袍，外套八团正品团龙的补褂，胸挂金玉佩饰，走起路来，佩环扣响、清脆有声。有的女眷上了岁数，穿绣花敞衣，着孔雀翎羽，像舞台上的行头，有多少细坠珠就戴多少。殿堂中央，翠玉屏风前面，左摆苹果一盘，右置方口大瓶，为景德镇御贡之精品，内插三镶如意。殿中地面平铺着苏绣地毯，门挂杏黄色的棉帘，帘子两端缠扎着杏黄绒绳，卷发自如……

　　陈后主陈叔宝在一大群宫娥彩女的簇拥下，走起路来有些发颠，适才和张丽华皇后饮酒，不知不觉中多喝了几杯，眼神迷离，正和孔贵妃、龚贵妃、袁昭仪、何婕好、江修容等一些美人到处游逛。

一番虚文缛礼后，陈叔宝照例拥着张丽华坐在御座上。笙歌起舞，又是一个太平年。酒筵散罢，陈后主已是长醉不醒，趴在龙案上呼呼大睡。

杨素大败戚昕于狼尾滩的消息传来，建康城里像来了一场大地震。宫中最先知道消息的当然是张丽华。是夜，张丽华云鬟高绾，仔细地看着施文庆递呈上来的战报，两腿抖动不已。报还是不报呢？拿不定主意。她想，杨素的人马还远。军情一日三变，等等看，那边不是还有陈慧纪，还有周罗睺吗？想到这里她心中坦然了许多。她对镜梳妆，顾镜自爱一番，感到稍嫌不足，又打开宝饰妆匣，挑出一枚鸡血玉石手镯，往耳垂加了两粒夜明珠坠，转身对门口等待侍候的宦官蔡临儿道："蔡总管，你看——？"蔡临儿一听声音，双腿就酥了，他虽生活在后宫的脂粉堆中，但因身份特殊，谁也不避讳他。他实际上感到自己从不是个正常的人，全凭脑子好使，对皇后的赞美是他的必修课。

蔡临儿尖声细语道："皇后如此装扮，简直令老奴疑是到了仙境。要不老奴去叫皇上，请皇上评赏？"

"去吧，皇上还不知在哪里呢，我这儿的临春阁，到了春，却不见春。"张丽华边说边把牡丹、芍药等名花花蕊香粉，轻轻拍进自己白皙的长颈。

陈后主就在结绮阁，正和孔贵妃在被衾下相拥而眠，一听是张丽华有要事相见，连陈后主也不敢怠慢，孔贵妃知道张丽华的手段，原来宫中有个美人，是沈客卿在杭州选美时发现的，刚一带进宫来，就被陈后主晋封为淑媛，也是体格风骚。陈后主一见那女子秀眉含颦，星目流波，两腮淡抹如醉红，柔肌媚骨、玉态生辉，柔媚的眼神和丰腴的体态，不是叫人动怜，不是叫人心碎，而是激起人禁不住的欲和爱。陈后主哪里能把持得住，一面厚赏了沈客卿，一面想找一个楼阁安置这小美人。可是，两个晚上的云雨过后，陈后主再也找不着那位美人了，满宫里人都说不知。陈后主刚想责问张丽华，那张丽华却寻死寻活，欲抱着儿子去投江，历数自己的功绩，历陈自己的长夜寂寞，陈后主想想，那美貌女子除了长相楚楚动人之外，其他方面，特别对男女之间相互嬉戏的事却不大明白，也就作罢。

此事一下子就树立了皇后张丽华的宫中威望，连朝野之臣也望风而靡，谁不想巴结？当蔡临儿来到结绮阁前，轻轻一唤，孔贵妃就不得不为陈后主穿上皇衫皇袍，临走还没忘记给陈后主服了一粒催性药，怕张丽华怪罪自己像妖精似的吸干了皇帝的精血。

陈后主来到临春阁，药性正好发作，猛地蹿上就抱住了张丽华，嘴里道："好香，好香。"临春阁内，别无长物。乌木床柱上雕着花样，红沙床幔低垂，一股异香，香气沁入骨子，越发撩起男女情欲。

二人贪欢后，张丽华道出了周罗睺的飞马奏章。陈后主顿时蔫了，扑在张丽华的肚子上就大哭起来，内心的软弱顺着泪水都流泻出来。

"皇上，"张丽华抱住陈后主的头，安慰道，"怕什么呢，有我在，就有皇上在，再说，那狼尾滩离建康还远着呢。明日上个早朝，交大臣们议一议，国难才显忠臣吗。"

"一切全由皇后处置了。"陈后主抽咽不停。

"新年元会还是要盛办的，不然让隋军笑话。"张丽华似乎打定了主意。

"建康对面可有什么消息？"陈后主还是担心。

"没有，一点都没有。"

"其实，朕的两个使臣被那杨坚扣住，朕就担心，这一天要到来。不知道来得如此早，朕所见的奏报都是胜利的喜讯，朕还谅那杨坚不敢出兵。"陈后主陷入往事的回忆之中，又哭起来。

"皇上，皇上多次说过'有王气在此，有什么怕的'。江南十六郡县，地广物阜，远接东海，西接三湘，南至琼崖。要兵有兵，要将有将，不能怯了那杨坚。"

"皇后这么一说，朕宽慰了许多。"陈后主止住哭声。

二人相拥着，呼吸着醉人的熏香，酣然入睡。

除夕之夜，陈朝君主和他的皇后竟是这么哭哭啼啼度过的，也算是不好的兆头。对于讲究运数、占卜之术的人来说，要是得知这一信息，那定会敷衍出传世佳话。

正月初一日，一元复始，万象更新。

陈后主和张丽华也是早早沐浴更衣完毕，静候礼官前来引导他们游赏新年元会，不然，那些奇巧的摆设，那些精细的制作不就白白浪费了吗？

施文庆早早就来到宫门口，迎接陈后主、张丽华等宫室人员，准备去京郊祭祀、劳师。

正等着的时候，护军将军樊毅、骠骑将军萧摩诃、中领军鲁广达等飞马来到，几个人滚鞍下马，劈头就问："中书舍人，皇上可上早朝吗？"

施文庆一看几个人见面也不施礼，心中不悦，用手扇着鼻子，怪声说道："这鬼天气，大年初一下这么大的雾，还酸臭酸臭的。"见几位将军愣着眼睛望着自己，脊背有些发凉，忙堆笑道："几位将军闻到了吗？哎，你们几位可都不能走，元会御祭，全仗你们护卫呢。"

小太监从宫门中蹒跚过来，揉揉眼睛，又捏着鼻子，尖声道："皇上、皇后传旨，令在京的各大臣今晨上殿！"

宫门里的黄马卫队鱼贯而出，分头传达圣旨到各公务衙门。

鲁广达说道："还好，说不定来得及。"

樊毅说道："就是不知守卫京口的南徐州刺史黄恪能否守住。"

萧摩诃说："樊将军今日禀明情况后，还得立即返回姑苏。"

"那是！"樊毅答得干脆，"形势太危急了。"

宦官蔡临儿的一声"上朝候旨"，陆续赶到的文武百官，大都衣冠不整，有的打着哈欠，有的揉着眼屎，有的缩着两手在宫门前不停地跺脚，像往常一样抱怨声不时闻入耳膜。

萧摩诃闻到不少的呼气中尚有浓重的酒味，心里痛想，好端端的大陈就毁在这班佞臣手中了。他仰天长叹了一口气，声音极轻，却被下轿的东宫舍人司马申听到了。

"萧将军，今天可真是个标准的过年日子，叹什么气呢？"司马申阴阳怪气地问。

在昭阳殿上，陈后主一脸愁容，不时偷望着身旁的张丽华。

大臣们的喊喊喳喳声就一直没有停止过。

护卫将军樊毅禀道："皇上，就在建康对面，隋晋王杨广亲率三路大军，渡江的准备工作已有数月了，如今，建康兵马尚不足五万人，何以抵挡？臣以为，应当加强京都防御。"

"要加强，要加强，"陈后主点头应允，"此事由袁仆射去办，在京口与采石两地派驻战船士卒。"

袁宪连忙禀道："皇上，臣手中的兵力人数有限，且都安排在最前线，臣以为，应速将京都的护卫军充实江防。万一隋军过江，京都建康留多少人马，都抵挡不住杨广的三十万大军。"

袁宪的观点得到鲁广达、樊毅、萧摩诃等人的赞同。

中书通事舍人施文庆却坚决不同意。

"万万不可，不可调动京都的一兵一卒。"施文庆想，这班好战分子，全然不顾皇上的安危，那怎么行？

"皇上，新年元会刚置办妥当，还没有正式开始。再说，皇上还要到京郊祭祀，安全是第一，把守护建康的军马都去弄江边防务，皇上的安危谁来保障？"

"江宰辅，"施文庆转向江总，"皇上对你是最信任的，你说说看？"

江总说道："皇上，臣以为施大人说得在理，江防力量比起隋军来，确实薄弱了些，但众位大臣别忘了，那晋王广的兵马可是北方夷狄之人，见了水就头晕。纵是人多马强，可长江天堑是上天赐予的保障，那是一道不可跨越的坎。能起到多少兵马的作用呢？臣是估摸不透的。"

都官尚书孔范说："江宰辅不仅是位文学家，诗文做得好，对时局分析也是头头是道。皇上、皇后，贺若弼在京口的对面，鬼把戏演得多了，一会儿调动，一会儿摆出进攻的样子，实则干打雷不下雨。何也？'王气在此'！皇上不是一再说过，唯有建康是普天下的帝王之都。当初齐兵三次进攻，周兵两次进攻，不都铩羽而归？今天，隋军怎么过江呢？这都是那些守边的将士欲称功劳，妄言事情很急，这样的例子还少吗？臣一向恨自己的官职低，贼军若能过江，我一战成名，那皇上、皇后就一定会赏臣太尉公了。"

陈后主哈哈大笑。

张丽华也受到感染，叫江总说："江宰辅，昨日游玩可有新作，别忘了我啊？"

陈朝的一举一动早就被飞报给隋军统帅晋王杨广，建康门户洞开，机不可失。

杨广的大帐内，灯火通明，背对帐门，面图沉思的就是三军总帅晋王杨广，时年二十一岁，可谓有为得志之年。事实也是如此。杨广通过自己的努力和伪装，越发受到父皇的信任。杨广时时突出了"礼"字，在生活上突出了"俭"字。这两条正和杨坚如出一辙。每每有大臣来访，杨广总是亲自接于府门，送于道旁，无论其地位高低，岁长岁少都执手相言，言辞恳切，貌甚谦恭。

平时生活起居几乎节俭到了吝啬的地步，残羹冷饭总是舍不得丢弃，上朝时总爱穿着一件已褪色着补丁的官服。杨坚曾秘密地探访，没有发现杨广有多余朝服，夫妇二人也是居于王府，过着平民生活。杨广还总是上表，一再请降俸禄，留于国库，或赈济灾民，或兴修民本之需。

一日，杨坚巡幸并州，杨广伴驾，和父皇纵马山野，弯弓射猎。杨坚见不及弱冠之年的杨广把并州治理得井井有条，男耕女织，百姓乐业，时见商旅往来，时闻书声琅琅，农田桑林如诗如画，心情极为开朗。但是到了晋王府时，却是普通民宅一般，席间，吃的也是普通饭菜，只是多添了几只山鸡、野兔，那还是当天打猎的收获，杨坚惊讶地问杨广："朕一路上，见百姓富足安康，你这儿倒不奢华，这是为何？"

"父皇，儿臣一向谨记父皇的教诲，不敢越雷池一步，儿臣不是没钱，不信，可叫人捧贯钱叫父皇看。"杨广的侍卫长张衡，也是心腹之一，不一会儿捧几串钱币出来，上面蛛丝条条，落灰盖纹。

"广儿，"杨坚甚是不解，"钱都落了这么一层的灰，为何不花掉它？"

"父皇，记得小时候的儿臣因为贪嘴被父皇打了一顿，那件事对儿臣终身受用。"

杨坚想，这孩子，小时候几个儿子哪个没被打过，我怎么记得住？便示意杨广说出来。

杨广深情地回忆道："那年儿臣七岁，我和哥哥太子勇同在太学读书，一日放学回府后，我弟兄俩都直嚷饿，管事的蔡婆便给了我俩一块糕饼，太子勇很快就吃完了，儿臣见哥哥吃了更好的，便也要一个山柿饼子，正欲吃呢，父皇回来了。见桌剩有半块糕饼，便责问是谁，我吓得不敢承认，是哥哥指出来了我。果然，父皇打了儿臣一巴掌，父皇当时还说了一句话，人哪，从小就应知道节俭，由俭到奢很容易的，反过来就难了，只要是杨坚的后人，都必须记住这个理。因此，每当儿臣想过得奢华一点时，父皇的教诲总是耳边响起，鞭策我，激励我保持节俭本色。"说完，还拿袖襟揩了揩眼角的泪水。

杨坚听得很感动，心想，太子勇的东宫要有晋王府的一半良风就好了。杨坚轻轻地拍了拍杨广的肩头，那意思是说："朕的这个儿子最像朕了。"

杨广看着眼前红红蓝蓝的地图，眼花缭乱，他真不适应这个，若是看红男绿女还差不多。

可别说，杨广最得皇后独孤伽罗欣赏的正是杨广对红男绿女的看法。每次回到宫中请示公务，杨广少不了去看望母亲，每次都带些萧妃亲手采摘的桑椹果和亲自打制的柿饼给皇后品尝，礼轻情义重。

皇后独孤伽罗问杨广：萧妃人怎样，夫妻恩爱吗？

杨广就不断地赞美萧妃，如何大家闺秀，如何体贴下人，如何忠于自己。事实上，杨广一直不养宠妓，更不纳妾的长处，早已被皇后打探得一清二楚，也不停地从萧妃那里得到证实。独孤皇后暗想，这孩子真像杨坚，相貌品行都像。有时又感到遗憾：为何广儿不是老大呢？

"让杨素那小子抢了美名！"杨广坐在元帅案前，面对父皇一圣令，颇费踌躇。圣令上明白写着，要杨广指挥贺若弼和韩擒虎分别从东西向建康同时进击，前者从广陵，后者从采石。

杨广双眉骨一跳一跳，他按了按两鬓下的太阳穴，稳定情绪，看见僚属张衡正在门口打盹。

"张衡，去把高长史、副史薛道衡找来，去探望一下。"杨广走到帐门口，望着深邃的夜空，心想，再不行动，怕是要受父皇责怪了。好在陈的水军无力回援建康，这也是一个机会。

不一会儿，右仆射、晋王元帅府长史高颎、行台右仆射司马王韶及薛道衡出现在门口。

杨广急步上前："高长史、王司马、薛内史，来来，外面真冷，"转头吩咐张衡，"去弄三个火盆，王司马，老寒腿不曾再犯吧？"

三人颇受感动："晋王，这么冷的天，你怎能站在外面呢？"

"实在为战事所焦急，至今尚无完整的计划，恐有负父皇的信任。"

高颎对杨坚选杨广为行军统帅，嘴上不好说什么，其实内心是有异议的。也难怪，高颍和太子勇本是儿女亲家。心中自有偏好。

"晋王，何时渡江？"薛道衡双眼通红，近日熬了不少通宵。

"我听你们三位的。"杨广谦逊地说，"我辞别父皇时，父皇一再叮嘱，多广议，善综合，知彼知己，而后才百战不殆。"

杨广边说边取下自己的羊皮坎肩，盖在王韶的腿上，又把一个火盆朝高颍面前推去。

拿起桌上的谍报，杨广饶有兴味地边看边说："真实情况是这样：陈军江防力量不大，但在它正面横渡，恐怕建康的军队能支援及时，父皇建议，从东西两方面……"

高颍沉默不言，手摸胡须，转动脑子。

薛道衡说："晋王，发兵宜早不宜迟，宜暗不宜明。"

"说得好，真是'朝闻道，夕可死矣'。"杨广亲手剪了多余的灯花，烛光照亮了几位平陈战役的决策者的脸庞。

"敌人很狡猾，凡事……"王韶说到这，看高颍不住摇头，就止住不言。

高颍沉声道："晋王，渡江必在当夜，天时就占了。这样，天时、地利、人和，于我尽有。"

杨广嘴里嘟囔道："天时、地利……"

"是的，正是这样，"薛道衡说，"今夜是除夕之夜，陈宫准备召开新年元会，虽说建康城下的护军较多，但水军多从各地调来，指挥协调不甚熟稔，可以利用天时攻击。打仗就要选择敌人最不注意的日期，岂不是占了天时？"

杨广频频点头。烛火有些暗淡，但帐内光线却很柔和。

"晋王，兵贵神速。"高颍提醒到。

"好，就定于今夜，让贺、韩二人渡江。"杨广下了决心说，"一切全靠高仆射统筹协调。"

王韶说："今日傍晚云层低压、雾渐生起，想来是天助我大隋。"

杨广快速写好命令文书，让属僚张衡抓紧带人去办。

杨广又像是恍然大悟地说："哎呀，差点儿忘了，今日是除夕呀。要不是伐陈，各位长辈都在家中合家团圆，享受天伦之乐呢。说实在，我也想回府和萧妃团聚。众位一心为了大隋，实在令我感佩不尽。父皇不在军中，权由我来布置。"

杨广走出帐子，亲自在膳食房准备酒菜，嘱咐要准备好饺子，连夜做好，发给每个军士，务必让每个军士都吃上饺子。

正在这时，总管宇文述来报："对岸敌军似有移师换防的迹象。请晋王前去探望，一辨真假。"

宇文述和张衡都是杨广的心腹知己，二人对杨广是言听计从，并且很能出点子。两个人都有一个缺点就是爱赌。

杨广对宇文述问道："是船上灯火在动，还是人提灯火在动？"

宇文述道："不清楚……"

杨广摇头说："不大可能，你去仔细监视，只要陈军不过来，就不要大惊小怪。"宇文述离去后，杨广入帐。

"久坐不合礼仪！"薛道衡优雅起身告辞。

杨广伸开双臂拦住说："这何必呢，这何必呢。坐下谈谈，不然忙起来，就难得见面。"表情很是真诚。

"薛内史，父皇一向器重你，我也深受感染，薛内史年长我几岁？"杨广关切地询问，似乎要找个话由，以便进一步攀谈。

薛道衡看看高颍、王韶执棋下得正酣，又见杨广留得诚恳，便又坐下。说实话，薛道衡对杨广并不讨厌，认定他很有才学，会写诗，格调高雅，入音入律，对人又很诚挚，在朝中文武百官对他的口碑不错。

"比起元帅来恐长几岁，但元帅容貌出众，为国事又是这样不顾命劳碌，实在是一代英才。"薛道衡赞道。

"薛内史，您过奖了，想当年，你几入南陈，几多劳虑，如今，又运筹于帷幄之中，决胜于千里之外。观薛兄容貌，浑身流溢着一派江南名士的风流倜傥，举止潇洒。读了你的诗，越发感觉薛兄才气横溢，诗如其人。"

杨广弯腰向前，做出由衷佩服的样子。

"元帅谬赞了。"薛道衡浅浅一笑。

两人谈笑着，高颍、王韶的一盘棋已经下完。三人在元帅府又谈及军务，谈风甚洽。杨广硬留三人吃了三鲜饺子，而自己却是象征性地吃一两个。末了，嘱咐士卒端去送给巡哨的军士。

王韶叹道："元帅真有爱兵如子之良将风范。如同江南的汩汩春水，处处流泻无滞，温暖宜人。我敢说，以其开阔的胸襟，仁爱的品范，足以为臣中的楷模。"

话音虽低，但耳尖的杨广可是全听在耳里，喜在心里。

贺若弼盼望多年的机遇就在眼前，他怎么能放过呢？当初，尉迟迥起兵时，多次派副将前往联络，相约起兵讨伐杨坚，贺若弼不为所动，杨坚却因此对他甚不放心，派遣柱国长孙平前往寿州，欲取而代之，掌刺史之职。贺若弼当然不愿意放弃，拒绝了长孙平。长孙平以内应逮捕了他，押往京师。幸有高颍的力荐才被命为吴州总管，委以平陈大任。贺若弼心里清楚，要不是自己的才学"有重名于当世"，对自己疑心甚重的杨坚是不会重用自己的。

平陈战役之前，贺若弼是第二位提出"平陈之策"的高级官员。第一是李德林，他是皇帝身边的人，皇上有什么心思，当然先透露给他们，所谓"圈里、圈外"，自古以来都是有别的。父亲贺若敦的死对他的打击很大，特别是临终遗言，他几乎是用刀刻在心上，人不死，一口气尚在，那遗言的字字句句永不会磨灭。想自己有骁勇善战的体魄，博涉书籍的才智，生逢乱世，正如虎入山林，鱼归大海，有了用武之地，一展平生抱负。

原先有些忠臣不事二主的想法，做个敢谏之臣的誓言都被频仍的朝代替换所淹没。父亲血淋淋的教训还不深刻吗？贺若敦是北周金州的总管，英名盖世。因和骄傲跋扈的宇文护不和，言语间有所泄露，结果被宇文护杀害。贺若敦临刑前，曾对贺若弼郑重嘱咐说："平定江南，统一中国，是吾平生之志，望他日承吾遗志。吾今日之死，都是言语之累，你不可不记！"

于是，贺若敦让贺若弼取来锥针，狠狠地刺在贺若弼张开的舌头上。由于这个缘故，贺若弼虽然胸怀大志，博览群书，思路敏捷，骁勇慷慨，却是终日默默寡言，对朝中是是非非从不插嘴，更不过问。

唯有一次例外，那就是平陈。当贺若弼知晓杨坚垂询问计，便很快递上平陈十策，这多少消弭了因夺州刺史一案杨坚对他忠心的疑惑。

两军对峙，互相观望。贺若弼心里好笑，最后一次大规模调兵时，陈朝水军竟然在水里洗澡，不时指指点点，还朝隋军撅起白亮的屁股以羞辱隋军。好，目的到达了：骄纵了敌人，振奋了自己。

杨坚的诏令已看了几遍了。实际上，从对杨素出蜀的嘉奖中可以看出，文帝对拿下建康，端掉陈朝老窝的心情是多么急迫。同时，杨素出蜀揭开了平陈序幕，这个第一就让给别人了。第二个属于谁呢？非我不行！否则，我贺若弼对不起列祖列宗。

贺若弼信马登上一块高地，遥望对岸陈军的灯火由灯笼般大小渐渐地晕成一团云雾，飘飘荡荡。听得身后有马蹄嘚嘚声传来，贺若弼知道，是部将周法尚回来了。

白天，贺若弼和周法尚沿江巡视时，就感到陈军有些异样：平时在河口的战船都摆到江面上，而军卒却几乎不见。周法尚原是陈朝的骁勇之将，却被谗言中伤，只得亡命北投，贺若弼奉文帝之命，将其收为行军总管。经过彼此交谈，深感周法尚为人厚道。周法尚针对这一现象向贺若弼进言："陈军此举，欲盖弥彰。近几天，新年迫近，每年此时，皇宫中都遣些使臣到军营劳师，陈军以为我们有渡江之意，为保险起见，把全部兵力显示出来，以此吓唬我们，以为我们不敢进军。这是个好机会。"

"将军分析得有理，我想，既然舞台搭好了，好戏就该上场了。近日，皇上的诏令也透出这个意思，让我们择期而定。"

"那就在除夕之夜动手，如何？"

　　"我也是这个意思，烦你去一趟中军元帅帐。快去快回，把我们的想法和晋王说一下，再请示一下高仆射。"

　　不一会儿，看到周法尚一溜烟地上来，甩鞍离镫，把战马交给亲兵，贺若弼也翻身下马，手揽缰绳笑着说："周将军，你的速度好快呀！"

　　周法尚拱手道："不是我的速度，而是巧遇了元帅府僚属，晋王杨元帅的侍卫张衡，命我们这几天，选准日子渡江作战，并建议在今夜，依计而行。"

　　贺若弼拉住周法尚的手说："这么说，时候到了。我们回去准备。"

　　二人回马，沿着坡路缓缓而下，江雾更浓了。"贺将军，江面雾越重，越有利于掩护行军，我看，就定在今夜子时，趁陈军熟睡之际，突发攻击。"周法尚显得信心十足。

　　"你看，"贺若弼用马鞭一指本部的水陆营寨，"多美啊！"不由得轻轻惊叹了一声。

　　"周将军，你报仇的机会来了。"贺若弼坚定地说。

　　周法尚内心十分激动："将军，我周法尚愿意带三千士兵，偷袭陈营，将军亲率五万之众火速过江，明日，隋军就可完成对京口的包围。"

　　"辛苦周将军了！"贺若弼说。

　　"不不，我一直担心自己是陈朝军队出身，不敢积极请战，怕人说……"周法尚嗫嚅着说。

　　"不可乱想，要知道，皇帝一向是疑人不用，用人不疑，将军看我不就是个明证吗？"贺若弼笑了一声，"正因为对将军信任，才让将军担任我部先锋，何况，将军对江南地形很熟悉呢。"

　　"谢谢将军。"周法尚说。

　　"只是辛苦将军了。"贺若弼紧攥周法尚的手恳切地说。

　　营帐外，一排灯笼的火势已经很弱。贺若弼让士卒取下来，重新换上新的并吩咐备些酒菜。

　　端上酒菜后，贺若弼亲自把盏："来，为明天的相会，干了这一杯。"

　　两人痛饮而尽。

　　深夜子时。长江北岸，贺若弼和周法尚站在船头，紧张地注视着前方。一队队士兵轻手轻脚地登上船舱，弓在背，箭在囊，刀在手，个个膀阔腰圆，精神抖擞，纪律严明。数百只战船上，军卒们一齐奋刀举臂，入水甚轻，拔水甚猛，船体缓缓移动，齐刷刷划向江心。若没有历久的训练，是达不到这样的素质要求的。贺若弼站在一条大船的船首，目送周法尚远去的身影，心中默念，但愿一战成功胜利渡江，一旦踏上江南土地，那对于善于陆战、马战的隋军来说就进退自如了。他也很紧张，手心出汗，鼻孔微张，但他能够克制。

贺若弼抬手指着江中大雾，轻声对身边的部将说："三国时，诸葛亮草船借箭，不就利用这浓雾吗？今日的大雾必定是我大隋军队的胜利硝烟。"

几个部将点头称赞，一脸严肃地望着江南，就等南陈水营火光冲天，烈焰四窜。

两个时辰过去了，周法尚部如泥牛入海，没有火光，没有杀声。贺若弼几乎站不住了。

这个周法尚怎么搞的？就是打了败仗，还有败逃而归的士卒吧。

有一位部将按捺不住了，低低地骂了一句："周法尚，你这个卧底的奸贼！"

几乎同时，想也不想的贺若弼抬手就是一巴掌："混账，事实没弄清楚之前，不可动摇军心。"是的，这样的话要是被普通的士卒听到，后果不堪设想。这一巴掌总算打破了江面的沉静，附近船上的军官士卒都不约而同地伸着头，望着贺若弼的战船，不知出了什么事。

被打的部将头晕腿颤，眼冒金星。他哪经得起贺若弼的金刚掌？贺若弼曾一掌断石，臂力惊人之极。那部将的嘴角咸咸的，有鲜血从嘴角流出，只能用舌头舔舔，吸入嘴中，咽下肚去。

突然，整个南岸欢声雷动。隐约可见，无数个火把在江面上晃动。是不是周法尚全军覆没？是不是陈朝的士卒在庆贺胜利？不可能，绝对不可能。贺若弼迅速地做出判断：好一个兵不血刃的周法尚。

贺若弼唰地拔出宝剑，往空中一指："弟兄们，我们已攻克陈营水寨，冲啊！"

"拿下京口，就等于占了建康的门户，"贺若弼兴奋地对众将说，"敌人已被消灭，冲啊，冲过长江去，活擒陈主。"

千余只战船，一齐射向北岸，寂静的江雾，终于被"冲杀"声所冲散。半个时辰过后，江南水军营寨挂满了大隋的旗帜。军士的欢呼雀跃，已清清楚楚的了。是自己人，贺若弼的判断十分正确。

原来，陈军守将一直以为隋军不会过江，更不敢过江，为了保险起见，陈军便把所有的战船都摆在江边，而随船的军卒，都回到陆地军营喝酒作乐去了，只留个别士卒看船。

周法尚靠近陈军水师时，守营的士卒都因喝酒过量，正在睡大觉呢，迷迷糊糊中就做了隋军俘虏。周法尚率几千劲卒高举火把冲向陆地上的陈军营寨，在一片刀光剑影中，陈军稍微抵抗了一阵便全部缴械投降了。

随后，贺若弼的大军乘势掩杀，于正月初一，马不停蹄地完成了对京口的包围。

京口守军本来就薄弱，只有几千人，且大都是羸弱之卒，哪敌得过人高马大的隋军。

贺若弼跃立马上，让几万军卒高声呐喊，声浪如惊天之雷。不一会儿，京口守军便从城墙上扔下降表。京口陷落。

正当陈朝君臣自恃"天堑"和王者之气时，京口的败兵传来了京口陷落的消息。采石矶的守将徐子建也派人告知形势的突变。陈后主这才真正慌了，他当然知道，如此一来，陈朝离覆亡就已不远了，想着延续几代的大陈朝从自己手中败亡，陈后主痛哭流涕。

第二天，陈后主第一次没有拥着张丽华坐到昭阳殿。文武大臣们面面相觑，不知所言。陈后主哭道："众爱卿，你们咋不说话呢？都说国难见忠臣，贫家出孝子，你们要替朕分忧呀？"

陈后主眼光怜乞地看着萧摩诃、樊毅、鲁广达等人。面对隋军的攻势，陈后主知道此时需要的不再是那些唱和诗文的狎客，而是眼前这些真正有军事才干的人，需要他们拼死一搏，奋力抵挡。因为，他再昏庸，也知道大话不能挡住隋军的战舰和军马。

萧摩诃说："皇上不必自顾伤心。有臣等在就有皇上的大陈天下。臣愿率五万精兵火速前往京口，与那贺若弼死战，力收京口。"

陈后主一听，脑袋昏沉，说："骠骑将军，哪来五万军马可供将军调遣？"

萧摩诃说："建康守军一个不动，全由任忠大将军亲领，臣只带去各地前来元会郊祭的兵马，看来，元会就不必举行了。形势所迫，望陛下恩准。"

陈后主又转向施文庆，见施文庆撇了撇嘴，甚为不满。"施爱卿，你的意下如何？"陈后主问。

施文庆深知自己与诸将不和，此时更是害怕武将立功，威胁到自己的地位。想也不想，就出班禀道："万万不可，皇上，臣想，如果在京口没有陷落时，派兵救援，尚可以考虑。现在形势有变，京口业已陷落，隋军处守势，再去复夺，会损兵折将。不如等隋军来攻建康时，集中兵力一举歼之。就如同前秦面临的淝水之战一样。纵然隋军过了长江，那就回不去了，浩浩荡荡的江水就是隋军的葬身之地。"说着，竟激动起来，声调也高了。

武将中有些哂笑。

"笑什么？我这是万全之策。众位将军，谁能打保票，能够攻下京口？如果京口不克，隋军在半路截杀，正好中了隋军的奸计。我早有所料，所以才借元会之由调集主力护卫建康。如果分散兵力，建康失陷，想将皇上置于何地？"施文庆厉声道，"谁来承担亡国的责任？"

一席话压得武将们不敢出声。

萧摩诃还想再辩，鲁广达抢先开口："皇上，如果萧将军的意见不能见纳，臣有一计，不如由臣率一万甲兵出采石，采石正在被围攻之中，臣的大军一到，里应外合，采石之围被解，逼得隋军不得不在江面上和我军作战，以己之长克敌之短。然后全力对付渡江的贺若弼，那大陈或许有救，还望皇上早下决断。"

施文庆一听，说："此计和萧将军的进攻京口计策如出一辙，毫无新鲜感，将军纵有神机妙算，你何能测出，当你率军抵达时，采石就不陷于隋军之手？万一采石陷落，贼军挟威再打败鲁将军，那一万人岂不白白送死？"

鲁广达气得横眉直竖。什么事情都没做，就预想它的失败后果，这就是施文庆的逻辑。鲁广达本是个脾气急躁之人，急道："那依施大人之计，我们是不是坐等隋军前来进攻？"

陈后主见文武之臣乱哄哄地吵作一团，甚是后悔没有将张丽华带来，要是有皇后在场，或许能出个高明计策，想到这，陈后主又哭起来，众臣才渐渐平息下来。

君臣这一议就是一整天。没有谁能拿出个令文武众臣都能接受的方案。施文庆更是气焰嚣张，对请战的奏折，皆予压制。

陈后主呆坐在殿上，感觉自己孑孑孑立，形影相吊，众臣令他不知所措。

大将军任忠是个精明的人，他认为从战略上讲，陈军必败无疑。明摆着，隋强陈弱是个不争的事实。朝中没有能臣，国家又无明主，表面上是将有军权，文有方法，实际上是将相不和，将虽在外，而权在相，想挽救陈朝实在是没有指望了。从战术上说，长江一被隋军渡过，就失去防御的最后底线。陆战，陈军不是对手，分兵出击，更非理想方案，倒不如利用建康城的坚固的城墙，充足的兵源和粮食，一方面足以坚守上个三月半载，待隋军久战成了疲劳之师后，再出城决战；一方面向各地发出勤王的诏书，利用南方人对北方人的恐惧及不想被北人统治的心理，纷纷率兵来救建康，或可有一救。

主意拿定后，任忠道："皇上，众位文武大臣，顾国家大势，祸胎养成于姑息，想当初，面对隋军的求和之举如能深加探讨，识其阴谋就与之断交，乘隋内乱之时，边境不稳之日，发兵攻隋，就没有今日之惨局。臣愿皇上明功罪，信赏罚，赶紧收复兵马，壮大力量，不然，讨论来，讨论去，不就是兵不多将不广吗？"

任忠的一席话说得孔范、施文庆等人都瞪大眼睛，想任忠是不是有所指，以便有所驳斥，听了半天，才知道是让皇上招兵买马，才轻松了一下。

侍卫宦官们已经点燃如炬的蜡烛，宫中灯火通明，大臣们都没有往日的清闲，个个忧心忡忡。陈后主被引去后宫吃膳。

护军将军南豫州刺史樊毅想，京口陷落，若隋兵留下一部分兵力镇守，派主力继续南攻姑孰，姑孰失守，建康西南大口又被隋军打开了。何况，如若采石陷落，姑孰将直接面对隋军韩擒虎的主力，不防不行。

樊毅在将军列中不停地移着步子。孔范看出樊毅的不安，那是想走的迹象，嗯，想趁后主用膳之机开溜，那不行！孔范上前道："樊将军，我一向敬重将军忠勇，你看到了，朝中公卿凡遇大事，总是久拖不决，不如将军也来京城，统兵保卫都城如何？臣这就想引荐足下入朝。"

樊毅连连摆手，萧摩诃一听，朝孔范啐了一口："朝廷不是勾心斗角之地，与其将心血耗费其中，还不如洒在疆场，不负国家养育之恩，还多一些裨益。樊将军，你还是回姑孰吧，那里太重要了。"

忽然，一阵旋风卷进廷内，烛火扑扑两下暗淡，恰在此时，宫中侍卫高声举报："采石矶守将徐子建要求晋见皇上！"

"哦——"任忠心里一凉，"完了，完了。"转视群臣的反应，个个愕然，如泥塑一般，谁都知道采石矶失陷的后果，那将意味着建康已完全陷入隋军两路围攻之中。

徐子建上朝，把陈后主吓得头一缩："妈呀，鬼，鬼，李善度，快来救朕！"

在昏暗的殿内，徐子建蜷缩着身子，左臂空荡荡的，头发散乱，脸色惨白，目光呆滞，衣服破碎不堪，浑身血污斑斑。在朝廷上，在华丽的宫殿中，在香雾缭绕的朝堂，徐子建就像是从地狱中来的一样，是索命的无常，是催命的恶鬼。

文臣中尽管心里早有准备，施文庆、孔范等人还是吓得面如土灰，两腿筛糠，嘴唇颤动，不知如何是好。

萧摩诃对樊毅说："樊将军，采石矶失陷，恐姑孰不保，樊将军还是请回吧。"

樊毅扶起徐子建："将军受苦，赶紧疗伤，皇上会做考虑的。"实际上，他也心中无底，看到陈后主一直躲在龙案后面，连头也不抬，更不敢拿眼正瞧着徐子建。

樊毅急了："陛下，情形如此险恶，速下决断吧。臣就请辞先回，确保姑孰安危，望陛下恩准。"

陈后主手脚冰凉，抬起龙案上的胳膊，摆了摆。樊毅道了声："臣告辞了。"转身走出宫殿。

夜色正浓，凄凉的北风吹在樊毅火红的脸膛上。他出了宫门，翻鞍上马。正在这时，萧摩诃等人陆续出来，高声叫住了他。

"萧将军，还有什么事？"樊毅问。

"樊将军，徐子建的采石矶已失，你留在姑孰的军马不足五千，如何抵挡韩擒虎的几十万大军？"萧摩诃忧虑地说。

"骠骑将军，都到这个时候了，唯有死战了。"

徐子建也从宫中出来，紧跟着樊毅。

"你来干什么？为何宫中太医不给你医治？"樊毅问。

"皇上一直没敢正视为臣，臣想肯定是臣的惨象使皇上担惊受怕，故请辞出来，细说隋军情况，使将军筹划得当，助将军一臂之力！"

樊毅很感动。萧摩诃道："将军伤势不轻，还是留在京师之中吧。"

"不，不，我奔赴建康时，已在姑孰城外的日月桥布置了一支隐蔽的军马，还要回去看看，帮助将军协调一下。左臂没了，还有右臂，还能举刀杀贼。"徐

圣人可汗：隋文帝

子建试着高扬右手。

鲁广达夸奖道："有种！我们陈军少的就是徐将军这样的人。走，我们到酒店为你们送行！"

"好，萧将军、鲁将军，你们留步，待我杀退隋军，再来共饮庆功酒。"

萧摩诃道："不，是痛饮庆功酒，像我们这样死拼，可皇上为何连见一些鲜血都胆战心惊，太令人失望了。"

樊毅道："将军此言甚是，但现在不是生怨气的时候。"

鲁广达对皇上一向忠心，也跟着说："皇上假我等兵权，我等应尽死力报效，等打败了隋军，皇上岂能不赏？徐将军，你暂且回府调养，等击退隋军，我等都去看你。"

徐子建刚才不悦的心情被感化了，单手上马，道了声："各位将军，告辞了。"说完，飞马而去。

离姑孰不到十里的日月桥，是通往姑孰的必经之地。日月桥也是姑孰存亡的咽喉要道。可以说，日月桥失陷，姑孰就无险可守了。

庐州总管、长江下游元帅、晋王杨广的右翼先锋韩擒虎得意不起来。采石矶一战，韩擒虎的军马遭受了陈军的重创。几乎同时，他和贺若弼接到了晋王杨广的渡江指令。幕僚建议乘夜渡江，韩擒虎思前想后没有同意。

当时，韩擒虎对众将官说："我大隋军队行的是正义之战，不必偷偷摸摸，有损我大隋军威，让陈军耻笑。胜了无话可说，要是败了，岂不让天下人笑话！用不着，明日新年，全力进攻，也能起到意想不到的效果。陈军即使有所准备，也是螳臂挡车、蚍蜉撼树。"

众将大笑，对韩擒虎的不用计谋的计谋感到满意。其实，隋军将领比起白天来，更怕夜战，河网密布，地形又不熟，再说水战非自己所长，夜里风浪更大，船会不稳，晕船的滋味，大家都受过，白天晕船，心里不慌，经过半年的训练，好歹也能在水中扑腾几下子，要是晚上落水，后果不堪设想。

次日凌晨，江上大雾还没有散尽，韩擒虎的三万水军等啊等，直等到雾散云消，江上清阔起来，朝阳吐辉，光彩绚烂，江面正好无风，波光闪动，景色迷人。三万水军在宽阔的江面奋力开桨摇橹。高挂风帆，一时千帆竞发，旗幡招展。陈水军在江面上和隋军展开殊死搏斗，尽管战船矮小，数量又少，但机动灵活的船身、变幻不定的阵式着实给隋军以不小的打击。十几艘战船起火了，火势甚猛，而隋军的火箭镞却扑扑地掉入江中，气得韩擒虎在北岸骂声不止，急得双眼通红。

韩擒虎亲自上了战船，率领预备渡江的隋军全部过江。长江两岸的百姓，祖祖辈辈也没见过这么多的战船在江上厮杀，两边鼓声大作，刀光剑影，桨橹交互击打，不时发出各种声音，不时窜出火光，冒出浓烟。

亏得韩擒虎大军压上，要不然三万水军还真斗不过六千陈军。陈军守将徐子建此时多么希望建康方向能迎来自己的援军！看看支撑不下去的局面，徐子建准备拼命了。两旁副手紧紧地夹护着他，弃舟上岸。回首再看陈军的几百条战船，完全乱了阵脚，就像孤羊投在野嗥声不断的群狼中，完全被包围了，江面就那么点空间，全部被隋军的船只塞满了。陈军东逃挨箭，西逃挨打，只能各顾自己，只有十几只船侥幸逃脱，顺流而下，直往建康方向飘去。

徐子建身边的两位将领也被乱箭射死，其中一支射中徐子建的左臂，火辣辣地疼痛，这是一只毒箭，亏得抢救及时，断了左臂……韩擒虎的大军如同蚂蚁一般黑压压地爬上江岸，即刻对采石矶发动全面攻击。

韩擒虎身披甲胄亲自攻城，终于在下午登上采石矶城墙，清点军情之后，韩擒虎不禁暗暗吃惊，此役隋军损伤军卒五千多名。他一面派人向晋王杨广报讯渡江成功，一面调集人马风卷残云般地急急向姑孰进发。

晋王杨广的指令很快传来，给予韩擒虎高度赞扬，同时告知韩擒虎：左翼贺若弼已于上午攻克京口，命令两军奋勇向前，包围建康云云……

面对胜利，韩擒虎怎能高兴起来？杨素出蜀大战狼尾滩，捞得首功；贺若弼半夜渡江，兵不血刃地解决了京口，而且大军没有什么重大损伤，又占了渡江的鳌头；自己却仍然徘徊在离姑孰十里之外的日月桥，这怎么不让韩擒虎心急如焚！

韩擒虎兵临姑孰城下。薄暮，韩擒虎与来护儿等众将领正在新建的大营中用膳歇息。晋王杨广的中军行军总管宇文述的一队兵马急匆匆赶来，传达杨广的指令和高颖的建议，很严肃地把薛道衡亲手所写的密条交给韩擒虎，说是攻下姑孰后，才可拆看，并留下一人，此人名叫王颁。

王颁是梁朝名将王僧辨之子，王僧辨被陈武帝袭杀，王颁流落北周，誓死要报仇。隋朝建立后，他也曾上书献平陈之策，为文帝所知，亲加慰抚。平陈开始后，王颁一直待在中军大帐，杨广准备让他率众徒数百人，乘夜渡江，因为听说贺若弼业已渡江，高颖进言，把王颁配与韩擒虎任用，以免贺、韩二人会因没有陈军旧将做向导而产生嫌怨。

贺、韩二人都已渡江的消息传到中军后，因韩擒虎在渡江中不太顺利，损兵折将，进兵有所迟缓，无形中会加重贺、韩二人嫌怨，致使二人步调不一致，影响了两支主力合围建康。高颖的计谋是出众的。

看了晋王杨广对自己的嘉奖，韩擒虎心中的怨气又抬起头来。其中两点让韩擒虎觉得脸上无光。一是，望韩擒虎率全体将士一鼓作气，拿下姑孰；二是，鉴于贺若弼的军马正急驰建康，已进至南徐州，正突破陈军江防进攻建康，要求韩擒虎攻克姑孰，全力进军，长途奔袭建康，不让陈后主乘船往长江上游逃窜。

宇文述临走时，特意说："晋王已率大军屯六合镇桃叶山。"

韩擒虎连连答应说："宇文总管，我韩擒虎发下重誓，这次首先进入建康城的必定是我韩擒虎。"

宇文述道："将军不要用气，贺若弼攻下京口后，行军速度有些迟缓。元帅只是希望你加快行动。一切都以包围建康为上上之策。元帅希望，一旦建康守军知道贺军速度慢下来，他们想逃不是，想走也不是。高颎认为，这是置敌人于两难境地。这是攻心的兵法战略。"

韩擒虎觉得，这些话比朝他脸上扇两巴掌还难听，实际上句句是实情。

"嗯，"韩擒虎恨恨地想，"贺若弼一向说自己骁悍无比，以当今之卫青、霍去病自诩。等着瞧，看看谁是卫青，谁能够担起霍去病的声名？"

此刻，贺若弼正在京口刺史的衙门内和黄恪把盏畅谈呢。黄恪是京口刺史，按理说京口也是地势险要之所在，但早在陈隋通好时，贺若弼就曾修书一封和黄恪进行了一番推心置腹的笔谈。

那黄恪是陈朝的秘书监，右卫将军兼中书通事舍人傅宰的得意门生。陈后主的宠臣施文庆、沈客卿专制朝纲时，傅宰遭到拘陷，被捕下狱，后被赐死，那两句话每次黄恪想起都心颤不已："臣心如面，臣面可改，臣心不可改。"

面对老师的冤死，黄恪能不悲愤吗？本来也想忠心不事二主，可是看到这样荒淫的陈后主和那班佞臣，黄恪怎能不齿寒呢？

当贺若弼依从周法尚的计策乘雾渡江成功，并快速推至京口城下时，黄恪只是象征性做了防务，并贴出告示：老百姓只管安居乐业，不要惊慌，天塌下来由他一人顶着。此告示一出，城中百姓果然平静，既佩服黄恪的胆识和勇气，又疑惑他的话能否验证。

在城门上，黄恪望着隋军阵前的贺若弼，感慨万端，和自己通了两年的书信，今日才得以见面，果然是个异人。如此魁伟的相貌却又满腹文墨，陈朝中有几个人能与之相比？贺若弼抬首望见飘在城门楼上的将旗，心中有数了，信马前出几步，双手抱拳，朗声道："黄刺史，久想谋面，没有机会，今日一见，了却平生夙愿。"

黄恪没有说话，又听贺若弼道："黄将军，我奉大隋皇帝圣旨率兵讨伐无道的昏君，不想和将军在此兵戎相见。将军久读圣贤之书，历览前辈之崇德风范，想必知道有道伐无道的天理。如今，南陈好似一根朽木，从里到外腐朽至极，弹指可碎。朝廷之君荒淫无度，朝中之臣权欲熏心，大将横行跋扈，士卒饥寒交迫，百姓民不聊生，这样的国家还值得像黄将军这样明达事理的人为之守护吗？"

这些话句句敲在黄恪的心上，黄恪几乎把持不住。唉，时至今日，成何世界？有士兵偷偷地躲在城墙垛内，欲暗施冷箭，黄恪连忙制止，士兵默然收弓。

"自古道：良禽择木而栖，良臣择主而事。想周文王原先也是商纣王的臣僚，可他不是因起兵伐纣，遂有一世美名？远的就不说了，三国时期，诸葛孔明之收姜维不也是榜样吗？我并不是自比诸葛孔明，只是不希望将军这颗明珠永远投放暗处啊。"

一席话说得黄恪嘴唇颤抖，一行泪珠扑簌簌地落下来。

"将军，兵法五个字：战、守、死、走、降，以今日之局势，将军细度之。"贺若弼言语谆谆。

曾同为陈朝官员的周法尚哽咽着劝道："黄将军，虽说我们无缘深交，但法尚很是钦佩黄将军的恩师傅宰大人。将军不想想，连您恩师那样的国之瑰宝都被投监赐死，这样的君主、这样的朝廷还值得护卫吗？贺将军兴的是正义之师，所到之处，只要是放下刀枪的士卒，从不杀戮，对百姓视若自己的子民，甚厚遗爱，从不扰民。将军还有什么顾虑呢？"

黄恪经过一番思想斗争，终于开口道："久闻贺将军大名，今日得见，了却了平生的倾慕之心。"黄恪低声和身边的几位副将商议了几句，转过身子，对列队城墙上的军士道："弟兄们，我黄恪自从和弟兄们共事以来，从不亏待任何人，坑害任何人，也算对得起弟兄们了。"黄恪望着那些低眉思忖的军卒接着道："形势的危险，大家都看到了，如果和隋军一拼，遭殃的不仅是我们自身，还会累及我们的家人，更重要的是，城中百姓要居无宁日了，百姓生灵涂炭、妻离子散、家破人亡，实在不是我黄恪的作为。今日，那隋军的总管贺若弼将军的话，大家也都听见了，弟兄们以为如何？"

一阵沉默，夹杂几声哭泣。

"降了吧，黄将军，"一位老者说，"不是我们不想死战，可那陈朝的国君大臣太、太……"

"降了吧，只要隋军不杀我们，不杀城中百姓。"几个军士嗫嚅着说。

一个精悍汉子，揎拳抢膀地挤开队伍，快步跑到黄恪的跟前，匆匆地行个礼说："黄将军，隋军会不会滥杀呢？"

黄恪说："大家要是仍不放心，我就令人开了刺史衙门，让百姓进去躲躲。士兵在整个街道上占据要点，如发现隋军有违背诺言的现象，就出死力硬拼，反正现在拼是死，最后拼也是死。"

"就依将军之言。"众将一齐呐喊。

看到大家意见一致，黄恪好生感激，他想的不是自身安危，而是城中百姓。

黄恪走到城墙垛口对隋军的贺若弼喊道："将军，一诺千金是大丈夫行事处世的信条，为弟信任将军，望将军依您所言行事。军士，开门！"

贺若弼频频点头，心中的石头终于落地。京口城门吱呀呀地洞开，吊桥放下。黄恪等一行人马跃出城门，径直往贺若弼的阵前。此时，黄恪别无长策，只能替京口的百姓着想。望见马上的贺若弼，离鞍下马。"贺将军，"黄恪单膝点地，"望将军以民生为念，如果将军要以杀人为功劳，就请从我开始。"

惊得贺若弼连忙下马，双手搀起黄恪："将军深明大义，令贺若弼感激万分。刚才我就说，将军是一颗明珠啊。将军放心，我一定回禀圣上，为将军记功，万勿烦忧。"

黄恪道："希望将军善待城中百姓。京口六千多士兵的去从……"

"这个你放心，自征陈以来，我大隋军马所到之处，纪律严明，秋毫无犯。走，走，我要对将军的部下，亲口宣布我的决定。"

两个人手拉手上了城楼。面对队列整齐的京口守军，贺若弼想，幸好敌军投降，不然的话，纵使我攻打，没有十天左右的时间也拿不下来。

"弟兄们，"贺若弼高声朗道，"本将军奉大隋皇帝的圣谕讨伐无道的陈主，根本就不是针对你们的。现在，如有愿意继续当兵的，请留下来，继续守卫京口，继续在黄将军的领导下；如果家中有高堂在，有娇妻弱儿在，不想当兵吃粮，想回家享受天伦之乐的，本将军一律不予拦阻，还要发给每人一份口粮，并请你们带着我们发给的资料，帮助我们宣传宣传。有不少江南百姓对隋军毕竟不大了解，又加上陈主的谎言欺骗，一时受到蒙骗，恐有不测，希望你们多多宣讲，让更多的人知道隋军出兵是行仁义之师，是以有道伐无道。"

时隔不久，隋军将士便拉来成车的粮食，还有一大车的资料。守卫京口的陈军约有四千多人不愿再继续为伍，却愿意帮隋军宣传。贺若弼的这些做法，使隋军在江南地区以仁义之师的面貌出现，收到了很好的效果。京口刺史衙门，贺若弼仅以座上宾的身份接受了黄恪的款待，两人畅饮几杯，兴味盎然地相互交谈。

黄恪说道："将军是回师北道还是就此绕过建康，进军江南呢？"

贺若弼说道："陈军主力都集中在建康，当然是从北道进攻建康，隋军另一路大军韩擒虎业已攻下采石矶，急急向建康出发。京口暂且还是由黄将军代守，等我家皇帝颁诏赏赐。"

一顿饭的工夫，贺若弼和黄恪道别，率领大军，兵锋直指建康东北的钟山。

姑孰城下，韩擒虎虎目圆睁。新年已经过了三天了。这日，大雪飘飘洒洒，朔风彻骨，时近黄昏，灰漠漠的天空，渐渐透出一派橙黄颜色，看来雪意还没有消，还要猛下一场，在这样的天气中攻城，军卒更感到吃力。

黄昏时分，姑孰城中的陈军虽然消极防守，却时时派小股人马出城骚扰，行踪飘忽，使围城的隋军疲于应付。韩擒虎知道这是陈军着意使对峙局面旷日持久，使得各地援军到了之后，隋军不能支持，不战自退。但韩擒虎心中明白，贺若弼的大军业已向建康进发，根本就没有什么援军而来。同时，又因自己不知城中虚实，也不敢贸然攻城。有几个已进入城中的士兵杳无消息，想必是做了陈军的俘虏，还有几只人马只得颓然而返。

第二天，来护儿忽然来报，陈军在西关外的城墙脚下，偷偷连夜挖了数个大陷坑。上面用草席灰土等掩盖好，又派了许多老弱守军在城墙垛口处高声谩骂，引诱隋军入坑。

韩擒虎眉头紧皱，忽然高声笑道："纵然骗得我军几个人去，又有何益！"

来护儿道："末将倒是就他这几个陷阱，想到一个对策……"

韩擒虎的病容顿消，点头称善。心想：你樊毅还想和我兜圈子，没门！

来护儿领命去办，首先招来几个亲兵，贴心的亲兵，都换上破旧军士服装，前来向韩擒虎告辞。韩擒虎向来护儿单独嘱咐了种种要点后，来护儿摊开手中的一个小布包，里面有几两散碎的银子，递给韩擒虎说："等到将军平陈大局已定，将军回到大隋，求求将军去看看末将家中的老母，就说我为国尽忠，就不尽孝了……"说着哽咽不已。

韩擒虎皱着眉轻声叱责道："说什么晦气话！待平陈完毕后，我还要到你家去喝你家的米酒哩！"

但他心中明白，来护儿此去凶多吉少，不觉心里隐隐揪疼，便伸手接过小包说："我先替你收着。去吧。"

"是，末将去了。"来护儿单膝下跪，对着韩擒虎行了个大礼。韩擒虎的眼眶已湿，背过脸去，挥手说："去吧，兄弟——"

送走了来护儿，韩擒虎依然心绪不宁，他重披战袍，不顾众将的劝阻，亲率五万军马齐涌到姑孰城下，看着来护儿与陈军对骂不止。

骂了半个时辰，来护儿等人假装被激得狂怒，冲了上去，结果先先后后失足落进陷阱四五个人。陈军哈哈大笑，高兴得大开城门，冲出一队军马，迅疾地将他们捕获。

来护儿等人连声求饶，对方见他们个个相貌丑陋衣衫褴褛，口齿又木讷，免不了取笑一番。

被抓入营中的来护儿等隋军被安排打扫马槽，料理水草，往城上搬运滚木礌石等重活脏活，但他们干得十分勤快卖劲儿。

来护儿何等精明，一番往来后，便从那些惶惶不可终日的官兵闲谈中，探清了城中的虚实。

原来，守城的将军仍是徐子建。并且，大将军樊毅仍在军中。这两个人俱是陈军中的骁将。怪不得陈军守城的气势如此旺盛，来护儿暗暗吃惊。

他扛着一袋马料，在城墙上借故逡巡，一个守城军士欺他是马夫，吆喝他代为巡守片刻，他下去解个大便。那人刚走开，就见城墙上另一队人马跑步上来，急匆匆地，像是又要加紧守城。就听一个声音高叫着："弟兄们，今夜，樊毅将军虽不在城里，但他临走嘱咐，任何时候都不能马虎。只要守城三日，隋军就会不打自退。"

声音嘶哑，像一只公鸭在到处乱叫。来护儿心中一喜，什么？樊毅怎会仅来一天就回去了呢？便拿捏着嗓子，学着陈军的腔调试探地问："樊将军不在城中，是不是畏惧隋军韩擒虎？""混账话！"徐子建几步来到来护儿跟前。"樊将军岂是贪生怕死之辈，他的妻儿老小俱在城中。"说着，抬手掴了来护儿一巴掌。

来护儿眼明手快，一伸手抓住徐子建的胳膊，往怀中猛地一带，另一只便把腰间的匕首嗖地亮了出来，刀锋直直地抵在徐子建的咽喉朗声道："都别过来，我是大隋行军总管来护儿，快快开门，否则，徐子建的性命就没有了。"

来护儿紧紧挟着徐子建，几个退步便到了城墙垛口，对远处火把照着的影影绰绰的隋军大喊："韩将军！我是来护儿，城中的守将徐子建已被我擒住，另外一个大将樊毅不在，贪生怕死，连夜回建康去了，连老婆孩子也带走了。"

哇的一声，两军就像开了锅的稀粥。韩擒虎坐在土堰上，听得真切，那是来护儿的声音，"好兄弟，有种！"他奋身一跃，拔剑挥向姑孰城，"攻城！"

守城的陈军一听，"妈呀！徐将军已被活捉了！樊将军已回了建康！"各自心里打着算盘。

转眼间，韩擒虎率先从云梯登上城墙，右手掷镖，左手挥剑，所向披靡。

守在南门的刺史皋文奏闻讯赶来，韩擒虎一个箭步冲到面前，一把抓住往腋下一挟，可怜皋文奏拼命挣扎却动弹不得，活活被俘。

望着如蚁而上的隋军，陈军全无斗志。

来护儿对徐子建说："徐将军，本将军看你也是一条好汉，干吗要替昏庸的陈朝做替死鬼呢？不如降了我大隋，一样地做你的将军，守你的姑孰，有何不好？"

徐子建低着头，一声不发，用眼睛的余光瞟了瞟四周，看到凡是死死抵抗的陈军俱做了隋军的刀下鬼。更多的陈军不做抵抗，四下里逃散，只恐爹娘少生了一双腿，有的边跑边哭，声音凄惨。

随着爬上来的隋军逐步增多，耳中尽是一片喊杀声，血肉横飞，血肉模糊……

徐子建的眼泪扑簌簌地掉下来，他紧紧地抵住来护儿的手臂也松弛下来，斗志全无，低声说："来将军，请放了我，我去城中招集人马，尽数投降。"

来护儿手一松，就在这时，那个下去解手的军士一直趴在几捆马料后面，看到这里，猛地搭上弓箭朝着刚刚站定的来护儿就放了箭。这一切被徐子建看得清楚，他奋力一跃，挥剑挡了一下，那箭带着强劲的力量，稍稍地偏转了一下，直刺自己的胸口，顿时，徐子建感到眼前金星一闪，左手按胸，鲜血顺着五个手指缝汩汩地外流。

来护儿暴跳起来，欲纵身追那个偷射的军士，被徐子建拦住，说道："来将军，他是护我，是为了我才射箭，请来将军饶他性命吧。"说着艰难地站起，边走边解下腰间的令箭牌，高举手中，对来护儿说道："将军替我喊一下，就说，徐子建投降了！"

韩擒虎听到来护儿的第二次喊声，惊喜万分。看到各营随即攻入城中的隋军正在奋力厮杀，便叫亲兵传出口令，就地守势。果然，隋、陈两军都不再刀兵相见。

韩擒虎在通明的火把衬托下，径直走向来护儿。

"好弟兄，你辛苦了！"说着紧紧地抱住来护儿，说道："姓皋的刺史也被俘虏了。多亏了你智勇双全，否则本将军还真的不知如何攻下这块硬骨头。"

听了来护儿的诉说，韩擒虎对徐子建抱拳："将军深明大义，是个值得钦佩的对手。"

徐子建轻轻地摇头，嘴角掠过一丝微笑，头一歪，死了。

姑孰一役，战果辉煌。特别是樊毅的妻子儿女尽被俘虏。消息传到驻军六合镇桃叶山的晋王杨广的耳中，杨广喜不自禁，颁发了一系列的表彰令，又一一具名盛赞诸将奋勇忘身，并筹措不少饷银发散有功人员，以慰诸将的功绩。

最后的决战比预想来得早。

正月初七，昭阳殿。

昼夜啼哭的陈后主由张丽华搀着坐在龙案前。今年是个丧气年，年前还满面红光的陈后主有说有笑地到处巡幸，和众多文人狎客饮酒赋诗，狂欢不已。而年后的几天时间内，眼见国家大厦将倾，陈后主和众臣一样，忧心如焚，以泪洗面，全都没有了主张。

新年元会耗资巨大，以至国库中拿不出多余的赏钱，只得凑东凑西地准备了万把两银子，全堆在殿中，在散进殿内的阳光照射下，闪着白生生的寒光，像是一堆死人骨头，怎么看都觉得寒碜人。

昨夜，服了药的陈后主在张丽华的调教下，勉强过了一个安稳的夜晚。早朝时，陈后主带着张丽华共同商议的场面早已为大臣们所熟知。故看到张丽华坐在朝堂上，谁也没有异议。萧摩诃等几位忠臣也只能把话放在肚子里。怎么办呢？后主毕竟是一国之君啊。

陈后主问："众位爱卿，建康危在旦夕，朕整日茶不思、饭不想，日夜难以入眠，众爱卿可有救国良策？"

施文庆禀道："皇上，当务之急是赶紧招兵买马，一则朝廷可用之兵不足三万余人，二则各地勤王保驾的军马又迟迟不能赶到。"

江总在一旁冷眼相瞧，他想：时局到了存亡的关键，从实力上来定，陈朝必败无疑，今日上上之策是想办法逃走。

"皇上，臣以为，如果现在要招兵的话，应当多招水军，只有壮大水军力量，才能在江面上和隋军决战，进退自如。建康一旦不保，还可利用水军溯游而上，与长江上游的周罗睺、陈慧纪汇合，再伺机收复江南失地。"江总的一番话在朝中炸开了锅。

萧摩诃的胡子直往上翘，踏步上前道："'江狎客'，你何来如此言语？干脆让皇上领着众臣开启国门，迎隋军入陈宫好了。自古道，国都乃万民之仰仗，国都不在，何来国君，那就是亡国。"

江总欲想分辩，就听宫外高喊："鲁广达见驾！"

众臣见着鲁广达俱是惊愕。鲁广达也是衣衫不整，头盔歪在一边，战袍的下摆被利刃划了几个口子，隐隐有血迹浮现。

陈后主一见鲁广达，哭着说："鲁都督，你这……"

鲁广达跪拜说："皇上，贺若弼的军马已攻至建康东北的东山，韩擒虎率部也攻克建康西南二十里的新林，隋军已成钳形之势，包围了建康。现在，是决战，还是死守，请皇上定夺。另外，原陈朝叛将周法尚率轻骑急急地抄小路直奔朱雀门，建康危险了。"说毕，趴在地上大哭起来，尽是忠良之哀音，满朝文武也不禁为之动容。

陈后主一听，就觉得眼前的大殿摇晃起来，似有十级强风刮过，震颤不已，跟着鲁广达也哭起来。

张丽华说："鲁将军辛苦了。天塌不下来，都哭什么呢？这要叫隋军知道我们大陈朝内一片哭声，那还不笑掉大牙？凭我一个女人家的直觉，陈朝不会亡。"

樊毅、袁宪等人感到齿冷，又无法驳斥，事情都到了这个时候，争论个是非曲直又有何意义呢？

可别说，就在满朝文武对张丽华的言语感到不屑的时候，宫中侍卫又急急来报："任忠将军率五万精兵自吴兴郡（今浙江湖州）日夜兼程，已到建康城外。"

这是一个好消息，对陈后主来说，不啻是一根救命的稻草："快，快召任忠入朝！"

任忠从新年初二前往吴兴郡带兵，散尽了手边的银粮，终于募得精兵五万，火速回返，终于将隋军将领截在朱雀门外。

盔甲鲜明的任忠踌躇满志，得意洋洋地步入殿内。看到朝内的文武大臣及后主、皇后等众人皆面露悲戚之色，一时不知从何说起。

陈后主连忙起身，对任忠说："任将军，你是朕大陈朝的功臣，千里救驾，朕不知如何封赏于你。来，赐座。"

宫廷内的太监连忙搬来一只丝绒方凳，让任忠坐下，任忠也不推辞，朝后主拜了一拜道："谢皇上恩典！"心想，还封什么官职，我这几万士兵如果拿出去和隋军一拼，也无异以卵击石，以羊投虎。正思忖对策之时，陈后主又问道："任将军，建康城内现有兵力多少？"

"有十万多人。"任忠小心地答道。

"十万多人。"陈后主轻吟道，"只好和隋军决一死战了。"

萧摩诃出班奏道："皇上英明，决战必当在今日。我以为，趁隋军贺若弼立足未稳，一战克之。"鲁广达等人频频点头。

任忠连忙起身，说："皇上，万万不可，我陈朝军队刚刚因战失利，士气低沉，而隋军挟小胜来振军威，一定欲求死战。此时决战，对我不利。"

任忠环视满朝文武，刚才对自己率兵及时赶来的敬佩之色不见了，代之以轻微的鄙夷，不由得有些寒心，一愤之下，从座位上站起来，高声道："兵法认为：客以速战为贵，主以持重为贵。如今，建康城内兵众粮足，应该固守，即使隋军兵临城下，也不去和他交战。同时分兵隔断江路，让敌军彼此不通联络。然后，请允许我带领精兵一万，战船三百艘，渡江直攻六合，六合的隋军一定以为渡江的隋军已被俘获，自然丧气。淮南的土著居民，都对我非常熟悉，我若是赶到那里，他们必然会响应我，我再扬言直取徐州，断彼归路，隋军自然会撤走，等到春水一下，长江水涨，上游的周罗睺沿江支援，则建康万无一失。"

听了任忠的计策，陈后主把头摇得拨浪鼓似的，因为，他一直幻想着一战击退隋军。

陈后主道："任将军，你的计策就是要朕坐以待毙，朕被隋的大军团团围住，哪里还有一万精兵与你。你要去六合吗？那才是以卵击石呢。六合现由隋的大元帅杨广把守，战船无数，精兵无边。再说建康如此危险，朕又怎能分兵与你呢？"

任忠苦谏道："皇上，皇上若不同意为臣的建议，臣自然不去渡江，但请皇上明鉴，当前形势，确实不宜死战，而应死守。高挂免战牌，耗隋军的锐气。"

陈后主望着众臣，又推了推皇后张丽华，张丽华杏眼睁了一下，说："都哑巴了吗？到底是战是和，是守是降？"

孔范一看，顿感机不可失。

"皇上、皇后，臣以为，隋军乃远道而来，一路上困疲不堪。我军将士个个都想争功，只要出战，必定勒碑记功。只要出战，定会人人奋勇，个个争先。"

陈后主、张丽华频频点头。

任忠再也坐不下去了，想也不想，就起身离座，扑通一声叩头不止，大呼："皇上，万万不可再战。想战国时，秦赵争雄，赵国老将廉颇，面对强悍秦军坚守不战，秦将使离间之计，结果廉颇被罢免，换了纸上谈兵的赵括。结果呢，长平一战，秦军大胜，赵括被乱箭射死，赵军四十万大军全部覆没。以史为鉴啊，皇上。"

陈后主一听，后背发麻，他可不想听到全军覆没的危险、国家覆亡的信号，歪头望了望皇后张丽华。

张丽华气得银牙紧咬，脸色有些惨白，啪地一摔龙案上的玉樽，玉樽脆响，化为无数碎片，散落整个朝堂。

"大敌当前，任将军不该发出丧志丧国之语，坚守不战，坚守不战，何日才战？如果任将军贪生怕死，就请回家休养，万不可在朝廷之上长敌人志气，灭自家的威风。何况还没有开战，又怎知失败？"

任忠见皇后发怒，不敢复言，脑门上叩出的鲜血直往下淌，只得用手按住，退立到群臣之中，心中自是不平。

萧摩诃捅了一下袁宪，袁宪会意，上前道："皇后暂息龙颜之怒，任将军只是举例不当，并非是灭己之志气。想任将军率数万之众以千里行军之速度前来救驾，忠心可表天日，并无惧战。只是如何战，是先战挫敌锐气，还是先守避其锋芒，只等隋军成为强弩之末，只有众臣议后，交由皇上、皇后定夺。臣想，只要作出了决定，任将军会遵旨而行。"

萧摩诃道："臣以为，可在钟山脚下，摆开一字长蛇阵和贺若弼死战，西南二十里的新林，由禁军直合将军裴蕴镇守，想是能够抵挡数日，待臣等破了贺若弼的军马，再去增援裴蕴将军。那时，建康不但可保，还可以水陆合击六合，直捣隋军元帅帐。"

陈后主笑了，张丽华也笑了。

张丽华说道："萧将军忠心卫国，忠勇可嘉。被动挨打，不如主动出击。嗯，皇上，您说是不是呀？"说着拿手在陈后主的腿上摸揉了一下。

"是，是，皇后胸藏经略，实乃国之栋梁，一切听皇后处置。"

孔范心生一计，忙道："皇上，陈隋决战一触即发，为了使守城将士更加忠勇，更为了鼓舞士气，皇上何不把征战将士家小全都接到宫中，以示皇上的恩惠仁爱，也免了出征将士们对家人不舍的心理，以便集中精力，全力杀敌。"

张丽华不待陈后主点头，便道："孔爱卿，这个主意不错，正好各位将军的家眷们，有不少哀家没有见过，借此机会认识认识。另外，前些日子准备的新年元会，没有能够在元会上享受的山珍海味，借此就赐给各位将军的家小。"

"孔范谢过皇后。"孔范见自己的主意被采纳，心里像是喝了蜜似，"臣这就去把臣的贱内和家小带来。"

萧摩诃心想，这哪是示恩，实际上就是把家属扣为人质。但转念一想，古时候将军出征，君主莫不如此，也就和其他人一样，谢过皇后、皇上，但心里对此甚是不满，想起宣帝在时，是何等英明，一贯身先士卒，不由得落下老泪，好在他眼角的皱纹把溢出的泪水遮掩了。

陈后主大喜，对萧摩诃说道："萧老将军，朕命你统领诸将，摆下阵势，和隋军决一死战。"

建康，钟山脚下。

萧摩诃虽然格外劳累，但因心绪舒展，加之这一字长蛇阵是自己多年来潜心钻研兵法所得，可谓心血结晶，所以显得精神健硕，从南至北二十余里的长蛇阵，逐一跑下来，居然心不慌、脸不红、汗不出。

沿着迤逦的钟山山脚，背后就是建康的高大城墙，那才是虚的。陈军都集中在蜿蜒的山脚下，驻扎停当。每座军帐篷上都插满了各色小旗。一旦哪里有仗，各地的陈军都会倾力相援。

最让萧摩诃宽心的是打头阵的鲁广达。鲁广达的忠勇名冠三军，百步穿杨的绝技更是神妙绝伦，无人能出其右。那一杆丈八蛇矛舞将起来，简直就是三国时的猛张飞再世。这样的人作为蛇头，最为稳妥放心。紧随着鲁广达身后的是大将军任忠，此人也还不错，也很有心计。这些能征善战的军士大都是他从吴兴郡招募而来，如若不然，建康的守军还真是捉襟见肘呢。樊毅呢，就不说了，本来要有樊毅兄弟镇守姑孰，那建康的门户也不会落入隋军之手，唉……

萧摩诃骑在马上，忽然看到前方一面白色大旗迎风招展，上书一个斗大的黑色"孔"字，心里咯噔一下。孔范嘴上一套，做的又是一套，最最不放心的就是他了。所以，萧摩诃在排阵时，自己特意跟在孔范的后面，以便督促。

正走着，前面来了一匹白马，马上端坐着金盔金甲的孔范，白白的脸上泛着一股脂粉气。在寒风的吹刺下，小鼻子有些发红，像是酒糟鼻子。

马上相见，互相拱手。

萧摩诃道："孔将军，大战在即，要随时督促防务，激励兵丁，提醒大家枕戈待旦，准备投入迫在眉睫的恶战。"

孔范开口说："请萧将军放心，你看，我的营帐前……"孔范满口酒气，用马鞭一指自己的所部，"只用三天我就让士兵挖好了壕沟，壕沟后筑了一道新墙，俨然一个固若金汤的堡垒，我还准备让军士用水一浇，夜间上冻，有十个晚上就是一层厚厚冰层，就是让隋军爬，也要爬到开春化冻。哈哈哈哈。"

萧摩诃纵马来到那土筑的围城前，见那土城又宽又厚，心中有些不安，心想：我们在这里摆下一字长蛇阵不是求守而是求战的。这样大修工事，无异于坚守城池一样，那要如此，何必弃固若金汤的城墙，又在这费三费四呢？

"孔将军，"萧摩诃说，"这样做是不是有点……？"

萧摩诃想说孔范有点作茧自缚，哪像决战的架势？他指着护沟上挂着的吊桥说："孔将军，你的吊桥比长江天堑如何？退一步说，比姑孰采石矶如何？"

孔范脸红耳热："萧、萧将军，这有什么不……不……不好呢？"

萧摩诃说："孔将军原来也是想要出战，你这样一来是战是守？别忘了，我们十数万大军都在这钟山脚下，如若不能人人奋勇，首尾相顾，长蛇动不起来，那不是坐等贺若弼来截为几段？孔将军还是放下吊桥，毁了这土城，好让我们陈军调度自如，不要贻误了战机。"

萧摩诃冷冷地说完，就纵马向另一边飞驰而去。

孔范愣在那里，检点着自己的种种安排，感觉没有什么不当，自然不去理会萧摩诃。

"他算什么东西？我孔范的兵马岂能由他瞎指挥，哼！"回马进了营帐。

十九日近午，探子飞骑来报，隋军已于清晨在对面渡过秦淮河，直逼我军的排栅前面，扎下营盘。

萧摩诃立即同早已聚齐的诸将商议对策。

主持长蛇之头的鲁广达率先说："末将职责所在，不敢隐瞒实情，贻误军机。敌军万骑渡河，声势逼人，那贺若弼的大旗刚一出现，就立即着人占了北侧的小山，形成俯冲之势。北兵骁勇善射，我们还应多训练一些弓箭手、刀斧手，对付贺若弼手下的马队。"

鲁广达看了看众将，个个严峻，接着说："昨日，我带了二百骑兵到贺若弼的帐前挑战，隋军应战，一番厮杀后，隋军死在我长矛下不下百人，隋军见我力战，就鸣锣退兵。看样子，少不了一场恶战。"

孔范的两腿有些发软，轻声道："鲁将军，隋军的弓箭可密集？隋军的战将多还是不多？"

"这个，倒没瞧仔细，但听了不少传言，说贺若弼的手下仅总管级别的战将就三十多人，姑孰的皋文奏何等厉害，听说被隋将来护儿一下就夹在臂下，动弹不得……"

鲁广达听见孔范问话的语气，心里就不舒服，故意没好气地乱说，其实也是真实的，不过语气间似有夸大之意。

话音刚落，任忠就说："萧将军，现在撤回城里还来得及，决战一旦失败，局面不好控制。要不，就去掉一半军马，逐节抵御，将主力留在城中。萧将军，我看事关重大，要不还是烦请将军速回宫中，以免追悔莫及。"

鲁广达说："去去也好，顺便把守宫的护卫也带出来，再决战也未尝不可。"

众将七嘴八舌，有赞成、有附和、有异议。

任忠说："将军只管放心前去，这里有我和众将在，一旦打起来，我等拼命厮杀，死守阵脚，保证杀退隋军，决无二心就是了。"

萧摩诃环顾诸将，见一个个摩拳擦掌，敌忾同仇的神情，便也站起身说："好，有诸公千金一诺，我萧摩诃拼了这把老骨头，再去叩见皇上，力争将守朱雀门的官兵、守皇宫的护卫禁军再带出一万人。"随即带领十多名亲兵，飞驰而去。

一路上，随着马背的剧烈颠簸，心口也像杂沓碎响的马蹄声一样，咚咚狂跳。他像过筛子一样，飞快掂量着各营的将领性情和兵丁力量，估量着谁人最可信赖，谁人最可忧虑。

一时觉得自己能够稳操胜券，一时又觉得毫无把握，应采纳任忠将军的建议。想着自己数十年来研究的战法可还有哪些破绽，想着陈国的安危第一次压在自己的肩头，顿感责任重大。

萧摩诃想着如此壁垒森严的阵仗，一时喜，一时忧。望着马头前面弯弯曲曲的小路，忽然闪过一个念头。

"前面的第一条岔路，向左是皇宫南门，向右是皇宫北门，如果向左就直奔昭阳殿前，如果向右就是后宫所在……"

马蹄乱响，粗糙不平的路面迎面扑来，又倏然掠向身后，萧摩诃想：向左就能胜，向右就不好说了。一时竟心神紧张地望着前面。第一个岔路口，战马按老路直奔左而去，萧摩诃想，这下建康或许有救。正想着，第二岔口便横在眼前，战马也许是受了前面锣声的影响，直往右拐，萧摩诃连忙勒马。

"吁——"这一惊，惊出了一身冷汗。

他一面暗自笑自己病急乱投医，居然乞灵于这种儿戏一般的占卜，但同时又竟自感到一丝隐忧和不安。

忽然，几声锣响，引起他的惊异。抬眼望天，那轮惨白的朝阳甚是稀薄，顺着几缕寒冷的光束向前望去，但见几顶紫红大轿横在朱雀门前。

身着朝服的施文庆正在指挥几队亲兵把一个个打扮得花枝招展的女人像赶猪似的赶向皇宫。

萧摩诃心想：施文庆这样的奸佞之臣干别的事不行，干这样的拍马溜须之事最积极不过了。心中猛然一惊，想起自己妙龄国色的妻子，是否已经纳入皇宫，还不得而知呢？

"施大人，忙得不轻呀。"萧摩诃纵马过去，腰间的佩剑叮当作响。

"啊——萧将军，你，你怎么不在长蛇阵中，又来皇宫干什么？眼见大战在即，皇上、皇后等你的捷报呢？"施文庆不自然地答道。

"这是……"

萧摩诃一指那些女人。

"啊，"施文庆答道，"这不是皇上皇后布置的，要前方将士拼命尽忠而采取的措施吗？你看，这些女人叽叽喳喳，活得多滋润，都想一睹皇上的龙颜呢。萧将军，这十几天，将军见瘦了，想自己的娇妻了吧。萧夫人真是国色天香，要不是皇上遭了我这个美差，还真没有一睹萧夫人芳容的眼福呢。"说着，嘴巴喷喷直响，喉结处滚动了几下，像是吞咽了几口口水，搭讪地笑说，"萧夫人一到皇宫，就被安置下来，住在结绮阁的偏房内，如此待遇，如同贵妃，在群芳争艳的后宫可谓独具殊荣。萧老将军，我们同朝为臣还一直不知，你有美女养在旁侧，侍奉将军，今日想来，将军虽然高龄却声若洪钟，步履如飞，想必是萧夫人侍候的好吧！看来，人越是到花甲之年，就越要找如花似玉的娇妻，以激发壮志，以返老还童啊。"

施文庆揶揄着、笑谈着，神色竟毫不紧张了。

萧摩诃听了，心中既舒服，又担心。

是啊，人越是年老越爱娇妻。萧摩诃的妻子是苏州大户人家的女儿，年方十七，那是去年自己路过苏州时，巧遇的一桩公案主犯的女儿。自己凭着关系，疏通关节，那大户家主为了报恩，就将小女献上。萧摩诃正丧妻不久，对她疼爱有加，家中珠宝、财产尽数供她享用。

看看天色还未晌午，就对施文庆道："施大人，进宫后，见了我的爱妻就说我回府了。"萧摩诃望着讪笑不止的施文庆，佯怒道，"施大人，你要是嫉妒，待我破隋军，亲往出产美女的苏杭给你物色几位。"

施文庆摆手："将军回府安歇一会儿。我进宫回禀皇上，把你的意思说一下。萧夫人不乐死才怪呢。"说着又诡秘地转过头去。

其实，施文庆心里清楚，萧夫人此时正和后主在皇宫取乐呢。

萧夫人一到宫中就为宫内所有男人注意上了，为宫内所有女人嫉妒上了。最最主要的还是她长得好：身材稍高，苗条而不失丰满，长圆脸儿，大眼睛，一笑的时候两腮上便出现一对小酒窝儿。

当陈后主带着宫娥彩女漫步宫内的迂回曲折的廊檐时，一眼就看出萧夫人在众多出征将士的女家眷中的不俗。她的眼睛、眉毛、嘴唇、耳朵、头发、身材，以至走路的姿势、说话的声音，都是最脱俗的一个，乍一看去，长得和绿珠公主十分相似，只是没有绿珠公主稳重，但更洒脱些。

陈后主的眼睛都看直了，看酸了。

太监蔡临儿也跟在一旁直咽口水，献媚说："皇上，您瞧那位夫人真是绝代佳人，天生的尤物啊。"

"那是哪位将军的亲眷？"陈后主一动不动，直着眼睛问。

"哟，那可是萧将军的新娶。皇上别看萧将军年老，可这位夫人却是十七八岁，真是一朵鲜花插到牛粪上！"

"皇后呢？"陈后主想起这档事必定要经过皇后的同意，"皇后怎么不来呢？这么多家眷都怎么安置呢？"

"皇后已有吩咐，三座贮凤楼就在昭阳殿的西部，已经搭建好了。"蔡临儿说，"贮凤楼的名字还是皇后给取的呢，皇后说，要让大臣们都知道，皇上器重他们，皇后也器重他们的家眷。"

陈后主频频点头，朝着萧夫人走去。

"皇上过来了，皇上过来了。"一片叽叽喳喳声后，人群如列队似的夹着皇上缓步而行。

陈后主笑着笑着就走到萧夫人的跟前。

"给皇上请安！"萧夫人噘起小嘴，弯下腰身。

"哎，免了，免了。"陈后主连忙伸出手去，呵呵地一笑，"都说萧老将军金屋藏娇，要不是国难当头，还真难得一见萧夫人的面容。哇，你真是一只花喜鹊，老远的地方就能听到萧夫人银铃的笑声，好不入耳。"

萧夫人刷地羞红了脸。

"皇上可别取笑我了。"说着偷偷地向陈后主抛了一个媚眼，那似一道闪电的媚光竟让陈后主几乎把持不住，感到脸上火烧火燎，猛地上前一步，险些被拖地的外罩绊了个跟头。他顾不得许多，伸出手抓住了萧夫人的一双嫩手，不停地摩挲。光只是捉着她一双滑不溜丢的小手就叫他浑身火热了起来。

陈后主还算有点理智，怕这样再待下去，会心痒难耐，歪头对蔡临儿说："天也不早了，都散了吧。"

就在皇上朝自己走来时，萧夫人的贴身丫环就提醒说："夫人，皇上怕是看上你了。"

当时，萧夫人还红着脸骂她："小春，胡说些什么？"那个叫小春的丫环便不再吭声。

萧夫人嘴上骂着的时候，心里可是喜滋滋的。天哪，眼前站着的人不是别人，那可是当今皇上，多么英俊，多么潇洒，想来，皇上的……那肯定胜过我的萧将军了。

看着渐渐散去的人群，萧夫人身旁的小春提醒道："夫人，我们也该回去了。"

萧夫人点头应允。

"啊，萧夫人，回去什么？天还尚早呢，来陪朕去游一下琼瑶仙池，那可如同仙境一样。"陈后主兴奋而有些紧张，生怕萧夫人离开。

"不了，皇上，上午我和几姊妹去过了，真是不错。"萧夫人红着脸答道。心想，皇上可真有意思，念头一闪，不禁有些心旌摇荡了，神色及眼神都有些迷离。

陈后主殷勤道："萧夫人，后宫去过了，那朕的台阁，萧夫人去过吗？"

萧夫人摇头。

"那好！朕今天就带你去瞧上一瞧，凭萧夫人的眼力再想着为朕添几样，只要是萧夫人喜欢的，朕都喜欢。"陈后主不失时机。

萧夫人已无法拒绝，因为陈后主的双手不仅死死地攥住她，更是生硬地将她的身体拉过去。

陈后主轻声说："走吧！"声音带着磁力，不容置辩，萧夫人身体不由着跟了过去。小春亦跟在后面，心里暗暗担心。

到了结绮阁，陈后主对蔡临儿说："出去吧，没有我的吩咐，任何皇宫中的人都不准进来。"

蔡临儿目光冷冷地瞧向尾随而来的小春,摆了摆手。

小春惊愕地看着结绮阁的房门被轻轻合上,心中不免气愤,转身往宫外走去。

屋内。陈后主搂着萧夫人对满屋的春宫画指指点点,浑身像麻酥了似的。陈后主抬手摸着萧夫人的脸颊,滑润而细致,不由得进一步顺着她蜂蜜色的颈项一路滑行,嘴里喃喃地说:"啊,朕的美人,朕的心肝肉。"把萧夫人弄得浑身瘫软,早已忘了这是在哪里。

结绮阁内,熊熊的炭火烧得正旺。

陈后主一边脱去衣衫,一边替萧夫人脱去厚厚的锦袍,边脱边赞:"萧夫人真是人世间的尤物。你的肌理极具弹性,身材玲珑,小巧而浑圆。"

面对如此一副好身子、好皮肤,仅仅是碰碰她就足以令陈后主销魂。

"看着我。"陈后主一阵狂吻后,开口微笑。

萧夫人睁开迷迷蒙蒙的双眼,顺着他的话看着他。

"差点就错失了你这块宝玉。朕的后宫虽然佳丽无数,都不及夫人如此艳丽。萧老将军有如花似玉的你去侍候,真是积八辈子德的结果。"

萧夫人听了,不由蹙起眉头道:"皇上,我家将军可是对国尽忠,对我也尽忠,从不在外面拈花惹草。"

"朕知道。"说着,陈后主忍不住地吻着萧夫人粉嫩的脖颈,两手在她丰满、高耸的乳胸上抚摸、揉搓起来。

萧夫人轻闭着眼帘,美美地享受着陈后主赋予她的温柔,心中虽生起一股对不住萧摩诃的愧意,却只坚持了一瞬,便在一股激情的冲动下情不自禁地呻吟起来……

在近一个时辰内,宇宙间的万物仿佛消失了,周围的一切烦恼似乎已都不存在……

这一夜,两个人如胶似漆,颠鸾倒凤,尽情取乐,一直到精疲力竭地睡去,还紧紧地拥抱在一起。

几声雄鸡高亢的啼鸣把陈后主从甜蜜的梦中惊醒,他迟疑了一瞬,起身下了床帏。

萧夫人倏忽睁开眼,格格地笑几声,轻吟道:"皇上,奴婢有这一夜,死也值了。"两个又云雨不停,直到孔贵妃前来叫皇上去前庭游园。当孔贵妃斥退阻拦她进入房中的蔡临儿时,陈后主和萧夫人已经收拾停当。

孔贵妃见那萧夫人一副雨打梨花的娇羞样,心中不免生出一番醋意,只是碍于皇上的面子不好说。

就这样,陈后主在亡国前的几天里一直过着心满意足的生活。

就这样，陈后主的烦躁得到了缓解。

萧摩诃是带着悲愤离开自己的官府的，几天的思念与等待都叫萧夫人的贴身丫环小春的几句吞吞吐吐的话给消灭了。

当萧摩诃左右等不来自己如花似玉的妻子时，心中就有了些预兆，当今陈后主是什么德性，他当臣子的岂能不知！

正疑惑间，小春回府了。

萧摩诃问："夫人去宫中几日了，怎么不回来，她不知我回来了吗？"

小春的脸色唰就变白了，她又是摇头，又是点头，不知如何回答。

"想是不知道吧。"实际上，白天在宫中，已有人说了萧将军回府的话，但当自己悄悄地透给萧夫人的时候，萧夫人没做太大的反应。

而自己总是见皇上和萧夫人手挽着手走进厢房中，又不敢跟过去，就连皇后也不过问。看萧夫人气色，竟是一天比一天滋润，又不敢多问。

还好，奉了夫人的命令回府取几件衣裳，果然萧老将军回府了，只见他眼窝深陷，二十多天的操劳果然伤人身体。

小春连忙给萧摩诃递上香茗后，对萧摩诃的问话就东扯一句、西扯一句。

萧摩诃一把扯过小春的手，低沉地说："夫人她是不是……"

小春看着萧摩诃急得通红的眼睛，便不由自主地点点头，幽幽道："老爷要是想女人了，小春也能侍候的。"

萧摩诃果然不再发怒了，心道，一个丫环都比妻子对自己忠心，真是难得。

萧摩诃想到妻子以前的模样和今日的作为，不禁心中暗暗生愤。他有点替自己遗憾，迟迟地呆望着小春，问："夫人真的和皇上……"

"老爷疑奴婢说谎吗？"

"不，不是——"萧摩诃低头不语，一行老泪从脸上滚落，叹道："这样的国君还保他干什么？"

小春惊吓得一身冷汗，忙道："老爷万不可为了夫人而生叛国之意，别忘了，老爷的家小还有一百多口呢。"

"顾不了许多了。"萧摩诃叹了一声，呷了一口香茶，"你哪知隋军有多少人马。唉，不去管她了，她能以色惑主也是她的品性所致，想那皇宫之中，有谁干净呢？"

小春见萧摩诃伤感万分，不由自主地把身子靠上了萧摩诃的胸脯，她很早就想谋得这一天，不想这天终于来了。她默默地依在萧摩诃的肩上，感受着苍老男人的气息。

萧摩诃一觉醒来的时候，只觉得有生以来从没有这样疲倦过：全身的骨头就像是散了架，几乎连动一动的力量也没有了；头昏昏的，仿佛是腾云驾雾般的……不一会儿，有家人来到寝房门前，立在一旁道："萧将军，樊毅将军今早来信说，前线对阵的贺若弼贼军已经叫阵了。另外，隋军韩擒虎已经由新林所在地兵出朱雀门。建康危急。"

萧摩诃一听，连忙站起来。小春也忙着先替萧摩诃穿衣戴帽。

萧摩诃爱怜道："你只管休息，我去去就回了。陈朝也快完了。"

"将军多多保重。"小春哽咽道。

出了门后，亲兵跟上来，问："将军，樊将军的书信来了，主要是问借兵的情况怎么样？"

萧摩诃揉着肿胀的眼睛，不答，翻身上马，径往城外奔去。

马蹄声声，踏碎静寂的晨雾。

前面就是朱雀门。那是进出皇宫的必经之地。

萧摩诃看也不看，催马而过。

突然，前面人声嘈杂，有一队队宫中卫士簇拥着一顶华美的轿銮，缓缓地从宫中方向晃悠悠地行过来。

萧摩诃心中一惊，怎么皇上一大早……

原来陈后主接到孔范的战报，说是陈军大胜，建康之围不日可解，喜不自胜，兴奋得一夜没有睡好，打算御驾亲征。正出发间，樊毅的军情急报而来，说是贺若弼的大军正越集越多，已堵住了京城的所有出口，南逃还是北窜都已成为不可能。这才慌慌张张地往皇宫急赶，不想在朱雀门附近和萧摩诃的人马正好碰上。

萧摩诃勒马而退，想瞅瞅街市两边可有巷子斜插过去，避而不见，关键是怕皇上问罪，战况的喜忧，连萧摩诃都不知，他这个前线大将军，负责统领一切军务的都统岂不失职！

哪知，在陈后主轿旁护驾的施文庆眼尖，一眼看到了萧摩诃，忙叫道："萧老将军，匆匆而来，又匆匆而去，这是何为？"

坐在銮驾中的陈后主一听萧摩诃回来了，心中又吃了一惊，可别听了什么风声才回来的，忙斜眼瞧了一下身旁的萧夫人。

萧夫人的脸色通红，她暗自吓了一跳，心中突突不安起来，要是萧摩诃知道自己和陈后主正在通奸，那可怎好？身子也不由自主地斜靠过去，幽幽道："皇上，我们的事怕是他知道了，不然，怎么如此凑巧，早不回来，晚不回来，偏偏在这个时候回来，皇上，趁着雾色，我还是下去吧。"

萧夫人说着，就躬起身来，要下轿辇。

"别，别，"陈后主急了，"你怕什么？有朕在此，朕护着你，就是他知道了，又如何呢？"

是的，萧摩诃知道又会怎样？当然不会拿皇上如何。朝中的大臣有多少人一直巴结皇上，都没能有萧夫人如此美色足以让皇上神魂颠倒，像施文庆等人哪一个不是绞尽脑汁遍寻人间美色，以邀上宠。谁知萧摩诃不是有意让自己进宫呢？

萧夫人想着想着，竟美滋滋地伏在陈后主的腿上，说："萧将军恐是有重要军务吧？"

正说间，萧摩诃纵马来到轿辇前，说道："皇上，臣昨日回京，想再借调三万军马，以补充长蛇阵的头阵。匆匆回府过了一宿，不想事情急变，隋军已发起进攻，因此，臣要急急赶回。"

挑开一角绸帘，陈后主探出头来，说："樊毅将军的消息，萧老将军都知道了吗？"

"回皇上，臣已有所知。"

"萧将军是否要朕御驾亲征？"

"皇上，臣……"

"罢了，你还是快回去吧。"

萧摩诃顺着帘角用余光往里望了望，只见自己的夫人高绾的云髻就在陈后主胸前晃动，心中挺不是滋味。

陈后主道："萧将军，要以家事为轻，国事为重啊。"

萧摩诃听出了话中之意，连声称是。

施文庆道："萧将军，皇上日夜忧叹，唯恐你那里有闪失，所以，今晨就想亲征。既然你回来了，皇上就把心意传给你带回去，凡破敌立功的将士，不论出身低微高贵一律有大赏。"说着，往后面摆摆手，"来，抬上来。打开！"

两个强壮军士抬着一大箱什物摆停在萧摩诃面前，打开后，是满满一箱金条、珠宝，闪闪发光。

施文庆指着黄金、珍宝说："皇上可是拿出国库来重赏有功之人。等到破隋后，这些金条、珠宝一个不少地奖给你们。"

陈后主伸出轿帘的脑袋一直在点着。

萧摩诃忙正色道："皇上，请带回珍宝，放在宫中，待臣杀退隋军，再为部下邀赏。"

萧摩诃在寒风中也感到后背有些发热，心神不宁。他只想快速离开建康，快速离开这让自己感到耻辱的地方，否则，再多待一刻钟，也要支撑不下去。一张老脸憋得发紫，连双眼也红了，抱拳大声说："皇上，臣去了。"

陈后主还想再闲扯几句，见萧摩诃去意已定，不好再勉强。

铁青色的高头大马，驮着铁塔似的萧摩诃扬起黄尘，一溜烟地去了。

此时，天上那轮惨白的太阳已升至半空，隐隐感到空气中的浑浊气味冲涌上来，夹杂着浓烟的呛人味。萧摩诃快马加鞭，渐近自己的军营时，耳中已是杀声阵阵。

这就打起来了？萧摩诃暗暗一惊，跃马直上一座山冈，往四下仔细观察。

一字长蛇阵果然有威力，隋军只敢打其头部。

隋军几番攻击均未突破陈军的阵脚，反而损兵折将，但见鲁广达似乎有些危险……

有一杆大旗在风中呼呼作响，上写斗大"贺"字，那是贺若弼无疑了。萧摩诃纵马而下，手舞长刀，旋风般地冲了进去，就像一只骁悍的大豹冲入羊群，左右冲突，锐不可当。倒是身边的几个亲兵吓得有些哆哆嗦嗦。

不一会儿，萧摩诃便与前锋鲁广达会合。正要合力向前冲时，一阵雨点般的箭头乱射过来，两人只得勒马停住。放眼往前一望，隋军在前面放起浓烟，趁着烟雾潮水般地退去。

鲁广达对萧摩诃拱手道："幸好萧老将军及时赶到，不然……"

萧摩诃看着鲁广达，心道：如果陈军都有鲁广达的忠勇，都能身先士卒，陈朝能有如此困境吗？

"鲁将军，你辛苦了。"萧摩诃下马挽着鲁广达的手，轻声问，"将军忠勇，可昭日月，但以今日之势观之，建康能否守住？"

鲁广达摇摇头，面颊上有箭镞划伤的印痕，用手按了按说："萧将军，如不是您从侧面的一番攻杀，我就抵挡不住了。你看，"说着鲁广达用手一指任忠、孔范的军营，"那里隋军并没有去攻击，可他们却坚守不出。幸好，这一仗只是贺若弼的试探，如军马再多一倍，我就支撑不住了。"

萧摩诃说："将军言之有理，刚才我还对隋军的攻势生疑，明明知道是长蛇阵，为何不全面攻击，而仅仅只打头呢，如果任忠、孔范卷将过去，隋军就被包围在阵中了。"

两人谈着步入营中，进门却见满满坐了一屋子人，除了诸营主将副将，连许多小校也来了。鲁广达不知如何应酬，忙推着萧摩诃上了主座。

萧摩诃端端地威坐大案后面，一言不发，脸色煞白，眼圈一道明显的青黑色。堂中气氛庄严而压抑，将官们都拘谨地闷坐着。

陆续又进来了几个人，有的人手里拎着人头，那是刚从死尸上割下的，进来后似乎感到气氛不对，均屏声敛息地各自找地方坐下。

又隔了好一会儿，萧摩诃开了口："众位将军都不约而来，意在何为呀？"

众将默不作声。萧摩诃点破："都想来请功是吧？你们素熟兵书，深知一字长蛇阵的妙用所在，今日，蛇头被打，蛇中、蛇尾都哪里去了？我在脚下布置的五千快刀手也没有出来？"

樊毅沉不住气："那五千人不能出来投入战斗，这是我的主意。萧将军，今日一战，可不是隋军主力，这个鲁将军最清楚了。"

鲁广达点头道："将军说的是。但如果任将军、孔将军能出援兵的话，隋军的三千人都不会逃脱，关键那里有贺若弼在。"

任忠、孔范挂不住脸面，红一阵、白一阵。孔范道："鲁将军此言差矣。我们要不出兵，怎会相聚在你的营中，听到前面的号角声后，我就率人赶过来，但刚一到，隋军就被打溃散了。尽管如此，我的手下也杀了几十个隋军，有人头为证明。"

任忠低头不语，他知道，这只是牛刀小试，隋军的大队人马如分割而击大家都完蛋。

萧摩诃和鲁广达相视片刻，各自都心中明了，不再说什么。

任忠道："萧将军可曾带了援兵？"

萧摩诃一听，脸上有些不自在，提到这茬事，无疑又勾起心中的不快，想自己的娇妻和陈后主出入成双成对，俨然一对野鸳鸯双栖双宿，心中不免万念俱灰。他对任忠摆摆手，便低头下去，长叹一声道："众位将军还是各自回营，保持阵脚，我以为隋军不日就要全面总攻，希望众位将军都能像鲁将军这样身先士卒，确保一战成功，尽人力吧。"

任忠何等聪明，听出了弦外之音，心中叹想，这萧摩诃也心灰意懒了，早知如此，何必当初呢。都不听我任忠的，一场恶战，谁能逃脱，还是早做打算……

孔范见大家都不愿离座，心里正盘算着刚才手下士卒割下的几十个人头能获多少赏金。鲁广达对孔范说了句："孔将军，我以为下一步隋军的主攻方向恐怕是孔将军的营盘……"

话未说完，孔范就跳起来："这，这怎可能？"

"这又怎么不可能呢？"萧摩诃反讽道，"今日鲁将军杀退隋军数十次进攻，那隋军谁不害怕，再者说，这一字长蛇阵最容易受攻击就是蛇的腹部。"

孔范坐不住了，额角冒出些冷汗，但很快镇定下来，朗声大笑后说："就盼这一天呢，来一个死一个，来两个死一双，我孔范在朝中总有些人瞧我不起，哼，那贺若弼胆敢来犯，定教他片甲不留，让那隋军也见识见识我孔范的威风，认识认识马王爷到底是两只眼还是一只眼。"

众将偷着笑了。

樊毅面沉似水，阴阳怪气道："马王爷既不是一只眼也不是两只眼，而是三只眼。孔将军的军营做蛇腹还是经得打的。那围墙也足有丈把高，几个隋军是爬不过去的。"

孔范说："那当然，樊将军是个行家，我现在什么也不怕，怕就怕皇上封赏的官位不够高，封赏的银两不够多，破敌升官的良机，我不会错过的。"

有几个小校实在忍不住，笑出声来。孔范三角眼一瞪："这是表忠心的时候，你们还敢偷乐，该掌嘴。"

鲁广达一望知是自己的部下，厉声呵止。

萧摩诃听了，心中作呕，眼前立刻浮现出施文庆、孔范之流平日里霸道的模样，不想再议，便岔开话题，笑道："众将军都回吧，我要为鲁将军请功，写一道奏章。"

鲁广达想制止，萧摩诃已握笔在手，却不知从何下笔，两道眉毛连成了一条线，嘴唇抿得飞薄，心里乱糟糟的。刚一落笔，眼前就浮现自己娇巧的夫人被陈后主搂在怀里的模样。

"唉，罢了，等以后再说吧。"

众将以为萧摩诃有犯难情绪，各怀鬼胎，也不便上前抢功，何况鲁广达一句话也未说呢。

大家都出了营帐。萧摩诃尽量抑制着胸中的愤懑，把语气放得极缓极缓，说："广达！今日不比往常，那贺若弼虽然吃了一个小败仗，但这只会增加他的勇气，只会帮他寻到我们长蛇阵的薄弱之处，每一步棋都不能走错呀，只等渡过这一难关，以后再说其他事。"

鲁广达有些心不在焉，他不计较萧摩诃没有为自己请功，为国为家，生死是应该的，鲁广达对萧摩诃道："萧老将军不要误会我鲁广达，受赏不受赏本来就无所谓。你放心，有鲁广达在就有地盘在。"

"不，不。"萧摩诃一时词不达意，无法向鲁广达表明自己准确的意思，本着议事宜浅不宜深，走一步看一步的想法，他不能把话说透，只是觉得很伤心。要不是小春给了自己些许安慰，说不定他早就挂印归隐了。

话刚开头，一个小校飞也似的闯上来，禀告说，对面山上的隋军又冲杀过来，漫山遍野，如群蚁搬家，又如过江之鲫。一时风声鹤唳，草木皆兵。

还没有禀到一半，潮水般的喊杀声就漫将过来。鲁广达不等说完，已经锵的一声拔出半截宝剑，说了声："弟兄们，跟我上！"

几个亲兵拥护着萧摩诃，急急地向附近的山梁上奔去，以察全貌。

天哪，贺若弼不愧是贺若弼，两万多大军兵分三路，直扑长蛇阵的头、中、尾，陈军兵力不足的弱点充分暴露。

钟山脚下，到处都是喊杀声。谁也没想到贺若弼的反扑来得如此迅猛。难道杨广的中军将帅过了江？这完全有可能，难道建康西南的韩擒虎已攻至建康城下……萧摩诃想率军冲下去，被左右拦阻，正欲发火时，只见任忠将军飞马赶到，在马上就高呼道："萧将军，建康西南城墙已被攻破，韩擒虎的军马已杀往朱雀门了！"说完，拨马离去。

萧摩诃感到两眼一黑，摇晃了几下，险些摔下马来。

圣人可汗

隋文帝

刘乐土◎著　　下册　　中国铁道出版社有限公司
CHINA RAILWAY PUBLISHING HOUSE CO., LTD.

图书在版编目（CIP）数据

圣人可汗：隋文帝：全2册 / 刘乐土著. — 北京：
中国铁道出版社，2017.3（2021.9重印）
（中国历代风云人物）
ISBN 978-7-113-22618-3

Ⅰ.①圣… Ⅱ.①刘… Ⅲ.①杨坚（541-604）-
传记 Ⅳ.①K827=41

中国版本图书馆CIP数据核字（2016）第308034号

书　　名：**圣人可汗：隋文帝**	
作　　者：**刘乐土**	

责任编辑：田　军	电　　话：	（010）51873012
编辑助理：奚　源	电子邮箱：	**tiedaolt@163.com**
封面设计：**MX DESIGN STUDIO**		
责任印制：赵星辰		

出版发行：中国铁道出版社有限公司　（北京市西城区右安门西街8号 邮编100054）
印　　刷：三河市燕春印务有限公司
版　　次：2017年3月第1版　2021年9月第2次印刷
开　　本：787mm×1092mm 1/16　印张：34　字数：648千字
书　　号：ISBN 978-7-113-22618-3
定　　价：85.00元（全二册）

【第八回】

亡国只为诗词误，辱身皆因恶人磨

一阵强劲的北风刮过，战旗猎猎作响。韩擒虎扯着旗角，心中感慨万千。

他用那面"韩"字大旗蒙住自己的脸，从布缝中窥望着满路上急急前行的隋军，不觉心中暗喜，气涌如潮，看着道旁站着稀稀落落、凄凄惶惶的难民，皆恭敬地让开大路，更是喜不自胜。

来护儿纵马上前，低声说："韩先锋，前面就是建康。"

"嗯，我看到了。"韩擒虎拿下大旗，随手一扬，"来将军，虽说我们渡江晚了一步，恶战又耽误一些时辰，可我还是先看到建康的城池。"

高大的城墙尽收眼底。城垛楼上，隐隐望见人影走动。刀枪剑戟闪着刺目的亮光，每个垛口上都有五颜六色的彩旗在风中飘摆，煞是壮观。

"不好了。"王颁策马返回，跑到韩擒虎的跟前，用手一指西北，说，"韩将军请看！"

顺着王颁手指，韩擒虎吸了一口冷气。

"咦，那不是溃散的陈军吗？"

"正是。"王颁点头不止，"刚才，我看到有一面大旗，上面有个'任'字，估计是任忠的部下，这么说，一字长蛇阵被贺将军给破了。"

韩擒虎心中咯噔一下，忙问："裴将军何在？"

王颁答道："裴将军已在城下，估计用不了多少时辰就可进城。"

韩擒虎急了，把马缰绳抖得老高："还站着干什么，跟我进城！"

这时，来护儿、王颁等十几位将军也赶到城下，城门上的吊桥吱吱吱地放下来。裴蕴迎风而立出现在城垛口。

"韩将军，不要攻城了，城门这就打开。"话音未落，厚重的城门已慢慢地开启。

隋军一拥而入，乘势掩杀进城。

韩擒虎悬着的一颗心这才放到肚子里，抬头对裴蕴拱手道："裴将军，幸亏有了你，建康城才如纸糊的一样。"面色依然没有缓和。

裴蕴解释道："韩将军，差点坏了大事，说好了的事也有变的时候，弟侄可巧今日换防，刚从北门回来，但那任忠却进宫了，所带兵马不过数千人。"

韩擒虎点点头，在众将的簇拥下过了吊桥，入了城门。和裴蕴叔侄见过面后，韩擒虎问道："贺先锋的钟山之役有结果了吗？"

裴蕴侄子摇头，见韩擒虎一直盯着自己，便忖度着答道："估计正在激战之中，驻守建康的精锐部队都在那儿。"

"那任忠呢？"韩擒虎疑问。

"任忠溃散来时，衣冠整齐，不像是战败的，倒像是逃脱回来报信的。"

韩擒虎不便再问，转头对来护儿、王颂等众将说："来将军带人攻打朱雀门，王颂快快分散安民告示，不可激起民变。其余众将各自带兵，封锁建康的各个出口，一般百姓只进不可出，切莫放走了陈主。"众将领命而去。

韩擒虎不再言语，这一路上虽然有些气喘，但毕竟值得，终于第一个闯进建康城。只要拿下朱雀门，整个陈朝就可宣布完结了。

快马行进中，前面的厮杀声阵阵传来。忽然一个探马从前面奔跑而回，韩擒虎一看那脸色神情，就知道是个坏消息。

"什么事快说！"韩擒虎催促道。

"报，报韩将军，来将军在朱雀门前被箭射中面门，生死未卜。"

"啊！"韩擒虎大吃一惊，"性命如何？可曾救治？"

探马上气不接下气："已经包扎了，可来将军依然昏迷。"

"是何人所射？"韩擒虎知道，一般的弓箭想射中来护儿的面门那比登天还难。因为，凭来护儿的武功，能眼观六路，耳听八方。绝不能眼见皇宫攻克、陈主被擒之时再损了一员上将，特别是受杨坚宠爱，自己也特喜爱的来护儿有个好歹，那岂不让天下耻笑。

救人如救火，此刻只能驰往朱雀门，探望一下真实情况，不容得慢慢打探了。一挥手："走！"韩擒虎带人直扑朱雀门。

门前的桥上已经横七竖八地倒了不少隋军士卒的尸体。韩擒虎来到来护儿歇息的地方，翻身下马，哽咽着："来将军，来将军……"

来护儿轻轻睁开眼睛，含着笑意，点点头。

"来将军，感觉还好吗？"

这时，刚给来护儿包扎的医生连忙接口答道："来将军的鼻子中了一箭，从左至右，鼻子怕是保不住了。"

韩擒虎悲喜交加：当年经过无数次的战斗，见过的箭伤可以说无数。说是中了面门，没有不死的，箭的力道十分强劲，有时稍近的距离，那真可贯穿脸颊，像来护儿如此幸运的还真少见，性命无忧了，这是喜；悲的是，如此英俊的来将军没有鼻子，那……

军情要紧。韩擒虎担心军情突变，煮熟的鸭子飞了，忙叫过一位行军总管问道："是谁射的箭？"

一位被俘获的陈军小头目说："是仆射袁宪。"

"袁宪是谁？"韩擒虎环顾四周问。

"那是陈朝中的一名耿直的文臣。"

原来，韩擒虎攻打的西南城门，正是由袁宪把守，文臣出身的袁宪却在生死关头，力克韩擒虎的人海战术。当裴蕴和他的侄子率领叛军从北门掩杀来时，袁宪知道城门不保了，只好退而求其次，率一队人马，东拐西绕，依仗对地形的熟悉，竟比来护儿提前赶到朱雀门，埋伏在朱雀桥两旁的掩体中。

来护儿骑在马上，正一心指挥攻门，根本没有顾及到在自己眼皮下还有陈军的弓箭手，来护儿督促隋军抱着柴火枯草往门前堆放，准备以火攻门，袁宪一跃而起，拉开弓，嗖就是一箭，来护儿警觉到箭行的哨响，一扭头，鼻尖被锋利的箭锋削去大半，鲜血如注。

乱箭齐发中，有不少隋军倒毙于朱雀桥下。

韩擒虎咬牙切齿，正要继续火烧皇宫。忽然，朱雀门洞开，从里跑出数匹马，一溜烟地跑过来，前面高大骏马上是一位手持白条的将军，他正是任忠。

原来，贺若弼的数万大军齐扑萧摩诃的长蛇阵时，任忠尚未交手就先自怯阵，看看身边的陈军俱是两股战栗，不免有势单力薄之感。本来就有怨气的他更是无心应战，望着呐喊着的隋军铺天盖地而来，当即想也不想，拨马就绕道钟山脚下的密密丛林，从北门进城，直奔皇宫。

要说在长蛇阵中苦战的还数先锋鲁广达。鲁广达左冲右突，冒着如雨的箭矢，挥刀奋力砍杀，骁悍无比，不一会，身边的将士一个接一个倒下去，自己也是血染战袍。利用砍杀的间隙他窥望两边，俱是隋军蜂拥而来，丝毫没有陈军的援手，就知道仅凭自己是孤木难撑，就好比一只恶虎孤斗群狼，终有打盹的时候。突然感到右肩一阵钻心地疼，手握的钢刀当啷一声掉在地上，再也无力拾起，鲜血顺着肩膀、胸脯汩汩流下，染红了全身，心中十分悲怆。

这时，呼啦一下，上来几十名隋军将鲁广达死死地按住，其中一人，手举钢刀朝鲁广达头就砍，被一声断喝止住。鲁广达斜眼一望，一匹赤兔马上端坐一位黑塔似的大将，一杆高扬的"贺"字大旗随风飘扬，心中知是隋军先锋大将军贺若弼。

鲁广达凄然一笑："贺将军，割下我的人头吧，杨坚会有重赏的。"

贺若弼下马，双手扶住鲁广达颓然欲倾的身子，敬佩地称赞："鲁将军果然一世英名，不愧是陈朝的股肱之臣，让贺某佩服不已。"

鲁广达的脸色已变得苍白，他有气无力地回答："贺将军不是嘲笑败军之将吧？"

"贺某岂敢嘲笑忠勇之人。可惜，可惜，鲁将军不为大隋所用，明珠投暗，奸臣误国，连鲁将军也跟着受累呀！"

鲁广达气息奄奄，从口型上似乎肯定了贺若弼的看法，瞪着一双铜环眼直直地望着贺若弼，喉结一凸一凸，声音微弱而嘶哑："贺将军要是怜惜我，就……就……把我……埋于……此……此处吧。"话刚说完，就歪头倒下去，气绝身亡。

贺若弼很是伤感，命几个军卒按鲁广达的遗言办理，自己复又上马，沿长蛇阵式追击过去。

没走多远，迎面遇着周法尚，见周法尚满头大汗，便惊问："周将军，蛇腹尚未攻克？"

周法尚一愣，旋即笑了。

"末将正要带人去打蛇头，听说鲁广达甚是勇武，怕将军有失，故……"

"噢，鲁将军确实非凡，只可惜投错了主子。"贺若弼立马往前瞧去，见周法尚的不远处有个陈将被捆得如粽子一般。那人还将脖颈直愣着，从相貌看，贺若弼猜度，那必是长蛇阵的布阵者萧摩诃，对周法尚道："怎么这么快？这长蛇阵原是首尾兼顾，又能各自为战，伸展自如，进退得度，怎么这么快？"

周法尚听出贺若弼的问话中有怀疑的成分，不禁也笑了，抹一把额头上的汗珠子，用手一甩，说："末将奉令攻打蛇腹，挥兵直扑中营时，那守蛇腹的孔范真是饭桶一个，竟弃营而逃，满山脚的都是陈朝的散兵游勇，根本不经冲杀。末将还担心自己贪功，误了大事，所以急急收兵，带队前来增援将军，不想，将军也一帆风顺。"说着，一指不远的萧摩诃说，"这萧老将军亲自摆的长蛇阵，原来竟是一条草做的蛇。"

确实如周法尚所言，长蛇阵是一条草蛇。

贺若弼吸取前次攻蛇头的教训，分军反击，令周法尚率几千人直扑孔范的营盘。只会说大话的饭桶孔范，平生哪见过这样的阵式，当即吓得面如土色，嘴里嚷了一句："破敌升官的良机到了！"

自己却掉头就跑，一转身隐没于树林之中。主将如此，部下顿作鸟兽散，跟着四下里溃逃，长蛇阵烟消云散。

站在山冈上，左右手拿着五色彩旗的萧摩诃更是目瞪口呆，再也提不起精神，被一涌而来的隋军擒住，捆了个结结实实。

"那饭桶呢？"贺若弼问。

"躲在树林里呢，他是跑不掉的，已被我军团团围住，说不定趴在哪座坟丘后面，尿湿了裤子也未可知。"

贺若弼纵马来到萧摩诃的面前，令士卒为其松绑。

"萧将军，贺某是久闻你的大名。前日又领教你的长蛇阵的厉害，要不是我贺某撤退时，急中生智，放着烟雾而退。或许，被俘的就是我贺若弼了。"贺若弼自谦地说，"贺某不明白，长蛇阵怎会如此不堪一击？"

萧摩诃一听，竟老泪纵横。

"苍天灭陈，陈岂敢不亡？从你们渡江至今，哪一仗离开了陈朝的旧僚？他们为何如此肯替大隋效力？真应了讨陈诏书中的所言：以有道伐无道啊。"

贺若弼称赞道："老将军说得对，连孔范之流也能带兵打仗握有兵权，岂不白白糟蹋了士卒的性命。幸好，他的士卒跟他一样，束手就擒的居多，要不然，可要屈死多少生命？"

周法尚在马上对贺若弼低语道："刚才盘问了萧将军的几个亲兵。他们说，萧将军也是满腹委屈，自己如花似玉的娇妻竟被陈主……所以，萧摩诃纵有一身好武功，也无恋战之意，所以才有此言。"

贺若弼点头，安慰萧摩诃道："萧将军是个明智之人。想我家皇上定会重用于你。到那时，我们都是同朝为臣，共扶大隋基业千古永驻。好了，带萧将军下去休息。"

贺、周二人和众多将领并马而行，环视战场，硝烟依然未尽，成群的陈军结队投降，交出手中的刀枪、战旗。

贺若弼上马踩镫而立，大声对身边的行军总管说："传我命令，我大隋本是正义之师、有道之师，无论收复江南哪片领土，务必要秋毫无犯，不许惊扰百姓。若是逐寇而自为寇，违犯军法的，定要严惩不贷。各位一定要约束部下，一旦放下武器，忠心归顺之士卒，即可视为良民。"

战马往前踏出数步，贺若弼大声追问："听到了么？"

四周一片应声："听到了！"

贺若弼向中军总管点头示意，总管高举令旗，挥动三下，各营人马便在本部行军总管的带领指挥下，次第出发，目标直指建康。

正行军当口，下游行军元帅杨广的掾属张衡带着一支人马快速赶上来。

张衡见过贺若弼，说："晋王已从正面渡江，命你部率队回至江边，击败其水师。韩将军已突破建康，兵临皇宫。"

贺若弼有点遗憾，随命三军转道，心想：这块肥肉到底让韩擒虎吃了。

任忠确实精明，决战未开始自己就脱离战场，侥幸捡得一条性命和免去被俘房后的羞辱。一路上，他心神不宁，想：都坏在这帮白痴手里！好端端的大陈就要覆亡了，这也是天意，怨只怨陈朝无明君，因此，朝中无战将，更没有安邦治国的文臣。都不听我的劝谏，不听我的劝谏，延续了数代的陈朝呼啦啦似大厦倾覆。我还逃向哪呢？对，就是要让皇上知道，陈朝完了……战马跑得快如闪电，转眼来到朱雀桥前。

施文庆等正在桥头惊惶失措，暗地里合议什么，见任忠率领数千人回来，忙紧张起来，不知决战胜负如何。

施文庆拦住任忠道："任将军，战况如何？"任忠狠狠瞪了他一眼，并不下马，只身一人飞奔皇宫大门。

昭阳殿前依然丝竹悠扬。宦官蔡临儿、李善度忙上忙下，正指挥排演陈后主的《玉树后庭花》，此次排演正是让萧夫人唱主腔。远远地就听见萧夫人在殿前的猩红色的幕毯上唱着，周围人声寂静，都在屏气静心地倾听。

任忠一溜烟似的拾级而上，见龙案后面正歪坐着陈后主，一副专注的神情，仿佛城外的酣战和宫内无关，那张丽华、孔贵妃正簇拥在陈后主的两侧，手里挑拣着蜜果甜心含在嘴里轮流往陈后主的嘴里送。

陈后主喜得左右拥着两位美女，咧嘴憨笑，眼神直盯着萧夫人婀娜的身段，很是专注。李善度很快挤到陈后主的跟前，悄声说："皇上，任将军回来了。衣冠整齐，气宇轩昂，想是大胜了。"

陈后主这才想起城外还在厮杀，忙起身询问，语词甚是和缓："任将军，来来，快给任将军赐座。"说着对左右文臣道："任将军来报捷了。"

像一阵风浪掠过海面，下面的音色陡然增强，一直陪侍在皇上左右的寥寥可数的几个文臣皆面呈诧异之色。

宰辅江总探过身子，对大步踏来的任忠双手一拱："任将军辛苦了，萧老将军呢？"

此言一出，又觉不妥。近日，陈后主和萧夫人的关系，宫内谁个不知，就连张丽华也在陈后主面前揶揄过"怕是又要立新后"的醋话。

任忠行过大礼，默视周围片刻，放声大哭。

"皇上，全败了。皇上应该考虑休战了，臣等已无力再战。"

众臣不约而同惊叫起来。

散骑常侍袁元友、仆射袁宪等人竟一纵而起。袁宪说："这么说朱雀门不保了。"

袁宪等人已知韩擒虎的军马攻克建康西南城门，自己还射杀了一位隋军将领，全部的希望都寄托在钟山决战了。

他本想中止陈后主的乐会，但见陈后主兴致颇高，对形势颇有信心，加之朱

258

雀门有壮士把守，才稍稍安心。

任忠道："恐怕现在萧摩诃、樊毅、孔范等人已做了贺若弼的刀下之鬼，或成贺若弼的阶下囚了。"

陈后主却并不惊慌，也不像以前听到不好的消息就大哭了，心境反而格外坦然，转头对李善度说："再去府库取些金条来。"

不一会，李善度和几个宦官抬出两个紫檀木的大箱。

陈后主对张丽华使个眼色。张丽华哆哆嗦嗦地从腰间摸出金灿灿的钥匙，递与李善度。

打开箱子，陈后主起身拿出几捆金条一一摆放在任忠面前。

"任将军，好在建康还有大多半是朕的天下，你去招募些士兵，来保卫皇宫，等待援军，就按任将军所说的'客以速战为贵，主以持重为贵'的固守战略，或许能够挽救败局。朕不能眼睁睁地看着大陈灭亡吧。"

任忠颓然道："再战无用。"

"那如何是好？"陈后主急了，"任爱卿一向足智多谋，总会有个办法吧。总不能让朕活活地做隋军的阶下囚，去向那杨坚跪地称臣吧。"

任忠苦笑："皇上若为臣虏，臣等哪能有好结果。臣愿替皇上去死。"

江总急了："任将军现在还说这话有什么用呢？国家养士设官，原本就为的是救倾危之急，怎么能临事不战而言死呢？"

任忠沉默片刻，回禀道："臣有一计。"

"快说，快说。"陈后主和两个贵妃三头齐伸，等待下文。

"现在，皇上只有准备舟楫，到上游周罗睺处去，凭借水师或可再图创举，如果皇上愿往，臣当以死护卫。"

"舍此，别无他法？"张丽华有些不甘心。

这时，宫中侍卫陆陆续续地把钟山决战失败的消息传过来。萧摩诃、樊毅等忠勇战将俱被捕获，成了俘虏，消息传开，有不少大臣的后背有些发凉。

施文庆两腿已抖个不停，战战兢兢，乞求似的对任忠道："任将军快去招募军队，怕是晚了，出不去如何是好！"

陈后主听施文庆这么一说，拊掌大笑："好，就这么办，任将军快去准备，朕任你为水陆军马大将军，节制建康所有军力。"任忠拜谢后，带着两箱金条出了皇宫。

这边陈后主又令人将宫中贵重物品收拾好，只等任忠回来。君臣相视无言。大殿的广场上仍是宫娥彩女聚集着，不知是演还是不演。

萧夫人等得不耐烦，噘着樱桃小嘴，不时朝殿中张望，有人小声道："怎么不演了吗？"

"等不及了？你们等不及了吗？"一声娇音，带着十足的怒气从殿东南角传过来，众人蓦然回首，见是皇上的妹妹绿珠公主，都吃了一惊，心想，这戏是排不成了。

　　绿珠公主的脸色有些苍白，国事、家事、心事一齐搅得她寝食难安，原先红彤彤的美脸已有些消瘦，显得清寒些。自隋发布平陈诏书以来，绿珠公主就目睹了每一件宫中的丑闻，对陈后主伤透了心，凭着自己有限的影响曾向陈后主进言励精图治，扩军备战，陈后主也采纳了一些，但在用人上，自己却从未能置喙。眼见着施文庆、孔范之流逞性妄为，他们都是败类谬种，骄横成性，拍马溜须，把陈朝的纲纪搞得乌烟瘴气，自己真是看在眼里，急在心里，朝中能征善战的武将又意见相左，相互拆台，难道害怕自己败亡不速吗？

　　绿珠公主自开战以来，一直躲在深闺，一心只问佛事，整日念经求佛，祈求平安。终于，平静而祥和的气氛没有了。宫外的厮杀声和杏花酒楼前日益增多的难民都在明白地告诉她：陈朝离覆亡不远了。而宫中依然歌舞升平。有一段日子，她曾幻想萧摩诃能一战定乾坤，幻想着隋朝突然开恩，撤兵而恢复交好，可这些念头也只一闪而过。

　　特别是当她听说陈后主和萧夫人的暧昧之事时，更是心如火焚，满腔怨恨从胸中生起，心道：主上无德，必丧其国也。

　　她一路上，眉头不展，苦苦思索，不觉来到昭阳殿前。这段路太短了。抬头一看，哪有如临大敌、国之将亡的悲惨景象？依旧是宫娥彩女，袅袅婷婷，举袖为舞，裙带飘飘。天哪，这陈后主死到临头还依然沉住气，依然从容，依然沉醉于纸金做成的虚幻光彩之中。看到眼前一切，大有悲愤欲绝之感。在听到宫女的喊喊喳喳的议论后，不由得反唇相讥："既然是要排演，那就演吧。亡国之音，再不演唱，就没有机会了。"说着，绿珠公主紧提下摆，疾步走向殿前。

　　陈后主见是久未见面的妹子，心想：她来干什么？后主对自己的这个妹子既感亲近又感害怕。亲近的是，小时候起，陈后主就以自己儒雅的外表和满腹词文佳句博得众多姊妹的好感，大家都认为他是一位文气似水、柔而不蛮的人，不像其他的兄弟，个个骄横无比；而怕的是，这个妹妹对自己的治国大略常有非议，似乎不赞成自己作为承嗣皇位的人，曾私下里对皇后柳氏说过自己不曾有君临天下的胸襟和气魄。望着绿珠公主的满面怒容，陈后主也不觉渐生悔意。

　　想到宫外隋军兵锋，而宫中却……绿珠公主登上殿来，径直往那扇玉翠屏风前坐下，两只眼睛一直盯着陈后主和旁坐的孔贵妃、张丽华，来回扫射了几遍，一语不发。

　　施文庆满脸堆笑，上前问："公主今日有空？"

　　绿珠公主轻轻哼了一声，对陈后主道："皇上，今日怕是最后一次排演您的《玉树后庭花》了吧。也好，也好，从此可以不再有社稷之忧患、国家之存亡了。"边说边笑，边哭边走。满朝文武呆望公主远去的背影，如泥塑一般。

突然，就听到殿前杀声一片，人马如潮水般地在一片匆忙的杀戮声中退至殿前。

"怎么回事？"一个如铅块一般沉重的问号压在每个人的心头。

黎明前，一块磨损了边缘的明月，照耀着建康城外的郊野，一片寂然。偶尔听到远墟数声犬吠、两声鸣啼，更透着几分荒凉和凄惶……

一支支火炬，飘飘忽忽地沿着驿道过来。橙红色的火焰照出一队队盔甲鲜明的身影。那队中的大旗皆书有"杨"字，随风招展。

队伍中，身着金盔兜鍪、披红底风毡、胯下高头大马的年少将军正是杨广，左右便是帅府长史高颍、副使薛道衡。

杨广趾高气扬，威俊的脸上却显得异常平静，他转头对高颍道："这下就有交代了。孤终于没有辜负父皇的厚爱之心。大隋终于统一了中国。这连续征战多亏了你们二位日夜献策，待我回去禀明父皇，一一将你们和韩、贺二将军的天大功劳都细说出来。只怕父皇都不知如何赏你们了。"说完，哈哈笑着，扬长而去。

高、薛二人正想谦虚一番，见此情景，只得相视一笑，也纵马追将过去。

薛道衡对建康再熟悉不过了。那首《人日思归》不就是在这里作的吗？

想到这，他不由吟道：

入春才七日，离家已二年。
人归落雁后，思发在花前。

高颍调侃道："薛内史的千古佳句怕是以后再也吟不出来了，人在江湖，身不由己。内史侍郎今天想必感慨更多。你对建康很熟悉，今日再来，有何感想？"

薛道衡默不作声，只是朝高颍笑了笑，心想：当初的寂寞难耐岂是你能体会的，那隐藏于内心深处的情感此时又怎么能轻易流出呢？

抬首仰望，那湛碧的天空中，又一次传来春天北归大雁的啼叫，真挚的还乡情感又一次涌上心头。杨广一边品味着《人日思归》，一边随口说道："高长史，你的'人在江湖，身不由己'是什么意思？"

高颍顿感失言，不经意间把自己的心情说出来，忙道："元帅可别误会了，我的言下之意是，江南多才女，是想试探薛兄是不是在出使江南时有所偶遇，说不定还能演出一段风流佳话呢。"

"哪里，"这时轮到薛道衡窘迫万分了，这个聪明的高颍明明是想替他自己辩解，却意外地道出自己心中所想，"高长史，你我此时的心情应该相同，再也没有异乡之感了。但当日的情形确实不一样，异乡度日，总是深感日子难熬，怎不产生倍感思乡的情绪呢？"

杨广一抖马缰绳，有点兴奋得过了头。

"好了，你们二位都别说了，我也正是这个意思，如今进入建康城，我心下生疑了，人呢？人都到哪去了呢？"

其实，他的内心是想问：美女呢？美女都到哪去了呢？忽然想到高、薛二人都是身份不同寻常，随即改了口。

"晋王，"薛道衡见转移了话题，有所欣慰，那心中一闪而过的绿珠公主的倩影也变得恍惚起来，"此时，天还未大亮呢，怕是等天亮以后，战争的惨景就纤毫毕露了。"

高颎补充道："建康城内的战斗想必到了最后的关头，这儿离建康只有一步之遥，我们是否放慢行军速度，免得激起难民的反抗。"

"这倒不会。有贺若弼在前头，只管走，我看得出来，贺若弼有些老大不高兴，要不是我命他来迎中军帅府，怕是进建康的就不是韩擒虎了。"杨广自信地说。

天渐渐地亮了起来，有不少军卒正在熄灭手中的火把，扬起的灰烬在清晨的薄雾里飘荡，有股火烧味儿直窜鼻孔。不一会，道旁的枯草丛中，已有不少未烧尽的火把横陈在那里，如半枯的木桩。

"这就是劫后的陈朝，再也燃烧不起来了。"杨广说。

渐望见那段高耸的城墙，城楼上的大旗已是大隋的了。士兵来回走动的身影显得很轻快。这激起中军的兴致，他们不待命令下达，已经跑步向前了。

薛道衡的心随着有节奏的脚步声快速跳动。他真的很担心，那久已向往的熟悉的面孔已经香消玉殒，更担心那身淡绿的衣衫突然飘到自己眼前时，自己会不敢以目相视。那是多么堪堪不能令人接受的相会。

转而一想，不就杏花酒楼的一面之缘吗？说不定那次偶然相会早已从她繁琐的生活中荡然无存了。那宫中的温情早已在缠绵的《玉树后庭花》的艳曲中变得乖张而暴烈了。

"喂，薛兄，你又在沉思什么？"高颎的话把薛道衡从回忆拉回到现实。

"到了，到了！"杨广有些手舞足蹈。

正在这时，韩擒虎的部下总管飞马来报。真是大快人心。陈宫已被韩擒虎占领，陈后主被活捉。所有皇宫中的成员尽被俘获，宫室嫔妃、守宫的卫士、护驾的文武大臣统统投降。消息传来，人们欢声雷动。

此前，韩擒虎带人直奔景阳殿，绕了一圈，刚到西南角，就听那片枯枝下面有窸窸窣窣的声音，仔细一看，还有一只绣花的暖鞋掉在花树枝上，似乎有人躲在里面。

几个士兵对着那树丛大喊："井底下的人快出来！"

井下没有任何反应。韩擒虎挥剑砍了几株枯树，拽去后，果然有一石栏井圈，与地面相平，还真不好发现。

"再不出来，就往下面扔石头！"韩擒虎张口大喊一声，"扔石头！"

"不要扔，不要扔，我是陈朝皇帝。"

韩擒虎忍不住大笑，士兵跟着笑。

韩擒虎命士兵用绳子系住一个筐送下去。准备把陈后主拉出来。在拉绳子时，士兵是憋足了劲，脖上青筋突出。韩擒虎纳闷：咦，都说这个陈后主是好色之徒，原来还是位好吃之君，有这么重吗？

一个士兵道："我的妈，这个皇帝咋这么重？"

另一个说："这样的人怎么会不重？整天吃的都是山珍海味。"

韩擒虎说道："你们懂个屁，他这么胖都是民脂民膏喂养的。不要说了，免得一不留神，摔将下去，把他摔个半死或是死了，不好交差。"

几个士兵这才止住了话头，用了十足的力气，往上拽筐。等到把陈后主拉出井口时，韩擒虎及众人都觉得既好气又好笑。原来拉上来的不止一人，而是陈后主、张皇后、孔贵妃三个人。这三个人紧紧抱成一个大砣，浑身都湿透了。

杨广一行过了朱雀门，对眼前豪华气派的宫殿群落是赞叹不已。画栋雕梁，飞檐高挑，有十只金兽稳坐在屋脊之上，昂首视天。令杨广诧异的是那些兽眼俱泛着赤橙黄绿青蓝紫等七彩之光，心想，这必是稀世美玉镶嵌的。

那高矗宫城的正殿金碧琉璃瓦，辉煌无比，上面是两层挑梁、美轮美奂。下面隐约冲天的四时花树，影影绰绰。

薛道衡在前，因为他对这里的草木、宫殿格局再熟悉不过了。他瞟了一眼就在朱雀门旁秦淮河边一酒楼——杏花酒楼，内心真切希望那熟悉的倩影此刻能在窗前闪现。可是，没有，所看的是那飞出窗外的布帘一角。

高颎内心盘算着：杨坚接到天大的喜讯，该会有何反应，肯定是泪光盈盈。这是多少代人的梦想啊。他环顾街市两旁，隐约从人们的脸上看出了在陌生中夹有喜气的神色。心想：这就是民意。那些终年关门闭户、战战兢兢、不知几时祸从天降的怯懦百姓们，也拥挤到街头，观看隋军入城时的风光气派，甲仗如云的威风杀气，特别是目睹了那位俊伟朗目的隋朝二皇子杨广更是啧啧称奇。

杨广说："高长史，我们中军虽说渡江晚，却是第一个踏上江南土地的，而且这一步就跨进了陈的心脏。父皇该是何等的高兴。"

高颎说："实不相瞒，刚才臣之所想也在这点。我想，皇上的诏书不日就可到来。到那时就可依诏行事。"

杨广道："高长史和父皇同患难，可谓父皇的股肱之臣，何不猜测一下，免得把战果浪费在来回往返的路程中，贻误了最佳的战机。"

"正是，元帅思考得对，我想，对江南百姓而言，不在于谁当了君主，谁统治他们，关键是能否实行仁政。贾谊曾有《过秦记》，始皇统一中国后，所采取的种种措施都与仁政无关，蹈亡之速，史不多见。"

"高长史果然学高才绝，现在，最要紧的是安抚民心，知民之所想，办民之所办。"杨广颇会迎合着高颍的心思。

"元帅说对了。"高颍赞了一句，接着说，"陈主是不能杀的，此人大有用处！"

"哼，陈主不能杀，那我们还占建康做什么？"杨广说，"对无道的昏君都要安抚吗？"

"元帅，我们现在虽说灭了陈国都城，但江南五州二十郡县尚在陈主臣下的手里，至少他们是忠于陈主，倒不如让陈主一一写信明白地说清，从此归属大隋，况且，上、中游的周罗睺、陈慧纪和杨素、秦王杨俊的部下相持不下，不如让陈主去一封信，就可免了许多刀兵之苦。"

杨广频频点头，心想：这老匹夫，计谋就是多，头发梢都是空的。只可惜，和太子杨勇做了亲家，要不然……

"薛内史，你有什么心事吗？怎么对建康处处都留神注目呢？"高颍赶上来，对薛道衡说："陈朝中有不少罪恶极大的，有民愤的，道衡兄点几个出来，就地斩首，以示大隋绝不纳奸佞之人。"

薛道衡道："最要斩的当是皇后张丽华，这个女人是个祸水，整个陈朝的淫风都是由她引起的。其次，像施文庆、沈客卿、阳慧朗等三个佞臣必不可留。"

"嗯，今天正午就斩他们于街市，必能除奸安忠，抚慰百姓的愤怒。"

杨广听他们二人说笑，心中有些不高兴，杀不杀谁，岂能由你们决定，听说张丽华是个人间尤物，能勾男人心魂，并使男人快活得无以复加，不觉心中神往。

薛道衡过朱雀桥，就见宫门上的旗帜已改，宫内的隋军正在忙着清点珍异宝贝，忽然想起一件宝物，正是留着绿珠公主背影的翠玉屏风，担心被士兵毁灭，急急策马往前赶去。

突然，宫内鼓乐齐鸣。震耳欲聋的强音中，韩擒虎率众来迎晋王杨广一行。见着薛道衡，韩擒虎说："大功告成了！"

薛道衡下马，说："韩将军，这下你没有什么怨言了。"那意思是，你的头功终于到手了。

韩擒虎咧着嘴："幸亏有薛内史和高长史从中权衡。"一边说，一边拿眼望着后面。

薛道衡说："晋王最想知道，陈朝的君臣可有因反抗做了刀下鬼的。"

韩擒虎摇头，说了袁宪的事，薛道衡点头称是："没想到，韩将军也有隐忍的肚量，这就好。哎，宫殿中的那块屏风怎么样？"

"殿中已没有一个人了，全由士卒把着。来护儿押着陈叔宝的后妃已往内宫，把女眷、男人分开，听说陈叔宝是个老色鬼，这下就让他尝尝和尚的滋味。"

杨广等人一一赶到，将帅见面，叙礼一番。杨广的眼睛就不停地在俘虏中扫来扫去，眼神带着嘲弄和色迷迷的表情。高颎看在眼里，心想可不能由着杨广胡来。

登上宫殿，杨广转身一望，顿觉威风八面，好不惬意。当皇帝的感觉真好，可惜我比杨勇晚出生两年，想到这，不免有些灰心。平陈可是我杨广的功劳，你杨勇在宫中拥女抱妾，反过来，我倒要辅佐你，太不公平了。

殿前跪满了降臣。

杨广道："陈叔宝乃无德昏君，有此一劫，理固宜然。本帅倒想知道，陈朝中有无奸佞之臣，为非作歹作恶多端之徒？"

陈后主丈二和尚摸不着头脑，不知这杨坚的二皇子如何待己。侧立在任忠旁边的袁宪瞟了一眼众臣，谁都没有出声。

高颎低声说："元帅，可以让百姓揭发，明日都押出去游街，谁得的臭鸡蛋最多，就说明谁是奸臣。"说完后，便从殿柱后走了。

陈后主耳尖，一听游街，心想：这不是要我的命吗！抬头说："罪国之君，理当被斩。"说着便干哭起来。

实际上，他是做做样子。

"呸，"晋王杨广厉声制止，"本帅自是眼明，来人，把施文庆、沈客卿、阳慧朗、徐析、史暨慧等五个奸佞拉到宫门外朱雀桥上示众。明日处斩。"

五个被叫到名字的佞臣早已筛做箩糠，瘫在那里竟站不起来。

宰辅江总说："晋王真乃神人也。此五者作乱宫中，行霸于民，早就该处斩了。"

"你也不是好东西，不过听说你的诗写得不错，留着你性命，待日后看看可有用处，再去办理。"杨广劈头一下，吓得江总如吃饭咽了一下，下面滔滔宏论便打住了。

"晋王，都收监吧，待带回长安交由皇上处置。"薛道衡附议。

杨广点头，左右不见了高颎。正迟疑间，高颎拾级而上。

"高长史，你……"薛道衡问。

高颎并不搭理，走到杨广耳边小声说了几句，杨广脸色唰一下变白了。

原来，高颎对杨广放心不下，独自先去了后宫，到后宫，便叫出了皇后张丽华。一见，果然是天生的尤物，那标致的脸庞上峨眉淡扫，流动的眼波摄人心魄，走路时，身腰扭动间，散发万种风情，连高颎都要把持不住，来护儿和众军卒也都直直地望着张丽华。

高颎勃然作色。

"都说你是个狐媚，果然不假，来人，就地杀了。"

张丽华何等聪明，她一被叫出，就知道今天是自己的大限之日，嗤嗤地傻笑了几声，从士卒手中接过锋利的刀，往玉颈上一抹，顷刻间，鬼魂已赴森罗殿。

所有的宫中美人、贵妃都大惊失色，有几个已昏厥在地。唯有站在最后排的绿珠公主冷眼看着倒地的张丽华，鼻子里哼了一声。这轻轻的一哼，吸引了高颎，定眼一瞧，天哪，这又是一位人间绝色。只是这一眼，就把高颎的内心搅得心烦意乱。他收回目光，对来护儿交代几句，匆匆赶回前殿。

杨广一行赶到后宫时，只有一具张丽华的尸首横陈在那里。杨广跺足长叹一声，绕着张丽华尸首转了两圈，一言不发。

高颎说："孔老夫子曾言，唯小人与女子难养也。同时，姜太公姜尚辅佐武王夺取暴君纣的天下，取商代周。面对祸水妲己的美貌，实在不忍心下手，可又不得不下手时，只得蒙面提刀连捅数刀。"

杨广内心如翻江倒海，表面上除了一声长叹外，面沉似水，听到高颎所言，忙露出笑意。

"高长史，本帅长叹没有其他意思，此人入宫作乱才使陈朝上下相淫、朝风不正，倘若没有她，陈朝尚能苟安一时，我倒是想美言她几句，看她如何反应，再说，要是陈叔宝知道了，说不定也要寻死觅活，对完全占领陈朝江山也是一个不小的阻力，好在还有其他宠妃幸在。何不让陈叔宝和她们小聚一两天，待押回帝京长安后，交由父皇定夺。我们还是把精力投在战事上。"

一番话，滴水不漏，闹得高颎浑身不自在。

高颎让陈后主分别给长江下游的陈将写信，令他们降于隋。至此，平陈以胜利告终。此役，大隋占领了南陈全部属地，得州四十、郡一百、县四百，分裂数百年的南北朝重新融为一体，实现了数百年间出现的风云人物想实现而没能实现的梦想。对江南的肥沃土地，杨坚倾慕已久，对江南人士他却无论如何放心不下。平陈的大军还没有凯旋，远在帝京长安的杨坚诏书就发至前线。

高颎看过诏书，愈发对杨坚深为敬佩，这才是有远谋的君主。诏书写道："公（指宇文述）鸿勋大业，名高望重，奉国之诚，久所知悉。金陵之寇，既已清荡，而吴会之地，东路为遥，萧岩、萧瓛并在其处。公率将戎旅，抚慰彼方，振扬国威，宣布朝化。凭你的明达谋略，乘胜而行，风行电扫，自当稽服。如果能不用干戈、黎庶获安，正符合朕的心意，公当勉力而为之。"

高颎对宇文述说："宇文将军，你是皇上亲自点的将，本来，你也该回帝京和家小团聚，可是，皇上是如此器重于你，也是再立大功的时机。"

宇文述接过诏书，感动不已。虽然自己在杨广军中，论身份只是众多总管中的一个，但是，他相信自己是杨广的真正帮手。渡江时，他率军自六合渡江，占据江头，有力配合了贺若弼、韩擒虎二军。这次，皇上又让他单独领兵，足见器重之深。

叩谢后，宇文述询问杨广何日出发。

杨广答："就是今天吧。正好在渡口分手，我们向北，你向南，静听你的好消息了。"

杨广也高兴，宇文述的精明能干，特别是忠心令他很赏识。

薛道衡心里明白，杨坚这个诏书，表面上看，颇有例行公文的味道，但为一个军事行动专发一道诏书，本身就说明这次军事行动的重要性。诏书中对宇文述用了大量褒美之词，这表明杨坚对宇文述此行抱有多么大的希望，平定吴会之情是多么殷切！他对宇文述说："宇文将军，萧岩、萧瓛所占据的吴州乃是江南最富庶的地区，争取民心乃是第一条，正像圣上所言'干戈不用'那是最好的结果，但萧氏叔侄俱是冥顽不化之徒，一心想和大隋做对，灭之要快、要狠。"

宇文述点头称许，但心里想：怎么打仗，还要你薛道衡来教吗？

杨广说："多带些人马，把那萧氏狗叔侄就地灭了。"

将帅正议论间，杨坚的诏书又至，专门给宇文述配备兵力：行军总管元契、水军总管张默言归属宇文述指挥，加上他自己的兵力已有四万人，从海路进至吴州附近的燕荣受宇文述领导，水陆军计十万人。

杨广叹道："父皇真是舍得，对付萧氏父子，要这么多兵干吗？宇文述，你的兵快接近本帅了，赶明儿，本帅还要向你借个一兵一马的。"

"元帅，请元帅回禀皇上，让皇上静候末将的佳音。萧氏父子降了便罢，他若不降……"

高颎道："宇文将军，降也要降，不降也要逼其降。"

薛道衡补充道："平陈的起因就在于他们，收尾还应当由他们来唱主角，方算完美，叛逃入陈十恶不赦。"

"各自休息吧，明早浦口分手。"杨广打个哈欠。众人这才感到，他们已经忙了一整天了。

上午，宣读安民告示。中午，斩了陈朝中的五位佞臣。下午，封府库，装金银器玉和带走的一切。

不觉已到了掌烛时分。陈朝的皇宫第一次由隋朝的军士把守巡逻。杨广等人当夜就住在临春阁等陈后主的一些出入场所，而后者被关在马圈里，只有他们的家眷还住在原来的后宫中，只不过看守甚严，丫环婆子都集中在一起。

这一夜，有两个人难以入眠。一个是晋王杨广，一个就是内史侍郎薛道衡。

烛火幽暗，张衡已剪了四次烛花，烛油浸落了烛台。杨广的脑海中挥之不去的是张丽华死时的遗容，那绝美的姿容令他怦然心动，就是张丽华倒地的姿态也令他神往良久，微微蜷起的双膝，粉红色的内裙下散发着的扑鼻的香气，真是撩人欲醉。云鬓叠堆的乌发半遮掩着雪白的粉颈，欲露还掩……

想着想着，杨广燥热难耐。他住的临春阁内，几张春画还在，画面上放荡的姿态，令他痴迷不已，他翻身坐起，细细地在那几张春画上扫着。欲加感到要行乐一回，算起来也有半个多月未近女色，这怎么行？

在晋王府时，萧妃是夜夜伴驾，偶有身体不适也由侍奉丫环顶上，只是夫妻俩约定好，绝不许与杨广有染的女子怀孕生子，若有，无论男女一概掐死。这方面，萧妃做得比独孤皇后好，萧妃从不管束杨广在府内乱来，而杨广在父母面前从来都说只和萧妃一个相伴久远，这令杨坚夫妇倍感高兴，终于有一个儿子能像他们一样。其实不然，在府内，杨广是个毒辣成性的人，只要是大门紧闭之时，便一定是府内年轻貌美女子的惨遭蹂躏之日。深庭高墙中，有片杨广自己的天地，里面有数十位美女，整日啥也不做，专为侍候杨广。杨广性致高时，便连淫几名女子，但外面却从不知晓。

此刻，杨广感到身体膨胀，再也忍耐不住，便来到外间，对张衡耳语几句。张衡领命而去。

后宫内，灯火通明。

张衡来到关押陈朝宫妃的房外，守门军士上前盘查，张衡并不恼怒，要是旁日，这个军士就会因此送命。

张衡拿出腰牌，那个军士吓得连忙拜礼，张衡摆手："元帅听说这皇宫中还藏有一批金银宝物，听说是皇后所为，但皇后业已被杀，让我来逐个盘问，好生守着，任何人不得进入。"

"是，将军尽管查！"军士们都知道，皇宫的府库已被重新锁定，但杨广没让人拿走一件东西，这一点，有几个立了战功的行军总管曾有不满，但杨广素不爱财的美声悄悄地在宫内外传开。

时辰不大，张衡带出一名女子，颇有几分姿色，年方二八模样，长得小巧玲珑，微翘的鼻子，厚薄适中的红唇，很诱人，走路时臀部微摆，别有一番滋味。这人正是萧摩诃的妻子，风骚而轻佻。

萧夫人脸色很难看，担心在深更半夜被提审没有好结果，正哭哭啼啼地往外走，心里盼着萧摩诃能突然现身，救她一把。

"军爷，我不是宫妃嫔娥，根本不知道有什么宝物，更不知藏在何处。"

张衡瞅着这女子，听着她说话带着颤音，似乎有无形魅力，一时竟呆了。

如果美女的美能使人双目发亮，那么这位女子就足以照澈如墨的黑夜。

"噢，你到底是谁？"张衡冷漠地问了一句。

"卑妾是萧摩诃的爱妻。"萧夫人声音娇脆甜润，与她的盖世容颜一样地令人着迷。

张衡不禁哂笑了一声："知道，知道，就是你和陈主眉来眼去，勾搭成奸，原来是大隋的功臣。我们想施美人计而不得，陈主自己给自己施了一个美人计，可叹啊可叹。"

萧夫人脸发热，她不想再做解说，怕再说下去，更难听露骨的话就会像冷箭一样正中她心窝。她又怎么想到自己成了隋朝的"西施"，她原先也不过想品尝一下皇上临幸的滋味，低声道着"惭愧"，便跟在张衡后面，亦步亦趋。

张衡有如此娇女和自己夜行，不禁心旌动荡。他返身猛地抱住萧夫人，喷着冷气的大嘴印上了萧夫人的樱唇，双手也不利索地在萧夫人的娇躯上摸来摸去，正按捺不住之际，听得有人正朝这个方向走来，这才放手，并低吼一声："不许对任何人讲，否则你就死了。"

萧夫人还顾忌什么呢？此时，除了自己的身体能让人有所怜惜外，还复何求？于是使劲地点了一下头，真弄不清楚，女人的漂亮是她的幸福还是她的悲哀。

那脚步声渐近，彼此在黑暗的阴影中，都看不清对方。

凭着那熟悉的身影，张衡隐约感到那人似乎是薛道衡，也许不是。

这么深更半夜，他急匆匆往后宫去干什么？正暗自生疑时，那黑影转了个身，张衡来不及多想，就拉着萧夫人直往临春阁去了。

那黑影正是薛道衡。白天时，薛道衡和高颎一起到后宫，高颎逼张丽华自尽时，薛道衡正往另一院落赶去，从被隋军驱赶到院中的一大堆红袖翠衣中，薛道衡细一搜寻，果见绿珠公主和她的两个丫环杏儿、翠儿。

不知为什么，杏儿、翠儿俱是满脸泪痕，像是才大哭过似的，其他的宫内女眷也有不少悲色哀容，独绿珠公主一脸冷气逼人，让人近身不得。当四目相对之时，薛道衡感觉到的竟是平和、冷淡，那杏花酒楼上相逢时的欢快和稳重、轻盈而端庄的绿珠公主似乎被人抽去了，只有一股坚定冷酷的无形煞气从她身上迸射出来，看不见却感觉得出来。

薛道衡紧走两步，他看到绿珠公主的身形微微晃动了一下，如花似玉的面容有些苍白，唇角似乎有血丝。因为人多而声音嘈杂，没有人注意到两人的四目对视。

院中的寒风陡起，夜露轻垂。薛道衡加快了脚步，低声对守后宫的士卒交代几句，闪身便进了宫中内室。他来到一间有烛火跃动的房前，心潮难以平静。里面传来阵阵轻咳声，薛道衡不再等待，轻推扇门，吱呀一声吓得两个丫环倏地起身把绿珠公主团团围住，冷眼直视薛道衡。

绿珠公主全身颤抖了一下，拨开杏儿、翠儿，轻声说："薛内史不怕犯军规吗？"

薛道衡盯着那双冷漠的眸子，说："公主，我薛道衡只想嘱咐公主，北方清冷空气干燥，希望公主有所准备。"

杏儿道："还准备什么？公主所用的一切什物都被收缴了。"

"那件白狐裘呢？"薛道衡的目光再次落在绿珠公主的脸上，这正是绿珠公主内心所期待的。

翠儿道："你是不是一年前在杏花酒楼吟诗的那位使者？"

薛道衡点头。翠儿道："你可要救一救我家公主？公主已有三天不进茶水，昨日咳血，到现在还未止住。"说着嘤嘤啜泣起来。

薛道衡内心一揪，想象着绿珠公主内心无法抚平的伤痕，上前一步，伸出双手欲抚绿珠公主的双肩。谁知，绿珠公主向后半仰，拒绝了薛道衡的双手。

"薛内史还是请回吧，传出去，对你不利，反正我们陈朝的女子没有一个有好名声，不要让我玷辱你高贵的人格。"绿珠公主幽咽地说。

室内很静，两人都很珍惜这寂静的时光，在这寂静中，薛道衡似乎明白，他再温暖、再纯真的目光都很难在她芳心中滋生出源源不息的温馨与和暖。

收回目光，薛道衡很理智地对绿珠公主道："公主珍重！万勿悲伤，我猜想宫室成员即使押到长安，也不会被杀，江南的官还需由江南人来担任。"

绿珠凄然一笑，又是一阵咳嗽，杏儿、翠儿忙端水捶背，复又挽着绿珠公主坐在硬木凳上。

看看薛道衡要退出室外时，绿珠突然道："薛内史，请留步！"那场景不由得令二人想起杏花酒楼的初会。

借着烛光，薛道衡看着绿珠由白泛红的脸面，像被磁石吸引着一般。

"杏儿，翠儿，你们到外廊站一会，我和薛内史有几句交代。"

两人脆脆应了一声，双双退出，虚掩了房门。

薛道衡感到喉咙发涩，一时似有千言万语不知从何说起，其实算起来，两人见面的时间加起来不过一天，为何有如此吸引力，令自己为她悲戚的命运担忧、挂念，是那次推心置腹的谈话，还是那两盏清香的绿茶，至今芳香不散？

"要不是两个丫环，我怕是在昨天就自尽了，你看——"绿珠慢慢起身，缓缓靠近……

一身白色长裙，一头乌云般的秀发，眉如青山含黛，目似秋水盈波，肌肤晶莹如玉，娇躯临风生姿，飘然出尘，清丽盖世，纵然是梦中美人亦难与她相提并论。

"绿珠，何苦如此？朝代更迭，江山仍在，芳华韶龄，何苦来哉？"薛道衡急迫而关切地说。

绿珠的眼泪像断了线的珠子，任由其慢慢滚下，伸长的脖颈上有绫纱勒过的红道。

原来，当隋军攻入皇宫之时，绿珠便凄然退出宫殿，万念俱灰，生怕遭隋军暴行，转弯来到宫中花园，傍就一颗歪桃树干，系上白色绫纱，欲自了结残生，幸好两个丫环杏儿、翠儿及时跟来，在万树丛中发现了她并解而救之。一番苦谏之后，绿珠才有所缓解，特别是提到当初出使陈朝的隋国使者薛道衡时，绿珠才抛却想死的念头。一个女儿家，心有所系，心有所愿都未能了时，死对她来说确实早了些。

想到杏儿、翠儿跟着自己这么多年，绿珠便止住了眼泪，恳求似的对薛道衡说道："薛使者，"这样称呼，也是别有一番苦心，希望薛道衡能够想起出使的日子，能够想起那一幕幕交结的画面，"你看，我是陈朝公主，自然免不了沦落婢奴的苦命，我也有过锦衣玉食的生活，有这样的结果，终究是命里所有，人数拗不过天命，我也认了。倒是我身边的两个丫环，自幼和我一起长大，聪慧伶俐，办事很有分寸，如能蒙薛使者就此领她们出去，纳入府中，早晚侍奉于你和你的妻室，我想，她们能够一心一意，不知薛使者愿不愿意收留她们，不使她们沦落风尘，命运不测？"

薛道衡望着绿珠悲戚的容颜，如何能拒绝得了呢？他知道，从这么多宫女中，挑一二人收入府中，还是可以办到的，但若要对绿珠公主有过分的想法，那是不现实的，她毕竟是公主，身份不同，处置的方式也不同。

想到这里，一时还开不了口，从心底里，他更想凭身份和地位来保护一下绿珠公主。

"公主，这些我都能办到，只是你，你……"

绿珠勉强地笑了一下，摇了摇头。

"不劳你牵挂了，我会保护好自己，我还真想到你们那看看，或许我们再次相见之时，你已不认识我了。"

薛道衡默默无语，心中暗自有些吃惊，他似乎听出了其中的亡国之恨。

在听到招呼后，杏儿、翠儿进来，绿珠道出了自己的意思，两个丫环哭得抽抽咽咽，死活不愿意离开。

"你们这是逼我去死吗？"绿珠叱道，"眼前有条光明道儿，为何放着不走？薛使者是个重情重义的人，不会亏待了你们，国都没了，我想有个家而不得，我是真羡慕你们，你们却不领会我的心意。"

薛道衡无所失措，想了一会，便说："就这样吧，暂且把杏儿、翠儿留在你身边，这北去的一路上，公主尚须人侍候着，我想，今晚你们就快去收拾妥当，这宫中的一切怕是要变成断瓦残垣了。"杏儿、翠儿一听赶紧出去准备，其实，两个人的内心都想能被薛道衡收留，以使终身有个依靠。

绿珠心中一酸，她舍不得这情同姐妹的杏儿、翠儿，但她知道，她们最终会离她而去，这就是女人的命运，只有找到一位称心如意的男人才算是步入人生的正轨。可是她心中的那位又在哪呢？眼前的薛道衡，她不敢去想，又不能不想，这一切都只能等到帝京长安之后才能知道结果。

"你走吧。"绿珠又一阵咳嗽，"这里的一切应该被毁，最好一把大火烧个干干净净的，这里是一切淫荡和罪恶的渊薮，我都能闻出这里的腐臭味。"

薛道衡慢慢地揽过公主，轻轻地替绿珠捶着抖动不止的背部，说："我知道你的矛盾心理，既恨陈国又恨大隋。但公主绝对是这片污浊泥塘中的一株青莲。"

绿珠闭着眼睛享受着这短暂的温存，不再拒绝，她想，能视自己为出污泥而不染的青莲，就足以说明此人对自己的了解。当初的一面之缘果然没有错，一年多的相思之苦无疑增加这种相爱相知。

"我让人炖些汤来，你吃一点，行吗？"薛道衡柔声问。

这浓浓的感情温化了绿珠公主的内心坚冰，她双膝一软，整个身子就倚靠在薛道衡身上。

随着薛道衡紧箍的手臂，绿珠也不由自主地紧贴着他的身体。

"古人有随蝶所幸，如果一年前，你不是公事缠身，我不是因情而忧虑，或许……"绿珠的眼中情欲的成分明显流露，脸红，心跳，干涩的唇溢不出一句话。眼神里那股清清冷冷的雾气逐渐消散，低低的呻吟声令薛道衡多少有些心猿意马，用温舌舐着她的唇角。

"不要再想所有的不愉快，要坚强地活下去，这一点，你真要向你哥哥学，学他无志、无益、逆来顺受的脾性，太刚烈了易折断。"薛道衡真不想绿珠再发生什么危险的事。

令薛道衡吃惊的是，绿珠的双目突然生出万种柔情，身子在不安地扭动中，白色的长衫已飘至脚下，那件雅绿色的薄裙又归原了从前的那位绿珠公主。

"你，你……"薛道衡有些异常的激动，更感到绿珠的声音和身体都在微微颤抖，那双目中射出的奇异光芒。兴奋的羞涩？期待？还有别的什么？

两个人的情感在升温。

过了一会儿，两个人都有喘不过气来的感受，薛道衡想到公主虚弱的身子，就想结束这场缠绵。

"绿珠，自己要照顾好自己。"薛道衡轻声而庄重地说。

"薛……我都不知如何称呼你了，是……反正都无所谓了。"绿珠声音不大，却很坚定，"就喊你薛兄吧。"

薛道衡几乎难以自持，沉吟片刻，点头应允。

绿珠公主背转着身，两只玉手一阵抖抖索索的运动，便有一件件衣衫自秀美而圆润的双肩滑落，雪白的肌肤渐渐袒露，此刻，在绿珠的心里荡漾着一股甜滋滋的春潮，当她回转身时，眼泪已经慢慢地流落下来。

"薛兄，上天虽然不垂青陈国，但却垂青我绿珠，让我在活着的时候遇见你，薛兄若不嫌弃绿珠卑微的身子，就上来吧。"边说边靠在薛道衡身上。

望着绿珠那一副带雨梨花的娇靥，薛道衡不禁怦然心动，在瞬间的感受中，他发现绿珠投射过来的目光有些异样，那张绯红的脸颊是如此明艳而凄美。

薛道衡紧紧地搂住绿珠的身子，腾出手来，拾起飘落到地上的衣服，替她裹好。

"绿珠，本来我可以不来陈国，但心里总是抛却不下你。今日一见，虽说不合时宜，总归是上天的安排。绿珠，无论你以后身在何处，我都会全力照顾你，不让你有半点委屈。好好歇着吧。杏儿、翠儿我也会好好照顾的。"拥着绿珠，把她送到床榻边，安顿绿珠坐下。

"薛兄，"绿珠想抓着薛道衡的手不放，"你是否嫌我？陈朝的女子名声不好。"

"不，不。"薛道衡红着脸答道，"公主是陈朝荒淫宫中的一株白玉兰。这一点，我深信不疑。只是，只是……"

似乎有一种内疚，有一种歉意以及别的什么无法用语言来表达的深情。

"只是舍掉了今夜，薛兄就再也不会找到以前的绿珠了。要么沦为下贱，要么削发为尼，要么……"绿珠说到最后，似乎有燃烧的火苗从口中蹿出。

薛道衡轻轻地揉捏着绿珠的双手，迟疑着，矛盾着，脑中闪现出妻子晓兰温顺的面容和每次送他外出时分别一刻的深深眷爱和担忧的眼神。

"好吧，我不难为你了。"绿珠说，"你回去休息吧，迟了，引起别人说闲话。"

薛道衡倒是舍不得走了，他最大的担心是怕绿珠有个意外，于是更加紧拥着她，轻轻地吻着绿珠的粉颈，仔细地抚摩着那冰清玉洁的身子。不知不觉间，无限温柔倏忽又幻成炽热的欲火，烧得两个人都心神荡漾，全身绵软，彼此都情不自禁地向床上倾倒。

柔情向深渊坠去，坠去……

这瞬间，他们几乎都忘了周围的一切。只有晚风挤进窗棂吹得烛火飘曳，只有门外的树叶的沙沙声好似一种轻柔的伴奏。

夜静更阑。

帝京长安，杨坚的诏书已雪片似的飞往全国各地，时人称之为"太平立法"。

太平之法的主要内容无外有两个方面：一个是用君臣、父子、兄弟、夫妇、长幼、尊卑等这套儒家伦理道德观念规范人们的行为；另一个是去私人之刑，除私人之兵，削弱地方豪强势力，加强中央集权。

太平文告、太平之法同时宣布，自此以后，化干戈为玉帛，共享清平时光。

人们欢欣鼓舞，奔走相告……

杨坚却是显得相当冷静。

大兴殿。

满朝文武都在等待着征陈大军的归来，个个满面红光，兴奋的表情表现得淋漓尽致。苏威、牛弘等人在群臣中显得很活跃，只有李德林颇能理解杨坚的心意。杨坚的心情实际上从发给杨广的诏书中就明确表露出来。

太平之法虽然风行全国，但在江南各地还有不少残存的人士谋求抗隋，这散散点点的星火早晚或许燃烧起来，烧成燎原之势，变成一场无法扑灭的大火。

至少从目前来看，偌大的一个江南王朝，在一个多月的时间内就被击溃，仅就军事方面而言，靠的是隋军突如其来的进攻，一下子就把陈军给打蒙了，而多路钳形攻势又迅速将其分割成数段，防御体系瓦解。但是，杨坚心里明白，陈朝赖以维持的社会基础并没有改变，各地的散兵游勇和地方武装仍然存在，在一般民众社会中，对外来统治者的不理解以及由此而自然产生的抵触心理是普遍存在的。

望着御案上的前线奏折，杨坚当然是高兴的，但他表面上还是严肃的。这些奏折中，已经讲到了建康陷落后，各地的地主豪强仍有零星的反抗，这一切都表明，若把江南融入北方社会将是一条布满荆棘的道路。

"把江南的地图取来。"杨坚吩咐殿前将军李圆通。

李圆通挂上地图，杨坚走下龙座，来到大臣中间，手指蟠龙柱上的江南地图，朗声道："众爱卿，朕和你们一样，感到平掉江南，占了吴、会，了却了一生的夙愿。但是，自古以来，都是得天下易，而守天下难。江南物阜民丰，文化之风熏染很重，各地多有名士，朕唯恐不好治理，望众爱卿为朕分忧。"

说到分忧时，语调甚缓而重。果然，满朝喧哗声戛然而止，大家一时都不知从何谈起。

牛弘捅了一下苏威，悄声道："苏纳言，这下轮到你了吧。"

苏威摇头："牛秘书监，你好学博闻，上次的'太平之法'多半出自你的手笔，如何不发扬光大一下，阐幽发微？"

牛弘摇头："那是皇上的亲笔，苏纳言切不可妄言。"

李德林进言道："南北分治已久，从生活习俗到文化制度都会产生矛盾和冲突，差距要在短时间弥合，还需要周密计划，谨慎行事，还需要宽容和耐心。"

杨坚点头称是。

苏威道："不会有李内史说得那么严重吧？征陈大军所到之处，陈朝土崩瓦解，士气低落，各地新招募的军士又不习战斗，昙花一现的反抗又算得了什么？"

李德林有些恼火，这个苏威越来越嚣张，满朝中，只把高颎放在眼里，其余的要么是顺从于他，否则一律以言语相驳。

牛弘道："皇上，臣以为，既不能把江南的反抗看成是一块搬不掉的顽石，也不能看成是一戳即粉的朽木。"

杨坚说："众爱卿，朕的大军之所以迅速胜利，就在于陈朝已是朽木，但各地的地主豪强却能拥兵骚扰，朕虽不甚担心，但也不能把改造江南想象得很容易。朕让大军把陈朝君臣带回京城，供养起来，就是以示怀柔，算是给江南树立榜样，朕想把江南有才德的人士，都纳入京师，许以官爵，以此除却江南的不安因素。"

众臣无言。

李德林想：这些我在平陈十策中都有阐述，至于如何施行，就看形势的发展，但有一点，若要在江南地区厉行北方制度，带有很大的强制性，怕是不易行得通。

杨坚怎能听得进去李德林的话呢？人在兴头上，只能顺着，不能逆着，李德林在顺境时敢出逆言，自然令杨坚有所不快。

杨坚拿起奏折向群臣示意，朗声说道："这是宇文述新上的奏折，萧岩、萧瓛已经被生擒了，吴会地区现也安定下来，正是大力弘扬教化之功的时候，朕想在江南区域推行'五教'就是很好的教化立功。怎么能说是朕欲以武力镇压呢？当然，必要的军事手段必不可少，如若不然，陈国会自动降隋吗？"

一席话说得李德林背上流汗，但书生意气加上老而固执的他却并不从心底里接受杨坚的说法。

李德林躬身向前，跪拜说："臣下愿再进一言，众臣都知道，南方自侯景之乱后，士族受到很大打击，但江南有士族这是一定的，是客观现实。"

李德林舔了舔嘴唇，捋着下额的短须，转头环视众臣，希望看到大家点头默许和目光的赞同，令他伤心的是，他眼光所到之处，大家都扭转脖子，一下子心里不是滋味。这反倒激起他直言的勇气。

"江南的士族虽说受到很大的打击，但与此同时，地方上的豪强势力迅速崛起也是个不争的事实。如江南豪强熊昙朗，在侯景之乱时，就聚起一大帮少年，占据了丰城县，整个丰城境内的地痞流氓大多数归附于他，梁元帝数次清剿，终未灭亡，反倒是自己损兵折将，熊昙朗一度还攻陷了荆州，大肆劫掠周围邻县，缚卖居民，山谷之中，成为巨患。"

"李内史，"杨坚听了极度不耐烦，"陈国有数十万大军，朕尚且不惧，何怕几个地主豪强。不乱，朕还难以找到借口，要乱，那正是扬朕大隋国威之时。"

李德林再一次哑口无言，而宫中的一切争论都是高颎所不知的，此时，他正和晋王杨广、内史侍郎薛道衡等率领精锐的征陈大军押着陈国的国君陈后主等班师回朝。

一路上，薛道衡陷入沉思之中，他烦乱地喝着水果酒解愁。的确，面对感情以外的复杂现实，他几乎有休克之感，特别是在他了解到绿珠公主的冷漠如灰的心境之后。

事实上，他对绿珠公主的感情已经超越了萌芽阶段，他十分珍惜这份恋情，特别是在和她有了一番刻骨铭心的爱恋之后。但是，他隐隐感到，他和绿珠就像两条在瞬间交错的线，唯一一点的交集就是这回归的路上的一段日子。之后呢？可能会有各自的方向和路途要走，他不知道届时两个人分道扬镳的伤害会不会比现在就分手来得少，但他可以预期，自己一旦爱了，就会产生死心塌地感觉，若不能有最好的结局，他也不希望现在就斩断情丝。

天空飘起了细雨，无声地洒落大地，微醺的醉意慢慢涌现。薛道衡看着身边的杏儿、翠儿，幽幽叹了一声："唉——"

"不要再喝了，"杏儿规劝道，"公主一路上叮嘱我们，要好生照顾您。"

"是吗？"薛道衡心里明白，但心中却又十分不忍。

在江边的驿站中，薛道衡找了借口再次踏进绿珠的房中时，他简直不敢相信，绿珠的性情如此大变。待杏儿、翠儿收拾好衣物由薛道衡的贴身侍卫小桂子带回营帐后，他就按捺不住冲动，搂过绿珠。她并不反抗，连挣脱一下的羞涩感也没有，但他吻到的只是一片冰凉，他越发用力地吻她小巧的樱唇，依然感受不到温暖，原先那热烈的不可思议的温热的唇瓣，已经缥缈飞扬。

那颤抖的娇躯仿佛在克制什么，令薛道衡百思不得其解。

"绿珠？"他多少有些震惊，那双眼睛更加陌生，一道冷光射来，就像胸口被人狠狠踏了一脚的感觉。说真的，他从未遇到过这么冷漠的射杀，绿珠浑身上下的冷漠让人不寒而栗，特别是她本人突然收敛了一切感情。

薛道衡竟有些怀疑自己的判断力，他还幻想着带绿珠一到帝京长安，自己就是放高官不做，也要把绿珠带回府去，至于如何安置，还真的一时没想妥。

"你是谁？"绿珠冷冷地说，疲惫的容颜上多了一层陌生的保护色。

"绿珠？"薛道衡心一冷，拥紧了她，绿珠猛地挣了一下。

"噢，薛内史，"强压着体内翻涌的乱流，绿珠说："我已是奴婢的身份了，一个由陈朝的公主沦落为大隋的奴婢。"

"不，你不会成为奴婢的，我向你保证，我一定禀明皇上，将你赐予我。我的内室晓兰也是贤惠明理的人。我想，你们会成为一对很好的姊妹的。"

绿珠脸色陡然一红，顿生两靥之愁，半迷离的神智忽然清醒了许多。她挣脱出了薛道衡的拥抱，凄绝地一笑，脸上罩着寒雾。

"薛内史，你要是有此非分之想，绿珠就会死无葬身之地了，恐怕还会连累你，你的身边有杏儿、翠儿就足够了。你走吧。我再也不想见着你了。"

薛道衡愣愣地站了一会儿，不明白绿珠说话的含义。其实，就在昨天，当杨广巡查陈室后宫内眷时，陡然发现了绿珠，从那以后，杨广的一对贼目就始终流着淫欲的火光，烧得绿珠浑身焦黑。这几天，那双贼眼始终在绿珠身上转来转去，如同苍蝇一般。绿珠就知道自己的路已经是荆棘密布了。

昨天夜晚，当绿珠脱衣就寝时，杨广敲门而入。这一切都在绿珠的意料之中。

杨广淫笑道："没想到陈主的妹子竟是天姿绝色，连仙女也羞愧弗如，连嫦娥也要逊你三分。江南，江南，你到底隐藏着多少人间绝色。"

杨广一边赞叹，一边靠近床沿。绿珠惊骇不已，紧裹着薄薄的棉被，知道灾难性的后果不可避免。杨广却依然满脸堆笑。

是福不是祸，是祸躲不过。绿珠心一横，一甩满头秀发，如同瀑布般的飘曳，硬硬地生出一丝甜甜的一笑。就这么一丝微笑，愣是把杨广给怔在那里，天哪，好一双明媚动人的丹凤眼，就是十个萧妃也不及她的万一。杨广不由得伸出舌头，舔了一下嘴唇，缓缓走近，如同一只扑向猎物的野狼。

突然，窗外的一道闪电，把乌黑的夜照得惨白，屋内的空气也如同穿云而过的闪电，把两人的剪影投到窗棂上。正当杨广要拥扑过去时，一阵急促的敲门声把杨广欲倒的身子给拉住了。

张衡进屋回事道："高颍有要事商议。"

杨广疑心这是高颍故意而为。

当初，听说张丽华姿容俏丽，善于逢迎曲事，本想收为自己所享用，哪知那姓高的不给面子，竟然敢提前把她杀了，使自己空空地欢喜一场。如今，又是一个人间尤物就在眼前，又是欲罢不能。他听张衡说过这绿珠公主乃是江南第一美女，比起那个萧摩诃的妻子不知要强几万倍。杨广恼羞成怒，却又不好发作，如果自己的劣迹败露，那么这些年来在父皇杨坚眼里形成的好印象就会土崩瓦解。

277

想到这，到底还是忍住了，临出门的一刹那，那双淫荡的眼睛再度停留在绿珠惨白的脸上，久久不愿挪开。

因此，当薛道衡前来探望绿珠时，绿珠依然没有从那片阴影中解脱出来，心境依然悲凉到极点，只能强压住心中的炽爱，以冰冷的双唇应对着薛道衡的热吻。

薛道衡揉搓着她的纤柔白皙的手，自己给自己一个无声的嘲笑。

薛道衡、杨广与张衡在一起商议安定江南之事，张衡像个幽灵似的进来，在杨广耳边低语几句，神秘兮兮地递给杨广一封诏书。拆开一看，杨广拿眼看看薛道衡，不知如何开口。高颎接过来，快速地溜了一眼，脸色很是不悦。

杨广道："父皇怎会如此安排呢？"看着薛道衡欲言又止。

薛道衡知道自己又要远行，便慌忙站起来准备接旨。

杨广摆手，说："不必客套了。都怨我们回去的速度太慢了，要不然，您还能和家小聚几日。"

薛道衡微微一笑，接过诏书一看，脸色有些犯难。

"鉴于江南士族有些蠢蠢欲动，着内史侍郎薛道衡即刻微服江南，期月而回。"

薛道衡苦笑了一声："看来，我与江南有不解之缘了。眼睁睁看着长安飘过的炊烟，闻着长安传来的饭香，听着越来越熟悉的乡音，不成想，却又要与此擦肩而过。"

高颎说："有什么话需要交代的，快嘱我一声，要是不方便的话，就写封家书。"

薛道衡拉过高颎的衣角："在建康时，我收留了两位民女，都是从陈室宫中逃离的。无亲无眷，你知道，我府上内眷只有一位，连个身边的侍女都没有，想带回去，留在府中，烦你一路照应些。待会我写封信与你，一切交代都在信中，夫人会见谅于我的。"

"快快准备去吧！"高颎有些舍不得，甚至有些内疚，正是他和杨坚频繁往来的信件中，高颎了解到了杨坚的苦恼和不安，关于江南，合适的人选莫过于薛道衡了，是他推荐了薛道衡。没有想到，杨坚的诏令下得太快了，快得有些不近人情。

薛道衡匆匆赶回自己的营帐，对小桂子嘱咐了几句，小桂子赶紧备马，又叫过杏儿、翠儿，话意刚刚表明清楚，两个丫环便哭得泪人似的。

"大人，你这一走，公主咋办？"杏儿性急，不待问话完毕，急着转身去找公主。

薛道衡说："杏儿，不用禀明公主了，这会增加她的心理负担，她已经快承受不住了。"

翠儿道:"慢慢找个日子再说吧!"

准备停当后,薛道衡来到元帅营帐和晋王杨广话别,杨广的心头压着的一块石头落地了。心想:那个绿珠公主这下没有谁可以牵挂了,待回到京城,禀明母后,多做疏通工作,将她赐给我就是了。

薛道衡上路了。

泛着绯红色朝霞的天空中,一群群候鸟啼叫着北归,像灰色的云霞似的,遮天蔽日地掠过平原的长空,它们那千万只喉咙发出的叫声和那千万羽翅膀的扇动声,汇在一起,像刮风似的,响成一片。大雁传来阵阵深沉苍凉的叫声,久久地荡漾在长长的人流顶上。

薛道衡弄不明白,大雁的故乡到底是在南方还是北方呢?命运,残酷的命运促使它们每年做如此反复的长距离运动,你能说不是命运的驱使吗?和杨广等一班人告辞之后,薛道衡心里空落落的。信马顺着来路往回走,眼前的车辆一个接着一个,他一时搞不清哪一辆里面坐着的是绿珠公主。

正策马慢行间,杏儿突然从一顶桃红色的小轿后闪出来。薛道衡下马,随着杏儿走到轿前,心口不禁怦怦跳得厉害。轿帘挑起,绿珠凄美的脸庞上那双大而亮的眼睛噙满泪水,一滴滴地顺着腮边往下滚落,只是呆望着,没有一句话。

轿夫都是陈朝的士兵,在隋军的吆喝声中,不敢多做停留,抬起小轿缓缓地经过薛道衡的身旁。薛道衡看见绿珠的那双纤纤玉手紧紧地扒住轿窗,那满头瀑布般的长发飘逸到窗前。薛道衡有些恨自己的无能,他狠狠地抽了一鞭,那马撒开四蹄,狂奔而去,转眼间便不见了踪影。

威风的锣鼓漫天彻地响着,西自帝京长安,东至骊山山麓,夹道欢呼的人群如山聚海涌,整座长安城沸腾起来。

这是千古以来的旷世盛景。百姓的欢乐难以言喻,从今以后,可以刀枪入库,放马南山了。从晋朝的八王之乱、五马渡江至今,动乱、分裂已整整三百个春秋了,那是怎样的岁月啊!百姓背乡离乡,饿殍遍地,"白骨露于野,千里无鸡鸣",九州竟无方寸净土,江河唯流滔滔血泪。

用血和泪编织的春秋确实只能在血和泪中结束。

而今,这分裂的局面结束了,这动荡不安的局面也结束了。由战争带来的满天阴云已是一扫而光,换来了万里晴空和暖洋洋的初夏丽日。当杨坚接到杨广的回报后,心情的畅达是不言而喻的。当天夜里,在寝宫中,他忘情地搂着独孤皇后,缠绵了数遍,仿佛舒散积郁心中的块垒。

随着如潮的"万岁!万万岁!"的呼声,隋杨坚出现了。道旁的行人翘首以盼，争睹文帝的天子容颜。先是锣声哐哐的仪仗队，铮衣锃亮的铠甲队，身健如牛的武士分执二十四把银戟，闪着刺目的白光，极为抢眼。随之，是一队雄伟的宫卫，簇拥着一头白象牵引的玉辂，别小看了这只白象，那是在平陈之后，远在南越之地的偏邦受到了极大的震动，他们知道，从今往后要和大隋国打交道了，丝毫没有迟疑就派使臣千里迢迢地进贡物品，其中就有一头白象，纯色如银，不夹一点儿杂色，乃万象中极品，千头中挑一。

玉辂中坐的便是四十九岁的隋杨坚，他按照精确的时辰，离京而东行，身后是一大帮文武群臣，正赶往检阅平陈奏凯的大军及其将帅。

欢呼声浪一浪高过一浪，如平静的海面上徒然刮过的台风，所经过的人们声嘶喉破。

夹道锣鼓沸腾起来，燃烧起来，杨坚的热血也随之沸腾，这是他第一次感到登上权力峰巅的快慰。

杨坚满面红光，面色看起来凝重，实际上，胜利者的荣耀和喜悦的光环一直萦绕在心间。

不觉间，君臣们已到骊山山麓。

那山坡上新搭的检阅台气势非凡，庄严之极，合抱的粗木立柱上顶着宽敞的平台。那台前的两条描金龙柱耸然凌空，那盘柱的金龙张牙舞爪，直欲腾空破云而去。执戟的武士已将二十四把银戟高高竖起，纹丝不动，个个似铁打的罗汉分立在台上两侧。

李圆通扶着杨坚下了小白象拉的玉辂，缓缓地登上检阅台，后面紧跟着文武大臣。

不一会，司仪便前来报班师回朝的大军已进入骊山境内。杨坚点头应允："开始吧！"

刹那间，百千号角齐鸣，声威雄壮。

君臣们不时品尝着果脯糕点，不时举目瞩望东方。

东方破晓，雄鸡高亢，金灿灿的太阳跃出云层，霞光四射中，但见旌旗蔽日，尘土飞扬，班师的队伍像一条长蛇蜿蜒而来。

杨坚的目光紧盯着那些可爱的大隋军士。当初送他们出行时，几多担心，几多牵挂，现在，都回来了。当然，他最惦念的还是自己的两个儿子，最后，杨坚的目光终于停留在一匹高头骏马上，他的胡子激动得微微颤抖起来……

那骏马上坐的便是晋王杨广，身着明盔鲜甲，神采飞扬，意气风发，今年刚刚二十有一，却因他是二皇子，便充当南征军的一路元帅。这回南征，兵分三路，他同秦王杨俊、清河公杨素都是行军元帅。杨素一路出永安取道三峡口，杨俊一路出襄阳，但杨广却是兵出六合直攻建康，可谓是主攻任务。

这孩子终于经过锻炼，将来辅佐太子时可任兵部尚书，统领全国的军队，此次让他节度三军，还行。当然，也多亏左仆射高颎，右仆射王韶，还有内史令薛道衡。可惜在调度武将争功邀宠上还欠火候，当贺若弼、韩擒虎为争头功闹出不愉快时，他还想以此激其斗志，那还得了，一旦两个人争得不可开交，促其哗变都是可能的，幸好高颎及时调和。

但不管怎样，广儿实际上是三军的总指挥，平陈的胜利他理所当然地要居首功。

紧接杨广之后的是他的弟弟——三儿杨俊，杨坚目光深切，此儿年幼，才十九岁，能有此作为已经不错了。怎么脸色焦黄，呈现一副未老先衰之态？想必又是束己不严，酒色过度，哎，你也学学二哥杨广，那陈后主的皇后张丽华可是人间尤物了吧，但广儿呢，一剑斩之。美色误国、误事。朕天天教导你们，宣帝不就是一个活生生的例子吗？

杨坚有些不悦，脸上阴晴不定，他已经从杨俊的帅府得知，杨俊行军作战谨慎有余而勇气不足，更何况，帅府中终日都有美姬做伴，哎，如此年龄竟离不开美色，以后会有多大出息呢？

再后面便是高颎和杨素。

高颎神情平淡，不露任何痕迹，但仍不时有乌云盖顶、霞光映脸之像，可见仍未修炼到家。得意就得意吧，朕此时能说什么呢？杨坚暗忖，复把目光投向杨素。

杨素沉毅威严，只因大功告成，不免洋洋得意，四处顾盼，不经意间，杨素的眼神和杨坚碰撞在一起，杨素看到的一双善意的微笑的目光，心中有些不安，他猜不透。

与前面凯旋的将士相比，南朝皇帝陈叔宝等一干俘虏，个个垂头丧气，似是得了一场大病，拖着沉重的步子，一步三挪。忽然，一阵喧哗，夹道两旁的人群如潮水般地涌了上来，俘虏们各个大惊失色，均以为北人要生吞活剥了他们，陈叔宝肥硕的身子顿时如同一摊烂泥，委顿在道上，浑身颤抖个不停，紧跟身后的袁宪、袁元友等人连忙上前很费力地搀他起来。他哪里知道，那汹涌的人群实在是因为好奇心的驱使。

最后才是风尘仆仆的班师大军。他们各由总管领着，虽然苦战沙场，再加上一路跋涉，但想到马上便可与家人团聚，长享太平统一之乐，都有一股浓厚的喜气。

在震耳欲聋的万岁声中，杨坚的眼下已跪着一大片将帅，虫蚁般地在他的脚下蠕动着，巨大的欢乐从心底涌上来，化作满眶的热泪滚落脸庞。

所有威严在此刻也不禁按捺不住了。杨坚哭了，他像小孩子一样毫不害臊地哭了。可巧的是，李德林也哭了。哭声传到台下，贺若弼、韩擒虎等征战江南已久的将领也在悄悄地抹泪。

司仪宣布对三军的赏赐完毕，其中一条：三军将士俱卸甲休整三天，东至聚英酒楼，西至骊山饭庄，皆大宴宾客……

在将士们高呼"万岁"声中，杨坚复又乘上白象车缓缓向宫中行驶……

一路上，心神不宁。

是夜。杨坚命李圆通找来高颎，并让御膳房安排酒食。

在西厢房第十八间密室中，杨坚着实为赏赐费尽心机。重了吧，固然显出自己的大度和厚爱之心，但恐怕人人效尤，以后再遇大事没有重赏恐让人生异。轻了吧，让众臣感到我杨坚是过河拆桥。

十二日清晨，艳阳高照，浸染着红墙碧瓦，皇城一片金黄。杨坚驾临广阳门，这已是大军奏凯后的第五天了。

杨坚率领众臣登上城门。座次早已排好，登上御案后的盘龙椅，杨坚示意开始。

司仪朗声宣布后，众臣已正襟危坐。

杨广见纳言苏威默默地站在一旁，忽然心思一动，便即征询道："苏纳言，你对今天的封赏，还有什么话说？"

苏威心中一愣：这不都已经写好了吗？何出此言呢？

苏威忙打起精神说："皇上威德远泽，众臣能受赏，应当感激皇上龙恩浩荡。"

杨坚一听心中稍安，不愧是高颎举荐的，连说话腔调都一样，又转向李德林："公辅，你对今天的封赏，还有什么话说？"同时心想：你是北齐的名士，也是大周名臣，又是我杨坚的重臣，在对臣下的赏功方面应该有一定的见识。不过，近日来，你的话老是语含怨气，似对朕有所不满，朕拿你真不知如何是好。

李德林想：平陈十策就是我的建议，还问我如何封赏，这分明是想不封我了，哎，当皇帝的有几个不是食言而肥，想到这，平淡地说："皇上看着办吧。老臣只知政事进退，从未研究过封赏之事。"

碰了一颗不软不硬的钉子，杨坚心中老大不快，强笑道："公辅，也少不了你的一份。"

李德林心中有些不平，当年在平陈之前，你杨坚特意派高颎去我府上问计，我是抱病前往伴驾，向你陈述了十条平陈秘策，当时你杨坚可是激动得两只手都没处放了，深知若按我的策略行事，伐陈当如探囊取物，你于高兴之余，于途中便挥鞭遥指南方说："等平陈之后，朕定要酬谢先生，使太行山以东的人没有一个人能比得上你！"

这些话，今天想来还言犹在耳，你倒好，竟问起我如何封赏了。书生气特重的李德林当即就想拂袖而去，幸好高颎眼尖，一把扯住。

李德林回首对高颎低声说了句："我老了。"

这时光禄卿上禀："功臣们都已在永天门恭候，是否现在就召见？"

"宣众卿入朝。"

顷刻间，杨广、杨俊、杨素、贺若弼、韩擒虎、王世积等众功臣毕至，山呼万岁，杨坚赐座，功臣们按品序分列两旁坐下。

杨坚欣然开口道："苏纳言，你来宣诏吧。"

苏威起身离座，高声朗道："此次一举平陈，马到成功，实乃天意相辅，命数使然，更有赖诸公努力，各路军马皆连战连捷，足见大隋天兵之威猛，诸将筹划之智谋，朕着即封赏，以示皇恩沐遍，泽被忠心。

"一路元帅晋王杨广晋封太尉，赐辂车、乘马、衮冕之服一身，玄圭、白璧一双。

"二路元帅秦王杨俊进为司空，所赐同上。

"三路元帅杨素晋爵为越国公，其子玄感为仪同三司，次子为清河公，赐物万段，粟万石。"

三人连忙叩首拜谢。

"谢主隆恩，愿吾皇万岁，万万岁！"

苏威却停止念旨，没出一声，众人皆疑惑，苏威也望着杨坚不知如何应对，原来圣旨已经读完了。不是说都写好的吗？

杨坚一看，便笑着说："苏纳言办事谨慎，不会有疏漏的。这是朕的意思。朕思来想去，既然是庆功酒会，不妨热闹点。再说朕在平陈期间，所见的俱是简报，没有众爱卿亲口陈述。这样吧，这是先锋贺若弼的战功记录，朕先赏他吧，其余自行论功，朕逐一封赏，如何？"

高颎接着说："皇上，就不必论功行赏了。做臣子只知道对皇上的一片忠心，即使万死也不辞，我高颎平陈可不是为赏赐的，要说功德，谁也无法和皇上比啊。"

杨坚最爱听这样话，这才是君臣之道吗，但他却不能接受高颎的建议，笑着说："独孤卿，你可不能把朕看成是吝啬之君，虽然朕一向主张藏富于民，宫中没有什么宝物足以让你们留做传家宝，但朕封的爵位是可以世袭的。爱卿就不要拂了朕的美意吧。"

杨坚接着说道："先锋贺若弼，率先过江，突破了陈朝赖以护国的天然屏障——长江，特别用智谋取胜，可谓奇功一件，钟山决战，力克陈军的'一字长蛇阵'，体现朕大隋将士的英勇，还有……"杨坚瞟瞟众将的反应，果然，贺若弼脸上渐渐生出红光，头也往上翘了翘，"还有以口舌之功就取了姑孰，体现了正义之师、王者之师的风范。朕决定，加封贺若弼为上柱国大将军，晋爵宋公，赐物八千段。"

待贺若弼谢恩过后，杨坚又说道："其余诸公与宋公相比，自行论功，朕随即逐一封赏！"说着拿起龙案上的各种战报奏折，笑说，"如果要逐一记下来，朕的国库怕是被你们掏空了。"

杨坚说完，朝臣中除了李德林、高颎外，其余面面相觑，均感意外。唯有长孙晟暗自吃了一惊：糟糕，皇上此举，岂非把血腥的战场摆到宫廷之中吗？这一帖药未免下得太重了……而今突厥还不算真正的安定，国家尚须用人哪。

韩擒虎本来脾气就暴躁，听了杨坚的话，本也有自悔之意，是啊，皇上说得句句在理，可也不能不提我首入建康之功吧，何况陈国上至国君下至宫中侍女，被我俘虏的人员可都称得上是陈国的重臣。一抬头，看到贺若弼洋洋自得的脸，心中按捺不住火气，两只豹子眼叽里咕噜地转了一圈，正好和杨坚的善意的询问目光相遇。

"韩将军，"杨坚点名了，"你先说说吧！"

"臣领旨。"韩擒虎略一迟疑，出列奏道："臣奉晋王之命，本与贺若弼同时渡江，两路夹击共取伪都建康，可是贺若弼竟然蔑视王命，先自向敌挑战，致使将士伤亡惨重。"突然，他感到杨坚的目光变得严厉起来，忙改口道，"不，不，臣一时性急，说错了。本来两路同时进击，定能取得奇袭的效果，可是，由于贺若弼的提前进攻，致使陈朝有所警觉，加强戒备，致使我率军渡江时遭遇到顽强抵抗，损失较重，但臣依然顺利渡过天堑，并立即以五百精锐之师，兵不血刃直取金陵，降服蛮奴，活擒了陈叔宝，毁陈宫室，据其府库，悉数运至长安。贺先锋贪功冒进，救罪不暇，怎么可与臣论功行赏？"

贺若弼见韩擒虎句句挖他的疮疤，并且随意牵扯，夺己之功，早已按捺不住，不等降诏便一步跨到韩擒虎的前头，争辩道："韩将军怎么能信口雌黄？晋王和高长史幸好都在，可为见证，臣按要求在三日内择期渡江，适逢江上大雾，兵家向来以为，兵贵出奇，雾中作战，尽管我不知敌，敌也不知我，而我军水战不是拿手，这就等于双方扯平，故能一战而破，此举也出敌意料，以有备攻不备，故能减少伤亡，皇上已经讲得很明白。再者说，韩将军为何能攻取建康，明眼人都能看出，正是我贺若弼率领大军先期直扑敌巢，陈国才以重兵阻我前进。臣在钟山死战，破其精锐，擒其骁将，震武扬威，遂有将军乘虚而入，韩将军不想想，你所俘获的有几位能征惯战的陈将？你略不交阵，岂臣之比？"

贺若弼的辩解说得句句在理，只是语气稍急，竟说了老半天。

其他两路的将领也纷纷出列评说韩、贺的得失，并自夸功劳。一时广阳门上吵作一团。

高颎想：平陈乃盖世大功，怎么封赏都不为过。不过，只论功，不讲过，那都不成圣明天子，如此一来，功不显而过愈彰，只需薄赏群臣便会感恩戴德，再说，此招一出，众臣必然分裂，纷纷投靠皇上，惟皇上脸色行事，便于从容驾驭，还可从争功之中，看出众臣的心思，识别那些急于贪功的人。

李德林在众人争吵之中，竟能闭目养神，一脸平淡，仿佛置身于尘嚣之外。

这时，杨坚忽然哈哈大笑，说道："好了，众爱卿，朕只想让大家说说，议了得失，好继续苦读兵书，潜心修炼武功，你看你们都吵到什么上去了。"扫过众臣后，接着说，"贺、韩二将军俱为上等功勋！韩将军进位上柱国，赐物八千段！"

杨坚说完，转过头，笑对高颎说："独孤卿，你也说说吧。"

高颎闻声连忙跪下，奏曰："贺若弼平生所愿唯在荡平江南，先有献出的平陈之策，后又出奇兵，极尽谋略之道，再有奋力死战，不愧为将门之后，臣一文吏，焉敢与出生入死的大将论功。"

几句话说得众文武都低下头，有点汗颜。李德林睁开眼，心想，高颎绝对是跟杨坚串通好了的。

杨坚面有不悦，劝慰道："不和贺将军比也可以，但朕感到，若没有你的麻痹策略，讨陈的困难会大一些。众爱卿，你们以为呢？"

众臣点头，都说："高相国（仆射相当于宰相之职）功不可没，应当予以重赏。"

李德林的脸色有些挂不住，鼻孔轻轻地出了一气，这帮臣僚哪个不知道高颎和杨坚的关系，善于巴结的人总能在任何场合、任何时间找到任何理由。

高颎转身对众臣一抱拳，算是表示了谢意，朗声对杨坚说："平陈大功，当是天子运筹帷幄的结果。平陈之所以获得胜利，还不是开皇立业以来，有皇上英明治理，大隋兵强马壮，百姓生活富足，将帅合力同心，这一切全仰仗了皇上的恩德，三百多年来，不就出了一位英明的天子吗？臣等岂敢贪天之功？"

于是，杨坚默不作声了。心想：高颎，你还算忠心，处处替朕着想，朕没有看错，有了你的这番话，还有谁再在朕的面前表功呢？李德林恐怕不会也不敢了。你有献出的平陈十策，人家贺若弼也有，你还不及贺若弼能文亦武呢。高颎，你的话也就同时表明了你还不敢固位嫉贤。

杨坚听了高颎的回答，极为满意，对满朝文武说："诸公听到高相国的话吗？这才是宰相的度量，确实能替朕分忧。以前总有人疑心高相国办事有预谋，那是处理政事，不是对朕的。朕现在就加封你为上柱国，晋爵齐国公，赐物九千段，超过贺、韩二人封赏。"

杨坚又对李德林说："公辅在平陈时，和朕一起分析军情，作出判断，又以年老多病之体为朕分忧解难，朕对你的忠心表示谢意，授你郡公，进柱国，实封八百户，赏物三千。爱卿意下如何？"

众臣暗自得意，平日上朝就显你李德林有学问，尽知天下事，还没贺、韩二将的封赏多呢。实际上，李德林的受封只是相当于一个普通的行军总管，还没有宇文述的多呢。

众臣暗自幸灾乐祸，但他们所知的只是李德林受赏，但具体少到什么程度有的就一概不知了。有几位大臣事后到文帝跟前，哭诉不满。高颍也劝文帝收回成命，高颍劝道："李德林凭一'平陈十策'就获得如此殊荣，不仅有损皇上的天纵英明，而且臣下们还会以为您是故意抬出一个李德林来贬损平陈的功臣，比如薛道衡，此事还望皇上三思而后行。"

实际上，薛道衡之所以没有受赏从表面上看是他没有随军返回长安，从深层次上说是杨坚听说薛道衡跟陈朝的公主有染，心中甚为不满。

无论如何，由此可知在平陈后的大隋朝中，像李德林这样敢于直言的人已经不被官僚们所容忍了。

接着，杨坚便对其他的功臣一一封赏，广阳门前，不时传来雷鸣般的谢恩声。

司仪待封赏完毕后，接着宣布盛大的凯旋献俘仪式。三军健儿排着整齐的方阵，押着陈朝俘虏以及缴获的陈室的无数图籍、乐器、宫中宝器，沿街游行，最后把这些东西献于太庙。

当陈后主手捧陈朝国玺和国图宗籍呈放到太庙的贡礼桌上时，心中顿生悲凉绝望的感觉，身边的文武将相没有一个人理睬他。不管是忠臣还是奸臣都避之如同瘟疫，他真正尝到孤家寡人的滋味，于太庙之中就悲天悯人地痛哭起来，很快就被两个军士像拎小鸡似的给提了出来。

陈后主先是被押到广阳门前，跪在冰冷的石板上，心中唯惧一死，想当年，见到薛道衡带去的文帝画像都两股战战，今天就要面对面地交流，反倒不怎么怕了。身后的太子、诸王二十八人、文武官员及内眷共二百多人排四排长队静候着大隋皇帝对他们惩罚。

陈后主君臣愧惧交加，屏息无语。此时，炽热的骄阳已直射下灼热的强光，陈后主抹着脖子上的油汗，在不安的等待中显得有些焦躁，他何尝受过这样的罪？

杨坚看着往日的对手如今匍匐在地，内心不由得涌起阵阵满足感。对他们的谴责是严厉的，对他们的处理却是宽大的。

对陈后主，杨坚看着他的模样就暗自生笑，陈宣帝有那么多儿子，偏偏挑了个这样的窝囊废。为了显示自己的宽阔胸怀和博大的爱意，杨坚说道："陈叔宝，你有什么要求？提出来，朕尽量满足你。"

威严的声音传到阶下，令陈叔宝不寒而栗。他叩头不止："亡国之君哪敢复有所求？但得一日三餐，聊度余生而已。"

杨坚说道："陈叔宝，愿不愿意做大隋一介子民？"

"皇上何出此言？我现在就是皇上的子民，顺民能在此得见真龙天颜，实在是我陈叔宝前世积德所至。"说着，眼泪涌出来，"皇上对陈叔宝有再生之德，唯愿皇上赐姓于我，叔宝再也不想做亡朝的遗民。"

杨坚听了，不好再说什么，这个陈叔宝已是废人一个了，想到大片的江南领土还未归顺大隋，此人留着还有诸多用处，至少还可做一个活着的证人。

"陈叔宝，朕赐你田地十亩，房宅两栋，班同三品，如何？"

陈后主听了，喜出望外，只顾叩头谢恩。

此次，每有陈后主参加的宴会，杨坚怕他伤心，特命人勿奏吴地的音乐，陈后主的田产、房产俱在长安。他日日饮酒，天天大醉，过着亡国之君的日子。有一次，当杨坚听说陈后主日饮酒一石时，先是大惊，准备对其加以节制，转念一想，又吩咐道，任他去吧，不让他如此，他怎样度日呢。

对待陈国的降臣，杨坚亲自逐一加以甄别，颇予黜陟。他本着一个原则，那就是诛奸任忠。

陈国的尚书令宰辅江总是一代文士，被任为上开府仪同三司，从三品；仆射袁宪、骠骑将军萧摩诃、领军任忠等人授开府仪同三司，从四品；文臣袁宪在危难关头，挺身入宫护卫陈后主，为臣尽忠的行为大得文帝称赞，下诏表彰，特授昌州（今湖北枣阳）刺史的实职；周罗睺坚守长江上游，忠诚王事，受到文帝的亲切接见，许以富贵，授上仪同三司；散骑常侍袁元友因直言劝谏陈后主，被擢授吏部主爵侍郎职务。

相反的，对于奸邪佞臣，文帝则予以严厉的处罚。

攻克建康时，晋王广和高颍处斩了张丽华及施文庆等五大佞臣，有功一件，予以表彰。但漏网之鱼孔范、王仪等被一一查出。文帝命人张榜公布他们的劣迹，或奸佞诡惑、或刻薄贪鄙、或忌才害能、或候意承颜、或侧巧侧媚、或险惨苛酷，特将他们定为罪人，流放到边远地区，以谢江南。

最后，等陈后主等一帮人都退下时，文帝望着众臣，说："你们都道是朕的宽厚，也无人给朕提醒！"

众臣皆惊，不知所措。

文帝慢慢地说："适才朕想起那个主动变节的任忠，此人尽管对隋有功，但朕却鄙其为人，当初就应该杀掉他。这个人受陈朝荣禄，担当重任，而关键时刻却不能以身报国，却说什么无处用力。古代弘演能代替其主卫懿公去死，任蛮奴和弘演相比，差得太远了。"

话一出口，呼啦啦跪倒一大片，班首高颍朗声说道："臣等对皇上一片忠心，若有半点私念，当受天诛。"

杨坚连忙摆手："朕不是说你们，你们都能忠心事朕，朕岂有不知？"

实际上，杨坚说这话的真正用意不是要杀掉任忠，而是要在朝臣之内提倡一种风气，那就是对君主的忠诚，他是在处置陈朝降臣问题上大作提倡忠君的文章。

幸好，高颍等人领悟了，给足了杨坚的面子，杨坚也自然心满意足。

时近正午，显得有些炽热。

绿珠公主跪在一堆脂粉中间，茫然地木呆着，脑中一片空白，其他几位公主都不停地啜泣，实际上，她们的眼泪就一直没有干过，从被俘的那一天起。

一开始，绿珠还劝慰几句，说些女流之辈大不了下嫁王公贵族、文武将相之家，或做个使女什么的，即便如此，她们也感到是自己的末日，气得绿珠抛下一句话，留着她们掂量："谁想死就去死吧，长江没有盖上，道旁的歪脖子树多的是，一尺绫带就够，谁也不会拦你们。"别说，正是这样绝情的话起了作用，几个公主都默不作声了，只是一路走来，一路洒泪。

绿珠心烦意乱，看到宫室的男人们都一个个被带下去，不禁为自己的命运担忧起来，她在内心急切地呼唤薛道衡的名字，盼望着他能一下子飘到自己的身边，看着她，抱着她，吻着她。为什么命运会如此捉弄人呢？两情相悦后却不得见，还不如不相识，绿珠微眯眼缝，抬头望着天空的骄阳，真想幻化成一只赤色的火凤朝着那个火球飞去，熔化在其灿烂的光芒中。

她自己知道，一旦被人盯上了，身辱名羞已是不免，那一路上的苍蝇般的目光几乎全盯在自己身上，如果不是有冥冥之中的帮助，她早已香消玉殒。可是，现在她却再也不想死了，或许是有了个想念的人，或许有种尚未理清的思绪，她不得而知。

在她听到杨坚和陈后主的对话时，顿时有一种被无耻践踏的感觉，陈朝可不是我的天下，我充其量只是一个公主，受着它的恩惠，陈朝可是男性的天下，既然后主都要改姓，我还有何求呢？不觉万念俱灰。再说，纵使陈朝依然存在，自己就能开心永远吗？有所依托吗？

绿珠公主扭了一下发酸的脖子，发现有目光又朝自己射来，如同吞了两只苍蝇。她知道，那依旧是皇子晋王杨广的淫荡的目光。薛道衡不是说此人口碑不错吗？攻取建康后，第一个就杀张皇后，给人感觉是个有为青年，为什么她总感到那人有奸淫之意呢？

正胡思乱想，广阳门上又传来令人刺耳的叫声，随着那叫声，身边的姐妹一个个战战兢兢，如同被罩在网中的惊鸟。

这真是一个令人忧郁的季节，悲戚的面容如阴云一样。绿珠公主正思忖间，那道令人心惊胆寒的声音又起："宣绿珠公主上殿！"

绿珠微微晃动一下娇躯，缓缓起身，她注意到前来领路的太监和自己照面的一刹那，竟愣了一会。拾级上了殿门槛，绿珠由两个宫女扶持上殿，当即款款拜倒，如玉柳扶风："奴婢拜见万岁！"

吐出的竟是一串珠圆玉润之声，殿中君臣为之一动。

"卿可抬起头来！"

"亡国之婢，无颜抬头！"

"朕赐卿抬头！"

绿珠公主迟疑了一阵，但终于缓缓抬起头来。

"谢万岁恩典！"

连同杨坚在内，满朝堂的人都连续不断地搓揉着自己的眼睛。等擦好双目定睛一看，只觉绿珠的整个眉宇之际甚至整个面庞都浮现出一种光彩，这光彩并非所有佳丽均有，唯天真无邪、纯洁无瑕重人伦且具有甚深文化素养者，才有这种光彩。在这种光彩照耀下，许多人都要自惭形秽。

杨坚只觉气血上翻，面色潮赤，天哪，这是何等的人间美色，怕是柳下惠到此也难免神情紊乱。他只觉自己全身有股冲动，几乎难以自制，他用余光瞟了一眼，幸好没人注意，所有的目光都集中过去，赶紧咽了几下口水。

秦王杨俊更是忘乎所以，两只眼只顾直勾勾地望着，不觉间，向前挪两步，又挪两步……

晋王杨广倒很镇定，其实内心已是如痴如醉，他瞥了一眼高颎，心中怨气顿生，都是你这老匹夫，一路上对陈室内眷保护得严严密密，自己几次乘夜潜入，几次被你以各种理由拦回，现在，你也不大张着嘴合不拢吗？

杨坚最先清醒过来，干咳了一声，众臣才觉举止失态。

望着眼前俘虏过来的美色，杨坚心中盘算一会，干脆把那个胖一些的公主赐给韩擒虎，把瘦一点的给杨素？或许也可以把这个叫绿珠公主的女子给贺若弼，管教这三个人耽于美色，以便于朕对他们的控制。

当韩擒虎、杨素叩谢后，杨广、杨俊乃至贺若弼都以为眼前这位天仙会赏给自己，都在干巴巴地等待着。

杨坚走下龙案，真不能离得太远，给人感觉不真实，一袭飘逸的白色纱裙，盈盈秋波的大眼睛很会勾人心魂，雪白的肌肤映着黑绸般的长发，隐隐可见那纤细白嫩的颈子，她脸上的不安真让人想把她好好地拥在怀里，樱红的菱唇似在吸引人一亲芳泽，浑身上下散发诱人的清香。

杨坚正想张口把绿珠赏给贺若弼，却怎么也张不开口。这是高颎说的，绿珠公主已经与薛道衡有情滋生，不行，他薛道衡不过是个内史侍郎，凭什么要人间第一美色，朕一生戎马倥偬，食粗行简，人生美事何曾沾过边，今年已近半百，所为何来？想着想着，不觉又垂询道："绿珠公主，你有何求，但说无妨。"

"无求。"

"平日如何生活，到长安来恐一时不习惯？"

"宫中生活，锦衣玉食，没有什么不习惯，亡国之女能苟存于世就是天意了。"

"你不想有个家？"

绿珠公主摇头："愿做一奴婢，或一女工。"

"家对女人来说是不可少的，亏你还是个有教养的女子。"杨坚似有不满。

"国都没有，何来有家？"

"朕可以为你安家。"杨坚一指其他二位公主，"你看，她们不是有了着落。"那二位公主一听这话竟不由自主地往韩擒虎、杨素身上靠去，惹得朝中一片惊讶。

绿珠泫然欲泣，喃喃自语："家，家在何处？"

杨坚温和地说："这宫中便是你的家……比你那建康更大的家。朕决意册封你为贵妃，好吗？"

绿珠一下子愣住了。宫门似海，苦不堪言，她是深知的。一个张丽华搅乱了整个陈朝，难道自己的抱负也要通过这条路实现吗？薛道衡你又在哪里？她思如乱麻，手足无措。

绿珠公主终于泪流满面，哭了起来，女人到底是脆弱的。忍让与顺从就是她的本性，切齿的仇恨、复仇的欲望似乎都伴着薛道衡的温情退下去了。她想，活着就是最好的，或许还可以和薛道衡旧梦重温呢？

"谢……谢……谢主隆恩。"

杨坚见此情景，连忙吩咐道："扶她去见二圣！"

"二圣"即独孤皇后。正是这个女人左右逢迎，上下相接，帮助杨坚屡次脱险。登上皇位后，两人相约：誓无异生之子。杨坚每日临朝，帝后两人总是同车而进，到了凤阁才分手，一个上殿议事，一人入阁等候。如逢疑难大事，杨坚即派内侍赴阁告禀，征询独孤氏的意见，往往由她一言而决，人称"二圣"。

群臣望着绿珠那逝去的背影，若有所失。

第九回

大漠孤烟射雕手，碧水青山跃马人

这是一个阴暗的深秋，低重的乌云在空中徘徊，在云梢丝丝缕缕的边缘，能勉强看出乌云背后遮遮掩掩的白色。几行疲惫的大雁发出凄惨的声音向南猛飞，像是要迅速摆脱即将到来的寒气。人们估计，这一场秋雨之后，就将很快入冬了。北方的冬季总是来得那样早，那样凄冷而悲凉。

帝京长安完全笼罩在这一片阴暗的云层中。街市上的行人明显地稀少，人们隐约中有股不安的情绪，这是自平陈之后所从未有过的。

大兴殿，杨坚一如既往地早朝，望着西厢垂首而立的文武大臣，面有不悦。

这几天有一件事情就像天气一样压在杨坚的心头。

这件事在隋朝的政治生活中虽然算不上什么大事，但却对隋朝与突厥的关系发生了深刻的影响。杨坚想：朕平定了江南叛乱，使分裂几百年的历史就此画上了一个圆满的句号，十几年的文治武功终于换来了今天的天下太平。

可是，这西北的突厥部落总是和大隋貌合神离，时有侵扰生事之举。看来，是应该下决心解决了。杨坚以帝王的眼光威严地扫过群臣：噢，大多数人都长胖了，变白了。这才几年的安定生活，这些人真会享受生活。

杨坚拿起几封奏折："国家这么大，就这几封奏书，看来百姓真是安居乐业了。西南未定，远方的将士还在流血，北陲还有突厥，依然虎视眈眈，朕寝食难安，皇后都说朕日渐消瘦，而你们，你们……"

众臣不自然地对望了几眼，皆面呈愧色。

高颎出班奏道："皇上，皇上今天的责备为臣铭记在心，臣等忠心向上，日月可鉴，若臣等有罪错过失，还请皇上明言斥之，以免众臣心中不安。臣先叩头谢罪，自平陈以来，除了每日披阅一些日常公文，实在没有为国为朝深想振兴大计。"

杨坚一摆手："朕没有说你，你是老臣了，各方面都还不错，爱卿要注重身子，看面有菜色，多是营养不济，莫要苦了自己。"

高颎不知是喜是忧，只得退下。其他大臣一看，都纷纷表态，杨坚才转阴为晴，拿一封奏书，说："这是吏部侍郎张衡的奏折，刘居士是个什么东西，刘昶是他的父亲，本来还能忠心耿耿，可惜庆州乃偏远地方，却紧连突厥。突厥从沙钵略可汗到叶护可汗，再到现在的都蓝可汗，朕对他们一向尊重有加，不想竟敢勾结朕的变节大臣以图谋反，幸好张衡恪尽职守，为朕及早查明，但朕一向宽厚有仁爱之心，还不想治他们父子的罪，朕想让骠骑将军长孙晟再赴突厥，他是个行家里手，查明真实，再做打算。"

刘昶是北周旧臣，是宇文泰女儿西河长公主的丈夫，因功被拜为柱国，封爵彭国公。刘昶虽为北周旧臣，但与杨坚关系很好，杨坚取周建隋后，任刘昶为左武卫大将军，庆州（治所在今甘肃庆阳）总管。刘昶有个儿子叫刘居士，任太子千牛备身。

这是一个掌管皇太子宿卫的七品官。刘居士借此职权之便，以招揽壮士为名，聚结党徒，恣意横行，多次违犯法度。他结交提拔壮士的方法十分野蛮，发现有身强体健者，便带回家，让人用车轮套在脖子上，然后用木棒击打，被打者若不屈服，刘居士便称其为壮士，将其释放，结为死党。

通过这种办法结交的党羽有三百多人。他把这三百多人分作两队，矫健者列入饿鹘队，有武力者列入蓬转队。刘居士常常带领这些人在路上横冲直撞，殴击行人，抢掠百姓，百姓苦不堪言，长安市里见之者皆躲避退让，甚至公卿妃主都没人敢冒犯他。

刘居士不但桀骜不驯，而且狂妄至极，他曾与其众徒游长安城，在汉代未央宫殿遗址上像君王一样面南而坐，让众徒排列两边，他曾对其党羽说："能真的如此，死也值得。"然而，刘居士知道，要想当真皇帝，仅靠三百多人无疑是痴人说梦，他必须借助外界力量，于是，他想到了北方的突厥。

但刘居士没有想到，有一位行踪诡秘的人已经盯上他了。这人就是张衡，原晋王杨广部下总管，现为吏部侍郎张衡。

经过近一个月的调查，张衡掌握了大量的事实，于是写了一封奏章呈递上去。这引起了杨坚的高度重视。

杨坚称赞道："张衡打仗行，做官同样行，能够恪尽职守。众爱卿，你们可不能以为，如今天下太平，就可以放马南山，刀枪入库了。"停了停，杨坚又拿起几封奏折，面有怒色，说，"这是朕的二子广率几个智穷的臣子一齐上表的封禅奏书。你们想，朕一向勤勉治国，哪有闲心歌功颂德，能为老百姓多干几件实事，就足以顶上封禅上礼了。虽然祭祀天地是朕的永久心愿，可是现在还不行。去年关中大旱，湘北大涝，这些灾民如何安置，今年又如何过冬，这些才是朕最想迫切知道的，你们能告诉朕吗？"

牛弘连忙奏禀："天灾虽有民怨，但仰仗皇恩浩荡，府藏皆满，风调雨顺之地粮库俱满，积于廊庑，用以赈灾绰绰有余。"

文帝有点不敢相信，慎重地问："朕既薄赋于民，又大经赐用，怎会有余？"

牛弘说道："自万岁倡导厉行节约以来，收入的常常多于支出的，大略每年赐用，至数百万段，常无减损，现在，已经造了好多官仓，官仓已满，只得另辟左藏院以供收纳。"

文帝听着听着脸上泛出红光，满意地说："好啊，既富而教，方知廉耻，宁积于人，无藏府库。河北、河南今年回租，三分减一，兵减半，功调全免。"

说这话时，心境极为开阔，气度极为恢弘。文帝的目光直透过大兴殿前的广场，一直伸延到遥望的地方。

众臣伏地叩首，称赞不已。

杨素朗声说道："汉武帝初期时，也是仓廪皆满，京师的大小钱串累积百万，上千上万的吊贯都无法校点，粮库里的粮食陈陈相置，充溢露积于外，到腐烂不可再食的程度，那富庶的景象史书上多有记载。但是，汉代整整积蓄了七十多年，而万岁却只用了十多年就得到了这样的圣绩，这里何等的德威天下。万岁经常教导臣子要励精图治，超越两汉，如今实现了。"

杨素的一席话不能不让"恩迈前主"的文帝深深地陶醉在喜悦之中，但在众臣面前，文帝依然保持着庄严之姿，没有喜形于色。

文帝说道："杨素说的倒是实情，但朕近日越发对突厥感到不安。朕想让骠骑将军长孙晟再度出使，特别是要查查刘居士的实情，有无通敌之嫌，虽说此人猖獗了些，但没有什么把柄，怎好治罪。"

人群中的长孙晟早已料到文帝又要差遣自己了。他陷入深深的沉思之中。

早在北周时期，突厥的沙钵略称汗位后，立即提出与北周和亲，周宣帝便封叔叔宇文招的女儿为千金公主，嫁给突厥沙钵略可汗。

然而，温情脉脉的婆嫁之礼掩盖不住双方的紧张关系。北周朝廷深切感到突厥的威胁，打算利用送亲的机会显示一下自己的力量，对突厥进行威慑，因此选拔武艺高超的人充当使者，结果，长孙晟被选为护送公主的副使前往突厥。

长孙晟聪慧机敏，矫健过人。周朝帝室崇尚武功，贵族子弟全都比武相矜，然而，当他们和长孙晟比武时，没有超过他的。

当时，杨坚还是北周的臣子，他一见长孙晟便觉得此人不凡，拉着他的手对别人说："长孙郎武艺超群，刚才我与他交谈，发现他又有谋略，将来恐怕是一员名将。"

长孙晟到达突厥后，其武艺和才干令沙钵略刮目相看。特别是一箭双雕的绝技竟让他留在突厥一年多，成了一名名副其实的突厥通。

本来，沙钵略对中原使者多不放在眼里，北周前前后后派到突厥的使者数十人，都没有受到青睐，只有长孙晟，因其武艺高强而受到沙钵略的礼遇。有一次，长孙晟陪同沙钵略打猎，见天空有两只飞鹰正在争抢食物。沙钵略递给长孙晟两支箭，让他把两只飞鹰射将下来。长孙晟接过箭，弯弓策马，选取适当的角度和时机，只是一箭便把两只飞鹰穿在一起，做到了名副其实的一箭双雕。

沙钵略大喜，命诸弟子皆与长孙晟来往交友，希望通过这种形式向他学射。长孙晟利用射猎观察突厥的地形，利用和贵族子弟的交往，了解突厥各部兵的强弱及他们之间的相互关系。

就这样，长孙晟在突厥各部落之间游玩了一年多的时间，已经了解突厥许多军事和政治的情况。当长孙晟回到中原时，杨坚已经登基，并很快地和突厥大大开了一战。

此战幸亏有了长孙晟。

文帝望着一直沉默不语的长孙晟，亲切地问："长孙将军，此次刘居士一案的调查取证任务，恐怕还要烦劳爱卿了。说实话，赵王宇文招的女儿千金公主虽然是朕的义女，朕在大隋立朝后又封她为大义公主，但毕竟血缘不一嘛，她心中始终没有把朕当做她的义父，心中一直耿耿于怀，此次又是一个征兆，还望爱卿此次加倍小心才是。"

长孙晟回禀道："承蒙皇上厚爱，臣稍作准备便出使突厥，臣以为，对刘居士一案还要保密，直到臣从突厥归来。皇上是否还要臣带些礼物去呢？"

杨坚见长孙晟满口答应，心中十分高兴，只是对送什么礼物去还需斟酌再三，他低着头想了一会儿，目光在案上扫来扫去，送一封诏书去安慰？不行！杨坚一抬头，蓦然看见在一班武将身后的一件宝物，嗯，就送这件了。

想到这，杨坚说："长孙将军，朕刚刚平定了江南，收缴了不少宝物，其中有一件翠玉屏风，甚是精妙绝伦，就送它吧。屏风，屏风，但愿大义公主能知朕的深意。"

长孙晟深知杨坚的真意：大隋漫长的北部边境确实需要一个屏风，一道类似的保障。可是，从眼前的形势来看，这道屏障有摇坠颓废的发展趋势。这如何不让文帝担忧呢？

杨坚再次拿起张衡的奏折，厉声道："众爱卿，自从平陈之后，西北边陲之所以得以安宁，除了朕大隋兵精马壮的实力外，还在于朕的和亲政策，因此，长孙将军此去突厥还应以和为贵，言语不要冒犯为上。突厥人都是未开化的夷戎之族。"

长孙晟说："皇上敬请放心，突厥并非铁板一块，其内部矛盾重重，此次有反叛之心，定是受刘居士的唆使，想那突厥首领都蓝要明白自己势力随着向西拓展而逐渐强大的由来，他定会有所收敛。否则，臣此行的最大成功希望还得寄托在分离他们的计策上。据臣所知，都蓝的势力所及业已控制了西部突厥（玷厥）和北部突厥（染干）。本着扶弱抑强的原则，尚须继续寻找培养亲隋的势力，若能在大隋朝北部边境建立一个亲隋的缓和地带，那是最好不过了。"

杨坚耐心地听完长孙晟的话，频频点头示意赞许，又叮咛说："长孙将军，一切相机而动，依朕看，还是查查刘居士的事，朕宁可让利给突厥人，也不能容忍内部出现不忠不孝的无耻之辈。"

漫漫黄沙，一望无际。

又见此景，在长孙晟看来，如同昨日。

想当初，长孙晟由于"一箭双雕"而名噪漠北，如果被沙钵略委以重用的话，那对立足未稳的大隋政权，将是一个潜在的威胁。

因为，正打算对江南的陈朝用兵的杨坚，任命长孙晟的叔父长孙览为东南道行元帅，当时，长孙家族中，还有另一个论起辈分来是长孙晟族叔的长孙平正担任寿阳的总管，而长孙晟的哥哥长孙炽正持节巡视东南道三十六州，倘若叔兄与长孙晟来个里应外合，加上突厥几十万骑兵，那隋室就不堪设想。

当然，这是假设。

长孙家族不是想横夺天下的家族。

他们只知尽忠事主，没有做过任何逆主之事，不管是对周室还是对隋。

好在杨坚知人善用。不仅用重金赎回了长孙晟，而且对长孙家族的大小官员都没有剥夺他们的兵权。

一阵狂风过后，长孙晟不由打个寒战，回头看看身边的随从，这些人也是老沙漠了。在天地一色的沙海中，他们都能从风向、沙漠的波痕来判定那些游牧部落离自己还有多远，这条生命的通道，对于长孙晟和他的随从来说都已是轻车熟路了。

落日下的大漠煞是壮观，血色的阳光把整个沙漠镀上了一层金色，辉煌一片。两天行程过后，长孙晟一行均感到头晕眼花，口干舌燥，按照以往的经验，一般在两天中总会遇到一个客栈，那是专门方便边境居民来往贸易而设立的，大都以汉人开办的为多，也有少数民族，如鲜卑、羯、羌等。

坦荡的沙漠一眼望去，无边无垠，怎么连一个客栈的影子也不见呢？

看到几个无精打采的随从，长孙晟心中生出疼意，但在这沙漠中，万万不能有丝毫的懈怠，便厉声正色道："你们能不能走快些，谁想留沙漠中过夜，谁留下。"说完，纵马飞跃，马蹄踏起阵阵沙尘，旋即沙尘裹起一个大大的圆圈，把长孙晟团团围住，那滚动的沙团滚滚向前。

李波连忙高叫："长孙将军——"

众人也都扬起鞭儿在骆驼背上猛打一阵，几匹"沙漠之舟"才加速前进。那匹黑瞎驼早已撒开四蹄随长孙晟去了。

夜幕降临了，沙漠上寒风肆虐，七八匹骆骆围成一圈儿，静静地卧着，几簇火苗呼呼地蹿起，除了长孙晟，几个随从都已入睡了。

长孙晟如何睡得着呢？他的思绪早已飘到去年的那个夜晚去了。

那也是一个暗沉沉的晚上，长孙晟一行来到突厥，白天所见到的是那样凄凉惨淡的景象，牛羊牲畜已被洗劫一空，壮年男子大多数被突厥人赶赴战场。

从沿路所见的愁眉苦脸的行人脸上，长孙晟得知突厥人提前南侵的消息。那对他来说，对整个大隋来说，无疑是晴天霹雳的消息。

倘若突厥南侵得手的话，别说自己在文帝前提出的离强合弱、远交近攻的战略计划化为泡影，就是大隋的江山也岌岌可危，更别说生灵涂炭了。

长孙晟忧心忡忡，当下的形势是如何稳固大隋的后方。

要知道，隋军主力都已开赴南方参加平陈的战斗，长孙晟苦思冥想，夜不能寐，一夜游荡在客栈周围的沙地上，仿佛有神差鬼使似的，长孙晟突然被一丛密密的杂草所绊，一个跟跄，长孙晟滚下了沙丘，脸、手俱被划破，血流不止。长孙晟在沙丘下不知躺了多少时辰，当满天星斗对他眨巴着眼睛时，长孙晟感到凉气逼人，沙地上白天腾腾热气，晚上都凝固了，冰凉刺骨的沙粒刺激着他的神经。

长孙晟慢慢爬起往回摸，暗自悔恨自己不在客栈思虑，非要跑到沙漠荒野中。道道沙岭纵横，转了几圈，还是回到原地。

长孙晟只得拔出剑来，倚剑向前。

行不多远，果见前面有灯倏忽而闪。

长孙晟横扫眼前的一团漆黑之物，他估计是沙枣树之类的植物，此物一倒，前面霍然洞开，闪烁灯火之处是一顶三尖形帐篷，就在长孙晟的耳后传来阵阵狼嚎时，长孙晟已快步走到帐篷前，低声问："帐内有人吗？迷路之人、大隋使者能否借宿一晚？"

不多会，帐内传来一苍老低沉的声音。

"进来吧，远方的客人，大隋怎会派出迷路的使者，大隋是否也迷路了呀。"声音固然苍老，但那苍老中很显然透出十二分的丰富的阅历。

俏皮而深富意味的答话让长孙晟吃了一惊。

正在错愕间，一个眉清目秀的小童已撩起帐篷的小门。

"客人，请进吧。"

长孙晟强忍着伤痛，躬身而入，见一白发老者正撩须自叹："不知道大隋的使者此行的目的何在呀？"

长孙晟连忙答道："和，和是大隋的一贯方针。"

边答话边要躬身施礼，老者胸前白须根根透着银色的光芒，道："不必多礼。"

看到帐内的摆设，长孙晟明白眼前之人至少在其部落中是一个酋长的角色，那床榻上方挂着十只雄鹰的翎羽，看那装束似乎和自己的祖先有些血缘关系，心中自然有所亲近。

老者问："使者，有劫客追杀吗？"

长孙晟摇摇头，说："是本人不小心跌入沙沟，为沙刺所伤，伤在皮肤，无甚大碍。"

"噢，仇儿快给使者找些药敷上，寒风砭骨免得感染。我这儿真的没什么上好的金创药，只有些野草药，使者就凑合着用。"

长孙晟答道："多谢留宿了，还让老人家替晚辈疗伤，实在过意不去，再说，这点伤算不了什么。"

老者陡地变容："这么说，什么伤才算得什么。"语声有些悲凉。

长孙晟很快明白，自己一句客气话触动了老者的伤心往事，只得以沉默来表示歉意。这种表达歉意的方式在突厥中是普遍存在的。因为，此地民风彪悍，有可能是刚刚还在称兄道弟，转瞬间就会拔刀相向。

老者自感言语中有些过旺的肝火。他亲自接过草药替长孙晟敷上。

长孙晟想，换个话题吧。

"老人家，敢问祖居此处吗？"

老者长叹一口气，有些幽咽。

"不瞒使者，老朽乃奚国的酋长，今日落败，逃居此地，算起来已有二十多天了。"

长孙晟从老者断断续续的谈话中得知，原来突厥部落在短短的一年内发生了重大的变化。沙钵略可汗所部是突厥的主体，对中原的威胁最大。

沙钵略称臣于隋朝在当时是有不得已的成分在。这些都是长孙晟所了解的，此次突厥内部的变动到底是何原因呢？

老者说道："前年，沙钵略可汗死，临死前留下遗令，说其子雍虞闾命弱，性格不定，不适宜继承汗位，要把汗位传给弟弟处罗侯。而那处罗侯却推辞说，突厥自木杆可汗以来，多以弟代兄，以庶夺嫡，失先祖之法，不相敬畏，就坚持让沙钵略的儿子雍虞闾继位，并说，你就该嗣位，我不担心拜你时为别人讥笑。而雍虞闾又再次派人对处罗侯说，叔叔和我的父亲共根连生，我是枝叶，岂有我做主，令根本反向枝叶的？又说，这是亡父的命令，我何尝能违背父命呢？最后处罗侯假意推辞了一番，自己就继承了汗位。"

老者顿了一下："使者，这些事，想必大隋都知道吧？"

长孙晟点点头，他想知道的是眼前这个已风烛残年的老者到底还知道多少事情。

长孙晟问："老人家，噢，恕晚辈冒昧，该叫您老为酋长才是。大酋长，您的部落何以衰落至此呢？"

老者凄然一笑："这正是我要跟你说话的原因。我见你……"话刚开口，侍童仇儿已端上香茶，长孙晟捧在手中，似乎能闻到茶香，老者稍稍地啜饮了一口，徐徐睁开双目："我见你须发淡黄，当是鲜卑人的后裔。北魏皇族以元氏、长孙氏为大，元氏在改朝换代时，为宇文泰、高欢所剪，遗孽无多，北周皇室只有宇文氏一族，已被当今隋朝皇上杨坚所诛，听说大隋的使者长孙晟几度出使，名声塞外，敢问使者是否是长孙晟？"

长孙晟不觉肃然起敬，想不到一切都在这老酋长的预料之中，不由问道："酋长阅历如何这般丰厚？不才惭愧，晚辈正是长孙晟。"

老者顿时激动万分，似乎是印证了自己刚才的推测："如此说来，我们还是共同的祖先。"长孙晟点头道："适才见到那十根羽毛，就已经知道了。"

老者忙叫仇儿过来拜见，说："仇儿，你以后就跟着长孙将军了，他是我们部落的人。"说着，很艰难地拄杖起身，迈步到床榻前，取下那些彩色斑斓的羽毛，颤声道："长孙将军，我们奚国不存在了，为都蓝所吞灭。"说着老泪纵横。

长孙晟十分不安，不知是接还是不接。他知道，突厥、习、奚三国原先就是突厥强大，奚、习二国同属游牧部落，只得接受突厥的不断吞食。对于他们的命运，这样的结局似乎来得早了些。这也是隋朝所不愿看到的。

由于西北地区的吐谷浑自隋朝建立以来，就屡屡进犯，虽然经过开皇初期的几次军事较量而遭受重创，但仍然蠢蠢欲动，伺机侵扰。陈朝灭亡的消息传来，年迈的国王吕夸大惊失色后，唯恐隋朝前来报复，急忙率部远遁，据山保险，再也不敢寇边。这倒反而加速了突厥部落的强大。

开皇十一年，吕夸在忧惧中死去后，其子伏继立，急忙想和隋朝修好，但文帝却看得清楚：这并非是至诚之心，只不过想重新出山，以便和突厥重争水草肥美的草原。文帝为了永保和突厥的关系，自然不能答应吐谷浑的请求，如果那样，突厥必然生起异心，内部反而会更加团结，本来分支的突厥就十分可怕，再团结到一起，岂不更可怕？所以，平陈之役刚刚结束，便委派长孙晟去了突厥，以示安抚。

如此背景下的出使，原应该风光一下，谁知出了刘居士案……

长孙晟怔了好长一阵，以至仇儿跪在地上叩拜时，也不曾察觉。

老酋长莫名其妙地看着额头上已渗出汗珠的长孙晟，有些不解。

"长孙将军，有些为难吗？"老酋长语带抑郁，抑郁中有些不满。

"噢，不，不，老酋长，长孙家族从来没有担此重任的图想。甘河大山的嘎仙洞，那是我们骄傲的祖先发祥地，正如朝代更迭一样，从来没有哪一家一族永远延续各自的国体，我们的祖先就不必说了，南朝经历了宋、齐、梁、陈，如今归于大隋，北朝纷争几百年，如今也是一样，只要我们鲜卑人的血液在流淌，这就够了。从这一点上来说，太武帝拓跋焘是真正的英雄。"

老酋长听了长孙晟的一番话，暗自佩服。

"是啊，刚才，就在你入帐之前，我正在想如何振兴奚国，重新恢复鲜卑人的荣光，听了长孙将军的话，我也认同了。"

"仇儿，那你就拜长孙将军为义父吧。"老酋长说，"这个你总得答应吧。这孩子是我的侍童，是在荡芒山一战溃逃时从死人堆中捡出的。我这把年龄，岁月无多，行将入土，可是在这荒野中，这孩子出路何在？也算他运气好，遇见你。"

老酋长对仇儿说："眼前这位就是名震塞北的一箭双雕英雄。"

随手一扬，十根雄鹰翎羽轻轻飘落在地上。

长孙晟拉起仇儿，算是认了这个干儿子。他摸遍了全身，仅有一枚私有的印章，便用剑柄上的丝绸线把印章裹系好，轻轻挂在仇儿的脖颈。

三人畅谈了一夜。次日，东方欲晓，长孙晟便回到了客栈，临了，老酋长一手拉着长孙晟，一手拉着仇儿，依依不舍，长孙晟答应，等平陈战役结束，便回来接他们回长安……

篝火旁边的木条已所剩无几，难以入睡的长孙晟心中想着自己的经历，在漆黑的夜空中，那些事情历历在目：仇儿一年不见，会在哪儿呢？

他甚至有些后悔，当时就该带上他，那同一血脉的老酋长这会又在哪儿呢？他们俩还共守在一个小帐篷中吗？

长孙晟起身把所剩的几根木条放入火堆中，火苗呼地陡起，一脸倦容的长孙晟看着几个熟睡的随从，自己的倦意也上来了，打了个哈欠，也便就势蜷着身子沉沉睡去。

睡梦中的长孙晟，依然保持着高度的警觉，眉毛不时跳动。

就在长孙晟睡得很香甜的时候，篝火旁边行李什物突然着起火来，幸好火势不大，火苗恰恰吹向偏东方向，几匹骆驼嘷叫起来，声音凄厉划破夜空。黑瞎驼并没有惊慌，用头使劲地捅着长孙晟，似乎花了很大力气才将他摇醒过来，几个随从也慌张着搬走火堆附近的珠宝。由于抢救及时，用以赠送的珠宝没有损失，几匹坐骑也只是被飞溅的火星烧焦了毛，但是随从李波的佩刀却失去了，尽管反复寻找，还是一无所获。

经过这一番折腾，大家都无法睡去，只是坐等天亮。

果然，没有多久，一轮红日喷薄而出，沙漠的景色又煞是威严壮观起来。

长孙晟一行再也不敢停留，这回行程的目的地就是处罗侯突利设的牙帐。突利设是突厥的官衔，也是官署，节制主宰东方突厥的军事，原先，当突厥中的另一支阿波可汗和隋军开仗的时候，客居漠北的长孙晟就得到处罗侯的保护，可是，由于阿波可汗与隋军交战时，屡次失败。长孙晟固然欣喜，但也有隐忧。因为，他历来主张对突厥实行分而划之。可按当时的情形来看，杨坚似乎有一举荡平漠北之势。长孙晟急忙修书一封，火速带给驻兵太原的杨坚，细述了停止攻伐的理由，又暗中派人对阿波可汗说："以前，沙钵略每次前来，战皆大胜，如今您才入中原一寸之地，便立即被打败，这真是突厥的耻辱，难道你内心无愧吗？况且，沙钵略可汗与您的关系，本来势若仇敌，如今他战常取胜，被国内众人推崇，而您每战皆败，国内以为耻辱。沙钵略必然归罪于你，以此作为消灭您的借口，您想一想，能够抵御得住他吗？"

这一番话，说得阿波可汗无心和隋军开仗，便派使与隋讲和。直到这时，国内的杨坚似乎明白过来，即刻停止进攻。

当时的情形，整日用鱼肉招待长孙晟的处罗侯并不知晓。反倒是，长孙晟获悉处罗侯在调兵遣将真的想借阿波失利为由，欲行讨伐，证明自己的推测是正确的。……

"看来，都蓝可汗的势力又有所增长了。"长孙晟在翻过那段左城墙后，有些担心地对李波等人说，"按理都蓝可汗不应该对大隋有异心，恐怕其势强大后，便不复往日。真不知刘居士一案到底和都蓝可汗有无牵扯，我们此行，尚须加倍小心。"

艰难地越出那片茫茫的沙海后，眼前有些生气了。

耐旱的苜蓿依然泛着青，几颗酸枣红红的，很诱人地挂在密密的刺丛中，偶尔有匹野骆驼随着他们跑跑停停，煞是有趣。猛然抬头间，几十支苍鹫正盘旋在西北上空，不愿离去，那个方向正是长孙晟要去的地方。

渐渐地，路旁出现了倒毙的尸体，血液渗进沙土中，一片一片的暗紫色，拂灰在上面流动，带着阵阵腥气。腥气越来越浓，长孙晟拔出宝剑，策马而行，马蹄嘚嘚，驼铃脆响，与这血腥味的沙场甚是不和谐。

渐近目的地时，一路上见到的是：烧残的帐篷，踏破的窝棚，被突厥掠夺后只剩下一些瘦骨嶙峋的牲畜，还有不能当兵的老人、小孩。在一个破落的窝棚旁边，一个断了右臂的少女正跪在地上挤着羊奶，身后站着一个愁眉苦脸的苍老男

圣人可汗：隋文帝

人，再往后，一顶四面透风的破帐篷，门口躺着一位头发蓬乱的老妇人，祖孙三人都带着惊惧的目光望着大隋朝的使者，目光中有无限的怨恨之意。

长孙晟看那苍老男人的装束，便知道在突厥的侵扰下，习国也不存在了。

长孙晟下马后，沉着声问道："这场灾难是何时发生的？"

苍老男人把头扭了过去，并不搭腔。

长孙晟道："我们是大隋的使者，前往突厥部都蓝可汗处，并没有打扰之意，只是看见这里生灵涂炭，不知习国又遭了什么重灾大难，习国有难，我们大隋是要出手相帮的。"

苍老男人仔细打量着长孙晟，突然眼睛一亮，惊叹一声："你真是大隋国的使者长孙晟将军？"

长孙晟心中暗暗一愣：当真我的名气就如此之大，连这模样的老人都认出我来？正迟疑间，侍从李波朗声高叫道："这当然是名满塞北的长孙将军，我家主人。"

长孙晟用余光射了一下李波，和气地说道："实不相瞒，我正是长孙将军。"

苍老男人激动得张大嘴巴，下颚好像掉了一般，一时不能合上，颤抖着用干瘦的双手扒开自己脏兮兮的衣襟，蓦地露出里面崭新的官服，其实就是鲜亮一些的羊皮夹袄，毛色极为纯正，上有三条细细的黑线，据说是羊皮之中的珍品。

长孙晟想起来，当初自己出使突厥途中，经过习国时，就是眼前这位老人给带的路。那时候，习国的力量也还算是强大，这一突厥的分支部落虽然强大，民风却甚是纯朴，为人厚道谦和，在游牧民族的大草原上，他们祖祖辈辈居住在上天赐给的一块绿洲，水草肥美，牛羊繁多，这自然成了其他部落欺辱的目标。

由于大隋朝的政策是不偏不向，既对突厥中的沙钵略予以伏抚，同时也对习、奚给予帮助，所以，倒还相安无事。去年，随着奚国的灭亡，长孙晟就有些担忧，习国恐不长久了。

因为，他感到在沙钵略的身后，突厥内部就必有一场重新的势力划分。

"长孙将军，"老人有些泣不成声，一面将长孙晟等人迎入帐篷，一面对自己的孙女英儿吆喝着什么，长孙晟能听懂大意：快上些鲜羊奶来。

长孙晟连忙推辞，手指日头，说道："战乱太频繁了，虽然你们这几年来没有和大隋开仗，但内部的血腥实在太多了。去年，我来时奚国灭亡了；今年我来时，习国又不存在了。或许，我是不该来的，两位老酋长的命运都是这么惨，实在令我痛苦万分。"

"长孙将军，话不能这么说，我真担心，突厥总有一天会和大隋开战的。实不相瞒，昨日，我们这儿来过几个汉人，行踪诡秘得很，我疑心是流窜在边塞内外的贼人，就多问了几句，其中一个像是为首的，横眉怒目，上来就捆了老朽的一个嘴巴子，当即门牙就脱掉两颗，老朽满嘴鲜血，一个劲地求饶，他们还是恶狠狠地踢了我几脚。老朽想，真是遇到贼，便强忍着，谁知那个为首的人对我说，'你们习国完蛋了，疑心我等是贼？！真是瞎了你的鹰眼，我等是大隋的官员，有要事和都蓝可汗商议，若敢对外人说见了我们几个，小心割了你的舌头。'说着，便骑马飞驰而去，老朽又疑心他们或许是大隋的使者，可是，以往大隋的使者都很儒雅，从不凶暴。

"老朽就担心，是不是大隋内部也开仗了。所以，今日，刚一见到你们又有些担惊受怕，老朽不怕死，整个部落都完了，我活着还有什么意思呢？只是老朽膝下的这个孙女年纪尚幼，且很明事理，今后的生活很令老朽放心不下，望长孙将……"

说到这，老人哽咽一下，悲容满面，眼巴巴地望着长孙晟。

长孙晟翻腾着内疚之心，他想，去年收了仇儿，如今下落不知，今年又收个习国的女娃，收在自己手里，命运不知怎样，一时踌躇起来："这，老人家，我长孙晟在大隋朝为官，又长期奔波在外，带着个孩子恐非易事，再说这女娃少小苦命，都很是懂孝老之道，一旦跟我颠簸于路途，你们二老何人照顾？这样吧，你们暂且在此安身，待我出使完后，看能否将你们带回长安寻个事做，以度晚年。"

长孙晟还想再打听奚国酋长的信息，只是没好意思张口，返身走到一匹骆驼旁，取出几锭银子，递与老者道："老人家，这点心意，你收下吧，或许等战争平息下来，添些补家之用，不要推辞了，这算是大隋国使者和老人家的一片交情。"

老者热泪纵横："真是太感谢了，本来，是老朽应尽地主之谊，反倒让将军破费，这么说来，在此之前，大隋也派使者来此，真的是有两股势力都想拉拢都蓝可汗？长孙将军，这家伙再也不似先前那样软弱了。"

长孙晟也很是感动："你敬请放心，大隋还是稳如磐石的大隋，日月千秋，山岳不倒，松鹤万年。再说，我们刚刚平定了江南，灭掉了陈朝，南北趋于一统，国家正处在宏运发达之时，唯有北部边境时有侵扰，大隋绝不会坐视不问的，当然，我们是以和为贵的，往年如此，今后还会如此。至于那沙钵略的儿子都蓝，我想，他若是识时务，必将有所选择，但他在内部的合并行为，待我见他之后，一定细说详情，为什么不可以彼此相安呢？"

老者望着长孙晟，似乎有些不以为然，但面对一位大隋的使者，知道无法再劝说什么，目光一直落在那挤羊奶的少女身上。

长孙晟见状，心知其意，但话一出如泼水覆地。这时，李波等随从已喂好马和骆驼，备足了草料和用水，正立在一旁等候长孙晟的命令，准备上路。

长孙晟对老者拱手辞行："老人家，我等还要远行，就不叨扰了。"

老者收回目光，望着远处迷迷茫茫的景色忽然有所警觉。

他说："长孙将军，起雾了，将军一路上多加小心，习国的覆亡也就在各样白雾弥漫的天气中，全部落的人都被赶出了世代生存的肥美草原。

"这雾是草原上善良人的天敌，是残暴之人的帮凶，前面的大关山口，是将军必须谨慎的地方，通过那里就可见都蓝的连绵大帐。"

长孙晟说："老人家不必为我操虑，至于您老所说的几个汉人装束的人，听其口音是否是长安的人？"

老者一拍脑门："噢，想起来了，他的随从称他为杨总管什么的，看起来，此人在你们大隋挺有实力的。"

长孙晟明白了。在出使之前，他也协同张衡接触了刘居士案子的一些情况，从审讯中得知，已有一个叫杨钦的人带着几个随从奔赴漠北去煽动突厥人了，杨坚还为此特意嘱咐，一定要将此人带回，又嘱咐，切不可莽撞，用心智去争取，以言辞打动都蓝，若不成功，再施他法。

长孙晟立即把杨钦已先到突厥的消息派人报告给文帝，以求得指示。

在长孙晟看来，突厥和隋的关系正在发生一些小小的变化，这个变化不是朝好的方向，而是朝坏的方向，而且这个变化正一天天地扩大。这个自称个性软弱、不适宜继汗位的都蓝可汗，不但勇敢善战，而且很有心计。

自从他上台后，他每年都派遣使者，携带大量贡品，其中不乏珍宝玉器，尽管文帝不喜欢这些，但这恰恰证明都蓝似乎并不是投杨坚一人之所好，而全是表明自己对大隋的忠心耿耿。所以越发赢得隋朝的大力支持，逐步向西扩展，实际上，按地域的大小，都蓝的势力范围几乎接近隋朝，若加上处罗侯的地盘，大有超过隋朝之势，在西边，都蓝的势力已深及天山。

攻破高昌国回城，有两千多名不愿屈服的高昌国人归附了隋朝，可是，都蓝却逼迫高昌国改依突厥习俗，沦为其附庸，这件事引起文帝的注意和警惕，眼看着都蓝势力日益壮大，这势必诱发都蓝的进一步的野心。就在这时，都蓝却将高昌国的象征于阗玉杖派人送给文帝，文帝何等精明，马上回以厚礼，即陈后主的翠玉屏风，恰又在此前后，出了个刘居士。

长孙晟想，都蓝有异心是肯定的，但程度有多大，不得而知……

不入虎穴，焉得虎子？只有尽快赶到，察言观色，才能有所了解。

长孙晟不敢耽搁，匆匆对老者说："多谢你的提醒，我们隋朝绝不忘记老朋友，有你老人家，还有奚国酋长……"

"长孙将军，那就别提了，奚国的酋长已经作古了。他那小孙子也被突厥人

303

掠走了。"

这一消息如同炸雷,震得长孙晟晕眩不止。

长孙晟想:这次出行突厥,一定要找回仇儿。对老人说道:"我一定想办法把仇儿找回来。"又转头对英儿道,"英儿,在此地好好照顾祖父、祖母,等我回来后,就带你们到长安去。"

长孙晟带着几个随从告辞了习国破败的场地,直奔大关山。一路上,他们更加小心,个个刀出鞘,弓在弦,唯恐遭遇不测。人人按捺住心中的不平,快速前行。

正好,就在大雾渐渐消散时,众人赶上了大关山。

而大关山却是个不能住宿的地方。这里狼群出没,行踪不定,好在雾散了,能见度已达目力所及的范围。

李波等人对白日里没缘由起雾就深感诧异,又见沟沟坎坎的大关山无一丝儿白雾飘荡,心中甚是不解,生出好奇的感觉。

长孙晟道:"前面应当是突厥的营帐。"顺着长孙晟手指的方向,随从们越过起伏的山峦后,看见有密密麻麻的帐篷像汉人的土坟有规律地排列在天际的尽头,眼力好的还可望见那帐篷顶上插着的五颜六色的旗帜。

长孙晟说:"看着路近,走时觉远,在草原上更是如此。既然刘居士的死党已先我们到达,我们还是谨慎为妙,不如大家都改换行头,扮作商人模样。到时我们先送礼物,再察言观色。"

众人点头。

长孙晟又说:"这沟谷深不可测,希望大家拉紧马缰绳,特别不要被在沟谷中突然涌起的景观分神。"

众人允诺。

随从李波刚把几匹骆驼背上的行囊搬过一道山梁,气喘着说道:"将军大人,还有几道山梁?弟兄们都走累了,要不暂歇一会?"

长孙晟一语不发,阴沉着脸,一般情况下他从没有这副表情,即使在面对敌方高手紧围形势十分危急时,也能从容镇定。

"将军,弟兄们有些透不过气来……"李波又紧接着道。

"闭嘴!"长孙晟怒道,"人们常说,翻山停不得。要想死,就停下来。"

李波等只得紧跟上。

将近午时,天空湛蓝碧透,阳光刺目眩晕。

众人低着头,不敢分心。尽管如此,李波手中牵着的一马一驼的缰绳时紧时松,他有些惬意,索性把骆驼绳放开,那匹瘦骆驼顿时失却了重心,连身带物瞬间滚落山崖,一身冷汗从李波的后脊梁骨渗出。

长孙晟回头瞪了李波一眼，见李波脸色煞白，没有说一句话，心想，可惜了那匹老骆驼，更可惜那骆驼身上驮着的物品，幸好不是黑瞎驼。

那匹驮着宝物的黑瞎驼还死死地牵在手中。

众人在慢慢地下了山崖后，各自长舒了一口气，长孙晟举目前望，幽僻峡谷外等待他的是一场生死未卜的斗争。

峡谷中袅袅地升起几道烟雾，袅袅飘荡。又在阳光的照射下逐一分解，很是清晰，仿佛有人在用无形的手轻轻地撩拨……

长孙晟知道，人们说的"海市蜃楼"的景观就要出现。虽说这峡谷的尽头"海市蜃楼"的景观时有出现，可是这么多年来，谁也没有从大关山的尽头进出过，要不是事情紧急，长孙晟也不会选择这条山道。尽管开皇初年，他曾走过一次，可那一次是归乡心切，从峡谷入口，往东南方向，今日正相反。

莫非真得要出现"海市蜃楼"？

就在长孙晟一行即将奔出峡谷的尽头时，梦幻般的景色猛然矗立在眼前，是那么近，仿佛伸手可触，又是那么真，仿佛是进去就可以加入其中：

碧绿的草原，牛羊肥壮，蓝蓝的天空，白云飘荡，雄鹰高翔；一顶顶五彩斑斓的毡帐前无数身着鲜艳盛装、头戴金银首饰的美女在翩翩起舞，微张的嘴唇，仿佛在引吭高歌，迎接远方的来客，连她们的肌肤容色都能看得清清楚楚，真是一幅降临人间的仙乐图。

众人不禁都看呆了，天哪，草原是这么美丽，姑娘这么漂亮……峡谷呢？隧道呢？我们要去何方？

就连长孙晟也有些痴呆，那草原上的姑娘好似在向他频频招手，邀请他一同加入她们欢乐的海洋，这场景是多么熟悉，仿佛就在昨天。那勾人心魄的眼神，那令人陶醉的音乐，那婀娜多姿的舞态，令长孙晟几乎不能自持，他的思绪也回到了十几年前……

蜿蜒的长城，茫茫的远山。

回首长安，长安已隔万重山。

那是在周静帝大象二年夏天，长安灞桥上送别的人群中，难分难舍，涕泪沾襟，长孙晟牵着一匹胭脂马，来到绣辇前，对车中尊告一番后，肃立一旁。随即车帘揭开，里面走出个楚楚动人的娇娃，长孙晟轻轻地扶持着她，她跨上了珠光宝气的胭脂马，顿时，人群欢声雷动，真乃国色天香。

这就是千金公主。只见她叹息一声，两串泪珠便滑下腮帮。

年轻的长孙晟一直在宫廷中担任殿前侍卫，他知道，每每公主走过他身边，都会投来深情的一瞥，可是，自己的心思却不在她身上。

而公主一路上的起居竟要由自己来照应，想是少挨不了责骂。

她眼中集聚着无限幽怨的怒火，投向长孙晟的脸庞，十三岁的公主已是春情萌动了。

一路上，晓行夜宿，穿过并州，跨越云州，出了长城，到了定襄郡边境，队伍缓停，公主面对大草原，返身回望，心中恨恨不已，她将手一招，嘤咛道："那是什么山？"

"大青山。"

"扶我走走。"千金公主语极生硬，毫无表情，侍女娟子和婷子连忙上前。

公主咤道："你们都退一边去，我让护驾使者来侍候。"

长孙晟连忙翻身下马，伸出一只手欲接千金公主，谁知那公主竟从马上横着翻倒下来，整个娇躯都扑在长孙晟的怀里，长孙晟眼疾手快，他知道，此刻就在车队中，还有两位突厥人，他们是沙钵略派来迎亲的。

长孙晟腾地一个转身，将马上抱在怀中公主猛然间搁到背上，双手轻提公主的手臂，公主稳稳下落，既不失礼，又不碍观瞻。

千金公主不发一言，漠漠地转过身来，手指大青山下一堆隆起的荒丘，幽幽地问："那是何物？"

"坟墓。"长孙晟答道。

"谁的坟墓？"千金公主故作不知。

"那是王昭君的墓。"长孙晟答道。

"嗯，你说说王昭君是何许人也？"千金公主步步逼问。

长孙晟索性一说到底："王昭君是汉元帝宫中的妃嫔，因为汉朝要和北部匈奴人和亲，汉元帝便在宫中选出个貌美品高之人，嫁给匈奴单于。王昭君便以国家大义为重，自愿远嫁匈奴，为汉匈和好、边境永宁作出了很大的奉献，世世代代受到汉匈两族人的敬仰。那堆青冢现在便成了一个象征，一个和平的象征，为历代人民祭祀她的地方，不管是汉人，还是匈奴人。今天……"

"今天什么？"千金公主脸色惨白。

"今天，今天……"长孙晟一时想不起如何回答千金公主的逼问。

"今天，我是第二个王昭君。可惜，我并非出于自愿，那王昭君也不是出于自愿，只不过因为她没贿赂毛延寿，那个宫廷画师便将她画得奇丑无比，所以，汉皇才将她远嫁匈奴，不想一个后宫妃嫔倒成了一位名传千古的圣女。这也算是给她的最好安慰。而我，我是千金公主，你应该知道，我的心意是否愿意远嫁，我为什么要远嫁，不就是那个杨坚想篡夺周室江山，讨好突厥吗？"

"公主，杨宰辅也是为了周室，听说先帝驾崩之时，授命他辅政，他也是惶恐不安的，受人俸禄，当听命于人。"长孙晟谨慎地回答。

"好了，你不必说了。"千金公主说，"娟子、婷子，备些香果来。"

"是！"两个侍女在旁应声道。她们从小跟着公主，都对长孙晟有好感，又是公主的贴身侍婢。

长孙晟看着她俩作为陪嫁品随公主远去漠北，心生同情。

突厥派过来的迎亲使者安遂加连忙吩咐手下："不劳两位小姐大驾，我们来办，我们来办。"一束枯草般的胡须在微风中抖动着，显得滑稽可笑。

千金公主叱道："不要你们动手，免得羊腥膻玷污了我圣洁的贡品。"

安遂加便自觉地待在原地，心想还没和可汗成亲呢，倒摆出可贺敦的架子了，看来，这个小公主脾气不小。可是，待进了我们可汗沙钵略的帐篷，你就会变成一只乖顺驯服的小绵羊了。

这一切，长孙晟都看在眼里，他隐约感到，安遂加的喉结在突动。这是这个信奉狼的民族一见到猎物就自然暴露的动作。他也为千金公主担心。

昭君墓上的草多多少少有些枯萎了。靠南一侧的青石板已被火烧得开了裂，在雨水风沙的侵蚀下显得斑驳，似乎岁月久远了。

从石缝中长出的几株枯苜蓿随风沙沙作叹。

长孙晟道："公主，凡事都应想开些。王昭君若留在宫内一辈子也不一定能得到宠幸，但她嫁给匈奴单于，却是很快乐的，协助单于射耕操作，放羊牧马，还学会射箭。公主也应以快乐为本，不要抱怨，男儿不能报效祖国、喋血沙场是一件憾事，我认为，男人仿佛生来就是为打仗的。现在，让你担任和好突厥和大周的关系，担子是有些重了。"

长孙晟望着泪水盈盈的公主，继续说道："不过，突厥人既遣使和亲，说明他们也不想彼此开战，为百姓利益，牺牲一点，这正是帝室的风范，足以光照千古。"

千金公主用余光瞟了眼站在身后的奴婢，说："去告诉他们一声，吊祭昭君还得一会，反正快晌午了，就地让人马休息一下。"两个婢女应答过后，想要转身就走。她俩心中有数，公主曾带着她俩沿着石阶平台跑遍了整个宫城，每次都站在殿顶的檐台上，对长孙晟指手画脚，品头品足，公主曾说过，有朝一日定要嫁给他一类的孩子话，不想，今日如此巧合，送亲的人正是自己想要嫁的人，难怪公主一路上对长孙晟横瞪鼻子竖瞪眼呢？

长孙晟说："公主，说实在的，令祖周太祖领有西魏江山，可是还等不及称帝便赴极乐世界了。为了争夺这份帝业，你的父辈们多数为国捐躯，国力也大为耗损，加上兼并北齐的长年征战，周室已是国库空虚，和亲或许已是唯一的选择了。"

千金公主并不听长孙晟的劝解，待她看到远处的行人一阵欢呼后纷纷下马，在草地上铺上毡子准备休息时，她回转头，两眼含泪，默默地绕着昭君青冢而走。

　　长孙晟连忙道："公主，祭祀已毕，我们回去吧。"

　　千金公主只顾向前走。长孙晟连忙跟上两步，渐渐地两人的身影消逝在昭君青冢后。那里是一片不大的树木，有不少十几人合抱的古树，郁郁葱葱，遮蔽了阳光，林中甚是阴森。

　　长孙晟进也不是，不进也不是，很是犯难，他猜想公主可能入林中小解，又无侍女在旁，万一受到惊吓，他这个护侍可担罪不起。

　　就在千金公主的身影要隐没于林中时，长孙晟已提剑旋风般地飘然而进，眼光警惕地往四下里仔细地观察一番，才重新跃出树林。他低着头和缓步而进的公主擦肩而过，突然，千金公主伸手拦住："长孙晟，你停住，我有话对你讲。"声音极柔，仿佛带着磁力，令长孙晟怔住了。

　　一个面南，一个面北，就这样并肩而立。

　　千金公主哽咽了一下，山风带着她的一腔真情飘入长孙晟的耳里。

　　"长孙护使，"千金公主轻启樱唇，眼中已是莹莹含泪了，"如果有一个女子从小就爱上了一个人，她是不是该得到他呢？"

　　对这个问题，长孙晟从未想过，只觉脑中混混沌沌的，不知是紧张思考的结果，还是因公主身上散发的奇香所至，他紧张得除了听到自己沉厚而纯净的鼻息，别无所知。

　　千金公主侧伸过白玉似的颈项，双眸紧紧地盯着眼前这位朝思暮想的既英武又刚毅的青年。

　　"你怎么不说话？"千金公主低微的语音再次飘来。

　　"公主，你的问题太深奥了。我平日习武操练刀剑，夜里读书，熟悉兵家战法，确实没想过男女之事。"长孙晟口笨舌拙，和刚才悬河般的口才相比，真是换了一个人。

　　千金公主轻移脚步，一转身："长孙晟，那个女子就是我，那个男子就是你。"

　　她的语音在疾风中，虽然低微，但安详如亘，如春风过耳。

　　长孙晟感到自己的左耳正贴近千金公主的潮润的唇边，她的乌发柔丝，全拂在他脸上，痒痒的，麻麻的。

　　"公主——"长孙晟想说贬低自己的话，又想说安慰公主的话，一时语塞。

　　忽然，从苍茫的青山峡谷中，传来一阵充满威胁意味的狼叫声，虽然很远，却给长孙晟找到了借口。

　　"公主，此处似乎有狼出没，我们还是回去吧。"

　　"狼，狼来了好啊。我巴不得狼来了呢。那样，你死，我也死，反正我这不正是投向狼窝吗？"公主话如此说，却更加借着话意把身子紧紧地靠在长孙晟身上。长孙晟非常清楚地听到自己的心跳声，两手垂立着，宝剑不自然地掉在地上，碰在一块青石上，溅出几点火星，声音清脆。

"长孙晟，你在殿前护卫的形象早就烙在我心里。我一直盼望着，你能快速得提升，为宣帝赏识，将我下嫁给你，可惜宣帝死了，你又被杨坚收买过去了，在他的手下得到提升。静帝又是如此不理朝政，早晚大周要亡。我的命运未卜，你若爱怜我，我们就一起逃吧。"千金公主张开火红般地樱唇，猛地凑上来："你说我美不美？"

长孙晟凝重地道："公主能形容那个美字，但美字却不足以形容你。"

千金公主怔了一怔，望着长孙晟："你有了意中人？"

长孙晟摇头。"那为何不和我一块逃呢？"千金公主说道。

"公主，你是大周的公主，你是去和亲的，是为大周巩固边疆，公主一人足抵三万将士，两国都有来往诏书。而我呢？我是大周的臣民，是专护你成亲的。"长孙晟的神色显得真挚无比，"我们是不可能的，除非自寻死路。"

千金公主似乎还想乞求什么，但见长孙晟凝重而严肃的外表，很快地，她恢复了镇定，自动脱离了长孙晟的身子……

和亲的队伍又出发了，不多会，那"风吹草低现牛羊"的美景，那翩翩起舞的少女的美姿，那高亢悠长的曲调一齐涌到长孙晟的面前，灌进长孙晟的耳膜……

"长孙将军，您不让我们看，您倒独自欣赏了。"随从李波道，"没有了，散啦！"

长孙晟擦了擦眼睛，果然，那"海市蜃楼"的奇观无迹可求，眼前依然是一缕缕薄云在飘散着。

长孙晟因持久的站立而颤抖了几下。

突厥的牙帐内，长孙晟坐卧不安，凭着多年的经验，他知道，这一次的任务难以完成，因为这是出使突厥众部落以来，唯一一次身后没有十万大军的压阵。

长孙晟暗想：沙钵略死了，在突厥部落的可汗中，他是最值得自己信赖的人，尽管他有时翻手为云，覆手为雨，但大体上对隋朝是能尽忠的，他不仅把自己的妹妹嫁给了虞庆则，还在死前把可汗的位置让给自己的弟弟处罗侯，就是叶护可汗。叶护可汗虽然喜好武力征伐，对大隋却是秉承了其兄的政策，并曾将反叛的阿波可汗捉入隋朝，以示效忠。幸好，杨坚听了长孙晟的意见，不加干预。

叶护可汗死于西征时，眼前这个难以对付的都蓝可汗就有些跋扈了。

"这里面似乎还不仅是刘居士的问题，"长孙晟想，"一个小小的杨钦仅凭着嘴舌就能说服都蓝可汗交恶于大隋？"他摇了摇头，不置可否。

外面传来刀剑相击的金戈声，长孙晟拔出宝剑轻轻地在厚厚的毡帐上割出一条箭口宽的小缝，借着明亮的月色和帐外的篝火，他看到自己的随从正和看护他们的突厥人争吵着。

就听李波高声叫道："放我们进去，我们要和长孙晟将军见面。"

另一个跟着嚷道："凭什么扣我们的使者，两国交兵还不斩来使呢！何况我们是来送礼物给你们可汗和可贺敦的。"

一向干练、稳重的长孙晟也有些沉不住气了，一时又确实无计可施，他感到挑剑的手掌心已经渗出汗意。

又听李波道："我们一路上饱经风沙之苦，来到你们这个鬼地方，还想软禁我们怎的？"

一位头戴两狼尾的小校，呲着嘴，低声道："这位护从，你不要吵闹，我们也是奉命行事，不是有你们吃的、喝的吗？长孙将军更是受到优厚的待遇，听说你们送来的礼物都已交到可贺敦那去了，估计明天可贺敦就会来看你们，少安毋躁，少安毋躁。"

最后两句带着汉人的腔调，有些文绉绉的，几个兵士都笑了。

又听李波道："这位将官，你领我们来到这儿，软禁我们，还说是奉命行事，我倒要问是奉了谁的命令，是都蓝可汗，还是大义公主？要是我们大隋的使者长孙将军有半点闪失……"

那位小校一挥手，表示对方问得实在多余："长孙将军是我们突厥人崇拜的偶像，他十年前一箭双雕，就名扬漠北，无人不知，我们保护还嫌不周，哪能少掉他老人家一根毫毛？"

"是的，是的，你们回帐吧，这样吵来吵去，会惹长孙将军不高兴。"另几个帮腔道。

长孙晟就是个善于抓住机会的人，他转身到门边，掀开厚重的帘幕，走出毡帐，高声道："李波听着，我在这儿高枕无忧，回去好生休息，想吃什么突厥的风味，只管提出。"

众人连忙施礼，就连那小校及一班突厥士兵也躬身侧目，表现出无比的敬畏之情。

"你们是受谁的使派，是都蓝可汗吗？"长孙晟和颜悦色地问。

"回禀大隋使者，我们这十几个弟兄都是安遂加将军的部下。"那小校答道，"将军留在突厥的一年中，晚辈曾受教过将军的箭术呢。"

看那身装束，长孙晟知道，眼前的这位小校至少也是个行伍出身。当年，自己因一箭双雕的声名被沙钵略挽留下来，就是教突厥人后代的箭术，无形中，自己的所作所为已提高了突厥人的战斗力。

"将军还记得那次射雕的情形吗？"那个年轻小校睁着两只细小的眼，巴结地问着。

长孙晟摇头道："十年还要多了，记不清了。"

长孙晟能不记得吗？他实在是没有闲情闲心去回味那一次又一次的突厥之行了。他所考虑的大事就是一个：当初的那个千金公主，现在的大义公主到底有没有和刘居士的人联系上，安遂加，就是当年那个迎亲使者，有鹰一样凶狠眼睛的突厥部落的大将，这个人有一肚子的坏水，若真是他参与分离大隋和突厥的阴谋，事情倒真有些棘手。

长孙晟扬脸望着月夜下的星空，估计已到子时了，那颗北极星已横在头顶，他似乎感到那寒光照得人周身冰凉，他对李波说："把我们带的好酒女儿春拿来，给这几个弟兄御寒，他们也不容易。"

一听说有酒，几个突厥士兵立时来了精神。

长孙晟道："哎，酒可不是白给的，你们得回答我几个问题。"众人称是，有问必答。

"第一，礼物都送给了可贺敦吗？"长孙晟见他们一点头，又问，"安遂加和都蓝可汗的关系如何？"

年轻小校答道："可受重用了，安将军基本上在我们这个部落是一人之下，万人之上。"随即低声道，"连可贺敦也听安将军的。"

这就有些怪了。长孙晟暗忖，当年的千金公主对安遂加是厌恶的，就是在都蓝可汗即位的典礼上，早已改做姓杨的大义公主对安遂加的献媚也是嗤之以鼻的，个中原委，尚需一一查清，这一切都必须等见了都蓝可汗的面才能弄清。

长孙晟对小校说："我是代表大隋前来突厥通好的，而今安遂加却把我们扣押在此，想必其中有许多隐情，都蓝可汗和可贺敦都不知道。你们奉命行事，我自然不怪你们，只是希望弟兄们要格外小心些。"

小校眨巴着眼睛，一脸迷茫。他低声说："长孙将军或许不知，从你们隋朝来了个杨钦，那个叫杨钦的人现在成了都蓝可汗的座上宾，具体有何目的，小的确实不知，但我总感觉到杨钦此人行为鬼祟，在酒席间，偶尔听说他仿佛也负有重大使命。"

"多谢你的提醒了。"长孙晟说，"我们正是为此事而来，那个杨钦在大隋长安犯下了滔天罪行，杀人越货，潜逃至此，谁若发现了，告知我一声。"一边说，一边从腰间取出一块金锭，递与那校官，"夜深寒意重，多吃些酒暖暖身子，以免伤了身体。"

突厥的校官感激地收下了，他一辈子也没见过整块的金子，加上久已形成的对长孙晟的崇拜心理，那个校官几乎是弓着腰身接下金块，嘴里答道："谢长孙将军厚爱，若有差遣，只管吩咐就是了。"

长孙晟道："明日，你替我私下里去一趟可贺敦的毡帐，就说长孙使者想见见她。"

"这个，这个，这个不难。"校官刚开始有些迟疑，一番心里斗争过后，还是答应了下来。

"就这样，大家都安歇了吧。"长孙晟说完便转回帐内，他想，看来大义公主和都蓝可汗都不知安遂加和杨钦已经有什么私下交易了。

寒风萧索，寒夜如水。

长孙晟望了望明亮的星星镶在黑色幕布上的夜空，深吸了一口气，凉丝丝的。

掐指算来，绿珠公主到后宫已有两年多了，人前欢笑、人后悲戚的日子如同流水一般，她的心冷绝到极点。对于眼前的处境，她也理智多了。

她自己最清楚，理智与现实一旦结合，往往会使人显得冷酷而令人憎恨、厌恶，在她的脸上，整日地写着的只有两个字：复国，恢复陈国。

她无时不在想念那片生她育她的建康城，那里的山川秀美，一景一物时时在她的梦中出现。

后宫的生活是俭朴的，没有一点儿奢靡的迹象，这却令她深感不安，那二圣独孤氏太厉害了，后宫的一切生活起居都把持得严严实实，不容有任何人插手。就眼前的现实，那恢复旧江南的强烈愿望似乎遥遥无期。

想起陈朝的宫室，真应了一句"天不灭陈，陈自灭"的话。

这日清晨，绿珠公主慵倦地躺在床上，眼睛直望着红绡罗帐的顶篷，脑海中却是风卷云飞，恍如置身当年日光普照的万树林花中。她情不自禁地流下了泪水。"贵妃娘娘，皇上有旨，今日早膳后，齐到骊山观猎。"内侍张权尖声叫道。

"知道了。"绿珠公主干着嗓子答应一句，翻身坐起，又追问了一句，"皇后去不去？"

门外张权道："奴才还不大清楚。若贵妃要奴才去打探，奴才这就去打探一下。"

绿珠公主应道："好，你去吧，若皇后不去，我也就不去了。"

坎坷的遭遇、家亡国丧的苦痛已经把绿珠公主磨炼得圆熟多了，在宫中的生活，她既谨慎细心，又循规蹈矩，她不能忘记，自己当初被第一次被带去见二圣独孤伽罗的情形。

跪在地上的绿珠公主不知过了多少时辰，只觉得浑身香汗淋漓，双膝酸痛，而独孤氏则在上方稳坐，显出一副端庄严肃的神情。

倒是正在给母后问安的太子杨勇站在独孤氏的身旁，轻声提醒道："母后，父皇册封的贵妃给你请安来了。"

独孤氏睁开眼，看到眼前南朝的奇绝女子，心中甚是不安，同时也有一股暗恨潜滋生长。她想：难道杨坚忘了自己的誓言？难道杨坚已有功成名就之感？难道杨坚想宠女色、废国政？

独孤氏起身，围着跪在地上的绿珠公主转了几圈，低声而威严地吩咐道："你起来吧。皇上既已许封，你以后就是后宫中人了。"

绿珠起身后，紫叶搬过软凳，绿珠不敢坐。

"坐吧，一路上风尘仆仆，饮食、睡眠都还好吧？"作为一个女人，独孤伽罗怎能不嫉妒眼前这位绝色天香的公主？就是这么往眼前一站，已是光彩照人，那略含悲戚的容颜能令火山熄灭，开裂的鸿沟重新吻合。

面对皇后的这份关怀之情，绿珠心念一动，美眸中满盈清泪，幽幽地道："奴婢恳请皇后，希望皇后能答应奴婢。"

"什么？"独孤伽罗脱口追问。

"奴婢想，奴婢是陈国的公主，皇后知道，陈国宫室中没有几位干净的女子，不是奴婢作践自己，实情如此。奴婢既谢皇上的不杀之恩，还是要走这么两条路，一是把奴婢贬为百姓，嫁到普通民家，免得奴婢玷污了宫中。二是若能准许奴婢削发为尼，奴婢愿意为大隋念经诵佛。"

"罢了，"独孤氏说，"皇上业已把你收宫，就心在宫中，侍候皇上，再说三宫六院本来就是皇上的专宠，当今皇上却仅有皇后我一个，你来以后，就可省下我整日的操心惦念，我也正想就此享几年清福。我看得出，你是一位善解人意、惹人爱怜的女子。来人，带她到十八厢房安置。"

绿珠起身洗漱，虽说身边也有两位宫女侍候着，心中总觉得有许多不便。宫女看上去倒还机灵，但不及与自己从小一块长大的杏儿、翠儿。都说"侯门深似海"，那皇室深得像什么呢？自己入宫至今，脚步就没有迈出过皇宫，杏儿、翠儿这会儿还好吗？想到这，不由得长叹一声："唉——"

宫女打来热水，润湿了脸巾，悄悄地递到绿珠手中，绿珠擦了几下，复又递过去，轻声道："这条脸巾该换了吧。"

宫女说道："奴婢都讲过三次了。可、可……"

"可什么？"绿珠说道，"后宫果真就这么穷吗？"

宫女一边替绿珠挽上云鬓晓环髻，左右各一，一边说："贵妃娘娘，奴婢的脸巾已有半年了，又硬又扎人，不信，待会奴婢到耳房中取来让娘娘瞧瞧。"

另一位宫女道："我们那儿的被褥坚硬得很，里面的棉絮都用了四年了，从我们入宫就用，一直没有换过。"

绿珠侧过脸，宫女替她把粉红的脂粉轻轻涂上。

望着铜镜中的脸庞，绿珠感到，这一两年的宫中生活已使她退去了不少光彩。

十八厢房处在大兴殿的西北角落，离独孤伽罗的寝宫不太远。因文帝夫妇都是一向重视质朴而轻鄙豪华，所以，厢房中极为雅淡素朴。绿珠所居之室也仅是一个大的套间，说是套间，其实也就是把一间屋子用帘幕分开，里面是睡觉之所，外面是梳妆之处。室外一侧，有两间耳房，那是宫人的住房。

绿珠环视了一下房间，想：隋朝天子如此克己，陈国焉有不亡之理？这贵妃居所尚不及我在南陈时的公主闺阁。那整栋楼都隐映在鲜花奇树中，一年四季，花香不断，景色长春，阁内虽不比陈后主的豪奢，但也处处是镶金的器皿，珍奇的古玩，连同古字古画等摆设，一应俱全。而这里，仅悬一书一画，壁挂一琵琶，桌置一棋枰，此外便空空如也。

正沉思间，张权在房外叫道："启禀贵妃娘娘，皇后说，一同前往。还让娘娘过去用膳。"

绿珠道："好吧，先代我谢了皇后。"

宫女递上一盏漱口用的茶水，另一个则去点了椒兰，一缕白香从立在字画下的仙鹤嘴中徐徐吐出，盘旋着，绕动着，不一会房内飘满了芳香，沁人心脾。

绿珠深吸一口，便起身前往寝宫拜见皇后，这个习惯是什么时候开始的，她自己记不得了。或许就是入宫后没几天吧。

那几日，倒是皇后天天来看她，嘘长问短，知温知凉地关照她。她哪里知道皇后的用意？待她平心静气些后，已是入宫半个月了。

绿珠想，这才像皇后的样子，对一个地位卑贱的女子，一个要与她同享丈夫的女人能有如此关贴，夫复何求呢？

绿珠是何等的精明，她除了待在十八厢房内和宫女下棋外，很少外出，对隋国的大事、宫事、家事一概不闻不问，只是有时在心头泛起对薛道衡的一丝丝牵挂，但也很快就泯去了念头，倒是这每天早上去拜安"二圣"皇后的礼节，倒是一天也没落下过。

绿珠对一个宫女说："晴芳，去告诉御膳房，我这儿就不要送早膳了。晴雨，我们走。"

晴芳、晴雨是绿珠身边的侍女。人倒是很机灵，就是没有杏儿、翠儿贴心。绿珠时常想，这四个女子若能都有个好归宿，也不枉跟了我一场，虽然彼此的关系不同，一个是公主与丫环的关系，一个是贵妃与侍女的关系。之所以自己时有冷冰冰的感觉，绿珠明白那是自己在悄悄地变化着，变得有些寡言。

很少能和谁搭上几句腔，一是口音不惯，听得不舒服；二是性格大变，看透沧桑变迁。

屋外传来一阵繁杂的脚步声，其中，那重重地踏在青花石上的足音显得旁若无人，绿珠知道那是杨坚，连忙起身收拾一番，对着铜镜上下打量一遍。门外传来内侍张权的声音："贵妃娘娘，接驾——"

绿珠急步踱至门边，对着正掀帘而入的杨坚深深一揖，道："贱妾迎驾迟缓，请皇上治罪。"

"起来，起来，"杨坚笑呵呵地道，"朕今晨兴致极高，从皇后那儿出来，随便走走，呼吸一下新鲜空气。"说着，自是伸手扶住绿珠，上下打量。

"贵妃自到北方以来，有些消瘦了。都怨朕没能让你饮食更好些。"杨坚眼含愧意说，"贵妃要是不喜欢吃什么，不喜欢玩什么，只管说来，朕不能克俭自己而苦了你。"

"皇上，"绿珠听杨坚这么一说，感到有些知足，有些惊诧，惊诧中又糅合着激动，"皇上不可为了贱妾而坏了后宫的规矩。贱妾一直在想，心中装着天下百姓的疾苦，才是真正的万岁天子，皇上为了大隋百姓，日夜操劳，贱妾不能侍候在旁，已经深感不安，想自己在宫中玩乐，游戏时光，追莺扑蝶，而皇上却在案头批文，指点军国大事，贱妾还敢奢望什么荣华富贵吗？再说，此时贱妾的身份，已经让天下女子羡慕了。"

杨坚呵呵大笑，拉着绿珠的手道："朕早就听说爱妃口齿伶俐，能言会道，不想，这一年多来，总听不到爱妃的言语，朕为此而垂询过皇后的意见，皇后总是说，变故太大，要给你时间，时间长了，亡国之恨自然慢慢消失，所以，这一年多来，朕都不曾来看过你，你心里记恨朕吗？"

绿珠说道："皇上、皇后都以行动向世人表明，特别是向南朝子民表明，你们是心忧天下，而非乐在自身。"

宫中侍女端上两盏茗茶，清新而又香气四溢。

绿珠只是这么一嗅，便脱口道："好个碧螺春。"

"嘿，仅闻这香气就足以令人无比陶醉了。对爱妃来说，只是这水不是江南的，待朕安定四方后，定带着爱妃巡视江南。江南，那是物华天宝、人杰地灵之所。"说着自是搂着绿珠，做出畅想泛游江南的行状。

绿珠昂起秀美的脸庞，清光袅袅，肤色胭红，脖颈肌肤圆润，洁白滋嫩，轻启樱口说："贱妾深感皇上的一片好意，贱妾真的不想再去那伤心之地。"

"噢，那朕就不去了。"杨坚搂着怀中的尤物，不免一阵躁动。昨夜，为了突厥的事，他和高、苏威、牛弘等几个朝中重臣商议了大半夜，决定让长孙晟直接向都蓝可汗要人，就要杨钦，正是此人，才撩惹得都蓝可汗、大义公主又起逆心。回到寝宫时，皇后独孤伽罗已经半睡半醒，还是紫叶帮他洗漱完毕，他有心收紫叶陪宿，又担心皇后在等他，后来还是在寝宫安歇了。皇后斜躺在睡榻上，惺忪着眼，问了一些朝中的事，又相约第二天带着贵妃及南陈的阶下囚，现在也身为三品侍仪的陈叔宝一同前去观猎，散散因刘居士的案子带来的烦闷。两人说着说着就睡着了。

　　杨坚起床后，感到头昏脑胀，出来走走，就到了十八厢房。

　　在搜寻记忆的过程中，杨坚想，这贵妃的封号也是一时兴来。当时，绿珠公主确实艳惊四座，实在舍不得赐封他人，才收留于后宫，只是碍于皇后的面子，从未有临幸过，凭这一点，杨坚也为自己的自持而引以为豪，古来天子有几个不好色的，除了他自己。

　　而现在，杨坚确实想好好享受一下，以释胸中郁阔烦躁。轻啜了几口香茗后，文帝就迟疑地拥着绿珠，轻声道："贵妃，朕昨夜几乎不曾入睡，能陪朕小憩半辰？"

　　"这，"绿珠迟疑道，"皇上，适才二圣叫贱妾去用早膳，说是陪皇上骊山打猎……"

　　文帝一听，心有不满，深吸了一口椒兰之香，愠色道："二圣，二圣是谁？"

　　绿珠连忙欹身靠前，仰着粉色玉容，悄悄地说："皇上，二圣是皇后，这是后宫对皇后的敬称。皇上可别多想，皇后对贱妾照顾有加，悉心呵护，皇上请看，这流苏帐、这合欢被褥都是皇后亲送的。"

　　杨坚道："爱妃，朕何尝不知道二圣是皇后？"说着，随手在绿珠的脸上轻轻地摸了一把，"朕近日一连几天都不曾有好的睡眠，爱妃应该知道的，国事繁重，大臣们一个又一个都不在朕的身边。比如那薛道衡，不知为何，他这一去江南，竟然有一年多的时间不曾转回，不知江南情形到底如何，叫朕很是挂念，南方山水清秀，可那里也是雾障遮蔽，山高地险，人多半是刁蛮凶悍。再如，那长孙晟前去的漠北，风沙漫漫，突厥部落彼此又钩心斗角，杀机四伏，又加上朝内出现的这个大案，内奸与强族一旦联手，后果将不可设想。朕真希望他们都能平安无事，顺利凯旋。"

　　绿珠听了杨坚的陈述，默默不语，心中却不由得惦念起薛道衡，她的内心也被痛苦煎熬着、翻腾着。但在脸上依然平静，只是随口说道："皇上不必为臣子担心，既然他们都是皇上信得过的大臣，想必都能征善战，不会有何差错。"

　　她嘴上这么说，可内心也揪得很紧。忽然她用余光发现杨坚的一双鹰似的眼睛在警觉地打量自己，不由得心中一惊：莫非皇上听到我和薛道衡之间的情感关系，莫非在薛道衡的身边有皇上的耳目？莫非皇上这是有意试探我的心思？身为贵妃，哪有不愿侍候皇上，借口推辞的？哎，反正宫门深似海，一入宫门能为皇上宠幸，也是不幸中的万幸，只是，只是……

　　杨坚确实怀疑绿珠的情感倾向，对南陈的人，他在行动上是谨慎的，虽说都给了他们一定的职务，提供其俸禄，以示优厚，但文帝知道，每一个亡国之民，从君主到子民，又何尝能心安理得地满足现状，心悦诚服地顺从天意？今天的骊山围猎，所召集的大都是南陈的遗老遗少，以探其真意。

　　绿珠不敢再耽搁下去，既然抬出了"二圣"独孤伽罗做挡箭牌都没能阻止杨坚的心思，若再僵持下去，势必引起杨坚的更大疑心，自己早已将生死置之度外，但她担心那远在江南未归的薛道衡。无论如何，感情的闸门是要关上了，要永久地关上了。

　　绿珠一双纤细的手搭在杨坚的脖颈上，柔柔地说道："贱妾能得到皇上的宠爱已是贱妾前身修佛的结果，贱妾唯恐现已天明，倘皇后等妾用膳而妾身不至，恐引起皇后的猜忌。毕竟皇后在后宫中是说一不二的二圣。"

　　杨坚听了，心中不免踌躇一阵，是的，后宫倘若没有规矩那自然是不行的。可转念一想，独孤氏在后宫也太霸道，朕身为皇上，竟连要与哪个宫妃睡觉，也要告之于她，心中未免有些不平，都是朕几十年来宠爱她的行为造成的，宠爱她，她就自视甚高了。

　　他想起当初收下绿珠公主时，听太子杨勇说，母后很不乐意。事实上也是，那天因为收了贵妃，皇后不就是没有等他下朝就兀自回宫了吗？当时，他的情绪可想而知，等他带着情绪回宫想问个究竟时，二儿子杨广却立刻解释，母后身体微恙，已带着公主回宫安歇了。

　　当他带着绽开的笑容回到寝宫时，立在流苏帐前，伸手欲揭开寝帐，却闻独孤氏鼾声渐起，正迟疑想放手时，独孤氏却笑吟吟地揭开龙凤帐，对杨坚说："皇上日理万机，终于想开了，我已见了，那南陈公主确实长得标致，又贤明聪慧，皇上的眼光真的不错。现在，是该册立嫔妃的时候了，妾身一直在想，等四海一统了，大隋稳如磐石之时，皇上就可安心后宫养歇，也物色出三宫六院，那样我这皇后才是名副其实的皇后。"一席话说得杨坚喜不自禁，连门口的紫叶也笑出声来，皇后却道："小紫叶你可别笑早了，等那一天，皇上也就不宠你了。"说得紫叶脸上一阵煞白。

　　想起这些，如同昨日。

　　杨坚望着眼前绝色尤物，颇感为难。说实在的，他闲时和大臣聊天，几乎人人都提到陈朝宫室中的女子如何诱人，如何放浪，可眼前所拥着的这位怎么就如此矜持呢？他变得有些面色严峻，显得很扫兴。

　　"贵妃，既然这样，那就算了。"说完转身欲走出十八厢房。

　　绿珠连忙轻声地说："皇上，皇上留步。"

杨坚伫立，问："贵妃不是要和皇后用早膳吗？"

绿珠答道："贱妾不知皇上什么时候出宫打猎？"

杨坚道："反正不能现在就去。朕看你，看你……"杨坚想说"看你怕独孤皇后"，但绿珠听了，心中吃惊不小，她真怕杨坚说出自己心中有薛道衡。

"皇上，皇上既然想放松一下紧张的身心，那就随贱妾来吧。只是尚需告诉皇后一声。"绿珠说。那声音仿佛有摄人心魄的魅力，又仿佛是天上的仙乐一般。

杨坚听了，浑身痒酥酥的，麻颤颤的，不由得不回身。他转望贵妃，天哪，真是光彩照人，犹如傍晚中一道明丽的晚霞，周身散发着玫瑰色的淡红，整个面庞沐浴在一片光辉之中。她轻移着款款细步，慢慢地靠近杨坚。

杨坚双目注视挪步渐近的绿珠，脸上的肌肉再度抽搐了一阵，情不自禁地迎上前去。

帘幕紧合，香气飘绕。

当杨坚心满意得地走出十八厢房时，太阳的光芒已洒在这片灰暗的低矮的建筑物上，一阵凉风吹过宫院，卷起地上的片片落叶，杨坚打了个激灵。周身的融融暖意在慢慢消减，但身心俱疲的感觉却在绿珠公主的柔情蜜意中融化了，他感到浑身上下气通体顺，呼吸都畅快了许多，他回头看这令他神魂俱丢的房所，心中有些愧意，看来，朕要为贵妃单独地辟一间居所才是。

正想着，绿珠公主拿来了一件羊毛织就的披风，后面跟着两个侍女。

绿珠对杨坚说："皇上，早晨有凉风，适才皇上都冒汗了，还是穿戴暖和些，免受风凉。"说着，把披风披到杨坚身上，满脸红霞未退，高耸的云鬓尚有些凌乱。

杨坚怜惜道："多谢贵妃了。"说着，却取下披风系在绿珠的脖子上，"贵妃柔弱娇躯，更应当注意才是，朕的长安不比江南，朕这里秋天已尽之时，江南草木尚青，来朕长安可曾惦着江南？"

绿珠仰脸道："皇上的关爱令贱妾无地自容了，皇上莫非想把贱妾送回江南，流于民间？或许皇上不甚喜爱江南女子？"

"哈哈哈，不，不是此意，这是朕对爱妃的关切。"杨坚说道，"朕有了爱妃，就如同鱼有了水，朕是舍不得你呀。"

绿珠道："贱妾到大隋的宫室已有两年了，贱妾是皇上收入宫的，整日游玩，扑蝶做绣，学做声乐，又理女工，日子过得太快了。贱妾哪里还去想烦心的江南？柳絮纷飞，梅雨阴湿，气候阴晴不定，何来这爽人的秋天，硕果累累，红枣透蜜，柿果压枝？"

"好，好，好一个'红枣透蜜，柿果压枝'，朕想哪天找个风水好去处，建座行宫，就殿前栽枣，宫后种柿，让爱妃流连其中。"杨坚拥过绿珠，紧紧地攥着她温柔细腻的玉手，轻拍道，"爱妃，从今日起，爱妃愿不愿意随朕上朝，共享愁乐？"

绿珠嘤咛一声，说道："朝有朝规，宫有宫章，早在贱妾做南陈的公主时，就听说皇上和皇后情笃恩深，贱妾不敢掠皇后之专，这共赴朝政，贱妾不能答应。不过，只要皇上心中装着贱妾，贱妾就已满足了，像今晨这样。"

绿珠扬起樱桃似的小嘴，满目含情，满脸生辉，杨坚几乎又按捺不住了，他反复摩挲着绿珠的手，心想：多么可人之心的贵妃，真不知江南的女人怎么这么诱人。

"爱妃说得对，朕与独孤皇后一起经历无数次惊人的大难，也算是上天佑朕，朕才有这稳固的江山。不过，朕今后会宠爱贵妃的。朕想封你为宣华夫人，让四方知晓朕是如何对待敌国的公主的。张权，就这么去办！"张权应声而出。

"多谢万岁恩宠，"绿珠道，"皇上，贱妾深感皇上仁义大体，有此日之始，贱妾当尽心侍候皇上。但贱妾私下里认为，皇上若真的宠爱贱妾，当把贱妾对皇后的一片心意告知皇后，以免引起无端的猜忌，贱妾感到，若没有皇后把持后宫的一切什物，后宫的风气会不正。"

文帝越听心中越感绿珠的言辞句句在理，真乃深明事理的可人爱妃，他深情地望着绿珠说："爱妃果然是深谙后宫体例之人，朕想，若是皇后知道爱妃的一片心意，也会体谅有加的。"

正说间，皇后独孤伽罗的贴身侍女紫叶匆匆赶来，见杨坚和绿珠并肩而立，在院中轻声交谈，连忙上前参见："皇上、贵妃娘娘，皇后在寝宫等二位呢。"

杨坚看着紫叶，心中想到：当初在伐陈之时，自己也曾与她有鱼水之欢，甚契朕意，不如将她和宣华夫人都迁往寝宫，再另辟一室，免得朕还要来回劳神，再说这十八厢房本是用于商议军国大事之所，而今，几位重臣都外出代朕视察，倘若回来，还是要一并复用的。

紫叶挽着绿珠，说："贵妃娘娘，今天我们不用在宫中赏菊了，随皇上行猎，场面很壮观，怕是娘娘在南陈所未经历，这下娘娘可开心一笑了。"

杨坚一愣，忙问："宣华夫人一直不甚开心？都是朕的过失。"

绿珠忙嗔道："紫叶，可别瞎说，我有什么不开心的。等我拜见过皇后，再问你个说话不实之罪。"说着对杨坚粲然一笑。

"是，贱妾要看看皇上的马上武功。"

骊山，秋意甚浓。满坡的柿园飘出可人的清香。从疾驰的车辇绵帘中向外望去，左向便是富庶的八百里秦川。绿珠的车辇由两匹纯色的小白马拉着，一路颠行着。此次随文帝巡猎，她的心情自然大不一样，尽管沿路所见的景物有些似曾相识之感，但在她的心中只是一闪而过，倒不曾引起多大的波澜。

她伸出锦帘的玉脸，有些好奇地观赏着这片迷人的秋色，聆听那农田中传来的时断时续的秦腔。听着，听着，眼前似乎有些模糊，她仿佛从那雄壮高亢的秦腔中听出了一股悲凉感，有一种像是压在心头上的磐石般的感觉，使人呼吸不畅，她有些疑惑不解。她推了推昏沉欲睡的晴芳，问道："晴芳，你可是此地人？"

晴芳点点头，说："贵妃娘娘，切不能让风吹着。"说着就放下挂起的锦帘，车辇内有些黯淡。

绿珠说道："你要是生在此地，应当从小就熟知这秦腔，怎么听起来像是很悲伤的，似乎有诉不尽的悲苦心事。此地的百姓的生活不是说很殷实吗？"

晴芳眨巴着秀美的眼睛，随口说："贵妃娘娘可别取笑了，奴婢家就在灞桥附近，也不曾富裕到哪里去，不过比以前强多了，能吃饱饭了。加上奴婢在宫中尚能领回些月钱，日子倒还过得去。"

晴芳轻叹一声，继续说道："不过，奴婢最爱听的曲子当是秦腔，哪天，娘娘有兴致就招几个人入宫唱会，反正娘娘也会自度辞章。"

绿珠不再深问，沉默不语。

一阵阵马蹄声从车辇旁滚过，飘来一丝泥土的腥味。绿珠取过绣着一朵红色梅花的绣帕，遮掩住樱桃似的小口，闭目养神起来。

实际上，她已从秦腔中听出悲凉的韵味。若是在从前，她定要潸然泪下了。而今，她不由得佩服这里的粗犷的民风：在这些体格剽悍的人中，无时不流淌着顽强生存下去的血液，正是这深深的忧患感，才使这里的人都具有一种与生俱来的勇气和魄力、斗志和进取。这悠长而凄婉的秦腔是那么质朴，不掺入任何雕琢之态、靡靡丝竹之音。

绿珠想：怪不得宫中的乐器是那么单调，铿锵来，铿锵去，不婉转，不幽滑，有的只是强硬的节奏。

一路上迷迷糊糊，近一个时辰的山路，她都在思索着那挥之不去的秦腔。

当绿珠走下车辇时，皇后已是满面春风地站在她面前。绿珠连忙上前，施礼后说："皇后，皇上呢？"

皇后拿嘴一撇，转了头，说："皇上和殿前的侍卫都在猎场呢。"

"哎呀，"绿珠说，"那我们快去吧，我要亲眼见一见皇上马上的雄姿呢。"

皇后一把扯过绿珠的手说："宣华夫人，你的心意皇上都告诉我了。早膳时，我心里还不高兴呢。"说着，两个女人缓缓地向山上的高塔平台走去。

绿珠抬眼一望，在平台上，猎旗飞舞，不时传来铿锵有节奏的鼓声，甚是雄伟壮观，在南陈十几年间何曾见过如此大规模的围猎，现在尚未观及全场，就足见其盛世之况了。

皇后继续喋喋不休，连身旁的紫叶也感到皇后的话是越来越多了。

皇后对紫叶道："你也坐下吧，别累过了。"说得紫叶的脸上微微一红。

"那还害什么羞呢，"皇后道，"我头几天就对皇上说，赶明收拾个房间，就封你做妃子，也侍候皇上吧，我老了。"

绿珠忙道："二圣说哪去了，绿珠原本是亡国之女，能承蒙皇上和二圣的厚爱，已是唯死相报尚不能赎己之罪。早知皇上和二圣如此贤达，体恤百姓，亲近忠良，南陈何必又和大隋开战，天下本是一家，只要百姓安康，就是万民之福。当初包括绿珠在内的南朝人士都没能看破这一点，实在惭愧，可皇上和二圣依然浩荡皇恩，沐浴百姓，特别对绿珠恩宠爱惜有加，留性命、赐荣华，应当肝脑涂地，以死尽心。二圣若发现绿珠有半丝不忠，定要重重责罚。"

紫叶也跟着道："皇上龙体康健，全有赖二圣的照料，奴婢一个丫环侍女承蒙皇上宠幸，真是前世前生修来的福分，奴婢可不敢有何非分之想。"说着噘着小嘴依然不肯坐下。

皇后笑道："还嘴硬，马上小公主都现出原形了，再不收你，你在宫中还有何面子？"

独孤伽罗伸手拉过绿珠道："一旦有喜之日，切不可忘了告我一声。"

绿珠也是红霞飞上云朵，低声说："皇后关爱，我记下了。"

正闲聊之际，山上传来阵阵喝彩声和擂鼓声，一时间，"万岁"声此起彼伏，震荡山谷。

张权说道："皇后可要再歇息下去？"

独孤氏啐道："小奴才还想逼二圣上山吗？"

张权一急，涨红了脸："二圣这话要吓死小奴才了。"连忙躬身跪在二圣的腿旁，轻手慢捶，不时仰脸望着独孤氏。

"二圣就不劳你了，你去给宣华夫人捶背吧，贵妃娘娘可是枝嫩花娇，小心侍候着，待贵妃娘娘说上路，就上路。"

张权又赶紧过来给绿珠捶背，细声问："贵妃娘娘，重吗？轻吗？"

绿珠实在有些腰酸背涨的，但听二圣这么一说，有些过意不去，刚想起身推辞，见独孤氏摆手，满脸含情，只得坐下。

皇后说："贵妃看隋室后宫与陈室后宫相比，孰优孰劣？"

绿珠答："皇后所比不甚适当，陈室后宫是颓废之宫，是灭国之宫，怎么拿它和二圣的清明俭朴的后宫相比？"

皇后点头，又惆怅地仿佛自言自语："如今已是海内一清，只是几个边远的境地还不尚太平。我想，等百姓俱福之后，我们宫室也不必太吝惜自己了，特别是贵妃娘娘你，自小金枝玉叶，锦衣玉食，怕贵妃娘娘不能适应这宫里的生活，若有要求，尽管提出。"

绿珠说道："二圣，您切不可叫我贵妃娘娘，那会折煞奴婢的寿命的。直呼我名总可以吧，就像叫紫叶一样。"

皇后听了，呵呵一笑："好，就叫你绿珠。这名字好，你父亲是个文人，江南的文人就很多，不像我们北方人，才只有几篇能传抄于后世的文章，这不行，以后科举考试，必须重文重才，虽说目前这样做了，做得还不够。"

绿珠笑道："皇后也是治国的能手，难怪是皇上的贴心知己，既相敬如宾，又共议朝纲。真是女辈之中的奇绝人物。"

"绿珠真是嘴巧，说出的话让人听着舒服。"独孤氏起身道，"我们上去吧，不然皇上久不见我们怕是要责怪的。"

紫叶道："皇上怎敢得罪皇后呢？要是得罪了皇后，又有谁能替皇上分忧解难？"

"就你多嘴。"独孤氏满脸现出不悦，说道，"你这贱婢都让我和皇上宠坏了。"

山风吹来，飒飒作响。此时已近巳时，太阳光洒在众人的身上，令人感到浑身舒坦。山间的空气有浓浓的清新味，又让人周身通畅。紫叶由另两个宫女搀着，心中高兴得如喝了蜜。绿珠则与皇后携手而上，这大半天的奔波，她确实有点累了，不过郁闷的情绪得到了缓慢的释放。她伸手撩起耳边的鬓发，细细地想着这近两年的宫室生活，阴抑的氛围中，她都不知道是如何度过的。品味着自己刚才和皇后的答话，她惊诧于自己的变化。她感到自己已完全脱离先前稚嫩的底子，变得老成起来。她的自信也渐渐地恢复了，当然，这仍是一种压抑着的自信。

就这样，聆听山鸟的鸣啁，呼吸着清凉的山风，后宫的车队缓缓地上了骊山猎场的顶端。

突现在众宫人眼前的场面甚是壮阔。

整个围场已被七千人的精悍军士围了个水泄不通，密密的彩旗像一道篱笆从山脚下围起，飘飘荡荡，在掩映的草树中，无数战马来回奔突，铁骑时不时踏在裸露的碎石上。

再看那惊起的山兔、野狼、松鸡、叫天子等上下乱窜，东躲西藏，有的像无头的苍蝇，有的像傻呆的木偶，惶恐不安，就在自己似乎侥幸逃脱而暂时喘气之时，被一支冷飕飕的冰凉箭羽射中要害处，颓然倒下，一声不吭。每中一个猎物，守围的士卒就欢呼不已。

一匹纯黑色的高大种马，来往山上山下，最是迅猛，马背上的大汉紫髯黑脸，占尽了威风，有时为追赶一只惊奔的猎物竟然不顾礼仪跃马直出杨坚的马头，赶超过去，拈弓射箭，猎物应箭而亡。正准备对猎物痛下杀手的杨坚只好愕然地紧勒马头。

此人就是韩擒虎。

文帝怅然若失，眼睛呆望着策马飞奔的韩擒虎的背影，心里像是打翻五味瓶，什么滋味都有。都说韩擒虎平日飞扬跋扈，但文帝自己却对此并无感触，再说每每在朝廷上议事，作为上柱国的韩擒虎也并不多言，有时自己的意见和内史令李德林相左之时，这个韩擒虎也总是站在自己一边，可眼下……

杨坚勒马而回，脸上一副悻悻然的表情，这个韩擒虎真是放出笼子的猛虎，只要跨上马带上刀，他就什么都忘了，什么皇帝，什么天子，在这些身有上等功勋、位爵进赐上柱国的武将们眼中只不过是一个虚有其名的称号。平日里在朝廷上整日毕恭毕敬，一旦放将出去，就露出骄矜的尾巴了，对此，是要想一些计策，免得尾大不掉，失去控制。

正想着，一只八角分叉的梅花鹿"嗖"地从山凹的一丛枯草中蹿出来，杨坚习惯地伸手摘箭，一摸箭囊，空空如也，只好眼睁睁地看着那鹿撒开四蹄直往山下冲去，杨坚手拿空弓，正待放下时，杨素飞马赶到，那马跑得有些疲软，马上的杨素满弓拈箭方向直指那只受惊的梅花鹿。鹿为此处猎场的灵物，倘能捕获，那势必声望大增，为军士及朝官所津津乐道。

杨坚见刚蹿出个不知礼仪的韩擒虎，现在又冒出个杨素，脸色阴郁，随手把弓挂在马背上，心中甚是不快。

"皇上，"杨素正追得兴起，看到前面一人正要举弓射杀他一直追逐的猎物而心中不满时，到了近处，见是皇上杨坚，赶紧勒马，马蹄踏在沙石上止住，顺势滑了有三尺多远，杨素翻身下马，拜道："万岁没有神箭了，臣愿献箭一支，请皇上射杀那只惊突的八角鹿。"说着，从箭套取出三支箭，双手呈上。

杨坚略一迟疑，心气稍定了些，说："朕的猎场建了也只不过一年多的时间，可眼前都是飞禽走兽，不能不让朕频频出箭，杨将军，还是你去吧，朕想小憩一会。"

杨素起身，说："皇上再射杀那只神鹿，定会赢得满朝文武的敬仰。再说，那神鹿为臣所赶已有多时，皇上看为臣的马都已跑不动了。"

杨坚还在迟疑，杨素手指山凹，急忙道："皇上，看，那八角神鹿正冲皇上而来。"

杨坚扭头一看，果然，刚飞速而下的八角鹿，在围场边又被守围的士兵用锣鼓声惊回，正奋力爬坡，离杨坚的马头不过只有一箭之遥，再要推辞下去，可能会倏忽而逝，为韩擒虎之流的人"擒"去。

　　杨坚接过杨素的箭，开弓上箭，瞄准八角鹿，嗖地就是一箭，可怜那神鹿睁着一对忧郁的眼，眼光甚是惊骇，来不及躲闪，那锋利箭头直插进脑门。一声绝望的哀鸣在山谷中回响，甚是凄绝，甚是悲凉。

　　四下里欢腾起来，高呼万岁。

　　杨坚没有想到自己的箭术风采依然，仿佛又回二三十年前，他举起弓箭向四周示意。

　　早有随从抬着梅花鹿向平台去了，杨坚的胸中块垒也随这一支箭的成功而烟消云散了。

　　平台上，一群观望的南陈降官和隋室后宫的女子也是欢呼雀跃，脸色涨红，手舞足蹈。

　　绿珠从台下的人群中一下子找出自己的哥哥陈叔宝。但见他满嘴的油腻，手里还飞舞着一只烤山鸡，正忘乎所以地对策马而来的杨坚欢呼着什么，看他那肥硕的身子以及周围拥簇的几个艳女，绿珠有种恶心的感觉，她差点吐出了刚吃下的野味。

　　在轰鸣般的"万岁"声中，绿珠看到杨坚气宇轩昂地经过陈叔宝等人的座位，那陈叔宝跪地下拜后，在文帝面前眉飞色舞了一阵，看样子，想是吹捧的言语。文帝略微侧着头，一面向周围示意，一面向平台上仰视过来。

　　绿珠低着头，悄声对独孤皇后说："皇后，皇上多么威严，今天回宫后，皇上说不定还要大宴群臣的。"

　　独孤氏也是一脸兴奋，说："宣华夫人推测得在理。整日忧于国事，不知张弛之道一直是皇上的缺憾处，我不知劝过皇上有多少次了，可皇上总是不能从繁重的朝政中解脱出来，今天好了，天下太平，海内一清，皇上是该享受了。宣华夫人，你以后还要继续开导才是。"

　　绿珠淡然一笑，轻轻说："这，这可不是为妾能做的，一切由皇后安排。"

　　独孤伽罗有些喜不自胜，嘴上却说："宣华夫人自幼习文，满腹经纶，才情过人，又是天下绝色，甚得皇上宠爱，我可比不上了。"

　　绿珠依旧笑道："宫中一切都应听皇后的，自古就是这样，如若宫中没有章制，那才是最危险的，妾想，只要皇后坐镇后宫，凡事都须听皇后的安排才是，贱妾如何敢越雷池？"

　　皇后默然不语，心想，料你还不敢以色惑主，尽管是陈室的女子，收到隋朝宫中，也是姓杨的人了。看你一副乖巧的模样，还算对我二圣的口味。

　　内侍张权搀着杨坚登上平台，平台上又是一片"万岁"声。

　　杨坚径直走向绿珠，绿珠连忙起身拜迎，杨坚笑道："不必多礼，爱妃。"

独孤皇后道："皇上跃马驰骋的英姿，雄风不减当年。"说着起身，闪出路来。

张权引着杨坚坐到了皇后和绿珠中间。

杨坚又转头对绿珠道："适才朕见了陈叔宝，果然能吃能喝，不到半天工夫，已整整吃了五只烤山鸡，外加一条小羊腿，居然喝了一斗半酒，真是生来的享福之人。"

绿珠仰脸笑道："他们都是托了皇上的洪福，对待亡国之君，历朝历代只有皇上这般开恩。"

杨坚点头，拉着绿珠的手，却转过头对皇后说："皇后，朕想给南陈、齐、梁等国的后人修建宗祀，皇后意下如何？"

"皇上英明，所想甚周，毕竟不能忘祖。"皇后说，"让齐、梁、陈依时修建宗祀，也显出皇上的恩荫南国，再者说，人人都有其父母祖宗，拜祭祖先，也是尽孝道了。"

"好！朕即传颁诏书。"文帝正襟危坐，内侍张权连忙取来笔墨。文帝道："一切按皇后说的意思去写，若有不当处，可由宣华夫人代朕斟酌。"

绿珠欠身要拜谢，杨坚摆手说："爱妃，你看，为了方便起见，就在洛阳附近的邙山建祀如何？所有器物由有司供给，不得拖延。"

让这三位政治废人，即齐国之后高仁英、梁国之后萧琮和陈国之后陈叔宝祭祀其宗，显现出文帝的宽宏大量，确实能起到粉饰太平的作用。而且，随身携带亡国旧君出游巡猎，这本身就是一件无比风光的事。

绿珠心中明白，之所以选在洛阳邙山祭祖，不过是文帝对自己的功业多一处见证而已。熟知隋朝建立史的人都知道，在邙山，杨坚曾有过几次惨烈的鏖战，为北周政权立足关中奠定了基业，当初若没有北周，就没有如今的大隋。这哪里是杨坚的恩德，实在是纪念自己的辉煌战史。

容许建祀的消息刚一传达，台下又起一片"万岁"的欢呼声。

肥硕的陈叔宝满脸油汗，颤着一身横肉，急趋平台之下，高声叫道："万岁，万岁的恩德，抚平下臣的一片愁心，医治了下臣的长久心病。想我等下臣何德何能，居然让万岁替下臣祖宗着想，臣等感激不尽，唯死图报。"说着，叩头不止，身后跟着萧琮等人也是如此。

文帝朗声道："陈叔宝等尽管曾和大隋有违，但已时过境迁，朕不去计较，念及人人自父母而来，多多想念他们，也是尽子之孝心。朕一直有此意，只是地点不曾考虑安妥。望你们既尽孝心，更应尽忠心。"

陈叔宝等叩道三呼"万岁"。

已将午时，号角三通过后，出巡的人马依次返回帝京长安。猛地里，山风迅疾起来，日月旗哗哗地响，高举的刀枪剑戟、斧钺钩叉、金锤银锤不时传来清脆的金属撞击声。

绿珠在晴芳、晴雨的搀扶下，缓步下山，后面是独孤氏和文帝的轿辇，在山脚的转弯处有一匹马正悠闲地吃着路边的干草，一位身材高大的官员正伫立路边，身后几个随从正在东张西望，仿佛在等待什么。

绿珠钻进小暖轿，颤巍巍地走过去，她想可能是有紧急文书等待皇帝的阅览，或是完成了使命的官员回朝复命，想到这，她掀开帘角，偷偷窥视，那个官员见是内宫的软轿，就和别人一样，低头不敢侧目，尽管如此，这一偷望惊得绿珠差点失声叫出来。

那个垂手而立、风度俊朗的官员不是别人，正是薛道衡。绿珠想让轿辇停下来，可没有去做，她只得猛地掀翻锦帘，伸出头去，随口对晴芳说："景色真美。"眼光却一直放在薛道衡身上。

他消瘦了许多，两年未见，也陡然苍老了些。在惊鸿一瞥中，她仿佛数得出挂在鬓角的几根白丝，心中一冷，鼻子发酸。她并不明白，自己对薛道衡的感情到底有多深，只是这匆匆的一见，自己的双眸就模糊了视线，那身影就模糊在自己的泪光中。

绿珠感到在耳边飘过的是流行江南曲巷的情恨歌：

浮世无缘
情难到老
倾城泣别
两皆失声
怨天不公
恨爱无缘
……

歌声袅袅，有如炊烟，有如丝缕。

绿珠似乎听到自己的心在哭泣，她缩回头，嘴里喃喃道："万法归宗，万物归一，山峦重叠，心隔千里，日光照来，雾霭退去……"

晴芳、晴雨相视一笑，心想：宣华夫人兴致很高，终于吐露才情了。

隋皇宫，大兴殿。

杨坚接到长孙晟的重要军情，正低头估算着都蓝突厥的势力：习、奚两国也不过两万人，能够征战的不及二成，何况，他们并不真正忠心效力都蓝可汗，据此判断，都蓝可汗成不了大气候。

外面的黄门官进殿告禀："万岁，群臣都在殿外侍候，可否入朝？"

杨坚低头不语，继续批阅奏折。有几份让皇后独孤氏看了。他就粗略翻翻，看看并无大碍，就推到一边。突然，他的目光落到一封羊皮制的奏折上，他知道，这种奏折都是藩国呈来的。他打开一看，果然是东部突厥突利可汗呈上的，看着看着，杨坚的脸色阴下来。突利可汗称，现有一件重要军事情报，那就是都蓝可汗和可贺敦近日常派密使远赴西突厥部，当然也来到东突厥部落，极有可能重新勾连东西突厥，共同对付大隋。为了表白忠心，突利可汗向隋室求婚，欲取隋室公主为妻。

面色严峻的杨坚牙咬得咯咯响，假的总是假的，不是自己的亲生骨肉，你给她再多的钱财，也顶不住一句"复仇"的勾引话。当初，自己的女儿杨丽华遭受天大的磨难，也心向杨家，而这个大义公主也是心怀愤恨，本指望能借她在突厥的特殊地位，为巩固边境安宁出一点力气，好了，现在居然主动去联络东西突厥来共同对付大隋。虽说陈国已灭，但江南战火不断，新开辟的疆土当然需要兵力去把守，如果东西突厥真的联手，漫漫平川，无险可守，势必又少不了一场恶仗。

想到打仗，文帝为自己最近沉重的心思而感到不安。在文帝内心深处，他越发感到手下的战将们都居功自傲了。还真的担心他们能否打仗，能否打胜仗，要不，就借个机会试一试？

文帝揉了揉昏花的眼睛，不知不觉老之将至，而他还要事必躬亲。

他向黄门侍卫点了头。黄门侍卫领命而出高声叫道："上朝！"

候在殿外的大臣们鱼贯而入，文武分两厢站立。

文帝道："众爱卿，各地可有本相奏？"文帝手中掂着自己已阅过的奏折，不紧不慢地说，眼光却在众臣的脸上扫来扫去。

左仆射高颎位居班首，他扭头一看，右仆射杨素正在低头看自己的奏折，斟酌字句，慎之又慎，杨素魁伟的身材和满脸虔诚之态着实让高颎吃惊不小。这个在短短几年内迅速得到重用的杨素居然位居第二了，他心中不免有些隐忧。一个行军总管、整年在外打仗的军人忽然间权重一时，势重朝野，且杨坚不止一次在群臣面前夸赞杨素"才华无双"。苏威呢？已经在众臣之末了。李德林呢？

高颎似乎不敢想下去。

苏威，那是高颎一手举荐上来的，从太子少保兼纳言，再到民部尚书、京兆尹、御史大夫，可谓一路飘红，当飘红到极顶处时，呼啦啦一下子只剩个徒具虚名的御史大夫。记得杨坚曾对弹劾苏威的治书侍御史梁毗说："苏威若不是遇到朕，便不能施展才华，朕若得不到苏威，也不能得治国之道，若要论斟酌古今，帮朕教化百姓，满朝之中，无人能及苏威，苏威整日孜孜不倦地工作，正是他的志大才高之处，怎能苛求他在每个任上都出色无比呢？朕可从来不去责怪谁，只要努力，勤奋踏实，忠心侍主，勤心向民，这就为好。"

苏威有什么错呢？高颎百思不得其解。不就是在制订音乐方面与文帝相左吗？受到斥责之后，苏威很快顺从过来，才得以忝列朝尾。

不顺过来不行。高颎为此到苏威府上，反复劝说了多次，他确实怕苏威倒台了，后面就是他自己了，有时，还得需要借苏威来压才情道行极高的李德林，他内心的矛头直指李德林。现在李德林基本上退隐了，又冒出个杨素，人可比李德林厉害，李德林充其量是个谋士，是杨坚的智囊人物，而杨素却是有赫赫战功的武将，况且能言善辩。最可怕的是人品极差，最擅长拉帮结派，又善于拍马溜须。

高颎瞟着杨素，杨素还在斟酌词句。他不知杨素又要上何奏章，反正杨素行事从来只对文帝一人。

高颎心里有点不是滋味，因为，杨素从军中直升皇宫前，对自己一向谦卑。每次上朝之前，都在殿外候侍廊中把所要陈述之事，一一说出来，听取高颎的意见，现在却不是这样了。常常一个人默默独坐，谁也爱理不理的味道。而朝中其他大臣，包括宰相牛弘也对他有所敬畏。此时，他倒真想硬骨头的李德林了。

实际上，李德林的被整与高颎有些关系。当初，平陈之前，文帝曾专门派高颎探望病中的李德林，征求平陈大计，并传出口谕："李德林抱病在床，亲自草拟平陈十策，功效甚大。"可是到后来，文帝封赏功臣时，只是宣布授李德林为郡公、柱国，实封八百户，赏物三千段，此待遇远不能和高颎、杨素、贺若弼、韩擒虎等人相提并论，大约只能和行军总管相符。李德林当然不满，跑到高颎处诉说一通，其中牢骚之辞、不满之意溢于言表。高颎遂劝说文帝，收回成命，高颎拣了一句他认为最轻的一句话："自古皇上都是食言而肥。"就这一句，就触到杨坚的痛处，而冷落起李德林不用。

很快，失去利用价值的李德林被整得浑身是伤。连当年的陈账也抖出来了。平定三方叛乱时，文帝首先将逆人王谦宅第赐予李德林，公文下达后，突然又改赐他人，令李德林另选一宅。李德林只好选逆人高阿那肱的市店以为替代，文帝恩准，可时过两年，文帝巡视晋阳时，接到晋王杨广的密报，说李德林的市店实际上是由高阿那肱强夺民田所造。这本是小事一桩，但高颎认为机不可失，他指使苏威揪住不放，硬说李德林故意欺瞒，窃据赃物。当时宫中总管、杨坚的家将李圆通被文帝派往调查此事。

李圆通回来之后，自然添油加醋一番，说此店获利堪比食封千户，请计日追赃。文帝被挑得火起，把李德林叫来，劈头盖脸一顿训斥，李德林请求查验逆人高阿那肱的文簿及换宅事实，但文帝毫不理会，竟将市店全部追还给原住者，对李德林越发生厌，虽然还让他继续担任内史令，却不让他参与决策讨论……

想到自己的所为，高颎感到很是惭愧。风雨朝臣路，两人一起过来了，如今却猜忌起来，致使今日朝廷中，形单影只，莫名生出一种兔死狐悲之感。

杨坚扫射一遍后，心性大悦，群臣似乎比往日恭敬了许多。

杨坚道："众爱卿为何默不作声呢？"

老臣牛弘首先出班禀道："皇上，臣有一奏，臣等奉皇上之旨意，日夜赶修的《刑书要制》已经完成初稿，臣等请皇上过目训改后，再颁及全国推而广之。"

说完，牛弘从怀中取出紧裹绸布的一叠文稿，交与宫中总管张权，张权接过后，放在御座上呈给杨坚。

杨坚随手翻了两下，问道："老爱卿，这部《刑书要制》比朕即位之初的《开皇律》如何？朕记得，当初的《开皇律》是汲取了西魏宇文泰的二十四法律，又增至为三十六条，这部《刑书要制》有多少条啊？"

牛弘似乎没有听杨坚的答话，顺着自己的意思接着往下说："根据圣意，为了安抚人心，这部《刑书要制》秉承了圣上恩威并重的原则，确实做了很大的改动。"众臣不禁哑然，这老牛弘居然歪打正着地答上了。接下去，牛弘道，"比起周宣帝的《刑经圣制》来，要宽大得多了。"

杨坚一听，重重地把手放在御案上，紧皱了一下眉头，说："老爱卿，不要叫什么怪名称老百姓不好记，就叫《开皇律》有多好。朕无数次重申，新法力求简要周备。死刑只允许绞、斩两种，要彻底废除前代的枭首、车裂之酷刑。

"流放只有一千里、一千五百里、两千里三种，要废除流放前加以鞭笞的做法。总之要以轻代重，化死为生。要继续允许百姓上告，由郡而州，由州而尚书省、刑部依次上告，还可以上告到朝廷。

"开皇三年时，朕在审览刑部奏章时，感到新律还是太严，所以朕才要你等重新修订，朕当时说个名称，只是以示区别，哪能废止《开皇律》之名呢？"

在朝臣后面的苏威明白了杨坚的意思，他跨前一步，跪在文武两列甬道中："万岁，臣蒙圣上厚爱，与牛弘尚书再次修订新律，除去了八十一条死罪，一百五十四条流放罪，一千多条徒杖罪，只留下有罪名称五百条，共十二卷。"

杨坚听了感到满意，看到苏威一脸倦容，心甚惜之。想到他曾因主修音乐被自己训斥一事，正好借此补偿："苏爱卿，你与牛弘等俱是朕的股肱之臣，要尽快使《开皇律》颁诸海内，为时轨范，杂格严科，并宜除削。"

御史大夫苏威答："臣等切记圣上训导。"

杨坚道："独孤卿在想什么？"

高颍答道："臣在想江南之事。听说，内史侍郎薛道衡回来了？"

杨坚点点头："前日去骊山巡猎归来，已见过，朕听说他府中有事，就让他回府料理。"

"江南事如何？"高颍问。

"已无大碍，各地的零星反叛大都被荡平了，还有兵不血刃的好事。"杨坚说完，便用眼示意高颍，就此打住。

杨素终于开口说话了。他就是这样，总要在众人安静之后，才高声诵出自己的奏折。其目的有二，一是让大家都听清楚，认真听自己的内容，二是引起文帝的更大注意。杨坚结束了和高颍的谈话，杨素感到差不多快要退朝了，便上前朗声叫道："皇上——"音出人到，推金山倒玉柱般地跪在丹墀之下，军人的姿态总是很标准的。他庄重地向杨坚叩了三个响头，咚咚有声，群臣习以为常，三声"万岁"后，他依然跪地不起。

杨坚抬手道："起来说话！"

"万岁，臣所虑的不在江南，江南地广人稀，民风虽然奸诈了些，但大多人还是受皇恩感化，形不成燎原之火。因为，他们的脾性决定他们不可永远抱成一团，各自无甚野心，历朝历代都是侍奉中原之主，至于江山改姓，并不过多深问，何况吾皇是真龙天子，浩荡皇恩沐浴江南，江南求之不得，心向往之。"

称颂过后，杨素语调由激昂转为低沉，似乎整日心忧："万岁，臣所虑还在漠北，臣已接到边报，突厥人又有联合兴兵北疆之举。不知长孙晟的情况怎样，若事之不济，不若先突厥而动，兴兵讨之。"

杨坚听罢，沉默了半晌。

这个弘农人杨素倒真是一员干将，也很有心计，能从边关的书函中嗅出突厥的风吹草动。不错。

见杨坚不语，杨素又道："万岁，愚臣以为，今年秋末，尚需在北陲加强兵力戒备，有备无患，臣草拟了兵力分布初稿，以奏折呈献，肯请皇上御览。"

杨坚心中有数的事总不大愿说出口，他把张权递上来的奏书随手摆放一边，夸奖了几句："爱卿，你所虑的极是，但朕相信长孙晟会逮住叛逆，带回正法。"杨坚指的是刘居士的爪牙杨钦。

"刑部关于刘居士一案可有进展？"杨坚问。

无人应答。

"刑部侍郎李圆通何在？"杨坚再问。

因弹骇李德林有功的李圆通此时不在朝中，主管刑部的尚书左仆射高颍连忙答道："李圆通已前往庆州捕捉庆州总管刘昶去了。"

杨坚想起来了，自从张衡揭发了刘居士的恶行后，已经全部抓住了刘居士的死党，除了杨坚怀疑的刘昶和跑到突厥的杨钦。

　　看来只有这两个人都一齐捕到，案子才能水落石出。刘昶本是北周驸马，位望俱隆，并且年轻时和自己颇有旧交。

　　当初，自己取周时，刘昶很快地表明了态度，因此，在整肃宇文氏集团的人时，就有些士臣上奏，要求严办刘昶，可是，在隋朝宫室中，地位不低于刘昶的人还真没有几个，因此，刘居士案一出，大家纷纷进谏，要求揪出后台——刘昶。

　　杨坚心想，在自己即位之初刘昶都没谋反，现在又怎会勾结突厥呢？但事已至此，满腹疑窦，也只有等抓住杨钦和刘昶对质，别无他法。

　　杨坚看了看群臣说："此事暂且不议，退朝！"

　　来到凤阁后，杨坚看见皇后独孤伽罗正和宣华夫人在棋枰上打谱，各拿一本棋书，按顺序投子，并不时低语交谈，不由得深为感动。他跨前一步道："皇后、爱妃好有雅性！"

　　皇后和绿珠连忙起身迎驾。杨坚指着张权怀抱的几封奏折，对皇后说："这些奏折，还要请皇后帮朕看看，朕实在看不过来，有疑难，再说与朕听，共同裁定。"

　　皇后自然地接过，当着绿珠的面，也并不觉得有何不妥，笑道："皇上还有什么吩咐只管说，我觉得宣华夫人也能帮忙。"

　　绿珠忙道："国家大事，贱妾岂敢染指？皇上若要听曲弈棋，贱妾或许能露出拙手，博皇上一笑。"

　　杨坚说："就依爱妃之言。"说着坐到皇后的位子上，眼望棋枰，做出了沉思状。

　　绿珠快速收拾好棋子，把手中的黑子盒推到杨坚面前，杨坚却已抓住白棋，眼望棋枰，轻轻举起，绿珠只得拈一颗黑子放在属于自己一边的角上。

　　两人在各自一方投子做活，眼见进入中盘的胶着状态，棋局还不甚明朗。

　　绿珠随手在杨坚的左下手处点了一个三三，杨坚应了一手，绿珠又在二路顺势顶了一下。

　　"咦，"杨坚落子飞快的手停在半空，"看不出有什么便宜吗？"他看了眼绿珠，绿珠却示意他走子。

　　斟酌一会儿后，杨坚果断地在中路一刺，绿珠顶了一子，杨坚再断，绿珠反断。两人杀了将近两百手时，杨坚的额头上冒汗了，绿珠也感有些疲倦。

　　这时，已阅完奏折的独孤伽罗靠了过来，仔细看了看局势，说道："皇上的棋力已尽了，怕是要输。"

正在擦汗的杨坚却说："女人家，你懂个什么？只能看出活棋与否，你还懂得胜负手？"

皇后道："快输了就是快输了，不信皇上叫宣华夫人判定一下？"

绿珠笑而不语，她端起香茶，稍稍抿了一口，对杨坚说："局势还不明朗。"

"就是嘛，"杨坚有点高兴，扭头问皇后，"那封突利可汗的求婚信看了没有？"待绿珠下了一颗子，又猛攻一下。

皇后一脸正色，说道："要娶公主，隋室哪来公主？几个公主都不到待嫁之龄，突厥人年年进贡的几匹马还不够皇上返赐的多。"

"话不能这么说，和亲是一条好办法。"杨坚不紧不慢地说，眼睛不敢离开棋枰，仔细一推算，不由暗暗叫苦，自己所刺的一子恰恰变成了紧自己气的一手，不知绿珠看没看出来。

皇后说："和亲是件大事，需和众臣商议，皇上在朝堂上不曾谈过？"

"等会儿叫高颍、杨素来就是了。对了，巡视江南的薛道衡也回来了，也让他来。"

侍奉在一边的张权应声而出。

皇后说："长孙晟可有什么看法？"

杨坚答："和朕的想法有共同之处，也有不同之处。"

绿珠起身道："皇上，贱妾输了。"

"还没下完呢，来，来，爱妃收官。"杨坚催促。

"皇上，贱妾实在不忍拂了皇上的美意。"绿珠执意要退。

皇后也说道："既如此，也就算了。"说着手指棋枰道，"皇上的这片白棋已是死棋了，我虽然下不好棋，但会算棋气。"说着，拉住绿珠的手，"走吧！"

杨坚细细一数，果然，胜负已定，自己的那块白子已陷入黑子的包围中，无法出逃，不觉哑然。他手搭在绿珠的肩上："爱妃的棋果然缜密，风雨不透。"

绿珠说："游戏而已，皇上又不以下棋为业。"

"说得好，说得好。"杨坚一边夸赞，一边搂着绿珠的细腰，三个人一同乘辇回到内宫。

内宫议事的密室内，左仆射高颍和右仆射杨素已到，内史侍郎薛道衡也从家中急急赶来。

杨素与薛道衡寒暄。两个人一直有诗文唱和，又是同乡，自然亲近一些。高颍也对薛道衡点头示意。众人落座后，杨坚取出长孙晟的书信和突利可汗呈报的军情。

"这证明一件事，都蓝想和大隋开战！"

高颎首先发言，他说："九州战乱了几百年，好不容易才统一起来，隋与突厥的关系，相安无事才合天意人心。而要相安无事，一是不勒索贡品，使其安居乐业不生反叛之心；二是不出尔反尔，增强相互间信任；三是突厥业已称臣，便是北方自然屏障，应当节省下军费，再不断施之以恩露，答应和亲，使之成为守土之臣。

杨坚不耐烦，眼光直射过来："独孤卿，何来此言呢？朕难道不想相安无事吗？可突厥人狼子野心，就是慑于大隋的国威，不敢犯境，也在内部屠杀不已，长孙晟的远交近攻，在过去尚能解燃眉之急，朕怀疑，现在还要不要？再这样下去，交给谁？此次突利可汗求婚，足以说明，突利担心一旦打起来，遭殃的是他自己。

"二来，他又是处罗侯的儿子，自然不满让大可汗的位子传给都蓝，本来嘛，到嘴的肥肉让狐狸给叼走了。那都蓝是个有心机的人，他手下的一些千户大人，什户长之类的，也都有心机，特别加上个大义公主，狼狈为奸，沆瀣一气，朕想起来都恶心。朕当初收认她为义女，也是情势迫不得已，如今，竟然和刘居士牵连起来，不可不防。"

杨素见时候已到，把低下的头抬起来，说道："宰相的说法，臣不能赞同，依臣看来，多少有些书生之见，高兄，恕我直言了。"他全然不顾脸上一阵煞白的高颎，也不理会伸手扯了他一下的薛道衡，继续说："皇上，依臣之见，过去，中原分裂，齐、周等国都在突厥人的汗庭屈膝，每年都输以金帛女子，好像送金钱财宝、美女佳人倒成了安和边境的唯一方式。唯自开皇以来，在皇上亲自筹划下，打了几仗，突厥才改口反过，向皇上称臣。如今，天道好还，四海一统，正是补偿昔日亏空之时，岂可坐失良机？不如恩威并重，一方面劝说突利可汗不要随波逐流，一方面派大军压境快刀斩乱麻，灭了都蓝。突厥人本就豺狼本性，或战或和，或战或弃，都要审时度势，大军压境之后，再派专使取那宇文氏之首，免得兴风作浪。"

高颎对杨素的话当然有看法，但考虑他正在得宠之时，当着皇上的面，不敢驳斥，也不便驳斥，忍了"书生之见"的贬语，索性一语不发。

薛道衡见此情景，只得说："皇上，臣听了左右仆射的话，都有些在理，不如合二为一，如今，皇上威震边陲，欲取公主首级似乎无需大兵压境，试想，一旦大兵压境，反倒促成东西突厥人的合并，那么，势必兵祸连年。突厥这个马背上的民族来去迅疾，能和好当然是上策。当年汉武帝大将卫青、霍去病追击匈奴三千里，最后还是和亲。对突厥又不能一战而歼之，西部地广，突厥本来四海为家，征战大军却不可能永屯边境。"

"道衡分析得有理。"杨坚首肯。

杨素却依然不依不饶地说："皇上到底对大义公主采取何法呢？"

高颍说："皇上，臣相信长孙晟会临机而动，只要给长孙晟颁个诏令，再派一员使者前往，照令行事就是了。"

"嗯，"杨坚指着突利的那封羊皮信函，又问，"关于和亲一事，你们可有高见，宫中无人可去，是否从其他王宫中选？"

"那是当然，真正的凤体岂可出塞？"高颍道，"可将和亲一事作为一个筹码，只要突利可汗帮助长孙晟完成废黜公主的可贺敦之位，让长孙晟带回就可。"

"好吧，此事就议到这，至于派谁去呢？朕自会考虑。"杨坚看着薛道衡。薛道衡上前准备说出自己请命而去的话，谁知杨坚不是此意。

杨坚道："爱卿，你代朕巡查江南，所写的奏章朕都过目了，朕对江南，尤其是你在奏章中屡次提到的奇女子冼氏女，朕很是感动她的深明大义。"

薛道衡答："岭南的安宁，离不开首领冼夫人，更离不开皇上的民族和睦政策。"

说来话长。

早在三国时，东吴孙权就在今广东地区设置了高凉郡，高凉郡的冼氏，世代为当地南越首领。

南朝梁武帝时，冼氏家族出了一位贤明聪颖、足智多谋的女子，还未出嫁时，就安抚部众，能够统兵打仗，附近的越人都很佩服她。

冼氏女非常深明大义，虽善战却不好战，她常劝其亲族多行善事，不要侵扰百姓，由此以信义在本乡著称。

当地越人各部间常常互相争战，冼氏女的哥哥当时任梁朝的南梁州刺史，倚仗其富强，经常侵掠别郡，岭民多受其苦，冼氏女屡谏其兄不要侵害百姓，终于把他说服，由此名声大振。

后来，罗州刺史冯融慕及冼氏女的名声及才能，执意要为儿子冯宝娶冼氏女为妻。冼氏女凭其才智帮助冯宝巩固了在广州一带的位置。

传说侯景叛乱时，广州都督征发岭南之兵援助京都，当时高州刺史李迁仕在大皋口，派人征召冯宝。

冯宝欲应召前往，冼夫人觉得其中有蹊跷，便劝阻说："夫君不可前往。"

"为什么？"冯宝疑惑不解。

"刺史无故不应该招太守，我看，他一定想把你骗去，逼你与他一起反叛。"冼夫人解释道。

冯宝说："夫人何以知之？"

冼夫人说："朝廷征召刺史援京勤王，而李迁仕却称有病，迟迟不往。今日叫你前去，目的就是想扣留你、逼你一起反叛，否则交出兵权。希望夫君考虑。"

果然，没几天，李迁仕叛乱，并遣其主帅杜平虏率兵进入。来势汹汹，冼夫人假意劳师，出其不意大败叛军。

冯宝死后，冼夫人怀集百越，数州宁晏，后来，陈武帝册封冼夫人为中郎将、石龙太夫人，并赐给她驷马一乘，鼓吹一部，刺史仪仗一套。

当建康城被攻破时，岭南军土崩瓦解，当地土著无所依附，纷纷投靠冼夫人，推她为"圣母"，保境安民，杨广让陈后主给冼夫人写信，告诉她天下已经归隋，自己已投降隋朝，令她一起归顺，为了证明是真的，还把冼夫人曾经献给陈朝皇帝的扶南犀杖及陈后主的兵符拿给她看。冼夫人见到信及物件，确信陈已灭亡，便遣其孙冯魂将韦洗迎入广州，至此，岭南全部归顺。

因冼夫人立有大功，便拜冯魂为仪同三司，册封冼夫人为宗康郡夫人。

薛道衡奉旨巡行江南，一路上也是险象环生。不说山高林密，瘴气四溢，单说小股叛匪沿路袭扰，生命随时都有可能失去。唯有到了岭南，才感到踏实，但也发生了一场有惊无险的叛乱。

杨坚指着薛道衡的一封奏折和急报，欣慰地说："爱卿，岭南地区与中原山水相隔，相距遥远，朕常有鞭长莫及之感，要想保持岭南地区的稳定，仅仅靠刀枪是不行的，武力只是不得已而为之的一种手段。岭南地区的两次平定，冼夫人都作出了很大贡献，因此，要看到当地少数民族首领的重要作用。"

薛道衡说道："冼夫人在平定王仲宣的叛乱中，确实深明大义，惩处不顾其亲，难得以一女子身份看问题如此明了。皇上还应有些表示。"

薛道衡所说的王仲宣是王勇的部将，他在岭南曾有一次反叛。当时，杨坚命杜国、襄阳公韦洗为行军总管，慕容三藏为副总管，讨伐王仲宣，在广州，韦洗率隋军与叛军交战，中流矢身亡。

杨坚又诏令慕容三藏检校广州道行军事，当时王仲宣四面围攻广州，慕容三藏固守一个多月，眼看城中将矢尽粮绝，便决意做最后死搏。

经过苦战，将叛军消灭，终于使广州得以完整归入隋朝。

这时，受诏巡抚岭南的薛道衡正行至江西南康（今赣州），率兵数千人驰往援救。在东衡州时与岭南的冼夫人派遣的由她孙子冯暄率领的军队相遇。

不料，冯暄和王仲宣手下大将陈智佛关系密切，竟不愿与之作战，迟留不进之时，叛军侧击薛道衡的援军，就在万分紧急之时，冼夫人身披甲胄，骑着战马，打着锦伞，领着护骑三千人及时赶来，薛道衡围解。当冼夫人听说冯暄故意迟留时，勃然大怒，派人将冯暄抓住投入狱中。

杨坚沉思一会儿，对薛道衡说："爱卿，冼夫人深明大义，朕封冼夫人之孙冯盎为高州刺史，赦免冯暄，年轻人总爱讲个江湖义气，若要其忠心，还是释其为罗州刺史吧。追赠冼夫人的丈夫冯宝为广州总管、谯国公。册封冼夫人为谯国夫人，开谯国夫人幕府，府中设长史以下官属，并给其印章，可以调发部落六州兵马，若看紧急情况，可以便宜行事。"

薛道衡很赞同。

高颎说："皇上，为了使岭南地区进一步安定，臣以为还应选派善于安抚少数民族的官员前去任职。"

"独孤卿，你以为谁去合适呢？朝中可不能少了薛内史。"杨坚问。

"听说，令狐熙善于治理地方，政绩卓著，最善于施行教化服人，可担此任。"

薛道衡也跟着说："高宰相说得有理，臣此去岭南，就于沿途中，听不少汉人和少数民族族人都对总管令狐熙称颂有加，说以前的总管全都用武力威胁，而令狐熙却不是这样，而是实行教化，看来口碑不错。"

杨素也表示了赞同。

"好，就任令狐熙为桂州总管，总管十七州的军事。"

对杨坚的礼遇，冼夫人自然深感知遇之恩。她经常把皇帝杨坚所赐之物（其中还有一套独孤氏自己的首饰和一套宴服）盛放在一个金箱子里，又把梁朝、陈朝所赐之物分别收藏，每逢节日大会，冼夫人便把它们都摆出来，对子孙们说："你们都要记住，我们子子孙孙都要对天子尽孝心。我事三代之主，唯用一个忠心，现在这些赐物俱在，这是对忠孝行为的回报，你们要好好记住。"

冼夫人的这段话，说明了大隋沿用梁、陈时期对岭南人的政策是成功的。同时也说明冼夫人对汉民族的友好情谊不因为政权的变化而变化。

君臣在西厢议了北国，议了南境，渐渐地雄鸡报晓，晨曦初露，大隋的国土上，又是一个光明而令人高兴的日子。

接到杨坚的密令后，长孙晟行事有了底。

突厥的形势确实瞬息万变，倘若东西突厥联合起来的话，事态必将恶化。

就眼前的形势看，还只有处罗侯的儿子突利可汗靠得住，因此务必另派一个能干的人到突利可汗的住地，让他出面协助废除可贺敦大义公主，同时劝徙居阴山南麓，为大隋边境增添一道屏障。

都蓝可汗似乎不了解大义公主和安遂加的私情，这一点是千真万确的。长孙晟从娟子的口中已探知，两人的隐情已有数年了。

虽然现在到了肆无忌惮的地步，但都蓝可汗的每次临幸都有婷子监视着，所以，两个突厥男人并没在大义公主的帐内碰到过。

就是偶有数次，也因安遂加的身份遮掩过去，那安遂加不仅在可汗庭中有官位，还担任宫廷的侍卫长一职。

长孙晟在回营帐的途中，一路沉思着。他徒步登上一座巨石冈，立在冈上，望着那乱草迷离的原野一动不动，沉默得像一块石头，一块已经和山冈上的石头连成一体的立石。

他有些郁闷，别看他精明干练，其实想不通的事情也挺多：这个大义公主的内心深处还是那个千金公主。这就意味着，她有仇视大隋的一面，又有爱他长孙晟的一面。现在却要置她于死地，心中总有些难过，不忍。

可是，这一条在皇上的密诏中已经明白无误地表示出来："务必取宇文氏的首级回来复旨。"长孙晟犯难了。

尽管他也认为千金公主该死，以一个柔弱女子之身来担当复国之重任，实在是自不量力，近年来，都蓝可汗在突厥内部年年清洗，看来无不与她有关。女人一旦陷入偏狭的复仇浓雾中，就再也摆脱不出来了。有点像一个女人一旦死心塌地地爱了谁之后，无论结果如何，她总会表现出十二分的执著，会不顾一切。

那日在大义公主的毡帐，他再次地强烈感受到了她的心机和痴意。

在没有跨进寝帐之前，长孙晟就预感有大事要发生。

长孙晟欣赏着这里的墨香气。

长孙晟暗叹，宇文氏的女子自幼都受到了良好的教育，特别是书法在娟秀中透出刚劲，飘逸中散发凝滞，一切都是那么得体。

对这件南陈的翠玉屏风，长孙晟了解不多，但却深知，它是一个朝代覆亡的见证物。他知道杨坚的深意，但也担心因此而勾起大义公主的亡国情结。

果然，当大义公主通视的目光转向长孙晟时，那目光含着怨愤，她似乎被一种复杂的情绪所笼罩，脸色由红趋白，身子在微微地颤动。

大义公主指着屏风上的景物，愤然道："长孙使者，这些人物的命运而今如何？这里的迷人风物可曾浸染着烟熏火烤？"

长孙晟仔细睇视大义公主犹存墨香的诗句，喟然长叹道："可贺敦还留恋故国，若是单纯的思乡，那倒也罢了，若是尚有复国之念那将是离灾祸不远了。"

"我不明白使者的意思，我难道连思念的权力也没有吗？"

"有，当然有，父母者，人之根本。谁能不念及双亲？可是，在下不明白，自从公主的称号由'千金'改为'大义'之后，为何行事还那么稚拙。都蓝可汗过去是懦弱的，近几年为何在内地屡造事端？习、奚两国有何罪名，为何突然兴兵灭之？和平、安宁来之不易，为何又好端端地自行毁亡？这些，公主难道不觉得有甚隐情吗？"长孙晟想起被扣留的事实，一语中的，直奔主题。

大义公主面颊涨红："本公主行事有何稚拙？都蓝可汗行事是自己的事，突厥是突厥人的突厥。使者责问有什么站住脚的理由？大隋想和平吗？要安定吗？这翠玉屏风从何而来？拿别人的珍宝作为礼物，这算是什么行为？强盗的行为。我不稀罕。我宁愿不要这屏风，也要回长安，拜祭宇文氏祖先的在天之灵！我思念故国，思念家园，夜不成寐，这些苦痛一个'大义'的称号就能消解吗？"

长孙晟依然不动声色，说："公主的身份是什么？公主口口声声是宇文氏的后代，那当今圣上的赐姓呢？"

"赐姓，'杨'字丢了'木'边，加上'歹'字了。早已死了。"大义公主冷冷地说。

"公主，在下若要将公主的话传回去，那当是杀头之罪。"长孙晟终于抓住宇文氏的恶语。

"哈哈哈哈——"大义公主急促冷笑几声，突然暴怒起来，"杨坚，杨坚是什么？那是灭我双亲的仇人、恶人。大周待他怎样？他是如何处心积虑爬上权力的顶峰的？爬上去就爬上去了，为何还要举起屠刀，对宇文家族斩尽杀绝呢？"

长孙晟不语。

宇文氏渐渐平静下来："我知道长孙使者此来的目的，朝中生乱了，有人活动了，大隋不能自保了。你来要人的使命恐怕完成不了。"

事已至此，长孙晟绝望了。他想，女人就是一根筋，复仇的火焰已使她陷入癫狂之中。这些骇人的消息，对于心存反叛的人来说，可算得上最富有诱惑力和鼓动性的。

"大义公主，这些耸人听闻的消息从何而来？有多少可信度？"长孙晟几乎不能自持了，他感到握紧的拳头的关节在咯咯地响。

宇文氏嘴角一撇，她当然确信消息的可靠性。

一天，那个自称叫杨钦的中原人出现在突厥都蓝可汗的牙帐外，口口声声要见大义公主，说有秘事相报，都蓝便让婷子领他去见大义公主。

大义公主见来人举止不俗，不知身份，便沉默以待。

杨钦一见到大义公主，立刻躬身下降，语含悲意，像是日夜惦念的老朋友终于相见一样，有些哽咽。

"公主别离中原，一晃有十六年了，玉体一向安否？"

大义公主心里非常纳闷，竟在瞬间不知所措，眼前这个人，说是生人吧，竟对自己离开中原的日子记得清清楚楚，而看其年龄也不过二十出头；说是熟人吧，怎么觉得这张面孔这么生疏。

"你是……"大义公主迟疑地问，想不出十六年前的记忆中有这样一个人。

杨钦似乎看出了公主的心思，他连忙主动介绍自己，说："公主当然不认得在下。但您总还记得彭公刘大人吧？"

大义公主不觉心中一热，多么熟悉的称谓呀！彭公刘大人，这是她在周朝末亡时经常听到的对她喜爱的姑父的称呼。

后来，周朝被野心家杨坚所取代，而姑父居然很快地就做了武卫大将军、行军总管等职。从那以后，再也听不到人们对姑父这样的称呼了。

如今，杨钦的一句"彭公刘大人"，勾起了她对周朝不尽的思念之情，她恍然觉得自己回到了从前的生活，自己仍是周朝的千金公主。

同时，她察觉出并迅速地理解了杨钦这样称呼的含义，一下子融解了她与杨钦之间因陌生而产生的隔阂，千金公主不禁满脸堆笑说："怎么不记得？他是我的姑父，他在中原一向可好？"脑海中又浮现出姑父常来常往的身影和他对自己的亲昵之举。

杨钦答道："彭公刘大人身体很安康，就是心情压抑，闷闷不语。他得不到重用，如今被洗出朝廷，仅任荒凉之地的一个总管，特别是近两年来，很是不满杨坚的征战杀伐，特别想着有朝一日，推翻大隋，复建大周。现在条件成熟了，彭公刘大人的儿子刘居士已担任了太子的宿卫官，掌握了一支强大的武装力量。卑职就在刘居士将军手下供职，为他们父子效命。实不相瞒，卑职这次前来突厥，就是请求突厥发兵南下，刘将军父子在朝廷内作接应。公主难道不想祭奠先祖的亡灵吗？"

对于久想复周的千金公主来说，杨钦的消息不啻是天大的喜讯，她曾想过以强大的突厥复周，只是担心力量不够，这下好了，里应外合，大隋朝必亡无疑。

千金公主很快地把杨钦引荐给都蓝和自己的心腹安遂加，都蓝虽然逐步强大起来，但对攻打大隋还是心存疑惧，他担心东、西突厥不能联手，事情成功的把握不大。因此，都蓝随便敷衍几句，说："等等再说。"

但是，千金公主却不能等了，她撺掇安遂加和杨钦四处活动，很快地在西北部的阿波可汗蠢蠢欲动，同意合兵，尽管他们之间一度矛盾重重，战争不断。

这边，安遂加和千金公主也诱骗都蓝，都蓝已经松口心动了，谁不想占领富庶的中原？那里生活安定，谷物充廪，物阜民丰，风光绮绣。

从北魏到大周，再到眼前的大隋，他们的祖先不都是由北南迁的吗？战乱是朝代更迭的唯一方式。

可就在这时，大隋的使者长孙晟来了。挟平陈后的天子朝威来与属国共享胜利的喜悦，这多少又令都蓝感到吃惊。

杨钦早不来，晚不来，偏这时来；长孙晟早不到，晚不到，偏此时到。莫非所谓的刘居士如今已陷牢狱？都蓝有些迟疑。

大义公主却不愿迟疑，她与安遂加秘密商议后，决定干掉长孙晟，干掉这个曾令她爱恨交加的人。

而今，这个人就站在自己面前，大义公主既担心又窃喜，索性和盘托出了对大隋的不满。

这个女人的身上依然流淌着宇文氏家族的血液，更有篡夺者的血液。长孙晟想，复仇，复仇，何时才能了却每个人心中的复仇意愿？

"公主，你的梦想恐怕都会在现实面前碰得粉碎。"长孙晟说，"我也曾有过复仇的欲望，丝毫不比你差。"

大义公主一听："那好啊，你说说，老贼杨坚对你做了什么？"

"我这长孙氏的来历，公主知否？"长孙晟口气有些缓和。

大义公主有些不解，暴怒的情绪像潮水退去。

"在下的祖先便是北魏皇族，当年奉魏孝文帝之命，拓跋氏一律改为汉姓，我的宗族是皇族中最长的一支，故为长孙氏。而北魏呢？北魏已经被血腥的残杀抹去了。是谁散播了这血雨腥风的恐怖？就是公主的先人宇文家族。这些，公主不曾知道？"

大义公主摇头。

长孙晟道："公主当然不知，宇文泰、宇文觉篡魏的事是你们大周的大忌，可我们记住了。你们杀了我们皇族多少人？"他的语调充满了回忆的情绪，"那时，我才七岁，而宇文氏的残忍嘴脸和血腥场面永远烙在了我的心底。我又何尝不想复仇呢？况且当你们宇文家族内部因争权而相互残杀时，我们也有过趁周室空白而举兵代之的念头，并且已经实施。但是，在那场纷争过后，出了一个开明的君主周武帝。武帝一向待长孙家族不薄，衣食、布帛、金钱无所不给，权力与信任让我们长孙家族感到若要复仇便心存愧意。"

大义公主释然，呆望眼前屏风，心绪不宁。但女性的偏狭战胜了片刻的犹豫。她冷笑道："这么说，杨坚也是一位开明的君主了。我看他不配。他为何要杀我的父母？他们向来没有野心。难道宇文氏的男子都应该被杀吗？难道那个偏安于江南的陈国也应该遭兵祸之焚吗？"

长孙晟朗声道："公主，不必说了，我知道，你正准备驱使成千上万的人去送死，而这些生命的死去仅仅是为满足你个人的宿愿，不要借亡掉的陈国来搪塞。自古天下是一统的，从秦朝到汉朝，何等威仪，难道不应该再创一个大隋吗？一个王室的灭亡，并非全是敌手一人所为，一个强盛的王朝任何人也不敢染指，而一个腐败的王朝却终究有人替代。我丝毫不遮掩北魏皇族的奢侈与骄纵，但公主也应看到宣帝、静帝荒淫无度、滥杀无辜、不惜民力的现实。腐朽的枯干必须砍去，新生的嫩芽才会成长。若想螳臂当车、蚍蜉撼树，结果只会自取灭亡。"

大义公主勃然作色，牙缝中挤出一句："那我宁愿自取灭亡。"说着，拿起桌上的玉石镇纸，啪地砸向翠玉屏风。屏风破碎，飞溅的玉片残渣散落满地。

长孙晟怅然地欲走出内帐，他实在无法忍受一个歇斯底里的女人的暴怒。邪火攻心，再美丽的女人也会显得丑恶。

　　"长孙晟，"大义公主气喘不停，"你还能走出我的帐子吗？"

　　长孙晟一愣，随即笑道："公主，我可是大隋的使者，而你是皇上的义女，难道你真想拿本使者开刀吗？别忘了，我是接到了都蓝可汗的诏见令的，只不过是赶个大早，先到你这儿来看看。"脸上的表情极为惋惜。

　　"长孙晟，你我已不是同路人了。"大义公主有些神伤，"若你有什么不测之险，请你不要怨我。你应该知道，我曾经多么倾心于你。我们之间的生死结局难以意料，希望你不要阻止我的复仇计划，你还是回去吧。"

　　长孙晟怜悯道："公主，我还是希望你能交出杨钦，及早抽身，悬崖勒马。这样，本使回去复命时，皇上或许能网开一面，你还是大义公主。"

　　长孙晟说完就跨出内帐，身后传来撕物的裂帛声，他回头一瞥：大义公主拔出悬在珠帘上的牛角弯刀死命地刺向一幅字画，那字画颇似东汉时有名的书画家蔡邕的作品。

　　娟子、婷子默默地站在穹庐门口，看到长孙晟走出来，听到里面的器物破碎声，谁也没有上前。她们知道，长孙晟和公主之间再也不会有情义可言。一个是阻止公主复仇计划实施的大隋使者，一个是极力取隋复周的公主。

　　长孙晟对她俩笑了笑，说："十几年了，你们两个都长大了，生活习惯能否适应？"

　　娟子答道："多谢使者关爱。我们习惯了。"

　　婷子笑道："使者和公主争吵什么？"

　　长孙晟说："你就不必问了。好好地侍候她几天吧。"这话说得娟子、婷子一愣，半晌未有言语。

　　出了帐门，迎面而来的突厥士兵纷纷围涌上来，领头的正是那个年轻小校。

　　"天朝使者，你的行踪差点让我们做了刀下鬼。安遂加将军鞭打了我们这十几个人每人三鞭，现在屁股还火烧火燎的，钻心地疼。"

　　长孙晟说："你们受苦了。我一定禀明都蓝，让安遂加为了他的鞭子而承担责任，这一切还需你们的配合。"

　　那小校说道："此事不好办，安遂加可是都蓝可汗眼中的红人。"

　　"这不用你们劳心，看好公主。"长孙晟吩咐几句，就带着随从，直奔都蓝可汗的牙帐。

　　长孙晟陷入久久的沉思之中。他仰望天空中蠢蠢欲动的流云，流云翻滚着，低垂着，直压草原，仿佛要整块砸下来似的。那浓淡不均的黑云在冷气的吹送下飘向南方。

长孙晟深吸一口莽原上的凉气，徐徐吐出，觉得心中舒畅了不少。到这时，他才觉得肚子有点饿了。

是啊，不先填饱肚子，哪来的力气？他低头看着立在山冈下的几个随从，他们也都显得很困倦。战马低头在啃那些枯草，吃得很香。

一声"咴——咴——"的马鸣后，枯草丛间扑愣愣地飞起一只山鸡，飞得不高，几个人一阵雀跃，纷纷搭箭，只见山鸡飘荡到长孙晟的身边，长孙晟拔出佩剑朝那只山鸡飞掷过去，剑穿鸡头而过。长孙晟吩咐道："再打几只，烧烤吃了，算作早点。"

长孙晟看看天光已彻亮，估计时辰不早了，下了山冈，对正在烧烤野味的随从说："时候不早了，说不定都蓝等急了，会怀疑我们。不如大家边吃边走。"众人应允。

几个人上了马，旋风般地飞奔着，途经一片灌木丛时，长孙晟吩咐大家小心些。那晨时的大雾已让自己损失了一个随从。

这条路还真不好走，一条山石小道夹在嶙峋的怪石中，加之乌云低垂，似乎有一种狰狞鬼气，深处横生的杂草，起码到胸腹以上。长孙晟拍马而行，手握佩剑，李波在前带路。他们拐过这片灌木丛，再有半个时辰就到都蓝的牙帐了。

蓦然，寒风骤起。草丛中，一只硕大的老虎嗥叫着扑向李波和战马。战马受到惊吓，四蹄扬起，眼睛含着悲惨之意。

李波傻了眼，他拿剑直飞那只猛虎，猛虎不为所动，呜的一声咆哮，张着血盆大口，对着惊慌失措的李波猛咬一下。而飞出去的那柄剑却落在石缝中，只剩剑柄。那猛虎的前肢已经接近李波的双肩。情急之中，李波吓傻了。

长孙晟惊得冷汗直冒，双脚离镫，飞身从马背上跃起，手持长剑直插过去，在猛虎的大嘴离李波的脑门就差一二寸的光景时，长孙晟剑到人到，长剑从猛虎的天灵盖贯穿过去。

鲜血噗噗喷出，猛虎受此致命一击，轰然倒地。一声凄厉，吼声震撼山冈。

长孙晟飘然落下，回头一看，众人都还傻待在原地。

"还不快把虎皮剥了！"长孙晟欣慰地一笑，"李波命不该死，看来你是一个福将。"

李波这才神志清醒："长孙将军，是您老人家给了我生命，此恩没法报了。"说着，抽出腰刀，怀着一腔愤恨，走近猛虎倒毙处，"唰唰"地剥下虎皮。

长孙晟望空长啸，大笑道："敕勒川，阴山下。天似穹庐，笼盖四野，天苍苍，野茫茫，风吹草低见牛羊。而今，风不吹，牛羊不现，倒出了猛虎。"

将近午时，长孙晟一行来到都蓝可汗的牙帐。都蓝可汗是长孙晟唯一的希望了，他必须说服都蓝可汗，否则，纵然自己武功高强，怕也难逃杀身之祸。

都蓝的牙帐有腥味，毡壁四周挂满野畜的皮毛，其中有一张虎皮。

长孙晟一进帐中，都蓝可汗就阴着脸道："长孙使者，你又来了，大隋总是忘不了我们，可是，你看看，这琳琅满目的珍宝珠玩，有哪一件能顶吃管饿？不如多送些粮草，否则，以后就烦你不必再来了。"

长孙晟道："可汗，我只是一个使者，送什么，不归我管，依本使来看，这些珍宝也可换粮换草。"

长孙晟想，两地人不都在和平地交换吗？你们有兽皮、羊肉，我们有谷子。这样不好吗？噢，不要珍宝，要粮草，嫌交换麻烦，还想再尝和大周通好的威风，年年进贡，大隋可不是你的附属国，而恰恰相反，你现在是对大隋称臣。你的父亲沙钵略都这样做了，你还不满意吗？

都蓝给长孙晟让座，倾身前问："使者，听说使者来到我突厥境内竟遭人偷袭，可受伤吗？"

长孙晟摇了摇头，微微一笑，说："这是本使最感奇怪的地方，当初我长孙晟来了，众人皆亲近我，以为我是一箭双雕的英雄，而今，不仅遭到伏击，还差点被恶虎所伤，幸好有天可怜，我长孙晟没有受伤。本使正要向都蓝可汗明说。"

"好了，"都蓝可汗有些不耐烦，"使者不必说了，出一两个强盗不仅在我突厥是有的，就是在大隋，你能保证不会有人命案？只能说长孙使者福大命大，勇谋兼备，躲过劫难后，回想起来有些后怕，但恐怕更多的是愉快吧。"

"在都蓝可汗统治下的突厥当然也有强盗，偷牛偷羊偷酥油偷草料，可是在下没有听说偷人命的，更何况是偷我这个除一纸诏书别无长物的使者。听说，想杀我的人是大隋叛逆，其首领已被捕获，但有几个余党窜至可汗的境内，我此次来就是要带回此人，此人名叫杨钦，二十出头，中原口音，说不了几句突厥语。可汗境内可有此人？"

都蓝可汗诡秘一笑，心想，果然和安遂加的汇报一模一样，看来杨钦这个关键人物还不能交出，嘴上却说："长孙使者，我立马让安遂加去查。"

长孙晟看了看坐在对面的安遂加，安遂加也正阴笑着看着自己。鹰钩鼻上一对眼睛射出逼人的光芒，长孙晟毫不犹豫，直视过去犀利的目光。

"那就有劳安遂加将军了！"

安遂加转头对都蓝可汗说道："可汗天子，卑职一直在查那些可恶的汉人。可汗知道，每年秋来，总有一些汉人三三两两窜入我突厥境内，杀人越货，我那儿已有好几件卷宗了，也正是由于查得日紧，那些汉人都惶恐逃窜，不曾抓住一个，还望可汗饶恕卑职办事不力的罪过。不过，卑职却搜到那些汉人犯罪时留下的证据，看刀剑样式均整齐划一，倒像是边境的军士所为。"

都蓝佯怒道："好可恶的汉人，居然干出这种事。安遂加，命令各地驻军迅速集中到南线，来一个，杀一个，来两个杀一双。"

安遂加阴笑道："正在办理，不日即会边境安宁。"

看着两人一唱一和的拙劣表演。长孙晟想，安遂加，你是坏到骨子里了。等我找到杨钦的下落，再来与你对质。

"这么说，杨钦不在此处了。"长孙晟低头寻思一会儿，"这根箭就没有作用了。"

长孙晟从箭袋中抽出一支锋利的箭羽，那箭杆上赫然刻着"杨钦"两个字，仔细把玩了一会，把箭放在座位上，"可汗，请允许长孙晟自查此事，否则，回去不好复命。"

"啊，行，行，有劳长孙将军，你自己查，我就放心，至少可除去大隋皇帝对我的疑心。"都蓝应允。心想，去查吧，反正安遂加会安排好一切的，还是大义公主，我的可贺敦说得对，大隋越来越把我的突厥看成自己的领地了。说何时来，就何时来，想干什么就干什么。连续几年，都不给粮食，一切都要从边贸中去获得，太小视我几万大军了。

长孙晟一行退出都蓝可汗的牙帐，内心也十分焦虑，这连绵的毡帐，若要一个接着一个查下去，何时是尽头。虽说突厥人有好客的风俗，但对怀着敌意的汉人去搜捕所谓罪人，谁也不会同意的，更不会提供帮助。

日落西山时，长孙晟带着随从漫无目的地在偶有人流的毡帐前来回巡视了几圈，他一直希望能发现几个形迹可疑的汉人，可是一无所获。

他决计还是悄悄地返回大义公主的毡帐来一个埋伏式的等待，或许能发现一点蛛丝马迹。

"大人，大人，"长孙晟听到一种似乎熟悉的声音，心下吃惊，刚想循声望去，就听李波吼道，"快滚，滚到一边去，我们正愁吃饭呢？"

长孙晟一看，连忙下马，急趋几步，赶到那个人的面前。

"你是仇儿吗？"长孙晟问一个蹲在帐前的小孩。

"嗯，大人，不，不，义父。孩儿正是仇儿。"那个小孩忙不迭地点头。

长孙晟长吁了一口气，真是踏破铁鞋无觅处，得来全不费工夫。

"仇儿，你的爷爷呢？"长孙晟问。

仇儿一听，鼻子一酸，呜呜地抽泣起来，从他断断续续地叙说中，长孙晟了解了大概。仇儿的爷爷带着孩子流浪四方，一个风烛残年的老人自知行将就木，他只有凭着多年的关系，把仇儿带到都蓝可汗帐下的一个达官手下，那个达官原先和自己关系尚可，收养一个小孩还是说得过去的。果然，那位达官答应收下仇儿，但是有一个条件，一旦有大隋的使者来，便要离去。所以仇儿整日在都蓝牙帐外游荡，希望能遇到心中的恩人。

苍天有眼，今日总算遇上了。

长孙晟拉着仇儿的手说："孩子，跟我到驿馆去。"

仇儿忽闪着大眼，问："大人，你为何一脸忧愁，你嫌我不能干活吗？"

长孙晟苦笑："说了你也不知道。我此来还有任务，等我杀了坏人，就带你回去。"

"什么样的人？"仇儿问。

长孙晟说："就是长相装束和我们差不多的人。"

"啊，义父，我寄养的达官家中就有一个人自称是中原人，他还说，可贺敦和他是亲戚呢。"

长孙晟急切地问："真的吗？好孩子，你简直是上天派来协助我的。"说着把孩子紧紧搂在怀中。

"走，带我们去看看，注意，你只要指一指就可以了。如果确实是，就把你的那个达官喊出来，噢，也不能喊。"长孙晟的眼神兴奋起来。

李波说："这小孩说的话有几分可信？再说要真是杨钦，那狡猾的家伙势必盘问过他。"转头问仇儿，"你见到那中原人时，那人可盘问过你？"

仇儿点点头："我说我是主人雇来的佣人。"

"好了，不必多说了。"长孙晟心中了却了一件事，他感到，就是完不成捕捉杨钦的任务，能带回仇儿，也算对得住他死去的双亲了。

按照仇儿的指点，长孙晟等人果然在一大片灌木丛边，看到几顶耀眼的毡帐。顺着来时的方向，长孙晟猛然发现，此处与大义公主的毡帐相差不到一里，距都蓝的牙帐也不算太远。"好家伙，联络起来方便得多了。"

几个人静候着。看看草原上的晚霞升起来了，红透了半边天。一行行大雁排着整齐的"人"字形队伍有条不紊地鸣叫着，徐徐飞往南方。

"看，就是他！"仇儿在草丛中用手一指。

一切都水落石出了。

但长孙晟必须沉默，在沉默中完成自己的工作。他终于可以长吁一口气，可是，若真的要在都蓝可汗的地盘就地斩决大义公主的话，那还势必要征得都蓝可汗的同意。他不敢贸然这么做。

几个人踏着月色准备回到驿馆休息。长孙晟一路上都在盘算行动的细节。

皇上杨坚的第二道密诏已经传来，一定要杀了大义公主。因为，最近从突利可汗部落已经传来消息，安遂加派出去的使者放言，即使突利可汗不参与行动，那远在西部的尼利可汗也将派兵从西部向隋朝开战，关键就看都蓝可汗的态度了。

长孙晟了解到，都蓝可汗一直在摇摆不定。尼利可汗曾是阿波可汗的忠实朋友，对隋朝有着刻骨仇恨，当安遂加瞒着都蓝可汗在联络此事时，尼利可汗要求都蓝可汗务必出面道歉，务必退还当年被掠劫的战利品和被俘的将士，却被都蓝可汗回绝了。既得的利益，为何要拱手让出呢？再说，大隋还没有到逼我于死地吗。都蓝可汗的态度让长孙晟看到事情还有缓和的希望。

目前，杨钦已经找到了，若要提取他，犹如囊中取物。本来，像这样的地痞无需他长孙晟亲自动手，要杀也就杀了。但是，对于大义公主来说，对于安遂加来说，杨钦却是他们说服都蓝的法宝。没有杨钦，大义公主的复仇计划就得全部搁浅。

一路上，月色溶溶。

长孙晟刚回到驿馆帐口，就看到从月色的阴影中走出来娟子。

"夜这么深了，你来这有事吗？"长孙晟问，回头看看，并没有其他人，忙道，"有事进来说吧。"

娟子默默跟在长孙晟后面，一脸惊恐不安。

"安遂加是不是在公主帐中？"长孙晟柔声问。

娟子点点头。

长孙晟正要往床榻上坐去，"且慢——"娟子一声惊呼，"那下面有毒蛇！"

长孙晟惊愕不已："怎么会有毒蛇？"

娟子说："那是我和婷子刚才放进去的。"

长孙晟拔出佩剑，一挑羊绒打制的被子，果然，被下现出三条缠绞在一起的毒蛇。长孙晟认得，这是生活在草地上沼泽中的三条断魂蛇，这灰色的小畜生乃是沼泽中最致命的毒蛇，若被咬一口，立时不省人事，片刻丧生，名副其实的"断魂"。

长孙晟用剑锋拨拉几下，几条断魂蛇迅捷地咬住剑锋，"嗤"的一声，三小股毒液喷在剑面上，淡绿色，有些黏稠。三下五除二，长孙晟挥剑猛刺，三条断魂蛇一命呜呼，鲜血很腥。

"娟子，多谢你了。"长孙晟满含感激之情说，"这是公主的命令？"

"是安遂加出的主意。公主起初是不同意的。"娟子急忙说。

"娟子，公主正在自寻死路，她偏狭的复仇欲望太强烈了。大隋建国都已经十几年了，她还痴心妄想恢复大周。"长孙晟的语调中有杀气，他再也不能容忍大义公主的所作所为了。

娟子突然哭起来了，悲切道："我之所以不顾公主和安遂加的命令前来告诉你，是想请你不要杀公主。我知道，能够不杀公主的就只有你了。若是换了别的人来，公主早就没命了。长孙大人，公主也是很悲惨的。一个人被大周的皇帝抛到这蛮荒部落，有谁能理解她日思夜想都渴望回到长安去的念头呢？当初，你们在昭君墓后的丛林中，我们真希望，你们从此远走高飞，可是，你一向是一个忠君的人，那对公主的打击多大，你知道吗？公主在你离开之后，已经变成了另一个人。沙钵略来时，强颜欢笑，沙钵略走后，以泪洗面，竟有三天不吃不喝。那沙钵略是何等样人，我们只能观其外表。可是，每次他来后，公主就大叫不止，声音凄厉，有生不如死之感。第二天，我们替公主擦洗时，她身上青紫成片，淤血肿块遍布全身。突厥人果真是狼性，公主算是掉到狼窝了。后来，换了处罗侯，似乎才好了一些，可是没过多久，杨坚已把公主父母处死的消息断断续续地传过来，公主惊呆了，她怎么能想到杨坚一面认她为义女，另一面又杀了她的双亲？这和突厥人的肉体折磨相比，哪一个摧残更大呢？当怀着野心的安遂加和公主有了感情之后，她的心情才好了一些。你知道，都蓝可汗生性懦弱，公主来时，他还是个小孩，现在又叫公主侍候他，他怎么能满足，索性把婷子弄去了。"

长孙晟不知不觉地有些泪湿眼眶。

娟子又说："每年在公主父母的祭日，她总要重复'复仇'二字。日子久了，她简直为'复仇'而发疯了。"

"多谢你了，娟子。你让我了解一个女人是如何从一个含情淑女转变到一个绝情毒妇的过程。"长孙晟在帐内来回踱步。

"娟子，都蓝可知道安遂加和公主的私情？"长孙晟问。

娟子说："都蓝怎会知道？那边不是有婷子吗？哎，婷子也变了，变得野性十足。想是都蓝太宠她了。但她也知道，若是都蓝知道公主和安遂加的私情，那就等于知道她自己是公主安插在都蓝身边的耳目。一损俱损，她对公主的话还是言听计从的。"

长孙晟长叹道："朝代在变，人心在变，时光在变，不变的只有你娟子了。"

娟子说："大人，我也在变。我自幼和公主长大，对公主的话奉若神明，而今，我却学会背叛了，我这不也是变吗？但是，我知道再打仗的话，真正遭殃的不还是老百姓吗？达官贵人只知自己的喜怒哀乐，把战争当儿戏，当做赌博，用以发泄私愤，猎取功名。而老百姓呢，古来参加战争的百姓又有几个能平安回到家中？"

"说得对，说得好，"长孙晟感叹道，"我自幼学武，学武的初衷不就是报效国家、猎取功名吗？怎么报效国家、猎取功名？不还是希望打仗吗？我真不知当初习武干什么？还不如躬耕陇亩、归养田园呢！"

"可别说这些，"娟子说，"大人来回奔波，不正是为了熄灭战争之火？好了，大人，我得回去了，若是晚了，公主会起疑心的。"

"等一会，"长孙晟道，"感谢你救了我一命，若要救得公主一命，又不让公主阴谋得逞，该如何办呢？"

"这，这——"娟子一时语塞，茫然道，"这我倒没有想过。"

长孙晟道："若都蓝可汗知道公主和安遂加的奸情，会怎样？"

"那肯定会杀了公主。"娟子怯怯地说道。

"我倒以为，不一定如此。"说着，掏出藏在胸部的密诏，"这里是皇上的命令，让我立杀公主。但是，我虑及事不成熟，公主毕竟是大隋的公主，都蓝就是抓住公主的错误，他也不会亲自杀她，如若交给我，那公主尚有一救。再说，也只有让都蓝知道事实，都蓝才会结束联合诸突厥部落发兵攻隋的打算。"

娟子问："都蓝想发兵攻隋，他倒不是看重突厥联合，他是看中了杨钦。听信了杨钦的话，说什么大隋有几路兵马做内应。"

"那好，我这就带杨钦去。"长孙晟道。

"我不知道安遂加带他去哪儿了。"娟子说。

"好了，谢谢你娟子姑娘，我是不会忘恩负义的，你快走吧。我不再耽搁你了，免得公主生疑心。"

娟子匆匆离去。

望着娟子离去的背影，长孙晟很是感慨了一番。多好的女孩，深明大义啊。真希望她找个好人家，幸福地过此一生。

娟子走后不久，长孙晟带着李波等人返身扑向那座藏匿杨钦的毡帐。

一声鹧鸪鸟的叫声过后，仇儿的圆圆脑袋在月色下看得清楚。他快速跑向长孙晟，气喘地对长孙晟道："义父，杨钦已被带走了。"

长孙晟道："带向哪里？"

仇儿道："孩儿不知，是安遂加和这毡帐的主人带走的。孩儿佯装睡着，原打算跟着，可有一个士卒一直看着我，我不曾脱身片刻。"说着他竟然委屈地哭了。

"孩子，这不怪你，我们的行踪始终都有人在远处跟着。你的主人在哪？"长孙晟问，他想，安遂加有可能对仇儿起了疑心，没有下毒手，这就已够万幸的了。

仇儿说："此刻正在帐中睡觉呢。"

"好，带我去见他。"

长孙晟想，敌人确实够狡猾的了。他和仇儿相见的一幕已经被他们了解。看来，真的要带着仇儿一道回京了。

仇儿带着长孙晟进了毡帐。那位达官刚躺下不久，听到仇儿的叫声，猛然翻身坐起。见大隋的使者立在床边，头上就惊出了冷汗。

长孙晟朗声道："我的身份不用介绍了。若你还是识时务的人，就务必交出大隋的逆贼。我们互不干扰。"

那达官颤着声音，结结巴巴地说："长孙将军，这——这——"

"你不必犯难，更不要惧怕安遂加和可贺敦，你应该知道，安遂加和可贺敦的阴谋，有许多事情，都蓝可汗并不知道。"

长孙晟见那达官还在迟疑，决计恩威兼施，他取出随身带着的一件宝物：福禄寿三星。由一整块蓝田美玉精雕而成，重约千克，周身通体发着绿光，也算是玉中精品。

长孙晟不动声色地取出美玉置于案几上，左手按剑，说："你我本是井水不犯河水。我是为公而来，你是慑于权威，不消说，你心里怯得很。因为都蓝可汗被事实蒙蔽了双眼。你也知道，今晚都蓝可汗就会明白真相。实不相瞒，我已经通知都蓝可汗今晚务必前往可贺敦的寝帐，届时会出现什么结局，你应该一清二楚。"

那达官一见宝物，已经心有所动，又听说都蓝可汗要去捉奸，心中兴奋，忙道："长孙使者，我这就带你去。"

月色黯淡了，只剩一弯残月斜挂在天际。

东方已露出晨曦，长孙晟一行踏着寒霜铺着的草地，急急赶往都蓝营帐。李波押着已被捆的杨钦，一路上连踢带骂的。

"娘的，咋不横了呢？你以为钻到地缝里，就挖不出你了。你就是会变的妖魔，我们大人也会是降妖的大仙。服不服？"一脚踹在杨钦的屁股上，杨钦往前一趴，直直地摔下去，啃了一嘴霜草。

"别打了，这种角色不值得动粗。"长孙晟制止。李波顺势提起杨钦的后背，左手一巴掌打在他脸上，骂道："还敢装蒜？再磨蹭，老子一刀宰了你。"

正行间，一队突厥士卒手执弯刀急急地追来。

长孙晟低吼一声："拼了！"

一场厮杀在黎明将到的时候展开。

果然是安遂加带着几个亲信一路追杀过来，他们个个杀气腾腾，虎视眈眈。

长孙晟心想：暗害不成，终于明枪明斗了。他拔出长剑，剑锋直指安遂加道："安遂加，大隋一向待你不薄，你为何要和公主一起生谋反之意呢？"

"长孙晟，算你命大。今日就是你我只剩一人说话的时候了。哈哈哈，我为什么就不能谋反呢？凭什么我们突厥人要听命于你们的狗皇帝杨坚？他杀了公主的全家，而公主就是我安遂加的全部。我这是为情而战，也是为了突厥人能够扬眉吐气。"

说着，手执牛角尖刀，旋风般地欺身而进。

长孙晟挺剑迎上，李波等人也和那几个突厥人周旋在一起。

长孙晟剑法精纯，安遂加根本不是对手，几招下来被刺中左臂。安遂加拔腿逃遁，慌不择路，狂奔不停。

另几名受到重创的突厥士卒见安遂加已逃遁，也都无心恋战，一哄而散。

长孙晟抬头望天，一弯残月已消融于如火的霞光中。草原上一片宁静。

事不宜迟。长孙晟担心安遂加此去，说不定会带更多兵马前来围攻，更担心会由此而激起兵变。若真是那样，情形就糟了，必须赶往都蓝住处，拿杨钦压他们一下。

李波杀得性起，见几个突厥士卒都已脱身，心中有些懊恼，挥刀要杀杨钦，嘴里骂道："都是你这个畜生惹的祸。害得我们大人这一趟险象环生。"

"慢，"长孙晟道，"此人务必带回去。"

杨钦吓得尿了一裤裆，翻着死鱼眼哀求道："饶命吧，我可是刘居士派来的。"

长孙晟冷笑道："命由你自己掌握，在都蓝那里该怎么说，我想，不用教你了。"

上午，都蓝可汗的牙帐里，聚集着突厥部落的达官显贵，连可贺敦宇文氏也应召而至。

大义公主面色苍白。这一张曾经艳绝人间的脸，此刻正埋在流水般的两袖之间，只是露出一双野性无比的黑瞳，直直地看着长孙晟，如梦呓般地喃喃自语道："都是你害了我，都是你害了我！"

长孙晟带着杨钦，径直走到都蓝的座前："可汗，这人就是大隋的奸党余孽。"手一搡，杨钦跪着趴在地上，不住地叩头。

都蓝脸一阵红一阵白，他厉声喝问："好个叛逆之贼，谁指使你来的？为何要挑拨我和大隋的关系？"

杨钦答道："是彭公刘大人的公子刘居士叫小人来的，听说公主久有复仇之心，想联合举事，推翻大隋朝。"

这样答下去可不行，这不等于说到都蓝可汗的心窝里去了？

长孙晟冷笑地问："杨钦，你和刘居士总共有多少兵马？"

杨钦扭头答道："不足三百人！"

"那你所说的彭公刘大人刘昶可知此事？"长孙晟追问。

"那是为骗取都蓝的信任，胡诌出来的。刘总管位居上柱国，正在家养病，一概不知，若是刘总管知道，岂不早已把我们抓起来了？"

"此话当真？"长孙晟逼问。

"要有半句假话，小人当凌迟处死。"

长孙晟想，反正你必死无疑了，转头对都蓝可汗说道："我们大隋皇上早就对义女大义公主不能安心侍奉可汗心有不满。现经本使查明，大义公主长期和可汗的将军、侍卫长安遂加有奸情。本使初来时，不敢贸然妄下断语，而今已经真相大白。安遂加确实与大义公主有私通行为。而安遂加更是个居心叵测的小人，他一心想联合东西突厥，借战争来达到他想篡夺可汗之位的野心。对安遂加，留待可汗处置。对大义公主，本使有圣上的密诏，现在宣诏。"

都蓝可汗和大义公主都连忙离座，躬身下拜。

"圣上旨意：公主自侍奉都蓝可汗以来，行为日渐不检，有损圣朝及突厥可汗之威严，特诏，削去杨氏属籍，归于宇文氏之余孽中，一并追回大义公主封诰。钦此。"

所有在场的突厥贵族均感意外和吃惊。他们并不了解那待人和善的可贺敦竟和安遂加私通，怪不得安遂加越活越滋润呢，怪不得这小子越来越霸道呢。我们原以为他是仗着武功，不想还有这一层猫腻。这个该剥皮的货，居然霸占了可贺敦，可贺敦那如此惊艳的美人竟被这个猥琐的鼠辈占有了。

突厥贵族们都感到脸上挂不住。他们望着可贺敦，心中既怜惜又愤恨，又望着都蓝可汗，都蓝满脸羞红。长孙晟，你也太不给本可汗的面子了。他脑海中不由浮起一幕幕在可贺敦床榻上不能尽兴的场面。他也常常反省自己为什么不能够和可贺敦共享鱼水之欢，而和可贺敦的侍女婷子就能如胶似漆，更不用说突厥女子了。

都蓝心情闷郁，他想回过头去看可贺敦的反应，但还是忍住了。他阴沉着脸，喷着杀人欲望的双眼通红，他听到自己的咬牙声。他端坐在虎皮褥上，目光射向在下面窃窃私语的众贵族。他确信一点，在每一个贵族的血液中，都流淌着一个潜在的愿望，那就是坐上可汗的位置。都蓝大喝一声："来人，把安遂加抓来！把可贺敦推出去，杀！"

千金公主一直半掩着脸面，听着长孙晟字字利箭，现在她倒平静了，不就是一死吗？为复仇而死，死得值得。倒是可惜了安遂加，如果不算绝情的长孙晟，安遂加倒真是带给她快乐的人。不能让安遂加去死，这对突厥来说是一个大损失，对自己来说，良心不安，毕竟是她把安遂加怂恿上的船，她要在临死之前救安遂加一命。

千金公主蓦然回首，嘴角撇出一丝嘲弄，她伸出半是绵软无力、半是轻佻勾引的手，朝着都蓝悲凄道："可汗，你不仅是卑妾的可汗，还是整个突厥的可汗。你为什么要听长孙晟的一面之词呢？从沙钵略到你，我侍候你们父子两代，当中还有处罗侯，你的叔叔。我只身一人从大周来此已有十六年了。我得到什么？唯有奉献，我希望什么？唯有突厥强大，不任人宰割，不看人家脸色。我与大隋有不共戴天之仇，有势不两立之恨，那是冰炭不能同炉，狐鸡不能同处。可是，众大臣贵族们都知道，我何以从千金公主变成大义公主，何以从宇文氏之亲生骨肉变成奸人杨姓之女？可汗，你难道不明白吗？"

一席话，令人深思，撩人神往于悲切往事。千金公主言辞清越，其旨甚悲，几乎连长孙晟在内都不得不为之动容。

千金公主几乎是一字一句顿出了肺腑中的凄惨。她转向长孙晟，以极端轻蔑的口吻质问："长孙使者，本可贺敦就不能明白，明明是那奸贼杨坚欲置我于死地而快，可为什么要偏偏借这盆脏水来泼污我呢？这诏书上所谓的不检是从何而来？安遂加不过是一个忠心耿耿的侍卫长，为何要连带上这位整个突厥部落中武功最高强的人呢？我是该死，我不该在改了杨姓后还要帮助可汗壮大突厥，我们突厥强大了，对你们隋朝是个大不安，那老贼吃不香，睡不稳，编排了这个理由来陷害我，居心何在？"

突厥贵族又是一阵私语，牙帐内渐渐地多了份杀气。

都蓝望着眼前这位美艳的可贺敦，正疑惑着出神，他感到一阵心悸魂动。刚才，可贺敦那一副模样：举手、投足、眼神，是那样熟悉，他想起来了。

作为大周朝千金公主的她刚嫁到突厥时，她的美震惊了所有的人，包括年纪尚小的都蓝自己。那时，自己还没有继承可汗之位，他还是沙钵略柔顺而讨人喜爱的雍虞闾。

一天，雍虞闾的率直天性在宇文氏可贺敦那里暴露无遗。有一个突厥士卒在草原上挖洞，雍虞闾跟随宇文氏可贺敦在一起玩耍，因他是孩子，别人也都宠着他，所以玩得很尽兴。他好奇地观察着那士卒在挖洞。挖着、挖着，那个士卒突然激动起来，用手中的牛角弯刀，猛刺那藏匿在洞中的草原鼠。鲜血直溅，老鼠四窜。其中有一只幼鼠晕头转向蹦上了雍虞闾的脚面。他怜惜地捧起来，带回去，想喂养它。当他回首寻找一直牵着他游玩的可贺敦时，发现她不在了，而远处的营帐旁正拴着父亲沙钵略的宝马——玉赤兔。

至于父亲何时来的，他不知道。他手捧着幼鼠蹑手蹑脚地靠近营帐，心里在咒骂那可恨的士卒。当他靠近营帐时，猛然间，他听到里面传出宇文氏可贺敦的叫声，那叫声既像疼痛所致又像是兴奋所致。他弄不明白，掀开帐帘就闯了进去，眼前的一幕让他烙在脑海中了。

沙钵略正赤裸着身子跪在柔弱的千金公主身上，左右开弓地抽打着她的两肋。

可贺敦左右闪躲，自然是躲不过，她扭动着雪白的肌体，大叫不止。而父亲沙钵略正随着那扭动大声喘气，嘴里嗷嗷地嚷起来。

啪的一声，雍虞闾捧着的幼鼠摔在地上。

正扭头向这边的可贺敦突然看到他，她抬手、侧目，像是召唤他过去，又像是让他出去。他却为眼前的一幕而羞耻。他不能想象，平日手牵着手的可贺敦为何有这副表情，他感到恶心。沙钵略回过头来，骂了一句："畜生，滚出去！"他的记忆中，这是父亲唯一一次骂他。从此以后，他更加柔弱了。即使是当了可汗之后，按照风俗，当年的千金公主成了自己的可贺敦后，他曾试图在她那里找回一点可汗的自信。可是，只要一踏进可贺敦的毡帐，那片浓重的阴影就像梦一样浮在眼际。任是可贺敦如何努力，他终究感到恶心……

都蓝可汗对千金公主的一席话一句也没有听进去。

可是，大帐内，气氛已经紧张起来。

长孙晟听到几个突厥人那里传出了腰刀出鞘的声音。

他警觉地用余光扫了扫四周，大声说："公主所为，自己能不明白吗？本使想要人证，人证自然会来。但有杨钦一人足矣。"

都蓝可汗一下恍悟过来。他气得瞧也不瞧杨钦一眼，问："杨钦，你是可贺敦的人，你来的时候找她，又与她住在一起，可曾发现可贺敦和安遂加有私情？"

杨钦眼珠子骨碌碌地转了几圈，竟沉默不语。

长孙晟说道："可汗，本使此次出使以来，屡遭其险，先是暗箭，后又是毒蛇，再是围杀。可惜，均以败终。那安遂加一路上逼杀本使的目的何在呢？想必都蓝可汗是知道的吧！"

长孙晟见杨钦迟疑，猜想他是想玩点子，必须断了他的念头。

都蓝支吾道："这些我哪里知道？"

长孙晟见都蓝老是用眼光瞟着千金公主，心想：公主的话果然产生了效果，众贵族大臣的目光明显有敌意了。幸好，都蓝还想替自己遮掩罪责。

都蓝可汗怕连兵反隋的大事败露，结果是抓不住狐狸反惹一身骚。

长孙晟想，事已至此，务必掌握主动。他厉声对杨钦说："说出你的阴谋来，说出你见的事情来！"声音带着强劲的力道直冲过去。

杨钦的腿有些哆嗦，说不出一句话。

千金公主则接过话茬，继续以轻蔑的口吻说："长孙使者，你不要威逼你的犯人了。你千里出使的目的不过是想逮捕你的逃犯而已，又何必送这送那来安抚突厥呢？凭空捏造我的罪名，只不过想借可汗之手除了我这个宇文家族的最后的幸存者。那好吧，诏书已经宣布过了。我不再是大义公主。但我仍是可汗的可贺敦。我死算什么呢？但突厥自有突厥的规矩，使者的三寸之舌，突厥人早就领教过了。凭它，你曾策反过阿波，分裂了突厥；凭它，你曾笼络了奚、习，最终陷沙钵略可汗于四面楚歌声中，逼得我不得不认贼作父，我为了什么？为了突厥！"

空气紧张得要凝固起来。

忽然——

就是这个"忽然"把阴霾的乌云一扫而空了。它似乎是一根祛病消灾的魔杖，是一把斩却乱麻的快刀，是一道苦思冥想后飘然而至的灵感，是扭转颓势的最后一条策略。

全部的法宝都要压在一个人身上了，那就是娟子。长孙晟想到这里，便从容地对迟疑不决的都蓝可汗说："尊敬的可汗，我必须再次郑重声明，我所说的一切都是确凿无疑。从一开始我就说杨钦在突厥，可汗说查无此人。事实是，这个人就在可汗的面前。我当然知道，这些都是可汗所不知道的，也是可汗轻信了安遂加，或者说，是公主和安遂加联手欺骗了可汗。"

长孙晟咽了一口唾沫，要是平日，早就有香茶送上了。但在眼前，哪里还顾得上这些。

长孙晟接着道："杨钦是大隋的奸党，他就是来突厥怂惠公主反隋的。和平来之不易，我大隋一向以仁德统治天下。我也知道，都蓝可汗今日的力量又有所强大，但别忘了，尚有西部的尼利可汗和东部的突利可汗与您相当，他们仍是大隋的蕃属。前些日子，突利还派使者前往大隋和亲呢。"

都蓝可汗脸上挂不住了，但对长孙晟的话听得较认真。他原不打算吞并奚、习二国，可是为了和尼利可汗争夺地盘，不得不壮大自己。他看了一下仍坐在案边的宇文氏可贺敦，似乎发觉她比往日美了许多，心中产生一种冲动，天哪，他竟感到热流在往下滚动。他不想再听下去了。他想结束这场争论，这完全是长孙晟挑起的争论。何况，自己私心底下也确实想反隋呢。既然大隋有准备，有防范，那就和好嘛。

都蓝可汗道："长孙使者，杨钦业已抓到，这就很好了。至于大隋皇帝的诏书，还是本可汗写信去说明原委。"

轰的一下，长孙晟的脑子炸裂了，他急切道："可汗，本使在突厥已没有安全了。多次受到追杀的原因都是由公主和安遂加而设。他们俩在一起商议四处联络起兵反隋的事，事情一旦成功，势必危及可汗的位置。奸贼杨钦不愿述说实情，因为他想让可汗来保他一命，虽然可汗将他交付于本使，但安遂加和公主肯定不答应。倘若可汗不信本使的话，我还有一个证人，那就是公主的侍女娟子。可汗不妨叫娟子来对质，而且，若本使没有猜错的话，公主的帐内势必躺着一位受伤的突厥人，那人就是安遂加！"

底牌全部打出了，成与不成尽在天意了。长孙晟长吁一口气。

"报——"一位精干的突厥校尉掀帘而入，单膝点地，向都蓝禀道，"报知可汗，安遂加不在他的营帐！"

真是及时的一报。长孙晟认得，此人就是那位看护自己的校尉。

都蓝可汗环顾众人，问："有谁见到过安遂加？"

众人摇头，刚才剑拔弩张的表情倏然消失。千金公主的脸色复又变白了。

刚才，她看见都蓝可汗的表情，本以为事情就会很快完结，她从那不定的眼神中，似乎更可以看出都蓝有怜惜之意，夹杂着的慌乱是她所熟悉的。只要都蓝到自己的帐中，总是匆匆而来，夹杂着慌乱而去。莫非他仍眷恋着自己的体貌？

是的，什么事都不能瞒过娟子，娟子不会出卖我吧？我们可谓是情同手足。

如果说长孙晟有过后悔和懊恼的话，那此刻的千金公主就更加后悔不迭了……

昨天夜里，安遂加安置好了杨钦后，便同千金公主幽会在一起了。像往常一样，两人之间的谈话是从床上开始的。

"今夜完事后，你可不能贪睡。"千金公主躺在床榻上，看着正脱下马靴、光着脊梁的安遂加叮嘱道。

"你放心吧，美人。有两个士卒一直跟着长孙晟，他的一举一动都在监视中。关键是杨钦已安顿好了，倒要注意那个小孩，看起来他和长孙晟关系密切，听说叫他义父。狗屁！肯定是长孙晟头几年丢下的种，大隋的官，听说都是三妻四妾的。他久居我们突厥，能不弄个把女人嫖嫖吗？"说着，翻身就压在千金公主的身上。

千金公主配合着，扭动着，头脑却没被欲望冲昏："娟子和婷子的事办得怎样了？可不要泄了秘密。婷子似乎很得宠，整日唱着淫词艳曲。倒是娟子，二十多岁了，还不解风月之情，活得挺不开心的。"

"呸，呸，"安遂加吐出一根粘在舌头上的毛发，说，"整日忧心忡忡，是不是思春了？"

"这丫头，从小就显得稳重，我就是看中了她这一点。"千金公主不自觉地呻吟了一声，安遂加来得更猛了。兴头上，把不住嘴了，说："我安遂加就是精力旺盛的人。要是你怜惜她，不如让我去叫她尝尝男人的滋味，有过一两次，保准她上瘾。"

千金公主双手一推，屁股猛一缩，佯怒道："你以为你是谁？还敢打我的侍女的主意？婷子她可是被可汗占了去，你能跟可汗相比吗？除非你也当上可汗。"

猛地被千金公主闪空了身，安遂加有些不乐意，身子一用劲，撞向千金公主，生气地说："我的小乖乖，我这不是说着玩的吗？那可汗的位子也不是就他雍虞闾能坐得了。等这次我们联合尼利可汗成功，站稳了脚跟，可汗的位子，我说不定还不稀罕呢。"

千金公主见状，复又紧贴上来，用手一拧安遂加的胡须："我就等你这句话呢。到那时，娟子当然归你享用，连风骚劲十足的婷子也归你，总可以吧？"

两人翻腾过后，安遂加便欲倒头睡去。就在这时，那两个跟踪长孙晟的人回来禀告，说杨钦已被带走了。这不啻一声响雷，两个人都睡意全无。安遂加的热汗还未退去，冷汗倒是从额头上冒出来，慌乱穿好衣服，急急出了毡帐，千金公主倒是细心：莫非长孙晟没有回驿馆，还是娟子、婷子走漏了消息？她抓过一面锦被往身上一裹，走到外间，把熟睡的娟子叫醒。

"娟子，婷子呢？是去都蓝可汗那里吗？让你们办的事怎样了？"千金公主一连串地逼问。

娟子睡眼惺忪地答道："都已办好了，婷子去了都蓝可汗住处。"说完还佯做一脸茫然，关切地问，"公主，你回床去吧，别冻着了。"实际上，安遂加和公主的谈话，她都听得一清二楚。

坐等到黎明时分，安遂加捂着残臂踉跄进千金公主的毡帐，两眼瞪得溜圆，像是在忍着巨大的疼痛，满身是血。千金公主吓呆了，知道事情突变，脑子一片空白，还是娟子冷静，找了些金创药给安遂加敷上，又做了包扎。

千金公主急切地问："长孙晟呢？杨钦呢？他们去哪儿了？"

安遂加翻着死鱼眼："公主，我们逃吧。事情要败露了，长孙晟去都蓝牙帐了。"

千金公主想逃，可逃到哪里？索性横下一条心，和长孙晟干到底。反正，他只抓住了杨钦。都蓝生性怯懦，她是了解的。都蓝平日里不要她侍寝，那是他自己的原因，何况，自己又主动送去婷子，尽管都蓝不知这其中深意，但至少可以说可汗还不太厌恶她，除了不能做那事以外。都蓝这几年的大小决策，几乎都是出自她的手笔，何况平日里自己的行为一直受到众贵族的承认。就这么失败了，她如何甘心？

正想计策时，都蓝可汗就派人来，要她去牙帐一趟，共议大事。

只可惜，让安遂加待在自己的帐中，不知道这混账人可曾长着脑子？千金公主又罩上了一层悲怆的神情。

她对长孙晟几乎是带着怨愤哭腔嚷道："长孙晟，你凭什么杀我突厥的英雄？安遂加怕你来到突厥后被杨钦所杀，日夜派人保护你，你却恩将仇报，把安遂加砍成重伤。不错，安遂加是在本人的营帐，那是他被你砍伤之后，感到十分委屈，所以向我诉说，我们毕竟都是大隋的人。你是使者，我是大隋公主。若是先向都蓝可汗汇报，还有你的命在吗？好啊，现在居然反咬我一口，我是认清你们大隋的狼子野心了。"话一出口，又觉不妥，因为在突厥，谁也不敢在言辞中有半点亵渎神狼的意思。果然，众贵族包括都蓝可汗都觉得此话不当，过分了，有损可贺敦的形象。

众贵族一阵骚动。

千金公主又说道："长孙晟，我一向待你不薄，可你为什么为了杨坚而置我于死地呢？你以为你砍伤了安遂加就能摆脱突厥的法律惩罚吗？"

都蓝如坠五里雾中，他东张西望，希望有人给他出出主意，众贵族大臣面面相觑，没有一个人站出来说话。

长孙晟知道，这是生死关口。如果此时不能说服都蓝，那只有死路等待他踏上去。他欺身上前，一把提起浑身筛糠的杨钦，说："如果都蓝可汗忍受不了这样的事实，不妨由长孙晟前去。我知道，可贺敦的行为不但丢了大隋的脸面，也使可汗无地自容。"

都蓝可汗涨红着脸。

"总有一个是真实的情形。好，为了突厥和大隋的关系，我这就和你同去。"说完，冷冷地看了他的可贺敦一眼，"走吧，我倒想知道谁说了假话。"

千金公主感到自己已经掉入冰窟中，任凭冰冷的泪水顺着脸颊滑下。长孙晟，你果然从头至尾都是我的克星，你就是那索命的无常、杀人的魔鬼。她站起来，用可怜巴巴的眼神看着众人，说："不消去了，我已经说过，安遂加先到我的营帐汇报了被砍的经过。"

都蓝问："这我已经知道了。后来呢？他总不能呆在可贺敦的帐中一晚上吧？"

没想到，千金公主竟点点头，说："长孙晟猜得没错，他是待在帐中一整夜。一是因为，我见他流血过多，为他包扎调养。二是因为，我们借此时光商议了联合尼利可汗的事。尼利可汗已答应，只要杀了长孙晟，便可以不用归还当年掠来的战利品，并愿意出兵，联合都蓝可汗起兵反隋，一改突厥附庸属国的不利位置，起码也不能对大隋称臣。想老可汗在时，是有何等雄心，恨不得直捣长安，可惜，突厥内部总是纷争，因而给了大隋喘息的机会，以致今日的大隋使者也敢在突厥的地面上随意抓人、杀人。"

都蓝听了，半喜半忧。

他不知道千金公主还有多少事瞒着自己。就从现有情况看，长孙晟没有说假话，他隐约感到千金公主还有遮掩，但看她那副凄美的模样，一时也起不了杀心，何况她诉说的理由是那么正确。

众王公贵族心里直犯嘀咕。安遂加，你这小子倒是有没有与可贺敦上过床？居然待在可贺敦的营帐中一夜，孤男寡女能干出什么事？

都蓝见众臣没有同去的意思，复又坐下，说："长孙使者，谁是谁非，一时难定。还是派人去吧。来人！把安遂加带来！把可贺敦的侍女娟子、婷子都带来！"

那位年轻的校尉领命而去。

盘问了一整个上午，毫无头绪，都蓝可汗打了个哈欠，对众贵族说："你们要想回去，就回去吧。"

众人都不挪步，谁不想等到最后看最精彩的一幕呢？

草原的正午时分也是一天中最热的时候。阳光毫无遮拦地斜射下来，有些晃眼。

礼部尚书牛弘本来就老眼昏花，此刻，只有不停地揉眼，一对小而浊的眼睛使劲地眨巴着，已经被揉成两粒枸杞子，他不时间手下："还有多远？有多远就有多远。别再说快了、快了。"

手下的人都哑然失笑，索性不回答。

老牛弘也不生气，心想：突厥这么大的地方，有山有水有羊牛，更有数不尽的宝马良驹，一旦强大起来，还真对大隋构成威胁。杨坚的担心是有道理的。但依我老牛来看，四个字：地广人稀。突厥人不善于生孩子，畜牲的繁衍倒还挺快，到处是成群成片的。假若突厥人都像汉人那样善生，凭他们能征惯战的体魄，还真不好对付。难怪长孙晟一再强调不能忽视突厥的存在。"远交近攻，离强合弱。"说白了，就是让他们内部不停地打打杀杀，本来人口就稀少，再经这么一折腾，哪还有多少人？这长孙晟可是一肚子坏水，妈的，还挺实用。皇帝杨坚欣赏他不无道理。

他感到脖子上一阵奇痒，用手一拍，感到有黏糊糊的东西粘在手上，递与眼前细瞅，原来是一只牛蝇。

他自嘲地说："大苍蝇啊，大苍蝇，你叮错了对象，我姓牛不是牛，你姓牛却是蝇。"一甩手，把那只死苍蝇扔了出去，手放在马背上狠擦了一阵。

众人大笑，夹着几串悦耳的银铃声。牛弘知道，这是临行前，皇上杨坚在宫中的舞伎中特意挑选的。这四位娇滴滴的美伎，个个能歌善舞，全是江南人，肤色鲜如凝脂，体态婀娜多姿，听说是由宣华夫人亲自挑选，赐给都蓝可汗受用。

牛弘想，这四颗肉弹保准炸得都蓝晕头转向，乖乖听命。皇帝杨坚果然是个知人善任的人。凭自己的定力，一路上风餐露宿，几次都几乎按捺不住心中的欲望，要是换了那般武将来，这四朵花哪还能绽放到现在，早已被踩躏得枯萎了。

牛弘盘算着，当时在朝廷上，杨素是最积极的一个，这个色鬼，家中侍妾无数，还想借此风流北国，幸好皇上没答应。皇上是怎么说的？噢，皇上说，他另有重任，去修什么宫殿。高颎要来，可惜，他老婆死了。都要来，来这荒凉地干啥？他倒不想来，但既然是皇帝钦点的，哪敢不来……

风气渐渐不好了，牛弘时常想这个问题。牛弘看得清楚，最要命的是皇帝杨坚居然又恢复了廷杖。杨坚喜欢于殿廷打人，轻重姑且不论，这种惩罚的效果更在于对人格的羞辱。你想，平日威仪堂堂的官员当众挨打，哭喊求饶，丑态毕露，直恨入地无门，让高高在上的皇帝获得无比尊严的心理满足，在举朝屏息中展示皇权的雷霆威力。近日，文帝对廷杖简直着了迷，动辄用刑，一日竟达数次。而且，为了达到最佳效果，廷杖制作得特别大，打一下足足抵得上一般杖刑三下，可以说，三省六部中，有不少官员都害怕上朝了。

精于历史的大臣们说话都改变了口气，谁敢不变呢？

在皇权极度增强的过程中，有两件事足以让百官越来越行事谨慎、说话小心了。

第一件是杨坚的亲弟弟滕穆王杨瓒突然死去，一时在百官中传言纷纷。

滕穆王是个美男子，被招为北周武帝妹婿，夫妻感情甚笃。可是，大臣们都知道，他和文帝的关系并不融洽。杨坚以隋代周时，滕穆王的立场倾向于妻家，曾公开批评说："作随国公恐不能保，何乃更为灭族事耶？"居然不肯应召入宫支持其兄杨坚的政变。如果说，他的明哲保身是出于对政变没信心的想法，那么，后来的一些事情倒确实能说明他的家庭观念重了一些。政变成功以后，杨坚大诛北周宗室，独孤皇后记得滕穆王杨瓒的妻子是北周公主，意甚不平，于是撺掇杨坚逼其休妻，竟然一再遭到拒绝，所以，杨坚一直怀恨在心。不久，滕穆王杨瓒奉召随文帝游栗园，当天就不明不白地死去，年仅四十二岁。两天后，文帝从栗园回宫，好端端的一个亲王就这样无声无息地死去。众臣心中猜疑，惶惶不安。

选择在全国统一、天下无事之时下手，对宗亲百官都是一种暗示，一种警告：顺我者昌，逆我者亡。不管什么人，谁敢挑战皇权至上的威严，都必遭灭顶之灾。这岂能不让百官胆战心惊，好自为之。

第二件，更是鲜活的事例。

已经不能参与决策讨论的李德林还是不肯接受教训，明哲保身。上柱国大将军虞庆则巡视归来，上奏要在农村设乡正，原来的蠹政扰民。这事拐弯抹角地传到了李德林的耳中。李德林本来就反对每五百家设一乡正，他认为，那样会疏于管理，造成一些奸诈之人横行乡里而不能得到有效管理。敢于直言的李德林仍然憋不住话，他立即上表，劝谏杨坚不要朝令夕改，应当注意维护法律的权威性。结果，又触怒了杨坚。好一通臭骂，"保守、榆木疙瘩"等一大堆帽子都戴在李德林头上。

左右大臣趁机密告：李德林的父亲在北齐时代只是第九品的校书郎，李德林却谎报为第四品的公府谘议参军。一下子，杨坚感到机会来了。不久，在朝廷议事时，李德林的意见又与文帝不合。文帝索性新怨旧账一起清算，数落道："公为内史，典朕机密，你上次假道取了别人的店铺，把父亲的官位平白地升了几级，朕现在看不清你了。朕实在对此愤怒已极，你是老臣了，人品却不怎样。朕以前就没有看出来。今天，你的国相不能当了，给你一个州相吧。"就这样，李德林被贬到遥远的湖州去当刺史。

秋风起于青萍之末，有的人弹冠相庆，有的人黯然神伤。但，无论如何，李德林的下台终于使得隋朝中央人事结构失去了平衡……

亲眼目睹了朝政变化之后，连牛弘也变得小心谨慎了。当皇上指名道姓地派他来北突厥协助长孙晟完成使命时，他无话可说。

将近黄昏时，牛弘带着四位美姬到了都蓝可汗的牙帐。

"气氛不大对嘛。"牛弘暗生纳闷。在侍卫的引导下，牛弘进了灯火通明的毡帐，一阵刺耳的笑声传了出来。

长孙晟正暗自伤神。在牛弘到来之前，他一直这么痴呆地站着，仿佛被一条无形的绳索捆住了手脚。而牛弘的到来真乃命运之神给千金公主的最后一击。长孙晟长长舒了口气，竟望着牛弘一时忘了施礼，他刚经过了场生死劫难，用险象环生来形容毫不为过。

原来，都蓝可汗派人去带来了安遂加、娟子、婷子以后，局势已经朝长孙晟有利的方向发展了。

安遂加是带着重伤被带来的，他一进都蓝毡帐，就号啕大哭起来："可汗！可汗！我草原上至高无上的太阳神啊，再大的阴云也挡不住你的光芒，再高的山峦也遮不住你前进的脚步！"说着，他扒开了自己的衣襟，用残存的手指着自己干硬的胸脯，叫道，"这里面是一颗忠诚于可汗的心脏，它一天不停止跳动，就会一天尽忠于可汗。不错，我昨夜是在可贺敦的帐中，但这与可贺敦丝毫没有牵扯，可汗，她是我们突厥的可贺敦，我内心一直把她视为亲生的母亲。"

长孙晟想，雍虞闾不也是公主的后辈吗？心想，凭你的干号就能掩盖你和公主通奸的行为吗？

安遂加匍匐在地，泪流满面。这个表情惹得其他王公贵族一阵嘘声。

都蓝可汗一会儿瞅着安遂加，一会儿看着宇文氏可贺敦，厉声道："安遂加，我一向待你不薄，你竟敢做出以下犯上的罪责，还敢赖在这里狡辩！"嘴上这么说，心里直犯嘀咕：这小子难道真的和可贺敦无染吗？

安遂加几乎扯破了嗓子，喊道："可汗啊，我安遂加的忠心在整个突厥都是有目共睹，为了突厥，我多少次舍生忘死，战于沙场；为了突厥，我又整日奔波，辛苦异常。昨夜，我带队巡逻，突遇长孙晟带着那个汉人杨钦要匆匆离去，只是想上前盘问，不想，长孙晟因前几天的事而积恨在心，拔剑就斩断我的左臂。我本想飞报可汗，但又怕惊扰了可汗，只好忍着痛先报与可贺敦知道，因为，毕竟可贺敦是大隋的义女。只要她不偏袒，可汗就一定会治长孙晟之罪。没想到，我的举动反被长孙晟咬了一口，可汗，我安遂加是冤枉的，冤枉的啊。"

由于都蓝已知道再往下说的，无非也是同可贺敦商议联合出兵之事，所以就没有再问，转过头对长孙晟说："长孙使者，你这是……"

长孙晟几乎愤怒到极点，他两只眼睛死死地盯着安遂加，慢慢地对都蓝可汗说道："可汗是不是认为他们俩的话是真实可信的？"

都蓝连忙摇头。这个问题不好回答，若说是真的，那势必会无端地挑起一场战争，而对可贺敦所说的联合尼利可汗的事到底有几成希望又没有太大的把握。要是否认安遂加的话，那就等于默认两人的关系，这就势必要杀掉这两个狗男女。

在摇头之后，都蓝可汗紧接着说："长孙使者，此事尚要调查。但安遂加的伤势是你造成的，这话不假吧？"

一句话把长孙晟逼进了死胡同。

长时间的沉默。

长孙晟说："可汗，我已经说过，我是带着杨钦来见可汗时，遭到安遂加的拦劫才出手的。安遂加和可贺敦已经勾搭成奸，有多少事还瞒着可汗，我不知，可汗也不知。我此次出使就是奉旨前来捉拿叛逆的，却莫名其妙地屡遭毒手，这本身不就很奇怪吗？大隋初建之时，突厥与大隋曾有过兵戈相见，其结果是两家修好。突厥内部纷争，眼见可汗的先人陷于被动，是大隋伸出援手，赶走了突利，最终确立了可汗在突厥中的统治地位。我始终不信，战争能给可汗带来幸福。而现在，有人欲置可汗的地位于不顾冒险走出险招，只为一己之私利，可汗难道看不出来吗？"

长孙晟知道，都蓝可汗依然心存侥幸，于是继续说："大隋不费吹灰之力，平定了江南，国强民富，只是为了自身的千秋大业，为了百姓的富裕安康，才安宁四陲，朔野息烽。而现在，可汗的态度却十分不明朗，对事实讳莫如深。正好，娟子、婷子都在，如果安遂加和公主心存不轨，当不只在一朝一夕。"

长孙晟目光殷切，表情凝重。

娟子、婷子俱是一愣。生死抉择的路口，总是很难跨出这一步的。

都蓝可汗征询道："怎么样？"似乎是对可贺敦，也像是对众王公贵族。

有一位上了年纪的人点点头，说道："可汗，纵是家丑也必须揭示出来，我知道，大周朝的女人没有几个好的，别忘了，这千金公主可是大周朝的女人。"说着干咳了几声。

长孙晟知道，这人在突厥官居叶护大人之职，平日说话也挺有分量。这也是可以利用的一颗棋子。

"叶护大人的话有几分道理，当初，皇上之所以没有杀掉了千金公主，主要是看沙钵略可汗对她有些真情，何况千金公主也主动上表改姓。而今，这个可贺敦在突厥中权力越来越重，有大事和叶护大人等王公贵族商议吗？"长孙晟慢悠悠地说。

"是啊，可汗，我等就根本不知道杨钦此人和可贺敦还有如此复杂的关系。"叶护大人说，"既然娟子、婷子都在这，就让她们说吧。"

安遂加冷冷笑道："可汗不妨叫娟子说吧。"

一直在转动脑筋的千金公主心里没底了。

她的事瞒不过娟子，而娟子平日无语，似乎有满腹心事，谁知她将会说出什么。但她也确信十几年的一起生活，彼此主婢的感情还是深重的。

"叶护大人，可汗，"千金公主说，"娟子，事已至此，你就说吧。"表情淡然。

娟子的内心被巨大的矛盾交织着。她憋红了脸，泪水在眼眶里打转。她感到众人的目光都聚焦在自己身上。

"说吧，可贺敦和安遂加有无私情？反正她也不是大隋的义女了。"都蓝道。

"娟子，说出实情来吧。说出来就会一辈子得到解脱，憋在心里永远会受到灵魂的拷问。"长孙晟语重心长。

娟子说："昨夜安遂加将军负伤后，确实在公主帐中，两人商议的事也正是联合突利和尼利可汗的大事。具体内容，奴婢不知。"

都蓝问："安遂加是不是经常去可贺敦住处？是不是经常在那留宿呢？"

这句最致命。

娟子张口结舌，一时答不出任何话来，既不点头，也不摇头。

长孙晟心道：完了，完了，只有最后一拼了吗？

婷子却在一旁轻声细语道："可汗，安遂加是卫队长，他确实常去可贺敦那儿请安问好。奴婢从未见过他有什么非礼的举动。"

千金公主满意地点点头。

可是都蓝可汗却说："你知道什么？我在问娟子，你就不必插嘴了。"他能不明白吗？婷子几乎是彻夜不归的。虽说婷子没有可贺敦显得端庄、清秀，也没有娟子显得持重、贤淑，但这个女人似乎从她主人那里学会了一整套调教男人的

圣人可汗：隋文帝

方法。这既令都蓝兴奋，又令都蓝通过婷子的表现增加了对千金公主的怀疑。像这样风骚的女人，没有一个能征服她的男人，她又如何耐得住寂寞。都蓝可汗不禁又想起沙钵略可汗征服她的一幕来。

长孙晟忧心如焚，千金公主洋洋自得，都蓝可汗满腹狐疑，娟子只顾流泪。

长孙晟再也不能顾及许多了，他说："娟子，不消说本使的性命系在你身上，就是大隋和突厥又有多少性命系在你身上？正直、良心是一个标准，在这样的标准面前，谁能够违背正直，抛弃良心呢？如果你想看到生灵涂炭，百姓遭殃，那你就否认我说的事实；如果你有善良愿望，不妨直说，我尽力去办，但是，务必详细地讲述出你所见的事实。"

叶护也跟着说："可汗，依微臣之见，不如叫长孙晟和可贺敦都回避一下，反正大家都饿了，借吃饭的时候，可汗可以单独询问。为预防万一，先将安遂加和可贺敦都关闭起来。"

安遂加尖叫道："为何要关我？我的联合之策已经获得很大突破，尼利已经答应我们的条件，只要我们满足了他的一些要求。"

都蓝踌躇再三，还是依从了叶护的建议。他也担心，安遂加一旦联合之事有了成功的希望，这个人说不定还会进一步逼宫。在事情尚未弄清楚之前，谁的话都不能相信。

吃过了烤羊肉之后，长孙晟的心情不能平静，他已经暗中吩咐随从李波准备鱼死网破。他曾想设法和娟子面谈一次，但没能得到机会。

长孙晟第一个来到都蓝帐中，而都蓝竟然没来。当都蓝和千金公主手拉手步入牙帐时，已是黄昏。

长孙晟暗自苦道：这个女妖精又迷惑住都蓝了。尽管叶护等人一个劲给他使眼色，似乎事情有了眉目，但娟子的身影依旧未出现在营帐中。

长孙晟怔住了。这一刻，他似乎看透了都蓝可汗的险恶用心和一直不肯告人的目的，就是他指使安遂加和千金公主来往，就是他想利用千金公主的美貌引诱安遂加、控制安遂加为自己尽忠心，看来都蓝可汗生性怯弱的背后隐藏着背叛大隋的用心。他疑惑地想，难道我长孙晟十几年来的观察都被云雾笼罩，难道我处心积虑的对外政策到头来都是水中月、雾中花、纸上兵吗？

反正杨坚的诏书已经宣布，废与不废宇文氏可贺敦，就只能等待都蓝可汗的最后裁定。长孙晟想，如果按照现在的情况推理，那么今天晚上他就不能待在突厥了，好在杨钦在自己手里。

都蓝望着长孙晟，长孙晟对望着都蓝。

突然，都蓝厉声喝道："带安遂加来。这个突厥族人的野心家，我非要杀他而后快！"

不一会，安遂加复又被带上，当他看到都蓝可汗和可贺敦肩并肩地坐着，心中一乐，心想，长孙晟终于完了。可是，当他看到都蓝和可贺敦望着他的冷冷眼神，心中又着实一慌。

"安遂加，你背着本可汗都干了些什么？从实招来。"都蓝逼问，语甚威严。

"我所干的，可贺敦都知道。"安遂加的声音又高了起来。

千金公主同样冷若冰霜，说："安遂加，我知道，自从我踏进突厥的第一天起，你就一直暗恋我，极力巴结讨好我，但我没有被你诱惑，当你整天滔滔不绝要联合突利和尼利部落反叛大隋时，我就一直担心，你私下里有不可告人的目的。好在本可贺敦一直把你的一举一动控制在手里面。尽管如此，当杨钦到来时，是你引荐的；长孙使者前来索要时，是你藏匿的；长孙晟的一路危险都是你造成的。你看，你给突厥带来了灾难，引来了祸水。"

千金公主的一番话无疑是一声惊雷、一道闪电，震得每个人都眩晕，刺得每个人都不敢睁开眼睛。

都蓝伸手从怀中掏出一封信笺，啪一下甩到安遂加面前："你一直在说谎，居然也骗了可贺敦。这就是尼利的亲笔信，哪里有出兵的意思，简直是在逼我下台。"

就在长孙晟布置李波等人准备死拼，都蓝可汗带着千金公主心情复杂地回到寝帐时，尼利部落傲慢的使者飞驰而来了。呈来的信函很快传到都蓝可汗的手中，都蓝可汗一看，肺都要气炸了。

信函上说：都蓝可汗毫无统领全体部落人的才能，若要联兵抗隋，务必让出大可汗的位置，由尼利统领全部军马，否则将不考虑出兵。即使退还全部被掠去的财物和士卒，尼利也不会上当。因为尼利可汗知道，近两年来都蓝的势力在日益壮大，他十分担心，安遂加的所谓计划是一个圈套。

都蓝可汗把信递给千金公主。千金公主的心彻底死了，她只能一股脑地把全部责任推到安遂加身上。

丢卒保帅，弃子自保。这是唯一的计策。

当下千金公主抽泣了一番，悲切诉说自己的种种不幸："可汗，我孤寂一人，现在连大隋也褫夺了我的公主封号，我能指望的就只有可汗一个人。想我忠心地侍奉了你们家二代三人。难道我身上没有突厥的血液吗？"

千金公主的忧伤激起了都蓝可汗的欲望。至少在突厥中还找不出这样貌美的女人。他实在舍不得。

都蓝安慰道："可贺敦，你放心。只要你和安遂加没有奸情，我不会拿此事怪你。都是安遂加一手造成的。或许你连安遂加的阴谋也不知道。"

千金公主转忧为怒。她紧紧地搂住都蓝可汗，一边替都蓝可汗宽衣解带，一边说：“安遂加仗着是草原上的英雄，行事历来不把我放在眼里。我早就觉察出，他对我的侍女婷子垂涎三尺，所以，我赶紧将婷子送到可汗的身边。没想到，他又打起娟子的主意。其实，安遂加有时听命于我，也不乏讨好的因素。但，他那是癞蛤蟆想吃天鹅肉。”说着，很利索地解下厚重的装束，露出自己亮丽的胴体，幽幽地说道：“可汗，你别忘了，你是可汗。所有的女人都是奴婢，只要她是女人，都是供奉你驾驭的小母马。你应该像你父亲那样善于征服。”

都蓝脑子一片空白，胸口里装着一只兔子，突突地跳个不停。他感到那恶心的念头又要上来了，迟疑道：“可贺敦，我能行吗？”

“行，怎么不行？你的父亲死了，而你就是可汗，你现在和你父亲一样高大威猛。”

都蓝可汗渐渐感到心头的阴云在消退。果然，在可贺敦的爱抚下，他雄起而入，暴着凸起的双眼，也不自觉地抡起巴掌对准千金公主的胸脯两旁猛扇起来。千金公主心里一凉，又是一条野狼在身上，这种方式给她的感觉就是生不如死。

安遂加在千金公主的逼问下，简直成了一头受伤的狮子：“可汗，你已被乌云蒙蔽了双眼，眼前没有光明，就是巍巍的阴山也看不见。”

他边说边退，身子经过一个士卒的身边时，他猛地转身，迅捷地拔出士卒身上的腰刀，语调低沉，一声沉重的叹息：“公主，我安遂加知道你的心思，但公主忽略了一点，没有安遂加的忠心，公主的大业将是玉碎瓦残。不错，我一直暗恋你，但你别忘了，我和你是草原上最完美的配对。你不该弃我求生。你身上的每一处毛发都让我震颤，你所有的心思我都明白。”说着，安遂加向公主打了个告别的手势，凄厉一声长啸。

这声长啸活脱脱地道出狼的后人，带着骇人的野性。

老臣牛弘被吓得打了个冷战，四名能歌善舞的美姬更是尖叫起来。

长孙晟心里生厌。他知道千金公主只是刚刚涉险过关。

就在安遂加要拔刀自裁的紧急关口，长孙晟一个箭步赶到，飞腿直踢安遂加执刀的手腕，那一把牛角弯刀“当”的一声划出一道弧线直飞穹庐的帐顶。

众人惊讶得合不拢嘴。

长孙晟拎起已经绝望的安遂加，摔到地上，笑道：“可汗，此人已经废了，与其自裁，不如交与本使带回长安，连同杨钦一起，一同听圣上发落，他的口供对揪出大隋奸党更有说服力。”他的眼光直射千金公主。

千金公主心里急得如热锅上的蚂蚁，可是偏偏又动弹不得。

安遂加的话激怒了众王公贵族。叶护大人上前禀道：“可汗，依老臣看来，可贺敦和安遂加为奸多年了。喏，这是老臣亲录下的口供。那个婷子就是可贺敦派到可汗身边的细探，可汗的一举一动都在可贺敦和安遂加的控制之中。"

都蓝可汗当然听出了安遂加绝望时的话，他不能忍受自己的可贺敦竟然和侍卫长长期同宿同眠。但今日的欢娱确实让他难以下决心废除可贺敦，他不能想象，刚刚经过一番云雨之乐的自己说翻脸就翻脸。

牛弘再次宣诏，内容和长孙晟的差不多，就是逼都蓝可汗废掉可贺敦，只是口气更严了，不容都蓝有丝毫迟疑。诏书说：

"但皇王旧迹，北止幽都，荒遐之表，文轨所弃。得其地不可而居，得其民不忍皆杀，无劳兵革，远规滇海。二次遗使，旨在安宁。卧鼓息烽，暂劳终逸，制御部族，存心用义，何用待子之朝，宁劳渭桥之拜。"

这个诏书反映了杨坚决计永远地安抚突厥的情绪，语含杀机，好像都蓝可汗如若不听从旨意，将举事用兵。

长孙晟静观都蓝的表情变化，心里却想，皇上总是心急。狗急跳墙，不能逼之太急。如今杨钦、安遂加俱擒获在手。谅都蓝可汗即使不废公主，一时也不敢兴兵作乱。

贵族们一阵惊悸，有几位忠心的老臣竟然拍案而起。

"欺人太甚！大隋皇上不知实情，竟以兵相挟。气煞我也。"

牛弘道："众位突厥有头有脸的人物，皇上哪有用兵之意？只是希望都蓝可汗不要被奸佞之人蛊惑，永和大隋交好罢了。皇上深知，若要可汗废掉公主有些难度，所以，特命老臣带来几位美姬以解可汗的操劳身心。来啊，把那几位能歌善舞的美姬带上来，给可汗展示才艺。"

带着夕阳的余晖，四位美姬款款步入帐中，所有的突厥人都吓了一大跳，他们都未能料到从屋外走进来的女子会那么美，美得让阳光都温柔了许多，那光束中飞滚的纤足似乎透出阵阵的脂粉香气，夕阳的斜辉照在她们高耸发髻的毛丝上，像一撒金光，晶莹眩目。

众人都不自觉地弹了弹自己身上的灰尘，看看四周，都觉得自己变得聪明了，变得干净了。

四个美女袅袅婷婷，搔首弄姿，风华盖住了千金公主，而千金公主也只有斯人独憔悴的份了。

"啊——欠"，都蓝可汗不由得打个喷嚏，四个美女，个个都漂亮绝伦，风骚无比，或者杨柳纤腰，或者俏丽樱唇，或者娇羞面容，或者凝脂肤色。他看了看脸色惨白得如同一张纸的可贺敦，简直就是一个黄脸婆，一点水色都没有了，皮肤像干裂的沙漠，既黄又粗，身段也臃肿不堪，就像自己部落中的女人，而且浑身上下透着腥膻味儿，俗陋不堪。

就这样的女人还值得我可汗留恋，简直太好笑了。

都蓝打定了主意，满脸堆笑，说道："啊，牛老使者，本可汗一直对大隋皇帝尽忠，从未有过反叛之心。大隋精兵万千，粮草囤积，又刚刚一统江南，国运正昌。我突厥偏守草原，自古以来就是一个游牧部落，承蒙皇恩，对本可汗宠爱有加。使者来时都带来了金钱玉器、绫罗绸缎，而本可汗只能回赠马匹、牛羊，实在有愧。如同大隋一样，本可汗的牙帐内也有不忠之人。我已命令拿下，现交付在长孙使者的手里，带回去任由大隋皇上处置。"

都蓝可汗再也不瞧千金公主一眼，说："可贺敦久存叛逆之心，我一直对她防范得很紧，从来不与之同帐。这些，本部的王公贵族都略知一二。早就有心废掉她，只是碍于她是大隋朝皇帝的义女，所以就没有废掉她。而今一切问题都解决了。来人，撤座。"

几个突厥士卒疾步上前，稀里哗啦地撤去了千金公主前面的矮座。

四位能歌善舞的美姬伴随音乐的节奏在表演着，扭胯、摆臀、叉腰、分裆等舞蹈动作做得十分到位，特别是那眉眼抛飞得撩人心醉，醉得人心馋，她们疯狂地扭着，渐渐地香汗淋漓，露脐的肚皮上渗出一层细密汗珠。

都蓝忙道："好了，来，来，我的美人，快擦擦汗吧。"

四个美人拥上来，紧紧地缠住都蓝，娇滴滴地说：

"可汗，要对我们好啊。"

"可汗，早就听说可汗的身体了得。"

"哎呀，你们别缠了，我要和可汗去休息一会儿。"一位美姬边说，边把可汗的脑袋抱在怀中，两手探向可汗的下身，柔声说道："可汗，请允许奴婢为你侍寝吧。"

几句淫语把都蓝可汗惹得再也控制不住自己，一股从未有过的陶醉从脚底一直冲到脑门，一股激情在体内涌动，都蓝含糊地说了句："都回去吧，都回去吧。"

又对长孙晟说道："长孙使者，你不愧是大隋的天使，神勇兼备，把千金公主带回去，任凭使者发落，我只能以此表示对大隋的忠诚。"

牛弘频频点头，心道：突厥人果然是豺狼的后代，谁给他美味佳肴，谁就能轻松自如地驾驭他。他示意长孙晟，然后两人回到住地。

就这样，杨坚交给长孙晟的使命算是完成了，但他确实很懊丧，弄不清这样的结局究竟是胜利还是失败。在处理千金公主的问题上，他的意见和牛弘相左，牛弘主张就地处死，长孙晟却认为应当把千金公主押送回长安，交给皇帝杨坚发落。这样，公主或许还有一线生机。

长孙晟说："牛老丞相，自古以来，一旦女子被夫婿休掉，都是遣送回娘家，由娘家人发落，虽然千金公主已不是大义公主，但毕竟曾经做过皇上的女儿，我以为，还是一同带回去，较为妥当。”

牛弘说："长孙将军，你别忘了，我们本身就是奉诏行事，依我看，在突厥人这里，什么事都会发生变化，不如干脆……"

牛弘做了挥刀切瓜的动作。

长孙晟道："不能忽略这十几年来千金公主的影响。当着众突厥人的面杀了他们的可贺敦，对众多的突厥人来说，感情上还接受不了。"

两个人你一言、我一语地探讨着。

时已傍晚，夜幕将至。

就在牛弘和长孙晟讨论如何处置千金公主时，都蓝派叶护老臣前来探询事情进展，并告知牛弘、长孙晟，安遂加和千金公主确实想起兵反叛。

叶护大人带着一封信交给长孙晟，带着害怕的语气道："事情真是危险到了极点。这是突利可汗派人送来的信笺，你们看看。"

长孙晟接过一看，脸色微微涌上血意。原来，安遂加派人送给突利可汗一封密信：他们的真正用意是，先杀掉使者，借此造成隋军压境，然后以联兵抗隋为由，引突利可汗的精兵，加上尼利可汗的势力，出其不意地袭击都蓝可汗，准备让尼利做大可汗，突利做二可汗。安遂加做叶护大人。突利可汗不动声色，一面敷衍一面紧急报告都蓝。同时，带着数千精锐骑兵奔赴西北，扼守关隘。

他看过之后，不觉害怕，突利可汗固然忠心可嘉，但动作却稍嫌迟缓。要是上午赶到的话，自己也用不着费尽口舌，用尽心思地延缓。若不是抓住了安遂加和千金公主的私情，恐怕就不会是现在的结局。

长孙晟问叶护大人："都蓝可汗呢？"

叶护大人说："正在寝帐中和牛使者带来的美姬喝酒呢。"

长孙晟说道："我等就不去打搅都蓝可汗了，既然公主已被可汗所废，我们就前去带人，免得出现第二个、第三个像安遂加的人物。"

叶护大人哑着嗓子说："好的，好的，一切由您决断了。"

繁星点点，朔风阵阵。来突厥这十几天中长孙晟已记不得有多少这样的夜晚，自己难以入眠，他带着李波等人动身前往公主的穹庐。

马蹄声碎，人却无语。

这或许是最后一次对公主的造访了。长孙晟心中百感交集。

白天的唇枪舌剑到此时都已没有意义了。黑夜自动地吞没了一切，也吞没了长孙晟心中的仇恨。

他到底是一位善良的人。他想：该如何处置呢？无论如何，自己也不能向公主举刀的。还是带回去，带回去由皇上发落。尽管对千金公主来说，结局都是一样的，但对他个人来说，心中会减却许多愧疚之意。毕竟，千金公主曾经中意于自己，或许现在……长孙晟不敢往下想。

刚走近公主的穹庐，就听到里面传出的争吵声：

"娟子，你说，你都向那叶护大人说了什么？"这是婷子的声音，"你出卖公主，你的良心何在？"

千金公主说道："婷子，不要责怪娟子，她不会出卖我的。我们情同手足，就像你一样。不要因为这个结局就互相埋怨。我死之后，还希望你们都能回到长安去，找个好人家，我也会瞑目了。"

娟子哭声不止："公主，你不能死。一切都是我的错。"

千金公主说道："娟子，我本不想置他于死地。若是要长孙晟的命，那太容易了。在茶水里放一粒孔雀胆不就妥了？我、我、我下不了那个狠心。"

婷子长叹一声道："噢，怪不得呢？那次，我去长孙晟驿馆帐床上放蛇后，你又叫娟子去再放，是否你就知道娟子会告诉长孙晟的？"

千金公主道："现在，说这些都已晚了。我怎能忍心亲手害死我心中的恋人呢？"

仿佛泥塑一般，长孙晟呆住了。

李波掀开了公主的穹庐帐帘。

千金公主笑语盈盈地迎出来，眼角的泪痕犹在。长孙晟迈着沉重的双腿，再次步入这华丽而充满民族风味的穹庐。

他们俩刚刚坐上绳床，婷子就恶语相向："长孙晟，拔出你的剑来吧。要想杀公主，就先杀了我婷子。"说着一步横跨到长孙晟面前，因为激愤，脸色有些苍白，声音有些艰涩。

"你动手吧！"

"不许胡来！"

千金公主一声娇叱，强作笑意："长孙使者为何姗姗来迟？噢，我明白了，大概参加了都蓝可汗的新婚晚宴吧。这几个女子不同寻常，天仙一般，风骚劲足。这下可让都蓝可汗受用几年了。但几年之后呢？几年之后，使者还要再送美女来，我当初不也是使者送来的吗？"

说着，千金公主接过娟子呈过来的香茶，亲自送到长孙晟的手中，继续说："一个胜利者亲眼看到失败的对手的死状，心里会得到极大的满足。现在，你满足了吧？或许，或许当初，你不愿意带我漂泊，就早已料到我今日的结局。作为大周的使者，你是出色的。你能够面对女色而不动心，你能够断然拒绝一位从小就钟情于你的少女的情怀，你能够眼睁睁地把爱你的女子亲手递交到狼窝，你真是一位出色的使者。当然，作为大隋的使者，你同样出色无比。当那个女子隐忍苟且地活在情感的空白世界中时，你不曾有丝毫的爱怜；当你听从你主子的圣意，又千里迢迢来索取那悲苦女子性命时，你做得又何其自然。你所有的计谋都用在对付一个柔弱女子的身上，你是何等伟大啊。"

千金公主依旧挂着笑意，泪水却似涌出的泉流，顺着面颊滑落到毡帐的地毯上，无声无息地渗下去。

"长孙使者，让我怎么感谢你呢？对于我来说，你善始善终的维护与关爱让我死而无憾了。我能死在所爱的人身边，也应满足了。"

长孙晟手中的茶杯一直悬着，怅然地望着公主，一向能言善辩的他此刻却说不出一句话，这些挖苦的语言他并不反感，有的只是无尽的酸楚。他感到捧茶的手在哆嗦着，他猛地举起茶杯，递到嘴里，仰起脖颈，准备一饮而尽。

李波忙道："长孙大人，小心。"说着，伸手欲把茶杯打翻，那哪能来得及？

长孙晟咕咚咕咚喝下那杯茶，心中稍稍安定。

对这些挖苦的语言，他并不感到反感，反倒感觉出无尽的酸楚，只是在一瞬间，这酸楚的念头在心头便猛地充涨起来，充溢胸间。

长孙晟猛地立起身来。此举吓得娟子惊叫一声："长孙使者，你、你……"

长孙晟道："公主明鉴，我长孙晟并非着意要置你于死地。公主的委屈与辛酸，我都能理解。但我唯独不能理解长孙晟究竟有何德何能承蒙公主的青睐？唯独不能理解，公主胸中的复仇火焰为何能燃烧至今而不熄灭？"

"冥冥之中，有一种天命驱使。"公主惨然一笑，"长孙晟，你动手吧。"说着，理了理有些散乱的鬓角，微微翘起的秀巧的鼻翼在颤动。

娟子、婷子一齐哭道："公主，公主，为何自选死路呢？"又双双扑通一声跪倒在长孙晟面前，哀求道："长孙大人，长孙大人，求求您，不要杀我家的公主，我们就只有公主一位亲人。"

长孙晟几天来郁积的怨恨早已化为乌有。

他情不自禁地望了公主一眼。掐指算来，千金公主也莫过三十出头，五官依然清秀俊丽，肤色如同美玉琢就，泛着朝霞般的灿红。

命运，你这不可捉摸的命运。一个如此的绝色佳人，一个曾倾心于他的女人，如今，她这鲜活的生命却要断送在自己的手中，他如何能下得了手？

长孙晟放下手中的茶杯，并不掩饰心中的哀怜，他在房内踱来踱去，心里似翻江倒海。

他扶起娟子、婷子，安慰道："我不会杀她的。若是上午在可汗大帐，我也许会出手，但现在，我不能。"

千金公主轻叹一声，对娟子、婷子说道："你们都不必哭了，我们主奴一场，终究是要分别的。复仇的欲望吞噬了我的理智，也吞噬了你们的幸福。你们都出去吧。也劳这位军爷出去一下。"

三人都迟疑着不肯挪步。

长孙晟说道："公主，事已至此，多说也是无益。我长孙晟永远对公主心存感念。只要公主愿意逃生，权且跟我回去。到中途时，你就带着娟子、婷子逃走，只要公主能在边境内外找着个好住处，就能躲过劫难，留得性命。其余的事由我长孙晟回去承担，我想皇上不会深究的。万一深究下去，我也会有许多搪塞之辞。"

千金公主一听"皇上"的言辞，马上敛起笑容，一脸冷傲。

"让我逃生？"

长孙晟低沉地应了句："是的，这是唯一可救公主的机会。"

他见千金公主似乎有应诺之意，忙道："在边境的驿馆附近，有座帐篷，那是习国酋长的逃难所，很是隐蔽，你们权且到那里躲避一下。"

"嗯，不劳使者操心了。人活一世，终究逃离不了一个'死'字。何必呢？我只有一个小小的愿望。娟子、婷子跟我入塞，受尽风霜雨露之苦，她们没有死罪，却跟着我受尽煎熬。她们本来可在长安寻个好人家，却跟着我远赴北国。我死之后，希望长孙使者带她们回去吧。我这里有金银珠宝，你要让她们全带上，否则，即使我死，也于心不安。"

娟子、婷子已经哭成了泪人了。

千金公主语调甚酸，紧紧地拢住两人的肩头："听我的话，尽管我的命不好，也连累着你们俩受苦，但长孙使者是不会亏待你们的。他是一位好人。"

长孙晟心想：要不是你一心复仇，又怎会有如此下场呢？

他见公主死意已决，只能扼腕长叹："公主的话，我长孙晟铭记在胸。若能听我一劝，转死复生的希望也不是没有的。"

千金公主凛然一笑，说道："我还能再求贪生吗？我本来应该生活得很愉快，应活在你孔武有力的臂弯中，而你却一再拒绝，现在倒慷慨起来。你以为这样，我就会对你心存感激之情吗？你为了杨坚，可谓尽忠了，你为了家庭，可谓尽责了，会有人感激你的大恩大德，我怎敢以亡命之躯而误你锦绣前程？我怎敢以一己之利而毁你和睦的家庭？但是，我要你回去告诉杨坚：别以为他稳操胜券了，我虽身死，但我的阴魂将和宇文氏上千口人的阴魂一起化为乌云笼罩在隋廷的上空。"

说完，千金公主的目光久久地停在娟子、婷子的脸上，含着深情道："长孙使者已经答应了，跟着他回到长安去吧。"

说完双手一推，娟子、婷子一个踉跄，刚站稳身子，就见千金公主一声惨笑，一转身，冷不防地抽出长孙晟的腰刀，唰地一下向脖颈抹去，一道殷红的鲜血顺着锋利的刀面慢慢滑下。

长孙晟正有些自责之意，见此情景，急忙阻止。可惜，迟了半拍。

千金公主柔弱的身子倒向长孙晟，耷拉着脑袋，秀发低垂，鲜血顺着头发流了下来。

长孙晟悲切哽咽："公主，公主，都是长孙晟害了你，使你魂羁漠北，尸抛离土。唉——长孙晟你又算得了什么英雄呢？"

千金公主垂着眼帘，她想使劲睁开，可惜，已不能够。她一双纤细的温手在逐渐地变凉，紧紧地环在长孙晟的脖子上，身子却往下坠去，喃喃地道："我、我……我死在你的怀里，我能……死在……你怀里，就……就心满意……意足了。抱着……我，抱着……我……"

几天后，长孙晟一行离开了都蓝可汗的突厥部落，准备回长安述职。临行前，他与牛弘反复商议，又征得娟子、婷子的意见，决定带着千金公主的棺木，准备把她安葬在大青山下的王昭君的墓冢旁。

长孙晟的许诺在婷子那里被回绝了，这令他很诧异。一路上，他都在做婷子的思想工作，连仇儿、英儿这两个未成年的孩子也跟着劝解，可是，婷子就是不答应。她决意不再回长安了，她要留下来，陪伴千金公主。她总是说，回去又有何用呢？举目无亲，千金公主就是她唯一的亲人，她执意要为公主守灵。

长孙晟也没办法劝说她回心转意，他向都蓝可汗请求，在大青山脚下，在王昭君青冢的旁边，搭建一所简陋的穹庐，供其居住。他又为婷子准备了一些居家什物，并买了数只牛羊。

起风了，风卷枯草，尘土飞扬。

"悲风为我旋，天公为我垂。"长孙晟想起一句古人的祭文，他心中隐隐有种感觉，他长孙晟还是要回来的。

一路上，长孙晟一行都默默无语，他们谁也笑不起来，丝毫没有胜利者的喜悦。

细心的长孙晟发现，随从李波对娟子总是照顾有加。

娟子的马由他喂了，娟子的饭他总是亲自送去。别看李波平日里嘻嘻哈哈，一惊一乍的，但在娟子的面前文静了许多，他除了逗逗仇儿和英儿外，就是和娟子并马走在一起。

长孙晟见他们俩颇为相得，打算到了长安，便请夫人出面，替双方说合说合。

一路上的风尘自不细说。长孙晟回到长安，马上便受到杨坚的召见。

杨坚望着这位出使突厥的外交专家，很是欣赏，当初用重金赎回他，如今看来，这步棋走得十分正确。

杨坚垂询道："长孙将军，朕要赏赐你，你看，你愿意要什么？"

长孙晟道："事情完全是因皇上的巧妙安排才能获得成功。臣感到，受赏实在难以接受。如果要行赏的话，臣从突厥带回的仇儿、英儿以及娟子实在是功不可没。臣替他们向皇上请求，能否容许他们在长安有个落脚的地方。"

杨坚说："这不很容易吗？放到宫中来，朕养着他们就是了。"

长孙晟道："谢皇上厚爱。孩子又小，娟子又孤身一人，臣想暂且安放在臣的府中。"

"那更好了，你们都熟悉。"杨坚说，"把你的俸禄再加一等，如何？朕还要加授你为开府仪同三司，策勋二转。"

长孙晟——谢过。

回到府中，他把受赏赐的消息告诉夫人，夫人一脸平静，淡淡地说："封不封，赏不赏，我从未计较过，只要你能平安回来，就是为妻最大的幸福了。哎，对了，你带回的那娟子还真不错，听说你要将她嫁给李波，她红着脸答应了。"

长孙晟点点头，说："那选个日子，给他们办了。"

长孙夫人侍候丈夫安歇。夫妇俩躺在床上，互相依偎着，彼此都感觉到身上涌出了幸福的波浪。长孙晟扳过妻子的肩头，深情地凝望着。

长孙夫人嫣红的脸上挂满笑意："夫君，想我了吗？"长孙晟道："怎能不想？"两人紧紧相拥。

第十回

伤心同室操戈处，无奈手足阋墙时

从仁寿宫回到京师，路上颠簸了三天。暮春季节，薄阴的天气，黄土高原上肆虐着漫天的风沙，再加上连日气温骤降，独孤皇后渐感到身体发沉，四肢乏力，料想是累了，晚膳只啜了几口蜂蜜小米粥，便躺下早早安歇了。一觉醒来，原想起身坐坐，但刚一坐起便感到天旋地转，继而感到嗓子痒痒的，咳了两声，咽喉隐隐作痛。太医院的几名年长的御医被匆匆召来，一番望闻问切，御医们如释重负，安慰皇后，并无大碍，煎服几服汤药，静养几天便可转好。有御医的这颗定心丸，独孤皇后也没把这病放在心上。

再说晋王杨广从属地扬州回到长安晋王府已有些日子了，这天闻听皇后染病，当晚准备一番，便带着萧氏进宫探望。杨广一身洗得发白的旧装，萧氏也是半新的衣裙，手中多了一只崭新的竹篮。

杨广像往常一样来到坤宫前，让内侍向皇后通报。只见内侍轻声回禀："皇后玉体欠安，正在静养。"

杨广未及多问，便跌跌撞撞、痛苦万分地奔到内宫。一看到躺在床上、头覆着素绢的母亲，杨广顿时泪如泉涌，哽咽着跪行到独孤皇后的面前，一把抓住母后的手说："御医调治了吗？现在如何了？"

杨广似乎沉浸在痛苦中，不等独孤皇后回答，便又沉沉地低下头，啜泣着："不孝孩儿愿替母后承受一切痛苦。"

说着，泪水顺着脸颊滴落到独孤皇后的手背上。

闪闪的烛光映着杨广饱满的面容，在独孤皇后的眼中，这一刻，杨广简直就是天底下最完美的儿子。

"傻孩子，这病哪能替代呢？"

独孤皇后苍白的脸上现出几分慈祥，缓缓拿起一条手绢递给杨广："都是千军万马的主帅了，还像个孩子。这是小病，不碍事，用不着这么担心！"

站在一旁的萧氏边整理着绣着彩凤的锦被，边泪眼汪汪地望着母后，听到这儿，便插话道："母后身体大安，我们做儿女的也就心安了。"

独孤皇后伸过手去，疼爱地说："来，坐到母后身边！"

萧氏抹了一把泪，乖巧地挨着独孤皇后坐下。

"怎么样，广儿对你好不好，有没有欺负你？"

听到这儿，萧氏侧过头来，半是嗔怪地瞥了杨广一眼，说："有母后做主，晋王他呀——像只乖乖的小兔子！"

"你才是小兔呢，我可是只专吃小兔的大老虎！"

杨广张开大口，揸起五指，作饿虎扑食状。逗得独孤皇后也忍不住笑了起来。

"有你们这么一逗啊，我这病就去了一半！"

"那我们就天天陪着母后，让母后笑口常开，永远快乐！"萧氏挑了一下细眉，动情地说。

"有你们这份孝心，我就知足了。广儿还有军务在身，难得回来一次，还是你们小两口多说说话吧！"

杨广接过话头，好像是随口而出了一句："太子近在东宫，倒可以多陪陪母后的，他可是个爱说笑的人。"

"他呀，十天半月能来一次就不错了。再说，每次来还总要和太子妃别别扭扭的，看着倒叫我心烦。"

说到这儿，独孤皇后一脸的不悦，似乎不愿多提太子。

"听秦王妃说，太子最近又纳了一个新嫂子，模样像天仙一样，我们还没见过面呢！"

萧妃像传播新闻一般，带着几分新奇的口吻。

"翅膀还没硬呢，就想为所欲为了，好一个太子爷！"

此刻，独孤皇后的眼里似乎多了几分冷峻，寒光四射。

"母后不必在意，也许太子不是有意的，再说还有儿臣在您的身旁呢。"杨广转身提过竹篮，眉飞色舞地说，"母后您看，这是儿臣亲手做的八宝粥，香软可口，母后最爱吃的。"

杨广揭开竹篮，捧出一个紫砂锅，打开锅盖，还腾腾地冒着热气呢。

"好，我吃，你们一来，我这胃口就给调开了。"

杨广夫妇的情绪不觉感染了独孤皇后，皇后的眼神柔和多了。

杨广回到晋王府，刚关上房门，便迫不及待地和萧氏相拥在一起，热热乎乎地吻了一阵，又火辣辣地做爱一番，不无得意地狂笑着："今天的表演真是过瘾，我们都是少见的演员，是吧！"说着在萧氏白嫩的脸颊上拧了一把，引得萧氏又是一阵浪笑。

圣人可汗：隋文帝

杨广还重重赏赐了坤宫报信的小太监："今天，你可给本王立了一大功，本王心中自然有数，来，这些金子是给你的奖赏，本王相信你知道往后如何去做！"

望着黄灿灿的金元宝，小太监忙不迭地接了过去，小鸡啄米似的不住叩头谢恩："晋王今后但有用得着小人的地方，小人万死不辞。"

"好！"杨广神采焕发的脸上，闪着那惯有的自得的表情——眉毛上挑，嘴角闪着阴笑。

在东宫太子府的华堂内，千娇百媚的新妾刘氏搂着太子杨勇的脖子，正夹起一颗颗鲜红的樱桃往太子嘴里送。刘氏年方二八，黑发如云，纤纤十指像初春的嫩笋，在杨勇的眼前晃来晃去，晃得杨勇细眼微眯，如醉如痴。

这一切都被门旁的小侍女一情一景地尽瞧在眼里。这位小侍女原是太子妃的贴身丫鬟，特地送与刘氏使用的。

自从刘氏进了太子府以后，原先不和的夫妻关系如雪上加霜，元氏的心病更重了。身子也一天不如一天，面容也明显地苍老起来。她每天都在注意着杨勇的一举一动，但那又能怎么样呢？不知道心烦，知道了更心烦。她想象着刘氏忽地有一天从太子身旁消失，想象着某天清早起来，太子会微笑着走向自己的身旁，吻着自己的发梢。多少回她梦想着和太子同乘一匹白马，太子紧紧地把自己揽在怀里，在如茵的草地上奔驰，在白云间俯瞰人间的美景，在天边剪裁着七彩的云霞。但不知有多少次，她在梦中被热泪浇醒，醒来又是一声长叹。就这样，天天从日升到日没，从月出东山到月隐云水，她总是被烦恼包围着，被矛盾煎熬着。

刘氏倒是去看过她两回，劝她多出来走走，多进些补品，还亲自熬了些参汤给她端去。除了第一回对刘氏存有戒心，不理不睬外，第二次，她再也说不出责备的话来，倒多了一分感激。但刘氏一走，她又暗自流泪，常对着镜中渐渐消瘦的面容，悲叹自己的悲苦命运。她知道，太子一开始就不喜欢自己，不仅仅是因为自己长着一张相貌平平的脸，还有自己孤僻的个性。

她曾经在宫中向皇后暗示过自己的处境，想借助对自己存有好感的皇后的威势，来改变自己的处境，但立即遭到了独孤皇后的训斥。她在心里承认自己的懦弱，也感谢皇后对自己的关心，但要做得像精明干练的婆婆那样，她实在不敢想象。

杨勇吃完樱桃，在刘氏的粉脸上美美地亲了一口，道："好了，小乖乖，我要出去骑马练功了，你也该去花园赏花了！"

"殿下，臣妾以为，是不是去看看太子妃？你有一些日子没去那儿了，听说她又病了！"

"整天就是病，自从娶进门来，就没好过几天。心眼比针尖还小，什么事都揽在心上，成天哭丧着柿饼脸，也不同别人沟通，只知闷在心里，她哪能好得了！"

"女人就是命苦。臣妾的大姐嫁给梁士彦的儿子，新媳妇没当上一年，家里又迎来了两位新人。沉默少言的姐姐又气又恼，大病了一场，漂亮的头发几乎掉光了。好在她生了个白胖的儿子，脸上又多了些笑容。但好景不长，儿子又被生生地夺去，交给了府里的太太教养，说是她的怪模样会吓坏了孩子。见不到儿子，姐姐整天泡在泪水里，不久，神情开始恍惚起来，言行举止失措，而梁家人不仅不予同情，反倒将她一把锁锁在了黑屋里。就这样，年轻漂亮的姐姐被他们梁家活活折磨至死，想起来真叫人心碎。说来也是天理昭彰，梁家后来谋逆被诛，也是上天对他们家的惩罚。"

刘氏沉默了片刻，又深有感触地说："女人的一生有时候就像一场梦，少年时是美梦，出嫁后——便噩梦连连，但愿臣妾能圆个好梦。"

杨勇怜惜地拍了拍刘氏的肩头，安慰道："女人的苦常常是男人造成的。不过，我可不是那种薄情寡义的人，你这么漂亮、温柔又贤惠，我是不会负你的芳心的。"

这时，屋外阳光灿烂，多日来少见的好天气。刘氏动情地紧握着杨勇的手说："殿下要是心里真的爱臣妾，就去看看太子妃，哪怕不说一句安慰的话，也算尽你做丈夫的责任了。"

刘氏亮晶晶的眸子间闪着热烈和真诚。

"我理解你的苦心，你是我见到的少有的好女人！但你知道吗？她那张毫无表情的脸，让人看了多扫兴，她不漂亮我倒并不责怪她，天生的嘛。但她身上缺乏女人味，却让人实在难以接受。一见到我，总是低垂着眼，一副受气的样子，不知内情的人还以为我给她多大的委曲呢。叫我到她那儿去，那简直是去受折磨，自讨晦气。"

杨勇的头摇得像拨浪鼓，语气很坚决。

"殿下，恕臣妾直言，元妃怕不是天生就那副样子吧，她必有苦衷！"

"你的话也不无道理。当初由母后一人做主和元氏结成婚姻，但我和她根本是两种性格的人，我爱动，她爱静，我心直口快，她却是个闷葫芦，时间一长，我们就渐生口角。可她不该屡屡到母后那儿去告我的状。母后本来对我的态度就不满意，这样一来，母后对我更加有偏见。你让我去善待她，这心里怎么能别过劲来？这完全是她自找的！"

天渐渐暗了下来，望着固执的杨勇，刘氏无奈地摇着头。一阵晚风掠过，送来阵阵凉意，茫茫的天空辽远而灰暗，几只不知名的野鸟哀鸣着从枝头向远方飞去，渺小的身影逐渐融入苍茫的夜色中。

已经是第四天了，独孤皇后的病虽已大好，但尚未痊愈。这几日，杨广夫妇天天不离左右。今天，杨广又精心制作了清淡可口的野菜蘑菇汤、甜丝丝的莲子汤，萧氏亲自一勺一勺地喂服。尽管独孤皇后坚持要自己来吃，但耐不住儿子、媳妇的反复劝说，萧氏甚至跪在地上请求要略尽孝心。

正当萧氏喂服皇后时，太子杨勇和太子妃元氏出现在内室。杨广和萧氏一见到太子到来，连忙施礼。

太子还过礼，便携着元氏来到母后的床前。

"不知母后欠安，未能近前侍奉，望母后见谅！"

独孤皇后脸也未转，不冷不热地答道："偶染小疾，怎敢惊动太子！"

听到此话，吓得杨勇扑通跪倒在地，语无伦次地分辩："儿子不孝，儿子该死，儿子实不知母后染病的消息，请母后责罚。"

这时元妃也跪下求情。

"责罚，我敢责罚你吗？你对媳妇那样，劝你多次，现在不照样我行我素吗？"

杨勇又要辩解，杨广也跪倒在地上抢过话头替太子遮掩："太子帮助父皇料理国事，一时难以分身，还请母后原谅太子。"

说完，又悄悄拉了拉杨勇的衣袖，低声说："我派人去通知你，可听说你又出去打猎了，母后问起时，我只推说你忙。"

杨勇一脸的沮丧，默默跪在一旁，继续聆听着母后的教诲。

皇后似乎并没有消气，语气还是那样尖刻："你瞧瞧元妃，现在瘦成了什么样子，你这是在折磨元妃吗？这是和本后过不去！"

由于过于激动，皇后猛烈地咳嗽起来，慌得一屋子人都来床前，又是捶背又是端水。

这时，面黄肌瘦的元妃有气无力地垂泪道："母后，你错怪太子了。近来，都是儿的身子骨不争气，太子待我很好，天天陪着臣妾。"说完，泪如雨下。

听到这些，杨勇也禁不住落下泪来，跪爬着，来到独孤皇后的跟前，抓起母亲的手，使劲地打在自己的脸上。"儿臣不孝，让母后生气，儿臣罪该万死。"

眼前的场面，使元妃手足无措，本来就十分虚弱的她一时惊吓过度，竟昏倒在地。一时间，皇后的宫内一片惊慌忙乱。

这杨勇夫妇又是怎样来到的呢？原来，的确是杨广派人送的信。杨勇听到母后患病，心中一沉，忙让人扶来了病中的元氏，看着病恹恹的元氏，杨勇又让侍女给元氏精心装饰了一番。临行前杨勇又特意叮嘱："请在母后跟前慎言，免得母后心中不快！"

"臣妾自有分寸，太子不必多嘱！"

尽管如此，太子心里仍忐忑不安。没想到果不其然。回来后，杨勇的心里充满了懊恼，紧握的拳头砸在了桌子上，震得桌上的茶碗乒乓作响，茶水溅得满桌都是。他也不知道该对谁发火，该向谁倾诉自己的苦衷。

"如果今天不是晋王从中美言，恐怕事情会更糟。"事后，杨勇从心眼里感谢晋王杨广的义行，尽管他有时感觉杨广的言行有点做作。

再说独孤皇后痊愈后，便催促杨广夫妇回去休息。杨广回到王府，一屁股坐到软椅上，伸了伸胳膊，笑着对萧氏说："你快去洗一下，这几日净吃素，我快要憋死了！"

满脸倦容的萧氏吐着舌头，拌了个鬼脸。

"馋猫，你今天就放过小女子吧，小女子都累成一摊泥了。你的'三宫六院'可早就在盼着你呢！"萧氏艳而不妖，媚中有庄，对杨广能洞察其心，御之有术，说起私房话来，能抓到杨广的痒处。她虽为正室，却能对杨广的博采众"花"视而不见，高兴之余尚能调侃一二，因此，深得杨广之心。

杨广被吊起了胃口，不依不饶地说："你想逃，那可不行，我早憋足了劲，要和你大战三百回合。"杨广说着就玩起了老鹰抓小鸡的游戏，萧氏笑着躲闪着，杨广则穷追不舍。萧氏笑得岔了气，捂着肚子在叫疼，杨广一把扑过来，把萧氏像婴儿般抱起，扔到了床上，自己也跳到了床上。

萧氏止住了笑，半开玩笑地说："殿下还是养足了精神，想想怎么全力对付太子吧！你的第一步棋下得漂亮，那第二步、第三步呢？"

"是啊，这第一步走得天衣无缝，可真叫绝啊！那下一步呢？"杨广想到这儿，腾地从床上弹了起来，在地上走来走去，不住地搔着头皮。

"看殿下冥思苦想的样子，是不是找个能人暗中相助，出谋划策呢？"

萧氏坐在床上，一边用手捏着发胀的小腿，一边说着闲话。

"咦，这个提议好！"杨广一拍巴掌，尔后又自语道，"不过，此事关乎大计，容不得半点马虎，寻人的事一定要慎之又慎啊！"

"谁能当此大任呢？"杨广在地上转悠着，额头的纹路时皱时平。

"有了，杨素足智多谋，当年平陈一役显示了过人的才能。如果能有他相助，大事就可成了！但杨素一向行为谨慎，且深藏不露，他态度到底怎样，实难猜测。"对杨素，杨广了解较多，接触的时间也较长，但他的内心倾向，杨广还真不敢贸然相问，唐突直言。

杨广正在低头琢磨着，侍女柳诗端着一盘水果飘了进来。柳诗生得小巧别致、眉眼清秀、曲线分明，浑身上下透着一股青春少女特有的韵味。从柳诗一进门，杨广的眼睛就开始亮了。发现杨广在紧盯着自己，柳诗红着脸儿忙低头退了出去。

她了解杨广的德性。半年前，她和同胞姐姐柳韵在扬州被一同招进晋王府，姐姐柳韵因面容俊美、身体轻盈，做了王府的歌伎。杨广一直打着姐姐的坏主意，几次动手动脚都被姐姐巧妙地躲过了。如果不是杨广最近太忙，恐怕也早被收作小妾了。

"今天莫非他又……"柳诗迈着细碎的步子急匆匆地逃着，她边走边想着如何对付杨广。

这次，柳诗可误解杨广了，今天杨广注意柳诗倒不是邪念，而是"正念"，杨广从柳诗的朝气中猛然间寻到了灵感。于是一条妙计在他脑中酝酿成了。

在长安一条人流如织的街市旁的空地上，一群闲人围着一个仙风道骨的长者指手画脚。只见长者盘膝坐在地上，半闭着双目，眉毛、胡子仿佛霜染的一般，他手拈长须，鹤然独出，一副超凡脱俗的模样。旁边的纸招上大书"谈天说命，卦银十两"的字样。

众人立在那儿议论纷纷，多笑这位算命先生是个财迷，如此高价，谁人能算起？也有人不以为然，说："那可不一定。长安城内，王侯将相，多得很，说不准啥时候就被请了去，到时候，别说是十两，就是百两也出得起，这叫三年不开市，开市吃三年。瞧着吗，不远处就是杨素杨将军的府上，那可是个付得起卦金的主，听说前不久又得皇上赏赐了，大批的金银珠宝，光是细绢就拉了十车。"

看热闹的人越来越多，喧闹声不绝于耳。人们说话的当口儿，一个衣着鲜明的差役踱了过来，他拨开众人，瞅了瞅卦摊，一惊一乍地说道："口气不小嘛！有那么大本事吗？"

话音刚落，老者开了口："知天知地，知福知祸，预言不准，分文不取。"

音节清晰，字字铿锵，一副不容置疑的口气，听得场上鸦雀无声。

"今天可遇到活神仙了！"那差役边走边回头，又望了几眼那"活神仙"。

那差役模样的人正是杨素府上的当值，姓王名能。王能回到府上，逢人便说街上的奇闻，不到半天工夫，府上很多人都知道了这件事。

有好事的人把这事报给了杨素，杨素半信半疑，差人把王能唤来，王能便一五一十地描述了一番。俗话说，伴君如伴虎。身在高位，未必是件好事，高处不胜寒啊，自己戎马半生，不求有功，但求无过啊。想到这儿，杨素便吩咐王能："既出此言，也必有来头，今天闲来无事，你把他请来，老夫倒要领教领教。"

不多会，王能便兴冲冲地领来一人。杨素仔细地打量着来者：老者长髯宽额，碧眼方瞳，戴一顶乌绉纱抹眉头巾，穿一领皂沿边白绢道服，系一条杂色彩丝绦，着一双方头青布鞋，通身的清奇。杨素便有三分的好感，于是让座、献茶，又问道："先生来自哪座仙山？"

"一生四海为家，岂有定所。施主招贫道来，是问福还是问祸？"老者唱喏还礼，神态自若。

杨素本来是位信佛的人，府中还设了一座佛堂，晨昏时节总要诵上一段经文，焚香祈祷。但他对道家也无反感，遇到投缘的道士也能随缘攀谈，以礼相待。他今天也只是像往常一样请道士进府叙谈叙谈，无意去算命问卜，既然问起，索性顺便占上一卦，以怡情耳。

杨素虔诚地施礼道："我不算过去，那是我所知道的；也不算将来，那太遥远；我就算一算眼下的事。今儿风和日暖，心里高兴，那就算一算福事喜事吧！"说着，杨素便报上生辰八字。

那老先生将竹筒摇了几摇，从中抖落一签，于是掐指凝神，子丑寅卯一番，忽地向杨素抱拳道："此乃上上签，先生近日定有天降洪福，既可得财，又可得佳人！"

"洪福？"

杨素半信半疑追问："先生可否明示？"

"天机岂可泄露！事理必然，水到渠成耳！"

杨素仍无喜色，耐不住又问："此事以为有多大把握？"

先生笑答："信则灵。封金暂且寄下，应验后我再来取，你看可好？"

"也罢，若是果有先生吉言，我定十倍给付卦金！"杨素礼送先生出门。

送走老道，杨素摇头苦笑道："天下岂有天降馅饼的好事，戏言，戏言耳！"

一夜无话。第二天，红日东升，杨素洗漱晨练已毕，正待更衣，有家丁来报："晋王府差人送书，已候在客厅外！"

"这么早，有何急事？"杨素思忖道，随口吩咐，"快请进！"

杨素一面束装出迎，一面思索着杨广送信的用意。来人递上一封书信，杨素当即拆看，内容简短，大意是约杨素明日到终南山上打猎。在那个年月，会同打猎也是一种时尚，无非是借此畅叙友情，增进了解，加强联系。

按杨素的本意不想去，他对杨广虽无恶感，但也没有特别的好感。但自己必须去，因为这个晋王，他是了解的，不阴不阳，难以捉摸，他轻易不开口，犯不着让他不高兴。杨素看完书信，也写了封回书，并赏了来人，让他转告晋王杨广自己将在明日辰时在郊外的长亭恭候晋王。

送走了信使，杨素依然考虑着杨广的邀约："晋王不在封地扬州驻防，却跑回京城走动，这其中必有文章。虽然我们曾一同北战南征，但私交不能算最好的。难道他有求于我？不会吧，他能向我求什么？也许是我多虑了。"

第二天，太阳冲出云海，亮晃晃地挂在东山头上，杨素如约而至。而十里长亭内，看得出杨广已等候多时了。杨广只带了几名家丁，每人身背硬弓，箭壶内盛满了羽箭，而杨素也只带了数人。看到杨素一干人到，杨广勒马迎上前来，紧走几步，迎接着杨素，抱拳问候，杨素滚鞍下马，向杨广回礼。杨广也下马步行。

二人并肩来到长亭，杨广指着远处湛蓝湛蓝的天空，兴奋地说："杨内史，今日风和日丽，禽兽肥壮，正是秋日狩猎的大好时光，你我纵情策马，再现当年平陈的雄姿，如何？"杨素此时任内史省长官，故杨广称其为杨内史。

"悉尊晋王雅令，杨素敢不从命？"杨素脸上堆满了笑容。

"将军太客气了，请，向终南山进发！"说着两人翻身跨上战马。一时间马嘶犬吠，一起向前奔去，他们的身后顿时弥漫起滚滚黄尘。

一群人在乱草丛林间寻着野味，什么山鸡、野兔、獐子、小鹿等，受到惊吓，纷纷逃逸。跑得晚的，便成了射猎的目标。半天下来他们钻树林，越山溪，已收获不菲，一簇人来到一陡壁旁，正待休息，忽地一只狐狸从岩边跃起，直朝山上逃去，山高路陡，众人只得弃了马，呐喊着带着猎犬向山上追去。

那猎物不知怎的，跑上一段，便停下来向后张望。杨广跑得气喘吁吁，便和杨素商议："内史尚有余力，你领人去追吧，这种红狐是个罕物，一定要活捉到手。我的脚似有千斤重，在这儿暂且歇一时。"

杨素领命而去，带着自己的家丁一路追过去，而晋王府的仆人则留下待候杨广。

再说那只红狐三蹿两跳，在一处长满茂密藤蔓的绝壁处消失了。杨素观察了周围，断定猎物必藏在这藤蔓的后面，他布置好人员围堵，然后渐渐缩小包围圈。就在这时，一个随从惊叫一声："山洞！"

杨素心里猛然醒悟，于是下令："你们闪开，待我来看。"

他小心翼翼地撇开藤蔓，只见一个阴暗潮湿的小洞显现在眼前。洞口不大，仅能通过一人，四周长满了苔藓和小草，他小心探身进去，只见洞不大，只有一丈来深，在他返身出来时，黑暗处似有东西在闪光，他小心地摸索着过去。

"啊！"他的手触到了一个东西，像是木箱，湿乎乎的。他的心跳到了嗓子眼里。想挪动时，惊动了那个发光的东西，它惊叫一声逃了出去。原来就是那只红狐，闪光的是狐狸的眼睛。说时迟，那时快，狐狸逃出了洞口，却撞在了网子上，只听外面欢呼："捉住了，捉住了！"

这时的杨素全身心地在研究那只木箱。一系列疑问像火花一样在他的脑海里闪现。凭感觉，他断定这只木箱有些年头了，但是什么呢？什么朝代的？何人所藏？那沉甸甸的，又是什么物品？面对这件东西，是福还是祸？

他的心情既兴奋又紧张，但他料定，箱中必是贵重之物，不然也不会藏在深山，托付"绿色山神"保管了。能不能取回呢？山神会不会降罪呢？蓦地，算命老道那坚定的声音回响在耳际。是啊，天降洪福，取之何妨？山神怕也难违天意吧！想到这儿，杨素打定了主意。

出了幽黑的山洞，杨素眼前一片明亮，家丁们纷纷围上来好奇地询问着洞内的情形。杨素淡淡地说："一丈见方的小洞，没什么奇迹！"

"我还以为是个神仙洞府呢！"一个家丁吐了下舌头。

另一个接上话："会不会是绿色山神的离宫？管着这么大一座宝山，总该有几个妃子、几处宫殿吧？"那说话的神情好像跟真的一样。

"就算是山神的宫殿，也不是你我这样的凡人能找到的。听人讲，他们或住在九天之上，或行于幽谷之中，千年的古树洞、万年的石府是他们最爱待的地方。"

"别瞎扯了，说多了山神会不高兴的，我们还是回去吧！"杨素不爱听他们说得太多，又嘱咐一句，"休要再提山洞的事，山神的领地也是你们随意议论的么？小心报应！谁再说，板子伺候！"

家丁们吓得相互看了看，只字不敢再提了。家丁们哪知杨素的心思！杨素此时关心的是如何把箱子尽快运回府去。"这是天赐我的巨富，绝不能让他人知道，更不能让晋王知晓，事属绝密，绝不能外泄。"杨素心里反复掂量着。

这样想着，不一会儿便来到了晋王休息的地方。再看杨广，还斜靠在岩石边小睡呢。杨素的家丁把红狐狸献给了晋王，杨广一边逗引着狐狸，一边向杨素致谢。红狐狸颇通人性，杨广命人放在笼中。

时间过得真快，这时，太阳已经过午。杨广便和杨素商议："今日收获甚丰，可喜可贺。就到此为止吧，不然山神会不高兴的。回去以后，孤王论功行赏。"

且不论杨广带着红狐狸等猎物凯旋，单说第二天，杨素同两个心腹的家奴乔装易容，驱马直奔终南山，他们乘着夜色，从洞中取出那口箱子，然后用麻布把箱子裹了个严实，便急急忙忙地赶下山来。山道崎岖，举步艰难，走了半宿，才来到山脚下，这时山色迷蒙，微风渐起，空旷的山林间树叶哗哗作响，偶尔几声凄厉的猫头鹰的啼叫声，令人惊悸，杨素不禁打了个寒战。

下得山来，路平坦多了，他们不觉加快了速度。突然，他们远远听得前面有嘤嘤的女人的哭声。三人几乎同时勒住了马缰绳。在这深夜的郊外，听起来令人毛骨悚然。

"奇怪，三更半夜怎会有女人在哭？是人、是鬼、还是仙？"杨素内心疑丛又起。

突然，杨素心里激灵一动，再听那声音，虽然悲伤，但音色清丽，想象得出，那女人定然生得漂亮。"这女人莫非是……"想到这儿，杨素似乎忘掉了恐惧，催坐骑向声音寻去。两个家奴近前拦住马头，劝道："大人，这哭声来得蹊跷，想必是山中鬼魅所化，故意勾我们前去，说不定是要害我们呢！"

"净瞎说，朗朗乾坤，哪来什么鬼魅！休要自己吓唬自己，那女子肯定是落难之人，我岂能坐视不管！"说着，推开二人，继续向前寻去，离那声音越来越近了，借着淡淡的星光，只见一团白色的衣物在飘动。这情形更像是传说中的女鬼的形象，异常恐怖，周围空气似乎凝固了。两个家奴无可奈何，仗着剑，哆哆嗦嗦地跟在杨素后面。杨素虽然嘴上不怕，但心里也是直发毛，他也是平生第一次遇到这样的情形。

只有几步之遥时，杨素定睛一瞧，的确是一位长发白衣的女子，她坐在地上，一条白绢拴在树上，自缢用的索子都结好了。杨素咳嗽了一声，以示招呼，那人才慢慢扬起头，不错，正是一个年轻的女子，杨素悬着的心终于放下了。那女子听得人言，好像并不害怕。于是杨素上前试着问话，那女子开始只是掩面低泣，并不做声，杨素劝解了好一会，她才停止了哭声，断断续续地诉说了自身的不幸。

原来，她是山下一家大户人家的使女，叫如玉，给主母做丫鬟，但老财主老心不老，不知从何时起，打上了如玉的主意。他对如玉的美貌迷恋不已，多次欲行无礼，都未能得逞。老财主的不轨后来被主母撞见，但妒性十足的地主婆不问青红皂白，对如玉不但不予安慰，还破口大骂如玉骚货，小小年纪就学会勾引男人，打得如玉死去活来。

如玉从小被人贩子卖到财主家，十几年来当牛做马，受尽凌辱，实指望有一天能跳出苦海，没想到又落得如此下场。她养伤期间又偷听到地主婆找来了人贩子，准备把她高价卖给妓院。不得已在其他姐妹的帮助下，找了个机会逃了出来。如玉左思右想，无路可走，才决定要寻短见。

听完如玉的叙述，杨素感到心里沉沉的。真是红颜薄命啊，他不禁同情起女孩来，便认真地说："天下之大，还愁没有安身之处？姑娘，快打住这个念头。"

如玉绝望地摇摇头："天下再大，又能逃到哪儿去？被财主抓到，照样是被打死。"

"姑娘若不嫌弃，可到府上陪伴小女，她现在正缺一个伴儿。"听到这话，杨素的两个家奴互相递了个眼色，大概他们觉得，不明不白地收下个姑娘，不像杨素平时所为吧。

"奴家哪儿也不去，天下乌鸦一般黑。"

听到这句话，两个家奴有些不耐烦了，呵斥道："不识抬举，你知道眼前这位是谁吗？"

"你们不要这样。人到绝望处，往往就顾不了那么多了。再说，她所言也不无道理。这样吧，姑娘，你可能不信任我们，不相信我们的话，你不妨暂且跟我们到府里去看一看，保证不伤你半根汗毛，如果真像你说的一般黑，你再死，我决不拦你。命是你自己的，你决定吧！"

女子沉默不语，大概是默许了吧。于是杨素便叫腾出一匹马来，让女子上马，但女子只推说从未骑过马，杨素无奈，也只好和女子同骑在一匹马上了。

四周静悄悄的，只有秋虫在卖力地鸣叫着，夜空中繁星闪烁，一如那顽皮的孩子快活地眨着眼睛。杨素轻揽着少女柔软的腰肢，心中好比荡漾着一湖春水。

天近五更，三人悄悄回到杨府，在暖暖的灯光下细观少女，才发现女孩的姿容真可用得上"美如天仙"四个字形容了。杨素满面春风地把如玉交给了府中当值的女管家，并按照女宾的规格予以接待，如玉显然受宠若惊，感激之情从眼神中自然流露出来。

安排好如玉，杨素吩咐随身的家奴把木箱抬至内室。这只不大的木箱，是用上好的楠木做成的，虽然苔痕斑斑，但仍然十分坚固，两个家奴用了好大的劲才把木箱撬开，小心地揭去几层油纸，呈现在眼前的景象让三人喜出望外，原来箱子里面都是金银珠宝。金灿灿的黄金、银闪闪的白银、耀眼的翡翠、罕见的大玛瑙，尤其是一只珊瑚，造型别致，十分少见。三人的眼睛在珠宝的辉映下，变蓝、变绿、变红，成了多彩的眼球。杨素心花怒放，连声音都变调了。

"谁要敢泄露半个字，谁就别想再活着，就是亲娘老子、妻子儿女也不能吐一丝半点。"这声音与其说是忠告，倒不如说是恶狠狠的威胁。

"奴才对天发誓，我们至死保守秘密，决不让其他人知道。如不守规矩，愿受千刀万剐。"两个家奴跪在地上信誓旦旦地对天起誓。

杨素从宝物的档次上推测，估计是前朝某个达官贵人的，为躲灾避乱匆忙间暂存在那个山洞的。最后，杨素分给每个家奴一百两黄金。两人望着这意外的横财，高兴得眼泪都流了下来。

一夜的奔波，早已是疲惫困顿了，但躺在床上，杨素怎么也睡不着觉。一会是扑面而来的黄金白银，一会是倩颜巧笑的美人，一会又变成了珍宝和美人的叠映，他努力想象着和如玉春宵暖帐的销魂时刻，想象着如玉赤裸着雪白的肌肤在眼前舞蹈的瞬间。

他不由想起算命先生的预测，由衷佩服老道的神奇，也庆幸自己的福星高照。此时强烈的贪欲使杨素迫切想寻找到老道，让这个世外高人再给自己指出一条通向富贵、永远光明的大道来。

第二天一大早，杨素就急急地令两个年长的亲信家奴去寻找算命道人，并语气很重地吩咐："寻不到就不要回来。"但不到半天，人就给找到了。原来，老道就在长安城内，没费多大劲就撞上了。

先生一到，杨素便屏退左右，然后请先生上坐。杨素指着已包好的十锭金元宝，笑容满面地说："先生果然名不虚传，杨素佩服之至。这是先生应得的卦金，请笑纳！"

老道淡然一笑："贫道虽以算命糊口，但视钱财如粪土，贫道只收卦金十两，余者请全数收回。"

"杨素还有迷惑的地方，请先生不吝赐教！"

"施主请讲。"

"请先生算一算我将来的仕途。"

"这个，我已替施主算过了。施主将来必是大富大贵之人，权势显赫，位及辅臣之首。"

"真的？那我该如何把握呢？"杨素不觉中把脖子伸得更长了。

"依乎天理，顺乎自然而已！"老道依旧慢条斯理，态度不温不火。

"这又作何解？请先生教我！"杨素眨动着不解的眼睛追问道。

"天将降旷业之明主，需要你的辅佐，你的后半生将大有可为，施主要睁大自己的眼睛啊！"

"那么，杨素的结局呢？"

"水满则溢，月满则亏，谨记吧！"

听着这话，杨素怔怔地坐在那里，似乎在思索着什么。老道什么时候走的，他全然不知。

转眼间，又到了月圆时分，恰逢萧妃的生日，杨广特别邀请了杨素夫妇。简单的饭局之后，萧妃挽着杨素夫人到内室叙话去了。花园的凉亭上只剩下对酒当歌的两人，还饶有兴致地谈论着兵法、诗歌和平陈之役中的趣闻逸事。谈到尽兴处，杨广一手执杯，一手挥向天空，口诵起雄浑的《大风歌》来："大风起兮云飞扬，安得猛士兮守四方。"

这首诗是当年汉朝开国之君刘邦的即兴之作，直抒胸臆，气魄宏大，令后代君王追慕不已。这首古诗，今天月下吟诵，别有一番豪气。皓皓的明月下，杨广举头啸傲长空，双臂倒剪，确有一代君王的风采。

"殿下抒安邦治国之志，有乘风破浪之势，令人敬佩！"杨素脱口而出。

"空有凌云志啊。安得猛士、贤者相助啊！"杨广轻叹了一口气。

面对此情此景，杨素心里感到猛然被点了一下。"难道那位老先生所言的旷业英才就是晋王！"他的脑海中如同被狂风卷起了巨浪一样。

文帝已届五旬，江南已平，规章已定，实际上政治方面已无多大作为了。太子杨勇，虽已确立多年，但据自己了解，过于憨直，不善权术，而且文才武略并无突出之处。而杨广在兄弟们中功劳最大，在屡次攻伐中显示了不凡的才干，更兼晋王在王公大臣中人缘最好，朝臣中多有褒扬，确是太子强有力的竞争对手；再说太子的兴废本身就是各种政治力量较量的结果，废除太子也是不乏其例的；晋王最近的动作已经显示，他决不甘于只做个藩王。但事情的发展常常出人意料，政治风云更是变化莫测，政治抉择事关个人的政治前途，一定要十拿九稳才行，为长远发展考虑，保持和晋王的适度接触，乃是积极的措施，不可操之过急。

回家后，杨素又是一个难眠之夜。他又一次悄悄招来了算命的道人，这次不是为自己算命，而是要暗中为杨广相面。

俗话说，来而不往非礼也，宴请杨广夫妇名正言顺。杨素筹划已毕，也向杨广发出了邀请。酒宴算不上丰盛，但很别致，菜肴全是野味，正合杨广的口味。

宴毕，稍事小憩，两人又在院中的演武场上动起了真刀真枪，杨素一杆大枪，神出鬼没，杨广两把单刀，上下翻飞，双方相持了二十余个回合，不分胜负，看得人连声喝彩。

两人饮了几口水，抹了两把汗，又在棋盘上摆开了架势，一个是迂回包抄，另一个是避实击虚，看得两旁观战的人眼花缭乱，啧啧称奇。

今天的雅兴的确活跃了气氛，又展示了双方的才气，两人对此都深感满意。

杨素利用休息间隙，离座走向一别室，询问老道："你看如何？"

"此人骨骼奇伟，风度非凡，且瑞气罩顶，绝非等闲之辈，他日定然贵不可言。"

"好！请先生务必为我保密！"

回到座位，杨素似乎随意地问起杨广："听说晋王善识音律，不知对《高山流水》《梅花三弄》两支曲子更喜欢哪一支呢？"

"也谈不上善识音律，不过孤王倒是独喜大气磅礴的《高山流水》。闲暇时分，抚琴抒怀，倒别有一番情趣。尤其是对被誉为知音的俞伯牙和钟子期二人至为敬佩，那种相识相知的友情堪为后人的楷模。"

"杨素与殿下不谋而合。对《高山流水》也是情有独钟，杨素冒昧地问殿下，今日杨素与殿下是否也可以称为知音呢？"

杨素有意在"是否"两字上放慢了语速。

"好！为我们成为知音再干一杯！"杨广应声道。说着两人接过送上的铜爵，一饮而尽。又一阵酒香弥漫在"知音"的口中、心中、脑海中。

杨广带着三分的酒意回到了晋王府。他几把扯下了萧妃的衣裙，将萧妃扔到了床上，狠命地吻着。这时一个小女仆提着热水走了进来，看到床上白花花的两人，吓得转身要跑。杨广跳下床，像老鹰抓小鸡似的把小女仆提到床边，随着几声衣服的撕裂声，小女仆也被剥得一丝不挂，小女仆吓得面如土色，闭了眼睛，任杨广肆意摆弄……

杨广在两个女人身上发泄完了，扔给小女仆一锭银子，小女仆饮泣而退。

　　之后，杨广纵声大笑："今天终于完成了两件大事，快哉！"杨广拍了拍萧氏的白肚皮，戏谑道："你的肚皮比小女仆的有弹性，可没她的光滑，你落后了！"

　　"你这个色鬼，今天又毁了一个黄花闺女！"

　　"我可不是只在'采花'上见功夫，那连环计天衣无缝，更见功夫。杨素已入我彀中也。这叫'舍不得孩子套不得狼'。所花的代价是值得的。杨素不愧是当今的智多星，他已为本王设计了一整套的行动方案。今后，有杨素的帮忙，大功何愁不成！但这个秘密要成为永远的秘密。"

　　杨广依然陶醉在自己的锦囊妙计之中。

　　几天以后，在远郊的荒山上，一位牧羊的老头发现了一具四肢不全的男尸，后经人辨认，据说很像街上那位算卦的老道，但又不敢完全肯定，因为他的脸只剩了一半，另一半让野狼给啃了。但此后，人们的确再也没有看见那位神秘的算命人。

　　十天前，太子杨勇又喜得贵子。这是爱妾刘氏为他生下的第二个儿子，太子赐名"筹"。刘氏的第一个儿子是刚满两岁的杨俨，小家伙白白胖胖，十分可爱，被杨勇视为自己的生命，呵护备至。刘筹的出生，再次给太子带来无比的喜悦，准备举行盛宴庆贺一番。

　　洗马（东宫官名）李纲劝谏道："殿下，作为储君，凡事当三思而后行。殿下喜添贵子，固然可喜可贺，办个家宴庆贺一下也就罢了，切不可操持太大，铺张太甚。皇上、皇后的倡导殿下定然记得，万一被人抓了把柄，传给圣上，岂不是无谓的损失吗？"

　　杨勇不悦。

　　左庶子（掌太子教养训诫的官）瞅了一眼杨勇的表情，不以为然地说："李大人所言不是没有道理，但舐犊情深，人之伦常，即使圣人也不能免，多请一些亲朋，算不上过失，毕竟是皇孙的喜宴，不能一味求俭。就算皇上、皇后有圣谕，也不至于阻止小孙子的喜酒吧？李大人大可不必这样拘谨。"

　　太子微微点头。

　　家令（太子属官）邹文腾也在一旁帮腔。

　　众口一词，杨勇决心已定，李纲只好无言地退下。

　　杨广闻听此事，喜上眉梢，一面遣人送来贺礼，一面把此事渲染一番密报给母后。

　　独孤皇后一听太子的荒唐，怒不可遏，亲自到乾元殿中把正在忙于批阅奏章的杨坚硬扯了去："看看你的宝贝太子都干了些什么！"

二圣突然驾临东宫，使很多人措手不及。这时宾客云集，酒宴正酣，不少官员已喝得红光满面，醉态十足。看到这个场面，杨坚不由得眉头紧锁，喝令："传太子！"

登时，杨勇从后院匆匆赶来。此时杨勇已呈几分醉相，对皇上的表情竟毫无察觉，来到跟前急忙跪行大礼："儿臣不知父皇、母后驾临，未曾出迎，望乞恕罪！"

"就你一人接驾？"

独孤皇后也一脸的不悦，语气咄咄逼人。她的意思是说太子妃元氏哪儿去了。

可懵懵懂懂的杨勇竟扯过身旁艳丽的刘氏，刘氏道："叩请父皇、母后大安。"

独孤皇后正眼也没看一眼，便生硬地训斥道："太子妃现在何处？"听到这话，杨勇才似乎刚回过味来，望望杨坚又看看母后，一脸惶恐地答道："她近来一直身子不爽，正在养病。"

一旁的杨坚看着太子这份窝囊相，更加不快，脸色像夏日的阴云一般。

"头前带路！"独孤皇后又是一句恶狠狠的话。皇上、皇后要亲自去看视臣下，这是何等的荣耀？可对于杨勇来说，他宁可不要这份荣耀。他生怕病态的元氏给他带来坏运气，又要遭到母后甚至父皇的痛责。

杨勇迟疑了片刻，快速寻思着劝阻的办法，可他的目光一触及母后冷峻的表情和父皇不快的神态，他又顿失了劝阻的勇气，无奈地沿着一条幽僻的曲径向太子妃宫慢行着。这条路平时走起来很长，可今天却显得格外的短。再看看刘氏，眼中既有难言的委屈，又有由衷的惶恐，但她也只得硬着头皮，低头紧随其后。

元氏近来仍是以泪洗面，虽有御医的精心诊治和宫女们的悉心照料，但终究除不掉心中山一般的重负，门外的丽日和风与她无缘，树上的青鸟也唤不回她逝去的快乐，古琴已永远消逝在她的视线内。痛苦的她有时在责问，为什么时间也和自己作对：太阳迟迟不肯落山，月亮又总是悬在天上……现在的元妃已是形销骨立，令人惨不忍视。

看到父皇、母后驾临，元妃又惊又喜，挣扎着要下床行礼，可手脚好像不听使唤，哆嗦着立不起来。独孤皇后见到此情，犹如万箭穿心，这哪里是那个活泼得像小燕子似的扎羊角辫的小姑娘，眼前的人怎能和那个亭亭玉立的美少女联系到一起？

独孤皇后流泪了——她已多年不曾哭泣了，皇上的眼圈也是红红的，连随行的宫女、太监都偷偷地擦拭着眼角的泪水。

皇后一手拉着元妃骨瘦如柴的手，一手轻抚着元妃苍白的面容，哽咽着说："孩子，你受苦了，母后对不住你啊！"

"母后，儿怎当得起啊！"元妃已泣不成声。

杨勇也是个爱动情的人，在这种氛围中又愧又怕，脸色由红变白，禁不住也两泪涟涟，垂立在元妃的床前，景象着实难堪。

独孤皇后抹了一阵泪后，忽然变了声调，怒道："太子，你给我听着，太子妃能尽快康复便罢，若有个三长两短，我会和你算总账。"

太子听罢，汗水淋淋，口里只说出两个字："好，好！"

杨坚也忙嘱咐道："再派御医来诊治，务要彻底治愈，不得延误！"杨坚话头一转又训斥道，"你也做得太过了，好自为之吧！"

一行人出了元妃的内室，又往其他院落，行不多久，只听一阵孩子的喧闹声，杨坚不由得诧异地问身边的太子道："你这儿哪来这么多孩子？"

说着他们走近一处精致的小院落，红色的双扇大门，考究的雕花门楣，一溜青砖瓦房。大门打开，只见院内大大小小几十个孩童在院中追逐嬉闹，杨坚更是诧异，不由得加大音量，追问道："这到底怎么回事？"

杨勇见事已至此，自己的那些个花红柳绿的事尽现在众目睽睽之下，心中反倒没有了怯意，于是平静地回复杨坚："回父皇，这些俱是父皇的孙儿女！"

"什么？都是你的？"这下该独孤皇后惊讶了。

杨勇连忙呵令那群乱糟糟的孩子跪下，给皇上、皇后请安。听着那众口一词的清脆童音，看着那瞪着惊奇大眼睛的一个个小脑袋，适才满脸怒气的杨坚平和了许多，他只觉得又好气，又好笑，他万万没想到这个太子竟如此荒唐，短短十几年功夫为自己生产了如此多的杨家兵将，这下杨家倒不愁保家卫国的了。但他还是按捺不住自己的不满，挖苦道："这些就是你多年的政绩？真不简单，比你的父皇强多了！"

听到这话，独孤皇后白了杨坚一眼，她觉得这话不入耳，似有弦外之音。

杨勇听出了这话的分量，急忙分辩道："儿臣并非只是耽于女色，情之所至而已，儿臣习文练武，心系国事，从不敢懈怠！"

"这就是你习文练武的成绩？恐怕你的聪明用错了地方吧！"杨坚的话里带着十二分的嘲讽。

"儿臣绝不敢蒙骗父皇、母后。儿臣的确不敢忘记自己的责任！"杨勇的语气十分恳切，那神情似乎要把心掏出来似的。

"那好吧，朕倒要见识见识你的经天纬地之才。"杨坚本想查验一下他的诗书功底，但转念一想，朕武功不如文治，今日要反其道而行之，偏要看看太子的武功到底长进多大。想到这儿，于是下令，"姑且演练一套拿手的器械吧！"

不多时，杨勇便披挂整齐，俨然出征的大将，煞是威风。他手握寒光闪闪的宝剑刚要起式，杨坚止住了他。因为杨勇金光闪闪的铠甲引起了杨坚的注意。

这是一副制作精致的铠甲，用纯金做就，雕刻异常精美，一对张牙舞爪的异兽栩栩如生，平添了几分威猛。铠甲周边的表面均匀地镶嵌着六颗耀眼的红宝石。这与其是铠甲，倒不如说是一套供观赏的艺术品，透出少见的华贵姿容。

"这副甲不同凡响啊！"杨坚的语气明显带着不满和责问。

"回父皇，这副甲确是件罕物，是蜀地能工巧匠花了一年多的时间才做成的。儿臣三十岁生日那天，四弟杨秀赠送的。"

听到这儿，杨坚仍不动声色地问："恐怕价值不菲吧？"

"回父皇，据三弟讲，光材料就用去数万两银子，是他攒了五年的积蓄。父皇要是喜欢，儿臣愿甘心献给父皇。"杨勇全然没有领会杨坚的意图。

"你和蜀王感情很深嘛！"

"四弟和儿臣脾气相近，能谈得拢，故交往甚多。"

对于杨勇的表现，太子府的人无不为他捏了把汗，刘氏更是心急如焚。因为杨坚的表情已经表露无遗。一旁的独孤皇后早就气得脸色发青了。

然而杨勇却照样侃侃而谈："儿臣自知自己的某些行为令父皇、母后失望，但父皇、母后的谆谆教诲一刻也不敢忘怀，忠心爱国、勤政爱民的信念从未动摇。"

杨勇的忏悔并没有赢得理解，相反带来了强烈的反感。

"好一个忠心爱国、勤政爱民，不爱妻子的人还侈谈什么忠君，生活糜烂透顶，竟自诩爱民，亏你能说出口，这就是你多年修成的德行吗？"独孤皇后按捺不住，用手指着杨勇，气势咄咄逼人，令人胆寒。

"不就是些生活小节吗？"杨勇嘟囔着继续为自己辩解。

"什么，小节！亏你是饱读史书的人。翻一翻历史查查，沉溺于声色犬马有几个能坐稳江山？说什么'小节'，真是朽木不可雕也。远的不谈，就说你的父皇，如果不是他励精图治，一心一意忙于国事，能有大隋的今日强盛吗？"

母后的威势使杨勇再不敢出一言反驳，而杨坚听到独孤皇后的赞许，脸上不自觉地掠过一丝得意。

这晚的夜色格外深沉，杨勇伫立窗前，面对冷冷的夜色，一副无精打采的样子。

刘氏轻轻走来，给他披上一件深色夹衣："不要再生烦恼了，还是商量一下如何补救吧！"

杨勇缓缓地转过身来，少气无力地叹道："于事无补啊，事到如今，随它去吧！"

"太子怎能这样自暴自弃？再说事情并没有不可收拾，还可以努力，世上哪有过不去的河，只要太子振作起来，改弦更张，做出些漂亮事来，父皇和母后会改变对殿下的看法的！"

圣人可汗：隋文帝

"谈何容易！"杨勇苦笑着摇摇头，抚摸着刘氏的秀发，"我只想和你静静地待在一起，什么都不想去做了！"

"殿下，万不可灰心丧气啊！"刘氏语气忽然变得坚定起来，"灰心丧气"四个字特别加了重音。

杨勇被刘氏的勇气猛地一震，似乎从沉沉的睡梦中被惊醒了，清清嗓子，爽然应道："也罢，着人去请唐大人、邹大人和李大人。"

不多时，三人先后匆匆赶到。亮如白昼的小客厅里，杨勇在地上来回踱了两趟，试探着问道："三位爱卿以为今日之事如何？"

三人一时无语，只用眼角互相对扫了几眼，客厅里一片沉默。

李纲略加思索，沙哑着嗓子反问杨勇："殿下以为如何？"

"虽然母后盛怒，父皇不悦，但今天的事总不至于影响东宫的地位吧！"

"这要看皇上的态度。恕臣直言，今日殿下的表现的确令皇上失望。依臣之见，当务之急是深刻反省过去，坚决痛改前非。此外要广结皇上的重臣，不惜代价笼络他们，争取他们的大力支持。"李纲一口气说出了自己的意见，目光炯炯地等待着杨勇的反应。

"今天的事，来得非常突然，有些蹊跷，臣思来想去，可以断言，里面肯定有阴谋，是有计划有步骤的精心安排。目前当务之急是要暗暗查访一下这个危险来自何方！"邹大人神色严峻，浓浓的双眉快皱到了一堆。只听他话题一转："臣以为别人在千方百计寻殿下的不是，可殿下却偏偏要自露短处。殿下明明知道皇上一贯倡导节俭的风尚，可殿下却偏偏要抖落出那副金甲，岂不是自讨苦吃？皇上的那番问话明明可以轻描淡写地敷衍过去，殿下却把制作的过程、花费和盘托出，真是哪壶不开提哪壶！"

听到此处，杨勇急忙接过话头："当时只想博得父皇高兴，哪料想忙中出错。至于后来的解释，也是别无选择，只能据实回答，岂容有半点虚诳。"

听了杨勇的话，唐大人和邹大人已无话可说。他们的心仿佛沉入了冰湖湖底，他们觉得眼前的这位仁者、这位诚信之极的人只能做个好儿子、好丈夫，但绝不应是个君王。

后来，二人双双暗中投了杨广，成了安插在东宫中的两颗最危险的钉子。这是后话。

更可怕的是，杨勇压根不相信众皇弟会在暗中算计自己。他认为自己作为长兄、储君，应该全心全意地维护兄弟间的和睦和团结，哪能互相去猜忌、使绊子，如果那样，将来如何君临天下，善待臣子？

在兄弟中，他认为最可信的是二弟杨广，二弟从来都是那样尊重自己，礼让自己，居功不自傲，即使对待大臣，也是彬彬有礼。他觉得二弟从小就聪明，虽然有时好要个小手段，但他认为那是"小节"，谁能没有个缺点呢?

他喜欢的兄弟中还有蜀王杨秀。四弟杨秀在兄弟中脾气最为直率，不矫饰，虽然有点"花心"，但对于一个男子来说，算不上大缺点，两人来往较多，互有馈赠。

至于五弟，年龄尚小，更不会构成什么大威胁。

杨勇目之所及，都是慈眉善目的"仁者"，大慈大悲的"观音"，无怪乎他的臣僚们既同情他，又可怜他。

杨勇的性格决定了他的悲剧结局。

开皇十八年三月初，天地春寒料峭，一片银装素裹。

杨坚这年已经五十八岁了，但多年过度的劳心使他看上去要老得多。鬓发几乎全白了，说话的底气明显不足，眼睛已不再那么有神，但他还是坚持每日早朝。

这天，朝臣们像往日一样早早来到了大殿外的朝房内等待早朝。这时朝房外传来匆匆的脚步声，只见一名将官风风火火地将一封夹带鸡毛的十万火急公文呈给内侍，焦急地说:"东北边关告急，速请公公转呈皇上!"

朝臣们知道，今日的主题来了。

许久没有大的战事了，皇上会如何对待呢，大臣们各怀自己的心思。

原来战事来自高句丽。

东北全线告急!

"高句丽发兵十万，深入辽西百里，所过之处，人畜财物，无一幸免，我无辜边民被杀者已逾千人……"

高高端坐在龙椅里的杨坚听到此处，松弛的面皮显然由于激动而微微泛红。他一手扶住龙椅，一手颤颤地在空中比划着，向群臣怒道:"小小的高句丽，不思报恩，竟敢犯我大隋边境，杀我边民，是可忍，孰不可忍! 大隋是不容侵犯的，朕是不许小视的。朕有百万铁军岂容外族入侵!"

杨坚不觉已把拳头握得紧紧的，在空中挥舞着，咆哮着:"朕今番定要发靖难之师、雪耻之师，荡平高句丽，让它永不得翻身!"

他气喘甫定，又道:"谁愿为朕披挂领兵，征讨狂贼?"

他目视着脚下的群臣，额上闪着细微的汗珠。

堂下一片沉静。

忽地，群臣中一人出班启奏。众人看时，原来是左仆射高颎。只见他走上前来，不疾不徐，朗朗奏道:"国兴民兴，君荣民荣，高句丽为我大隋属国，竟目无宗主，兴兵犯境，杀我百姓，每一个大隋子民都应挺身而出，报国杀敌。但臣思虑，高句丽多年一向奉我朝为大国，岁岁年年纳贡，突然兴兵，其中必有缘故。臣以为可先遣使打探原由，如果可用外交手段解决，未必要兴师动众。"

高颍深深吸了口凉气，又道："兵法云：'上兵伐谋，其次伐交，其次伐兵。'如能'伐谋'，则为上策。再说现在出兵高句丽，能有几分胜算？高句丽境内山高林密，河湖纵横，现在正是北方多雨的季节，如连遇阴雨天气，这粮草给养怎么运输？如果缺乏粮草，这兵怎么带，仗怎么打？率疲病之卒深入险地，后果恐难预料。"

高颍话音刚落，杨坚便不耐烦地质问道："依仆射之意，这奇耻大辱可以轻轻抹去？试问那些失去亲人的百姓会答应吗？那牺牲了战友的将士们会答应吗？"

高颍据理力争："臣并非无情无义之人，只是担心耗费巨大，而收效甚微；牺牲巨大，成果皆无啊！"

杨坚很不满高颍的回答，认为他是故弄玄虚，杞人忧天，于是生气地责怪道："都似爱卿这般瞻前顾后，我东北危矣！国家领土一寸也不能丢，国家尊严一点也不能损！"

其实高颍并不反对增兵拒敌，反对的只是征讨高句丽。而杨坚却顽固地认为高颍反对出兵。

他还想再责备高颍几句，但却被一声"父皇"打消了念头。

说话的是汉王杨谅。

汉王谅白净的面皮，一双小眼睛里藏着一丝让人捉摸不定的东西。年纪不过二十多岁，毛茸茸的胡须很清晰地点缀在唇的四周。

他是文帝最小的儿子，也是他最疼爱的儿子。但他在同胞五兄弟中，出道最晚，功劳也最少，和四个哥哥相比，他时常有内心不平衡的感觉，他认为自己无论是聪明或是机灵，他并不弱于他们任何一个，只是缺乏机会罢了。因此他总想寻机会在众人面前展示一下。今日恰逢这个机会，于是他决定紧紧抓住它。

"父皇，儿臣不才，愿率一支精锐之师，奋击来犯之敌！"

这声音脆生生的，听起来还带着淡淡的奶味，但杨坚却喜上眉梢，他欣赏地望着汉王谅那副不失英雄本色的气魄，那气魄渐渐地在他的眼里仿佛幻成了朵朵飘飞的鲜花——那成功的标志。这时，杨坚的心里充满了安慰：毕竟是朕的儿子，有着朕的血统、朕的风格，朕的后代毕竟不弱！

但倏地，一份苍凉又掠过心头，自己已近花甲之年，近几个月来感觉一直不如从前，易疲劳，睡眠不好。难道这些是某种预兆吗？

这一喜一忧在杨坚的脸上只是一闪而过，但在善于察言观色的朝官们的眼里，却是阅读得到了两个明确答案。

杨素一脸笑意地附和道："皇上以打促和的方略对全局具有战略意义。不打不足以显国威，不打不足以丧敌胆，打仗既能练兵又可育才，将军都是从血与火中走出来的。"

杨素一向能言善辩，只要认准了道，他会说个没完。

"汉王上承皇上才德，下依兵将爱戴，手持七尺长缨，定能驱魔斩妖，高奏凯歌而还。"

言毕，他朝汉王投了一眼。

汉王自然心领神会，也回敬了杨素一个注目礼。

杨素的话正合文帝的心思，于是杨坚不禁投以赞许的目光。

而高颎对他这一套冠冕堂皇的溢美之词早已习以为常，不屑一顾地哼了一声。

朝堂上再无其他人发一言一词。

其实，在满朝文武中，出自高颎门下的弟子或经高颎举荐的官员为数并不少，他们也清楚此时出兵高句丽未必能捞到什么便宜，汉王也并非杨素所夸赞的那样文韬武略，但没有人愿意，或者根本不敢据理而言。因为伴君如伴虎，一言不慎则可丧身辱家，尤其是他们目睹了近年来的朝纲，不得不采取低调做法，或者说是明哲保身。他们不会忘记李德林遭受的冷遇，也不会忘记因与皇上不睦而被毒杀的滕王瓒，更不会忘记不久前彭国公刘昶的下场。

苏威就是这样考虑的。他认为这样的争论完全不值得，因为现在的皇上已不再是开皇初从谏如流的皇上了。近些年来，随着国势日隆，年龄增大，皇上的固执和偏激，已冷了许多老臣的心，伤了忠臣良将的感情。除非不顾事实昧着良心，完全迎合他，否则给你一个脸色已算是皇恩浩荡了。这是后来苏威和高私下的谈话。

但高颎毕竟是高颎，他殚精竭虑地辅佐杨坚十几年来，不隐私，不藏奸，即使是杨坚也不得不承认这一点，时至今日，他虽然也承认皇上变了，越来越专制了，但他总也改变不了那种爱讲真话的脾气和一腔忠君之心。他时刻不肯忘记自己是左仆射，自己身上的担子和义务。

但今天，他破了例。一看势头不对，也挂起了免战牌。但树欲静而风不止，本打算不管这桩"闲事"，可不管能行吗？

"高爱卿，汉王要领兵出征，你意下如何？"杨坚又将了一军。怎么回答呢？照直说，那是皇上不愿听的；曲意逢迎，又觉得别扭；若是把球再丢给皇上，并非自己的一贯作风。

也罢，何不来个顺水推舟，卖个人情吧！想到这儿，高颎很爽快地回答道："皇上圣明，汉王做统帅，当之无愧！"

高颎的急转弯，在杨坚看来，极不自然，他宁愿高颎是相反的态度，而不是现在这种勉强的豁达相。所以杨坚的眉头放开又皱起来。

高颎全然没有注意到这个细节，依然神色安然地静待皇上下达出师的旨意。

"汉王杨谅，左仆射高颎听旨！"

杨坚口拟着圣旨。

乍听这句话，高颎还以为是听错了，但他马上意识到，皇上是要把自己和汉王拴在一起，"生死与共，风雨同舟"。

事情来得太突然了。跪倒在金殿上，高颎觉得脑袋昏昏沉沉的，他模模糊糊地听完了圣旨，只记得圣上封他为长史，协助汉王谅讨伐高句丽。

高颎神思恍惚，他并非害怕出征。想当年平定尉迟迥叛乱，他力挽狂澜，率领大军直捣尉迟迥老巢，猎猎军旗高扬在古城上空；开皇初，他又节制三军，连续收复被南陈侵占的大片国土，一胜而再胜，豪气冲天，饮马长江北岸；开皇八年，雄兵飞渡天堑，南陈一夜间灰飞烟灭，结束了南北长期分裂的历史局面，又是高颎居中统一指挥。

以往听到出征的旨意，充溢胸中的是抑制不住的激情，令人兴奋不已。可今天再听到它，却如闻丧钟，也许更像是被判了流刑一般。

可对于杨坚而言，这一决定一举两得，既能示之以重用，又能增加切责之意，不过，不是用言语责备，而是用行动昭示。

而此时，对面无表情的杨素来说，这份圣旨，不啻又是一件特大喜讯。因为要寻找机会扳倒高颎，手中没有穿透力强的利刃是不行的，而此次远征高句丽，吉凶实难预测，这岂不是做文章的上好素材？

其实，杨素将暗箭对准高颎，已非一日了。故事还要从杨素拜倒在杨广权杖下说起。

杨素向杨广面授机宜时，杨广的那份虔诚，杨素的那份投入，能够组合成一幅绝好的画面，但可惜的是他们密谋的却是一场卑鄙的政治阴谋。

杨素伸着头发稀疏的脑袋，向一脸奸邪的杨广指指点点，而杨广则不住地小鸡啄米似的点头。

"这里有两个关键，一是把太子搞臭，使他在'二圣'面前成为一文不值的废物；二是要清除夺取东宫的最大障碍——左仆射高颎。此人在'二圣'眼里是个忠心耿耿的、无可替代的角色，而恰恰是这个一直扮演忠君信臣的'不倒翁'，与太子竟是割不断的儿女亲家，高颎倒台，太子会失去最大的保护屏障，就只有被歼灭的命运了。"

在杨素的精心策划下，杨广一步步逼近太子。"二圣"突然造访东宫，使杨勇猝不及防，在众人面前颜面尽失，就是杨素的杰作。向"二圣"通风报信的人乃皇后身边的贴身宫女，名叫紫叶，而向紫叶报信的公公又是皇上的得力内侍张权。紫叶、张权都被杨广一一收买了，成了杨广的耳目。可以说宫中的大事小事，只要杨广想要，就能很快地获取。当然，他更不会忘记在东宫内安插耳目。

他们一方面有计划地盘算着东宫，另一方面加强了对高颎的攻势。

据张权从内宫传来的消息，皇上自从突访东宫以后，对太子的印象一落千丈，有一次和高颎谈及太子杨勇，刚一露出废止的意思，高颎马上以"长幼有序，其可废乎"的继承制度提出反对意见，皇上未置可否，但皇上的脸色很不好看，显然是不满高颎的态度。

惹皇上不高兴，这可是重要信息。杨广和杨素两人如获至宝。

但时不多久，杨素捕获的另一信息竟使两人高兴得如癫如狂。

那是秋末的一个傍晚，住在仁寿宫的独孤皇后照例是傍晚外出散步。夕阳下的一草一木沐浴着斜阳，焕发出诱人的光彩，她俯身拾起一片落叶，仔细地数着那密密的纹路和丰富的颜色，那神态仿佛回到了豆蔻年华的少女时代……

带着散步获得的好心情，她回到寝宫，那片落叶还捏在她的手上。这时一个小宫女急匆匆地神色紧张地来到寝宫门外，叩请完毕，被放了进来。这个小宫女，独孤皇后认得，是紫叶的侍女，经常往来于紫叶和皇后之间。

一看那神色，独孤皇后便知是闹心的事。果然，小宫女不很完整的叙述，已使她勃然大怒。

"臭婊子，吃了豹子胆，竟敢如此不知廉耻！走，我倒看看是个什么样的狐狸精，骚劲这么足！"

呼啦啦，十几个宫女一人一支木杖，像出征的勇士一样扛在肩头，样子十分英武。

这支花枝招展的特殊的队伍跟在怒发冲冠的"将军"身后，向仁寿宫进发。近来文帝常在仁寿宫批阅奏章，不想竟批出一段风流韵事来。

这位"大胆包天"的宫人不是别人，正是尉迟迥的孙女尉迟风琴。多年不见，当初的黄毛丫头如今出落得亭亭玉立，风姿可人，把个一向矜持的文帝招惹得昏天暗地，只恨相见太晚。

杨坚是在一次偶然的场合中和尉迟风琴相遇的，但却有种似曾相识的感觉。那日，响晴的天，宫人们尽情地享受着和风丽日下的风景，捕蝴蝶，采野花，嬉笑着，追逐着，那银铃般的欢笑声，各色鲜艳的服饰为这中秋的大好风光平添了点点亮色。

突然，狂风四起，阴云滚滚而来，转眼间豆大的雨点劈头盖脸砸将下来，宫人们像受惊的小兔一样四散而去。

尉迟风琴也被骤雨赶得无处躲藏，正在这时，只听有人喊道："朝这边跑，到这儿来避雨！"

她循着声音跑去，原来，声音是从荷苑的小阁子里传来的。她不顾一切地冲了进去，抹了一下脸上的雨水，才看清面前的人：六十开外的一个老头，清瘦，但眼睛很亮。他身边一左一右两个人，一个小宫女，一个小太监，都把眼睛射向自己，到这时，她才发现自己被淋得透湿，薄薄的单衣紧贴在身上，玲珑的曲线尽现在人眼前，她脸儿一红，羞涩地背过脸去。

这个老者便是杨坚，这个阁子是他经常光顾的地方。眼前的这个宫人的举止神采引起了他的注意，他仔细地打量起来：高挑匀称的身材、白净的皮肤、乌黑闪亮的头发和那一袭洁白的衣裙，衬托得如天仙下凡，西施再世。

杨坚不禁怦然心动，他好像见过这女子，但又无从记起。

尉迟风琴对皇上没有什么太多的戒备，也许杨坚此时确实有君子风范，温文尔雅，没有冷冰冰，没有高高在上，没有色迷迷。

短暂的问答在雨停之后便告结束。因为杨坚不忍看见那只白鸽在淋湿了翅膀之后瑟瑟发抖，但他记下了她的宫名、人名和爱好。

从那以后，杨坚仿佛换了个人似的，容光焕发起来，他叫尉迟风琴为他诵诗，为他操琴，在温暖的罗帐内，杨坚尽情享受着温润玉石般的肌肤给他带来的无限快感，他喜欢听她耳语缠绵，丝丝如甘霖沁入心田。

当然，他的一切都是在严格保密的状态下进行的，他不愿为此和独孤皇后扯破脸皮，几十年风雨同舟，他尊重皇后也爱皇后，年轻时尚能和和美美，何况人到暮年，所以他的这点小小"人欲"还是要讲点手段。

尉迟风琴也是个明白人，她和杨坚的老少恋，没有任何功利色彩，只是慰藉一下寂寞空虚的心灵，而且她和杨坚也绝不是单纯为了肉欲。互相按摩一下心灵，才是尉迟风琴的第一要求。

杨坚首先是被尉迟风琴的美貌征服，然后才逐渐全面认识她的。杨坚像爱惜宝玉般地珍惜着尉迟风琴，虽然相识时间短，但发展得神速。

第一次见过尉迟风琴后，不知咋的，脑子是怎么也抹不去那美妙的一瞬——一袭白衣款款向自己走来，然后……

他决定去拜会这个"小魔女"，顺便探探她的态度。

月儿悄悄躲到云彩背后去了，鸟儿也没有了白日的歌唱，杨坚出门了。

在贴身太监的引导下，他悄悄来到了死寂般的昭宫。

昭宫是刘美人的寝宫，刘美人是刘昉的女儿，刘昉因谋逆被斩，子女尽被收官，她因美貌非常被带入宫中。虽有名份，但无夫妻之实，从未和杨坚过过一天夫妻生活，十几年来，她从一个浑身上下透着青春气息的美少女变成了一个暮气沉沉的中年妇女，个中滋味，只有身边的侍女尉迟风琴最能理解。

当尉迟风琴那天回去后，把雨中的奇遇像讲故事般说给刘美人听时，刘美人当即就提醒她，一旦被皇上相中，死期也就不远了，妒妇——她们私下称独孤皇后——杖下死了多少冤魂野鬼，不要把自己给葬送了。

可尉迟风琴头一扬，不屑地说："我才不怕呢，伸头是一刀，缩头也是一刀，只要皇上他愿意，我就做给她独孤皇后看看。与其被埋在活人墓里，还不如长眠在地下自由呢！我只是怕会连累主人，叫奴婢心中不忍。"

"我还有什么好怕的？这十几年都是多活过来的，如果不是想到年迈的母亲还在世，我也早随父亲去了。"

刘美人和尉迟风琴无话不说，彼此倒没有尊卑的隔膜，说起话来，往往是以你我相称，显得亲切又自然。

刘美人拢了一下稀落的头发，不无担心地说："你毕竟还年轻，鲜花刚刚开放，我是觉得太可惜！"

"我有什么可惜？那宣华夫人才叫可惜呢，江南的第一美人，只能独对青灯叹息！"

"越说越远了，我们枉在这儿多情，那杨坚未必会来！虽说有约，但那或许是他无足轻重的承诺，不足为凭。"

"凭直觉，我相信他会来的。他的眼睛里好像有种东西在燃烧，他的手也在颤抖。他触摸我的手时，我有一种酥麻而兴奋的感觉，我想他也会有的。"

"傻丫头，真看不出感觉会这样好，勇气会这样大，同你平时的行为比，大相径庭啊！"说着用干涩的手抚摩着尉迟风琴的柔发，轻轻叹息着。

这时，忽听宫门外传来轻轻叩门声，二人一惊。待看清来人，二人更惊，不是别人，正是杨坚。用不着太多的客套和大礼，很快，刘美人知趣地抽身而去。杨坚和尉迟风琴互吐了别后的相思，杨坚紧紧抓住尉迟风琴绵软的小手，无限深情地在尉迟风琴的脸上留下一个个热吻。

拥着尉迟风琴，像拥着一个昨天的梦。杨坚从尉迟风琴的身上又找到了男人的尊严和自信，这是独孤皇后曾经给予过的，尔后渐渐淡化的东西。

尉迟风琴的身上有一种独孤皇后身上从未有过的韵味，那是一种艺术化的、只可意会，不可言传的美妙感觉。

这一晚过得丰富多彩，使杨坚更感到"人生苦短""儿女情长"这两个词的形象和深刻。杨坚临去时向尉迟风琴承诺，他会记住她，他会再来，他要充分享受下半生。尉迟风琴也含泪而泣。

美好的日子总是显得太短，思念的日子又是那么漫长。

只过了两天，杨坚就耐不住思念的煎熬，天色还未完全暗下来便又钻进了尉迟风琴的爱巢。这次，尉迟风琴用古琴的幽怨之声倾诉着无数宫女的心酸和苦闷，杨坚似懂非懂，但那流畅的旋律和优雅的操琴动作着实让杨坚大饱了耳福、眼福。突然，琴弦叭地断了，一阵不祥之感袭上心头。她回过身来忘情地与杨坚狂吻着，然后站起身来，直面杨坚，毫无羞涩地脱着衣服……

当尉迟风琴赤裸着光洁的少女之躯，在暗红的烛光中翩翩起舞时，杨坚的心里猛地被震动了，这个场面恍如一个庄严的祭典，又如一场悲壮的离别场面。那些动作没有丝毫的性的引诱，只是在抒发一种情愫。

尉迟风琴时而夸张地舒展着双臂向上仰望，时而以手扪额做沉思状，一会儿又作急速地旋转，这些舞姿是杨坚从未领略过的。忽地，杨坚似乎明白了，这些是对自己的暗示，是一种语言，但他不敢肯定具体是什么内容。

当最后一个动作结束后，杨坚为她披上衣服，但被她一把夺过扔在了地上，她娇喘吁吁一把抱住杨坚滚到了床上……

这正应了尉迟风琴的预感，当秋风扫荡完树上的最后一片残叶时，尉迟风琴的最后时光来临了。气势汹汹的独孤皇后赶到昭宫时，尉迟风琴盛装以待。一身素白的宫妆，衬托得如同九天仙子。

独孤皇后一看到尉迟风琴那高雅的姿容，妒火中烧，高傲地质问："你为什么引诱皇上，祸乱后宫？"

"不是'引诱'，是招引，是皇上主动寻上门的，我给皇上带来了他从未有过的享受，皇后应感谢我才是！"

这话把独孤皇后的鼻子都气歪了，张开的嘴不知说什么好，只是一挥手，示意行刑。

训练有素的刽子手们一哄而上，噼噼啪啪的杖击声叫人心肺欲裂，尉迟风琴至死也未求饶、未哀号。

而余怒未消的皇后还要继续追查"元凶"时，一个宫女惊叫着跑来报告："启禀皇后，刘美人和……和……和她的侍女全都悬梁自尽了！"

"死了倒好，免得污了我的眼！"

在场的宫女们面面相觑，有的惊恐地低下了头。

再说杨坚是夜又来临幸昭宫。

然而，兴冲冲赶来的杨坚面对的却是一具血肉模糊的冰冷的尸体。雪白的衣衫上血迹斑斑，天使般的花容已经辨不清眉目，只有深深的牙痕，能够显示出她受刑时承受了多大的痛苦。

杨坚大叫一声，晕倒在地。太监们忙不迭地捶胸、掐人中。在轻轻的呼唤中，杨坚缓缓睁开双眼。此时他的心里只有恨，他恨独孤老妇如此霸道、如此残忍、如此狠毒，恨那老妒妇对自己太过苛刻。他感到自己是这样的可怜和孤独。什么大隋天子，什么广有四海，竟不如一名普通老百姓。一种从未有的失落感涌上心头。

他快速奔向御马间，随手牵过一匹青色高头大马，鞍也不备，翻身跨上马背，打马向山林奔去，他的失常行为使跟班的太监们惊慌失措。拦是拦不住的，张权急中生智，一面让人分别通知两位仆射高颎和杨素，一面紧跟在皇上的身后，唯恐有个闪失。

秋夜凉如水，更何况已到深秋，山风嗖嗖吹来，张权感到像针扎般的难受，可看到前面的皇上竟全无这种感觉，只是纵马狂奔。

出宫越跑越远，天上星月暗淡，地上坎坷不平，山中谷深涧陡，稍不留神，极有可能失足跌入，白天尚且有险，更何况是黑夜呢。张权的心提到嗓子眼里，不断地边跑边喊，让皇上停下，但皇上充耳不闻，毫不理会。

也许是马跑累了，也许是杨坚的愤怒之情得到了释放，前面急促的马蹄声渐渐慢了下来，张权赶到近前，跨下马背，来到杨坚跟前，紧紧抓住了马缰绳，那马被迫停了下来。

杨坚还是一言不发，任晚风肆意地吹拂着不多的头发和薄薄的衣衫，他目光呆滞，神情木然，那模样使人心生怯意。

高颎和杨素都赶来了，二人下马来到杨坚跟前，高颎接过太监手中的皮袍，披在杨坚的身上，关切地说："天太凉，先回去吧！"

杨素也送上句温暖的话："皇上不走，全城的人都不会安心，大家都惦着你！"

杨坚还是缄默不语，只是茫然地望着前方的莽莽山林。

这时从远处的山寺中隐隐传来几声报更的钟声，那钟声浑厚而圆润，霎时在杨坚的心中荡起层层波澜。多么美妙的钟声，那是来自佛国的召唤，一股深藏在内心深处的佛性被唤醒了，他想起了师父智仙法师，想起了在佛寺苦读的日日夜夜。

"也许，我的最终归宿还应该是清幽的佛门，那么现在，也许是时候了。"

杨坚在心里暗暗地想。

"追来追去，杀来杀去，爱来爱去，都难逃轮回，还是让我回到最初的地方吧！"

杨坚的思绪还未跳脱归佛门的圈子，顺口脱出一句："只有佛能理解我！"

高颎离他最近，听到这话，很快明白了他的想法，于是劝道："皇上乃一国之君，万民之主，怎能因为一个妇人的原因而置天下于不顾！"

高颎的意思是，不要因为一个喜欢的宫女被杀而悲观丧志，天下之大还怕找不到一个中意的美女？要以国家大事为重，不要因小失大。

高颎的话是有针对性的，在常人看来不过是一句普通的劝解，没有什么太深的寓意，但杨素却脑子一转，计上心来。

看看皇上毫无返宫的意思，高颎、杨素一帮人只好陪着喝山风了。

直到月儿冲破乌云，山林一片光华，杨坚冰冻的心才稍稍开始溶化。高颎、杨素二人又劝说了半天，杨坚才同意回宫，一行人迤逦下得山来，早已是红日东升了。

为这事高颎又穿梭于"二圣"与皇上之间，费了不少口舌，化干戈为玉帛，尤其是独孤皇后，得礼不让人，着实让高颎为难。

但事情远没有结束，杨素竟然把高颎劝解杨坚的话加工改造传递给了独孤皇后。

"什么，竟然称我为'一妇人'？高颎啊高颎，你原来是如此看低我，亏我多少年一直待你不薄，既然是'一妇人'，那么就叫你领教领教我'一妇人'的手段吧！

"我帮助杨坚创建大隋，功不可没，即使杨坚也不敢小视我，一个左仆射，竟狂傲到称我为'一妇人'，这是何等的耻辱。"

这一把火烧得好，杨素事后向杨广讲起这段精彩片段时，杨广拍着大腿佩服得五体投地。得罪独孤皇后，失去了皇后的鼎力支持，想在政坛上有所作为，那是根本不可能的。

独孤皇后不仅在后宫有着绝对的权威，而且在国政上也是位铁腕人物，尤其在重大人事任命和调整上，可以说是说一句顶一句。不然，何以有"二圣"之称呢？

高颎在政坛叱咤风云十几年而不衰，什么原因？"二圣"的信任和支持。

正因为高颎与独孤皇后有着特殊的关系——患难时的真正朋友，所以尽管政坛风云变幻，而高颎则始终处于重要的地位。高颎也不是没有缺点，不犯错误，问题是，他有功时有人在旁赞颂，有过时则有皇后予以掩饰。再说高颎并没犯下什么大的错误，这样自然显得他功绩赫赫，四平八稳了。

想当年，高颎出将入相，主要是独孤皇后的力荐。这一点，朝中老臣都是知道一二的。

独孤皇后认为可用的人会一帆风顺，而她厌恶的人可就永无出头之日了。

看来，杨素的确把准了独孤皇后的脉搏，杨素得意地向杨广介绍说："这便是借刀杀人之计，四两拨千斤，能见奇效！"

这次汉王谅挂帅出征，杨素觉得又是一次用计的机会，一番密谋后，杨素信心十足地对杨广夸下海口："此次出征，最好的结果也就是无功而返，若运气不好，说不定会全军覆没，到那时，高颎老儿不死，也得丢官进牢狱。"

"到那时，左仆射非你莫属，哈哈哈……"

再说高颎受命元帅长史以后，立即着手筹备出兵事宜。

按照文帝的设想，三十万大军分水陆两路同时进发，以期分进合击。对此，高颎也觉得可行。但水路走海道，风浪大，险情多，人数应控制在五万以内为妥，但杨谅坚持水路至少在十万人以上。理由是，可以形成互相支援的局面，陆路如果受挫，水路立即可以转为主攻，从侧翼切入敌阵。

应该说这个设想也有可取之处，但担心的是给养供应困难，敌人一旦切断海上运输线，十万大军便形势严峻了，这种方案缺陷太大，经不起仔细推敲，高颎建议改变方案。但元帅杨谅坚决不同意。高颎无奈，只好来个折中方案：水路增加到七万人，并派得力干将押运粮草。

最让高颎难做的是选调军队。按照分工，选调将官和军队由元帅、长史具体操作，长史向元帅汇报即可。这项工作，高颎是驾轻就熟的，他了解将官们的情况和各地军队的训练水平。高颎根据战略需要，把陆路分成四路，水军分成两路，他和元帅提督中军，坐镇中枢进行指挥。各路的将军也都配备了可靠的副手。军队的部署完毕，高颎向杨谅报告。

汉王谅接过细致的提调分配方案，简单地浏览一遍，便很不耐烦地说："这些将官我看年龄偏大，不宜委以重任，孤王另选了一些年纪轻的担当主将，他们虽然阅历浅一些，经验少一些，但热情高，建功立业的愿望强，可以独当一面。至于征讨的军队，我看就用河北、山东的吧，他们距离战场近，便于调遣！"

高颎想仔细解释他的战略战术思想，但杨谅长长地打了一个哈欠，舒展着双臂，抱歉地向高颎笑了笑："齐国公，本帅就这样定了，你去安排吧！"

高颎张了张口，但终于什么也没说出。

出征的军队集结完毕，高颎主持会议，召开了出征高句丽全阵高级将官动员会。

高颎在会上宣布了四十二条军规：

不听将令，处置失当者，斩！

贪生怕死，临阵脱逃者，斩！

造谣惑众，动摇军心者，斩！

丢失、盗窃军粮者，斩！

……

高颎宣布完毕，强调此诸项军规上自元帅，下至兵卒，一概适用，如有违纪，军法处置，并任命了监察军纪的军官。

再看下面黑压压一片将官们，个个神情严肃，了无杂声，严肃整齐。

汉王谅慵懒地从帅座上站起，宣布了主要将官的职责和任务，他把押运粮草的重任交给了宇文述的小儿子宇文林，水军行军总管则是他的亲信杨红。

杨谅请来了术士为出征选择良时，又延请僧道为三军祈福，并杀白马黑牛祭奠军旗。

出征那天，阴云密布，北风从早到晚刮个不停，前锋的一个掌旗手行不过二十里地，在平坦的大路上竟失足落马，即时毙命。这一事件像瘟疫一样，很快席卷了整个前锋部队，一时间，不安和恐慌笼罩了这支部队。

行军第二天，天空便开始飘起小雨，因前方军情紧急，部队只好冒雨前进，大队人马在泥泞的地上艰难地跋涉着，队伍中不时传来车马陷在泥淖中阻碍道路的消息。

第三天，兵士中开始有人闹病，上吐下泻高烧不止。军中医官诊断为吃了不洁之物所致，于是传令不得随意饮水、吃食，要先经试饮试吃方能统一使用。但这一措施并不见效，更多的人得了同一种病。医官又断为水土不服，但不久，病重者开始死亡。病人一天天增多，但行军不能停止，行军速度慢慢地减了下来。

人心开始浮动，人们不相信是水土不服，怀疑军中感染了疫病。

时值春季，加上阴雨连绵，疫病传播更快，前锋军中十有其七都被感染了。

由于疾疫流行，杨谅不得已将军队驻扎下来，医官在军令重压下，终于寻得治病草药，军士们将药喝下去后，先是症状减轻，后便渐渐痊愈。病愈的士兵露出了笑脸，医官们也长长松了口气，杨谅和高颎也终于睡了一个安稳觉。

这次疫病使大军元气大伤，士卒患病而亡的人数占十之二三。出师不利，在杨谅的心中投下了浓浓的阴影。

讨伐高句丽的陆路大军经过灾难性的瘟疫打击，士气大受影响，虽经高颎等人的激励，阴影依然挥之不去，一些人认为这是上天警示人们，切勿轻动刀兵，违者必受惩罚。这种思想和情绪在兵士乃至将官中都有，令高颎也十分头痛。

不料，此时又一更令人震惊的消息传来：二十万石军粮被一把火焚了个精光！

眼看就要和敌人开战，在这关键时刻，失了军粮，当兵的能饿着肚子打仗吗？再说，消息一旦泄露，军心必然不稳，这仗可就没法子打了。

这军粮怎么会被焚呢？

粮草押运官宇文林，乃柱国将军宇文述之子，二十多岁，善使一对流星锤，被杨谅任命为三十万大军的后勤部长，高颎一直认为此事草率。

失火的原因很快被查清，原来宇文林醉酒后鞭打士卒，引起士卒不满，放火焚烧了粮草。追捕嫌犯自不必说，但军粮被烧，按军规当处极刑，作为主将具有不可推卸的责任。眼看血光之灾就要降临，平时八方威风的宇文林现在变成了大狗熊，竟将责任全都推给了几个毫不相关的人。

他在给杨谅的呈文中颠倒黑白地把自己装扮成一个带兵有方、执法严肃的正人君子，诬蔑几个平素对他有成见的人结党营私，暗中和土匪相勾结，而这场大火则是几人串通土匪搞的一场阴谋，旨在嫁祸自己。他要求严惩凶手，给几十万东征将士一个交待。

他把生的希望寄托在杨谅身上。

而高颎接到的则是内容与此恰恰相反的报告。

俗语说，兵马未动，粮草先行，几十万大军一旦断炊，情形可想而知。高颎打了这么些年的仗，这还是他遇到的第一回，他决定马上要把这危急的情况与杨谅商定后，速报朝廷。

杨谅现在也已接到呈报，顿感事态的严重，他开始有些后悔自己用人不当，宇文林竟然本性难移。虽然呈报中宇文林把责任推得一干二净，但凭直觉，他认为宇文林肯定在撒谎。

但宇文林毕竟是自己提名委以重任的，他在掂量着对宇文林处理时，不能不考虑对自己的影响。

然而，杨谅没有想到的是，对认定主要责任人时，自己会和高颍冲突得这么厉害，简直到了剑拔弩张的地步。

"宇文林身为主将，视军纪如草芥，视责任如鸿毛，公然酗酒，甚至指使人盗卖军粮，以次充好，把好端端的队伍搞得人心离散。有其将便有其兵，士卒盗粮固然该斩，但为将者首先违规，应罪加一等！"

高颍对杨谅为宇文林开脱的做法极力反对。杨谅把宇文林定为未能及时发现、制止违纪的官佐，负次要责任，轻描淡写。如果这样，宇文林最多被罢官、充军，等于未伤及筋骨。

杨谅的态度极为强硬，坚持要从轻发落。而高颍据理力争，坚持斩杀了宇文林，这令杨谅十分恼火，在心里埋下了愤怒的种子。

开皇十八年的春天，对于一心要建功立业的杨谅来说，无疑是个灾难的季节，与别的年份相比，雨水来得早，来得大，风也大得邪乎。第二批押运粮草的队伍又因雨大而一再延误时间，军粮频频告急，而水军此时也遇到狂风而大半倾覆，据逃生回来的人描绘，那场巨风来得快、猛，仿佛在顷刻间，天地便翻了个。在狂风巨浪中，人显得是那么弱小，因船翻而落水的官兵也在一刹那便被无情地卷入峰尖浪谷，任你再好的水性，到此也无能为力了。

高颍暗自为现在的对外政策的变化而担忧。现在三十万东征的大军，已经面临绝粮的威胁，是进还是退，现在已到了必须抉择的时候了。

高颍建议迅速回撤，杨谅主张继续进军。

高说不动杨谅，而杨谅也不能说服高颍。

高颍提议今晚两人暗中探访军营，听听士卒的真正想法，杨谅爽快地同意了。

意想不到的是，全军不但士气异常低落，就连水军全军覆没的消息不知怎么的也被泄露了出来，和绝粮的消息一起已经在士兵们中暗中传开了！

高颍和杨谅走走听听，无非是些牢骚、悲观的论调，这反映了兵卒们的真实面貌。

二人默默回到大帐，高颍望着杨谅，眼中含着期待，希望听到他关于撤军的决定，但除了看到杨谅一脸的失意和颓丧，高颍什么也没得到。

杨谅没有勇气，也没有脸面由自己主动提出撤军的要求。

高颍猜对了。总得让人家面子上能挂得住，由自己说出来多不体面。那也好

圣人可汗：隋文帝

办，由下面将军们提出，集体央求，杨谅拍板就算是集体通过了。

将军们的工作不难做，试想一下，谁心甘情愿地抛家别子，为一场没有意义的战争而牺牲自己呢？

将军们一呼百应，像过年般的高兴不已，他们自愿集合起来，一起向杨谅进言，那场面让杨谅也为之动容。

其实，这不过是场戏，双方都在表演，而且都心知肚明。杨谅无非是顺水推舟而已。

撤军令下达到了每个士兵，整个军营沸腾了，他们把衣物掷向空中，把战友抬起向上抛，有的情不自禁地高唱起家乡的小调，笼罩在心头的阴云被一扫而空。

高兴的还不止是隋军官兵们，还有处在高度戒备状态的高句丽兵士们。

高句丽入侵辽西，开始一段时间，攻势猛烈，攻城陷地，气焰很盛，但隋军慢慢缓过劲来，渐渐由劣势变为优势，士气越来越旺，失去的城镇又被一个个夺了回来。待听到东征大军出发的消息时，高句丽更是紧张，遂把入侵的军队全部撤回到了原来的边境线以内，并加强战备，防备隋军长驱直入。

高句丽王高元一刻也没忘记对隋朝大军的侦察，尽管隋军遭受天灾的打击，但仍有近二十万人，依然是支进攻性很强的部队，他不敢轻举妄动。

高元本来是受挑唆才发动战争的，早有息兵的念头，就在杨谅决定撤军的前一天，他派出了三个扮作皮货商人的探子向杨谅传递信息，信使是高颍接待的。高颍一方面历数了高句丽的不义行为，又一方面表示愿把高句丽王的意思转呈汉王谅。

汉王谅撤军名正言顺，倒也心满意足。

撤军要比进军容易多了，一路顺畅，毋庸多言。

大军回到都城，百姓夹道围观，去时浩浩荡荡的三十万，回来时只剩了一半多一点，场面不像是欢迎，倒像是举行葬礼，人们的脸上悲伤多于惊喜。

大军班师，没有十年前平陈凯旋时圣驾摆銮的盛况，也没有朝臣鲜花和掌声的簇拥，只有四野失去亲人的哀鸣和杨坚斥责："三十万大军损失近半，却空手而归，这是大隋立朝以来最不体面的一次军事行动，你也是第一位领兵打仗无功而返的藩王，让国人失望，让朕失望啊！"

杨坚痛心疾首，无奈地摇着头。

杨谅战战兢兢，唯唯诺诺地说："如果不遇到疫病，如果不遇到风暴……"

"如果，没有那么多如果。战争就是战争，谁取得了胜利，谁就是真的英雄，谁善于利用各种条件，善于把握机遇，谁才可能与幸运之神握手言欢。"

杨坚打断了杨谅的话，又是一番谆谆教导。

杨谅满面羞愧，汗水在苍白的脸上顺着脸颊流下。

"父皇，儿臣实在是有难言之苦衷！"

"难言的苦衷？你身为藩王，手中握有重兵，你要什么给你什么，你还有什么难言的苦衷呢？"

"父皇，儿臣、儿臣不敢说！"

"岂有此理！好了，朕不怪罪你，从实说来吧！"

"这——"

"吞吞吐吐，瞧你的出息，到底是怎么回事？"

"父皇，"杨谅似乎终于鼓足了勇气，"父皇疼爱儿臣，信任儿臣，令儿臣挂帅出征，儿臣自感责任重大，不敢有一丝的懈怠，但儿臣自出征以后，常感身不由己，徒叹无奈。"

杨谅故意说到这儿，把话停住。杨坚果然费解，连忙追问不已。

"身不由己，徒叹无奈，这从何说起？"

"这一切皆因齐国公高颎所致。"

"朕不明白！"

"齐国公虽名为行军长史，但自恃是开国元老，动不动在儿臣面前摆老资格，常常凌驾于儿臣之上，有人劝儿臣对他略施薄惩，但儿臣思虑，他是父皇亲点的人选，怎敢造次？也就忍了这口气，但他得寸进尺，又利用他军中的影响，随意发号施令，而令儿臣的军令左右受阻，虽有良策而不得实行！"

杨坚略一思忖，突然吼道："分明是你御兵无方，倒反诬他人！高仆射与朕风雨同舟十几载，虽说他有时性格耿直出言无状，但他对江山社稷之忠心不会改变，你不用说了，下去吧，念你年幼，朕姑且饶了你这一回！"

杨坚真的有些动怒了。

"父皇，儿臣犹骨鲠在喉，不吐不快。儿臣所言，句句是实，绝不敢有一言半语虚诳，容儿臣把话说完！"

杨坚沉默着。

杨谅继续禀道："诚如父皇所言，左仆射乃父皇的股肱之臣，又曾为国屡立大功，为父皇的江山社稷出了力、流了汗，也正因如此，儿臣视他为长辈。但他的一些言谈举止，与他的地位和声誉实在不能相称。比如他在儿臣面前炫耀道：'当年，若不是我在平定尉迟迥叛乱和平陈中的作为，哪有今天的南北一统、四海升平？还说，平叛策略、平陈的计谋，都有他高颎的一半，又说，殿下只管在旁学习、观摩，一切交由老臣负责。'他私下调兵遣将，随意任命亲信，儿臣都是后来才知道。"

杨坚听到这儿，心里很是不舒服，但他还是将信将疑："高颎原来不是这个样子的，朕所以派他去，是看重他的忠心和能力，欲借他丰富的经验来辅助你啊！"

看到杨坚的语气有些缓和，杨谅趁热打铁："也许他当年确实是这样，但近年来，他是有些变了，变得太固执了，尤其是这次东征，儿臣是深受其害。"

杨谅这小子打仗不行，投其所好还真有两下子，他深知杨坚忌谈平叛、平陈之役中的谋略问题，因为在外臣看，那些都是体现了圣上英明聪慧的实例，岂能四处张扬？另外，他还抓住了杨坚对高颎固执的不满这一点，找共同语言，抓感情共鸣。

这一招还真灵，杨坚被说动了。

"难道是他居功自傲了？"

杨坚自言自语，声音不大，但很清晰。

杨谅趁机又说："他常向儿臣炫耀，当年父皇、母后身处逆境时，他是如何帮助，又如何化解一次次凶险的。"

这些更是杨坚的疼处，杨坚的眉头拧在了一起。

杨谅换了一个角度，又说："他在军中，结党营私，对于他的部下和他的门人是一个要求，而对别人又是一种要求。比如火烧军粮的人，他只判了鞭刑。若不是儿臣及时发现和纠正，几乎引起哗变。"

"他敢如此明目张胆？"杨坚有些气愤了。

在把皇权看得大如天的杨坚的脑海里，浓浓的黑暗很快把高颎以往的功绩吞噬得一无所有，高颎的"错误"陡然间增大了数倍。于是杨坚彻底推翻了心中长久以来建立的对高颎的信任。

高颎失宠了，倒台只是时间问题。可就在此时，又发生了一件震惊朝野的大案——虞庆则因犯叛逆罪被捕入狱，朝野内外牵连人员甚多。

刑部在查检虞庆则的大量信函中，发现多封左仆射的手书，内容多涉及军政要务。杨素一早醒来之后，听到的第一件事就是涉及高颎的书信，他如获至宝，立即着心腹把高颎的书信集中一起，仔细阅读，务需找出和虞庆则相互勾结的证据，即使断章取义，或有意歪曲，都在所不惜。

经过高参们苦心拼凑的证据交到了杨素的手里，杨素那张阴险的脸笑得比任何时候都充满了自得。

这几天，京城内外，皇宫内外，兵士们三步一岗，五步一哨，如临大敌。杨坚在一片暴躁不安和紧张中不停地追问着案子的进展情况。

虞庆则的案子涉及朝廷内外许多大臣，杨坚的态度是，凡有嫌疑，一概审查；凡有罪责，概不放过。

高颎的案子被放到了龙案上，杨坚翻了翻什么也说不出，只是来回地踱着步子。

杨坚时而眉头拧在一起，时而把拳头握得叭叭响，时而又停下来凝神望天，他最后像指挥决战一样，在龙案前立住，抓起朱笔，刚要挥毫书写"斩"字，旋又停下来，这笔似有千钧之重，他抬起来又放下，放下又抬起。前天给虞庆则划"斩"字时，他是毫不犹豫的，可今天，他迟疑不决，脑子里一团乱麻。

"这高颎的确可恶！居然敢讲朕猜疑心重，还散布朕滥施刑罚，简直是罪不可赦！"

他又想了想，"要不是以往的才干……"他缓了缓，"即使不杀，也不能再放在眼前让人心烦！"

他刚定下神，独孤皇后却派人请杨坚过去。前些日子，独孤皇后因病昏迷不醒，杨坚没少去她那儿探望，今天既然来请，那是一定要去的。

独孤皇后一脸的病态，半躺在床上，向杨坚问候，算是对皇上行了礼。

"皇上准备如何处置高颎呢？"

独孤皇后单刀直入，开口的第一句便直切主题："皇上待他信任有加，委以重任，而他却不思君恩，竟然暗通贼臣，谋逆以实现其狼子野心，这种人不杀不足以平民愤！"

"你的气还真不小嘛，按说他的罪也不比虞庆则小多少，理应严惩！"

杨坚附和着皇后的意思，没有提出和她意见相左的看法，只不过是不愿她太操心罢了。

"有人检举，高颎曾对他儿子说，'明年国有大丧'。陛下听听，这不是诅咒又是什么？"

独孤皇后说这话时，情绪显然有些激动，眼睛一直盯着杨坚的双眼。

"那依皇后的意思，高颎当如何处置呢？"

"杀！"独孤皇后一脸的凶相。

尽管独孤皇后已下狠心处死高颎，但杨坚还是没有那么做。

高颎回到家中，把家人聚齐，宣布了皇上对自己的处分，如释重负地讲："昔日，刚当上仆射时，老母亲曾对我言：'你的富贵已到极点了，再往前一步，就要杀头了，可千万小心呀！'这话我谨记在胸，今日能被免去一死，实在是不幸中的万幸。你们即刻收拾一下，准备搬出齐公府。今后，我们是一介平民百姓了，凡事要更加小心才是！"

但树欲静而风不止。凉州总管王世积又被人密告。王世积是高颎的部下，王世积被杀，高颎自然也脱不了干系，高颎又遭盘问调查，虽没有什么过错，但把人折磨得够呛，更可气的是，有人见高颎落了威，便想揭发他，好立功受奖，于是又向皇上密告。当然，这其中的来龙去脉，独孤皇后和杨素最清楚。

一天，一个曾在高颎身旁当差的人向官府告发，高颎的儿子高表仁对其父说："司马仲达初托疾不朝，遂有天下，父亲今日有惊无险，未必不是好事啊！"

众所周知，曹魏末年，司马懿称病发动政变，最终夺取政权。这一密报岂不

圣人可汗：隋文帝

是在向人们暗示高颎有僭越之心吗？这一招的确恶毒。

杨坚听后果然又在殿上发了一通火："帝王之位岂是靠强力夺取的。孔夫子凭他的绝代才智，著书立说，传扬千古，难道他不想做天子吗？但天命难违，他只能做圣人。所谓生死有命，富贵在天，就是这个理。他高家父子之言，把自己和晋相比，是何居心？"

杨坚虽然如此说，但醉翁之意不在酒，高颎已不堪一击，他意在重点提醒其他大臣，要以此为鉴，绝不该有非分之想。

高颎终没有避免入狱受刑的厄运，但他能泰然处之，心平如镜，再说，主要是杨坚不想置高颎于死地，他早有交代。所以高颎虽受了些皮肉之苦，但尚无大碍。

太子妃元氏病恹恹地熬过了秋天，终于没有熬过严冬，于"二九"结束那天晚上走到了生命的尽头。这天晚上，当宫女们端着刚刚熬好的红枣小米粥，来到元妃床前时，就发现元妃的脸色似乎比平时还要惨白，但眼睛显然亮多了，她捂着胸口，大口大口地喘着粗气，宫女们惊慌地围拢来，捶背的捶背，抚胸的抚胸，乱糟糟地忙成一团。等到御医跌跌撞撞地赶来时，元氏已经停止呼吸了。

杨勇和刘氏随后也赶到了，望着脸色蜡黄的元氏和那皮包骨头的双手，杨勇一股酸楚的感觉涌上心头。那穿着粉红色皮袄的活泼小姑娘，那手执白绢手帕的羞涩的少女，那披着红布盖头的新娘……这一切都如做梦一般，渐行渐远了，最后只剩下一片迷茫。

元氏的娘家接到了报丧的噩耗，杨坚和独孤皇后也得到了凶信，元家已不比往日，收到凶信，只是谢了来人，没有多说一句话。而独孤氏的第一反应是元氏死得不明不白，其中有"鬼"。

"元妃近来比以往好多了，饭量增加了，也有了笑脸，怎么突然就没了呢？陛下想想看，是不是太子生怕元妃康复，不利刘氏，下手害死的呢？"

"无凭无据，不要瞎猜，朕以为，杨勇没有这个胆子。再说，元氏在与不在对刘氏并无影响，我看你是神经过敏。"

杨坚不同意独孤皇后的判断，缓了缓，他接着说："不然，派几个太医，还有心细的太监、宫女去东宫查一查，没有疑问就算了，如果有，那朕定要重重地惩办他！"

但陆续回来的都报告说，元妃的尸首和太子宫的人都没有发现什么异常。独孤皇后又在嘀咕杨勇对元妃下了慢性毒药，可疑惑终归是疑惑，独孤皇后一时也拿杨勇没有办法。

丧事办得很隆重，很铺张，规模之大、档次之高都是大隋立朝以来少有的。送丧的队伍前面是巨大的黑色棺椁，由一百个壮汉抬着，棺后是绵延四五里路的送葬队伍，哭喊声此起彼伏，着实壮观。元妃的几个贴身宫女都是一身孝女的打扮，一个个哭得死去活来，惨声阵阵，一个宫女竟当场昏倒在地上。在凛冽的寒风中看热闹的妇女都被感动得陪出许多眼泪，连说元妃死得值，还有这么多的人深爱着她呢。

这诸多的安排，无非表明了元妃在皇族中的显著地位和罕有的美德，这样的安排，独孤皇后认为至少表达了自己对元妃的感情和对太子的不满。

或许是某种感觉在起作用，丧事办完后，杨勇总觉得在暗处有人在盯梢自己，窥视自己，他心里有一百个不自在，于是在府中各处秘密安排了自己的耳目。一天夜里，他故意在窗前吟诵古诗，只见对面的假山后面人影一闪，旋即就消失得无影无踪，片刻，只听人声鼎沸，一个大汉被众兵丁推了过来，杨勇定睛一看，原来是他！

谁啊？姬威！

姬威，何许人也？他是太子的幸臣之一，平常，杨勇不告诉别人的事，都会告诉他，这小子是什么时候成了别人的密探的？

说来话长。晋王杨广在和杨素结成联盟之后，便准备在东宫寻找密探。杨广的部下中有一个叫段达的人，这人平时说话不多，但往往说得出，便做得到，很受杨广器重。当段达得知杨广的意思后，便自告奋勇要完成这件事。

原来，段达有个远房表兄姬威，在东宫太子眼前做事，官虽不大，但却很受信任。以往，二人见面闲聊时，互相都要夸耀自己得主人信任，段达没忘记这一段，所以觉得，这应该是个立功的机会。

中秋刚过，段达便提上几盒点心、两壶老酒找到姬威。二人老长时间没见面了，相见自然热热乎乎，虽算不上什么至亲，但两人脾气有点相投，所以二两美酒下肚，话便汩汩往外流了。

"兄弟，现在日子觉得咋样？在东宫，在太子跟前那可是享不完的荣华富贵，今后发达了，可别不认识穷亲戚了。"

"瞧你说的，别说这没影的事了，就算有了富贵，忘了我自己，也不能忘了老兄你啊！再说了，就我这点能耐，又能干什么？上阵打仗，不是那块料；写写文章，判个案子什么的，我也是一窍不通。只能在太子手下牵个马，抬个轿什么的！"

"咱哥俩今个谁也别装孬，一杯对一杯，来，先干为敬！"

稀里哗啦，三下五除二，二斤酒喝了个底朝天。不过，要论酒量，姬威可赶不上段达，姬威眼中的东西都是成双成对了，而段达心里却清楚得很。

"老兄，你不行了，别喝了，吃点饭吧！"段达有意激了一下姬威，他知道姬威已经舌头发硬，不胜酒力了。

"告——告诉你，我行，我现在是太子的红人，我不怕你，就是杀了你，太子也会救我出狱。"

姬威翻了翻眼，用长袖揩了下额头的汗，继续说："你不知道，太——太子也很苦——恼，整天长——吁短叹，皇上、皇后偏心眼，尽挑我们太子的错！妈的，我要是太子，我就跟亲爹亲娘猛吵，质问他们为什么难为我！"

"你喝多了，趁早休息吧！"段达连拉带扯，把姬威按倒在床上。

姬威休息了一晚，第二天还满身酒气呢，段达把昨晚的话悄悄又说了一遍，吓得姬威连忙求饶："好兄弟，千万别作声，那可是掉脑袋的事。嗨！宫中的事，你我能管得了吗？今后见面，莫谈政事！"

"莫谈政事？莫谈就能脱了干系吗？你我兄弟都是吃官家饭的人，不问政事，这饭碗能保得住吗？听兄弟一句话，要注意听听风雨之声，辨辨风来的方向，不然，大风把你卷上了天，你都不知道咋回事！"

姬威叹了口气，无奈地说："就算懂得了这个理，又能怎么样？俗话说，人在江湖，身不由己，谁不想保个千年万载永远平安，事事得意，难啊！"

"说难也不难，关键是看准了方向，找准了路子，跟对了主人家！"

"听你的意思，你好像很有门路？"

"门路算不上，不过这胜算的把握性大一点罢了。"

"你卖什么关子，兄弟间直来直去的话，尽管讲就是了。"

"也罢，谁叫我们是亲戚呢！告诉你吧，你们东宫的地位很危险，现在皇上随时都会废掉太子。"

姬威一惊，忙问："你怎么知道的？"

"自有高人指点。时间会告诉你的！"说完，段达从袖中摸出一副玉镯，递给姬威："这副玉镯已有五百年的历史了，你收下，权且做个纪念！"

姬威见状，眼珠一转，双手一摆，随即道："无功不受禄，请指教。兄弟受何人所遣，准备干什么？"

段达见时机成熟，喜上眉梢，于是直言道："兄弟受晋王所遣，特来约会兄弟，希望能得兄一臂之力！"

"原来如此！"姬威立刻陷入了沉思。他没有立刻表态，但段达深信，势利的姬威是不愿轻易放弃现在优越的地位的。

段达揣摸着姬威的心思，拍了拍他的肩膀劝导说："废掉太子已是大势所趋，'二圣'都有这种想法，和晋王交情甚厚的朝中大臣举不胜举。废掉太子只是时间问题了，老兄可要识时务啊。"

"太子待我一向不薄，我怎能忘恩负义，背叛太子呢？"姬威痛苦地直摇头。

"你不背弃他，他到头来要连累你，轻的要流放，重的要家破人亡，这个账，相信你能算得过来。"

姬威久久地沉默着。他把双手握成了拳头，紧咬着嘴唇，他的眉头由松而紧，由紧而松。四周静得连呼吸声都听得一清二楚。

终于，姬威开口了："说吧，让我干什么？"

"很简单，把你听到或看到的太子的一言一行都报告给杨素大人，这便是你的功劳。"

"就这些？只要不是杀人放火，我还干得来。"

"但你一定要保密，宁可牺牲自己，也不能透出半个字，否则，全家性命难保！"

"我能做到！你就放心吧！"

"记住，紧急情况，随时报告；一般情况两天一报。我期待着你的好消息。"

"好吧！"姬威重重地点着头。就这样，姬威就成了杨广安在东宫的"钉子"。

这一切杨勇哪能知晓，望着满面羞愧的姬威，杨勇竟吃惊地结结巴巴："怎么会——会是你？"

姬威被抓后，杨勇没有难为他，当天，他自觉无颜再见太子，便趁人不备，在被关的房子内撞墙折颈而死。这件事杨勇没有深究，但给他提了个醒，危险在步步逼近。怎么办？他决定先请一些术士帮他驱一驱邪气。

杨勇相信术士相面，是受了他父亲的深刻影响，杨坚一直认为自己当年就是借助了术士的帮助才屡屡化险为夷、转危为安的。杨勇耳濡目染，也不觉把术士当成了生活中的一部分。杨勇忙着为避邪请术士，而杨坚却在为废太子也求助术士，而两人请的竟是同一人——韦鼎。

韦鼎，京北社陵人，从小聪明伶俐，被人喻为神童，他博览经史，又精于阴阳，尤其擅长相面。出家为道后，他游历过大江南北的许多名山大川，为不少人驱病免灾，很多人视他为命运的救星。他后来游历到江南，被江南秀丽的山河所陶醉，于是就定居在江南。在陈朝时，他的相面之术被人吹嘘得如天神一般，妙不可言，什么命运劣达、人生贫富、寿命长短、事事吉凶、去病消灾、寻人觅物、生男生女、婚姻之事、修建房屋、选择墓地等等之事，他都能测出个十之八九，在陈朝，无论达官贵人，还是乡间小民，提起算命占卜看风水，没有一个不知道韦鼎。陈朝被灭后，杨坚派人将他请来，授予上仪同三司之职，待遇十分丰厚。他不仅为杨坚考定阴阳，言灾祥之事，有时还为杨坚解梦。有一次，杨坚做了个梦，梦见要上一座高山，可山高路陡，无法攀登。忽然，从地下钻出两个臣子，一个叫崔彭，一个叫李盛，二人一个捧着脚向上挪，另一个扶着胳膊往上架，忽忽悠悠，半天才登上山顶，登上山顶往下看时，四周云海茫茫，没有了下山的路，也没有了臣子。

杨坚梦醒后，忧郁地对独孤皇后说："这个梦恐非吉兆，莫非暗示朕要升天吗？"

"陛下勿虑，何不请韦鼎圆梦？"

韦鼎听后，马上喜上眉梢，对杨坚说："恭喜陛下，此梦大吉。"

杨坚一喜，又问："请韦大人详解！"

"上高山，就是说陛下的江山社稷坚如山岳，陛下的青春将与高山齐寿，'彭'好比是彭祖，'李'就像是李老，有这二人扶持，实在是长寿的征兆。"

韦鼎不愧是江南绝世高人，普普通通一个梦，到了他嘴里竟"化腐朽为神奇"了。杨坚听后，顿时喜形于色。

对于梦的解析，韦鼎不费吹灰之力，而对于其他道家方术，运用起来也是游刃有余。

杨坚的五个儿子，名字曾分别是：长子杨勇、次子杨英、三子杨俊、四子杨秀、五子杨谅。勇即勇武；英、俊、秀都是出众的意思；谅即信实之意。杨坚给儿子们起这些名字，显然寄托了自己的理想和希望，杨坚说起这些，总有种得意之感。

但韦鼎却不以为然，他对杨坚说："陛下给晋王起名杨英，此名不祥。"

"噢，为什么？"杨坚立即严肃地问道。

"陛下请看，杨与殃写法不同，但读音相近，杨英与殃赢字音相谐，反过来就是赢殃二字。这是说，姓杨的要遭殃啊！"

杨坚听后，良久才回过神来，立刻下令，将杨英改为杨广。

韦鼎对杨坚的影响由此可见一斑。

对于太子的废立，事关社稷前途，半点马虎不得，于是杨坚又派人把韦鼎秘密招来。

杨坚交代，要韦鼎为诸皇子暗中相面。杨坚六十大寿时，诸皇子都要前来祝寿，正是观察群雄的机会。杨坚的用意，韦鼎当然了解，因为杨坚曾就太子的问题咨询过韦鼎。那次是为兰陵公主择婿看相，文帝在闲话时，漫不经心地问："韦先生能否预知朕诸儿中谁可得嗣？"因为事非一般，岂可乱说？韦鼎的回答十分圆滑中听，只说："皇上、皇后所最爱的，可承大统，不是臣所能预知的。"

杨坚理解韦鼎的难处，也佩服他的精彩回答，当下笑着也未多言。

事情过去几年了，杨坚又旧话重提，显然不是上次那般轻描淡写了，杨坚的语气和表情都是相当严肃的。

大寿之日，五位皇子都来了，韦鼎在暗中一一观察着他们。长子杨勇，看上去温文尔雅，但一脸的秽气；三子杨俊，病态十足，一副酒色之徒的模样，不像有寿之人；四子杨秀，健武壮硕，通身透着野性；杨谅，一副娃娃相，很欠成熟和自信；只有二子杨广眉上双骨隆起，贵不可言。

杨坚听到韦鼎的介绍，脸上凝重的表情顿时释然。他从另一个相面高手来和的嘴里也听到过类似的话语。

来和曾经给杨坚相过面，断言杨坚有大贵之相。杨坚建隋后，与来和仍保持着联系，向来和求教过不少家事、国事。两个相师的同一个结论，使杨坚废立的态度更加坚定了。

杨坚暗请韦鼎的消息又很快传到了杨广耳中，他急急招来杨素商讨下一步的措施。

"皇上非常相信方术、祥瑞之类的东西。殿下还记得开皇十五年宫门野鹿的事吗？皇上为此还特下了一篇《鹿祥制》。"

"记得，当然记得，我还记得父皇听到这事后那副惊喜的表情，还记得那篇文章的内容呢！"

"是的，皇上不仅喜欢祥瑞，更喜欢那有现实意义的传说。"杨素换了一下坐姿，继续说。

"传说？对，是传说，记得传说中讲到父皇乃前朝皇子转世，这一传说传得最广。"

"多少朝代的开国之君、有为之君，都曾受益于传说，咱们何不也效仿一下呢？"

"那好，爱卿你就偏劳吧！"杨广笑得更甜了。

几天后，在京城附近，风传着这样一件事：在西岳华山，有一个叫杨云的人，一天他到山中打柴，响晴的天，湛蓝湛蓝的天空，忽然从四处飘来片片白云。那云越积越多，越来越厚。杨云惊异地望着，忘记了砍柴。不料那白云深处又跳出两样东西，一黑一黄，状如小狗，仔细看时，却是两只公羊，正举角相搏。那黄羊个头偏小，黑羊偏大，但黄羊俊美，黑羊形秽，两羊在空中打斗多时，将周围云片扯得支离破碎。突然，那黑羊长咩一声败逃而去，黄羊则落到草地上。杨云看得真切，上前抱住了那黄羊。抱回家后，邻里都来观看，以为神物，但不几天，那黄羊竟不知了去向。

这个故事在相传时，又添加了许多的推测。有人说，云体掩蔽，这是邪佞之象，这东西像小狗一样大小，又像公羊一样的形状，即是羊羔之象。"羊"即"杨"，羊羔，即杨子，意谓杨家之子，"黄"即"皇"。这意思表明二杨子相斗必有一个为"皇"。

这个故事传播的速度之快，超出杨素本身的意料。因为专事这故事传播的有三种人，即秀才、和尚、媒婆。俗话说得好，秀才口，骂遍四方；和尚口，吃遍四方；媒婆口，传播四方。这三种人在京城的大街小巷，走一遍，说一遍，一传十，十传百，霎时间，满京城都知道了。

就在杨广千方百计地推动杨坚痛下废立决心的时候，东宫内也在积极地筹划保位——保住太子之位不动摇。

自从高颎被削职为民以后，朝中大臣就再也没有形成保太子的统一战线，东宫内弥漫着一股悲观消极的氛围，但太子洗马李纲力劝太子振作起来，重整旗鼓，作最后的努力。杨勇慨叹道："想不到平时有些疏放的李大人，关键时刻却能承担起旗手、鼓手的角色，难能可贵。"

李纲喜爱读经讲史，甚至达到了痴迷的程度，竟会忘记了吃饭，忘记了时间。有一次，他要到好友李大人家去，便问自己的仆人认不认识李大人的家，仆人说认识，便领他走了，到了自己家门口，他还没有醒悟过来，进门就喊："李大人在家吗？"

进了大门，总觉得有些眼熟，这时他的儿子从里面出来，李纲惊问："你怎么也在这里？"

儿子知道父亲又迷糊了，便笑着说："父亲，这是您老人家自己的家啊！"

李纲恍然大悟，不禁骂起那个仆人："糊涂东西，我是要去城北李大人家，你怎么领我回家了！"

但是就是这么一个老夫子，却写得一手好文章，高颎平陈时，他跟随在帐下，军令、布告，他稍加思索，立马可就。

他到东宫来，也是高颎的提议，高颎想让他多影响一下杨勇。但他平时少言寡语，对杨勇的一些做法说得并不太多，但事关大体，他还是很清楚的。

请道士消灾去祸，至少可以给人以心理安慰，这是李纲的建议，但请谁来呢？这要由杨勇决定，在所知的高士中，杨勇和韦鼎最熟悉。

杨勇是在百官到东宫朝贺时认识韦鼎的。他早听说过韦鼎的大名，初次相见，印象就不坏。他和韦鼎单独谈了一会，他问韦鼎，当年预知陈霸先要代梁而兴，是否有这回事，韦鼎笑着说，那是天意，只不过臣感觉到罢了。他又要韦鼎替自己看看相，韦鼎又笑："太子大富大贵之人，岂是臣能乱讲的？"他很满意韦鼎的回答。

这次让韦鼎来祛灾祈福，又问起了自己的前途，但韦鼎没有明确回答，只讲了含糊的意思：天要给的，不接受也不行；天要是不给，争取也是白费劲。这话说了等于白说，杨勇心里仍是不踏实。

杨勇把这话在心里过滤了上百遍，反倒增加了几分恐惧。有个小吏又向他推荐了另一个道士，章仇太翼。

章仇太翼，河间人，从小便能日诵千言，州里人都说他不是凡童。长大后，致力于佛道之学的研究，尤其擅长占卜算历之术。后来，他嫌俗事太多，索性隐居起来，在幽静的白鹿山，他白天采药炼丹，夜晚研读经文，二十年不曾离开草庐，人世间早已改朝换代，而他浑然不知。他同李圆通的祖爷爷曾在一起说佛论道，结为契友。"老神仙"圆寂后，他还替这位寿星设坛追悼。

到白鹿山向他求学的人越来越多，小小的山林也容不下这许多的喧闹，他又迁到了林虑山茱萸涧。这里山高林茂，沟谷幽深，溪流潺潺，鸟兽遍山，自然风光独特，正是修身静心的好去处。章仇太翼师徒十几人在此筑庐为观，日出而作，日落而没，优哉游哉。

但时过不久，闻讯而至的道徒又搅了章仇太翼的修业梦，他和几个心腹徒弟又悄悄离开了茱萸涧，暗暗奔了五台山。

这里山深林密，章仇太翼便与徒弟们在山中庐居采药，别尘绝世，修炼求仙，成了实实在在的隐居道士。

一天，日近晌午，草庐前的大树上几只乌鸦跳跃着，呱呱叫个不停，章仇太翼心中隐然有动，他望望日光，又细细掐指一算，若有所悟地对一旁待立的徒弟说："午时将有客来访，届时你等不要走开。"

"来者何人？"

"当今的贵人！"

"来干什么？"

"少顷便知！"

"师父如何应付？"

"顺其自然！"

不多时，一行数十人出现在草庐前。来人衣着锦绣，同道士们的褴褛道袍相比，富贵之相自不必说。

来人中一个中年男子首先抱拳，向着章仇太翼诚恳地说："先生，让我们好找啊。在下唐令则，是太子府的属官，奉太子之命，前来宝山请先生走一遭。这是太子的亲笔书信！"说完，把一封密封很严的信双手呈上。

章仇太翼一挥手，招呼来人坐下，让徒弟们沏茶待客。

章仇太翼打开信，内容大概是说：久仰先生的大名，一直未能谋面，本来要亲自趋前问候，怎奈抽不出时间，希望先生能在百忙中挤一些时间，来京城一趟，以便就近请教等等。

章仇太翼看完信，又问："你们众位是如何找到此山的？"

"一言难尽啊！凡是先生走过的地方，我们都去了，我们是见人就问，见山就拜，总算从一个老樵夫那儿探到你们的宝地，虽不能说是历经千山万水，但也确实吃了不少苦，不过好在我们的功夫没有白费，太子的心愿可以满足了。"

"那太子怎么能知道贫道一定会出山呢？"

"太子有交代，对先生不可有半点勉强，全凭先生自己决定。不过，太子又说，先生是世外高人，一定会以苍生、黎民为念，一定会出山的。"

这里唐令则把太子的原话彻底改了。太子的原话实际是：如果你们请不来人，你们不要再回来。当然这话用来命令臣下，发发威风还可以，对出家人直言相告，人家会大受刺激，效果会恰恰相反，而以礼相邀，以诚相待，说不定被邀请的人会主动前来呢！

杨勇的邀请去不去？当然是要去的。章仇太翼心中已有打算：这是无法拒绝的邀请，这是无法改变的命运。

临行前，他把大徒弟叫到跟前，神情黯淡地说："杨勇招我前去，是询问太子地位问题，我已算定，他必不能承嗣帝位。跟在他的身边灾难也就不远了。你们不要因为师傅不在而停止修炼，一定要争取功业圆满！"

大徒弟明白了师傅的话。他清楚，师傅此去，可能就永远不会再回来了，悲从中来，不禁潸然泪下，跪倒在师傅跟前，连连叩头不已。

章仇太翼的到来的确令杨勇兴奋了一阵，但章仇太翼也反复强调，天意不可违，违者必受罚。他既不愿明确告诉杨勇那梦魇般的结局，也不用什么花言巧语去欺骗杨勇，他只是按照杨勇的要求，祈祷平安，祈祷心想事成，仅仅如此而已。

京城中盛传的谣言飞到了宫中，飞到了杨坚的耳中，经巧嘴的张权添油加醋地再加工后，又多了几分神秘的色彩，杨坚听后眼中现出了异样的光彩。杨坚品味着这个目前盛传的故事。"大羊羔败给了小羊羔"这不是在明明地暗示朕吗？这和方术大师韦鼎、来和的解说何其相似。他提醒着自己：当断则断了。

废长立幼，这在古代是违反常规，有背祖宗家法的。杨坚不得不先拜祭祖宗。他跪倒在列祖列宗的牌位前，口中喃喃自语，他把废立的缘故一一向先人诉说着。他合掌闭目，暗暗祈求祖先的谅解，祈求祖先神灵的庇佑，祈求国泰民安，心想事成。

拜完了祖宗，杨坚又来到独孤皇后的宫中。皇后正在宫中焚香祷告，满屋子充满了浓郁的檀香味。杨坚坐定后，深深吸了一口气，笑问道："皇后烧香，为谁祈祷啊？"

"嗨，还不是为广儿的事发愁！"

"为广儿的事？"

"皇上今天不来，妾身也要去找皇上！"

"什么急事呢？"杨坚的声音提高了几度。

"让妾身慢慢讲给你听吧！近日，都城中盛传着一个奇闻，不知皇上听说了没有。说是在西岳华山，一个樵夫砍柴时，从空中的云层里看见两只羊羔在决斗，那只小的获了胜，大的被打败了。勇儿听后，非常害怕，固执地认为被打败的大羊羔是自己，小的便是广儿。于是他在东宫内秘密布置，要收买武林高手，暗杀广儿，幸亏东宫里有些正直的人，传出话来。刚才，广儿来宫里哭诉，他天天提心吊胆，这何时是个了啊。"

独孤皇后说到这儿，抹了把泪水，欷歔了两声，继续说："实指望亲生的儿子能和睦相处，没想到竟会骨肉相残。勇儿越来越不像话了，毒死元妃，妾身已忍下了这口气，现在居然又要加害我的广儿，真是胆大包天，这样的孽子怎能承继大统？请皇上速速废掉，免除后患。"

杨坚听完，把独孤皇后的手拿来放在自己的手里，若有所思地低语："这手心手背都是肉，十个指头咬哪个不疼？朕也非常痛心。"

杨坚掏出手巾，给独孤皇后擦了擦腮边的泪花，安慰道："说实话，朕也正有此意，所以先和皇后通通气。这些天，你的身体欠安，就少操些心吧，朕先派杨素去东宫察看一下，免得情急生变。"

"也好，这样更稳妥些。不过陛下也要注意身体哟，妾身听紫叶讲，你又咳嗽了，可不能马虎了！"

"毕竟过了六十岁了，这是老毛病了，天一凉就容易犯。不过，你放心，再吃上几服药，也就大好了。"

杨坚离开独孤皇后，没有马上回到自己的寝宫，而是又绕了一个弯，到宣华夫人那里小坐了一会。他已经有一段时间没见到这位冰美人了。

冰美人依旧很"冰"，宣华夫人没有什么笑脸，杨坚随便扯了个话题，问道："爱妃最近可曾听过什么有趣的故事吗？说来与朕共享。"

"回陛下，臣妾与外界素无往来，倒没什么大新闻，只是一件传闻，想来陛下一定听过了。"

"说来听听！"

"从前看古书，提到过两只龙在空中相斗，打得难解难分，龙鳞纷纷下落，都成了银元宝，可这个传闻却是两只羊在空中相斗，一只小的斗败了一只大的，臣妾觉得这是不是含有某种预示呢？古人说，天人合一，臣妾总觉得近期会有大的事情要发生。臣妾只是胡猜，陛下姑妄听之。"

杨坚听完，笑了笑，大度地说："朕也听说过，不过没想这么多，爱妃很有悟性，对朕也很有启发。"

宣华夫人很聪明，她的话明明很有暗示性，却又不明说。她暗里接受过杨广不少的赠物，关键时刻，她是不会忘记投桃报李的。

杨坚回到自己宫中，马上把杨素召来，给杨素布置了立即查看东宫的命令。

杨素领了旨意前往东宫。路上，他的三十六个心眼又转开了，他盘算着怎样去看杨勇，怎样回复皇上，他计划着让每个步骤都产生出不同凡响的效果，加快废立太子的步子。

来到东宫门前，杨素的跟班一通报，宫卫立即报告了太子。杨勇此时正和几个属僚在紧张地商谈着政事，听到宫卫的报告，几人同时相互递了眼色，意思是说，杨素此时突然奉旨视察，意欲何为？京城谣言蜂起，已是人心惶惶，杨素与东宫不和，他能给东宫带来什么？

但不管怎样，他既是天子的使臣，就必须束冠整带，准备摆队迎使。

一帮人一切准备就绪，单等杨素的到来，可是杨素迟迟不肯走进大门。起初，杨勇及众臣还有耐心，但等了一会儿又一会儿，还等不来，杨勇不禁焦躁起来，在原地来回转悠。李纲轻声提醒杨勇，切勿焦躁，要沉下心来等，静观其变。又等了好一会，杨素才一步三摇地跨进大门，迈进二门，悠悠地来到客厅前。

看到杨素那副傲慢相，本来心中就不痛快的杨勇实在按捺不住，脸色像霜打一般难看，说起话来没拦没遮："右仆射，好大的架子，威风起来比老王爷还胜三分。"

杨勇所谓的老王爷，指的是杨坚的胞弟，滕穆王杨瓒，他与杨坚关系不睦，有时竟在杨坚和独孤皇后的面前摆架子，被杨坚处罚多次，最后被杨坚派人鸩死。这段历史，杨素当然十分清楚。

"得罪了，太子千安，小臣万万不敢造次，臣怕冒入东宫，惊了太子的驾，故而来迟了几步，还望太子千岁见谅才是！"

杨素点头哈腰，满脸赔笑，还不住地对太子身边的其他人点头示意。之后，杨素话题一转，又满脸谄笑地说："皇上、皇后特关心殿下的身体，故遣臣来问候一下，殿下有没有需要臣来效劳的？"

杨勇本就不是那种得礼不让人的主儿，见到杨素如此乖顺，气登时就消了一半，双手抱拳，冲着杨素道："多谢父皇、母后的记挂，也谢谢右仆射的关心，小王这里一切都好，暂不需要老爱卿的相助！"

杨勇身旁的唐令则适才也是怒目而视，现在接上话道："请杨大人一定转达太子对'二圣'的拳拳之心，太子每日焚香祈祷，恭祝'二圣'万寿无疆，其忠孝之心天日可鉴。"

"杨素一定把唐大人的话带到，您放一百个心！"

杨素回去之后，把人家的话全反过来了，他惶惶不安地向杨坚诉苦道："臣这次去，差点丢了性命。只因臣去迟了两步，太子便大发雷霆，要打要杀，臣偌大年龄，他全不在意，要臣连连叩头他才肯罢休。太子对臣侮辱也就罢了，他不该对'二圣'口出狂言。"

"他怎么说？"杨坚显然被激怒了。

"他说：'阿娘偏心眼，不给我一个好女子，真令人遗憾。'又说元妃死时，皇上、皇后居然派人查验，分明是对他这个太子不信任，他发誓还要杀元妃的父亲呢！臣以为，这明摆着是不满二圣而迁怒于他人。"

这些话无疑都是杨广的耳目传给杨素的，当然，这少不了杨素的再加工。

"你还有什么消息？"杨坚问。

杨素不假思索地继续说："前几年，臣奉皇上的敕令，回京令皇太子审讯刘居士之党，不料太子奉诏后，大发雷霆、声色俱厉地冲臣吼道：'刘居士之党已全部伏法，让本太子来又有何用？你身为右仆射，肩负重担，应当亲自追查，关本太子什么事呢？'这本已过去几年了，可太子又旧事重提，让臣十分难堪。"

"还有呢？"杨坚又追问。

"太子一怒，还说了一些不该说的话，臣还是不说吧！"

"你直说就是了，朕就是要听听！"

"是。太子还说，当初皇上代周，若大事不成，兄弟中，他将先被杀害，如今您做了天子，他竟得不到信任，甚至还不如其他兄弟，感到很不舒服！"杨素说完，望着杨坚。

杨坚很不耐烦地命令道："把了解到的全说完！"

"是。据东宫内部传来的消息说，还有件紧急的事情。太子最近在宫内大量积聚火燧，并蓄养了战马千匹。臣已让人前去探查，臣以为此事非同小可，不可等闲视之。"

所谓畜养战马千匹，纯属子虚乌有，东宫最多存有良马几十匹，那是因为杨勇爱马而圈养的；而火燧之事，更是荒唐之极，那本是引火之物，每个宫都备，岂止东宫才有！

杨坚此时已被杨素点的火燃得晕头转向，根本不想去辨明真伪，只要看一看他那充血的双眼，就知道他现在是满脸杀机。

"好小子，怪不得朕从东宫回来时，他们那儿戒备森严，防我如敌。难道他们要对朕不利？"

看到杨坚已失去理智，杨素又添了把火，他要借刀杀人，一刀见红。

"不光是太子发怒，可气的是东宫的不少属官们，也仗着太子的势力，狐假虎威，特别是那个左庶子唐令则。"

"右仆射，为防止东宫有变，你即刻布置下去，从现在起，将东宫的宿卫及侍官统归皇宫管理，另外，将东宫卫队中那些勇健士卒全部换掉。好，一切要从速处理。"

杨素走后，杨坚还不踏实，又下令将皇宫卫队人员增加，并加强巡逻，京城四门要严加盘查，对私带武器者要加大处罚。

后宫粉黛乱社稷，前朝梁栋秽宫闱

开皇二十年，十月九日。

寒气逼人的深秋季节，大地一片萧瑟。灰暗浓阴的天宇下，肆虐的西风毫无怜惜地扫荡着树枝上仅存的几片黄叶。上午，皇宫大内，铁甲武士密布各处，武德殿内紧张的空气也令人透不过气来，杨坚全副武装，金盔金甲，殿下两侧是手持戈矛的侍卫，一个个衣甲鲜明，强壮如牛，枪尖的寒光夺人心魄。

大殿之上，文武百官，皇室宗亲，分列左右。无论高的、矮的、胖的、瘦的、年长的、年幼的，一个个默然肃立，如同木雕泥塑。大殿内，一片死寂。

随着一声"太子进殿"的传旨被尖嗓子的太监张权喊出，众人的眼光齐刷刷投向了殿门。

杨勇身后是他的四个儿子，爷儿五个步子缓缓地迈动着，他们虽不知今天的最终结果是什么，但有一点很清楚，那就是灾难来临了。从昨天的兵围太子府查检违禁品到今天的被兵丁带入大内，太子就已失去了自由。厄运将把自己置于何地，杨勇不敢去想。

杨勇是低着头走进大殿的，他只感到大殿内冷气嗖嗖，寒气逼人，庄严中透着肃杀的气氛。

杨坚威严地傲视着群臣，片刻，冷冷地向侍立一旁的内史侍郎薛道衡下令道："宣读诏书。"

"太子杨勇性识庸暗、仁孝无闻、昵近小人、委任奸佞……前后愆衅，难以具纪。杨勇及其男女为王、公主者，并可废为庶人。钦此。"听着这圣旨，杨勇如闻晴天霹雳，虽然他早有预感，但还是被击打得茫然无措，恍如跌进了万丈深渊。

他痴痴地凝望着曾经那样慈祥的父皇，那曾经给了他信心和期望的父皇，那曾激励自己努力建功立业、承嗣大业的父皇，但现在，父皇显得那样遥远，那样陌生！事到如今，是去跪请父皇的原谅？原谅那所谓的"罪责"，发誓洗心革面、重新做人？还是痛哭流涕、申辩自己的不白之冤，用父子之情去打动父皇呢？如果时间倒退二十年，父皇一定会耐心倾听，甚至还会拍着儿子的肩膀说，你说得对，你长大了，有出息！

可是现在，他是至高无上、至圣至明的天之骄子，他是金口玉言，不容置疑的真龙，是一统九州，四夷咸服的大隋皇帝。

没有用的，没有用了！杨勇的内心一片苍茫、激动、委曲、悲伤、愤懑、绝望，说不清此时是一种什么样的感受，直到薛道衡提醒他谢恩时，他才如梦方醒，急忙率领着已被剥夺了爵位的众子拜倒在地，说着那千百人不知说了多少遍的套话："谢主隆恩。"

他不清楚什么时候，泪水已模糊了双眼，失控的语调就像殿外呜咽的西风，引得众子纷纷低泣。杨勇一步一叩首，滴滴清泪浸湿了地下的方砖。

杨坚又令，把杨勇和诸子分别关押，严加审查。

看到眼前的情景，王公大臣中有的偷偷抹起了眼泪，特别是蜀王杨秀，脸上现出了明显的不平之色。但凝固的空气中，只有死一般的沉默伴随在人们左右。

当早晨的第一缕阳光透过淡褐色的云层间隙，在广袤的地平线上徐徐铺展开来时，仁寿宫下的清澈河水又泛起了微红的波浪，夹着青青的碧色，轻轻地拍打着敦实的宫城墙，发出阵阵和悦的声响，似乎在向人们诉说，此时此刻，才是整个仁寿宫最清静、最美丽而又最值得流连忘返的时刻。

当一抹绯红的霞光完全覆盖天际的时候，仁寿宫的人们仍沉浸在和平、安详中。

杨坚正慵懒地躺在锦帐，口中念念有词：红颜讵几，玉貌须臾。一朝花落，白发难除。明年后岁，谁有谁无？解语倾国，无情动人！

念完文章翻转身子，弯下腰身替宣华夫人整理裙间垂下的长长的流苏绛带，他那因一夜昏睡而稍带浑浊的眼睛隐藏着浓浓的情意，不停地在宣华夫人身上上下打量，屋里的烛火在阳光的映衬下，似乎渐渐炽热起来。

宣华夫人感到，这首颇带感伤情调的诗，恰好反映出文帝感到世事无常的心理，哪怕是面对巨大胜利，他也总感到世事沧桑，难以把握。

宣华夫人记得，早在开皇十三年正月，文帝亲自祭祀感生帝。来到长安西面的岐州，这里的山水让他心旷神怡，为了使身体得到很好的休养，文帝决定建一座行宫，原本主要是供他和皇后颐神养寿。现在，自己也离不开他半步了。

"爱妃，何以起得如此早？"杨坚干着嗓子对宣华夫人说，"当年北周权臣宇文护建造的骊山温泉，年久失修，朕想让杨素去修葺一下，加盖屋宇，种植松柏，等骊山温泉面貌一新时，朕带着皇后和你一起去骊山温泉修养。听说那里的水质极好，用温泉的水洗澡更能肌肤洁白如同凝脂。"

睡眼惺忪的宣华夫人努力克制自己，除非她是一个人躺在床上，否则，她总是早起，一醒即起。她知道，自己每天早晨要办的第一件事就是去给皇后请安，无论杨坚在不在她的旁侧。

她回首腼腆地朝杨坚一笑，一边走向妆台旁一边说："皇上，您再躺会儿，要不，皇上去上朝时精神不振。昨夜皇上就不该来贱妾的住处，皇上、皇后伉俪情深，还应多在一起。昨天，贱妾听说皇后的身子像是不大舒服。今天上朝，贱妾就不能陪皇上去了。"

杨坚掀开衾被，半卧在床上靠墙的罗绢帐上，帐上赫然绣着一条金龙作腾云欲飞状。

"如果夫人不陪朕去，朕就不去了。"杨坚揉了揉眼，"现在，天下太平了。朕已高枕无忧，有广儿和左仆射杨素，朕还担心什么呢？"

说起太子的事，杨坚有一种说不出是喜是忧的感觉。要不是独孤皇后和宣华夫人都曾极力促办这事，他还一时下不了决心。

等到废掉太子的事终于办完了的时候，文帝似乎感觉不到胜利的喜悦，他始终兴奋不起来，心头若有所失。他至今搞不明白，这招棋到底是对还是错。想那勇儿当初是何等贤良、仁义、孝悌，有些小缺点也是可以原谅的，可是，为了巩固太子之位，竟然连亲兄弟也要排斥。本想让他们情同手足共守大隋江山社稷，谁知他竟然反目成仇，眼里容不下老二。广儿有什么错呢？无非是功劳大、人品好，他们嫉贤妒能罢了。是的，连亲生的儿子都反对他，更不用说那些大臣了。

文帝想，如此看来，只能说明这些年的政治清洗是正确的，可是，为何越清洗，政敌越多，而且连他以前最亲密的辅臣都变成了清洗的对象，这到底是怎么一回事？为什么这些人都变了，变得心怀叵测，变得对他不理解而离他而去？难道，朕对他们的处罚是不应该的吗？

一时间，他感到自己对所有的人都充满了疑虑，内心无比孤独寂寞，这种阴郁的心情挥之不去。他斜着眼望着宣华夫人的背影想，当初的绿珠公主如今变成了地地道道的宣华夫人了，说话得体，举止有度，尤其是心胸开阔、温柔体贴的劲儿，皇后简直不能与之相比。

杨坚道："爱妃，朕还有许多不明之事，只能求助天意，朕想今日回到大兴宫，垂询天下事，你就陪朕回去一趟。"

宣华夫人嫣然一笑道："皇上的心思，贱妾都明白，既然已经废除了太子杨勇，将他贬为庶人，皇上还有什么忧虑的呢？"

"爱妃说得对。朕应该高枕无忧才是，朕想此次回宫对朝廷上的人事再做调整，高颎既已罢免，总该有人上来才行，杨素如何？朕如起用杨素，那谁来担任尚书右仆射呢？"杨坚仿佛是在自言自语。

"朝中大事，又非贱妾所能决定的，还是去问一问独孤皇后，她久历朝政，又有谋断。"宣华夫人头也不回地随口说了句。

熟知历史的宣华夫人非常清楚，所谓的历史、所谓的帝位，无不显出一个字，那就是"抢"。

三百年来的历史也证明，人们钩心斗角，相互猜忌，无非一个"抢"字，抢天下，抢江山。这期间，建国数十年，称帝者一百多人。为此，君臣为敌，父子相图，兄弟相互为鱼肉。自己的父亲宣帝如此，自己的哥哥陈叔宝、自己的"夫君"杨坚又何尝不是这样？

既然如此，就让杨坚的儿辈们也为皇位"抢"吧。

宣华夫人在这场"抢"帝位的风波中，可谓不显山露水地推波助澜了一番。她原本并不知情杨广的计划，从心底上说，她对杨广充满了恶意，可是由于尉迟风琴的死和薛道衡的远调，使她孤零零地感到皇后独孤伽罗在暗中操持着一切。

尉迟风琴同样是一位风华绰约的女人，从相见、相识到相知，宣华夫人了解到她只不过是一个寻常的女子，但是那满月般的脸庞，她那眉宇间洋溢的无尽英气，只消望一眼，便令人永远难以忘怀。痛失知音的宣华夫人默默地承受着一切，她也因此对独孤皇后有了刻骨的仇恨。这是其一。

薛道衡回来的那次，就仿佛在宣华夫人的心中投入了一块巨石。她独自待在宫中，茶饭不进，整日地相思。她是多么想到薛府去一趟，见一见杏儿、翠儿，更想借此目睹薛道衡夫人，向她倾诉一下薛道衡在自己心中的分量和无缘相守的遗憾，但她知道，这样的机会好比登天。宫门深似海，哪能容得半枝红杏出墙，就在她无聊地打发时光时，是晋王杨广给了她机会。

皇上杨坚对大隋的音乐理论显出不满意的倾向，十分明眼的杨广趁机建议是否让精通乐理的宣华夫人去指点一下。皇上很高兴地采纳了这一建议，于是机会出现了，尽管不是在薛道衡府上，但至少两个人还是见面了。因此，在杨广谋取太子之位时，她站到了独孤皇后的一边，一箭双雕，既博取了皇后的欢心，又亲自看到了杨广兄弟间的残酷的斗争。

但是，就在宣华夫人欲将轻松、欢快的音乐取代滞重缓慢的旋律时，杨坚突然取消了她的主张。"惟奏黄钟一宫，郊庙飨用一调，迎气用五调。旧工更尽，其余声律皆不复通。"很快地薛道衡再次外巡。后来得知其原因很简单，就是杨坚听了皇后的一句："不能让淫靡的东南之音毁了朝纲，要时刻提醒人们尊重皇权的庄严。"

宣华夫人自那次之后，竟久不操曲。

宣华夫人自那次之后，竟爱上了珍宝。

如今，在宣华夫人的室内，已看不出从前的朴素，檀木架上，各类珠宝琳琅满目，这里面有前任太子杨勇的，有刚封太子杨广的，还有蜀王杨秀的，有重臣杨素的，还有苏威的，连新近被招为驸马的柳述也送来了两株珊瑚树。看来，兰陵公主也不敢小视她了。

想到皇后，杨坚的隐忧又上来了。废杨勇、立杨广这件当朝最大的事，自己的主意全是由独孤皇后拿出来的，做母亲的似乎更能了解儿子的性格，做父亲的却总是想着长子长孙，年龄越大越是。可是，杨坚对二儿子杨广在众人中的完美无缺的形象，总感到不那么十分清晰、可信。

"爱妃，朕真要回宫一趟，帮朕洗漱一番，有些事不能说办就办。"

宣华夫人心中一愣，旋即笑了。

早在仁寿宫修建时期，还是晋王身份的杨广呈献给父皇一只象征长寿吉祥的毛龟，那只小毛龟如今在大兴殿南下角的水缸中渐渐长大了。它偶尔爬出缸壁，伸伸脑袋，摆摆尾巴，向来往的行人不住地点头，简直有如神灵附体一般。

文帝喜好祥瑞是出了名的，当初夺天下时，他深恐人心不服，所以经常编造天象符瑞的故事大加宣传，以证明自己确是真命天子。一帮方术道士见此情形，纷纷炮制祥瑞进呈，无不受到褒奖。由此可知，符瑞图谶甚至能够左右杨坚对事物的判断。

图谶符瑞有时很是实际，久而久之，文帝对此深信不疑。例如，当年南朝人来和说自己有帝相，果然，就有帝相。当初太子未废之时，文帝有意问来和："谁可继者？"来和竟莫名其妙地答了句："善继者即可继者。"那不是分明地告诉杨坚：太子杨勇不能久。果然没有多久。

现在，杨坚更加痴迷符瑞，一日不可或缺，每听到符瑞消息，如同空中闻梵音，通体舒泰。但今天的长寿龟却没有爬出缸壁，只是龟缩在水底，空留一个外壳。水面上偶尔泛起一两个水泡，旋而破灭，似乎意味着什么。

一番处心积虑终得太子之位的杨广呆呆地立在长寿龟前，心中暗暗祈祷：老畜生，你要活出样子来，让那老东西高兴起来，我现在只有太子的名分，还未正式册封呢。万一有好事者，把你将死的情状告知那个老东西，这正式册封还不知拖到何年何月呢？为了这太子之位，我都快要发疯了。杨广有些郁郁寡欢。

太子杨勇被贬到庶人村已有一段时光了，而皇上却和独孤皇后、还有那个宣华夫人一直待在仁寿宫，竟不上朝，所有的大事表面上交与杨广和左仆射杨素，实际上每件事的最终决策还是由杨坚说了算。因此，杨坚的女婿柳述倒权倾朝野了，所有诏书和赦令都是他从仁寿宫传出的。

柳述是杨坚和独孤皇后的女儿兰陵公主的驸马，因为杨坚喜欢上仁寿宫，又不愿放弃集权，所以柳述就成了一座架通宫省之间的桥梁。

　　杨广在自己的长寿龟前徘徊了很久。正想着曹操，曹操到了。他听到背后急促的脚步声踏得震天响，就知道是柳述。这脚步声他太熟悉了。咦？今日和往常不一样吗？柳述为何没与自己打照面就奔殿上呢？不容多想，杨广赶紧正了正衣冠，从大兴殿的西侧偏门进去，他不知道，会有什么消息在等着他？至少从仁寿宫中还没有传出任何消息。

　　到了殿上，群臣都在等候。杨广坐在龙案左下手处，恨不得一步登上那个龙案。

　　杨素阴沉着脸，脸上的倦容十分明显。尽管已官居左仆射了，他丝毫没有喜悦的表情。杨坚、杨广都喜欢这样的表情，杨广更是喜欢。他整个计划的第一步就是在朝廷中争取了杨素的支持，在后宫中，争取到独孤伽罗和宣华夫人的支持。

　　杨广望着堆在龙案上的奏折，心里直痒痒，这些原本都可以交给自己来处理的，现在却要奉诏实行，心里老大不甘。但就目前的形势来分析，他不敢妄动，依然保持谦恭之态。无论如何，杨勇虽然遭到贬斥，但自己一直未能正式受封，蜀王杨秀拥兵蜀地，虎视眈眈。自己行事稍有差错，便有可能前功尽弃，绝不能因小失大，还得夹着尾巴做人。

　　杨广落座后，冲着杨素拱手抱拳："越国公近日政事繁多，当心身体才是，我看你又瘦了。"

　　杨素连忙欠身，摆着手说："殿下的挂念着实让臣感到抱愧。说实在的，身居左仆射职位，我实感有些力不从心，所以，臣下一直盼着皇上派选得力助手帮助臣下，以应对繁多政事。"说这话时，从阴郁的脸上挤出一丝尴尬的笑容，又说道，"不过，臣不敢丝毫懈怠，辛苦一些是应当的，为人臣子就应当竭尽忠智。不敢言劳啊。"

　　杨广心中明白，虽然杨素身兼数职，但每办一件事无不与自己通气，他是朝中的扛鼎重臣，当初，为了夺太子之位，没有少给他好处。杨素在排斥异己方面也得到自己的支持。杨广想起那个鸿胪少卿陈延，此人素与杨素有隙，但为了一个美姬竟至水火不容的地步，杨素便向文帝报告说陈延管辖的客馆廷中遍及马粪，臭气熏天，哪里像是大隋的客馆，各番国使臣在里面只住几天，便忍受不了，诉苦不尽。还有，陈延擅自在客馆的地毡上玩樗蒲的游戏，屡劝不敢。一下子就把文帝激怒，文帝派人去查实，去查实的人很快向文帝禀明，杨素所言是实。文帝便在朝堂之上将鸿胪少卿陈延打得皮开肉绽，差点死过去。

　　杨素知道，此时杨广的心中最急的莫过于等皇帝正式册封太子。在此之前，他曾写过一篇奏折，望皇上尽早把册封的仪式办了，正式地立杨广为太子，可惜，奏章写得有点过急了，不知是皇上看出破绽，还是皇上仍沉浸在废太子的震恸中不能自拔，还是皇上有意考验杨广？虽然疑问团团，但有一点是肯定的，皇上似乎并不急于册封太子。杨素也不敢太张狂了。

群臣望着杨广和杨素彼此寒暄，都噤若寒蝉，大气不敢出一声。

老臣牛弘憋不住干硬的嗓子咳了一声，大家都跟着出了一口气。牛弘暗自悲叹，这几年来，党同伐异已经到了没有原则的地步，派阀利益代替国家利益，爱憎感情和摄取权力的欲望使得人事斗争变得格外残酷起来，没有规则，没有理性，只有不断激化的矛盾和不断升级的斗争手段。

当年杨坚派自己出使突厥时，李德林倒台了。而今，高颎也不在其位了，他有独雁无伴的感觉。杨素吧，既阴鸷又骄横，除了同朝为官的关系，其他则没有什么来往，听人私下里说，杨素家中姬妾成群，府第高阔，奢靡之极，但也只是听说而已。百官很怕杨素，这一点牛弘看得清楚，无形之中，自己也养成了这样的不好习惯——见了杨素先是把老佝偻背缩一下，以示尊崇和回避。

"皇上驾到——"宫中黄门侍郎左庶子张衡的声音拖得比任何时候都长，也亏了这长长的拖音，把文武百官从惊愕中震醒过来。人们不自觉地正冠、再正冠，有的还是嫌乌纱帽戴得太松，使劲地往下按了按，弄得乌纱帽的前檐几乎遮住了双眼，感觉不对劲时，才稍稍往上推了推。百官都在疑惑，皇上今日来殿，不知何要事需要垂询？更不知又是哪位官员因不合皇上的眼而要遭皮肉之苦。

杨广偷偷地剜了一眼柳述，心里骂道，好个奴才，居然变成了父皇身边的近臣，今天竟然连父皇上朝的重头消息也不禀明一下，幸亏自己还未就任何事做出决策，幸亏自己昨夜缠绵过度，今早上殿有些迟了，否则不知会出现怎样的结局呢。内心对柳述又增加一层仇恨，那原来一层仇恨，便是兰陵公主自幼就是势利眼，跟太子杨勇关系密切，对自己总是不冷不热。偏偏杨坚就是喜欢她，连女婿柳述也任为兵部尚书，掌握京师的军队。

"不行，早晚得让人弹劾一下。"杨广急急外出，带着百官迎驾时就这样想，"柳述啊，以后会有你的好果子吃。"此时，柳述就在他身后亦步亦趋，但头昂得比众官都高。

其实，杨广的怨恨对柳述来说是有一点点冤枉了。

柳述在仁寿宫一直等到日升三竿后才见到皇上杨坚，刚一照面，皇上的车辇便停在仁寿宫内心寝宫前面。皇上在宣华夫人的搀扶下，登上车辇后，才向柳述说了句："去上朝！"柳述这才招来元岩——仁寿宫黄门侍郎——带上卫队护驾往长安进发。

众臣战战兢兢，在左庶子张衡的喝令声中，齐刷刷地下跪。

宫监张权一直是后宫的负责人，皇上不来时，他倒无事可做，整日抱着拂尘东颠西溜，反正在皇上的后宫中，他是除了皇帝之外的唯一一个进出自由的人。原先，当杨广把巧舌如簧的他送给父皇杨坚时，他痛苦过，深深地自卑过，他的一生，作为男人的一生算是被杨广毁了，但张权知道，他丝毫不能犹豫，杨广有恩于他，当然是重于生命的大恩。他要回报，他只有回报才能苟活在世上，才能吃穿不用愁，并能有丰厚的俸禄贴补家里。而自己已没有成家的希望了，渐渐地，他习惯混迹于女人堆中，反正他本能的男人的欲望被自己一刀给剪断了。

但是，自杨坚带着独孤皇后住进仁寿宫时，张权感到自己的价值似乎变得不起眼了。所以，他唯一高兴的事便是杨坚来到大兴殿。

张权有些气喘，跑得太急了，他立在杨坚的车辇旁恭恭敬敬地扶下杨坚，流泪道："皇上，又是半月光景，可想死老奴了，老奴祝皇上龙体安康，仁寿万年！"

最后的"龙体安康、仁寿万年"的语调高而尖，似乎是领喊，跪在前面的数排大臣也跟着喊了起来，后面的人听到前面的颂语，也连忙接上去，一时间"龙体安康、仁寿万年"的祝颂声竟此起彼伏。杨坚龙颜大悦，慢悠悠地说了句："平身！"众臣不敢仰视。

杨坚又对张权道："你是宫中总管，这些大臣还得听你的。你歇口气再说。你现在又白又胖了，肯定是趁朕不在宫中时偷养了一身肥膘。"说完嘿嘿一乐。

张权根本来不及答话，伸着手欲搀车辇中的皇后。可是，等辇中人一露面，张权愣了，原来是宣华夫人。咦，皇后怎么没来？又不敢追问，忙道："奴才给宣华夫人请安！"

杨广一听，立马偏仰着头，用余光瞟了宣华夫人一眼，口水不自觉地就流到了嘴角。陡然见父皇正目视群臣，连忙低下头，随口道："孩儿给庶母娘娘请安！"

声音很浑厚，很真诚，像是发自肺腑。他决不允许自己在父皇的眼皮子底下露出马脚。

杨坚顺着声音把目光停在杨广的身上，停了有片刻功夫，满意地点了点头。

众臣又是一番祝颂语后，却不见宣华夫人下辇。那车辇吱吱呀呀地转向大兴殿旁的凤阁而去。

带着百官跟在杨坚的身后，心里也是十五只吊桶打水——七上八下，杨广暗忖：父皇今日所来何为？离废杨勇的日子不过二十天，虽说由我继太子之位，可是这正式册封却迟迟不下，难道父皇还另有所图？他不知道自己伪装的谦恭何日是个尽头。

群臣也各怀心思，伴君如伴虎，更何况伴着的是一只喜怒无常的恶虎？哪个不记得御史于元日在一次朝会上，看到武官们衣剑不齐，没有及时举荐，当即被斩杀的下场？哪个不记得谏议大夫毛思祖实在看不下去惨状，刚说句"万岁息怒，请恩赐于元日完尸"时，就被暴怒的杨坚喝令武士拉下去斩了？

而杨坚却对众大臣说，衣剑不齐是对皇权的不尊，不弹劾则是包庇勾结，罪行更重。

牛弘瞅着杨素的脚后跟，心道：满朝中，只有你杨素步伐最稳健了。

杨坚目视群臣，群臣一片静寂。他漫不经心地翻阅着奏章，都是歌舞升平的内容，他老大不高兴，嘴中嘀咕道："天下真的这么太平吗？难道一点异样的动向都没有吗？"额下的胡须微微抖动，翻着翻着，突然被一封奏章所吸引。这是大理寺少卿杨约、杨素的弟弟呈上来的。胡子抖动得更加厉害，脸色也变青了许多，终于冷冷地发出几声笑，终于勃然大怒，喝道："传太仆卿韦云起——"

众人一愣，韦云起就在群臣中，此人曾当着皇帝杨坚的面，直接弹劾过柳述，说柳述"虽职务修理，为当时所称，然不达大体，喜欢鞭笞部下，又依仗宠爱骄豪，无所降屈，柳述骄豪，未尝经事，兵机要重，非其所堪，继以公主之婿，遂居要职，臣恐物议以陛下官不择顺，滥让天秩加于私爱，斯亦不便之大者"。一番话说的杨坚脸上还真挂不住，他耐着性子听完，只是褒奖了几句，便无下文。事情没过多长时日，韦云起便被任为太仆卿，远赴甘肃陇西征收马匹及草料，运往南方平乱。

众臣均想，这下子韦云起完了。

韦云起跪在殿下。

杨坚怒喝道："朕让你征集马匹，马呢？草料呢？"

韦云起仰脸作答："俱以按各归有司分送去了。"

杨坚说道："这是大理少卿杨约的奏折，说接到兵部的报告，五万匹战马为何只有三万匹？"又对站在身旁的柳述说："远征南方的草料是否齐备？"

柳述心一惊，忙答："均按征收来的运走了。"

杨坚默不作声，他似乎嗅出其中的味儿。

韦云起说："皇上，臣奉旨办事，一路上好不困难，筹齐了一切必需之物，无奈流贼甚多，再加上风寒，路上损失百匹之多。但臣感到数目不会悬殊太大，还望皇上明察。"

杨坚上下打量韦云起，心道，你一个卑微小臣竟也敢提出让朕去查，勇气还可以，但不可再重用你了。当初当着群臣的面说柳述的不是，这今日之事是否与柳述有牵连呢？算了吧，南方已定，再查无甚意义。正想喝退韦云起时，杨广却躬身下跪，禀道："父皇，儿臣以为，冰冻三尺，非一日之寒，本来嘛，韦云起的事说得蹊跷，百余匹和上万匹，数目相差太大，父皇还是派人去认真查一下。"

杨坚点头，便道："广儿认为派谁去呢？"

杨广说："亲卫大都督屈突通可往！"

杨坚同意，他对屈突通没有什么坏印象，人也长得英俊，一看就是忠诚可靠之人。

屈突通领命而出，京卫大都督的职责就是奉命行事，从来没有二心，他是个憨直的人，就如长孙晟一样。而车骑将军长孙晟此时还在相州督军。

杨坚看着满朝战战兢兢的大臣，一丝惬意一点遗憾，两种滋味同时涌上心头。他看到杨广衣帽整洁地立在下手，一副谦恭地为父分忧的神情，心中又有几许宽慰。当初太子杨勇就做不到这一点，他总是一会对高颎耳语几句，一会和久不相见的大臣招招手，一点也没把他老子放在心上。

杨坚的目光游移片刻，落在杨素身上，开口问道："越国公，朕听广儿说，你近日政事太多，你看，朕用谁为你分担一些呢？"

杨素道："皇上，您是一国之君，心系天下，臣等愿为皇上出死力，何来繁多？大政皆由皇上虑及，臣等具体操办，实在没有什么，还让皇上挂念，臣于心有愧。"

杨坚摆手道："越国公就不必自谦了，仁寿宫已经修好，朕还想把骊山温泉修葺一下，越国公愿意再为朕督办吗？"说着，面有感慨之色，继续道，"朕戎马一生，建立了大隋基业，奋斗是何等艰辛。皇后也有此意，恰好皇后昨日偶染风寒，故今日未有伴朕来宫，点你去，还是皇后的主意呢。"

杨素伏地，叩头答道："臣蒙皇上、皇后厚爱，应当万死不辞，臣回府后即着人修葺，定让皇上、皇后放心。"

"纳言苏威在吗？"

杨坚故意地问了问，实际上几十位大臣早就被杨坚看个一清二楚，此时，他想起苏威这个人还是才子。本来这左仆射的位子论在朝中的地位应该是他的，可惜，因修乐一事和自己相左，训斥后，果有改变。高颎那块大石头被自己搬掉时，虽说他没有使劲，可也没有阻碍。当时，包括上柱国贺若弼、刑部尚书薛胄、民部尚书牛弘等都替高颎说情，连兵部尚书柳述也站了出来说情。而苏威就不错，终没有放出话来，还算忠心耿耿。

苏威挤了几步，就跪在离御案很远的地方，答话："臣在！"他心中直犯怵，莫非有人弹劾我吗？脑海中的画面一直在追寻高颎倒台的影子，高颎的命运就还算不错了，虞庆则呢？那不死得更加凄惨？

上次围猎后不久，细心的苏威就感到杨坚回宫时，心情闷闷不乐。一路上只和杨素说笑几句。其余的皆不予理睬。苏威就感到朝中的局势不稳了，要不是四方未定，恐怕在开皇初年，这些原来和杨素同朝为官的大臣怕都要一个个地被消灭了，幸好自己受到贬斥早，及时地察觉到这些变动，自上次事后便深居简出，为官时尽心尽责，甘于清贫，混同于一般臣僚，不再显山显水，这才躲过一次又一次清洗。这或许是我苏威的天分之处吧。

杨坚说："苏威，当年你身兼五职，游刃有余，如今还值盛年，官府门前的那株树还在吧？"

一句话感动得苏威差点要哭出声来，一棵树的故事简直成了杨坚爱惜苏威才能的代名词。当初有许多大臣上言，苏威府前有一棵树妨碍过往车辆，需要砍掉，执政的有司也多次欲要付诸行动，但苏威不让。后来，事情闹到杨坚那里，杨坚一句"只要苏威不愿意砍，就不要砍"，以示厚爱之意。这棵树至今未砍。今日杨坚提及此事，怎么不令苏威感动呢？简直是吃斋念佛得来的幸运。

苏威语含十二万分感激，说："皇上厚爱，臣没齿不忘。"

"嗯，那就到前面来，担任右仆射之职吧。"杨坚终于了却一桩心愿。他知道，要消除高颎的影响，仅用杨素一人是不行的，如果说杨素以功威震的话，那么苏威仍然能够以德才服人。

杨素进言道："皇上废太子勇已有多日，国不可一日无君，但国也不可没有太子，还请皇上早日选定太子，臣等上朝贺礼时，也有名份先后，不致乱了朝纲。"

刚到前列的苏威也跟着说道："越国公说得在理，既然太子勇已贬，应当立太子之职。"

想起太子，杨坚的心似乎被人悄悄摘去。这偌大的基业交给谁呢？杨勇是长子不假，可是居然在我活着的时候就以太子自居朝野，好像他就是未来众臣的福祉，我一直娇惯着，竟发展到想以武力夺宫的地步。幸好广儿及时保护，才幸免于父子相残，杨勇不足以任太子，太不孝了。

老三秦王俊呢，早就死了。他死得好。家中妻妾成群，还到处拈花惹草，崔弘度的妹妹是何等标致，居然不爱。奢侈之极，训斥数次，还赌气不来上朝，闷出病来了。剩的晋王广、蜀王秀、汉王谅三个儿子，谁该上呢？他不由得在龙案旁踱起步，反复考虑起来。

老二晋王，很好，什么都好，平江南立下头功，汉北大捷也有奇功。做扬州总管，知人善用，张衡、宇文述、来护儿这班人都乐于效命，包括死去的韩擒虎、上柱国王世积、燕州总管燕荣等也夸说广儿文武全才，品性俱佳，皇后、宣华夫人也交口称赞，好的几乎挑不出毛病。俗话说，人无完人，金无足赤，人若没有毛病恐怕也不算太正常，广儿的住所，我明里暗里去过多次，甚是简陋，从不见珍宝玉器，还让萧妃外出采桑喂蚕，像个农妇，国以农为本，民丰而国安，连萧妃对治国之道都能说上个子丑寅卯，难得，难得。可是，我还为什么有种种不安的预兆呢？

老四蜀王秀虽说能文能武，但是太娇贵，手下一个人才也没有，顶多只能领一州一郡，野心大，才能又欠些火候，更何况秀儿兼有三儿俊的毛病，喜欢铺张。

老五汉王不错，眉清目秀，一表人才，可又稍嫌嫩了些。

"唉——"杨坚长叹一声，吓得满朝文武呼啦啦跪倒一大片。杨坚想，费尽心机夺来的江山所托非意中之人，真乃死不瞑目，可是又不能把江山让给异姓，那更是死犹不甘。

在他看来，如今天下最大的事便是交代，可这交代却又实在太难。有时，他对自己的儿子似乎观察得一清二楚，可谓明察秋毫；有时，却总觉得有点像雾里看花。他实在难下决心，老是举棋不定，觉得立太子比登天还难。

杨素长跪着，抬头望着杨坚，心想，皇上怕是决定不出一件大事，尽管他已经多次提及，看来，还需要一把火。

杨素道："臣不知皇上为何长叹，若是做臣子的不能为圣上分忧，臣请皇上治罪。"

杨坚喟然道："越国公，你们都起来吧，朕想到如今天下太平，而朕的心中却仍放不下的心事。古人言，平，便是和谐。而如何才能使君臣、父子、夫妇、兄弟、朋友之间保持一种和谐的关系？"

众臣起立，杨素上前进言道："皇上，这关键在一个'恕'字。"见杨坚在仔细倾听，又接着说："恕者，心也，如他人之心，为别人设身处地想一想便是了。所以，恕便是如何理解别人，恕道是双向的，是双向都要彼此为虑的。为人子者，应替父亲设身处地想一想；为人弟者，应替兄弟设身处地想一想。这是上向。而为君父者，必先忘我；忘我，然后才能无私，然后至公；至公，然后能以天下之心为心，这是下向。乾下坤上，便成泰卦之象，卜卦为泰，便是天下太平的气象了。"

杨坚点头，说："越国公，此事谈何容易？当今之地，左右猜忌，上下分裂，像那高颎等一班跟随朕出生入死的文臣武将，而今却只有越国公还能一心向上。"

杨坚说到这里，心里感到空荡荡的，当年的一些上柱国们，现在所剩无几了，平陈时，韩擒虎、虞庆则、王世积、贺若弼等，怕只有贺若弼还在吧，他睁开眼睛仔细寻找，终想起，贺若弼已经被废有些时日了，高颎就不用说了，他怎能够敢反对废立太子一事呢？

另外一个，噢，虞庆则，当年杀宇文氏集团时，你最支持朕了，你出使突厥，不该收下沙钵略的厚礼还娶了突厥女人回来，这些，朕倒睁只眼闭只眼过去算了，可你竟然还想封地为王，那就怪不得朕了，你太蔑视朕了。

那一个呢？噢，史万岁，怪什么呢？你确实是一位赫赫有名的战将，是一员令突厥闻风丧胆的虎将，班师回朝时，你竟然不顾及朕的朝堂威仪，附势邀功于东宫，太目中无人了。

杨坚把眼前的朝臣逐一又过目一遍，突然想起薛道衡来。酸甜苦辣咸等各种滋味一齐涌上来。如果要册封太子的话，朕还要听听你的意见呢，薛道衡之于朕有如鸡肋一样，食之无味，弃之可惜，个中原因，连自己都说不明白。

杨素见文帝的神情似乎还沉浸在废立的两难中，心中主意已定，悄悄地从怀中摸出一封奏折，低声说："皇上，凡事预则立，不预则废。臣有一封奏折不知应该不应该呈上，如说应该，又担心皇上更加忧虑，如说不应该，又怕有欺君之罪。"

杨坚一愣，用阴郁的目光把杨素打量一番，满脸疑团，阴沉地问了句："越国公，朕在宫中的时间不会太长，你有什么奏议就拿出来吧！"

杨素把奏折呈上，说："皇上先看看吧，再做定夺。"

杨坚打开奏折，看着看着，脸色就变了。目光渐渐地定格在杨广身上，久久没有移去。

形势越发严峻了。

太子杨勇被废的消息传到薛道衡的耳朵里时，他正在回京的途中。

南方的十月还很湿热，薛道衡从襄阳过汉水、涉长江、转道陈宫的蒋山一带，外形的装束完全是一副隐士的打扮，头戴介帻，身着白白的单衣，脚着皮履，此番巡视江南，他明显感到有些体力不支了。

安歇在来悦楼客栈后，他刚洗漱完毕，侍卫小桂子就进来禀道："薛大人，外面有人求见。"

薛道衡一愣，此地正在中原一带，离京师尚半月行程，哪来的熟人？

"怎么了？难道薛内史还忘了老朽不成？"话音刚落，一个仙风道骨的身形就立在薛道衡的面前。

薛道衡定睛一看，蓦然想起：这不是隐于华山的学儒杨伯丑吗？

"哎呀"一声，薛道衡连忙起身、让座、叙礼。

杨伯丑也苍老了许多，外形上不大容易看出来，但一听那声音，薛道衡就明白了几分，像这样的隐者，老相的最大特征就是从声音上开始的。杨伯丑的声音也干涩了许多，像是撕开的破布。

杨伯丑道："内史大人，一路辛苦！江南可有奇闻逸事说来听听。"

薛道衡摇头苦笑道："除了辛苦，还是辛苦。"

"哎，话不能这么说，云游四方的人都不言苦，何况薛内史。身为朝廷命官，若想铺张，那各地的官员还不车接车送？"

薛道衡摇头道："伯丑老，我自感也是个半隐之人，读书人总是摆脱不了读书人的架子，在朝中都鲜有交往，何况在州郡县呢？"

"说说您老见到的奇闻？"薛道衡道。

"文中子这个名号，内史大人可听说过吗？"杨伯丑问。

"是否是河汾名儒王通？"薛道衡反问。

杨伯丑答道："正是。内史果然云游天下，无事不入耳入心。"

"哪里，"薛道衡道，"我还是在京师时，有次在朝堂上听别人议过。所以就把犬子薛收送去。因此，颇知他的学问深不可测。"

杨伯丑说："别提了，我上次去了，那文中子王通捣鼓出个《太平十二策》，想献给当今圣上，全是治国之道，有点东西，当然也有胡编乱排的，我知道，你的孩子在那里读书，恰恰因为这一层，文中子不敢烦你大驾。"

薛道衡朗然一笑道："这又不是什么难事，若那名儒文中子在帝京长安，我定力促当今皇上召见他。要不，我明日先赴河东，顺便看看犬子，拜望名师。"

杨伯丑哑然一笑，道："那王通的门人中，确实有不少俊才，听那老家伙说，有些人可身为将相，只是未遇明主。原来希望当今太子勇若能继位，以文治国，这些人尚有出头之日，可惜，做了二十年的太子说废就废了。天下堪忧啊。"

薛道衡也长叹道："宫中的事，我一直很少过问。问不起呀，一不小心，就会栽个大跟头，就像排队，你若稍不小心，就有可能被划到别的方阵中。多亏你杨伯丑，恕我直呼姓名了。一句点拨，茅塞顿开，糊涂时为重，不偏不倚者，中庸。"

杨伯丑啜了一口茶，分析道："道衡老弟，你我无话不谈，太子不当废，此理天下共知，哪有废长立幼的道理。听说那杨广也是个不错的人，不错到近乎完人，这有点令人生疑了。不过，话说回来，太子也活该犯了天相——白虹贯东宫门，太白袭月；莹惑星入太微，犯左执法。"

薛道衡淡然一笑："天相，天相。难道没有人相于其中吗？"

杨伯丑连忙制止，道："这话可不该内史来说，一代名相高颎如何？他也拗不过命相。人的心思一旦往好的方面驰骋，便是暗夜也顿辉煌起来。内史尚在朝中，虽不谓一言九鼎，也是能与皇上说得上话的人。你若违逆了圣意，怕你本人也难以自保。"

薛道衡怅然许久。顿了一会儿，问："章仇老身体可硬朗？"

杨伯丑道："一如从前。或许他的修性极高，我是老朽了。看不到新太子登基了。确实，人命拗不过天数，油灯将尽，谁也无法挽回。"

薛道衡拨亮油灯，说："伯丑老不也健硬得很吗？您所说的太白袭月之象，可有排解之法？"

杨伯丑摇摇头，说："内史应该知道，卜算占谶之说向来都是预推，准则以事验证，不准就如同过眼云烟，谁还会去计较呢。"说到这，有些哀怜地说道，"当初，那虞庆则、韩擒虎、贺若弼不也是找老朽算过吗？验证了准确，却无法排遣灾祸。这才是算命。"

薛道衡知道这件事。那是一日退朝后的事。那天，韩擒虎好高兴，皇帝上午接见来朝的突厥使者时，特地引荐了他，并且说："你听说过江南有陈国吗？他就是活捉陈国天子的虎将！"

之后，皇后独孤伽罗又赐了一个宫女给他，并赏了两坛宫廷玉液。韩擒虎兴奋异常，他觉得这日的荣耀已大大地补偿了平生的遗憾。他得意洋洋挥了一鞭，领先冲出了街道，信马由缰之态，连薛道衡也看不下去了。

街头。一群闲人围着个邋遢的术士看他相卜，薛道衡侧目一瞧，原来是杨伯丑，正欲上前招呼，杨伯丑对他摆摆手，神情凝重。

韩擒虎一边说："久仰大名，久仰大名。"一边拨开众人，挤进去，请杨伯丑卜一前程。

杨伯丑道："写一字来。"韩擒虎随手写出个"擒"字。

薛道衡挤进去围观，见杨伯丑望着"擒"字出神良久，随即摇头叹息，连说："不妙，不妙！"

韩擒虎顿足大怒道："老丑儿，你要不说出个子丑寅卯来，我就砸了你这个摊子。"说着上前伸手就要拔下那写着神卦的白布幌子。

薛道衡连忙阻止："韩将军，韩将军，人自有天命，岂是一个江湖人士所能言中的，将军不值得和算卦先生一般见识。"

杨伯丑笑道："我老丑儿若是不准，以后就绝不会去见内史侍郎了。"

杨伯丑指指"擒"字说道："你瞧，禽者，鸟也，'手'部在一边，这就等于鸟儿已被抓住了，飞不了。"

韩擒虎脸一沉，默默地转身，手形还在做着抓鸟的动作。

后面的人蜂拥而上，贺若弼写出了"弼"字，虞庆则写出个"则"，王世积则一个字也没有，他要等着杨伯丑给他相面。

杨伯丑一一道来：弼者，不妙，百弓临身；则字更是不祥，都看见刀了，不是去打仗，就刀祸临身。

王世积说道："老丑儿，我不写'积'字了，你就给本人看看面相如何？"

杨伯丑左看右看，竟笑而不答，王世积追问："老丑儿，没招了吧？"说着手指几个上柱国，我若是写出'积'字，怕又是'积者，嫉也，嫉者，恨也，恨者，杀身之祸也。'"说完，自顾大笑一通，扬长而去。众人都笑着离去。

薛道衡慢慢地写出个"衡"字。杨伯丑并不理会那几个上柱国对自己的嘲

第十一回　后宫粉黛乱社稷，前朝梁栋秽官闱

笑，仔细地瞧了瞧，说了句："二人行，衡也。"说得薛道衡一头雾水。

薛道衡知道，这杨伯丑今日来见，恐怕还有要事相告，他想到，韩擒虎莫名其妙地死了，虞庆则误陷美人计被杀，贺若弼下狱，王世积遭诛，高颎倒台，自己总算感念皇恩浩荡，捡了条性命，不由得惊出一身冷汗。

杨伯丑说道："内史侍郎，老丑儿必须告诉你一件事，如今太子被废了，新太子尚未立，满朝的目光都投注在杨广身上，你也要顺从圣意，唯有如此，或可免灾，如若不然，步韩擒虎后尘的，怕是阁下了。如果我杨伯丑没有看错人，此时阁下的内袖之中已揣着劝皇上收回成命、重新立太子勇的奏章呢。"

薛道衡吃惊非小，心道：你怎么能知道？

杨伯丑语极严肃，说："薛内史若不想引火烧身，就烧了奏章，如此违逆圣意，怕是要祸及子孙。"

薛道衡冷冷地问："章仇老如何？你刚才还说，他还是老样子，既然太子倒台，他身为太子宫中舍人，岂有不坐罪之理？"

杨伯丑又笑道："他死不了，你我的心计加在一起也没有他多，这老家伙也算误在你我手中，干吗当初要荐举他呢？我不明白今天又有个王通，我要不说吧，对不起朋友，要说吧，又替他们感到不安，反正由薛内史看着办就是了。我也只是听说：章仇太翼的眼睛失明了，但愿他从此心中明白。"说完，杨伯丑就要起身。

薛道衡突然问："当初，你老人家给我测得'二人行者，衡也'，到底是何用意？"

杨伯丑摆摆手，端起浓茶，细口细口也啜饮了半杯之后，开口道："皇上惜才，二人行，衡也，君当自悟。内史鞍马劳顿，老朽本不应前来打扰，但此事又关系极大，若不早说，对不起你我萍水相逢一场，但话又不能说得太透，太透了，人生便没有玄机、没有感悟。没有感悟，像薛内史这样的高儒，怕会遗憾终身，老朽告辞了。文中子王通的事，你看着办，依老朽看，他也是书读得过头了。"

送走杨伯丑，薛道衡心神不宁，他想，这"二人行，衡也"的深意确实猜不透。他隐约感到这其中的奥秘似乎与绿珠公主有关，又似乎与近几年来和自己的关系有些若即若离的杨素有关。反正，不去深想了。

他取出准备上疏的奏议，细细地看了一遍，烧了。一股浓黑的烟雾飘散在空中，焦糊味四下散溢。薛道衡使劲地嗅了嗅，似乎还想闻出其中字句间的意味来，这是自己听了杨勇被废后整整一夜的结晶，那是心血啊，就这么化作残片灰渣。

想到原来杨伯丑测字的那些人的下场，他确实有些害怕了。

那个找杨伯丑相面不成的王世积最能印证眼前风云诡谲的情形了。

当一个又一个上柱国倒台后，所有的大臣无不唇亡齿寒，惶惶不安，纷纷各自寻找退路，或明哲保身，或依附于权势。上柱国王世积隐隐感到皇上的性情越来越捉摸不透，功臣大多数获罪难免，于是日日纵酒图醉，天天待在府中与妻妾相欢，以娱遗年，不再上朝多言时事政治。

可是，人在威望在，正所谓"是祸躲不过"，越是躲避则祸发越快。

王世积一案，杨坚亲自点了名由薛道衡去办，因此，一切过程薛道衡都比较清楚，特别是杨坚几乎包揽了整个审讯的过程，连一点细节都没有放过。

人心隔肚皮，虎心隔毛皮。

王世积的小舅子皇甫孝谐因贪污赈灾粮款被朝廷追拿，为了躲避追捕而跑到荒凉的凉州，时任凉州总管的王世积哪里敢窝藏他，王世积断然说："你虽是我的亲戚，但你更是朝廷命官，犯了罪，是因为你有贪心，既然做了，就要承担责任，你让我庇护你，这实际上是害你，不如你去自首，或许能落个充军发配的下场，保全一条性命。"

皇甫孝谐说："既然姐夫不愿收纳，我就去投官。"

王世积的妻子更是鼻涕一把眼泪一把，不愿意交出其弟。王世积怒道："贱妇知道什么？我这是救他，不是害他。"

这些细节，薛道衡深信不疑，唯独皇上不信。

结果，皇甫孝谐被捉拿，发配桂州，在桂州总管令狐熙手下服役。而令狐熙是有名的清官，执法严明，所以皇甫孝谐的日子过得相当辛苦，住的是潮湿低矮的茅草屋，吃的是糠糟咸菜饭。他哪里受过这样的罪？更令他感到不安的是，他整日和众多杀人抢劫犯混在一起，随时都有失去生命的危险。他就亲眼目睹了一个广西汉活活地把一个湖南男子用石头敲碎脑壳，进而摘其心脏生吞了，其原因就是因为湖南男子晚上睡觉打呼噜，影响了广西汉的睡眠。当时的惨景令皇甫孝谐呕吐不止，不寒而栗。再加上蚊虫叮咬、蛇虫出没，随时都有丧命的可能。

皇甫孝谐为了摆脱困境，只得迎合时势，趋附权贵，投机取巧，走出了一条自救之路，那就是告发。告发谁呢？皇甫孝谐选中了王世积。

一纸密折火速送到京城，令狐熙哪敢怠慢这么大的事？

一向倍加小心、活得仔细、韬光养晦的王世积做梦都没有想到，自己曾经让杨伯丑的相面之举成了王世积有口难辩的罪责。

皇甫孝谐在密折中称：王世积在凉州总管府前曾找人算了一卦，那算卦者是个仙风鹤骨似的道人，须发皆白，目如精电，直透人心，自称来自祁连山顶盘龙洞中，曾在那修行了百年，世事沧桑一眼看破。那道人往王世积身前一站，马上就说，王总管天庭饱满、地阔方圆、两耳垂悬、并列与额，真是国君之相，其夫人当为皇后，有臣仪天下之威。

王世积得此卦后喜不自禁，当即传与左右亲信，其左右亲信皆劝他说，河西天下精兵处，可以图大事也。王世积听了竟然回答说，凉州地广人稀，非用武之国，若要起兵，最好将精兵移至汉中一地。

状子说得有鼻子有眼，不容人不相信，递上去后，杨坚大怒，立即征召王世积入朝，交付有司盘查。

薛道衡对状子疑窦丛生。当杨坚在西厢密室召见他时，薛道衡摆出了自己的观点：第一，王世积近几年来很少言及政事，从不对朝政有任何诽谤的言行；第二，皇甫孝谐出于私利，要侥幸逃脱惩罚，重归仕途；第三，状中所称的老道虚得不可相信，哪有人活百岁都依然流落于尘俗之中；第四……

杨坚有些不耐烦，对薛道衡的言论不置可否，追问了一句："那王世积对部属所言究竟意欲何为？再者说，事情正待调查，总会有些结果。"

薛道衡无话可答，也不敢应答。

杨坚哼了一句话："小舅子控告姐夫，这本身就足以证明王世积有谋反之心。"

杨坚当即命薛道衡协助有司调查此事，薛道衡本不想承担此事，但迫于命令，只好应允。

一个案子查下来，王世积虽无谋反之举，但谋反之心是有的，连左卫大将军元旻、右卫大将军元胄、左仆射高颎都和王世积有染，都曾接受过王世积的名马之赠。王世积很快被诛杀。

原因何在？薛道衡看不透。还有很多流言在京城里搅得人心寒彻，那些流言又是否属实呢？薛道衡望着杨伯丑剩下的茶碗，想，或许只有杨伯丑之辈才能看得透。高颎因为虞庆则、王世积的案子受到牵连被罢官回家，他可是堪称朝中的中流砥柱啊！

上柱国李彻因为和高颎有交情而不被重用，很快就有人说他口出怨言，说得时间地点都一清二楚，皇上为此特地召他入宫，于卧室内赐宴款待，畅谈平生。李彻受宠若惊，哪里想到这是自己最后一顿晚餐，回家不几日，便口吐鲜血而死，据说吐出的血乌紫且刺鼻难闻。很快就传出了那是韩擒虎的冤魂系身。

倒是贺若弼被投入监的事更让薛道衡听得前后透心凉，又如芒刺在背。杨坚斥责贺若弼的声音就回响在耳边："公有三猛：嫉妒心太猛，非人之心太猛，无上心太猛。"

说实在的，这"三猛"，随便哪一条都足以取人性命，皇上还数落贺若弼屡次向高颎要官，大骂杨素是晚辈、小人之流，还说太子勇对自己言听计从，要早晚依靠他，大有不轨之心。可是在隋朝中，文武大臣有谁不知贺若弼的家训。贺若弼的父亲贺若敦曾是北周金州的总管，因言之失被宇文护杀害。

可是这些流言都是如何传入杨坚的耳中呢？

来悦客栈，灯火如豆，光晕暗黄。薛道衡和衣而卧，总在不停地辗转反侧：唉，开皇不过才二十年，天下承平不过才几年，严格地说仅有一年多的时间，隋朝中的上柱国们便一个接一个地倒了台，那些能征惯战、赤心侍主的战将们一个接一个消失了身影。

薛道衡明白，如果单就个案的结果来看，他们违逆圣上，生出贰心，应当被杀，可谁知道，那些得出结果的原因又是不是子虚乌有呢！但无论如何，如果要把这些个案连续地整体思考，事情就大了。

"唉——"薛道衡叹出声来，心想：这是一场流血又流泪的战争，尽管一切都是那么悄无声息，似乎顺理成章，但其中的深味，谁能猜得透呢？毕竟，无声的恐怖是令人窒息的恐怖。

薛道衡隐隐地感到一个末代王朝的声音已经渐渐地响起。先是兔死狗烹、鸟尽弓藏，后是苛酷吏治，人心惶惶。

是的，自己今天不就是有些人心惶惶吗？

不知不觉，东方既白，一声鸟语从空中孤寂地叫着，凄凄地飞去，洒下几根羽毛轻轻地飘荡在清冷的晨空中。

沐着一抹抹桃红色的朝霞，薛道衡急急地向京城进发。

沿途的风景无暇顾及，快马加鞭，惊回首，离京已半年。

如今已是秋风飒爽，寒意渐浓。

早晨，十一月三日的早晨，格外晴朗。晴朗的使人不敢相信这是到了深秋时节。昨天还是肃杀的秋风刀子似的劲吹，像带着刺边的茅草撩着行人的脸庞，有隐隐疼痛之感。而今天整个帝京长安的街道似乎变窄了，涌动出一阵阵人流，纷纷聚往皇宫，今天是个好日子，人们在心里都这么想。

寝宫里。杨坚好不自在，他为自己终于下定决心而快慰，而袁充，大史令袁充乖巧的奏章更令他感到天意、佛心都是站在自己这一边，袁充及时地报告天象，令杨坚感到，自己是神龙再世。

杨坚起身后，慢慢啜饮了一口热鲜羊奶，感到口味很适中。他端着冒热气的鲜羊奶蹑手蹑脚地来到宣华夫人的床前，看着熟睡的宣华夫人秀美的脸庞，不禁又有些心旌摇荡。他坐在床边仔细睇视一番，瀑布似的乌发半遮了脸面，他用手轻轻撩起，一根又一根，暗叹道："天下尤物啊。"

忽然，寝宫外一个七八岁女童的声音尖叫着："我就要见父皇，我就要见父皇嘛。"

宫监张权的声音传过来："好了，小公主，皇上还在睡觉呢，你可不能乱来，要是吵醒了皇上，皇上会责骂的。"

小公主说："我就要去嘛，我就要去嘛。母亲昨夜哭了一晚上，她伤心透了。她也想去仁寿宫，可父皇为何不让？"

杨坚一听，心中有些怅然，这是紫叶的孩子，也是自己的骨肉，谁让她一切听从皇后的呢？本来一个皇后的贴身侍女能被临幸有女，应该恪守尊卑，明明知道朕喜欢上尉迟风琴，可她偏偏执行皇后的命令，把朕的小美人活活打死，还编排了众多的理由。冷落她，活该！

想到小公主，杨坚的怜悯之心就上来了。是的，孩子是朕的，可她这几年并没有得到父爱，看来，朕还是要补偿一下。

对于紫叶，杨坚很困惑，有种猜不透的感觉，当初，她在宫中可算是威风八面，除了皇后，朕能宠幸的就是她了。她是鬼精了点。皇后的一个眼神，她都能透彻地领悟，可对朕的所爱竟然　点不察。

杨坚没有打扰熟睡的宣华夫人，正欲转身，宣华夫人嘤咛一声，从梦中醒来，疑惑地问："皇上，是何人在吵？"说着揉了揉眼眶，伸出玉臂把锦被拽了拽，身子往后耸了耸，一副柔弱无骨的娇态。

杨坚忙止道："爱妃，你被吵醒了？是朕的女儿义成公主，非要吵着见朕。"

"皇上何不去见一见呢？再说紫叶这几年也不容易。皇上若不离仁寿宫，她倒没的说，但皇上来到皇宫，何不去安慰她一下呢？女人容易变老，皇上今晚去紫叶那儿吧，免得她会因贱妾而生恨。再说，她本是皇后最亲近的人。"宣华夫人说着，已自起身，抬眼一望，惊呼道："好晴的天！太阳已有一竿了。皇上今日上朝还有大事呢。"

宣华夫人背转身去，用绿色绫绸带把腰身束好。昨晚，皇上和自己颠鸾倒凤，缱绻温存了很久。洁白光润的胴体微微浸出红意。她似乎感到自己也离不开皇上的沐浴了。女人，一旦被唤醒了性的意识，有时候，当春思萌动的时候，自己也控制不了。

杨坚递过热羊奶，说道："爱妃先喝吧，味道不错。是御膳房刚送来的。"

宣华夫人整理衣妆，歉然道："皇上，贱妾确实喝不惯的，有羊的腥膻味。"

"哦，那就还让御膳房给你来一碗甜橙粥，外加红枣，暖身。"

"不劳皇上操心了，那太史令袁充可来禀报吗？"宣华夫人问。

"朕也是在等他。"杨坚听了听外厅有人踏步而入，知道张权来了。

"禀万岁爷，"张权尖着嗓子道，"太史令袁充已在殿外恭候多时，似乎面有难色。"

杨坚一听，蹙起眉头。

内帏中的宣华夫人问道："义成小公主呢？"

张权连忙躬身答道："已由宫女送回去了。"

杨坚道："传袁充！"

袁充一副尖嘴猴腮的模样，两片突出的嘴唇哆嗦着，见了杨坚叩头不止。

"袁充，朕要问你，天象如何？"杨坚兀鹰般的眼光在袁充脸上扫了一下。

"禀圣上，臣昨夜一直在寻找环拱北辰之象，星系出现了。戊子日按皇历上说确实是黄道吉日，子午交合，正是立新之时。可是，可是，臣却不明白，今晨，长庚星却依然耀目，似乎有不肯退出的迹象。臣以为，皇上在立太子的大事上还在犹豫，所以，臣一直不敢……"

张权说道："皇上，立太子的大典已准备就绪。文武百官早斋戒已毕，集聚在大兴殿。"

杨坚围着袁充逡巡了整整一圈，跺着脚厉声问道："袁充，你身为太史令为何敢违逆天意，只要天意如此，朕岂有舍不得之理？不错，朕是犹豫，但今天，朕不会再犹豫了。如果立太子的事再次拖延下去，兄弟相残的局面就会来到朕的眼前。"

激愤的杨坚高声道："汉末分裂成三国，动乱了数百年，天下刚刚在朕的努力下得到了统一，难道朕能看着大隋的天下在朕的孩子辈中分裂成三个鼎立的局面？大隋不可能分裂，不可能分裂！"

杨坚有些声嘶力竭。他自从接过杨秀的奏章的那天起，就在皇宫中反复思量。他想不到，一向宽厚仁慈的广儿竟然在王府中蓄养了无数美女，如此骄淫的生活，他怎么会一点不知道呢？可是四儿蜀王杨秀的弹劾写得清清楚楚，就差点出人数来了。

但是，杨坚毕竟是杨坚，他还要弄清楚：杨秀写此弹劾的目的何在？当初，弹劾杨勇时，他可是站在杨广的一边，和杨广一起弹劾太子杨勇拥兵自重，急欲夺权的。可杨勇刚一倒台，他的矛头又直指广儿。事实必须弄清楚。

那日回到宫中后，杨坚就召见了三个儿子。他决定摊牌，向三个儿子摊牌。为此，左仆射杨素、右仆射苏威，同时派牛弘去通知并考察杨广的晋王府，顺便查验杨秀府，宫中左庶子张衡去协助牛弘。让两个儿子一同来宫，面试、面测。

杨坚记得，整整一天，他五内如焚，几乎七窍生烟，感觉身心疲惫到极点。多亏了宣华夫人默默地在一旁侍候，却并不多言。

杨坚问："爱妃，朕担心得很，担心文弱的广儿……"

宣华夫人淡淡地说："立太子的事，皇后的意见是否和皇上相左？"

"并无相左，早年时，你们南方的术士韦鼎就曾说过广儿的相貌奇异，朕也因此记取心中，一直没有忘怀。而今，太子勇刚废，四子蜀王杨秀便弹劾起广儿，他们之间由原来的兄弟关系只剩一种你死我活的关系，非得来个鱼死网破，这就很让朕担心。"杨坚忧心忡忡地说。

宣华夫人听着听着，忽然打个寒噤，却难以抑制金属般光泽的脸庞上兴奋的神色，感到些许欣慰，冥冥中，她感到隋朝的宫室也不过如此。当初自己的兄弟陈叔宝继位时也曾经历了一场刀光剑影，那时有柳皇后做主。这杨广肯定是个好色之徒，那淫邪的目光如同苍蝇一样叮在自己脸上，恐怕这一辈子也难以挥去。然而，也是这个杨广似乎理解自己心思似的，在她渴望与薛道衡见面时，安排了一个机会，了却了自己的所愿，面对暴怒的杨坚，她也无法安慰，只是说："那就查吧，这突然一查，事实总会清楚，让事实说话嘛。"

约摸半天的功夫，查抄蜀王杨秀的牛弘就哆嗦着回来了。时隔不久，杨素、苏威也相继回到皇宫。

牛弘禀道："臣去蜀王府时，恰巧，蜀王杨秀正在家饮酒。蜀王对臣谈起弹劾的事，说是亲眼可见，臣从蜀王府的登楼阁望去，果然晋王府的一切都能看清一二，想必其言为实。"

杨坚不耐烦地打断道："实与不实，怎能仅凭推测？老爱卿，朕让你去查蜀王有何不妥。"

牛弘被皇帝抢白了一下，顿有所悟，道："这，这——臣观蜀王府第修建得很是气派，至于有无浪费奢侈，待张衡回来再定吧。臣只在外厅和蜀王闲聊了几句，发觉衣饰很是鲜华，是有一些珠宝饰物，不过，比殿下坐镇蜀州时，已经节省了许多。这是老臣的实话。"

杨坚又问杨素："你去了晋王府，也谈谈吧。"

杨素一副虔诚的模样，说道："臣虽说去过晋王府的次数不多，但有一点却铭记在胸，那把皇上赐的古筝已然落满风尘，臣去时，萧妃正带着奴婢在后园中剪枝扶蔬，头裹方巾，俨然衣妇，而奴婢们皆身着粗布衣物，并无绮丽装束。"

时辰不大。苏威、张衡相继陪着二子杨广、四子杨秀来到宫中。两人俱是惶恐状。

杨坚木然地靠在座床上，脸如死灰。

室内，谁也不吭一声。躲在内室中的宣华夫人心道：都悟出了沉默是金的道理。

杨广当然是不见兔子不撒鹰，心想，你老四不是弹劾我吗？那倒是先说吗，你越不说，对我越有利。

杨秀终于忍不住了，脱口道："父皇召见儿臣为了何事？"

杨坚猛然立起，指着杨秀道："你以为何事？你看看你的二哥究竟在哪点比你强？"说着，自是把杨秀的弹劾的奏章丢在地上，怒道，"你这样编排于他，意图何在？"

杨秀的脑袋轰地一下炸开了。他没有想到父皇竟然要他和杨广当面锣对面鼓地干将起来，不由得把眼光转向杨素。他一向认为，杨素曾在蜀州任职，两个人颇有交情，更何况杨素平日里对自己也是恭敬得很，他之所以把奏章交与杨素，也是避免兄弟直面相争的尴尬局面。当时，杨素揣在怀中，还一个劲地说："这是一磅炸弹，不到紧要关口，不能投放。"完全是替自己处心积虑的模样。

可是，何为紧要关口……

杨素缓缓地说："皇上息怒，蜀王所言虽有失真之处，但蜀王也是想提醒皇上善辨人才，似乎并无恶意。"

杨秀对这句话充满感激，怯怯地说："儿臣并无恶意，听门下说，有一天，晋王府歌舞升平，儿臣登高一望，果见服饰华丽的美女在跳舞，挥袖如云。儿臣想，父皇一直在说，要以二兄晋王为榜样，故才上奏……"

晋王杨广毕恭毕敬地行了大礼，肃然静默片刻，而后才字正腔圆、十分明晰地奏禀道："儿臣听母后及娘娘曾言及父皇想在上元节礼会众臣，举行宴会，便与越国公商议此事，排演一场歌颂父皇伟业的歌舞。若教礼部行事，恐又浪费国库银两，儿臣想，儿臣也吃国家俸禄，平日节省点，就凑齐了，所以自筹一些银两，请了长安两处乐坊来府中演练，效果尚可。又担心……"说着用余光察觉杨坚的表情，又道，"又担心乐坊的曲调不合父皇的心意，正拟请父皇到府上审查。"

杨广说完，从身上掏出乐谱制单及操乐工器，恭敬地奉上。

杨坚心中释然，狠狠地剜了一眼杨秀，并没有接过杨广的曲谱，说道："都看到了吗？蜀王！"

杨素跟着说："噢，对于此事臣也未能及时禀明圣上。只是想，这是一件好事，人常说，小中见大，一滴水也能映出太阳的光辉，臣想，这是晋王的一片至孝又至忠的心意。"

言下之意，杨广整日所想都是为国、为朝廷，而你杨秀却一门心思地钻营着寻找对手的缺点，两相比较，孰优孰劣，不言自明。

杨坚喟然道："秀儿，为父已老之将至，这大隋的江山总要有一个人来继承的。"他看了看杨素、苏威等，以不无忧虑的口吻说，"大隋的统一离不开众臣的倾力相助，现在，朝中文武大臣俱是忠心耿耿。朕对此稍感宽慰，朕还是要听听广儿有何治国良策？秀儿有何持国高才？还有谅儿……限你们在一天之内做出，不得署名，由杨素、苏威、牛弘三人阅览，评出优劣。就这样，你们都回去吧。"

一场不大不小的风波过去了。

今天的日子一定要册立出个太子来。可袁充却迟迟疑疑，多多少少地扫了杨坚的兴致。

袁充走后没多久，三封已评出优劣的文章就摆在杨坚的寝宫案头。

装束一新的宣华夫人也想看看，这些杨家的后代究竟都是何等货色，但看见杨坚正细心地翻阅，又不能上前打扰，只得用上茶的方法。

她沏好一壶上等的龙井，清香四溢，稳稳地托在手中，走到杨坚案前，轻轻置于案上，纤纤玉手灵巧地掀开茶盖，热气飘散，随口道："皇上请品一下贱妾沏就的龙井。"

杨坚抬起头，心情仍然在亢奋着："还是广儿写得好，广儿这字，朕认得出来，看来只能是他了。"说着，轻松地揽着宣华夫人的细腰坐在自己腿上，说："爱妃也看看。"杨坚一边轻揉宣华夫人的白嫩的手，一边说："朕呕心沥血了数十年，虽然当了皇帝，可年至六十，却仍然不知欢乐为何物？幸好有了爱妃相伴，总算在忧愁中有了一点欢乐。朕一直担心，朕的万里江山，寸土寸地，得来的是那么不容易，倘若传人不肖，就可能一旦化为云烟，虽在九泉之下，亦何以堪？当初废勇时，朕也犹豫过，皇后说，快刀斩乱麻。而今，离太子被废已有两个多月的时间，朕是否能快刀斩乱麻呢？"

宣华夫人有意在杨坚的腿上蹭了几下，丝绸相磨，咝咝作响，歉然道："做妾的怎敢做主？是否还让独孤皇后来？"

"哎，"杨坚说，"你是宣华夫人，虽说是后来册封的，但名分极高，不要拿一般家室的妻妾来比。当初，周宣帝有五个皇后，你哥哥陈叔宝不也照样把皇后废了，封立宠妃。朕不想那么做，朕与皇后一道经历风雨，日子久了，虽然有些隔阂，但独孤皇后对朕始终是忠贞的，她的家族在最初朕遇难时，曾舍命保护，废太子时，朕参考了她的意见，而今立太子时，朕当然要听听你的意见了。"

宣华夫人微微一笑，说道："贱妾可不敢承担立嗣大任。这实在有点像打仗，贱妾对他们几个都无所知晓，唯有晋王，贱妾还是早在南陈时见过他的所作所为，刚一入宫，立马斩杀了狐媚风骚的张丽华以及几位奸佞的官员，可谓收到了立竿见影的效果，办事有主张有魄力。紫叶也曾夸他是一位贤德而有谋略的人。要不皇上也请紫叶过来一叙，可以吗？"

一句挑起了杨坚的神思。当初，在自己就如何伐陈而烦躁不安时，紫叶以自己的美貌和青春的胴体抚慰了自己一颗躁动的心，杨坚想起那熟悉的扭动的腰身，一时竟然觉得需求旺炽起来，说道："刚才，义成公主叫叫嚷嚷地，若她也来了，反倒给朕添乱。"

宣华夫人一听，忙起身说道："这个皇上不用烦虑，由贱妾安排。不过，大事还是由皇上定夺。别忘了时辰，满朝文武都等着皇上呢。"

宣华夫人走到门外，对张权耳语几句，自己就独自一人沿着宫墙甬巷，漫无目的地边走边想：这宫墙下的每一块基石中都埋着一个年轻女子的冤魂，尉迟氏就是其中一个。皇室中，云遮雾障的情态已经迷惑不住我绿珠的眼神了，我也绝不踏着其他妹妹冤魂走下去。

早在杨广夺嗣计划开始之初，宣华夫人的心中就一直抱着隔岸观火的态度，对杨广的好感和恶感似乎都消泯了，她知道自己的位置。可是当杨勇被废后，她的位置因皇后的信任而得到迅速提升，这其中有皇后生病的外因，恐怕更主要的还是自己处心积虑的结果。

灿烂的阳光偶尔从厚重的云缝射进来，宣华夫人有些诧异，什么时候天上起了乌云，低垂着，暖意却大增了。

宣华夫人眼前闪烁着阳光般的灿烂，每当她一个人独处时都是如此。她轻快地迈上宫中的那片玉液池畔。河水清凉，那一只只金红色的鲤鱼在水中傲然不动，如影子一般，暗刻在水底。

玉鲤鱼，她脑中跳出一件宝物的名字。在仁寿宫中自己的卧房内，有一个礼品盒，那是杨广奉送的，借口是平定朔北后，父皇奖赐的礼物，不敢私有，所以献给皇后及宣华夫人。里面有金蛇、玉虎、夜明珠、玛瑙狐狸、翡翠蜻蜓、祖母绿、猫儿眼，当然还有那只酷似这活物的玉鲤鱼……无一不是价值连城的宝贝。当时，她就想，任凭她贵为南朝公主，珠宝也曾见过不少，但即便是繁华的陈都金陵一时要凑足这么多世间珍奇之宝贝，也非易事。

宣华夫人本不想收纳，当听张权说皇后也同样拥有时，才放心地承接下来。她知道杨广的用意。宣华夫人问："晋王送如此厚礼，用意何在呢？"

张权不知深浅，当然不敢正面作答，他指着宝物中的金蛇道："蛇最喜欢吃什么，夫人知道吗？"

"不知道！"宣华夫人故意摇头。

"蛇最喜欢吃老鼠。"张权道，"老鹰最喜欢吃蛇，若要射鹰，还必须依仗强弓利箭，而晋王殿下是个仁义之人，有一腔报国的热情。如今天下太平，大隋繁荣，娘娘知道，一旦皇上老之将至，承嗣大业的……"

宣华夫人略略一笑："张宫监原来是给晋王殿下当说客来了。你应该明白，娘娘我不是好事之人，再说宫中一切都是'二圣'说了算。我可不想步尉迟风琴的后尘，如此厚礼，我怎敢担待，又怎能担待的了呢？"

张权诌笑道："娘娘说到哪去了，娘娘对'二圣'孝敬有加，对皇上忠心耿耿，娘娘的话总是能入皇上的耳，还望娘娘成全晋王殿下的心愿。"

宣华夫人晒笑一下，说："那好吧，我就尽力试试吧，成与不成，也全在天意呀。"

一声沉闷的低雷似乎从地底下传来，宣华夫人一愣神，思绪从回忆中转回。

玉液池中的金色鲤鱼在池底惊慌四窜，似乎有热气从水底冒上来，水面上竟然飘升起一缕缕轻雾。一个又一个白色的水泡接连不断地冒上来。那金色的鲤鱼似乎受不了水底的温度，纷纷蹿出水面。

　　宣华夫人被眼前的景象惊呆了，差点失声尖叫起来，她轻裹了一下裘皮风衣，急步往内宫赶，边走边想：这是天意，这是天意，难道有什么不祥的预兆吗？又是一声低闷的轰鸣从地底传来，宣华夫人随着那低沉的声音，摇晃了一下身子，她不知道将要发生什么，她紧紧地抱住一根木柱，稳定了一下情绪。

　　顺着深深的巷道望去，在巷道的尽头，有纷纷行走的人们，但从他们步态来看，并不匆匆。

　　她抬眼望着乌云压低的天空，感到有些胸闷，仔细谛听脚下那声音，那声音不再。她有点猜测自己是否患有癔症或由癔症而导致的耳鸣。她理了理思绪，不再胡思乱想，低着头转过一道弯弯的回廊，她要去寻找那两个侍女。

　　“真是，都这会功夫了，晴芳、晴雨也应安排好了，难道她们没有感到今天异样的天气？”

　　宣华夫人想，难道那个杨广真的德薄如此，幽冥不佑，天降异兆？若果真如此，这大隋的江山也快完了。完了就好吗？她感到很茫然。

　　迈过一道紫檀木槛栏，宣华夫人估计皇上杨坚正在寝宫慰存紫叶，便又转向西厢密室。她已经听到大兴殿外的鼓乐箫鸣声了。这似乎是祭天的乐声。她蓦然想起，皇上杨坚带着皇后独孤氏和自己奔赴千里之外的泰山，进行封禅的情形，那时，这祭天的乐声比这时更响亮，更浑厚。那时，她立在皇后的身后，远远地听着薛道衡清朗地读着祭天辞，那飘逸的身影总是那么可望而不可即。只是那么远远一望，她的心就碎了。

　　宣华夫人想，今日的大礼或许又能远见薛道衡了。正这么想着时，西厢密室的门突然开了，宣华夫人抬头一看，真真是天意吗？她急趋几步，又停下来，胸脯因激动而起伏。

　　只见薛道衡的腋下挟着一卷黄色的丝织品，她知道，那是圣旨。这个薛道衡也太大意了，哪有把圣旨挟带的，若是让张权看到，岂不落个不敬的罪名？她必须提醒他。

　　宣华夫人从廊柱后闪出身形，轻叫一声：“薛内史——”

　　只是一句便把薛道衡钉在那里了。

　　在薛道衡的眼中，那个绿珠已如分手时所说的那样，早已死了。虽说有过几次谋面，但她贵为娘娘的身份已使他不敢有丝毫的留恋了。尽管在内心深处，薛道衡也曾留恋那段逝去的时光。更多的时候，薛道衡几乎不敢去想，一想起那分别的夜晚，两人点燃的炽情，他都感到有愧于自己的妻子晓兰，现在如果……

薛道衡慢慢地转身，深深地一躬，脸却偏向一旁，不敢正视。

"娘娘，臣内史侍郎薛道衡参拜宣华夫人。"

宣华夫人瞅了瞅前前后后，幸好无人看见。

她轻吁一口气："薛内史，你的圣旨拿错了。"

薛道衡一惊，连忙从腋下取出，恭敬地捧在手中："多谢娘娘提醒，臣感激不尽。"

宣华夫人怎么也没想到，眼前的薛道衡竟变得如此猥琐，哪有一丁点风流倜傥的模样？她缓步而近，细细地打量着薛道衡，心道：又瘦了一圈，两绺长髯之中已夹些白色的须发，不觉心中十分难过，但她克制了。

"薛内史，你为何如此匆匆？皇上去了大兴殿吗？"宣华夫人问。

"回娘娘，皇上还没去，时辰还早呢。只是臣担心怕是要变天，所以，十分担心在风雪之中宣读圣旨时，圣旨为雨雪浸透，所以，又在圣旨的表层加了一些油漆的颜料。刚刚弄完，正要带回去安放。"薛道衡答道。

"是要下雪了。"宣华夫人道，"离午时尚有一段时间，内史不休息片刻？"

"不，不，"薛道衡捧着诏书连连摇头，"皇上把如此重担交与下臣，臣怎敢怠慢？那边越国公等人还在紧张筹办，不过大家都有点急了，娘娘可否去禀问皇上，还要办什么？"

薛道衡的意思是尽早离开这个是非之地，免得宣华夫人再次点燃他的情感。

乌云越来越重了，起风了。

戴得周正的乌纱帽翅被轻风吹得摇摇摆摆。

宣华夫人几乎把持不住了，她实在忍受不了薛道衡的恭谨，在这些大儒的心中难道就没有情感吗？难道他竟然全忘了自己的清洁之躯是奉献给所爱的人吗？难道他连一声"绿珠"也不敢启齿吗？

"薛内史，"宣华夫人柔声道，"这么多年来，你为大隋东奔西走，你的家眷以及我的侍女过得如何？"

薛道衡的脸红了，嗫嚅地答道："臣的内室也听说了娘娘的过去，对您的深明大义很是感佩，娘娘的侍女杏儿、翠儿如今都已长大，臣一直让内室替她们物色好人家。她们也十分惦着娘娘。"

落雪了，一瓣雪花落在宣华夫人娇嫩的脸庞上，融化了，变成了一粒水珠。

宣华夫人挪动一下身子，宝蓝色的裙裾轻微摆动，轻轻说了一句："道衡，你就不能正眼看我一下吗？"话还没说完，整个身体就摇晃起来。

薛道衡涌动的真情终于打开了闸门。他连忙上前，拥着宣华夫人的娇躯，往密室遁去。他知道，今天，他们两个人如果不彻底倾诉相思之苦，那真真是人生的遗憾了，而最不安全的密室，恰恰变成最安全的场所，在今天这个重大的庆典前，除了他代替皇上宣诏的内史侍郎，谁也无法靠近这密室半步。实际上，他也才刚刚从皇上的寝宫中得到了杨坚的圣谕。他捧着的圣旨将公布一个新的太子，或者可以说一个新的大隋的未来。

密室内的烛火仍在燃烧。宣华夫人已紧紧搂着薛道衡，不肯有一点放松。耳边响起那久未听到的熟悉的声音："绿珠，绿珠——"一声声充满柔情的呼唤，那个充满伪装、充满矛盾、充满彷徨的宣华夫人不见了，一个鲜活的绿珠诞生了。

不自觉中，两个人温热的四片嘴唇就粘在一起，相互寻找着彼此熟悉的气息，柔情似水，漫过额头、眼睑，滑向脸颊上、脖颈。

两个人都忘了这是在大隋宫室，这是在杨坚的密室，相爱的人啊，在碰触、摩擦、吸吮中，升腾起的激情，沸腾的血液就是一团浓浓燃烧的火焰，足以熔化一切的火焰，烧退了整个场景，整个烦忧，只剩了他们自己。

就这样紧紧地拥抱着，忘了时光的流逝。

绿珠喃喃自语："我这是怎么了！我好想你啊。"在情感的交融中，在那双纤细的玉葱般手指的牵行下，薛道衡的刚劲的指骨在咯吱作响地抚摸着绿珠身上的每一处被激活的细胞。

虽说他们已对世界闭着眼睛，可世界的目光似乎都倾注在他们身上，最起码的，有一双充满欲火的眼神窥视到屋里的一切，他紧张，他急躁，他在拼命地压制，他恨不得一脚踹进屋里，把那个儒雅的内史侍郎就地杀绝，大卸八块而后快，然后，把那个令他神魂颠倒的南方尤物，整个人地吞进去，去品味，去细尝，他就是杨广。

他凭着一对鹰隼般的目光很早就发现了只顾漫步回廊的宣华夫人。他早就对她垂涎三尺了，眼前的一切更加激起他的欲望。但他不敢，他不敢在自己新生的一天乱来。他得忍着。

得到皇上要召见自己的消息后，紫叶，这位昔日杨坚身边的红人竟激动得抽噎起来，看着晴芳、晴雨带着糖果，哄走了义成小公主后，她像个少女似的，对尘封的铜镜认真审视了一番自己的仪容，又用梳子把散乱在前额的几绺头发整理好。

她发现自己还很有风韵，除了眉头那几分怎么也挥之不去的哀怨。她对着铜镜反复自视，一会儿笑，一会儿哭。

急得张权直跺脚："哎呀，哎呀，皇上今日要办大事，还望贵嫔快些，若不是宣华夫人对皇上百般劝解，贵嫔啊，皇上本不想临时召见您，贵嫔要多思量皇上的问话，不能再耽搁了。"

紫叶斜了张权一眼，显然心里对宣华夫人充满了感激。

一幅巨大的红绡落幕分隔了外间和内室，她就是在外间的偏房中第一次品尝了皇帝的龙马精神。她痴痴地望着熟悉的一切，喃喃地说道："终于回来了，皇上终于回来了。"

杨坚正背着双手在沉思着。在此之前，内史侍郎薛道衡已经奉命去办理了，他心头的石头终于落地了。

"怪不得，袁充说话吞吞吐吐，原来应是瑞雪飘飘的时辰却变成了艳阳高照，天变一时瞬，人变隔三秋。外面也暗下来了。"

杨坚听着身后的轻轻移步声，知道这是紫叶来了，他端起一碗御酒，轻送到嘴边，这药酒的功效就是提高兴奋度，这些年来，他越来越离不开了。这还是宣华夫人调配的，当然是根据自己的口授。

杨坚感到随着时间的推移，他对紫叶的仇恨减轻了不少，是啊，事情都过去了，纵然尉迟风琴有一百个好，现在也已经不可触及了，他感觉到自己的腰被两手紧紧搂住，身后传来紫叶的娇音："皇上，想死奴婢了。如果皇上还要惩罚奴婢的话，不如也把奴婢打杀了吧，免得我在思念之中死去。"

杨坚转身，似乎是漫不经心地在紫叶脸上轻弹了一下："皇后近日身子骨不太好，你怎么不过去看看？"

紫叶哭道："奴婢日日夜夜都想去仁寿宫，可是没有皇上的诏令，奴婢去得了吗？这么大的皇宫，还有几个人？奴婢原以为自己要数着星星过日子了。"说着，仰着头深情地望着杨坚。

淡淡的脂香和少妇般的风韵终于吸引住了杨坚，他想，宣华夫人太理性了，固然能时时侍候自己，可总是太理性。独孤皇后太呆板，现在上了岁数更是有种固执与偏狭，连皇子的妃子都要插手去管，真不知是什么样的心态。杨坚感到，只有紫叶或许还有点野性。他不禁心神荡漾，感到紫叶那只丰满的乳房压在自己的胳膊上。

杨坚低声说道："这次朕回仁寿宫，也带上你。"

紫叶一听，喜滋滋地依偎在杨坚的怀里。

杨坚说："朕已决定立广儿为太子，今日就册封，你以为广儿他有何不是之处？"

天哪，这下萧妃不就达到目的了吗？紫叶在神情迷蒙中又回到先前，那时，自己还在晋王府呢，因为自己能言会办事，才被当做礼物送到宫中侍奉"二圣"，如同张权一样。实际上，皇上每次外巡时，都是自己先通风报信，由张权负责传达，今天，就要遂了晋王和萧妃的心愿了。

紫叶赞叹道："皇上终于下了决心，这是关乎大隋百年基业的大事，晋王文武全才，相貌特异，又得众多大臣的爱护和拥戴，一定不会辜负皇上的美意

451

和心愿。"

两个人一边说着话，一边寻找着彼此所需，渐渐地两个人都亢奋起来，相拥着倒卧在龙床上，那锦被中还尚存一丝余温。

杨坚的酒力上来了，又加上已和紫叶久未共度云雨，所以格外精神气壮，紫叶更是饥渴难耐，趴在杨坚身上抖着身子，在手足无措中，两个人都迷醉了。

室内的烛火突然间亮了许多，一些尘土从寝宫的木缝中飘飘洒洒地落下，空气中有尘土的气息，轻微的晃动对两个正在兴头上的人来说，一点也没有察觉到。

紫叶趴在杨坚身上，这实实在在的男人的阳刚之味令她一会儿笑一会儿哭，她伸出哆嗦的双手替杨坚解下衣饰，小鸡啄米似的就在杨坚身上自上而下地狂吻起来，男子的气息熏得她一时间晕乎乎的，汗味弥漫，娇啼声充斥了房间。

"下雪了，下雪了。"张权乐颠颠地从室外急步跑入寝宫，听到内室的声音，他立住了，低声说，"皇上，外面下雪了，今天的天气真怪，想是好兆头。"

杨坚此时激情刚刚褪过，有些疲倦地躺在紫叶裸露的怀中。

"皇上，已快到时辰了。"张权又道，"远处的铙钹声喧响得已有多时，怕是百官们都等着圣驾光临呢。"

杨坚懒洋洋地躺着，似乎不为所动，他对紫叶说："每当朕在决策的紧要关口，都是你伴朕，今日就回仁寿宫吧，皇后身边少不了一位像你一样精细的人，你的名分也有了，可是皇后也病了，你还住在后宫，和皇后一起，让她有个说话的伴儿。"

紫叶默默地听着：唉，命苦的人，即使身份改变，也改变不了命运的悲苦。自己在杨坚的心中永远是皇后的那个丫环侍女，而宣华夫人，一位亡国的公主，因其身份不同，在杨坚心目中的地位也就不同，处处显得高于别人。不知是出于什么动机，总是把皇上玩得团团转，连皇后也对她信任得很，其实，这都是命。

紫叶蠕动了一下腰身，幽幽地说："皇上，奴婢真想皇后了。"说着，把高耸的胸脯在杨坚身上蹭了蹭，"皇上也要保重身子骨，奴婢这就替皇上沐浴净身。"

草草地擦洗一番后，身着大典服饰的杨坚在张权的搀扶下，立于寝宫的殿宇下，深吸一口凉丝丝的空气，不禁打个冷战，猛然间，额头的冷汗细细地渗出，这才感到整个身子空落落的，有点发虚。

朕难道也老了吗？杨坚品味着紫叶的话，暗想，朕的精气神在今天要保持旺盛。

"张权，朕有些饿了，叫御膳房准备一下。"杨坚吩咐道。

蓦然，张权发现，在皇上的眉目正中有隐隐的暗云，如同天色。

他不敢多言，正欲离去时，宣华夫人顶着稀疏的雪花款款而来，身后正跟着御膳房的宫监。

宣华夫人望着盛装的杨坚，嫣然一笑，说道："皇上，听说百官都在说，今天是良辰吉日，正是册封皇太子的喜日。"

杨坚笑道："爱妃真乃朕的爱妃，朕的心思都让你猜透了。"

"紫叶呢？"宣华夫人一边问，一边做四下张望之状。

"你们摆上膳宴后，再做些鸡汤来，皇上怕是真饿了。"宣华夫人兴致极高地说，"紫叶回去了吗？"

杨坚随宣华夫人转回室内。"把烛火弄亮一些，把里里外外宫灯都点明。瞧这雪，不一会就能粉妆玉砌，白茫茫的雪雾中透出串串灯红，纵是白日，也是奇异之景。"

宣华夫人说道："哪里需要什么宫灯，适才贱妾路过宫中的花圃，已有数茎寒梅含苞欲放。等皇上宣诏回来，贱妾拟做一幅素梅九九消寒图呈给皇上欣赏。"

"好啊，爱妃，朕还想和爱妃一起踏雪寻梅呢。"杨坚爽朗大笑几声，这真是难得一笑。一向阴郁十足、豪气欠佳的杨坚，在宣华夫人面前总喜欢表露出一股男人的豪气。

听到身后有帘帐玉钩碰出的脆响，宣华夫人对杨坚媚道："皇上感觉如何？紫叶，还不快出来陪圣上用膳，我是吃饱了，吃的是醋呀。"说着自顾咯咯地笑。

紫叶羞红着脸，罗鬓散乱，雨打梨花。

宣华夫人说："哎哟，孩子都这么高了，还是那样莲花般的羞涩，就紫叶这种神情，还不把皇上惹得龙威抖动，首尾直入瑶台了。"

杨坚说道："宣华夫人，就不必取笑贵嫔了，朕已许诺，带她回到仁寿宫，还要放在皇后身边。皇后身边需要个贴心的人。"

宣华夫人道："那就太好了，我和紫叶又能都在一起了。"

"不，夫人就留在皇宫中，朕想，立过太子之后，还有许多大事要办，朕今日回去和皇后商议一下，夫人就留宿寝宫。"杨坚深思熟虑地道。

宣华夫人端起一碗热腾腾的鹿茸血鲜汤，递与杨坚道："皇上先暖暖身子，光下雪而无风，这是极好的征兆。"

杨坚点头，喝了几口鲜汤后，感觉身子暖融融的。

紫叶又夹着一颗乌鸡白凤丸递过去，宣华夫人忙道："紫叶，递错了，那是给女人用的，多吃，阴气旺，肤色鲜亮，而且……"宣华夫人凑到紫叶身边低声说了几句，紫叶听了娇嗔道："只要能讨皇上欢心，我当然乐意试一试。只怕宣华夫人天天都吃吧。"

杨坚问："二位说什么呢？"

两人相视一笑，说："我们在商量怎么讨皇上的欢心。"

宣华夫人道："贱妾自入隋宫以来，真是羡慕皇后，皇上对皇后既宠爱又恭敬，想必是皇后有什么高招吧？"

杨坚沉默了一会，说："朕在年轻创业时所遭受的种种压力，几乎搭进了身家性命。而皇后与朕风雨同舟，多有谋划，既能帮朕分析时局，又能帮朕和众大臣家眷联络感情，巩固君臣之间的和谐。这才几年，独孤皇后病在仁寿宫中，大臣们一个接一个居功自傲，连高颎也和朕想不到一块了。皇后已上了年纪，仁寿宫离帝京又有多半日的路程，所以，朕想在宫中留一个办事精明，能协助朕处理政务的贵嫔，眼前看来，非宣华夫人莫属了。"

宣华大人心中窃喜，独掌后宫的权力终于可以到手了，她表面上推辞道："太子殿下业已成熟了，杨素又是国家栋梁、宗庙之柱石，毫发无差，实乃维系社稷的股肱之臣，还有满腹才学的苏威、老臣牛弘、定北名将长孙晟、兵部尚书柳述等，大隋江山万古基业、永葆青春。"

杨坚一碗鹿茸血鲜汤下肚后，神情有所振奋，他挥手道："还有薛道衡，他也是朕的心腹之臣，才学极高，一代名儒。"望着平静的宣华夫人，又接着说，"太史令袁充、著作郎王劭对佛经释意都能谙熟于心，这些人都是经过时间考验的忠臣。"

宣华夫人一脸端庄，频频点头。若说今日的兴奋劲，她丝毫不比杨坚差。她夹起两根鹿鞭，又替杨坚斟了满满一杯虎骨虎鞭浸泡玉液，亲自端到炭火盆上，烘烤一会，递与杨坚："皇上，可别再说了，屈指历数隋室文武干将，怕是一夜都数不过来，百官都在雪中恭迎圣驾。喝了这杯酒，暖暖身子，壮壮龙威，贱妾在此预祝皇上永日千年、仁寿万代。"

"好，好，好个仁寿万代。朕还有一件心事必须要办。暂时天机不可泄露。"

几杯热酒下肚，杨坚面色红润了许多。望了望宣华夫人的美貌脸庞，又瞧了瞧紫叶嫩白的酥胸，立起身，又对紫叶说："你不妨跟宣华夫人学学绘画，免得身无一技，明年元日，朕要看爱妃的表演。"

目送杨坚远去的背影，紫叶也起身对宣华夫人说道："我也告辞了，这后宫的主人就是宣华夫人，我这厢要行礼了。"

宣华夫人嗔道："你我还生分什么？一旦到了仁寿宫，皇上少不了赐你雨露，可别忘了多吃乌鸡白凤丸。"

紫叶扑哧一笑："看明个贵妃生个孩子怎样？到那时，我就给你送这个。"紫叶整了整衣带，感到身上有一阵酥痒，并无通泰之感，便对宣华夫人说："皇上确实有点力不从心了。"

圣人可汗：隋文帝

宣华夫人说道："我们姊妹作为妃子还应体谅圣上，毕竟是花甲之人了。"嘴上这么说，心里却是极甜蜜的。

她怎么能不高兴呢？又见了薛道衡，并且感知了薛道衡儒雅的外表下，依然保持着对自己的倾慕，又不因自己身为宣华夫人而产生难以排除的障碍，行起男女之事来，依然激情汹涌，像火热的岩浆，很快地把自己溶化在无比幸福快乐之中。

紫叶道："是的，我应该感到知足了，皇上对我已完全清除芥蒂，答应带我去仁寿宫。我可不想待在这死气沉沉的皇宫中。"

宣华夫人心想：都走吧，都去仁寿宫吧。我一个人留在皇宫中，那才是上天赐予的机会呢。

纷纷扬扬的大雪，透明发亮的大雪，如垂天悬挂的银幕，包裹着十一月戊子这一天大喜大吉的日子。

鹅毛般的大雪在午时将到的时刻，已把隋宫打扮得银装素裹了。从武德殿到承庆殿，自大兴殿至延嘉殿，整个皇宫的每一座宫殿都像粉妆玉琢的玉宇琼楼，迷蒙的天幕中，飘飘洒洒，洁白的雪花时而稀疏，时而稠密。

袁充站在杨坚的身边，也为自己的临时小露一手感到自鸣得意，是的，昨晚夜观天象，应是垂雪天气，不曾想，竟然艳阳高照，他既相信自己的推测，又不能说这明媚天气是一种反常，谁能说阳光灿烂的日子是个不吉利的日子呢？他就这么等着，一直等到这谶纬应验的时候。

大兴殿前，立着黄麾大仗，迎接这非常的喜庆节日。

杨坚站在大兴殿前，头顶上是一把曲柄的黄罗伞盖，由一个宫监撑着，两位宫女扶持寒暑扇帕，上面绣龙凤呈祥。杨坚的身后拱列着围屏般的文武百官，他的眼光穿过大兴门、嘉德门，直至承天门外，眼望着洒落的满天雪花，耳听远处的铙钹喧响，顾左右而言道：

"这天气……"

左边的杨素翻了一下眼皮，答道："好一场大雪，雪白而净，预示着大隋的基业将由一位至纯至性的人来承担，晋王殿下就是这样的人。品性纯洁，却又文韬武略。"杨素今天是册封的大使，将领读册文。

薛道衡说道："皇上，这是瑞雪。"他知道自己虽然屡遭皇上的猜忌，始终不能割舍那一段情缘，心中总是有些疙瘩，似乎有些愧意，但每当这君臣伦理之道涌上来时，绿珠幽怨的眼神和哽咽的碎语就令他伤心至极或由伤转愤，本来吗，若能按每个人的意愿，绿珠又何尝不能和自己长相厮守呢？

"好雪，瑞雪！"杨坚道，"雪而无风，直垂大地，虽然有些散乱，但乱中依然有序，关键的是，这场雪也将预示着朗朗乾坤一定是个清白的世界，什么样的天气、预兆什么样的人生。嗯，真正的瑞雪兆丰年！这时辰选得好，选得准！袁充何在？"

就跟在杨坚身后百官之中的袁充连忙上前，答道："臣随时听圣上差遣！"

杨坚转身看着身后的太史令袁充，眼光饱含着赞许："这日子选得好，辰时见你畏畏缩缩，原来是差点与预测相反，朕的太史令在天意面前有点缺乏自信啊。你看，朕就相信，所以一直等到瑞雪飘舞。这眼前奇景，让朕陶醉，诸位爱卿不妨闭眼一听，这沙沙雪声，真真是天籁乐音，比得上人间和乐。"

众臣都忙着闭目静听一会，待睁眼时，都说道："奇妙无比！""人间仙乐！""天上神乐！"

袁充甚有得色，用胳膊肘轻碰身边的官奴章仇太翼，道："你说这日子选得如何？"

章仇太翼因其声望，在薛道衡的荐举下，设为官奴，每有大事，杨坚都喜欢让他来预测凶卜。

"雪我看不见……"章仇太翼已成了目不视寸远的人。他使劲眨巴着凹陷在眼眶中的双眼睑，稀疏的眉毛抖动了几下，道："雪我看不见，风却来了。这，老奴倒听得真切，并感觉到地有点在颤动，微微的颤动。"

这是袁充不曾料想的，他有些不悦地打断了章仇太翼的话："这么大的雪，即使看不见，也能感觉到！"

"我已说，我感到这地在动！"

袁充正在皇帝刚刚表扬过的兴奋中，没有听清章仇太翼这后面的话，说了句："感到就好！"

跟在后面的蜀王杨秀本来对今天册封太子就一肚子不高兴，自己处心积虑了半年多的时间，和杨广一起战胜了太子勇，在杨勇和杨广的对峙中，他都站在了杨广一边，杨广也答应过自己，只要废掉了杨勇，他会全力支持自己竞争东宫太子之位的。可是，等事情办成了，他却再也不吭一声了，在朝堂上，按废长立幼的顺序，竟然顺利地以太子来号召群臣。

杨秀实在咽不下这口气，在蜀地，自己有数十万精兵强将，到那时再说不迟，反正父皇也岁数不小了。

今天，他听到了章仇太翼的谈话，可是很快地被袁充打断了。他凑到章仇太翼的跟前，低声问道："今日天象很特别，到底是吉是凶？"

章仇太翼知道这是杨秀的声音，马上说："殿下能够预测，还问老奴？老奴听到风来了，感到这脚下的地有些颤动，凶吉不可测。"

杨秀说："哎，老官奴，谁不知你是大学问家，辰时日出，午时见雪，有道是：遇日则变，遇雪则乱。这样言论是否属实？"

尽管声音很低，但章仇太翼还是听到了，他不能言语。心想：你个小蜀王也是命里犯相，是福不是祸，是祸躲不过，得过且过。多说一句话，都有可能成为千古罪人。

风说来就来，来势强劲。

"呜——"一阵大风吹得杨坚的头上帝帽的前缨缀齐刷刷地砸在杨坚的脸上。

撑伞的宫监一个趔趄差点摔在大兴殿前的平台上，宫女扶持的交叉在杨坚身后的龙凤扇啪的一声倒向后面，薛道衡连忙上前稳住了扇杆。

杨坚皱了皱眉毛，眼望着由承天门挟裹着团团雪雾的劲风，他心里咯噔一下，该不是上天有意和朕作对吧。刚说到雪而无风，乱中有序，瑞雪兆丰年，这风就来了。

大兴殿前的积雪被风扫得满天飞舞，一时竟令众人睁不开眼。

袁充见杨坚皱着眉头，解释道："好风，好风，这是神力呀，这风是为晋王新太子开道的，皇上，请看这玉阶上，甬道中，已经不掺杂半点雪粒，笔直得像是扫除过的。"

话音刚落，那边果然铙钹之声已来到承天门外，一队人马仪仗由南进入承天门、嘉德门、大兴门，晋王杨广的前面由三师引导，后者三少扈从，庄严肃穆地来到大兴殿前，此时，虽然风雪交加，他却能稳重下马。

一袭太子盛服，明晃的绸缎中隐透着土黄色，高挑的帽子上一颗红突突的绣球在轻微颤动，系于额下的帽带，形成一个不大不小的蝴蝶，向两边抖动。杨广面色沉峻，一副担天下之重责于一己之身的感觉，缓步迈向大兴殿前。

他内心的兴奋感无与伦比。

如果说父皇夺取皇位的道路是充满艰辛苦涩，充满危险和死亡的话，那么自己夺东宫的道路也同样是，他克服了多少障碍，整整为此目的伪装了一个真实的自己竟达十多年。好一个忍字头上一把刀啊。

本想过锦衣玉食的生活，他忍了，代之以粗茶淡饭。本想过妻妾成群奢靡荒淫以求人生之乐的生活，他忍了，只能偷偷地在后院中捡个把说得过去的侍女玩弄，不能了却自己拥妓裹妾、同宿同眠的遗憾。本想早在平陈之后，就把陈室中的美女悉数招入府中以供淫乐，没想到，连韩擒虎、杨素之流都得到一两个绝色佳人，而自己两手空空，对倾慕不已的绿珠公主，却只能眼睁睁地看她投入父皇的怀抱，这人世间的尤物却与薛道衡勾勾连连，而自己又只有看的份。本来，自己的内心充满孤傲，却要在朝堂上处处谦卑，处处礼让，我杨广这是为何？不就是为了太子之位吗？今天，终于如愿以偿了，父皇老了，老了却不正经起来，知道享受了，好，这样好，杨广的心中盘算着，盘算着怎样才能把父皇说服得听从自己，从此之后，由太子临朝。

在缓步前行中，杨广望了一眼偏在大兴殿旁的凤阁，果然，那上面有依稀的红衣绿装，透过风卷的雪幕，他猜想，那里肯定有自己想吃的天鹅肉——宣华夫人。就在他跟着薛道衡至杨坚的密室时，他的胸中就对薛道衡恨之入骨了。宣华夫人慢慢滑落的外衣下，那一具娇嫩艳丽的躯体，那微醉的酡红的脸庞，那轻喘着的呻吟，都已让自己血脉偾张了，但他忍住了。

忍，是一个企图爬上高位的人必须具备的素质。

当杨广回到府中时，没过多会，左庶子张衡就带着浩荡的宫中侍卫前来迎接他去大兴殿受封。府中上上下下，一片喜气洋洋。萧妃满面春光，梳妆打扮，艳丽照人，她也是整日做着皇后的美梦，全力维护杨广的形象。

杨广吩咐道："今日虽是我的大喜之日，但兄弟情同手足，不能忘了庶人村的大哥，派人送些礼物去庶人村，告知哥哥。"

萧妃点头应诺，心想：狠劲终于来了。这不是往杨勇身上割一刀子再撒把盐吗？给外人的印象却是杨广不忘兄弟情分，杨勇虽做不成太子，但有朝一日还能被封个王位。

萧妃乐颠颠地跑进跑出，这府中的一切都需要自己操持。

这时，已经复为纳言兼右仆射的苏威，到杨坚面前耳语几句，杨坚点点头，以示同意，苏威又到杨素面前说了几句。

杨素听后朗声道："叩请吾皇万岁！"杨坚腆着肚子缓缓登上金銮宝殿，只有他入座龙床后，典礼才算开始。

声音未了，君臣鱼贯而入。皇帝杨坚升坐龙床，百官也按级别入位，文武大臣依次站立，每个人脸上都挂着微笑，近乎虔诚。

瞬间，殿中一片肃穆，鸦雀无声，连铙钹声也出现了片刻的暂停。

大兴殿前，殿前将军宇文述率领的宫卫列队于左边，由东宫右监门率领的宫卫立于右边。

左右庶子张衡、杨约站在杨广的身后，恭敬地肃立，心情或许比杨广还要高兴。杨约小眼眯着，成了一条缝，鼻涕流出半尺之长，使劲一吸，哧溜一下又回到蛇洞，上下吸了五六次，连张衡也被吸得心里直发毛。

张衡恶狠狠地看了杨约一眼，杨约不为所动，还回了张衡一个白眼，心想：哼，你也敢朝我瞪眼，当初你输给我的钱还没还清呢。

当初杨广为了拉拢杨素，决定先从外围入手，让张衡带着几位府上的婢女请杨约到酒楼一叙，席间，又是称兄道弟，又是敬献美女，杨约何时受过这样的恩宠，他本是个门将而已，当即满口答应一定把杨素的心意点点滴滴地透给张衡，之后不久，张衡又借赌博之机故意输了不少钱，当然，后来的几场都成了空头支票。杨约也因功入宫，居然和自己平起平坐。张衡心中已有十分的不满。

两人交恶并非始于此事，还有更复杂的关系，主要是女人。

　　此时，风狂雪舞，旌旗被狂风怒雪卷得噼啪作响，站在殿阶下的杨广也被冻得不轻，他有些懊悔：早知站这么长时间，我应该多穿些。又后悔临来时，和萧妃缠绵过久，以至火力消减，经耐不住风寒，心中巴望着快些结束这繁文缛节。

　　杨素目不转睛，似乎风雪在他眼中是不存在的。他面无表情，一字一顿道："宣晋王杨广进殿——"

　　杨广一听，忙对身后招招手，左右庶子伴着他循声历阶而入，杨广心里想走快，但还是一步一个台阶，稳稳走上来，表情甚是凝重，有种天降大任于斯人般的感觉。

　　杨约低着头，顺手用衣袖把留出的鼻涕揩出，就势抹在屁股上，三人在黄门官牵引下，坐到既定的位置上。

　　屁股刚沾着坐椅，杨素即呼叫道："听诏——"

　　杨广像是被马蜂蜇了一下，腾地站起来，朝着杨坚的龙位急趋过去，扑通一声，双膝着地。

　　"拜！"杨素干脆地吐出一个字。

　　杨广随即叩拜，缓缓地俯下腰身，额头碰地。百官都听到了砰的一声。

　　"再拜——"杨素又拉长音调。

　　杨广又跪下去，砰的一声，比前声更沉闷了。杨约、张衡也不敢怠慢，跟着杨广亦跪亦拜。

　　"宣诏——"待三跪九叩之礼举行后，杨素道出了本次大典中最关键的一环。

　　内史侍郎薛道衡便捧出册封太子的诏书，清了清嗓音，诵出诏书的内容：

　　承运天意，太子卑弱，又兼骄奢，自废后，尚不能闭门思过，今二子杨广殿下，文武全能，德才兼备，深受众望，天意民心俱示晋王当担太子，承继大隋基业。特宣诏示以众臣。望新立太子仍以仁厚之情愫、勤勉之劳心，操持东宫事务，向众臣讨得一两条治国之策，众臣务必视晋王广为大隋之未来，勤心辅之……钦此。

　　薛道衡宣诏时，众臣皆屏息听诏，唯恐漏过一字。

　　杨坚正满意地点头时，突然，大兴殿内高悬的灯笼竟无端地晃动起来，而且还伴着一两声木梁脱榫的声音。

　　长孙晟眼尖耳聪，心中疑惑，怕是要地震了。他侧目众臣，一个也没有动，他瞥了一眼坐在亲王座位的蜀王杨秀。但见杨秀正出神地望着殿外，脸上全无忧虑之色，反倒有几分狂喜，这令长孙晟有些奇怪。前两天，为了拉住一两位能压住朝纲的大臣，杨秀备礼后亲自到长孙晟府上嘘寒问暖。当然，更主要的还是长孙晟是蜀王妃的堂兄。

顺着杨秀的目光朝殿庭望去。"呀——"长孙晟心中也暗暗吃惊,但见狂风大作,飞雪乱卷,所有的旌旗全然脱竿而去,漫天飞舞,列队于殿下的宫中卫士已然变形,体弱者倒扑在地上,还有不少实在忍受不了刀子似的朔风,捂着脸蹲在地上。偶尔有阵阵雪粒就着狂劲的寒风冲进殿内,有些大臣也不由自主地背转身去,以避风雪的侵袭。

长孙晟暗中注意到,百官之中,除了杨广跪在地上听诏以外,就薛道衡还算镇定,他手捧圣旨,不为风雪而震惊失色。

嘿,这雪能赶上漠北的了,在长安可谓十几年不见,正这么仔细察看群臣无不相顾失色时,蓦地,风雪仿佛得到号令似的,就在薛道衡刚刚读完册封诏书时,在瞬间停止。

一下子,众臣又都忙乱起来,相互窥探,慌乱地整理朝服,唯恐因衣饰不整受到责骂,关系近的,还互相拍打着乌纱帽上的残雪,一时间,在这庄严的场面上,尽失仪容。

杨素也很镇定,他斜眼瞥了一眼杨坚,只见杨坚的脸色有如殿外阴沉的天空,一副铅灰色,暗暗生气。杨素不待杨坚发话,大声道:"拜见太子——"说完,自己先站在群臣的班首,薛道衡也急急加入百官行列。

杨广起身后,立于杨坚的御案旁侧,接受百官的朝贺。他心里美呀,心想终于等到这一天了,自己处心积虑,终于从弟兄五人中脱颖而出,迈上太子之位,那意味着,大隋的江山社稷从此要传在自己手中,传到我杨广的子孙辈中。

他躬着腰,双手做扶起状,好像是还不能胜任太子职位似的,那意思是叫众臣不必多礼,便在这时,地面猛然一晃,杨广一个趔趄,差点摔倒,忙用左手扶住身后的龙案,咦,怎么回事,难道是我头昏了吗?他使劲地摇了摇头,有点怨恨自己来时和萧妃纵色过度。在这时,地面又连连颠簸了几下,脚旁的仙鹤香炉也晃动一下,殿梁也发出嘎嘎声响。

杨坚端坐着,身形随地面的晃动而东倒西歪了几下,宫监张权跟跄着上前扶持,自己却摔在陛阶前,摔得很重,嘴唇磕破了,一颗牙齿掉落,要命的是,手中的拂尘直飞出去,偏偏击中了正接受百官朝贺的太子杨广。

大家都知道,这是地震了。彼此面面相觑,胆战心惊,巴望仪式快些结束,可谁也不敢吭气。还好,一切又归于平静。

此时,一位黄门侍郎捧着太子玺交给杨素,杨素再转交杨广。杨文又是拜了三拜,这才接过玺印,然后交给左庶子张衡。就在即将完成这最后一道手续时,又是更加剧烈的地震。

不是左右摇动,而是上下簸动,竟接二连三地把人抛离地面,许多人摔倒了,殿梁上嘎吱嘎吱乱叫,夹杂着屋瓦摔落在地上的破碎声,幸好是摔在殿外。

杨广正把玺印交给张衡时，两个人同时颠动，接时哪有准星？啪的一声，玺印摔在地上，吓得张衡顾不了许多，就势趴下把玺印紧抱在怀中，感到还是躺在地面上稳当。

　　群臣都不敢再望屋顶，全都望着金殿上的杨坚，巴望他立即下令结束这倒霉的册封仪式。

　　杨坚毕竟是杨坚，他目不转睛地望着殿外，眼光似乎穿越时空，定格在一点上，似乎周围的一切都已使他失去了感觉，从仁寿宫来时的兴奋劲荡然无存，他有些木然了。

　　那些文武百官、左右宫卫，都遮不住惊恐万状之色，两股战战，几欲夺路而逃，心想：大兴殿若要在这地震中轰然坍塌，我岂不是做了死鬼？家中还有妻小，此时，他们可曾外出躲避，性命如何？

　　杨素依然面沉似水，但内心多少有些惶恐，感到一丝丝冷汗从脊背上冒出。现在的杨素再也不是大战三峡、平定江南、北击匈奴时的杨素了。那时的杨素有一种泰山崩于前而色不变的勇气，整日研习兵书，胸中自有一点谋略，时有血性涌起。他的一个信条就是：反正人生就是生与死的赌博。而今天，这场赌博，他胜利了，已经居于一人之下，万人之上的位置了，此生还有什么所求？因此，在杨素的家中豪华建筑几乎抵得上宫殿，奴婢侍女有几百人，她们都是杨素的性奴。他知道享受人生的美妙，他渴望美女的刺激、金钱的拥有、奢华的食宿。

　　杨素闭着眼，依他的身手，或许能最先跑出去，他见杨坚坐在那儿，一动不动，自己哪敢乱动？心想：这也是一场赌博，所以干脆闭着眼睛，口念"阿弥陀佛"的佛经。

　　似乎一切都平静下来时，杨坚对杨素说："越国公，还有多长时间？"

　　杨素道："皇上，快了，最后一个仪式是太子要前往内宫拜见皇后，可皇后微恙，就免了吧。"

　　杨坚一听，有些不悦："那不行，皇后虽在仁寿宫，但朕的宣华夫人主持后宫事宜，不能偏废如此礼仪。"

　　杨素说："皇上，这天气？"

　　杨坚一摆手说："大事不可妨碍，全有佛祖保佑。"

　　杨坚吩咐道："广儿，随薛内史去拜拜宣华夫人。"

　　杨广气血上涌，心道：父皇啊，你真是一个大傻瓜，你怎能知道宣华夫人躺在薛道衡怀中的淫荡样子。哼，我务必……心中有杀机，面上却带着微笑，答道："儿听命父皇，待明日，儿定去拜望母后。"说完，由薛道衡引着，杨广步入通往后宫的走廊。杨广刚一起步，又是两下震颤，飞泻下的灰尘不偏不倚都洒在他脸上……

第十二回

一朝富贵随梦散，万里锦绣信手抛

辛酉年（601年），这是杨坚最迷信的一年了。原因有二：一是双林寺的主持惠则汇报说达摩之心已经潜修完毕。大隋基业又多了一层现实的保障。这达摩之心乃是从西部藏地的护国寺长眉老祖传入，而今终于在帝京长安安家落户了，在惠则的要求下，杨坚万分感激地写道："尊崇之宝，情深护救，望十方含灵，蒙兹福业，俱登仁寿。"自从仁寿宫建好之后，他确实喜欢这座行宫，不仅宫中生活舒适，名字起得也好。"仁寿"二字，象征着太平盛世，又包含着佛教中的无量寿国的深意，与自己的晚年很是契合。二是辛酉年是他的本命年，金鸡啼晓，万象更新，而今自己六十花甲，太子新立，确实应该好好改个年号，庆祝一番，以驱散阴霾，营造祥和气氛。

杨坚掂量着袁充的奏章，对卧病在床的独孤皇后说："皇后，朕思前想后，太子也立了，这可是天大的喜讯，朕见你的病情也有了好转，甚感安慰。朕想颁布一道旨意，决意改元，更换年号。"

独孤皇后的病状从神色上来看确实有所好转，只是气力尚不够，还需休养。她勉强挤出笑容道："改，当然要改，既然上天把祥瑞告示人间，那就证明，大隋的时运正好踩在天意归定的命途上，白天越长越好，最好能没有黑夜就好了。我是不能待在床上了，我想要出去转转。陪着皇上巡视天下，哪怕是就在京郊附近呢。"

杨坚怜惜道："那就不了，能够出去走动时，别忘了到佛寺中念经。朕之所以能移周兴隋，不都靠佛的保佑吗？鬼神、命运，确实不可偏废。既然皇后同意改元，朕明日上朝就颁诏天下，年号就取'仁寿'二字。"

"好、好，皇上六十花甲，岁在一循，只是一循，应当有无数循环，取名'仁寿'既契合行宫之名，又意寓深广。"一阵兴奋感涌过全身，独孤皇后的病脸黄中泛红，她朝杨坚伸出手，一气说了这么多，她需要捶捶脊背。

杨坚走过来，坐在凤床上，帮独孤皇后垫高了靠巾被，扶她坐正，感到独孤皇后确实瘦了许多。肩胛骨明显突出，脖颈上的皱皮越发多且越发深了。

除了商量一些重大的国事之外，杨坚很少来到此处，心中有些愧意。他亲自替皇后捶着干瘦的背部，一下、二下、三下……杨坚在心里默默地数着，一直到六十，才停下手。

独孤皇后十分惬意，她说："这仁寿宫好是好，可是我还是不能忘了皇宫，试想趁元日盛会到皇宫里去小住几天。"

杨坚安慰道："皇宫还没有这里安逸，论起静心修身，还是这儿比较适合。"

皇后有些不悦，说："这仁寿宫距城几十里地，地少人稀，虽说景物宜人，但论热闹劲还比不上皇宫，再说我还担心，宣华夫人能否做到宫中事事条理。"

杨坚点点头，知道皇后一辈子就这么过来的，即便到了晚年，也不是一下子就更改过来的。

两人正谈着，紫叶款款而进，一进内室，便道："奴婢给皇上、皇后请安了！"

独孤皇后快慰了许多，指着紫叶对杨坚说道："这丫头生过公主之后，一点都没变，还显得水灵了些，皇上的岁数已至花甲，处处都要留意身子骨的。"

"皇后，"紫叶笑道，"皇上除了对二圣情有独钟，对我等奴婢向来都是用完便忘的，从不挂记于心。二圣还能不知道吗？"

皇后道："不和你贫嘴了，准备车马，我要陪皇上入宫。"

一阵大风卷过来，带着哨音，把一扇窗户猛地撞开，正在这时，敲门声就响起来了。

"禀皇上，太子广、左仆射杨素要求面见圣上，二人正在外面恭候。"

这是元岩的声音，杨坚分得出。心想：这二人顶风来到仁寿宫干嘛？也好，就和他们商量一下改元的事，或许就可在这里，颁诏天下。

杨坚道："带去见见皇后吧。朕马上过去。"

步入寝房时，印入杨坚眼帘的是一副母子抱头痛哭的场面。

太子杨广手拉着独孤皇后的手，泪流满面，似乎有无尽的伤心事。而皇后呢？则搂着太子的头，手在不停地抚摩。

杨素立在旁侧，嘴里一个劲叨叨劝说："皇后不要紧的，只是小恙而已，略加调养就可康复。皇后此次凤体受损，全是为了操持大隋的江山社稷，皇后此次痊愈后，定要从繁重的事物中抽出身来，好好调养身子，颐养天年。"

皇后笑道："越国公，这你就不知了，我这广儿打小就是这样，每当与我分离时，就要泪落如珠，哪像个叱咤风云的将军？说实在的，也正是这一点孝心让我爱怜。其他的孩子都有孝心，但唯有广儿显露出来。人心都是肉长的，你说这孝那孝何以体现呢？这也好比朝廷中的大臣们，都说是忠臣，忠心侍主，可还是有那么多犯事的，那么多和皇上不一心的呢！有多少臣子说过'万死不辞'的话，但事到临头之时，又跪于殿上高呼'冤枉'。"

杨素不由打个寒噤，这个女人也太阴毒了些，对什么事都看得入骨三分，但也有致命的弱点，顺其者昌，逆其者亡，弯着腰答道："臣牢记皇后垂训。"

杨坚干咳了一声，暗示一下。

杨素连忙跪地迎驾，太子杨广也欲行大礼，杨坚说道："此地不比殿上，都不必多礼，朕正拟今日去皇城和众爱卿商议一件大事，不想，你们却来了，说说吧，朝中都有何事？"

杨素忙道："臣这儿有条好消息，骊山温泉已经修葺一新，皇上可以和皇后去那儿小憩数日。那温泉果然名不虚传，雾气腾腾，云蒸霞蔚，是个好去处。"

杨坚想，这骊山温泉是自己答应宣华夫人修建的，即使修好，也应带着宣华夫人前去。杨坚想到宣华夫人如花似玉的美貌，又看了一眼病歪歪的独孤皇后，不行，无论如何要回皇宫，哪怕小住几日也行，也比守着黄脸婆强多了。

杨坚下颌的胡须抖个不停，他顺势捋了一把，想起已有多日没上朝了。

"父皇、母后，为了让母后早日能陪父皇一起上朝、退朝，重温二十年来养成的规矩，孩儿特意带来一名神医。名叫——"杨广还想说下去，见杨坚摆手，话到嘴边又咽了回去。

这时，左庶子张衡、兵部尚书柳述都陆陆续续地聚集在寝宫，都是借看皇后的机会，了解一下今日所要商议的大事，以便早做准备。

"这就不劳广儿介绍了，既然是神医，试想当今天下有几个能称得上'神医'的？恐怕是药王来了吧。"

杨广"哎呀"一声："父皇，真乃神机妙算也。是叫'药王'的，人们都这么称他。像母亲这样的小病当然不在话下，肯定药到病除，妙手回春。"

杨坚的气消退了许多，他扳着手指道："此人叫孙思邈，京兆华原人，专治老庄之学，强调无为境界，尤精医术，人品、医术天下独步。当年国丈独孤公子先朝大司马任上见之，大为惊异，称为'神医'，曾以国子博士召之，竟不愿出仕。后来，听说归隐到太行山的一个妙云洞，炼气养形，兼为百姓治病。因药到病除，人称'药王'。皇后生病，朕有心去找，后来作罢，一是你母后的病不是太重，宫中太医稍作调理，即可恢复。二是此人行踪不定，确实在一时半会内难以找到。"

杨坚如数家珍，好像和孙思邈是多年知交似的，问："人在何处？"

杨广应道："现在寝宫外候旨！"

"请他进来！"杨坚脸上现些喜色。

时辰不大，孙思邈进来拜见。

他果然仙风道骨，虽说看上去约摸六十岁，但气宇轩昂，老成持重，蓄于额下的三绺长须，飘飘洒洒，一身粗布衣服，面色白皙，一看就知不是种田的庄稼人。

"草民孙思邈见驾。"他朝杨坚深深一揖。

语调平实真纯，像是对阔别多年老朋友的问候，既无常人见万乘之尊时的惶恐，也无挟技自重者的那种狂傲。礼毕，满怀善意地对着众人一一微笑。

杨坚不无羡慕地说道："药王果然是淳朴本色，活得潇洒自在，真乃仙人也。"

孙思邈谦逊地一笑道："皇上过奖了，在下亲尝百草，验之以方，求教于先贤，再加之百姓厚爱与抬举，世上便多了一个'药王'的称号。其实未必啊，说我是悬壶济世的郎中还可，若称'药王'，岂不是要令我汗颜，实不敢当。"

说完，又是朝众人一笑，笑得平实、自然，像野岭上的百合花，这是一种透明的笑、有磁性的笑。在这般笑容里，几乎所有的人都受到感染。

独孤伽罗心想：难道这样的人一生中都没有忧烦的事吗？

杨坚对孙思邈说："皇后卧病多日，时有见好之状，可却不彻底，这与朕有关，她是替朕操碎了心，朕总感过意不去。"说着轻轻一声叹息。

杨广忙道："父皇，母后有孙药王的调理，相信会大有起色，孩儿一直等着父皇与母后共赴朝堂呢。"

杨素也说道："皇上不必忧虑，若是做臣的不能为君分忧。那么，臣等自请惩处。"

皇后说道："皇上，我这是偶感风寒，并无大碍。人哪有不老的呢？老了，四肢多少都有些不听使唤了。偌大的国家压在皇上身上，我是心有分解之意而力不从心啊。"

杨坚说："皇后，你就安心休养吧。"说着，示意孙思邈上前。

孙思邈仔细望了一会儿道："小病好治，大病难医，久病容易成顽症。其实，世人生病皆由自身而起，或生活困窘，或心生烦忧，风寒暑湿不过是触发的媒介罢了。臣见皇后面色有阴气潜流，阴者，乃郁闷之积也。皇后的病或许是烦忧大隋没完没了的军国大事，损耗了过多的大量气血，加之生活俭朴，营养供应不上，故四肢麻痹，抬手绵软，立足无力，行走如同风摆。"

杨广听着听着就哭了起来，哭声凄切，说："母后啊，儿臣再也不许母后一日三素简单餐饮。"

独孤皇后说道："广儿，不要如此伤心。为母以后多加调养就是了。以后，可不许你再哭，你现在是大隋的承嗣者，要有未来国君的度量。"

杨素说："皇后有所不知，太子殿下往朝廷上一立，威风八面，人中龙，鸡中鹤，既宽厚仁慈又刚武有力，只是在皇后面前，情不自禁，太子殿下曾不止一次私下对臣说，宁愿自己有病，也不希望皇后身子偶有微恙。"

孙思邈依旧微笑，似乎在笑那些阿谀奉承的话语。

杨坚问道："先生有何妙方？能否在一两日内治愈？"

孙思邈暗暗叫苦，这不是给自己出难题吗？这么长时间的病，一两天内治好，从自己出道以来尚无先例，这就是太医难当的原因。

他揣摩过千百个这类的病人，都是长期工于心计所致，阴气凝结，血脉不畅，最后僵硬死亡。

此等病人，三分病理，七分人事，更要命的是，必须从过去的逞凶、紧张、抑郁、纵情状中彻底解脱出来，而做到这一点简直比登天还难。更何况，他又不能说"皇后的心病就是权欲旺炽，嫉妒心太猛"。

不能实话实说，或许以药力去控制，但这需要时间。

独孤皇后望着久不言语的孙思邈，心中又疑惑起来，都说你是神医、药王，看你吞吞吐吐欲言又止的模样，说不准就是一个江湖骗子，不如试他一试？

想到这，独孤皇后问："先生，是否哀家的病重？不妨直说。哀家更有一事相求先生，这人世间可有鬼魂？"

孙思邈微笑着，心里却十分紧张，说："鬼魂的有无，实乃玄虚得很，这个问题就连千古圣人孔老夫子也没有把握，鬼神一概不入圣人的所虑，何况草民？"

"是的，哀家并不强求你做出有无的回答，只是想问，你见过没有？信它几分？"独孤皇后不紧不慢地说。

"这——"孙思邈犯难了，"草民听说过，有些人见过，认为有鬼；但大多数人没有见过。不信的人，就不信了，请它它不来；相信的人，心中有鬼，赶它它不去。"

独孤伽罗点头："正是如此！"但转念一想，这孙思邈说"心中有鬼"是否另有他指？不觉心思恍惚，那无形的阴气又增添一分。

杨坚见二人你一句、我一句地不着边际地答问，有些不耐烦，便插话道："孙先生是否先开一个药方来，叫太医们按方治理。"

孙思邈就着旁边的书案，想了一会儿，刷刷几笔，笔走龙蛇，不一会就草就一处方。

久病成医，独孤皇后摆手，拿过处方一看，脸色就白了——无非是些当归、黄芪、陈皮等，只是不见了人参等几件名贵中药，一行小字倒很是扎眼："望天上云收，看庭前花落。"

又快到了一年春暖草绿的时节，春的萌动已让人觉察了。

太阳从飘忽的云影中时隐时现，温和的阳光把冬日的残雪融个一干二净，冬日的阴影遁隐得不见踪迹。

宣华夫人兴致极高，望着满天飞舞的柳条从天空中回旋飘荡，心中也不平静。当初，自己在陈朝为公主时，说话也没有现在起作用，何况能借着机会施展自己的魅力，从而把这个大隋的朝堂变为一片不见烟火的战场？

"好美丽的春色！"宣华夫人感到神朗气清，心情舒畅。说完，带着两位侍女，急急地赶往大兴宫的前殿，这天，杨坚和皇后一起回到皇宫。

来到大兴殿前的凤阁旁侧，远远地就看到杨坚缓步走向那班跪地的文武大臣。杨素带头，苏威居左，牛弘居右，那立于旁侧的好像是薛道衡。

轻移碎步，慢裹风裙，风情万种的宣华夫人努力克制了自己虚幻的梦境，急急上前。

望着春风拂面、眉间如黛的宣华大人，杨坚顾不得众臣，一把抓住宣华夫人的白嫩的手，喜滋滋地说："夫人，可想煞朕了。"说着，有意无意似的重重捏了一下，"听说夫人已将元日盛会准备完毕，太有劳夫人操持了。"

宣华夫人款款一笑，急忙缩回手，转头对皇后道："皇后，皇后的气色好多了。这回来宫，一定多住些时日，还有好多事等皇后定夺呢。"

皇后独孤伽罗勉强挤出一丝笑容，心中大有不悦，但对宣华夫人的礼貌还是很客气地说："这也真难为你了，哀家的身子骨不好，一切都要你去办理，若有不听使唤的，只管召上来，哀家不能容人怠慢。"

宣华夫人望着皇后瘦黄的脸，心中生厌，心想：有谁敢不听我的？包括你的几个儿子。

皇后却想：谁能料到这当初的陈国公主竟然也能主持大隋后宫？这宣华夫人在南陈时有没有相好的，倘若皇上将宣华夫人这个女妖精遣返金陵，那才叫好呢！可惜，可惜，南陈如此荒淫的宫中，竟然出了这么一个冰清玉洁的公主。

皇后说得极慢，好像是气力不够似的："我这不争气的身子已不能太操劳了，宫中一切都由你裁定，别顾忌什么，有我给你做主。"

宣华夫人道了一声"谢谢皇后"，却心想，只怕你做不了主，脸面上却嫣然一笑道："不劳皇后挂念了，皇后身体欠安还是要静养为主。若皇后身子康复起来后，奴婢还要陪皇后去逛逛长安风景呢。"

杨坚沉吟了一下笑道："刚分开没几天，就没完没了地唠叨，你们都回去吧。朕要上朝，宣布几件大事。"

皇后由着宣华夫人搀扶，而杨广则过去扶住杨坚。在交换的一刹那，杨广的手摸到了宣华夫人的小手，仿佛过电似的，杨广一下子被震住了，差点休克过去。眼角的余光中，他看见宣华夫人抛过来的眼神。

其实，他不知道，站在自己身后的恰是内史侍郎薛道衡。

在众臣的护拥下，杨坚步入金銮殿，安坐在龙案后。

按照程序，由薛道衡代宣圣诏改元的伟大意义。随即由杨广代宣圣诏改元的决定，等一切完毕后，杨坚说："朕自建立大隋以来，夙夜兴叹，寝难安眠，食不重味，历朝历代的开国之君恐怕都没有朕如此忧劳。二十多年了，大隋子民在朕的感召下，奋勇争杀，屡次征战，为拓展大隋基业，抛头颅，洒鲜血，为国捐躯，抛身沙场，使朕一想来，就感到难过无比。过去，有帝王为感祭死去的亡灵，有建墓修碑为之立传、为之栖身的举措。朕想，今大隋四方安定之时，也要为那战亡的将士造墓祭祀、超度亡灵，唯有如此，才能了却朕的心事。朕常想，君子立身，虽云百行，唯诚与孝，最为其首。若朕一日不建阵亡将士的陵墓，是为不诚也。草木一秋，人在一世，唯诚与孝是天下之根本，社稷之本源。"

杨素一听这话，马上感到这又是一项巨大的工程，时机不能错过，进言道："臣不善揣摩圣意，实在有愧圣上的厚爱。实际上，早在平定三方之乱时，皇上就曾设下灵坛，为阵亡将士招魂，足见皇上一片仁厚之心。今日，在天下改元之际，皇上首先想到的是为国家捐躯的将士，若他们上天有灵，定会感动。臣有一议，不知妥当否，特禀明皇上，请示裁决。臣想，在全国各地，凡是大战之地必有我大隋的亡灵，都要立墓刻碑，以启后人。"

杨坚眼含泪花，点头应允，说："各地庙宇大都破旧不堪，朕还想重修一番，为佛再塑金身，朕之所以有今日，尔等之所以有今日，全都赖佛佑护，今日改元也要向佛表示朕的赤诚之心。"

早已按捺不住的袁充岂可丧失如此良机？他善于揣摩皇上的心意，作为御前文人术士，他感到自己又号准了杨坚的脉搏，他连忙出班，眨着一对小眼，说："皇上，乃神人也。佛祖佑护，天命自保。早有君权神授之说，今日就验证了。臣等不才，前日，偶有灵光闪现，豁然开朗，茅塞顿悟。臣等发现，皇上载诞之初与皇上所历大事，恰和阴阳，这不仅仅只是神光瑞气，简直就是喜祥应感，神仙附体，龙华四射，古往今来，此等祥瑞之象简直就没有，是故有朝代更替，唯有皇上与神感应契合。至于本命行年，生月生日，并与天地日月、阴阳律吕运转相符，表里会合。此诞圣之异，宝历之元。今天，事与物更新，改年仁寿，岁月日子，还共诞圣之时并同，明合天地之心，得仁寿之理。故知洪基长算，永永无穷。"

杨坚被袁充吹嘘得龙颜大悦，适才眼里的泪花早已不见了踪影，连声说："好，好，好个永永无穷。太史令穷究古今，上知天文，下晓地理，学业专精，每每当朕有会难之处时，太史令总能替朕解开迷雾，排除烦扰。朕赐你黄金一百两，白银一千两，算作朕对爱卿的褒奖。"

俗话说，有一喜必有一忧。

蜀王杨秀冷冷地看着一切，他感到自己被冷落了，他有一种切肤之痛感。太子是没戏了，无论如何，自己的手中尚有数十万精兵，一旦父皇杨坚百年之后，还有一争，可惜的是，岭南的交州又生叛乱了。而为了平定这一场叛乱，自己却因杨广的举荐损失了两万人马。

他想，这都是杨广在有意削弱自己的力量。

杨秀想，一不做二不休，扳不葫芦撒不了油，上前道："父皇，各地修造陵墓，儿臣表示赞成。可是，不能忘了，到目前为止还有大隋的子民在流血。儿臣这里有奏折一封，这是卫玄在阵亡前所写。"

杨坚一愣，忙道："卫玄将军怎么了？"

说起卫玄，杨坚是知道的。年底时，资州山僚起来造反，朝廷急调卫尉少卿卫玄出任潆州刺史，负责镇压。卫玄赴到任上，正逢僚人围攻大牢镇，他单骑闯入僚人大营，大声喊话招抚道："我是刺史，衔天子诏令，安养汝等，勿惊惧也。"僚人一时都被他勇敢的行动惊呆了。卫玄抓住稍纵即逝的时机，晓以利害，僚人统帅深受感动，解围而去。在卫玄妥善招抚下，僚人前前后后有十余万人前来归附。卫玄的做法令人注目，杨坚闻之大喜，赐卫玄缣两千匹，升任遂州总管。

杨秀道："交州一战，父皇可有耳闻？"

杨坚摇了摇头。

"与资州并邻的交州僚人叛乱了。不知何故，儿臣对此一无所知，倒知道交州一战是由太子殿下遥控指挥的。死硬一战，遂有今日。"

杨广心中对杨秀痛恨到了极点。本来，他还想借此炫耀一下。

交州之战，他是清楚的。当卫玄的千里急章送到他的案头时，他再也不容忍这些蛮夷之人按下葫芦起了瓢的现状。连书三个"死"字发出去。他想，只要有火种燃烧，就浇灭它，不论花费多大的代价。没想到，这战果的奏报却落在蜀王手里。

这对自己是个大不利，杨广想。

杨坚近日忙着元日盛会，根本没有心思了解交州战况，心里只道有了勇敢而多谋的卫玄就会马到成功，不想天意难料，竟然在改元之时折损爱将。

想着，想着，泪水再次涌阻了视线。

整个朝廷一片寂然，大家都对蜀王秀的举动报以深深的不满。

太不识时务了吧？这多多少少有点邀功之嫌！而这种邀功又恰恰是建立在诋毁太子的基础上。

大家的目光都集中在杨坚身上。

杨坚泪眼婆娑一番后，哀叹了一声："看来朕还是要多问苍生，少问鬼神。"说着朝杨广看了一眼，没再言语。

杨广一行人刚下了朝堂，便急急沿着朱雀门，直奔晋王府。

晋王府邸，高大的牌楼立于两侧，门庭气宇轩昂，只是灰暗些。上面彩釉有剥落的痕迹，其中还有人为的凿印，平日里，紧闭的大门很少打开，显得晦暗而神秘。晋王杨广升为太子之后，并没有入主东宫，而是奉了杨坚的诏令出主大兴县。那大兴县实际上是京都的外郭城，也称大兴城，所谓出主大兴县，实际上就是掌管京城。大兴县的县治离晋王府不远，杨广仍然住在晋王府。

说杨广一行人，当然是指杨广的心腹之臣杨约、张衡等。杨广从杨坚的眼神中看出了一点点眉目，他十分担心父皇怀疑自己的治国本领。

今日又在朝堂上受到了蜀王杨秀的抢白，虽说父皇没有责备自己，但他明白，这里面有两点理由。一是给足了太子的面子，二是父皇打心眼里就不想训斥，这比表面上的斥责更加厉害，更让杨广惴惴不安。

书房密室，几个人落座后，杨广对张衡道："事不宜迟，有蜀王一日在朝，我杨广就会感到一日不安。如何对蜀王下手呢？"

张衡故作深沉，其实心中一点主意也没有，硬着脑门想了一会儿，突然来了句："殿下，不如找一些死囚，当然是有本领擅武功的死囚，让他们杀了杨秀，然后给他们一条生路。"

杨广一听，摇头不止。

"不行，不行！"他想，与其这样暗刺蜀王，还不如暂时放蜀王一马，等待时机，等待自己一旦拥有皇权再下手不迟，可是蜀王存在一天，对自己太子地位的威胁就大一些。

正一筹莫展时，家将报张权来了。

张权一脚踏入密室，便尖细着嗓子道："太子，皇上命奴传话，让殿下今日入宫！"

"什么？"杨广一听，感到有些突然。他紧盯着张权道："皇上回宫后，可曾说了什么？"

张权眨巴着小眼睛道："其他的奴才倒没有听过，皇后的身子似乎更加不济了。奴才只是听了宣华夫人的一句话：'太子做事太过了。'"

"这么说，皇上开始怀疑我了。"杨广心里发毛。

"也不见得。"张权宽慰道。

"太子殿下，"杨约说道，"没有什么大不了的，眼下京城是控制在我们手中，老皇上一旦百岁那天，一切都会顺理成章的。"

"你懂个屁！"杨广怒道，"父皇既然会废太子杨勇，为什么不会废我呢？到那时，你我都将死无葬身之地。那杨秀专门是以杀人取乐的人。当年父皇责备他，就是因为他太心狠手辣。若杨秀升为太子，哪有我对杨勇那么好，还让他待在庶人村里。"

张权起身欲要告辞，杨广说："仔细打听些，有什么风吹草动，立马回报于我。"

张权正想走，忽然想起什么似的，连忙附在杨广的耳边低声嘀咕了几句。

杨广听着听着脸上竟露出了笑意，笑得极不自然。

望着张权远离的背影，杨广愣怔了好一会。

原来，杨坚下了朝堂后，就心情抑郁，回到后宫时，长吁短叹。

正在拉着家常事的独孤皇后和宣华夫人都不知发生了什么事。

皇后问："皇上有何心事？改元'仁寿'可是皇上提出来的意见。"

宣华夫人则是默默地搀着杨坚坐下来，轻轻替他揉着颈部。

杨坚低着头道："朕今日在朝上，又看到了刀光剑影。你们知道卫玄吧？竟在交州战死。朕想，广儿对安抚边陲的大事似乎缺少洞察力和判断力，如此草率，使得名将殒命，将来他还能指望谁呢？"

皇后也是一愣。

"此事怎么连皇上也不通报一声呢？"

"是啊，若不是蜀王秀儿在朝廷上上了一道卫玄临终前的奏折，连朕也不知道。"

宣华夫人淡然一笑道："我以为，这蜀王秀向太子发难的初衷，不是使皇上了解实情，而是另有所图吧。"

杨坚点点头，说道："这个，朕明白得很。当初废杨勇时，三个兄弟抱成一团，而今，杨广新立为太子，汉王谅已被朕调出京师，戍边北境，而蜀王竟然上下撺掇，似乎想让朕……"

独孤皇后一听，气涌头上，一阵干咳之后，紧捂着胸口道："立太子又不是儿戏，蜀王秀的所为和广儿相比，悬殊甚大，他又是一个直桶子，看到与己有利便不顾一切，若是秀儿将来掌握大隋，大臣及百姓会苦不堪言。"

"皇后说的是，正因为如此，朕才没有在朝廷上责怪杨广，让他自己领悟去吧。"杨坚说。

揉捏了一会儿，杨坚感到心气顺了一些，便对宣华夫人说："去把张权找来，朕要他去晋王府把广儿叫来。"

宣华夫人领命而出，实际上也是抽身而退，她脑子在急速地飞转：杨广的内心早就恨我，这从表情上可以看得出，但是，男人的恨，尤其是男人对女人的恨又是不长久的。她以为，自己若是在此事上帮杨广一下，他会感激于心，不至于……

杨广踏入宫门时，心里咚咚跳个不停，他的心机用在算计对方还可以，但如何排除对方对自己的算计还需要下一番工夫，还需要经人指点。

站在杨坚面前，杨广一时手足无措。

拜见过后，杨广被独孤皇后叫到床边，皇后问："广儿，听说交州之战是你指挥的？致使两万多人殒命沙场，连卫尉少卿卫玄也捐躯了。"

杨广答道："此事儿臣一无所知，那卫玄本是同儿臣情同手足，同来护儿等人一样都是儿臣的得力干将，儿臣怎么会让他去蛮干呢？何况，卫玄勇谋兼备，定然是有人从中做了手脚。"

杨广战战兢兢地答道，心想，反正死无对证了，蜀王手中的奏折，说不定是假的呢。即便算是真的，那战役毕竟胜利了，胜利了就没有失败的耻辱，就谈不上指挥失误。

他牢记宣华夫人通过张权说的一句：死不认账。这是危急之中的绝妙的对策，还有什么能比"沉默是金"更好的法则呢？他甚至想，宣华夫人是否对自己魁伟的身材和奇异的相貌产生了兴趣！这也完全有可能。所以，当他答话的当口，用余光瞟视了宣华夫人，果然，在这一瞬间，宣华夫人的勾人摄魄的眼神正掠过自己。

杨坚想，是啊，秀儿身为蜀王，自己的境内出了乱子，却仍呆在京城，却又言及战事并非由他指挥，岂不有逃脱失职之嫌？

见父皇沉默不语，杨广说："孩儿有一事不明，父皇改变年号可曾征得蜀王的意见？"

"征求他干什么？"杨坚不悦道。

"噢，这就对了。孩儿听说蜀王对改变年号很是不悦，说什么'仁寿'二字虽好，但没有'开皇'听起来有创业的味道。"杨广小心应答。

"如今大隋已立，还再延续原来的'开皇'年号，会给百姓造成朕是一位贪得无厌的君主的印象，百姓会疑心战事无休，这些，朕都问明了。"杨坚一边甩手，一边说。

独孤皇后说："秀儿有些成见，可待以后慢慢理会。"

作为母亲，她实在不想看到父子、兄弟再度兵血相见，话题又回到卫玄之死上。

"蜀王秀儿不是有意见吗？正好马上就要在全国刻碑立功，超度阵亡将士，卫玄也一并写入。但是，广儿若对此事有责任，就应担当起来。"

杨广忙道："母后，广儿对此事确实一无所知。"

宣华夫人说道："是的，太子殿下近日都在宫中操持元日盛会，远在千里之外的小小战事，都由左仆射杨素调度。"

真是说曹操、曹操到。

杨素急急来宫，他满脸油汗，衣冠有些不整。见了皇上之后，又给众人行礼。

"越国公，你有何事？"杨坚问。心想，朕没有召见你呀，你有什么话不好在朝堂上说呢？

杨素说："事急矣！臣接到守城士兵的报告说，蜀王杨秀殿下一行人离京奔赴蜀地去了。"

正说着，杨秀府邸的舍人前来报信，并递过来杨秀的一封信。

事情都赶到一块了。

杨坚越发烦恼起来："好啊，翅膀硬了，赌气出走了。"说着把杨秀写给自己和皇后的信撕得粉碎，抛在地上。

杨坚厉声说："走，都走，明日的盛会照样举行，朕不相信，离开了这些无能而忌心甚上的不肖之了，朕就会落成个孤家寡人。杨素，你去安排一下，令杨约日夜兼程，赶往益州，朕就命他为益州刺史，若有些许动静急速回报。不得有误。"

杨坚在屋内转了一圈，又对杨广说："你来筹划一下，朕要休息了。"说着，拍了拍昏沉的脑袋。众人知趣地退下，独孤皇后一脸悲怆之意。

宣华夫人无所适从，不知皇上要在何处休息。

人去楼空。夜幕低垂，繁星点点。

宣华夫人手扶栏槛凝望深邃夜空，深深地吸了一口清凉空气。

杨坚的心情有所平静，他没有想到时至今日，自己还陷在争夺太子之位的矛盾所交织的漩涡中。

一颗星星眨着眼睛闪闪烁烁，突然红光猛地一闪，拖曳着一条长长的银亮色的尾巴消失在辽阔的天际。

就在这时，东宫"庶人村"的上空传来一阵凄厉的喊叫声："父皇，母后，孩儿冤枉啊！""父皇，母后，孩儿冤枉啊……冤枉啊！"

那声音像是衔在狼口的羔羊惨叫着，叫声撕裂了黑幕般的夜空。

杨坚感到毛骨悚然，身子不由往后退了退，那是杨勇撕心裂肺的叫声。

虽说听到这样的声音不止一次，但今晚听来，更觉可怕异常。他知道，杨勇自从被废后，变得如痴如醉，整个人都近乎傻了，变得像个梦游者整日在"庶人村"中踟蹰徘徊。想到自己的五个儿子，死的死，废的废，杨坚黯然神伤了良久。

宣华夫人问道："皇上，回去安歇吧。"说着挽着杨坚缓缓地回到寝宫，杨坚步履竟有些蹒跚不定。

屋内烛火摇曳，光色昏暗，杨坚斜视了闭眼躺在床上的皇后，闷闷不乐。当初废太子杨勇时，他是持犹疑的态度，而皇后是力主的。这太子杨勇的声音应该

圣人可汗：隋文帝

也传入她的耳中了吧。

独孤皇后似乎猜透了杨坚的心思，从牙缝中挤出了两个字："脆弱！"

没有想到皇后会对自己的骨肉冷漠至此，宣华夫人心里发出一股浸透骨髓的寒意，她对杨勇的处境是既同情又高兴的。

她眨了眨眼，心想，你们父子的事我管那么多干嘛？一弯腰身，对皇后道："皇后娘娘，安歇吧，臣妾不再打扰了。"

杨坚刚想阻拦，独孤皇后睁眼说道："皇上，就别再想那么多了。"

无奈，杨坚只得留在皇后的身边。也好，看她那虚弱的身子也禁不住打击的。

这点杨坚猜得准极了。宣华夫人刚刚离去，独孤皇后就一下子扑到杨坚的怀里，浑身颤抖。

"吓死我了，吓死我了。"

杨坚也莫名地哆嗦了一下，安慰道："勇儿是脆弱了些，虽说太子之位没了，也不至脆弱至此嘛。何况，他本人还享有五品俸禄，又没把他从庶人村撵走，这比起他所犯的罪行来，责罚不是很重。"

皇后说："依我的意思，明日还要给勇儿做些佛事，我疑心他这是厉鬼缠身。"

"这倒也好，死去的秦王俊儿已有些年头了，昔日秦王俊奢侈无度，朕以父道训之，不想，他竟郁闷早逝，若不能挽救一下勇儿，怕也是会步俊儿的后尘。都是历经艰险的人，怎么会如皇后所说的那样，脆弱至此呢？"杨坚望着独孤皇后憔悴的脸庞，心想，风雨历程数十载，终究难释儿女情。

紧闭的窗户外，前太子杨勇的哀嚎夹着风声，仿似半夜鬼叫。

杨坚和衣上床，半搂着皇后干瘦的躯体，心里难以平静，不来皇宫吧，又想来，来了之后又尽是一些繁琐的心事，叫人难以入眠。

他就这么一直睁着眼，紧搂着时不时抖动的皇后的瘦肩，心想：皇后的油灯将要耗尽了吗？若真是那样，自己都不知道该如何料理国事了。自己平生很少对皇后生过怨恨，即便是在打杀了尉迟风琴后，自己在气头上难免言语激烈，但经高颍的劝说，也立马消气了许多。

是的，高颍，杨勇，那可是一对亲家。

这时，又传来杨勇的哭嚎……

丁香堤筑于碧波粼粼的春湖中，像弯曲的小道，曲径通幽。此时，湖水清碧，双雁翻飞，鸳鸯和鸣，叫声清脆响亮，平添了许多春意。

堤上绿草如茵，各种花儿正绽蕾欲放，一片嫣红、一片姹紫、一片鹅黄、一片粉绿。

亭榭小阁隐于竹林葱郁之中，假山舫廊骋于明镜般的湖水之上。沿着丁香堤往上行进，就是骊山温泉所在了。

远望，水雾蒸腾，似欲散的白云，又如飘浮的羊群。

近观，水底气泡滚动，有袅袅升腾的热气，隐隐感到有股热流在脸上走动。

修葺过的骊山温泉成了杨坚和他的嫔妃们的好去处。紧张的神经在此得到了充分的放松。

身心俱疲的杨坚在宣华夫人的陪伴下，哪还有半点愁容？

乘着元日盛会的兴奋劲，杨坚来了骊山温泉，不仅是皇宫的人，就连大臣们也带来不少家眷，一时间，五彩斑斓的衣饰与整个姹紫嫣红的景致构成和谐的整体。

宫女们叽叽喳喳的声音娇滴滴的犹如黄莺啼树，也似清泉溪流，和着迅捷的乳燕在骊山上空鸣啼不止。

宣华夫人伴着杨坚一路走过来。杨坚感到有些气喘，遂停住脚步，说道："夫人，朕想在此歇息一会儿，好好欣赏一下这自然风光，聆听这天籁般的声音。"

宣华夫人说道："皇上说怎么办就怎么办，来人——"她朝身后一招手，几个正处在兴奋点上的宫女连忙急跑过来，把随身带着的锦缎蒲团放在凉亭边的木椅上。亭子下方就是一道山间的小溪，那温泉流出的水脂飘荡着逼人的香味。

杨坚感叹道："修建这骊山温泉，又花去了不少银两，朕感到有些铺张了。"

宣华夫人笑着劝解道："万岁，您也不能太过于节俭。虽说俭是聚宝盆，但节俭是有限度的，开皇之初，物资缺乏，百姓食不果腹，自然要率先垂范，上行下效。短短十年大隋有了充足的国力，通过兴兵屯边，又有稳固的江山。而今，稻米流脂，粟米金黄，全国上下，歌舞升平。皇上还心系天下，足以垂训后世了。但皇宫应有皇宫的威严，这既是向四周小国显示国力的方法，也能为操劳不终的皇廷适当松弛，是颐养天年的去处。皇上这是与民同乐。"

杨坚展开眉头，说道："朕的心有着千千结头。有了夫人，都能一一化解开来。"

"那好啊，贱妾能替皇上分忧，感到莫大荣幸，"宣华夫人咯咯一笑，便伸出双臂搂住杨坚的腰身，"皇上是妾的唯一依靠了。"

宫监张权手执拂尘，有点跛脚地上来，对着杨坚和宣华夫人一施礼道："皇上、贵妃娘娘，这是左仆射越国公在黄风泉边捡到的两块白石，觉得纹理颇异，总感到是祥瑞欲显，特命人专送来给皇上欣赏。"

宣华夫人忙道："快呈现上来！"

张权从贴身的缁衣内掏出一个小包袱，一层层打开黄绵丝织，不多时，便有两块白石现于杨坚眼前。

杨坚接过后，左看右看，心道，不过是两块玲珑剔透的白石头而已，只是上面多了一些纵横交错的花纹，于是问道："夫人，你久在江南，朕早听说建康城内产雨花石，你哥哥还专门下旨搜寻奇异之形视为珍宝，你看，这两块玉石比之雨花石若何？"

宣华夫人嫣然一笑道："妾乃凡人俗眼，承蒙皇上厚爱，得沾些帝王的宝气，凭妾肉眼直观这两块白石定不寻常，只是妾不懂谶纬之说，不如让著作郎王劭前来附会。"

杨坚也笑道："朕的心思在太史令袁充和著作郎王劭面前都能被说得有头有脑。虽说他们没有经天纬地之才，但揣摩物象，观测地理的本事还是有的。"

"何止于此呢？"宣华夫人又掂量一下那两块白石，说，"依妾看来，袁充的附会本领只适于天显，而王劭的本领更在人事，那王劭不仅能圆梦测字，还擅长诠释图谶，且能引经据典，舌灿莲花。"

杨坚频频点头。他知道，在元日盛会上，王劭的一席话语惊四座，人人对他侧目而视。此人竟然把朕的生平事迹与道家经书细加对照，逐条道来，竟如天衣无缝，实在了不起。当时连自己都感到，自己是天神下凡。杨坚望着这两块玉石对宣华夫人说："夫人，这两块石头依朕看来，似乎并无有特异之处，朕不知那王劭又能说出个什么子丑寅卯来。虽说纹理有些异样，但朕却看不出来。"宣华夫人笑道："皇上身处帝位，只需慧眼辨忠奸，这些谶纬之谜，自然是参持不透的。所谓当局者迷，旁观者清也。"

杨坚似乎茅塞顿开，说道："夫人说得极是，待会儿王劭有何说头，朕要细细听来。"

时辰不大，张权引着王劭就奔上亭阁，后面还跟着杨素。拜见杨坚、宣华夫人后，侍立在一侧。

那王劭恭敬地接过两块玉石，仔细地审视了一会，喃喃自语："神了，神了，真乃石上有乾坤、宝物含宇宙，神了，神了……"

宣华夫人问道："王劭，你身为著作郎，可不能打哑语呀，你说'神了'，到底神在何处？"

王劭摇头晃脑，念念有词，作沉思冥想之状，忽然，他眼皮上翻，眼珠骨碌碌地转动几下，紧皱的眉头松弛下来，一对八字眉耷拉到高高的颧骨上，开口说道："此乃圣物也，普天之下的奥秘凝结于此，皇上，请看这三道横线，意即天、地、人也。而这道竖线，意即王字，所谓'王'者，意即穿过天、地、人。这上面还有一点，不偏不倚，正好处在天线之上，那是'主'呀。"

王劭将玉石翻转过来，又大吃一惊，以手指着石块左右的纵横交错的纹路，兴奋地说道："皇上，这边是天神地祇，那边是风师雨伯，天神地祇佑庇王位，风师雨伯护驾主上。可谓神灵庇佑，国无忧也，风师雨伯普临，意即风调雨顺，民安乐也。这里，这里……"王劭激动得有些语无伦次，"这不是'文'字吗？上北下南天圆地方，而'文'字正好面南背北，居于天地正中。"

杨坚随着王劭手指的方向，左右看看，感到这纵横迷乱的线路还真有点那么回事。

"呀——"王劭又一次惊异起来。

"这里，这里不正有一个'杨'字吗，而'杨'字正好处在'万年'之前，'隋'字恰巧与'吉'字相并，正是长久吉庆之兆也！"

说到激动之时，王劭竟扑通跪地，对着那块白色石头叩头不已。

"这是上天的神物，何以下凡人界？原来是昭示杨姓天下万万年，大隋社稷稳如磐石。"

杨坚感到眼前春光无限，灿烂辉煌，一时间真让他感到已经分不清自己到底是人还是神，仿佛头顶上有一轮光环照着，久久不散。

宣华夫人拊掌赞叹道："王劭真不愧是著作郎，口出成章，大隋朝中要是多几个像你这样有文采的大臣就好了。"

王劭面有愧色，说道："下臣不才，斗胆在皇上、宣华夫人面前献丑了。"

杨素说道："是的，臣尝夜里梦见皇上形体在佛光佑护中于天地间飞翔，几欲追随，而不得近身，每每梦中醒来，愈想愈觉得皇上是神仙幻化而成，垂临凡尘。实际上，在遥不可测的神仙境界，真有圣上之位。"

杨坚龙颜大悦，问道："此石是何人所见？何人所献？"

杨素答道："骊山中的一位樵夫。"

宣华夫人说："可曾派人寻找？我想，能发现这两块灵石的人定然不同寻常，说不定是位仙人。"

杨素说："娘娘说得极在理，当臣接到这玉石时，就急忙派人追寻，想赏给五十两黄金，毕竟是宝物不藏私有，也是一片忠孝之心。可是，派去的人寻找了整个骊山，再也没有找见那位献石的樵夫。"

王劭接着说道："那是自然了。依臣猜想，此人定是来往神界和地界的使者。来去无踪影，点化借神石。"

杨坚点头称是，说道："张权，把这两块灵石放入大兴善寺的佛龛中，每日上香祭供。"

张权说："奴才一定照办，不敢有误。"双手接过两白石，用绵帛里外裹好，揣入怀中。

杨坚对众人摆手说道："你们都去吧。朕想和宣华夫人到凝脂泉去。"说着，拉住宣华夫人的手，站起身。

众人告退后，杨坚低声对宣华夫人说："凝脂泉，朕在大周时就去过，水滑若脂，滑而不滞，若要说到洗浴，尚未能够亲身体验。"

宣华夫人说道："还是皇上厚爱臣民，天下公有，不为私己，刚刚修造好，就群臣同乐，其乐融融。"

杨坚笑道："朕一向认为天下是臣民的天下，虽说普天之下莫非王土，可是千百年来，谁又能一朝登基，终身拥有，唯有体爱百姓，以民为贵方能千秋万代。所以，朕对广儿的克勤克俭是十分赞赏的。"

"难得贵为天子的皇上还有这么沉稳的治国方略。有这种想法，大隋定能如神石昭谕的那样。"宣华夫人赞叹道，"人恒有命数，唯有方略一致，国策永承，才能持久繁荣，当然政事难料，总会有些是非曲直等待后人评说。"

杨坚说道："至于政事，朕以为夫人的才华也能够和二圣相比了。"

说着，杨坚从背后紧紧地抱住宣华夫人，叹道："朕是神人临界，这一点，朕冥冥中早有感觉。而二圣和夫人，有如舜之娥皇、女英，不可偏废一人。"

宣华夫人展颜笑道："皇上有些谬奖奴婢了。"她挣了一下腰身，低声道，"皇上，这春光明媚，繁花簇锦，来来往往的人很多。"

杨坚愣怔了一下，一两只蜜蜂嗡嗡地飞着从一个花蕊跳到另一朵蕾上，姿态轻盈，舞步翩翩。看看前面，果然是人影攒动，有追蜂扑蝶的宫女正嬉笑着流连于花枝树丛间。

凝脂泉就在眼前了。

一泓青碧的池水被围砌在温润的花岗岩石壁中。水面上缭绕着雾气、香味。

一队宫女慌张着列队侍立，衣裙上还沾着零散的花瓣。

宣华夫人说："你们都到外面去吧。皇上由我侍候。记住不管什么紧急的事，都要等皇上沐浴后才进来禀报。"

宫女们如释重负，躬身施礼后，缓缓地退出去。

凝脂泉的四周有一道木制的墙壁，四根红漆的檀木足有碗口粗，支撑起一个高挑亭盖，春光从木棂阁子窗中照射进来，斜铺在水面上，变幻出玫瑰般的色彩，旋转着上升。

杨坚惬意地任由宣华夫人剥去了身上的衣装，沿着玉石砌就的台阶缓缓地走入池中。一身皱折堆叠的皮肤一颤一颤地下坠着，他不由感慨道："朕是老之将至了。"说着立在水中，望着层层荡开去的涟漪有些出神，水中赤条条的杨坚似乎又不那么自信了。

宣华夫人也走进来，头发蓬松着，脸颊又白又嫩，被热气熏蒸得有些绯红，浑圆的肩头，浑圆的腰臀，浑圆的一对乳房微微下垂，但依然丰满，全身裸露的玉体，艳态照人，那两条洁白、修长的腿呈现波浪般优美的曲线。宣华夫人一边靠近杨坚，一边用手撩起温热的泉水轻轻地洒在自己身上。随着手臂的扬动，牵动着躯体变换着姿势。

杨坚感到自惭形秽的同时，又觉得嘴里的唾液似乎增加了许多，一连吞了几口，仍不济事。

宣华夫人拨拉着温水，嬉笑道："真是宝水呀。这水似乎也通人性，刚下来时，有些凉意，而现在竟如炭火般温热了。"说着，将整个身子浸到水里，光洁的皮肤在水中泛着清亮色，愈加使杨坚觉得这哪里是人身，简直就是一道让人遐想无限的景致，整个人就是一块美玉，让人把玩不已。

杨坚看得眼睛都有些发涩，他扯着自己的皱皮，心想：男人就这么容易老吗？

宣华夫人把一抹桃色胸带搭在肩上，头往后仰在水面上，飘浮的身子若隐若现，更加迷离动人，秀色可餐。

水声哗啦哗啦，泼玉泻翠般从宣华夫人乌黑发梢上滚落下来的水珠竟然在水面形成一颗颗滚动不停的珍珠。

眨眼间，杨坚老朽木般的躯体似乎苏醒了，小腹胀得难受。他张了张嘴，还没有发出声来，宣华夫人就像一条美人鱼，蜷缩在杨坚怀中，手臂勾住杨坚的脖子，嘤咛道："皇上想在水中鱼水合欢吗？"

甜甜的音色，使杨坚精神亢奋起来，两手紧箍住宣华夫人毫无遮掩的胸上，兴冲冲地碰触、摩擦、吸吮。

幸福与满足，一切动作都顺乎自然……

皇宫里，独孤皇后闭目养神，整个人都瘦了一圈，因为夜里的惊吓，脸色还呈死灰一般苍白。

在皇后低垂的手边，掉落了几片奏折表章。那是杨勇的心腹之语，独孤皇后阅后，心境极其不畅。勇儿为何弄不明白自己被废的真实原因呢？

在表章里，杨勇痛陈自己的冤情，说什么自己从未有过急欲篡夺帝位的想法，而元妃暴亡纯属患疾所致，天大冤案的背后肯定有人诬陷栽赃，这么重的冤情，盼圣上明察。

独孤皇后想，这杨勇还在执迷不悟，痴心成疯。疯子的话时有只言片语，但终为疯子的话，比如，将杨素比作毒蛇，这就有失公允，是疯子的表现。

可是，他的只言片语也还切中了要害，撩得人不由不深思："天意昭显，冤情已揭。想多年前，术士韦鼎、来和都曾预言晋王贵不可言，应当太子，可是当上太子那一日，却又如何呢？天动地摇，环宇尽失重心，宫中片瓦碎地，京城的暴风雪是更未有史记载，发屋拔树，死者千人，虽说没能撼动根基，皇宫犹存，全是凭皇上的神力庇佑，皇上诞生于般若寺时，紫气充庭，一生虽历尽坎坷，但终有佛光佑护，而太子广登位受封，却迎来昏暗无日之象，净刹寺的佛像纷纷倒掉，佛门紧锁忽又洞开，这又是什么预兆呢？"

独孤皇后喃喃自语道："勇儿，冤不冤，母后最清楚了。"

怎么会冤枉你呢？好端端的元妃受你冷落才积郁于胸，纵然是天疾也不至于一夜暴亡，还不是你合谋骚妾共害致死。身为太子却无视朝堂上的父皇，专擅越权，私召大臣、另立大臣谋事，这不是篡位又是什么？如今竟然还夜夜攀树大喊冤枉，以此惊吓世人，哪还有太子的度量？

独孤皇后睁开眼，心中尚存惊悸，隐隐有痛感。突然一只通体白色的猫蹿入围帐，围帐波动，有一声凄厉的哀鸣从围帐传出，吓得独孤皇后啊呀一声，惊立起身。

"来人哪——"

宫女急匆匆进来，问道："二圣有何吩咐？"

"猫、猫！那里，那里，快打，快打！"独孤皇后战战兢兢，随手拿过床头的一只玉盘，奋力掷向垂地的围帐。

"砰"的一声，玉盘粉碎，声音极其刺耳，几个宫女也被皇后的举动吓傻了，竟无人敢上前搜寻。

实际上，杨勇的凄厉的喊冤声还不足以使独孤皇后心理崩溃，唯有这猫叫声足以让她肝胆俱裂。

早在几年前，皇帝杨坚就起草过一份诏书：畜猫鬼蛊毒厌魅野道之家，投于四裔。而今，这皇宫何来猫呢？

独孤皇后慢慢地合上眼睑，胸口起伏不定，大口地喘着气。

她当然最怕猫了，十几年来，这后宫中的婢女死在她手中的有好几十人，传说宫中的女人都是皇帝的宠物，即使是死后也能幻化为猫潜伏宫中，伺机邀宠。

而猫的叫声最让人感到心寒，像婴孩的啼哭，像风中的老鸦，冤死的宫女都有不散的亡灵，这些不肯离散的冤魂都会变成索命的无常，而这些猫无疑就是她们的亡灵幻化而成。

独孤皇后嘴唇抖动不停，血色渐渐变成青紫色，心力交瘁的她无力地抬着手腕，指着门外，一位宫女大着胆子上前，紧紧地握住她干瘦如柴的五指。

不一会，御医来了。数枚银针刺入独孤皇后的肌肤穴位。她感到一阵凉意涌过心头，呼吸平息了许多。

她微微睁开眼，余光散乱，似乎还有猫影晃动。

"去叫皇上过来！"独孤皇后叮嘱说，"这里是不能住了。"

进进出出，一番忙碌后，御医侍奉皇后喝下一碗药汤，堵在喉咙里的浓痰被药力压了回去，面色由青紫复又蜡黄。

"母后，母后。"杨广带着哭腔一路狂奔而来，前脚刚踏入寝宫，就双膝一软跪爬着来到独孤皇后的床前，紧紧地拉着独孤皇后的手哽咽不语。

"还是广儿孝顺，"独孤皇后叹道，"你父皇呢？"

"父皇正和群臣观赏骊山温泉的景致。"杨广答道，"想必这一会半会还赶不回来，孩儿已着人去请，母后放心。"

独孤皇后感叹："母后没有什么放心不放心的，只是受了些惊吓罢了。这几天，夜夜听到勇儿的喊冤声，这混账东西是要气煞母后啊。可……"

独孤皇后顿了顿，突然问道："这皇宫中何来猫蛊？是哪个养的畜生？难道不知道宫中的规矩吗？"

杨广摇着头，说："孩儿不曾见过有什么猫呀狗的，倒是鹦鹉处处可见。"

"唉，想是母后耳不聪了，眼不明了。"独孤皇后长叹一声。

杨广劝慰道："母后，儿臣再派人去找药王来，这宫中的太医只会照方济药却说不出药理。"

独孤皇后艰难地摇头道："那所谓神医孙思邈也不过尔尔。"

此时，日已过午，斜晖从寝宫外照进室内，宫女们似乎才发现室内的油灯尚在燃烧，灯火如豆，连忙上前撤走高脚烛火。独孤皇后却示意停止。她疲倦的眼睛望着那火苗，一动不动。

杂沓的脚步声传入寝室，杨坚回来了。

立于皇后的床前，杨坚望着已进入梦乡的独孤皇后，百感交集。他低声唤了两声，她却睡得香甜，最后只好捏着她的手臂将她摇醒。

她睁开眼，呆涩地望着夫君杨坚，神情尚处在恐怖之中，眨了几遍眼，才真正看清了弄痛她手臂的是杨坚而非梦中的冤魂，这才长松了一口气，那口气直扑杨坚的面门，口臭极重。尽管她疲倦困乏已极，但还是勉强起身，她真的有点害怕待在床上，只要醒着，她就能够从噩梦中摆脱出来。

她虽是人间尊贵无比的皇后，一旦睡下去，她就成了坠入苦海的罪犯，而躺在床上是容易睡着的。

"春来了，"杨坚低语道，"皇后应该出去走走了，不能这样老闷着。"

"扶我起来吧。"皇后道。吃过几副中药后，皇后的精神好转许多。

"要不明日皇后和朕一道再去骊山温泉调养几日？"杨坚想，本打算和宣华夫人在温泉小住几日，可病危的皇后硬是叫回了自己。

皇后呻吟了一声，惨笑道："我怕是没有那个福分了，皇上的心我是略知一二的，当初修建仁寿宫时，成百上千的工匠在劳役中丧身，不亚于一场小战。那骊山温泉，地势又险，能修出个楼阁庙宇般富丽堂皇样，又不知有多少死于非命的人，我想为那些死去的人超度一下。"

杨坚也心中凛然，越是上了年纪，越是想忏悔一番，当初修建仁寿宫，杨素性急，役使亦急，丁夫多死，疲顿颠仆者、推填坑坎、覆以土石，因而变沟谷为平地。事后，本想就此事责罚杨素，但皇后对仁寿宫兴趣浓厚，也就作罢了。

宫殿之下，往往是万人的尸骨，身为帝王枕着尸骨享福也是历朝历代帝王的所为。

杨坚顺着独孤皇后的思路，想了想，说："这些日子你病得不轻，诸多小事你就不要过问了，更何况都是过去的事，朕想大兴佛事，在全国各地建立佛寺，让每个臣民都要感受到佛光普照。"

杨坚扶着皇后来到了寝宫外室，立于丹墀阶下。又是一声"冤枉啊"从东宫庶人村传来。

杨坚眉头紧皱，问杨广："庶人勇近日是怎么啦？"

杨广极其虔诚地答道："儿臣正要面奏此事。"

杨广望了父母一眼，见其关注之切不免心中一惊，定了定神，才接着说："大哥到庶人村闭门思过，渐渐地明白了过去妄想僭越是最大的不忠不孝，常常对儿臣言及有负父皇母后栽培之恩。对父皇母后将他贬黜不再心生怨言，儿臣也实在替他高兴，可是，不知何故，他近日忽然神志昏乱，精神失常，常常一个人呆立在树下看蚂蚁打架，乐不可支，有时还将战败一方的蚂蚁一个一个地掐死，嘴里直叫'无用、无用'。儿臣不敢怠慢，立即请来了术士推究。术士说，此乃元妃的冤魂来索命，难以排解，昨夜他不敢待在室中，自说被冤鬼追逐，最后还爬上大树，呼救……"

"他说过什么？"杨坚问。

"他是一味求饶，还喊冤叫屈，好像是元妃附体……"杨广答道。

独孤皇后"哦"了一声，心情又有些紧张，她认定元妃是冤死的。转念一想，若要元妃都能以冤魂附体来发泄冤情。那么，被她棒打致死的尉迟风琴，还有诸多宫女岂不也是冤死的？她嘴唇抖动，哆嗦地问："人都死了，不能不讲情面吧。元妃活着的时候，我待她不薄，也替她报了仇，连太子之位都废了，还来索命干吗？"

杨坚也说道："鬼界之事，朕也一时说不清楚，还是请法界高僧为之驱鬼，像这样为冤鬼所缠，蹈则不顾水火，攀则无视危险，早晚非出人命不可，广儿要派专人看管，如不严加约束，恐将来生事，知道的是谓鬼魂索命，不知道的将说三道四。"

杨广说道："儿臣正有此意，诚恐一旦严加约束，朝野难免蜚短流长，儿臣虽百口莫辩……"

杨坚说道："此事由朕做主，朝中就有一些人喜欢从人事出发来推测人心，不知在人心之外还有佛心，而佛心最大，大至无边无形，包容一切。若不是出家人以心向佛，不沾红尘，朕真想提拔一些执佛的高僧来充到各个官府。"

一阵清风吹过庭院，杨坚打个冷战，独孤皇后则是一阵咳嗽。她畏惧地把身子靠向杨坚，她疑心这阵清风也是冤魂所起。正这么想着，突然在寝宫的墙角倏地刮起一团旋风，卷起地上的杂物灰尘，扶摇着直上云空。

"呸呸！"独孤皇后连忙"呸"了几口。这就是人们传说的小鬼风，那连扯地面的风脚，就是鬼腿。

独孤皇后紧盯着那鬼风，看着看着，那变幻的风势风形中，仿佛伸出无数只手向她抓来。一条条袖袂飘举、半掩半露狰狞的脸型，都是那么熟悉，那么逼真，其中尉迟风琴的脸最清楚不过了，那张白净无血的面容一下子印在独孤皇后的脑海中。

独孤皇后惊声昏厥过去。

太医们一拥而上，掐人中的，摸脉搏的，送温水的，忙成一团。

独孤皇后悠悠转过神来，虚幻的杨坚复又变得清晰。

"总得想个法子呀？"杨广哭道。

杨坚目光凝重，他还真是难以割舍对独孤皇后的深情，他感到热泪从眼角流出，伤感不已。

"广儿，你再追访孙思邈，此人多半隐于华山之巅，寻到后，务必请他开个药方，不管有多难，你母后的命就交留在他手上了。朕要去大兴善寺，征询住持昙迁的看法。"杨坚吩咐完毕，安顿了独孤皇后，正欲往大兴善寺时，宣华夫人率着众嫔妃急急赶来，还有杨素、牛弘、苏威等一般大臣。

张权引着众臣到十八厢房的西厢密室去，而宣华夫人则陪着杨坚前往大兴善寺进香。

一路上，宣华夫人柔声宽慰道："皇后操劳过度，神情疲乏，多休息几日就能够好转，皇上不必为此忧劳过甚。"

杨坚忧心忡忡地说："皇后不像你，她经历的险事太多了。"

宣华夫人一听，心里道：我是没有经历过大风险，难道眼睁睁地看一个大陈国如何倾覆就不算风险吗？难道在这倾覆的过程中家破、国亡、身囚乃至险些身死就不能算是一个女子的一生中最大的不幸吗？

她紧抿着樱桃似的嘴唇，一声不吭。

若不是自己八面玲珑，谨慎地活着，把自己的情感和理性的锋芒双重包裹起来，躲在厚厚的心茧背后，哪里会有宣华夫人的半点位置呢？

宫车吱吱呀呀，一路碾来，那刺耳的声音碾碎了一个亡国之民的梦想。

当一个人从阶下囚复又过上奢华的生活，拥有权倾朝野的势力时，连她自己也感到不知活着的目标终究指向何方。

蜀王杨秀一行风尘仆仆地朝益州进发，走得太仓促了，到了广阳驿，大家都已是灰头土脸。

杨秀一脸懊丧，心境悲凉到极点，他感到自己是一个斗败的公鸡，垂头丧气，趁着暮色回到自己的栖圈。他弄不明白，明明眼见的事实为何由杨素等人的一番说辞后，竟然会变成太子杨广的仁孝之举。没有打着狐狸，反惹了一身骚味。教他如何咽得下这口气呢？

暮色已深，华灯初上。

梳洗一番后，蜀王杨秀坐在饭桌前等候晚宴，这一路上有如丧家之犬，但无论如何，他对自己决计回蜀地的做法始终都认为是正确的。

杨广是怎样的人，他最清楚不过了。

在争取当皇储的这场较量中，晋王处于领先地位，本来，自己的奏章如能按照预先设想的那样，扳倒晋王也不是没有希望的，而今算是完了。

杨秀思前想后，深感自己落败的原因，原来是身边缺少谋臣，准确地说是缺少像杨素那样的朝臣。

以一己之力是无法回天的，这一回合的较量，使得父皇对自己的信任降低到冰点。此时，若再以无锐气之师去攻取戒备森严的城堡，势必无成。可恨的是小弟杨谅在关键当口也站在父皇一边，而不为自己说上半句话。

正是杨谅的一席话才导致自己仓皇出走的。

那日杨秀在杨坚面前弹劾晋王，从当时的情形看，父皇的表情是悲痛的，最起码的效果是父皇对杨广的做法深深不满。明明形势朝有利自己的方向发展，可是等杨广一入宫，情势完全变了。

汉王杨谅急急赶来，劝说道："四哥，赶紧想个办法，父皇在宫中大发雷霆之怒，说你吹风找裂缝，以乱宫事，晋王根本就没有承认卫玄之死是因他而起，既没有反过来弹劾你，也没有承担责任，只是说，四哥你也想争夺太子，并且说，若四哥你真想要获太子之位，他还要上章请求罢免自己呢。"

说完，杨谅就回府去了。杨秀思前想后，感到自己的意气用事在阴冷如蛇的晋王面前太显小儿科了。父皇既然发怒，晋王表面上自责，实际上就是在父皇的怒火上浇了一碗灯油。他惴惴不安起来。

果然，没过多久，家将来报，京城的军队调动频繁起来。这就是信号。

若那时再不出逃，怕是机会就会永远丧失了。

蜀王妃长孙氏急得直掉眼泪。她是长孙览的女儿，扫北英雄长孙晟是她的堂哥。

蜀王妃劝道："要不把我的哥哥找来商议一下？"

杨秀拿起竹筷空敲着碗沿，沉思了一会儿，说道："也好，我这里就是缺少谋臣了。"突然停下手，慢慢地道，"如今已不是箭在弦上不得不发了，而是箭已射出，欲收不能了。爱妃还记得当初我们一起去拜访内兄时的情形吗？"

蜀王妃点头道："怎么能不记得？"说着，以极含埋怨的眼神望着杨秀，"当初要是听家兄的话就好了。"

杨秀怒目圆睁道，"事已至此，还说那么多干吗？杨勇被废时，我和那杨广是处在同一起跑线上，都是殿下，都是总管，都有王位。为何不能试着一争呢？何况那杨广并非没有劣迹，哎——只不过父皇不知道罢了。若从善于伪装来说，杨广是高我一筹。"

蜀王妃顿时缄默。她慢转身去，偷偷地抹去了挂在眼角的泪水。杨秀的脾气，她是了解的。他既不像秦王杨俊那样明目张胆地把自己的王妃崔氏抛弃一边，一心宠爱自己的小妾，也不像杨广那样在外人面前和萧氏亲热无比。他就是他，完全是个性情中人，既爱自己，又不忘风流，更不知遮掩，也不会伪装，整个人透明得像一碗清水。

长期的闺阁伦理教育，使得蜀王妃也不能像崔氏一样暴怒之下就服毒自尽，那样做，对谁都没有好处，害了夫君，又害了孩子。一想到十岁的孩子，蜀王妃不由抽泣起来。她同样没有非争个太子之位，将来做皇后的念头，她所想的就是图一个平安。

蜀王的爱子扑闪着大大的眼睛，小小的心中也升起种种疑团："父王，母亲哭了，母亲别哭！"

小家伙一会儿劝劝母亲，一会儿又扯扯蜀王的衣襟。

蜀王妃抱起儿子，紧紧搂在怀中。

这时，驿馆的门口传来一阵急促的马蹄声，杨秀旋身到窗前，透过窗口对驿馆的大堂望去，心都提到嗓子眼了。暗道，难道父皇真要向我开刀了吗？

旋风般闪进的不是别人，正是长孙晟。蜀王杨秀一颗悬着的心放下了。

长孙晟跨入驿站的时候，就警觉地四下打量着，在他看来，杨秀的出走是个大失策，这又是杨秀办事不够沉稳的一贯表现。当他从薛道衡那里知道这件事后，就一路上追来，他要试图做最后的挽救行动。

明摆着的，这是一场势力悬殊的竞争。而蜀王杨秀的举措无疑是自蹈死地。若能及时劝阻，或许还能保住王位，免得杨勇的悲剧在杨秀身上重演。

宾主落座后，彼此寒暄了几句，就直接奔入正题。

长孙晟听着杨秀的计划，脑海中却不断闪现许多景象——

忽而是杨广、杨素、张衡等人策划于密室的情景；忽而是刘士元、刘光伯披枷颠踬于驿道上。刘士元、刘光伯俱是一代名儒，时人号称"二刘"，天下名儒后代，皇帝杨坚先后诏令二刘到益州辅佐蜀王，但二刘皆迁延不往，杨秀以为这是损了他这个蜀王的尊严，盛怒之下，令人将二刘押送到四川，把刘士元当做配军驱使，令刘光伯执仗为门卫。杨秀耍尽了王者的威风，固然使斯文扫地，也令天下士人齿冷。自此以后，他的门下唯有嬖人和奴才而已。而晋王杨广的府中则是谋士如云。休道是杨广已苦心经营了十年多，即便是同时起步，以两府的阵容而论，杨秀也是输了一筹。

杨秀说："内兄若要相助，对于我来说，可谓如虎添翼，有你出马，何愁大事不成？"

长孙晟一连喝了三杯浓茶，这才说："不是内兄我不肯相帮，蜀王的举动实际上是自绝于朝廷。目前的形势已经很明朗。太子之位已经定下，蜀王想实行兵谏，以此来夺杨广承继的江山，难上加难。"

蜀王杨秀不耐烦地说："内兄难道看不出来，倘若我在京城不走，恐怕一家老少都做了杨广刀下之鬼。自古以来，蜀地就是个举事的好地方。那杨广只能骗人一时，岂能瞒人一世？早晚有一天，好端端的大隋朝会变成一个屠场。皇上已入花甲之岁，还能支撑几年？"

长孙晟说："我之所以上追你而来，并不是要跟你去造反，大隋再也经不起动荡了，这二十年的建隋过程已经使无数百姓死在战事上，人心思定。至于皇上百年之后，太子登基采取何种治国之略那是后事，至少眼前，如果蜀王一意孤行，只能给杨广提供了灭掉他最大忧患的借口。依在下的分析，只要皇上一日还在位，他就绝不会允许杨广对你下手。因此，我还是奉劝蜀王悬崖勒马，寻找机会，再图举事。"

杨秀对长孙晟的态度显得颇为不安，默想了一会，低声说："内兄怕是不愿卷入这场纷争之中吧。"语调极冷，似乎有不往下再谈的意思。

长孙晟感叹道："那帝王之位就是那么好当的？想我长孙一族当初在北魏时不也是皇族吗？蜀王，难道你要等血光之灾降临头顶才会幡然醒悟吗？如今宫中内外、朝廷上下，有几个赞成蜀王的？"

屋内出现了难堪的沉默，蜀王情绪上实在不能接受长孙晟的建议，他既震惊于长孙晟对事态的一清二楚的分析，却又不愿回京，不愿接受摆到面前的事实。

蜀王妃抱着孩子从屋里出来。孩子看到舅舅，一个劲叫道："舅舅，快救救我们吧。"

长孙晟拉过孩子，抚摸着孩子的头，爱怜道："蜀王，平心而论，我们当然愿意看到你能被立为太子。可是，你冒失的奏章已经产生了不良的后果，那就是皇上对蜀王的不信任。而且王爷的不辞而别已经让太子找到借口了。想想孩子，想想历史上皇族中相残的血腥场面，孰轻孰重？"

蜀王妃道："家兄，王爷原本没有当太子的妄想，只因庶人杨勇的结局太冤，这才栗栗自危，不得已孤注一掷。如今更无非分之想，但求不失圣上及二圣的欢心，不再被人坑害，已是心满意足了。"

长孙晟心想：杨勇被废固然是杨广挑的头，但你杨秀不也推波助澜了吗？事已至此，说这些开脱的话，又有何用？长孙晟不便点破，苦思良久，长叹一声说："冰冻三尺，非一日之寒。本来嘛，蜀王爷文武兼备，实为诸兄弟所不及，皇上对蜀王爷也颇寄厚望，不过后来……"

蜀王杨秀刚端起茶杯的手又停放在半空中，眼睛直直地看着长孙晟："不过什么？莫不是我枷押刘士元、刘光伯去四川惹恼了天下士人，这并非我的本意，那刘士元、刘光伯也太轻狂了吧，皇上派他们去辅佐于我，他们应当奉旨行事才是，我以为不过是区区小事，焉知后来会引出偌大的波澜？"

长孙晟见蜀王杨秀依然在辩解，便单刀直入道："对'二刘'的失礼，便是伤了天下士人，这叫物伤其类。伤害了天下士人，便把文人都赶到晋王那边去了，这又无异于为渊驱鱼、为丛驱雀。"

蜀王杨秀抢白道："可是，天下士人并不帮杨广的忙，他手里只有杨素、张衡等几个走狗。"

长孙晟道："蜀王殿下还在执迷不悟，大批文士的心里虽然瞧不起杨广的作秀之态，但也并不在口头上反对他，更不愿站在你这一边。实际上就等于增长了对方的势力。此消彼长。"

长孙晟扳着指头把朝中的大臣逐个点名一遍，最后说："连一代名儒薛道衡也不赞成殿下呀，记得史万岁吗？"

蜀王杨秀点头："当然记得。"杨秀想，正是自己的一纸奏折使史万岁差点掉了脑袋，这也怪我吗？何况我的奏折句句属实。那史万岁虽然战功显赫，也不该受贿纵贼，再者说了，导致史万岁直接死因的是他自己行为不检，藐视朝堂，为东宫太子杨勇叫屈，不杀他，我恐怕连争夺太子之位的机会都没有。

长孙晟说道："史万岁受贿固然不对，然而史万岁实在是大功于国，功高过人，惩之太酷。前太子勇含冤被废，武将中唯有史万岁敢于当殿为他鸣叫冤屈，可见此人在朝中还是个敢作敢为的人。殿下当年弹劾他，不免使满朝武将心寒，见风使舵的不知殿下心中所想，耿直勇武的又心存芥蒂，由此看来，而今太子杨广得势，固然是自身努力，也是由于殿下的成全。而皇上也会看到殿下孤身一个，无人辅佐，又怎敢把天下传之于你呢？殿下若想重获信任，务必从长计议，切不可短视，应当从自身入手，正本清源，少一些负气，少一些欲望，少一些骄奢。或许有一天，皇上重新发现殿下是更合适的人选，那么，事情就水到渠成，即使那一天永不会到来，蜀王仍需以忍让为怀，有王位在，有蜀地几千里封地，夫复何求呢？"

句句切中要害。

杨秀的额头冒汗了。他确实有些后怕，情绪也平静了许多。

杨秀问："依你的意见，我该如何去做呢？"

长孙晟想了一会儿，断然道："赶快给皇上修书一封，就说蜀地鄙境，苗民有再乱的端倪，当然是接到密报后才知道的，为了熄灭熊熊之火于将燃之时，所以，紧急草就了一道辞章向父皇辞行，又怕父皇忧心过虑，所以就没有将情况告知父皇，请求责以欺君之罪。而蜀王妃及孩子一道随我进京，或可有幸于一免。"

"那杨广能饶了我们娘儿俩吗？"蜀王妃担心地问。她感到，虽然说蜀王杨秀在益州有众多姬妾，但真的离开他独留京城，总有种失去靠山的感觉，那就如同漂浮的草萍，无根无基，随波离散。

长孙晟安慰道："最不安全的地方恰是最安全的地方，只要皇上能谅解蜀王殿下，谅他杨广还不敢把刀锋指向你们。皇上再也不愿意看到兄弟相残了。"

杨秀说："那是当然，每次父皇和母后谈及前太子杨勇谋反和秦王杨俊的不孝都是黯然伤神。"

蜀王妃还是犹豫了一下，又说："如果父皇不愿谅解呢？"

长孙晟说："即使皇上不愿谅解，也不会要了你们的性命，前太子杨勇按理犯了弑父弑君之罪，不也没有发落问罪？只是削去太子之职，还给五品的待遇。只是……"

看到蜀王妃紧搂着幼子，长孙晟不忍再推测下去，起身道："有我们长孙家族在，杨广他不敢轻易动手，若妹子还是不放心，就搬到我府上去。"

驿站外又传来一阵嘈杂声。长孙晟透窗望去，守在外面的随从李波按剑飞奔进来。

长孙晟说道："事不宜迟，我们赶快动身。"

果然，李波敲门而入，对蜀王杨秀及蜀王妃行过礼后，向长孙晟说道："长孙将军，驿站外来了一批耍把式卖艺的人，听其口音像是京城的人，里面有几个身壮如牛的家伙，卑职以为，说不定是京城里来的卫军。"

长孙晟说道："知道了，我们下去看看。殿下收拾一下，写一封奏折给我后，离开这里。"说着，带着李波出了房门，下了楼梯。

世风日下，道德沦丧的风气已经让杨坚变得不耐烦了。刑部的奏折像雪片似飞进朝廷，飞到文帝的御案前。偷抢扒拿、拐骗蒙诱等案件层出不穷，特别是盗贼繁多，多如牛毛。

主管部门对此也感到十分棘手。

文帝下诏："分职设官，共理时务，其诸有司，若有愆犯，重惩不贷，绝不宽纵。"

刑罚固然加重了许多，但是，犯罪行为并没有因此被遏制住。

五月麦熟时季，渭河边上的百亩庄稼，正待挥镰收割时，突然一夜之间，麦穗尽失，老百姓哭声震动天地，响遍行云。文帝闻之大怒，责成刑部严加查办，说："总有个眉目吧，朕的京郊都成盗贼的天堂了，说不定，有一天朕的御座也被盗了去。"

苏威奉命去查，声势浩大地查，微服私访地查，到最后只能循着散失的麦穗芒、麦粒，按图索骥，顺藤摸瓜，查到一两户住在破帐篷中的穷乞丐，大刑加身，经过一番波折后，也没问出个所以然。这几个被打得皮开肉绽的穷乞丐，叫苦连天，只是说深更半夜的，听到外面杂乱声、低语声、马嘶声，还疑心是兵丁呢，好奇地跟着，一看才知道是偷抢麦穗的，就着浑水摸了几个小鱼，没想到被查出，一个劲地叩头饶命。苏威如实上报，杨坚大怒之后，也无甚办法，着有司带着这几个乞丐拉到田间问斩。就是这样还难消心头之火，又撤职法办了几个守职不力的乡保、里正。

但是，犯罪事件仍在蔓延。

五月中旬，京师长安城内又发生了大白天公然抢劫的恶性案件。

大庙所在的安仁坊一带的商铺在一天中午遭了大殃。当商铺的主人们正准备好各种待售的布匹、古玩、美食时，一队结伙而来的蒙面汉突然刀出套、剑出鞘，威逼各家店主拿出银两、细软，否则便成刀下之鬼，吓得一条街上的行人纷纷避让，唯恐刀剑不长眼，结果了自己，最大的古玩店主是个性格倔犟的老者，宁死不从，以身子护住银子，后果自然是人亡财空。一家老小，特别是两个小妾哭得死去活来。她们都是店主从妓院中赎出的良家妇女，就此失掉了终身依靠，能不伤心吗？何况店主的正室及两个蛮横的儿子早就对她们恨之入骨了呢？

消息传到宫中，负责护宫的张衡吓得一夜没敢合眼，亲自带人巡逻了一宿。

杨坚更是大怒，急火攻心之下，还咳出一丝血痰。早朝时，杨坚得知，地方上的强盗原先也是有的，只是各地主管慑于皇威和担心自己的乌纱帽一直不敢上报，还美其名曰"唯恐圣体忧劳，且所查犯案已有进展"云云。

怒归怒，杨坚在深以为虑的同时，还是忍着向群臣征询良策，那一双阴鸷的眼光就落在左仆射杨素的脸上，杨素对办案是个外行，对杨坚所要的良策乏陈得很。他嗫嚅了半天，只见嘴唇一开一合，就是听不到声音。

文帝似有所悟，自己笑道："朕知之矣。"说着容颜一展，道，"群盗出没也好，小盗行窃也罢，总逃不了有心人的视线。因此，朕下令，凡是有能检举纠告者，查抄盗贼家产，全都用来赏赐告发者。"

群臣拊掌赞叹此法灵验。

果然，文帝的招数颇显神通，一时间罪犯销声匿迹。

可是没过多久，犯罪案件又频频发生。官府对此类案件可谓一筹莫展。原来有一些无赖之徒利用这道法令，每伺富家子弟出门，故意将财物遗失在路边，然后就躲在墙角、树后，等待那些富人子弟拾起后，立马冲出，扭送官府，富家的财产被当做赏赐之物，由无赖之徒领取，从此变成穷家。这类案件屡屡发生，殷实而守本分的人家往往遭殃，一时间黑白颠倒，贼喊捉贼，而受累人家叫冤声鼎沸。

高招失灵，文帝不由大怒，再颁圣令："盗一钱以上皆弃之于市，行署取一钱以上闻见不告言者，连坐至死。"

诏令很快地在全国推广，天下悚然，人心惶惶。结果，有不少州县官员被劫持，劫持者很快放出话来：就是为受冤者申冤，哪有四人共盗一桶、三人同窃一瓜的犯罪分子？可事实上，四人或三人同被处死。

老牛弘斗胆上书言说："自古以来，体国立法，未有盗一钱而死的刑法。大隋律令上也没有这一条。"

无奈的杨坚只好瞎子放驴，由它去吧。

此后，如何教化民风成了杨坚的一块心病。

自从开皇立业以来，整个京师已有一百二十多座寺院，暮鼓齐鸣，诵经声阵阵不绝于耳。这天杨坚由宣华夫人相陪，踏着月色，沿着行坊缓缓前行，红袖在侧，温玉满怀，杨坚的内心十分空澄、清澈。左手光福坊的圣经寺、安仁坊的荐福寺，右手安业坊也有两座尼寺，一名资善，一名济度。而京师中的最大寺院，就是位于靖善坊的大兴善寺。

大兴善寺乃是大隋开皇二年杨坚下旨所建，制度规模拟于太庙，寺中常有高僧住持。

杨坚携宣华夫人步入辉煌灿烂的大兴善寺时，佛事正进行到高潮。

小沙弥早已接报，躬迎在寺前，引着杨坚徐徐穿过三折回廊，来到大殿正门前。此时，诵经声高扬，声音浑浊，辨听不知其义，但声音倒是整齐，似乎是和尚在共同温习功课。

杨坚和宣华夫人被安置到偏房中的一间小佛堂中，静静地做着法事，净手、上香、默诵祈愿。仿佛是佛光照耀，宣华夫人的面庞红润得如同刚跃出海面的朝阳，一对顾盼流飞的眼睛晶亮无比。杨坚做完佛事后，一转头，那沉浸在佛事中的明净与空明便一扫而光，他拉着宣华夫人的手道："夫人，你脸上呈现的光辉，就如同朕初降人世时，那神尼佑护朕时的一样。"

宣华夫人嫣然一笑道："皇上，在佛堂中可不许说笑，皇上乃真龙天子，自有神尼保护，大隋的一切，有哪一点不是受恩惠于佛祖呢？"

杨坚愈加激动，感慨道："当初的华光耀宇，朕也得以庇佑，所以，朕登基以后，第一步就是建立佛寺。"说着，双手合十，对着佛堂中的一尊释迦牟尼像，口中喃喃有词。

那边暮鼓声渐弱，时辰不大，昙迁躬身而进，举动若飘浮之态，深深地向杨坚一躬身："老纳迎驾迟了，还望月光童子见谅些。"

宣华夫人认得此人，这位须发皆白的老和尚就是昙迁。

隋朝建立之后，文帝即请僧人充任顾问，二十余年间，每日登殿，都要坐列七僧，转经问法。在昙迁之前，有个名叫律宗文藏的和尚，他和文帝可称得上布衣之交，当初，文帝决定迁都大兴城时，就特意为他建立这座规模宏大的大兴善寺，并令左右仆射前往观瞻。文帝常说，弟子是欲人天子，律宗为道人天子，有人想离俗入道的，任由你剃度；又说，律宗化人为善，朕禁人为恶，意则一也。文帝和律宗文藏交好到由他自由出入皇宫，坐必同榻，行必同舆，经纶国务，雅会天鉴，有时住宿，即迳寝殿。一时间，天下文士、百姓俗子，莫不一心向佛，引以为耀，朝廷上下，一片诵佛声不断。

杨坚与昙迁默坐片刻，昙迁道："圣上所求何事？"

文帝望着昙迁满脸的皱折，一时语塞。昙迁来自徐州，当初和洛阳慧远、魏邵慧藏、清河僧休、济阳宝镇、汲郡洪遵等共称"六大德"，各率门人弟子十人入京，安置于大兴善寺弘法。这六个人可谓佛界领袖，他们的到来，奠定了长安为大隋佛教中心的地位。

文帝记得，当时曾发过一道圣旨，广揽天下名僧，因自己以大兴邵公起家，新造都城即为大兴城，殿曰大兴殿，门曰大兴门，县曰大兴县，园曰大兴园，寺曰大兴善寺。寺殿崇广为京之冠，地位之高无与伦比。

文帝说："大乘佛法和戒、定、慧三学若要在民间俗人中推广，需要假以多少时日？"

昙迁的眼皮低垂，听到问话，反复思量文帝的深意。他当然知道眼前的世风低下，盗贼猖狂，无赖之人狂增，这种风气甚至影响到寺院。前几天，寺院还被偷走了一个金制的木鱼，追了几天，也没有追回。但皇上若以全国寺院为中心宣扬大乘佛法和"三学"，效果不会很明显，佛寺中不整日都在学吗？可偷盗现象仍有发生，甚至在蒲州还出现了有的无赖白天在寺院做和尚，晚上回家抱老婆上炕的事。究其原因，是因为生活窘迫，而当和尚却吃穿不愁。

思忖了一会，昙迁答道："圣上，翻经学士费长房在《历代三宝纪》书中，采用了《德护长者经》之说，圣上乃月光童子化身，老纳想，若要清廓民风，当应光复三宝。"

昙迁的意思是如果要改变世风，走按部就班的老路子不行，必须掀起一场运动，一场造神运动，有两件事能明显看出来，神化高潮是要创造的。

一是开皇十一年，内太府寺丞赵文昌突然暴死，数日后又活了过来，自称到阎罗殿走了一趟，见到周武帝颈铐三重钳锁，对其灭佛行为悔恨不已，要赵文昌回去向文帝请罪，请文帝为他营修功德，让他早日超度。赵文昌复苏后，将此事俱告文帝。文帝因此敕令国内臣民每人出一钱，为周武帝转《金刚般若经》兼三日持斋，一时，举国上下，都在否定周武帝灭佛事，又十分感念文帝兴托佛事，扭转乾坤，把文帝杀绝了周室后代的事忘了一干二净，还颂扬文帝德弘量雅。

二是开皇十三年春，文帝巡幸岐州时，与蜀王秀围猎，在南山破窖里见到许多北周灭佛时残存的佛像，皆泪迹斑斑，文帝大为伤感。回京后，杨坚即与皇后各施绢十二万匹，修缮北周时被毁的佛经，并诏令各地：诸胡破故佛像、仰所在官司，精加检括，运送随近寺内，检校庄饰，率土苍生施一文，权作劳费。一下子，各地官员都热衷于建寺造塔热潮中。

杨坚两手一摊，说："对于佛事，朕当兴之，朕在七岁时，抚育朕的神尼智仙就曾对朕说过，当大贵，从东国来，佛法当灭，由儿兴之。朕果然是东方入关，代周而立，所有灵塔中皆图神尼，多有灵相。可是朕不能让人人入寺。"

昙迁说："老纳记得，应圣上玺书邀请而来的天竺国沙门那连提黎耶舍在翻译《德护长者经》时，有如下一段佛陀世祖的预言：汝今见此德护长者大儿月光童子否？唯然已见，佛言此童子者，能令未信众生，令生净信……我涅槃后，于未来世护持我法，供养如来，受持佛法，赞叹佛法，于当来世佛法末时，如来佛骨当飘至东方三国，东方震旦，同名大隋，城名大兴，王名坚意，建立三宝，起舍利塔。"说完，双手合十，道了"阿弥陀佛"，便缓缓退出房间。

文帝茅塞顿开。

在文帝登基前，有一位天竺僧人曾送给他一佛骨舍利，说道："此大觉遗身也，檀越当盛兴显，则万民来福，仁寿无疆。"言讫，飘然不见。

杨坚心意已定，对着释迦佛祖的等身像连拜三拜，搀着宣华夫人的细腰出了佛寺。

进入六月份的一天，杨坚上朝，向群臣嘱咐了两件事：一是在三天之内派遣十六使到各地巡省风俗，访察治绩；二是准备宣布废除中央及地方学校，仅保留国子学七十二名学生。他对迂腐的儒家教育失去了耐心。

十三日，后宫。

独孤皇后静养在寝宫，面色稍稍正常了些，昙迁大师忙了整整一夜，为后宫作最后的驱鬼行动。最终算是把独孤皇后幻想中的纯白色的波斯猫赶走了。卯辰交替之时，昙迁大师在寝宫中烧了一把黄草纸，将纸灰放入玉盂中，倒入夜里承接的露水，搅和过后，含在嘴中，手执拂尘望空挥洒三下。

独孤皇后闭目准备承接，"扑"的一声，一口圣水呈雾状喷到皇后脸上，顿时一片纸灰色。她就这么躺着，需要一直待到天明。

杨广进来时，看到母后容貌大吃了一惊。闻听隔壁的厢房内有说笑声，他知道那是宣华夫人和父皇。心想，母后这边病着，你们却在隔壁浪声淫语，不过想到自己昨夜的行为，也就心安了。

朝堂上，父皇的老态已尽显无遗。杨坚说话时抖动的嘴唇和哆嗦的手指，都没有逃脱杨广的眼睛，他暗暗得意，照这样的速度，多则三五年，少则一两年。

"广儿来得这样早？"独孤皇后听到脚步声就辨出来是太子杨广。

"母后，"杨广上前紧握住独孤皇后骨瘦如柴的手，叫道，"孩儿来看您来了，告诉母后一个好消息，孩儿奉父皇之命着人查访孙思邈的下落，历经辛苦，时过月余，总算访到其踪。但孙思邈不愿进宫，只是说他已知道母后的病状，又开了一个药方，孩儿看过后，感到这副药方都是奇巧之药，比上次强多了。"

昙迁掐指算着时辰将到，一进寝宫便见杨广正和独孤皇后执手答话，忙上前施礼。在蜀王杨秀的事件上，这两个冰炭不同炉的兄弟并没有反目成仇，还是杨广上表替杨秀开脱了部分责任，劝父皇杨坚念及蜀王平叛心切，急欲回蜀，将功补过，就不必深究其责，杨坚也是顺坡下驴，放了蜀王一马，令其反省自察，以杨约辅之，安定边陲。

这里面的原委除了长孙晟的作用外，昙迁也是出了力的。他是蜀王杨秀的佛师，而来自天台的智顗是杨广的门师，昙迁通过智顗疏通了杨广。因此，昙迁感到自己身为杨秀门师是尽了责任的。

实际上，长孙晟对此感到厌恶，遁入空门的高僧不也为各自的生存而用尽人事吗？

昙迁低垂眼皮，两撇白眉毛几乎搭到耳轮，说道："阿弥陀佛，太子至诚的孝心就是剂良药。老衲一夜法事已经产生神效。"

杨广当着独孤皇后的面不敢轻慢，连忙上前，替昙迁搬了一张靠椅，用衣袖拂去上面的灰尘，恭谨地请昙迁入座。

昙迁并不谦让，当年关中亢旱时，杨坚恭迎自己于正殿祈雨，还高踞御座，连文帝和百官都规规矩矩地席地念佛、受八关斋戒，朝堂内外，香烟缭绕，真有种羽化登仙之感。

独孤皇后合着眼，说道："大师，你辛苦了。我身子康愈后，定要去大兴善寺再塑佛身，深表谢意。"

昙迁答道："皇后说哪里去了，老衲虽然辛苦了些，但是只要能为皇后祛病消灾，就是万民之福。皇后身系天下苍生，才是入世的佛宗。区区在下能为皇后尽绵薄之力也是应该的。"

独孤皇后对杨广道："广儿，取一百两黄金来，算是我对佛祖的孝敬之心，还望法师收下，代我多烧些香火，哀家就心安了。"

杨广说："改日孩儿亲自送去，母后放心就是了。昨夜，孩儿和萧妃在佛祖面前烧了一夜香，祷告了一夜。孩儿祈盼母后早日安康，莅临孩儿府中。萧妃近日又学会了烧制一道冬瓜拌葱的小菜，用料平常，口味极佳，望母后去品尝品尝。"

独孤皇后勉强露出笑意："萧妃的孝心，母后心领了。"

昙迁道："出家人持斋，酒肉不沾，没想到太子殿下也在吃斋。国运怎么会不昌呢？大隋如何不兴？"

杨广道："佛法深妙，俗人只能尽心，力争获得皮毛之浅识。"

"好，佛法当然深妙，要不朕怎会在立隋之后，即大兴佛事呢？"杨坚迈步进入寝宫，对昙迁拱手道，"朕在高僧面前，向来以佛门弟子自称，虽然《众经目录》中奉表朕为法轮王，但朕哪敢称王，对佛经深义也只是粗通而已。"

昙迁施礼，杨广起身侍立。

跟在杨坚身后的宣华夫人扭着腰身直趋皇后床前。杨广的余光就一直盯着宣华夫人轻盈的碎步，嘴里的口水漫过来，咽了几口，心里不由得对薛道衡生起恨来。老匹夫，凭着舞文弄墨的本事，居然也占得天下第一尤物，而且连老皇帝也蒙在鼓中，我何尝不是满腹才学呢？

杨坚见皇后气色稍定，心里宽慰了许多。

杨坚说："昙迁法师，朕昨日受佛祖点示，深感其深奥义理。朕多有不解，不错，朕有时耽于国事，悟性迷钝，还望法师多多指点。"

"阿弥陀佛。"昙迁双手合十，复用手捻念珠低语道，"出家人不打诳语，月光童子尽得佛经矣。皇上每每出现在老衲面前，头上总有一轮金光环绕，佛光四射。所欠的只是把凝聚于身的佛光发施海内。"

"法师说得对，朕已决计把佛骨舍利送到大隋境内，造塔迎佛，使佛法遍及五岳四镇，节宣云、雨、江、河、淮、海，浸润区域，并生养万物、利益兆人。"说完，杨坚走向内室，不一会儿，取出一个紫檀木制的镶金琉璃盒，轻轻地放到桌上。当着众人的面慢慢地打开。一层又一层丝缎包裹下的什物竟是几十颗灰绿色的骨节。

昙迁猛地跪在地上，浑身筛动，口头不停地说着佛语，两滴浑浊的眼泪从眼角滑下。

杨坚虔诚地说："法师，这就是舍利。朕之所以能战胜各种灾祸，全是因为拥有它。法师，朕在佛骨面前，就是一个月光童子。朕数过几十遍，怎么也数不清，到底有多少颗。法师不信也来试试。"

　　昙迁战战兢兢地爬起来，说："谢圣上恩赐之惠，让老纳开了眼界，见到佛界至高之宝。"

　　众人都围聚过来。宣华夫人一阵恶心，感到胃里翻腾着酸水，忙捂住嘴，赶到外间的厕所中呕吐了一通。

　　独孤皇后由两个宫女搀着，颤颤地坐到座位上，眼睛竟然生出光来。

　　杨坚和昙迁数了一遍又一遍，还是定不下具体数字。

　　杨广一个劲地揉眼，心里道：想当年，自己横扫突厥人时，茫茫大漠上何处不是这些玩意？父皇竟然视这些骨头为护国圣物，还有那昙迁，差点死讨夫的样子让人不解。可他嘴中却说："父皇，法师，这圣物确有灵光乍现。"

　　"噢——"杨坚说，"广儿也算有些修行了。"

　　皇后道："听说，这佛骨舍利是世间最坚硬的东西，有人不信，既然准备送往各地，不妨叫宫人都过来看看。"

　　昙迁说："圣物坚硬不可毁，这是事实，哪还需要试试呢？"

　　杨坚对独孤皇后的话总是心领神会，他拉独孤皇后的手说道："好，就依了皇后意思。"

　　实际上，这一切都是筹划的步骤，目的就是增加送舍利的权威性。

　　杨坚接过宫监张权递来的一柄铁锤，轻轻地从宝盒中取出一粒骨头，准备击打，环顾四周："咦，宣华夫人呢？"

　　张权明白杨坚的意思，低声道："宣华夫人净手去了。"

　　杨坚默默地等了一会，宫女们越聚越多，都远远地堆在寝宫面前，忽然，人群闪出一条道来，宣华夫人款款地走进来，因呕吐憋涨，面色愈加泛出一层红晕。头上的凤钗插于左边微微颤动，右边的两只玉蝴蝶翩翩起舞。

　　皇后见杨坚举锤不下，顺着杨坚的目光望去，心中堵住的怨气终于发出："皇上倒是打呀。"声音极冷。

　　杨坚知道皇后的醋意又起，犹疑了一下，一锤砸向舍利，砰的一声，那颗舍利竟嵌入木桌，丝毫没有受损。

　　宫女们睁着大眼，心里暗暗赞叹：神了。

　　宣华夫人脆声道："皇上真是月光童子。"说着，靠近杨坚的身子悄声道，"贱妾怕是有喜了。"前面那句点燃了宫女们眼中的神奇之火，大家啧啧赞叹，后面半句是说给杨坚和皇后听的。

　　好在众人都沉浸在对杨坚是月光童子化身的仰慕中，没有在意独孤皇后的表情。

宣华夫人瞥了一眼皇后，独孤氏的脸色蜡黄，呈现出死灰色，阴晦得很，而杨坚却不顾忌什么，挽着宣华夫人的手，说："真是难以想象，朕于六十岁时还能有子？"

杨广看得真切，心想：也好，一个玩完了，另一个就更快了。

看到杨坚和宣华夫人的亲昵劲，独孤氏的心中十分悲凉，她甚至疑心，那只纯正的波斯猫就是宣华夫人特意安置的，要不就是尉迟风琴的魂灵所化。想着，想着，独孤氏的眼前一片昏暗，一下子什么都看不清了。

日落西山的时候，西天边涌现出一片黑乎乎的云朵，一阵风起，乌云便万马奔腾般地漫上来。既然有乌云，暴雨是迟早要下的。

从聚英酒楼下来，薛道衡就一直在打着酒嗝，他本来是会喝酒的，可今天，他显得很拙劣，酒刚刚穿过喉咙，便觉一股热浪涌上来，他显得有些受不住。打了几个酒嗝后，酒竟沿着食道漫涌至嘴中，然而，他几乎毫未犹豫，又坚定地把它咽了下去。

一阵凉风吹过，湿透的绸衫紧紧地贴在身上，薛道衡哆嗦一下，神志不免有些朦胧了，其实他现在异乎寻常地清醒，今天的场面太让读书人心寒了。

本来，国子监的博士官品就低，最高的才为五品，约莫相当于大州副职，而一般的助教则只能勉强挤进国家官吏行列，聊充殿军。这些人都是学富五车，才高八斗。而今，大部分却要被遣回乡，过着躬耕陇亩式的生活，能不伤心吗？

孔子早就说过，学而优则仕，现在，则是学而优则崇佛。薛道衡漫无目的地在朱雀门前走了几个来回，他满腹惆怅，悲不自禁。

前天，王府学官孙万寿就被发配江南。好端端的一介温文尔雅的书生，却要去那瘴气弥漫、禽兽出没的戍地，足见今日的举国大祸是有来由的。

薛道衡踉踉跄跄，只想大哭一场。

两道文帝的诏书彻底地粉碎了天下读书人的梦想，把原本根基不牢的大隋文化抹得干干净净。原以为，六月初时，杨坚要准备解散学校的话是出于对人才渴望的一句激愤之语，今天，竟变成诏书下颁全国了。薛道衡想，前日戏言语，今朝眼前事。

对于送舍利、造佛塔的运动，薛道衡等一般文臣虽心有所怨，但口不能言，谁不知道文帝一向以身入佛门，佑庇于佛而荣耀不已呢？要是说以佛法治国的话，除非他是疯子，否则哪朝帝王敢拿儒术当儿戏？但杨坚敢，而且确定这么做了。

早朝时，薛道衡据理力争道："十年树木、百年树人，自古以来，学校就是锤炼品质、增长才干的地方。儒学，天下之基石，万物之根本，古之学者，禄在其中，今之学者，困于贫贱。万岁应该赋予学官以权位，至少应保障他们的衣食无忧，这样，儒学的教化功效就会如同陈年老酒，愈发浓香，切不可因一时民风低下而因噎废食。"

杨坚有些不高兴，语含讥诮："薛内史，你是名儒，朕想问你，你之所以有今天之位，是谁给的？读书能读出来吗？况且，朕尚保留了国子学七十二人，那些文绉绉的文章和诗篇能来教化百姓吗？"顿了顿，文帝又说，"朕曾征召过山东六儒，使用包括你薛道衡在内的各子名士，可惜，并不能使朝廷的政策得到贯彻，和佛法相比，儒学就无足轻重了，朕何必要再费财物，二度浪费呢？"

大臣们一片唏嘘，当然只能留在心里。

退朝后，薛道衡、卢思道、虞也基等几个北齐或南朝的文人相约到聚英酒楼喝酒，借酒浇愁。

席间，范阳的卢思道感叹道："皇上是嫌我们文弱书生不能驰骋于疆场而轻视我等啊。"说着，拿出一张纸，道："这是被配发江南的孙万寿写的，我是很有同感。"

薛道衡接过一看，一股悲愤溢于言表。

如何载笔士，翻作负戈人。
飘飘如木偶，弃置同刍狗。

结果一口烈酒下肚后，就酒力不支了。

卢思道说："薛兄，文帝对你还是宠爱的，今天的一席话若是换了我等，怕是要受杖责了。"

薛道衡苦笑道："皇上现在已听不进我的意见了。年初，文中子王通欲进京寻官谋差，我都说了好几次，文帝也不曾答应，真人情已逝，空留躯壳存。"

散席后，薛道衡从申时到亥时就这么一直漫游着。他多次欲闯宫门，又担心于事无补，于是，带着一身酒气，穿过几道街口，来到自己的府门前。

他抬头仰视了门旁不远的告示牌上赫然贴着杨坚的诏书，有人立在那轻声念着。

其中几个书生都很面熟，正在诏书前指指点点，神情悲戚。薛道衡的酒劲消退了几分，冲着人群道："都回去吧，大隋有佛光撑着，还要书生有何作用？百无一用是书生，今日灵验了。"

书生们眼含热泪。朝中的事已经风传了京城，他们对这位给文帝起草了无数诏书的人是怀有敬意的。

一个白胖的书生上前道："内史大人，我们心有不甘呀，天下太平，正是用人之时，为何要解散学校呢？"

另一位黑瘦的人接腔答道："解散了也好，学有何用？以求贫贱吗？不如回家做些买卖，以贴补家计，免得斯文扫地为后人耻笑。"

薛道衡说："无论你们怎么想，现在都无可指责了。老师都被遣散了，还能说什么呢？但你们要切记儒学不可废，不可废呀！"薛道衡身子有些后仰。

两个年轻后生上前扶住薛道衡，递过各自的名片，说道："学生久慕大人名声，我等坚信会有一天，学校会重新开办的。"

薛道衡低头看了一眼：房玄龄、杜如晦。心想，说不定这两个年轻人是振兴大隋的希望所在，便道："我的孩子薛收正在文中子王通处读书，你们都是有为青年，将来会有前途的，我给你们二位写一封引荐信，你们随王通继续苦读。"

两个青年眼睛发亮："多谢内史大人了。"

薛道衡道："不必再谢我了，今天长安城里流泪最多的就是读书人了，如果读书人都寻找不到一张平静的桌子，安心苦学上进，那么，所谓的太平盛世也就是徒有虚名。"

一阵炸雷从空而下，雷声滚动，轰隆隆响过天宇，连个预先警示的闪电都没有，平地一声雷响后，雨点如豆，急遽而下。

薛道衡叩打门环，家人开门一见是老爷，连忙让进屋去，说道："夫人惦挂多时了。"

但薛道衡仍然赶紧直奔北房而不是夫人晓兰处，尽管他们是恩爱夫妻，但与读书人相比，薛道衡以后者为重。

房玄龄、杜如晦告辞之后，薛道衡依然坐在书桌旁，愣愣地发呆。

妻子晓兰静静地待在旁边，丈夫的痛苦何尝不是自己的痛苦？以前，每次丈夫外出回来，夫妻俩都会温一盏酒，相互对饮后，相拥共眠，有时还互相打趣几句，以调动感情交流的氛围。

"道衡，别往深里去想，那诏书上可并没有否定儒学的功绩，依为妻来看，也就是一场风过耳罢了。夫君何苦自伤呢？"晓兰轻声劝解道。见薛道衡还是不动，就上前展开纸，挽起宽袖，往砚石中倒入一点水，磨起墨来。

薛道衡内心依然奔涌着一团绝望的火，每每伤恸不已时，他都习惯以诗来摆脱苦闷。愤怒出诗人。这似乎才是文人的本色。

薛道衡握笔在手，望着眼前的一张素白的空笺，他举笔而不下，随着重重的一声叹息，一团浓黑的墨汁溅满了素纸。咔嚓一声，笔杆折断，右手颤抖久久不能停止。

"夫君，"晓兰劝慰道，"大隋朝是姓杨的，夫君一向忠心事主，凡是皇廷的命旨，夫君都不折不扣地执行，对今日之事何必较真呢？再者说，兴佛未必是一件坏事，谁家有个灾、有个病不祭祀佛祖？以为妻看来，夫君何必庸人自扰？忍一时风平浪静，退一步海阔天空。如今朝中还有几个往日的臣子？看了你自身的经历不也是一直在过着刀尖上的生活，那年你被发配岭南还不差点命都丢在那儿。此次夫君万不可再意气了，为妻担待不起啊。"

薛道衡望着妻子，心生愧疚，是的，自己若能够自然终了此生已是幸运了，再也不能让妻小担惊受怕了。有晓兰这样美丽坚贞的女子还不够吗？每每自己远离京城，外出巡事，她便独守空房，期盼团聚，假如自己行事不慎，让她如何面对？何况从杨广被立以来，宣华夫人的行事举止越发显得诡异？

晓兰一边温柔地劝说，一边拿出一枝朱笔在溅满素纸的墨汁印迹上勾勾画画，不一会，一幅老株绽梅图便草就而成，四朵梅花斜挂在一枝上，有一朵隐藏在枝干后面，欲露还显，楚楚幽怜。

薛道衡心中怦然一动，很为今日的情形感到不自在，心道，读书人算个什么？能混碗饭吃，已是不易了，那安平才人李德林凄楚病逝，一句"读书人不懂平章之事"就把这位显赫一时的老智者永远打入底层，任小人宰割。

"是啊，我早应该见一叶而知秋了。"薛道衡平复了心境，"废学与佛事同行于天下，这是什么动机呢？比秦始皇焚书坑儒好得多了。"

"可不许胡说。"晓兰担心道。

"也只是对你说说而已，"薛道衡道，"可有吃的？我还真饿了。"

"你不说，为妻倒忘了。杏儿近日学了一个醉鸡的做法，中午就做好了，因你没回来，就没舍得吃。我去端来，再添几个小菜，顺便把杏儿、翠儿也喊来一道吃，为夫君平平冲天的怨气。看你的样，哪有读书人的雅量，当了一辈子官，差点干出忤逆的事。"晓兰见薛道衡平和下来，就数落了几句，走出去。

风清月明，薛道衡慢步廊下，下额的胡须被风卷起，飘飘洒洒，满天的乌云仅仅砸下几粒雨，连地皮都没有湿，就不见了踪影。

举目望空，夜空如洗，一轮泛着深黄的晕光，慢慢地升起，暮色已不再朦朦胧胧，薛道衡感到自己在云端飞翔了。

可惜，他不能飞翔，他只能把脚立于地面上。

"杏儿，你明个去宫中把宣华夫人也请来，尝尝你做的美味。"晓兰亲自捧着餐碟，和杏儿、翠儿攀谈着。

"夫人说哪去了，如今宣华夫人什么样的口味尝不到，宫中生活那可是人间天堂。"杏儿道，"不过，我可不想去。"

薛道衡想，宣华夫人的日子也并不畅快，不过，你们不知道罢了。

那炽热的一幕又浮上心头……

"进去吧。"杏儿、翠儿拥着薛道衡，三个人围坐在桌边。

刚要举箸，家人慌慌张张地进来，说："老爷，宫人来到府前，要老爷听诏！"

薛道衡连忙着衣戴帽，望着发怔的妻子，说道："我去去就来。"

时辰不大，薛道衡低垂头回来了。

桌上的酒醉鸡依然完整，无人品尝。薛道衡说："你们吃吧。皇上要我去宫里商议送舍利的礼仪程序。"

颁赐舍利的仪式进行得庄严肃穆。

清晨，杨坚早早地起床，来到仁寿宫之仁寿殿。群臣比杨坚起得还早，简直披星戴月从帝京长安赶往仁寿宫，根据圣旨，将有三十名高僧偕同朝廷官员被派往三十州佛寺颁赐舍利，至于未开列的各州亦须在当地起舍利塔，限十月十五日造毕。全国于当日安放舍利入石函，各寺僧尼作七日道场，为文帝及皇室宗亲等祈福，为舍利设斋，所需费用，由百姓布施，不足者由官仓支出。因此，有不少官员心中窃喜，希望自己能奔赴一个州，顺便多捞一些。

其实，颁赐舍利的官员早就安排好了，今天来到仁寿宫的上百名官员中，绝大多数人谋不到这样的美差。可有的人心中还是在盘算着，有哪些人是必定入选的，哪些人是可能入选的，而自己是处在哪些人之列。

文帝手捧七宝箱，在宫监张权的引导下，缓缓地走上大殿，把七宝箱置放于御案上。御案上铺着黄绒，内衬以白毡，四周竖起黄缎绣龙围垫。连殿中都铺满了五色毡毯，多是从波斯国购买的。御案下首，有一绣墩，专供杨坚坐的。

太子广率百官进拜，声乐起，两位藏僧高举鸣筒，站在殿门边，以梵音始，继而，被挑选出来的三十名僧人进入殿中焚香礼拜，虔诚地赞颂。

朝堂一片佛号声，声声不断。

杨坚起身，亲持一把檀香，就铜鹤炉中点燃，对着七宝箱晃了三晃，口中念念有词，双膝下跪拜了三拜。起来时，多亏有张权搀着，否则差点站不起来。

三十名僧人各取出一支琉璃金瓶，杨坚上前亲手打开七宝箱，恭敬地双手捧出一粒舍利，放入琉璃金瓶。

舍利掉入金瓶中发出叮当的响声。这边三十个官员熏陆香为泥，封盖加印，一个官员、一个僧人，带着舍利，启程前往各地。

整个过程缓慢而凝重，仪式中，念经声和万岁声一直不断。

礼仪完毕后，杨坚朗声道："众爱卿，朕受天命，托佛佑庇，始有今日，因此，此次焚香拜佛，礼送舍利，谨示朕虔诚之心，万民皆要景仰，礼数不可有丝毫缺少，朕在此，静听各地灵验。"

"广儿，分派使者，代朕宣读。"杨坚侧身对杨广吩咐道。

"是，孩儿遵命！"杨广接过诏书，瞟了瞟众臣，心里想，看到了吧，我是太子，有谁不听我的话，可别怪以后……

"别错过时辰。"杨坚见杨广的手有些哆嗦，忙催促道。

"众臣听旨！"杨广亮开嗓子，俨然自己就是皇上，"内史侍郎薛道衡官授仪同三司，加赐送舍利使，去往襄州；左庶子，殿前将军张衡授开府三司，加赐送舍利使，去往扬州……"

早在封盖加印时，这些人就内定好了，被念到的人自然高兴，觉得十分荣耀，当然还有别的因素。没有念到名单的，一脸沮丧。

杨广念完后，仪式主祭杨素又口授圣命："传檄各州县：送舍利使抵达各州之前，家家务必预先打扫，清除秽物，以瞻佛骨，道俗士女，倾城远迎，使者进入州治，总管刺史率全体官吏夹道先导，四部大众仪容齐肃，打起宝盖幡幢，抬着佛帐佛舆，焚香奏乐。进入庙宇后，沙门宣读忏文，大众要齐声发愿：请从今以往，修善断恶，生生世世，常得作大隋臣子。之后，需三跪九叩，迎圣物于塔中。七日之内，素食斋戒，以示虔心。"

仪式已毕，众人散去，杨坚乘辇到后宫。依照独孤皇后的意思，杨坚决定在仁寿宫多陪她几日，他对皇后的建议向来遵循。尽管他内心仍眷恋着宣华夫人，但这也是没办法的事，总不能违背了一个行将就木之人的心愿吧。

无论如何，大兴佛事的行为有如一支强心剂，杨坚的精神气总算又捡拾回来了，帝王的威风增加了不少，这下，可以高居在龙椅之上，静候各地的好消息了。

杨广紧随其后，他是一刻也忘不了皇宫就是战场。如同心腹张衡所说的那样，皇帝的疏忽是容许的，为人臣者却万不可疏忽。

昨夜，杨广、杨素、张衡在晋王府中合计了大半夜，主要议题并不在次日的颁赐舍利的仪式上，而是针对蜀王秀。只要杨秀还在蜀地一天，杨广夺取帝位的步伐就势必缓一步。

杨广看得出来，母后是不能再指望了。既然如此，就务必令她早死。宣华夫人的媚态越来越惹母后心忧，这就很好。可是宣华夫人似乎对母后还是问长问短、礼数没废，只是少谦卑多倨傲了一些，这远远不够。

当着杨素的面，杨广不敢这么说，议题往往要针对人去的。

比如对蜀王秀的行动就可以光明正大地说。

杨广道："越国公，我感到蜀王的辩解于情理不通，他这一招叫金蝉脱壳，然后卷土重来也未可知，而父皇倒是原谅了他。"

"太子殿下不也替他求情了吗？"杨素冷笑道。

"这——我能有什么办法呢？父皇爱子心切，何况长孙晟又陈述得头头是道？"杨广心有不悦。

杨素立马见风使舵,说:"太子殿下不必忧虑,有杨约在那盯着,谅他会有所顾忌的。"

"越国公,若要因顾忌而不敢动作的话,蜀王倒真的成为一大隐患,再说,在仁寿宫还有柳述、元岩,而京城的兵马都在柳述手中。"杨广说。

杨素明白了杨广的意思,是想尽早地让蜀王犯错误。他想了一会,又是一声冷笑,答道:"太子殿下,我有一计,在蜀王府看门的刘光伯可以利用,他老婆孩子都在京郊,而他又曾被蜀王羞辱,生活窘迫加上人格受辱,一定会心怀不满。"

杨广笑道:"越国公不愧是行家里手,借刀杀人,妙极了!你这就去办,一切神不知,鬼不觉。"

杨素走后,杨广又提出另一议题。

"你这趟去扬州多待些时日,找到风姿绝佳的美女后,才能回京,我准备献给父皇。"

张衡心领神会,这是针对独孤皇后的杀手锏,说道:"这个好办,江南有的是美女。"他不禁想起平陈时,看到陈宫中满院美人的情形。

杨广提醒道:"别光顾自己玩,对了,你顺便去趟寿州,带我的话,将寿州总管宇文述调回来,对付柳述,一定会用得上。"

张衡眨着眼,道:"太子殿下,如果蜀王有造反的大计,那在王府中也应有些物证,凡事总有蛛丝马迹。"

"嗯,很对,很对,是有些凭证才好。"杨广手敲木桌。

萧妃进来续茶,她在门口听得清楚,见杨广举动,似有所悟:"依贱妾看,不如弄几个木偶,插些针,以此显咒语。"

"太妙了!"杨广抬手拍了拍萧妃的屁股,"夫人高见。女人的点子也不少,等会我好好赏你。"

"广儿,在想什么呢!"杨坚坐在车上问。

杨广一下子从甜美而阴恶的计划中回到现实,忙答道:"儿想,这次在全国颁赐舍利,过不久,大隋就会沐浴在佛光之中,就像这冉冉升起的太阳,普照大地,万物生辉,百姓也会深感佛陀的神圣、皇帝的崇高和作为其子民的无限幸福。母后很快就会摆脱疾劳之苦。"

杨坚想,这孩子一出口就好话连篇,滔滔不绝,什么事情都善于往好的方面想。

杨坚父子刚到寝宫门口,就见紫叶慌张地从里面跑出来。

杨坚一惊,厉声问道:"紫叶,何事慌张?"

紫叶带着哭腔道:"皇后又做噩梦了,皇上快进去看看。"

杨坚连忙下辇，心想，真不吉利，今天乃全国喜事，何故皇后噩梦频频？自上次锤击舍利后，皇后就一直噩梦缠身，杨坚进屋时，独孤皇后惨厉地叫了一声，支撑身体伸出双手向空中乱抓，嘴角堆起一汪唾沫："我知罪，我知罪，阎王爷饶命啊——"

她在瞬间的清醒时，见杨坚正兀立床前，竟然吓得魂不附体，紧紧地抱住夫君，哇地一声大哭起来，说道："太可怕了，太可怕了！"恐怖地回想起那冥府中受审的细节，刚一合眼，似乎又发现自己跪在阎罗殿下，东墀铁床烈火熊熊，西墀油锅依然翻滚，猛地睁开眼，惨痛地呻吟了一声，继而紧瞪着杨坚惊异非常的脸。

杨坚问："皇后梦见什么？人常谓日有所思，夜有所梦，朕不是说过，皇后你要静心调养，今天朕已向全国颁赐舍利，佛气冲天，邪气将无所遁形，你要往好的方面想。"

独孤皇后满脸恐惧之色，说道："我的耳际始终有喊冤之声，我想，是不是宇文氏的那些人前来托梦报复？"她还不敢说出，这二十多年来，她杖杀数十名宫女的事实。

杨坚唾然道："呸，他们也配！周室宫廷上下，哪个不是死有余辜，朕对他们已经够宽限的了，至少未灭九族及九族之亲眷。他们若不是荒淫无度，残害忠良，把百姓搞得民不聊生，朕又怎么能一呼百应，百官又如何愿意替朕奔走？"

皇后道："皇上说的也是，我们已在佛面前替他们超度亡灵，并且还供养先朝命妇。可阎王爷还是揪住我不放，我总也不能入睡。"

杨坚拍拍她的手，目光中充满了爱怜："皇后，无须在阎罗殿陈述理由，这有什么？只要我们祷告神灵庇佑，就一定会安然无恙。"又疑惑地对广儿说道："你把孙思邈开的药方上的药配齐了没有？"

杨广答道："父皇，这次药王所开之药，竟都是天下奇药，方名叫'七大恨'，因这道方子是至寒、至阴、至燥、至阳、至湿、至毒的七种药材制成的。而天下间，要收集这七种药十分不易，故名'七大恨'。"

"到底如何采法？"杨坚听得云山雾罩。

"孩儿已让人去天山采下独活雪莲，可谓至寒；又去了昆仑掘得'万年石打穿'，可谓至燥；在滇池中捞获了'珊瑚马蹄金'，可谓至阴；还有大笔山飞喜树、蓬莱阁的'燃脂头陀'、长白山的'龙睛沙参'、太行山的'孟仲季'，若要采得真不容易，听御医说，这'七大恨'连扁鹊都以为恨，药物中有些是百年开花一次，有的世间绝无仅有，有的可遇而不可求，有的虽有名而不知其是否有物……"

"好了，"杨坚失望之极，这哪里是药方，简直是天下珍品的集合，这么说，皇后的病就是等死了，"这孙思邈怕是有难言之隐，故作此法。"

宫人来报，上柱国李渊前来探视皇后，杨坚想，李渊是皇后的四姐之子，可算是皇亲，或许能安慰一下独孤皇后的心境，忙道："快请他进来！"

独孤皇后果然眼光发亮，喝了一碗鹿血人参汤后，有气无力地对杨坚说："见见也好，我们独孤家族的人，在我这一辈中，就剩下四姐了，身子骨也是不好。"

杨坚点头称是，说道："皇后，你就不必操那些心了，多多调养自己的身子，等病好了，朕与你一道去探视四姐。这个李渊，朕也听说他在太原一带名望甚重，很会用人，很有报国之志，而且与突厥等部落颇能和睦相处，朕正想再一次迁升他。"

"是的，我听说四姐有病，都是他亲自料理，煎汤侍候。"独孤皇后感叹道，"有儿如此，作为母亲怎能不感欣慰？"

杨广忙道："孩儿不孝，不能亲自日日伺候母后。"

独孤皇后摆手道："母后不是说你，你身为太子又兼治大兴县，哪有那么多的时间来陪我？广儿的孝心，母后都看在眼里，广儿不必自责。那药王的药方虽然难采，广儿仍然尽心尽力，母后倒怀疑那是江湖骗子的行为，采不齐也就罢了，母后多为善事，一心向佛，病已减轻了许多，只是这梦境难排，实在让我感到忧虑。"

杨广道："孩儿令天下高僧、有道老尼齐来做法事若何？"

就在这时，李渊走了进来。阔脸、高鼻、双目有神的李渊一进寝宫，便不迭地向皇上、皇后、太子一一行过大礼，身后还跟着夫人窦氏和二子李世民。那孩子刚刚三岁多一点，齐眉修的发饰，两只清澈的眼睛，白皙的脸色微微透出红晕，显得机灵劲十足。

李渊夫妇行大礼时，杨坚说道："不必讲究了，都是皇亲国戚，赐座。"

独孤皇后比较留意李渊身旁的窦氏，她长得丰满而标致，发长过腰，眉宇间有刚毅之气，很像年轻时的自己。这女子长相虽称不上女人中的凤凰，但心计颇多，当年竟想出个别出心裁的选婿主意：在厅堂上张贴着孔雀的画屏，让诸多求婚者争射，事先并不说明射中何部，才能认可为婿。而李渊二箭中目，得选。独孤皇后心想，这个女子也够轻狂的了，胜过当年自己在屏风后相面。

看到孩子，独孤皇后伸手招引道："来，过来，告诉姨祖母，你叫什么名字？"

那幼儿即离开母亲，上前跪下，高声清脆地答道："外孙启禀二圣，我叫李世民。"

听那真挚的童音，皇后、皇上都笑了。

独孤皇后说道："起来吧，你这孩儿挺机灵的，回答得滴水不漏。"

　　"好，好，这名字好，有志气，是济世安民的料，将来可做宰相。"杨坚夸赞道。

　　李世民答道："家父给孩儿起名世民，是取盛世良民的意思。"

　　杨广心道，这孩子真他妈的聪明，头发梢都是空的，脸上露出诧异之色，对窦氏瞟了几眼，这么平常的女人怎么生出这么机灵的孩子？

　　李渊夫妇呈上礼物后，又拉了几句家常，便带着孩子告辞。李渊这时已是一身汗水，窦氏也心中突突跳个不停，宫中答对向来宜少不宜多，言多必失。

　　望着李渊夫妇走出的背影，杨坚想，李渊也算得完人了。

　　秋高气爽，天阔地长。

　　这日正是九九重阳节，俗称"登高节"。家家遍插朱萸，敬老思亲。人们根据习俗在重阳节的前一两天，纷纷用面粉蒸糕互相赠送，糕上插着彩色的小旗点缀着石榴子、栗子黄、银杏、松子肉等果实，或者做成狮子蛮王之状，置之糕上，称作"狮蛮"。

　　京城里的各座禅寺都举办狮子会，寺院的住持都坐在石制的狮子上，做法事讲佛经，吸引着许多游人。大户人家的子弟多结伴成对，到郊外登高望远，带些酒馔佳肴，欢宴击节，享受大自然赐予的明净的天空、清爽的空气、平畴的阔野。

　　大兴殿阶前的木架上，养着几盆名贵的菊花，现在已是个个饱涨，迎节而放了，散发的阵阵清香吸引着上朝的大臣驻足赞叹，其色泽、风姿、造型都让人流连忘返，其中有花瓣呈黄白色花蕊像莲房一样的万龄菊、粉红色的桃花菊、白而檀心的木香菊、黄而圆的金铃菊、纯白而硕大的喜容菊等等都竞相开放、争奇斗艳。

　　杨坚这一生除了喜好洛阳的牡丹外，怕就是对菊花情有独钟了。他弯着腰低着头嗅了嗅叹道："花尽吾独放。"他身着驼色缎袍，系了条卧龙袋，将一件明黄色套扣背心套在外边，移步上了龙座。他可没有心思去登高，他要与朝臣共议一些军国大事。

　　杨坚习惯地先用犀利的目光扫视群臣，感到仍有一种不安稳的征兆，看他们畏缩的样子，说不定心中各怀鬼胎，似乎在等待什么。

　　杨坚忽而想到正在兴起的佛事，心思有些激动。是呀，群臣期待的不也是朕所期待的吗？但愿能感动天下苍生，使他们一心向善，放下屠刀，抛却私欲，人人成佛，举国成佛。

　　杨坚说："众爱卿，朕想知道各地迎佛骨进展如何？怎么这一连几个月来，不见有奏折反映出来？别说各位爱卿心里焦急，就是朕也为此事放心不下，唯恐当地官员拿佛不敬，辱没了佛意。"

杨素一听，连忙上前答道："请皇上放心，臣已经派出了第二批巡视大员，前往各地检查，从以前各地的奏章中，臣与太子殿下得到的都是一些好消息，一切都进展得十分顺利，井井有条。"

杨坚说道："朕在诏书中说十月十五，所有颁赐的舍利同日下入石函，这一天就快要到了，而你们却不把有关佛事一一上奏，让朕心焦啊。"

杨广赶忙答道："父皇，不是儿臣有意隐瞒什么，确实是各地官员都在忙，说不定都在期待佛光普照的那一刻。再说，儿臣见父皇和母后久居仁寿宫，而母后的身体……"

杨坚一下来了气，打断了杨广的话，说道："皇后的身体并无大碍，她在仁寿宫静养得很好。前几天还提出要朕与她泛舟海池。"

杨广噤声。众臣沉默。朝堂上似乎密布阴云，而杨坚的举手投足都无疑是颗惊雷，一旦爆炸，将是一场地震。

苏威上前道："皇上，臣有一事尚请皇上定夺。"说着，拿出一个记事簿式的本子，颤着手边翻边说，"高丽、百济、新罗的三国使者将要归还，他们临走之前，迫切地想皇上赐予他们舍利，说是回国供养，不知皇上能否恩准？"

杨广听了心中极为不满：小小高丽、百济、新罗三国居于半岛之上，若不是山高沟险，早就荡平你们了。杨谅、高颎无能，竟然不能征服，还让他们现在以国使的身份留在京城。回国居然不向我打招呼，跑到苏威那里摇尾乞怜。想着想着，杨广甩了一下衣袖，躬身上前："父皇，这三个弹丸之国，虽有降表，表示臣服大隋，但依儿臣看来这佛界圣物不能给他们，说不定他们只是要带回去玩玩，极可能在路途上就丢进大海。"

苏威哪敢言语，这杨广总是要压住一两位老臣，以显其能，有时连杨素的话，他也有意对上几句，当上太子后，他就在无意有意中，对朝中的大臣有些轻慢起来。苏威何等聪明，他能感觉到，也因感觉到了，才处处有掣肘之拙，只能眼皮耷拉着，一语不发。

杨坚却很感到开心，拊掌道："广儿错矣，朕以为你尚精通佛义，可这一番话却显露出广儿的思之所在尚停留于浅识之处，佛经要义就是光大佛门，佛善待人，人若叛之，自有天灭。朕最大的心愿就是推广佛教、崇佛、信佛、讲佛、敬佛，才是对佛的根本态度，朕下诏：准许他们一并带回。这是好事嘛。"

一席话说得杨广耳热心跳，或许是杨坚高兴，才没有对他深加责备。

这时，张权凑到杨坚耳边低语几句，杨坚"嗯"了一声，随即道："今日九九重阳登高，各位爱卿若无事奏禀，就此退朝。希望你们在登高赏菊之时，也要心中有佛。"

众臣如释重担，躬身而退之际，还在杨素带领下，口诵了一通佛号。

杨坚一行来到寝宫时，寝宫中已是满满一院的宫眷命妇。宽敞的大院里周整地摆放着铜制的鹤龟，正中央安放着稳重厚实的紫铜铸造的四足方鼎，从仙鹤、神龟、方鼎中喷出的百合香味杂着菊香在院中飘散，沁人心脾，人人脸上娇容绽开，个个身上花枝招展。

三十位出使颁赐舍利的使者家眷在宣华夫人的诏命下都来到后宫赏花，有的三五成群地站在一起说些悄悄话，有的闲散地在院里踱着方步，不时地低着头嗅着廊檐边排放的金菊，有的则拿着大把的香柱往鼎里安置，再打火镰点上，神情专注……

宣华夫人忙里忙外，神采飞扬，俨然后宫的主人，不时指派着宫人干这干那。感觉一切妥当后，她对众人说道："你们不要有拘束，随便些。累了就到客事房歇歇，饿了就叫人弄些点心。皇上怕是一会半会不能退朝。"

"这话是谁说的？"杨坚颤着嘴唇道，"大臣们都能体谅朕，都各司其职，没有什么大事回禀，朕惦着后宫的事呢。"

杨坚在张权搀扶下，面带笑意向宣华夫人走去。众女子一看皇上驾到，全都自觉地按序排好，俯着身子给皇上请安，莺语燕声，听起来十分悦耳。

杨坚嬉笑道："都免了吧，你们夫君正为大隋奔波在外，朕听了宣华夫人的建议，把你们聚在一起，感到此法甚好，想当年独孤皇后主持后宫时，也常这么做，君臣同乐，一向是古之贤君所为。"

宣华夫人笑道："今日不光是赏花登高，还要做些佛事。我怕皇上操劳国事过甚……"

"哎——没有的事，做佛事一向很讲究，宜早不宜迟。朕的虔诚之心一定要禀知佛祖。"

杨坚见众妇都还在弯腰侧目不敢直视，忙道："今日是朝佛，不必拘礼，朕也是佛门子弟，都是烧香人。不必拘世俗之礼。"在除了皇后以外的女人面前，杨坚感到自己应付自如。

众人这才恢复了原状，但声音低下去了。无论如何，这里是皇帝的住处。

宣华夫人看到杏儿、翠儿还有那位自己所爱的人的妻子，心中甚不是滋味。她们都离得远远的，仿佛是陌生人似的。想到这，不觉鼻子一酸，眼圈有泪溢出。她连忙用锦帕轻轻擦拭，说道："这阵风来得不是时候，迷了眼了。"

话还没有落音，风竟然刮得大起来，呼呼作响。顿时，灰尘四起，树叶劲飞，树枝倾斜。宣华夫人抬头望天，刚才还明澈的天空现已迷蒙，偶尔还有几片街市上店家的幌子从上空飘过。

几个宫女在不经意间，头上斜插的菊花被吹落掉地，准备移步追逐，风卷盛装裹得寸步难行。

张权急忙扶着杨坚回宫室。宣华夫人紧掖着裙裾，招呼道："到客事房去吧。"又命几个宫人把翻落于地的菊盆摆正，心绪似有不宁。

好在只是一阵疾风，过后便复又平静。宣华夫人静静心，忽然想起刚才杏儿、翠儿冷漠的表情，不禁叹道，残酷的现实往往就是一双握住感情喉咙的手。佛说，情为"障"也，难道说杏儿、翠儿也深陷入情障之中，这或许是令自己感到欣慰的又是可怕的。生活的出路变得如此平坦之后，心醉神迷的爱情就会自然而然地涌上心头。反观自己，倒真的变成绝望的遥望者。也罢了，宣华夫人想，绝望的情爱虽然让人悲哀，但更让人留恋，正如一片碎石，在阳光下折射出夺目的光泽，反倒比一件完美的瓷器更有摇曳人心的魅力。好在薛道衡炽热的情火总能温暖自己冰凉的内心。

想着想着，宣华夫人迈进客事房。众大臣的眷属在整理被突如其来的狂风卷乱的发饰。

宣华夫人看到站在南窗前的晓兰及杏儿、翠儿正在窃窃私语，就径直向她们走过去。几位杨氏门宗中的王妃见着宣华夫人，一个劲地上前施礼，谄媚之态暴露无遗，宣华夫人一面点着头，面带笑容，一面径直走到晓兰的面前。

晓兰连忙施礼："见过宣华夫人。"

宣华夫人笑道："不必多礼，皇上都说了今日佛事不必多礼。"

杏儿、翠儿双双施礼，说："别人可以不行礼，我们两人却……"

宣华夫人道："可曾给薛府添了麻烦？你们两个不像以前了吧？"

杏儿、翠儿都沉思于以前之中，是啊，要不是当年的绿珠公主，哪有她们的今天生活。

杏儿感激道："多谢宣华夫人惦念了。"说着，眼泪扑簌簌地落下来，翠儿也跟着抹眼泪。

晓兰道："听说你们主仆以前就形同姊妹，今日应该高兴才是。"

宣华夫人佯做埋怨道："多亏有薛内史收入府中，我真怕她们落难为婢。"

"挺懂事的，知书达理。"晓兰道，"有她们两个帮手，我倒省心了许多。"

"这我就放心了，"宣华夫人说道，"薛内史是朝中的名臣，文采飞扬，近日可曾有何诗作？若有，不妨告我知道内容。"

晓兰道："不敢瞒宣华夫人，前日才接着他从襄州寄来的诗作，正准备送给左仆射杨素，听说宣华夫人也爱好诗文，不妨请予改改。"

宣华夫人喜出望外："太好了。"

接过晓兰的素绢，她没有展开，而是揣入怀中，说道："我看后，一定着人送还。"又对杏儿、翠儿道，"你们要好生照顾薛夫人。跟着她，真是你们福气。"

说到这，宣华夫人感到有一种隐隐的醋意，她想，怪不得独孤皇后对杨坚看管得那样严。看来，爱是不容分享。而今，唯有这心灵的沟通了，岁月与青春，已在分别与聚会中消散得绝无影踪。正为了这个，宣华夫人沉重地叹息着，走出了这一堆女人，未遂的心事渐次积淀，而积淀就是等待痛苦。

起塔之日，杨坚站立在大兴殿西面。按诏又加制的几尊等身佛像并排放好，佛身上裹着红色彩绸，周身涂着金粉，通体金光灿灿，表情神秘，似笑非笑，仿佛看透了人心的目光，令人震慑。

杨坚对雕工极为满意，赞叹道："若不是至德精诚，道合灵圣，岂能神功妙相，致此奇特。朕要厚赏这些工匠，赐锦缎五千、银子二百两。"

杨素上前道："皇上诚心向佛，万民皆身受佛恩，就不必以俗物赏之，不若让他们在石板上再雕刻一组组经文，就权作奖赏。"

"好，就依越国公之意。"杨坚道，"朕的旨意都下达了吗？"

"禀父皇，儿臣早就办妥了，文武百官素食斋戒了整整七天，京城一切娱乐活动都停止了，静等起塔的辉煌时刻。"杨广上前，一一叙述安排事项及执行的府衙。

昙迁口诵了一通佛经后，道："月光童子，应该焚香礼拜了。"

杨坚一脸虔诚，面向大兴善寺持香遥拜，敬谢上天。京城大兴善寺也依杨坚旨意建起高塔，供奉舍利及安放佛像，连尚书都堂也安置了一颗，政教合一，才能立竿见影，如虎添翼。

佛门子弟三百六十七人，在杨坚把手中的佛骨高高举过头顶时，同唱梵曲。刹那间，万人空巷的市民都涌向大兴善寺，希求沐浴那开启舍利时的金光。

仿佛这世界彻底变貌了，起塔之时，草木含情、山水禀灵，一切都变得富有神性了。

说奇就奇，四面八方传来了令人喜悦而肃然起敬的灵验报告：

岐州凤泉寺起塔时，东北二十里忽见文石四段，石函顿生天国图像，佛像放出万丈光芒，犹如雨后阳光，直射广宇……

秦州起塔时，雪霁日出，瑞云满天，草木花开，有如春风滚过地面，鸟声欢鸣，鱼儿跃水，战马嘶鸣不已……

蒲州起塔时，地动山摇，明澈的天空无片丝云朵，忽然晴空霹雳，滚过一阵雷声，光亮亮的石岩上有千面钟鼓之杂声，声震林木，响声不绝于耳。舍利将入函时，数千人欲跪爬着登山参拜，忽有神风自下而上，送众人至山顶佛堂。没多久，塔放光明，闪耀夜空，流光中有佛像显现，异香飘溢，十几位妇人手抱死婴正望空祷告之时，佛光罩住，那些死婴见光顿然再生，一州病人照光后全部病愈……

可累坏了驿站的马匹，大兴宫前，全是八百里急报，黄门侍郎元岩的腿都快要跑断了，气喘吁吁，不时地向朝堂上的杨坚呈上各地的报告。有的篇幅很长，杨素的嗓子哑了，换苏威；苏威的嗓子哑了，换牛弘；牛弘刚念了一封，嗓子又干瘪了，换柳述……急得著作郎王劭和太史令袁充直咽口水。

满朝惊异，诚心悦服。

安德王杨雄——杨坚的弟弟率百官进献《庆舍利感应表》，衷心赞曰："臣等命遇昌年，既睹太平之世，生逢善业，方出尘劳之境，不胜忭跃，谨拜表陈贺。"

一个僧人在昙迁的示意下，战战兢兢地奉表："皇上，大兴善寺起塔前，原有飒飒沙风，有婴孩惊哭，可待起塔时，天色澄明，气和风静，宝舆幡幢，香花音乐弥遍街衢，道俗士女，不知几千万亿，服章行位，皆从容有叙，啼哭声止，塔上有无数灵光攀援而上。要说奇事，也有一桩，有神雀从天而降，夹在众人之中，徐步类人，以嘴抽出行人佩刀掷向广坐布施之人，刀从天而下，落于密集的人群之中，都无伤害，那神雀嘎嘎而鸣，振翅飞向西天。小僧略通鸟语，其意是：感化、感化了。"

杨坚笑着说："好，好，把各地上报的符瑞用版文详加记述，祭于南郊，再辟寺宇。"

杨广恳请道："三十州均已泽被于佛恩，尚有其他州若何？"

杨坚欣然道："朕再颁舍利至天下五十三州，令天下普沐法真。"

于是，送舍利的队伍又上路了，天下百姓再次解囊布施，建立灵塔……

乐极生悲是天下的常理。

刚到后宫，宣华夫人就面色悲戚地说："皇上，独孤皇后身染沉疴，怕是时日无多了。"说着竟哭出了声来。

"夫人可不许乱说，今天大隋全境都佛光普照，死婴皆活，病人痊愈。朕正想去仁寿宫休养几天呢。"杨坚当然不信，但是，他也知道，若皇后不是确已到了病入膏肓的地步，宣华夫人也不敢以言语相咒。

说实在的，佛事是做给天下人看的。杨坚当然企求金刚不坏之身，但熟知历史的他何尝不知人不能活到千年。生老病死人之常道，杨坚这点自知之明是有的。他见宣华夫人低头拭泪，说道："朕明日去仁寿宫，再请僧尼布施道场。"

宣华夫人是猫哭耗子假慈悲，她隐瞒了去看皇后时的情景。

宫中上下有谁不去探视病中的皇后呢？前几天，宣华夫人忙里偷闲，带着晴芳、晴雨去了仁寿宫。

宣华夫人在仁寿宫有自己的一处住地，名曰花厅。尉迟风琴之死如同烧红的铁块烙在她心上，因此，自那件事后，她宁愿回到皇宫来。

失去家国，失去至爱，失去了挚友，宣华夫人只能在这两片狭小的天地中艰难呼吸。

一路上，她是默诵着薛道衡的诗去的。紧裹着的裙衫外套件镶着月色边的对襟褙，仍然遮掩不住她有着身孕的体态，近乎是幸福的感觉时常出现在她略显焦虑而稍带痛心的眼睛里，她有一种无端的愤怒感，有一种被侮辱、被侵犯、被猥亵的愤怒，她自己都说不清这愤怒来自哪里。

秋野的浅黄色的风顺着她飘散的发丝，她吐出的清晰的字句很快地消散在风中。

垂柳覆金堤，蘼芜叶复齐。
水溢芙蓉沼，花飞桃李蹊。
采桑秦氏女，织锦窦家妻。
关山别荡子，风月守空闺。
恒敛千金笑，长垂双玉啼。
盘龙随镜隐，彩凤逐帷低。
飞魂同夜鹊，倦寝忆晨鸡。
暗牖悬蛛网，空梁落燕泥。
前年过代北，今岁往辽西。
一去无消息，那能惜马蹄。

宣华夫人边吟边流出泪来，这首《昔昔盐》分明是一首闺怨诗，写独守空闺的思妇对征人的思念。看得出，仿佛是送给他妻子的，以此诗来表现对妻子的痛苦思念生活的理解和同情，可是"恒敛千金笑，长垂双玉啼"一句又何尝不是我呢？孤苦凄凉不是你薛道衡之妻一人。她思绪翻飞，似又回到梨花盛开的时节。

宫车载得动一个人，却载不动许多愁。

当满面愁容的宣华夫人来独孤皇后的病榻前时，神情正好相对。

"皇后，没几天就起塔了，说不定到那时，天下的鬼魅就会一扫而空，皇后的身体也就好了。"宣华夫人着意点出鬼魅，让皇后的呼吸变得急促了许多。

宫中已经有一条不成文的规矩，那就是任何人也不得说鬼怪之事。

独孤皇后近日就不曾合过眼，她见宣华夫人时，感到有两个人影时而重叠、时而分开，似乎是鬼怪临床索命，她紧闭着深陷的嘴唇，从鼻孔中哼了一声。

宣华夫人伸出手，手腕上玲珑剔透的猫眼坠链，寒光一闪，酷似无数猫眼直射独孤皇后。

一种无比的战栗会同巨大的悲愤立刻涌上心头，独孤皇后又是冷哼一声，涩然道："皇上待你不薄啊！"

宣华夫人道："皇后，这不是皇上所赐。皇上这一辈子受你约束，对任何人也从未这么慷慨过，不过——"

宣华夫人慢慢地说道："不过这宝物，皇后一定想象不出来，那是我有身孕的消息传出后，太子送给他还未降世的弟妹的。"说着有意地挺着肚子在独孤皇后眼前扭了两下。

皇后竟硬撑着身子，问道："我知你有了身孕，替你高兴，不知是男孩还是女孩？"这是她最为关切的。自从她病倒之后，宣华夫人的变化是明显的。紫叶同样把宣华夫人的一切详细地讲给皇后听，当然也把皇后的一切讲给宣华夫人听。在紫叶看来，一旦皇后一了百了之后，那宫中的权柄一定会掌在宣华夫人手中。

宣华夫人这次可真的说了假话："太医每日把脉，越来越像是男孩了。"说完自顾坐在皇后身边，歉然道："听说皇后是不许皇上再和嫔妃生男，若我这胎真的是男，将会怎样呢？"

皇后睁着的眼睛顿时失去了光彩，这太可怕了，平生的作为——浮光掠影般地从心头滤过，就像品茶，品着一杯浸泡黄连树果的茶，无一滴不苦。她感到自己冷汗淋漓，浑身湿透，虽然与宣华夫人有一尺之隔，她也能感到眼前的宣华夫人有野心在膨胀，只要自己走完了一生的艰难与坎坷后，整个大隋朝纵是有佛祖佑护，怕是也要被这倾国倾城的陈国公主篡夺了。她很是后悔，自己这十年来，一直把她视为心腹。她隐藏得太深了。入宫十年不孕，而竟在自己染病不起时，有了身孕，且是男孩。这心中的不甘岂是药汤能调理的吗？

独孤皇后摆着手，她实在不想见到宣华夫人。这是一个习惯的摆手姿态，就在这摆手中，十几个有孕的宫女香消玉殒。

宣华夫人蓦然间感到一丝快意。她想起陈叔宝的沈皇后凄楚而逝的情形，心道，我不是张丽华，却扮演了张丽华的角色。她硬是把到嘴边的另外一则消息给咽了下去。这则消息即使自己说出来，也有一种莫名的担忧：杨坚在皇宫里又册封了一位女子蔡氏为容华夫人，听说是由张衡搜罗入宫的。蔡氏仪容婉丽、风华绝代，男人，尤其是做了皇帝的男人，无不想占尽天下美色。不知不觉中，自己难道会退居其次？

宣华夫人不由自主地抚摸着自己的肚子，一个生命在其中孕育，思路从仁寿宫回到眼前。

"皇上，皇后见我怀有身孕似有不悦之情，我原本打算在仁寿宫小住几日，见此情形，只有就回来了。"宣华夫人感到杨坚的情绪波动很大，看他弯下腰身

513

的样子，似乎不如此，无法通畅郁闷似的。他缓缓地转身，爱怜依旧地宽慰宣华夫人道："皇后就是这样的人，她有时挺开通的，特别是当朕心烦意乱时。但是，嫉妒是她的本质，如若她心胸能开阔一些，也不会落病如此。唉，孙思邈开的药方，根本无法凑齐，朕疑心有诈。不知其有深意没有？朕也担心皇后怕是撑不过去了，她替朕操劳的太多。"

宣华夫人道："但愿她能度过此关。"

看到皇上杨坚躬着腰身，转体迟缓，宣华夫人心想，时间会拖垮一切的，岁月流逝的长短和身体衰老程度深浅总是相伴而至，生理上的和心理上的文帝都在走向衰落之中了。

杨坚说道："朕近日册封容华夫人一事，你可曾对皇后言及？"

宣华夫人说："皇上，我深知皇后的心理，当年尉迟风琴被棒打致死的阴影一直萦绕在我脑中，我可不想再看到又一个貌美女子步其后尘。"

提起尉迟风琴，杨坚不由得叹了一声气。作为统一全国不久的盛世帝王竟然连一个红粉女子都保护不了，此事如同磐石压在心头。若不是高颎等一班老臣一再劝说，他真想废了皇后。而今，皇后虽然允许他和宣华夫人进退朝堂，但是，若再发现个容华夫人，那她嫉妒的神经怕是真的要崩断了。

仁寿宫，大宝殿的正室内。

屋外的风刮得呼呼响，正是一个淫雨欲下的下午，风过后，漠漠的秋云将天空染成一片灰暗，若是站在仁寿宫的凉亭高处，便更能深切感受肆虐的西风，漫漫的黄沙直扑脸面，有如无数只苍蝇围绕一堆臭牛粪嗡嗡地飞叫着，挥之不去。一阵阴风夹带沙尘猛地撞开了正室内紧闭的房门，落地帷幔被掀起，刷地一下直扇向躺在床上的独孤皇后。

"哪里起的风啊，"独孤皇后一双无神的眼睛在勉强转动着，"哀家不是让你们都把门窗关好的吗？"有气无力的语调，甚是低弱。

紫叶站在床边，眼泪叭嗒、叭嗒地掉落。

"皇后，风来得突然，"紫叶道，"皇后……"

"皇上现在何处？为何不来陪我？"独孤皇后一直想试着参透这个问题。两只耳朵努力地听着室外的动静，而听到的却只是风沙敲打门窗声。她自己能从皇上的眼神中看出来，皇上已经疏远了自己。她好强的个性支撑着她活下去的勇气，可是，现实毕竟是现实，除了紫叶和门外的几个宫女，没有亲人在她的身边。她想，我真得要永远闭上眼睛了吗？

死亡是相对的，有些人明明活着，旁人却觉得她死了，有些人明明死去，却有人总感到她还活着，总也无法摆脱。

独孤皇后侧转了一下身子，视线恰巧落在不远处的妆台上。是啊，已有三天没有洗脸了，她指着妆台上的种种饰物，艰难地说道："扶我过去！扶我过去——"

紫叶道："皇后还是先喝碗莲子汤吧。膳食房的中药汤马上就熬好了，先热热身子，不然光喝药身子受不了。"

端起放在炉火旁的一只青瓷碗，紫叶拿起汤匙，搅拌了几下，送到皇后嘴边。

独孤氏摇晃了脑袋，一张脸瘦得刀子似的，手依然指着梳妆台，一动不动，她嘴角撇过一丝冷笑："广儿的药方子也不咋样，喝下后通体冰凉，无甚感觉。我早就说过的，那孙思邈值得怀疑，人人都值得怀疑。我还是要看看自己的真实情况。"

既然拗不过皇后，紫叶就招过两个宫女搀着皇后，挪向镜台。

皇后一言不发，慢慢地睁开双目，往铜镜中一望，只见脸色顿时煞白，一道明显的青黑色罩在眼圈上，因瘦而紧抿的嘴唇深深地陷进脸颊中。

"这是我吗？这是我吗？"独孤皇后不敢再看下去，她的胸口在急剧地抖动，猛然，她拼尽全力拿起桌上的奁匣砸向铜镜，砰地一下，震天似的刺耳声，吓得身后的两个宫女哇地大哭起来。

紫叶忙上前搀住身体摇摆不定的皇后，对宫女说道："快去叫皇上来！"

"没用了，没有用了。"独孤皇后悲哀地自语了一声，"怨不得皇上自哀家病后，就不住在这里了。"

操劳一辈子，结局就是看着结发的夫君在自己最需要安慰时，倒在另一个年轻貌美的女人怀中。独孤皇后承受不了这一打击。

当紫叶端着莲子汤再一次递至她嘴边时，独孤皇后一手打去，莲子汤应声而落。

一切都无挂无碍了，独孤皇后决意绝食，她紧紧闭着眼睛，不想再睁开了。

虽然看不到，但她已经感到，杨坚就坐在床边，叹息声重。

"皇后，朕打算就这么坐下去，一直坐到你睁眼进食为止。"杨坚不停地重复着，一声比一声更执拗，轻缓中有着不屈不挠。

于是，独孤皇后那像微尘一样散漫、残光一样淡薄的生命，又被满足了的虚荣心凝聚起来。她缓缓地睁开眼，这下好了，眼前的杨坚还是那个唯自己的意旨而是从的杨坚，还算给了自己皇后的尊严。

紫叶道："皇后醒过来了。"

杨坚低头一看，果然，独孤皇后正睁着空洞的眼睛，木然地望着自己。

"朕就知道，皇后的心是病所摧不垮的。"杨坚说，"有宫中的御医在此，皇后还担心什么？朕已命他们遍寻奇方，或许可以医治，关键是调养，调养是祛病的根本。朕想在这里安放一尊观世音菩萨，以佑护皇后。"

独孤皇后道："皇上，我这病怕是没治了。刚才闭目这一会儿工夫，我就沉入了梦境，有一个人，或者说是一个鬼，拿着一把刀子插在我心口，我使劲去拔，却怎么也拔不掉。"

杨坚想，这又是鬼魂出现，幻觉作祟，宽慰道："天地间固然有鬼在，但神能降鬼，适才朕也感到胸中隐痛，朕连忙静心祷祝了一会儿就好多了。"

"不要说了，命在天。"独孤皇后感到心通气顺了许多，对杨坚说，"皇上，宣华夫人将后宫料理得如何？"

言下之意是皇后要返回后宫，主持一切。她不能在此待下去了，朝堂上还有许多事等待她去裁决呢。

杨坚很快地拒绝了她，说："宣华夫人把宫中的一切都操持得条理顺当，虽有身孕，却仍能为朕出谋划策，替朕分忧。皇后还是要依从太医的嘱咐，以静养为上。"

独孤皇后心中极为不快，她发现皇上杨坚说出"身孕"二字时，有无限怜惜之意。莫非文帝已忘了对自己的誓言。她半坐的身子又慢慢地蜷缩下去，躺在黯淡的床中迟钝地想着，文帝是要把我冷落在仁寿宫中了。这么看来，我奋斗了一生都是替别人做嫁衣，丈夫的心被另一个女人拐走了，自己落下的倒是一无所有。

她又一次合上眼，又看到滋滋作响的油锅，青面獠牙的兽鬼，烧红的铁烙，沾满鲜血的铁枷……

告辞之前，杨坚对几个宫女说："蜡烛要长烧，门窗要闭好，看护要仔细些。"这几句平常的话在皇后听来无异于断了活路，自己想要去皇宫参与国策，而皇上要自己在此等死，在此受尽煎熬。想着想着，独孤皇后干瘪的眼角终于挤出几滴浑浊之泪。

杨坚急于离开皇后是有原因的，满屋弥漫的中药味当然比不上四溢的香气，骨瘦如柴、面色死灰的独孤皇后当然比不上肌肤丰盈、柔情万种的宣华夫人，即使是身怀六甲，两个人也是隔三差五地云雨一番，何况就在今天，那位容华夫人就要来到仁寿宫呢？

昨天晚上，杨坚陪宣华夫人在观音菩萨面前祷告，完毕后，杨坚的眼神就没离开过宣华夫人微微隆起的腹部，说："夫人，十月怀胎，一朝分娩，朕看，你怕是快了吧。"说着，伸手摸宣华夫人温软的小腹。"朕看像是个男孩，准是男的。这么多年来，你都坚持不生，终于抵挡不住为人之母的诱惑了吧。"

宣华夫人说不上是幸福，还是迷惘。一个女人，没有孩子就不是一个完整的女人，不论她的身份多么显赫高贵。哪朝哪代不都是母以子为贵。

宣华夫人任由杨坚骨节突出的手指抚摸着，男人的手即使粗糙些，但那毕竟是男人的手，感觉不一样。她感到杨坚的喘息变得粗重、浑浊，知道他又要干什么。此时，宣华夫人自己也不知道她对杨坚有没有爱意，她阻止了杨坚下滑的手，说："皇上，当心肚里的孩子。皇上若猜对了，怕是我的命也就没有了。"

"这是哪里话？生男……"杨坚迟疑了一下，他隐约地感到宫中有许多事情都是皇后造成的。什么冤魂、鬼怪、地狱，若活着的时候，不做亏心之事，就不会有这些出现。

杨坚搓着宣华夫人的手说："朕会一直在你身边。"但说得有些气喘吁吁，显得底气不足。

宣华夫人道："干脆把容华招过来，让她陪伴你，不然，我担心皇上的动作太猛，动了胎气。"

杨坚只得作罢，手仍停留在宣华夫人饱涨的乳房上，宣华夫人也惬意地享受着眩晕的感觉。

交代一番后，杨坚并不理会躺在床上的独孤皇后，步出内宫，来到外间。那老御医紧跟在杨坚的身后，嘴巴张了几次都没敢说出想要说的话。

大宝殿的门口，传来杨广的声音："父皇，父皇，大事不好了。"伴着声音，杨广、杨素、容华夫人等人鱼贯而入。

杨坚叱道："广儿惊叫什么？你的母后正在静养。"心里也是突突跳个不停。

杨广、杨素拜见礼毕，宫人忙着安排坐凳，奉上茶茗。容华夫人娇美的容貌艳惊四座，她的容颜还是第一次为仁寿宫的人所见。这位容华夫人的眼神荡漾着一股甜孜孜的春潮，那正是自己渴望的。他一时间忘了里间的皇后，对紫叶道："这是朕新封不久的容华夫人，贵人，你带进去参拜皇后。"

紫叶迟疑着，没有挪步，依旧在上下打量。

杨广说："父皇，孩儿正打算送容华夫人进宫，适逢越国公有急章欲奏明皇上，孩儿对此事也不敢定，又担心父皇……"

杨坚说："又是什么盗窃案吗？朕已说过，拾一钱而不报者，杀！"

杨素摇头道："自从皇上大兴佛事以来，盗市之象已经根绝了，此事属另一类。"他努力地装作在寻找合适的词句。

"越国公，有话直说。"杨坚望了一眼容华夫人，几乎按捺不住心中的渴望。当张衡把容华夫人献给自己时，杨坚的馋涎就涌上嘴边，她果真是一位非常漂亮、千娇百媚的女子。南方人的灵秀清丽与北方人的爽直而泼辣都集中在她身上，艳红敞衫镶着宝蓝色的花边，在两朵花团丝绣下面，一对丰满的乳房高挺着，那梨腮，唇线勾勒出优美的轮廓，扭动的腰身，细长的脖颈，通体散发出奇香异味，这一切都令年长的杨坚焕发出惬意销魂的欲望。果然，一度云雨之后，杨坚几乎离不开她了，加上宣华夫人又是身怀六甲，这一段日子的房事基本是在容华夫人那里过的。宫中绝密的鹿鞭丸，杨坚吃了不少。这阵子，杨坚就等于掉进激情的漩涡中，夜夜是粗重的喘息声和醉人的娇笑声。他为自己过人的精力而深感安慰：朕就是月光童子。

杨素对杨坚的表情心领神会，他简短地说："皇上，那个被蜀王杨秀押到益州做了王府校书的刘光伯前几天送来一封密折，他告发说，蜀王杨秀想谋反。"

杨坚对僭越的事极为敏感，因为他本人就是走的这条道。他想起在建隋取周之前所走过的刀光剑影铺就的路，那是一条用白骨做路面、鲜血染色的路，宇文氏家族几乎全部被杀。而蜀王杨秀前面的奔蜀事件本来就让他愤怒，历来造反都是从不逊、僭越开始，是谓"不轨"，他深信这一点。自家人造自家的反，那是没有不乱的。

他的心思一下从容华夫人的身上回落到令人烦心的现实中。他呆坐在龙椅上很久，切齿的痛恨还是暂时让位于亲子之情，就像废杨勇一样，若不是功高盖主的高颎在，若不是为了大隋江山长久延续的话，若不是杨勇以太子而主事东宫，下决心废掉他还是一件难事。好在广儿填补了这一空缺。杨秀啊，杨秀，你也不将自己的力量掂量掂量，朕还有可能允许再次废立太子吗？翻手为云、覆手为雨，对异姓之臣可以，对效命之臣可以，对自己的亲生子还能允许吗？杨勇被废已使朕心力交瘁，苍老了许多，幸亏有佛祖护佑，天下得以太平、安康。

杨坚冷笑一声："读书的儒子之语有多少可信的？当初长孙晟是力陈蜀王根本没有谋反之心的，他去蜀地是为了安定人心、平息贼民。"

杨素急道："刘光伯虽然受到蜀王的侮辱，但他提着脑袋也不敢做此诬陷之语。"

"越国公以为如何？"杨坚低声严峻地问道。

"皇上，当断不断，必留后患。望皇上颁旨，让蜀王回朝听命。这是澄清事实的第一步，万一让蜀王继续留在蜀州，恐朝局不稳。"

杨坚慎重地点头："朕也感到事态的严重。秀儿如果僭越，朕将按律治罪；若是流言蜚语，朕定杀刘光伯，诛其九族。"

杨广道："父皇，孩儿不信蜀王会谋反，说不定就是那刘光伯的诬陷之词。只是这去往蜀地取代蜀王的人选……"

杨坚说道："益州是个大地方，还是由独孤楷去吧。他父子两代为人，最是忠心。"

说完，杨坚霍地站起来，情绪甚为激动，脑袋有点眩晕，容华夫人和紫叶忙抢上前，各立于左右。

杨广也赶过来，伸手扶住杨坚前倾的身子，手却放在容华夫人的胳膊上，孔武有力的五指紧紧地箍住容华夫人的细腻的肌肤，容华夫人脸色顿时潮红，当着杨坚的面又不敢声张，只能忍着。

两女一男搀着杨坚步出正室，拐进偏房之中。那是宣华夫人特意安排的。

偏室的墙上端有一排镂空的雕窗，原是给侍奉皇后的紫叶住的，紫叶有女后进封另辟一间。而容华夫人又是初来仁寿宫，加之皇后已经久病卧床，不知何日归西，杨坚在偏室安歇，也好处理急发之事。因为两室之间的言语可以相互听到。

一向耳聪的独孤皇后透过帷幕听到了一切……

杨秀终于回朝了，一路上惴惴不安。

朝拜之日，杨坚的表情是严肃的，严肃得如同乌云密布。杨坚的举动更是骇人的，他把刘光伯的密信当着满朝文武的面掷向杨秀，厉声道："看看你都干了些什么？"

杨秀展开一看，脸色惨白，汗珠顺着耳根就流下来了。刘光伯在信中竟说，蜀王命他私造金辂，规格等同圣上，还绘制一面九龙旗，本应九龙向下，潜龙入海，但蜀王却命他九龙龙首一律向上，龙跃于渊，飞龙在天。因此推说蜀王有谋反之意。另外，在王府府库上有上万件私藏兵器，锋利无比，在王府的校军场新招募了五千士卒，日夜操练云云。

蜀王杨秀头皮发麻，本来，金辂是皇帝朝会的专车，但杨秀身为王子也有金辂之威仪，只不过在外出巡视时，身边的亲信确实把旗子挂倒了一次。一时间，消息满天飞去，谣言四起：蜀王谋反了。

再说那府库中的兵器哪有上万件？只不过数千件而已，原因很简单，蜀地蛮民纷起造事，官军连吃了败仗，确需兵器，训练士兵也一样。

杨秀看完，心想：这是诬陷之词。他知道刘光伯对自己押他入蜀还耿耿于怀，何况近几日有亲信密报盖州刺史和他过往甚密，有意邀刘光伯到刺史府任总官。

要辩解吗？值得辩解吗？

杨秀踌躇着，他把刘光伯的密信丢在地上，回转身往人丛中寻找，他在找长孙晟，他要问他，到底是自己放过了杨广，还是杨广放过了自己？当初，杨广越职指挥，使朝中失去良将，那是事实吧，可之后变成了自己对太子之位的羡慕，想当太子，才诬陷杨广的。后来听了长孙晟的话，算是过了一年多的平稳日子。但是这麻烦不用自找，现在它又来了。

长孙晟当然着急，但干着急。他是个目光犀利的人，杨坚越是威严时，心里的防线就越好攻破，如果他要一语不发，任你去说，此时，他的主意就已定下了，除了皇后谁也难以更改。

杨秀依旧不紧不慢地想，此时任我如何巧答都会招来雷霆之责。与其当着众臣的面受辱不如自取其灭，来得干净，干得快捷。太子的目标失去了，活在杨广时代并不比死去有多好，杨广是什么样的人，我还能不清楚？与其死在杨广手中，不如死在父皇手中。一种未曾有过的痛苦如沸油一般在他心头滚烫着。

杨秀有些语言失控，眉毛往上一挑："父皇，既然刘光伯是我府中的校书，或许有些是事实，儿臣不想辩解，敬请父皇去查。"

杨坚脑袋嗡的一声，感到眼前一晕：好你老四，语中带讥，难道父皇不该着人替代你吗？你对益州如此贪恋的目的何在？在益州王府，你说了算，挥霍无度，姜姬成群，过着帝王般的生活。在京城你却只是王子，上有父皇母后管着，中有大臣监视，下有百姓督察，不自在？

"查！当然要查！"杨坚一捶御案，"昔日秦王杨俊奢侈无度，朕以父道训之，今天，你这逆子妄想图谋，当以君道绳之。"杨坚想：老四不求情，实在是出自己的丑，不把父皇放在眼里，说不定真有其事呢。王子率先图谋不轨，举国上下效尤那还得了！

大理寺少御赵绰刚上前劝说几句，却被杨坚喝止："赵绰不敢接收此案吗？"

开府仪同三司庆整越班谏道："蜀王刚烈，言语有不恭之处，恐怕是出于对诬陷的反激之语。望皇上三思。"

人在火头上，不劝倒还自熄，越劝无异于浇油，杨坚正是如此，大怒道："闭嘴！此案由杨素、苏威、牛弘、柳述、赵绰共同办理，不得徇情！蜀王府上上下下都移住国子监，那里正好空着。由太子带人搜查，若有证据不得隐瞒！"

实际上，群臣心里清楚，办案的过程将会由杨素一手进行，而其他人只能看到结论。

杨广待杨坚怒气渐消时，上前道："广儿不敢替四弟求情，若由广儿搜府恐为不当。我还有一事要请皇上发派。前日，突厥部的启民可汗写来降表，要求与大隋通婚，父皇的意愿如何？"

杨坚知道，从都蓝可汗到达头可汗都是碰得头破血流后才写降表，北边战事这十几年来打打和和就没有断过，汉王谅儿正率兵镇守同州。只有突利可汗是一心一意地归顺大隋，突利死后，其子启民可汗在大隋的帮助下得以立足，自然对朕感激不尽。

杨坚想了想，问道："广儿以为派谁去呢？"

杨广忙答道："扫北名将长孙晟可再担此任，儿臣曾与长孙将军一起作战，深知他智勇俱备。当年与达头作战时，就是长孙将军设计在河流上游下毒，结果达头的军马死了大半，士兵顿时失去了战斗力，隋军大胜，颇有斩获。突厥内有一言，大畏长孙总管，闻其弓声，谓为霹雳，见其走马，称为闪电。"

杨坚点头应允，满朝中，对突厥用兵的计策有哪条不是出自长孙晟，杨坚心里清楚但嘴上却不能这样说。

"好吧，长孙将军就作为朕的受降使者，护送义成公主前往。早去几年，早熟悉突厥生活习惯。"

杨坚说完，环顾了一下群臣后，眼光像刀子似的飞刻在蜀王秀的脸上，久久不离。

"退朝——！"

人群中的长孙晟盘算着，早不让我出去，晚不让我出去，怕是对蜀王秀大不利了。杨广果然是阴险之人。耿直的蜀王秀、善良的蜀王妃怕是要遭殃了，还得赶紧告诉蜀王妃一声。

有一恼就有一喜，有一喜就有一悲。

案子进展得很快，法网张开了口，总会收进一些足以佐证蜀王久欲谋反的材料。拷打与诱供之后，蜀王的罪证便铁板钉钉了。

回到仁寿宫的杨坚正搂着快要生产的宣华夫人爱怜不已。

"夫人，近日太医怎么说？"

宣华夫人腆着肚子，双手捧着，头倚在杨坚的胸前，任由杨坚与自己耳鬓厮磨，说道："恐怕贱妾要让皇上失望了，太医说，脉动细弱，如潺潺水流、徐徐清风，怕是公主。"

杨坚笑道："这不正合你的心意吗？公主好啊，爱妃是南陈的公主，爱妃之女却是大隋的公主。"

此语一出，隐约感到不妥，南陈已亡，绿珠公主才变成了大隋的宣华夫人，若其女蹈其母辙，那后果不堪设想。他又忙道："公主好，你看朕的几个儿子，没有一个像朕的。"

宣华夫人道："太子广不是很好吗？"说这话时感到底气不足，那杨广淫邪的目光总在眼前浮现。

杨坚把手紧紧地贴在宣华夫人的肚子上，不无忧虑地说："也不尽然，前天，朕与杨素、苏威等在一起讨论朝中的文人新作，大家特别赞赏内史侍郎薛道衡的一首《昔昔盐》，特别对'暗牖悬蛛网，空梁落燕泥'一句倍加赞赏，而广儿却对此不以为然，还念了他自己的一首新作《春江花月夜》，但朕感到比起薛道衡的差远了。"

宣华夫人饶有兴味地问道："皇上不妨说来听听，奇文共欣赏，疑义相与析嘛。"

杨坚随口吟道："'暮江平不动，春花满正开。流波将月去，潮水带星来。'此曲调还是你哥哥最先创制的，广儿这首诗或许只高于你哥哥的诗作，倒还耐人寻味，若比薛道衡的'暗牖悬蛛网，空梁落燕泥'就差了透纸的功力。"

宣华夫人说道："太子文武全才，这首诗比我哥哥的那首强出千百倍，不好和薛内史相比，风格不一样。"

杨坚哈哈大笑："爱妃果然言语周到，既褒而不贬，还很工于诗品。"

"皇上谬奖了。我现在哪还有闲心去读诗作，只想静静地闯过关口，顺产皇上的龙女。"宣华夫人此时也道不清对薛道衡的感情，特别是那次见薛道衡的妻子之后，其端庄而又明理的秉性恐怕自己是不能企及的。

杨坚指着屋内的陈设，说道："爱妃不用怕的，瓜熟蒂落，水到渠成。"

如今仁寿宫的工作重点就是一切为宣华夫人的生产。

守喜御医由两名增至六名，负责接生的姥姥两名，日夜轮候。

宫中的赐物琳琅满目，春绸七丈五尺一寸，各色绸缎八丈一尺三十寸，白高丽布三匹，蓝高丽布三匹，白漂布、蓝扣布各二匹，裁做的春绸小袄二十七件（棉十八件、夹九件），白纺丝小衫四件，一幅红春绸挖单一块，红兜肚四个，各色被褥、素缎都具备充足，大小木盆各二个，木碗二个，木椴一张，小木刀一把，大楞蒸刀一把，黑毡一块等等，分娩所需之物，无不一一备齐。

宣华夫人说："不准备倒还罢了，准备起来，我还真有点怕呢。不过，我一定给皇上生下个小佛女来。"

杨坚显得很兴奋，顺着宣华夫人的腹部上下摸着，说："朕已经很长时间没能驾幸于你了。"

宣华夫人咯咯一笑，冲着正走进来的容华夫人说："贵人来了，皇上，去找容华夫人吧。"

容华夫人羞涩着笑道："等姐姐生下龙胎后，看你舍不舍得把皇上让我。"

杨坚说："有两位夫人，朕复又何求？"

三位正拉着情话，花厅外，黄门侍郎元岩高声禀道："越国公杨素及兵部尚书柳述、吏部尚书牛弘、大理寺少卿赵绰前来求见。"

花厅自然不合适了。杨坚告别宣华夫人，在容华夫人陪同下，来到寝宫正室。

君臣叙礼已毕，正要言事，独孤皇后由紫叶搀着竟然也要坐到楠木椅上，上面的绣垫已落了一层细灰。

杨素眼尖，急走两步，以袍袖连忙掸了几下。

自从女儿被嫁给突厥启民可汗后，紫叶就在皇后的床边搭了一个卧铺，日夜候在皇后身旁。十几年相处，她感到自己唯有如此才能报恩了，渐渐地遗忘了杨广和萧妃对她的好处。

"全部都是事实呀！"杨素痛哭流涕，"臣是不敢想的，蜀王秀的造反檄文都写好了。"

杨坚夫妇都麻木了，谁敢相信这是事实呢？

大理寺少卿赵绰迟疑了半天，才说："太子奉诏搜府，不敢独行，特带卑臣前往。府中上上下下没有搜出反叛证据，但卑臣见蜀王府的后花园中有一块石头放得甚不是地方。墙角的石榴树都是普通的卵石，唯有正进园门的一株桃树根下有两块巨石，上面似乎还有香火的痕迹，肯定府中有人在默祝过什么，卑臣叫人挖开，发现石板下藏有四个小木偶人，木偶人上有字，卑臣一看吓得半死。虽然太子殿下不让卑臣汇报此事，但卑臣行事一向公正，不敢欺君。"

杨坚、独孤皇后的面前果然有四个小木偶，细看那字，竟刻着杨坚、杨广、杨谅及皇后的名字，以及各自的出生年月。每个名字旁边均有一句咒语，杨坚先看自己的木偶："恭请佛祖收伏月光童子，令其归西听佛。"这不是咒朕死吗？又看皇后的木偶："恭请冥府速派无常来取此人性命。"咒得更直接更露骨。

杨坚倒吸口凉气，又翻看杨广、杨谅的木偶，俱是咒其早死。他考虑着给不给皇后看时，独孤皇后命紫叶取过木偶，凝神一看，啊的一声惊叫，颤抖着的纤手指着木偶的胸口，说："有针，有针！冒血了，还冒血呢。"话没说完，手一松，身子往后一仰，憋死过去了。急呼太医进来，却又迟迟不见。

原来，六位太医都按各自时辰排班休息，以便十二时辰都有人在宣华夫人的身边。

杨坚一边叫紫叶速去叫太医，一边用手去拔那钉在木偶胸中的铁针，同时隐隐感到胸口胀痛。终于，独孤皇后悠神回转后，见杨坚脸色苍白，道："怨不得你我二人心痛如此！"

紫叶见皇后的身子抖个不住，就扶着皇后回内室了。

杨素迅速掏出拟好的奏章，奏闻杨坚，给杨秀定了十条罪状。

如果依大隋律令，杨秀是死定了。

杨坚缓和了一下心绪，说道："朕给前太子勇五品侍俸，住进内侍省，还依此法处置杨秀，其家小不得干涉，同时贬去内侍省作庶人。"

这天晚上，仁寿宫的主人独孤皇后彻底地断气了。苟延残喘的独孤皇后死得甚为孤独，她的姓氏成了她的谶语。

据紫叶讲，皇后临死前嘴中只念叨：一、二、三等枯燥的数字。这里面的玄机，杨坚是参透不出的，或许只有皇后自己明白。这"一"表示杨坚已与自己离心，在偏房中和容华夫人如胶似漆，那猎艳的淫荡声刺激着独孤伽罗；"二"表示，宣华夫人已凌驾于自己的地位之上，母以子贵，不管那宣华夫人生男生女，六十挂零的杨坚依然能使宣华夫人生子，足见他们的感情；这"三"表示，自己五个儿子，已有三个和自己离心叛道……

承受不了病体折磨和精神打击的独孤皇后咽下最后一口气前，声嘶力竭，可是近在咫尺的紫叶也只听到了"我是皇后"这四个字。

生时辉煌，死时凄凉，独孤皇后贵为一国之母，死时只有一席之地；她有五个儿子，弥留之际不仅无人来探望，而且又听到一个皇子再陷牢狱；她有丈夫，她死时他却在拥着另一个女子。她奋斗了一生，最终一无所有。

这天晚上，北国的深秋来得早，雪花飘零，落叶凋敝。万物萧索之际，一声婴儿的啼哭，仿佛昭示仁寿宫尚有生命在。宣华夫人经过痛苦的分娩后，满头汗水的她承受住了撕心裂肺般的阵痛，满足地望着接生婆递到眼前的婴儿，苍白的脸上露出了笑意，带着母性的笑意。她说不出自己心中的滋味，酸甜苦辣，五味俱全。她也无法理清自己的感情，究竟喜欢不喜欢杨坚，但对眼前的婴儿，她是从心底喜欢，毕竟是自己身上掉下的肉。

看到嗷嗷待哺的婴儿，宣华夫人顾不上生产的疲惫，忙解开透湿的上衣，捧出储满奶水的乳房放到婴儿的薄薄的红唇中，满意地闭上了眼，享受着母女亲情。

第二天早晨，杨坚从温柔梦乡中醒过来时，一喜一悲的消息同时传来。他的一生中从未有过在短时期内，经受两种情感的碰撞。他本能地把头靠在容华夫人丰满的前胸。在这里，他有一种回归感、依赖感，整整两个时辰，他一语不发，也没有行动，他不知道这迈出门的脚是左拐还是右进？去哪都是一种两难的抉择，无论哪种抉择似乎都好，似乎又不好，到底好不好，他弄不明白。

世间竟有杨坚弄不明白的事。

独孤皇后的死对他的打击是不用怀疑的，晚年失去了共同生活四十年的伴侣，失去了风雨同舟的朋友，一起并肩作战的伴侣，特别是他已疏远了所有的大臣之后，他决策的大部分将依赖谁呢？想到这，杨坚是一脸哀愁，满腹心事，忧心如焚。

另一方面，宣华夫人产下的女婴似乎是一个好兆头，全新的生活就此展开，这也是一个证明，证明杨坚的大隋依然充满新生的活力，想到这，杨坚又是一脸欣慰，满腔兴奋，信心焕发。

杨坚颁诏杨素依礼厚葬独孤皇后。

这可难坏了杨素，开皇年间修订的典礼中没有丧礼的仪注。如何筹备丧事，杨素心中无底，只能据实奏禀。

杨坚听罢，说道："朕早就想补充修订《开皇礼》，佛有教规，人有尊卑礼仪，无论皇亲国戚，凡夫俗子，生老病死，都是正常的。修得善果的人升天入室，不修善行的沦入地狱，自有天道惩之。但人活于世，都是肉眼凡胎，婚丧嫁娶都应有个礼仪程式，越国公可与各地高士刊定阴阳舛谬，大体定下后，再与尚书左仆射苏威、吏部尚书牛弘、内史侍郎薛道衡、秘书丞许善心、内史舍人虞世基、著作郎王劭一起负责修订五礼。"

众臣接旨时，王劭最兴奋，小小的著作郎一下子和朝中主要大臣共同谋商，地位猛蹿。

杨坚说道："正父子君臣之序，明婚姻丧纪之节。故道德仁义，非礼不成，安上治人，莫善于礼。郊祭与五服的礼节必须完备。"

三天后，七人以《齐礼》为底本修订完成，领命修礼的重任是由牛弘来完成的，这使王劭颇为不快。杨素敬重牛弘，在府衙商议时，对牛弘说："公善旧学，时贤所仰，今日之事，决在于公。"王劭听了，更是不快，他的一套杂采民间歌谣，征引图书谶纬，尽牵强附会之本领一无所展。杨素的安排也甚为妥当："著作郎专司抄写，务必工整、隽秀。"王劭感到，杨素是在压抑自己，但敢怒于心而不敢言之于表。

杨素审阅后，感叹道："衣冠礼乐尽在此矣，牛老尚书的学问非吾辈所及也。"

当即呈报杨坚，杨坚颁诏照礼实行。

受到丧礼氛围的影响，杨坚这几天变得清心寡欲，他不时地转到独孤皇后的灵前默坐一会。四十年风雨同舟路，一瞬间天地双椳情。杨坚想到许多，从相识到结为夫妻，从大周子民到大隋天子，自己迈出的每一步都伴着皇后的落脚声。

杨坚想找来风水术士萧吉，让他为独孤皇后问卜择葬地，刚表述完意思。正在哭丧的杨广泪流满面道："儿臣不孝，父皇年高，还在想着母后，此事交由儿臣去办吧。"

杨广由自己两个儿子搀着，一副悲恸欲绝的样子。

他是第一个接近亡者的。先是抽抽咽咽，泣不成声，继而呼天抢地，整整哭了一天，声带都哭裂了，嗓音沙哑，三次昏厥，已经衰弱得体不能支。边哭边诉说母后对自己的恩情，诉说自己与母后生离死别的无限伤痛和呼母不应的相思之苦。比起诸多杨姓的女眷和兰陵公主来毫不逊色，甚至比她们还能哭。

萧妃也哭得前襟湿透，额头上磕头留下的青紫血痂令所有人都震惊。唯有紫叶面色苍白，悲戚无声。

杨坚叹气道："广儿伤心欲绝，这么大的事情都由广儿一人操持，择葬地一事还是交给谅儿去办吧。"

杨广甩开搀扶自己的两个儿子，跪爬着说："儿臣身为太子，一定要亲自为母后操办此事，恳请父皇恩准儿臣的一片孝心。"

杨坚无奈地摇头："去吧，或许离开这地方，你能平心静气地看待亡者。"

杨广来不及答谢，就起身奔往前厅。其实杨广揽下这一差事的真正目的是要派人向萧吉表达致意，请萧吉送一块能保佑其早日登基的风水宝地。当太子哪能和当皇上相比？他看到宣华夫人、容华夫人两位绝色尤物环绕父皇两侧，早就急不可耐了，他甚至想好了，一旦登基，他要建天下香楼，网罗天下美女尽入其中，自己拥蝶挟蜂，遍试人间美色。

到了前厅，杨广招来了宇文述。宇文述原在平陈时就是杨广的行军总管，后来被任命为寿州刺史、总管。张衡前往扬州奉诏颁赐舍利时特意召回的，有了宇文述和张衡，杨广如虎添翼。

杨广对宇文述如此耳语一番后，解下腰间所佩的包金镶玉嵌琉璃银带钩，按制太子的带钩应是金制，但杨广自降规格，只佩银饰反倒显得淡泊名利。他总是善于伪装。当然，他更清楚自己的目的。

嘱托完毕后，杨广在守丧期间内表现出的哀恸没有了，他接过张衡递到手中的竹制饭筒用力一扳，里面鱼肉俱全，还有几个硕大的羊球、几条鹿鞭。就着另一个竹筒的汤水，杨广狼吞虎咽了一番。

按制，守丧期内不得食酒肉，一律素斋，但杨广禁受不了，啜了几下虎骨酒后，又喝了一碗鹿茸人参汤。杨广可不是憨子，他要有精力表演才行……

杨谅从并州回来奔丧时，对蜀王秀的被废看得清清楚楚，他甚至后悔自己没和蜀王一起扳倒杨广，尽管那比登天还难，至少可以试一试，看情形，太子已准备向下一个目标动手了。

他边哭边想，父皇老态龙钟，若事发不幸，我的并州地盘怕是保不住了。

当汉王杨谅看到杨广急于去办父皇所托之事，就隐约感到这其中有诈。

果然，杨广酒足饭饱后，复又跪在自己的左侧，细心的杨谅发现太子的带钩没了，隐隐能闻到一股酒味。

见父皇要离去，杨谅忙上前扶持，哭道："父皇要多多保重身子。"

杨坚缓缓地点头，父子俩去了花厅宣华夫人处，杨广发疯似的哭声从身后传来，杨坚叹道："广儿真是伤心至极，你母后活着时，每次离别，母子俩都相互流泪。"

杨谅暗吃了一惊：父皇仍然被蒙在鼓中。

二十八日，独孤皇后安葬于太陵那块萧吉选定的墓地上。杨坚不顾术士萧吉的反对，亲自出席葬礼，并坚持坐着辇车来到陵园，按照仪注夫不得到妻的墓穴，但杨坚感到偌大的仁寿宫太空荡了，他要在这陪独孤皇后一程。

一路上，由宫监张权领着二十一名和尚、喇嘛手持法器，念着"倒头经"、"往生咒"，走在送葬队伍的最前面。

杨坚的目光透过晃动的孝子贤孙的人头，落在金丝楠木质地的棺椁上，那里的女人就是自己一辈子敬畏有加的皇后。

皇后啊，你一直向朕倾诉你不能闭眼，这下你终于闭上了。

你帽上的串珠和红宝石是广儿亲自摆放的，你嘴中的避邪珍珠丸是朕亲自安

圣人可汗：隋文帝

置的，含在嘴中还舒适吧？

若你在天有知，你一定能看到这么多孝子贤孙、这么多王公大臣都来为你送行。

唉，你和朕一起建立了大隋江山，却一天福都没有享过，你帮朕制订那么多礼仪，唯独丧仪没有，还多亏了杨素等大臣们，今日送葬才如此壮观。

皇后的棺椁每停放一处，就有执事的人放上一块吉祥板，板上铺垫三层杏黄色寸蟒棉褥。并燃四炷藏香，称之为"倒头香"，香旁是一盏点燃的"指明灯"。

执幡的人由杨广来担任，其余皇子包括前太子勇、四子蜀王秀都身着白色孝袍，手拿绑了丝麻的哭丧棒，幡杆上漆以杏黄色，柱顶则为金漆，上挂荷叶宝盖、杏黄寸蟒，幡下垂拂长约一丈的飘带，含有引魂之意。

纸制的倒头车、倒头轿，仆从、侍女等均按皇后生前的宫中礼仪制定，还有一大批绫绸糊制的灵人，及皇后生前所爱的几件俗物。

白漫漫，人来人往。花簇簇，官去官从。

整个丧礼的过程，要数杨素最累了。事无巨细，都由他来操办，好在他威风八面，众人皆怕。此时，杨素的权势升到顶峰，显赫得不可一世。

疲倦的杨坚强撑着站到了独孤皇后的墓地，空空荡荡的心里急需一些东西来补偿，急需找回一些失落的东西。

清风扬起，有雪屑飞舞，像无头的苍蝇乱窜。长约三里多的送葬行列都伫立在寒风中。

"停灵暂厝！"杨素悲怆地喊了一句，丧礼至此，孝子贤孙上上下下跪拜灵前。人们都必须发出似哭似喊的"有声无泪"的凄凉声，灵前的半盏闷灯半明半暗，在风中摇曳，恰似鬼火。人人都感到凄凄切切。

杨坚多日没有流下的眼泪此时慢慢地滑出眼角……

泪眼中，杨坚模糊感到在墓地的上空有一只大鹏低垂飞翔，飞着飞着，忽然一只强劲的羽翅折断了，鸣声凄凉，衔恨而去。

杨坚想：那就是自己了。

回来后，杨坚下诏褒奖杨素等人。特别对杨素，杨坚道："杨素经营葬事，勤求吉地，论素此心，事极诚孝，岂与夫平戎定寇比其功业！"

五天后，大理卿梁毗上了一道奏章，说杨素同汉朝的王莽、晋朝的桓房差不多，儿孙无功受禄，官显爵高，京郊良田无数，市区邸店、水磨星罗棋布，家中僮仆妓妾千数，邸宅规模宏制，与皇宫相当。

杨坚很是犯难，老臣中就只剩下杨素了，不能再杀了，况且太子广儿对他一向恭敬！

仁寿三年（603年），这一年似乎过得相当平静，仁寿宫成了杨坚的伤心地，他没有前往。夫妇双飞双栖已成往事，皇后逝世的阴影笼罩着他有一段时间，但在两位如花似玉的美人围绕下，那阴影渐渐地消散。可是每每兴奋过后，空虚和寂寥又重新涌上心头，如此反复，反复如此，精神的苦闷没能解脱，身体已经虚弱不堪。

习惯了拐杖的日子，当拐杖丢失的时候，连路也走得蹒跚起来。百花丛中寻寻觅觅，可哪里有皇后的影子呢？

没有一个女人能够填补独孤皇后去世后留下的空白，特别是当自己色欲急遽消退的时候。

这一年，杨坚的政治头脑是清醒的，他颁诏向全国求贤。

"其令州县搜扬贤哲，皆取明知今古、通识治乱、究政教之本、达礼乐之源。不限多少，不得不举。限以三旬，咸令进路。征召将送，必须以礼。"

各地掀起献贤的热潮，可惜的是，所推举的人大多数"不知有汉，无论魏晋"，剔除儒学的弊端显现出来。杨坚对此深以为忧，但另一方面他仍然笃志佛事。仁寿四年正月，为了显示自己的慈悲之心，杨坚实行了大赦天下的举措。

二十七日，杨坚动身前往仁寿宫。

企盼仁寿的人当然向往仁寿之地。整整一年多的时间，杨坚把内外大事收拾完毕，把国事交由太子杨广监政后，他感到累了，在两位夫人的陪伴下，前往仁寿宫休养。

亲眼目睹了从生病到死去的过程，杨坚的脑海中也时不时生出死的念头。他试图排斥，终不获成功，便再一次宣布大赦。

百官对他的仁寿宫之行均无异词，杨广流着泪说道："父皇，儿臣衷心希望父皇能以龙体为重，不必再躬亲细务，若有大事，儿臣一定及时禀告，不敢妄裁。再说仁寿宫尚有柳述等人，父皇只需口述片言只语，儿臣都应效尽全力。"

杨坚道："朕去那里静养三五个月，毕竟那里风水顺当、景色宜人。三五月之后，朕再回来。"

官奴章仇太翼却劝阻说："臣一向愚陋，不敢对皇上的言行有任何饰词，但臣想，皇上此行怕是銮舆不返。"

一句话正点中了杨坚的心思。杨坚想，你这个瞎子，任嘴胡说，你想咒朕死吗？不由大怒道："你这官奴，忌恨之心还没消减，来人，将章仇太翼投入监牢，待朕回来，满朝文武大臣就知道你所言虚妄，那时朕才杀你。"

章仇太翼被逮走前，嘿嘿直笑，笑声令人不寒而栗，努力翻动的眼皮下是一双白色眼球。

到了仁寿宫不久，杨坚就病倒了。

想起了章仇太翼的不祥预言，他觉得很不自在，心里很是慌乱。

杨坚躺在大宝殿的正室中，身边的宣华夫人和容华夫人忙里忙外小心翼翼地侍候着。

杨坚问道："太史令袁充可说了什么？"

宣华夫人说："有的。"

"快找出来念念。"杨坚喘着气说。

宣华夫人翻着一堆奏折，过了一会儿，说："皇上，这是六月的一次记载：有星入月中，数日而退。"

杨坚说道："找最新的，找朕宣布大赦天下后的。朕已大赦，万民都会为朕祈福的。"

宣华夫人低着头又翻出一封，打开念道："这是七月一日的，写道：日青无光，八日乃复。"

杨坚喟然长叹："朕去日无多矣。"

宣华夫人悲戚道："皇上不要悲观。皇上是妾等的终身依靠，若皇上万一有好歹，叫妾等如何能活下去？"说着呜呜哭泣不已。自从独孤皇后死后，虽然没有宣布宣华夫人为皇后，但权力极大，专擅房宠，成了后宫的实际主宰。

杨坚感到胸口一阵揪心的痛，是啊，这位十几岁就作为亡国的公主被招入宫的女子可谓风华绝代，善解人意，温顺得如一汪清碧的水流，朕死之后，她和那位更年轻的容华夫人将何去何从呢？或许入庵为尼是最好的结局。大周朝的宫室不都落发为尼了？京城中尼庵多得是。否则，便主持后宫的一切杂事，以太上皇妃的身份在佛像前念诵经文。

杨坚合上眼，说道："爱妃不要悲怜，人固有一死，朕驾崩后，仁寿宫依然是你安居之所，花厅是你的。好好抚养朕的幼女。"

宣华夫人抹去了眼泪，嗔怪道："贱妾宽慰皇上，皇上反倒安慰我了。皇上只不过染上点风寒，多多静养，病体就会康复。"

"天命不可违。你知道，《天文集占》上说：'日无光，将死王。'朕的大限就要到了。"

容华夫人匆匆进来，又抱着一堆奏折，轻轻地放在杨坚床头，说："这些都是太子批过的奏章，太子请皇上看看，批语妥当否？"

"这一阵又忙累了广儿。"杨坚有气无力地说，"白天要在大宝殿办理公务，晚上还要侍奉朕。"杨坚摆了摆手，说："都拿回去吧。朕已无力翻阅了，明日，朕去寝宫会见百官。"

自从杨坚病重的消息传出后，皇太子杨广就奉命入居大宝殿，尚书左仆射杨素、兵部尚书柳述和黄门侍郎元岩等也同时入阁侍疾。就是说，这几个人可以出入寝宫，随时探望，而其他官员非有诏令不可来见。

这时，夕阳窥户，殿内阴森森的。宣华夫人望着眼前的昔日仇人，怎么也生不出恨意来。十几年来点点滴滴的爱意多多少少在她的心头留下一道辙迹。这哪里是大兴殿前、武德门上的气宇轩昂的杨坚？他只是一位躺在御榻上须发皆白，气息奄奄，脸上布满苍凉的行将就木的老人而已。对眼前的这位老人还能生出什么仇恨吗？倒是他的儿子太子广需要提防，难道亡隋的目标非要应在他身上吗？

晚上，仁寿宫内灯火通明，宣华夫人回了一趟花厅，看着熟睡的孩子，心头漾着浓浓的母爱，她嘱咐侍女晴芳、晴雨好生照顾，不要着凉后，就急急地赶回寝宫。

刚过一道门厅时，就听到站在门边的宫女说道："太子殿下正在里面呢！"

宣华夫人不以为意，这没有什么奇怪的，自杨坚患病以来，都是由他和自己或容华夫人陪侍在侧，她点点头就往里走去。正遇着容华夫人往外走，眼神躲躲闪闪，手里端着一个银碗。

宣华夫人问："皇上饮食怎样？"

容华夫人以手紧紧地扯住分开的裙带，答道："还可以，只剩半碗，只剩半碗了。"

宣华夫人问道："皇上可曾吩咐还要吃什么？"

容华夫人摇头，一声不吭地出了寝宫。

宣华夫人来到杨坚的御榻边，但见杨广正在床边就着木桌在批阅各地奏折，而杨坚正在熟睡，呼吸微弱，手臂无力地耷拉在凉席上。

她没有打扰杨广就默坐在一边，把杨坚的手握在手中，把试着脉搏。

杨坚正在梦中，金戈铁马、风雨征伐，混乱了三百多年的动荡在自己手中结束了，在屈指可数的历史人物中有几个能比得过自己，秦皇汉武仅此而已。突然间，壮阔的画面不复再现，取而代之的是一位位和自己风雨同舟的文臣武将，各个栩栩如生，他们在朝堂上指点江山，精妙谋策……看看，看看，个个唾星飞溅，争执得面红耳赤。影像变幻着，重叠着，忽地按着顺序走来，柱国刘昉、梁士彦、宇文忻，上柱国王谊、元谐，接着是身材魁伟的王世积、风流倜傥竟娶了突厥女的虞庆则、叱咤风云的韩擒虎、威震敌胆的史万岁……他们都在哪儿呢？怎么不向朕叩首？

杨坚一惊，缓缓地醒过来，心想，原来这些人早死了，早被朕杀了。朕杀错了你们吗？你们都官居高位，是朕股肱之臣，朕怎么会把护国的柱石给砍断呢？不，不，你们都心存反叛之心，死得应该，再说朕不也是要死吗？功高欺主是你们的死因。

"广儿。"杨坚迷糊地叫了一声。

杨广赶忙放下朱笔，应声道："儿臣在。"

宣华夫人轻声问："皇上，该用药了。这是太医们新配制的方子。"说着，宣华夫人起身欲去外间端取煨在炭盆上的紫砂药坛。

"不必了，朕……朕还没用膳呢。"杨坚说道，"朕要对广儿说上几句。"

宣华夫人心中咯噔一下，容华夫人不是说皇上用过膳了吗？看她慌乱的眼神、衣衫不整的样子，莫非就在这御榻和太子杨广……她不敢往深处想。

杨坚睁开眼道："广儿，你要记住，江山得之不易，守之更难。有些人臣在羽毛未丰之时，总是鞠躬尽瘁，不知疲倦地为君主效命，可是一旦羽翼丰满，就难以防犯了，即使知道他有二心，都来不及了。"

杨广心道，这还用说吗？父皇不就是一个例子？答道："儿臣谨记。"

杨坚又说："适才朕作了一个梦，梦见那些有异心的人都站在朕的面前，却不知忏悔。他们都是上柱国啊。当年，朕不找出理由杀之，能有今天稳定的大隋吗？今日朝中，唯有杨素似乎怀有二心，或许他碍于朕的宏恩不能乱朝，但说不定会是他的后代呢？三国时的曹操就是这样。如今，杨素的家族势力很大，要给以约束，以防尾大不掉！"

杨坚垂闭双目，又想起章仇太翼的不祥预言，便低语道："章仇太翼，你知道吧，他是个非常之人，只因跟错了人，落为官奴，朕之所以没杀他，就是惜其才。朕来仁寿宫时，他出言力阻，朕将他投入大狱，以今日之事看来，他前后言事，未尝不中。朕确实不能返回了。你回京之后，将他放了，委以高官，或许对你有用。"

"儿臣遵旨。"杨广带着哭腔答道。就在刚才，当他看到只有容华夫人一个人在调着盛汤的银碗时，就走到近前，见父皇深睡，一把扯过容华夫人的身体，上下乱摸了一通。容华夫人又惊又喜，半年多了，还没有男人在自己身上用力揉搓，她慌忙把洒了半碗汤的银碗放在桌上，任由杨广抚摸，两个人的眼都一直望着熟睡的杨坚。

杨广欲火难忍，解开了容华夫人的衣裙，紧紧地拥抱住她，吻她那粉嫩的脖颈，两手在她丰满、高耸的乳房上揉搓起来。

容华夫人美美地享受着，在一股激情的冲动下情不自禁地呻吟着，眼里闪着妩媚的笑，喃喃地说："太子殿下当了皇帝后可要把我收入宫去。"杨广已经褪下衣裤，两人赤裸着下身紧贴在一起，周围的一切似乎都不存在了。

宣华夫人进来时，两个人刚刚事毕。听到宫女的叫声，容华夫人草草穿上衣裙，而杨广则装模作样地坐在床前的案桌旁……

杨坚的脸上再也看不出思索的迹象，面色出奇地祥和。

杨广偷偷地觑了宣华夫人一眼，面带幽怨的脸庞更加楚楚动人，生过孩子后的宣华夫人，身子更加丰腴，凸出处像一颗硕大的葡萄，一掐就破。杨广的眼神就仿佛出洞的老鼠怯懦而又贪婪。

宣华夫人从余光中感到，那苍蝇逐臭的恶心感又上来了，索性低着头，摆了摆凌乱的桌面，又把薄丝绸锦被给杨坚身上拉了拉。杨广站着，正好顺着宣华夫人低垂下的领口向宣华夫人深深的乳沟望去，他不由得咽了咽口水。

杨坚从睡梦中睁开眼，蓦然发现太子广的眼睛贼溜溜地在宣华夫人身上打转，随口问道："广儿，你在看什么？"

七月十三日的凌晨。大雾裹住了仁寿宫。

这是一个安静而清凉的凌晨。风过后，雾霭飘散，变成带状，围着仁寿宫一圈一圈地荡开去，使得仁寿宫不知是充满了仙气还是充满了鬼气。

三天前，杨坚躺在御榻召见群臣时，神情悲凉到极点，他隐约感到自己的日子真的不多了，同时也对太子广的疑虑增加。他逐一辨认一个个走过床前的臣子，努力睁大眼睛想把他们都刻在脑子里，一齐带走。他几次张着嘴，想把最终的话再做交代，可是看到杨广站在身旁，试了几次都没能说出口。此刻，杨坚想到了独孤皇后，当年要不是皇后力主废掉太子勇，那今天的局面又会怎样呢？这个念头只是一闪而过。说到底太子勇是自己废的。皇后无论是对是错，等到相会时再辩论吧。

正巧，工部侍郎何稠走过床前，杨坚招手，示意何稠走到跟前，嘱托道："你已经很好地安葬了皇后，那寝陵修得气势不凡。在朕驾崩后，你还需费些心思，把朕安置在皇后墓中，不同穴也可，免得惊扰了皇后安歇的灵魂，她本是个怕闹的人。"

杨坚看看眼泪叭嗒的杨广，说不上是爱是恨，说不出是信任还是担忧，可是心愿总要有人去办，就目前看，唯有托付给杨广。

杨坚说："何稠用心，朕的身后事，动静当共平章。"

杨广悲咽着只有点头。站在杨素身后的柳述莫名生出气愤难平之态。太子广除伪装巧言、做戏蒙骗以外，还能有什么治国的本领？

杨坚又看到密友薛道衡，心想，当年的英姿都已不在了，却显得十二分的稳重，或许此人还能起中流砥柱的作用。朕虽然把他看作密友，可官位向来不高，年年奔波在外，考察民风民情，倒是一位实干家，诗文写得出色更是朝野公认。他见众人都面色凝重，气氛郁闷，就追想过去皇宫中大兴殿的十八厢房密室。有什么说什么，讨论、争论，然后才是深思熟虑的国策。今天的气氛不好，想到这，杨坚指着薛道衡对杨广说："薛内史的诗句'空梁落燕泥'可谓诗家绝唱了，你还曾表示不服，以后，你们可在一起常常讨论，还有杨素、虞世基，可以办个诗会了，一决高下，到那时才告知朕。"

这一句调侃深深地刺痛了杨广，他暗暗生恨，好吧，就等你咽气呢。薛道衡早就和宣华夫人有染，难道父皇不知？竟能容忍这样的文痞在朝为官？我一旦登基，首杀薛道衡，看你还风流否？看你还能写出"空梁落燕泥"否？

会见百官，隐含辞世之意。薛道衡也很伤心，尽管自己屡受猜忌，还被发配过，但是，从心底里，他还是感激杨坚的，感激他在重大关口对自己的信任。从"平陈"的建议到废太子的大事，杨坚都征求过自己的意见，无论是采纳还是废弃，皇上毕竟作出了征求……

百官散去。随着一阵细碎的脚步声，一股沁人心脾的奇香袭来，嗅觉很好的杨坚立马睁开眼，他要告诉宣华夫人：朕又捱过了一天。

杨坚一看，心中猛然一惊，身体几欲半起，但见宣华夫人头发散乱，云鬓歪斜，好像是掉了几根金簪一样，连衣裳也折皱了许多，脸上呈现出惶遽惊恐之色，高耸的胸部依然半露着，起伏不定。

"发生了什么事？"杨坚满脸诧异地问，但心里似乎有预感要等待验证。

宣华夫人咬紧嘴唇，一语不发，两只手哆嗦着在整理前胸的衣襟，苍白的脸上写满了深刻的悲哀和无比的委屈。

"到底发生了什么事？"杨坚拼命地以手捶床，"快说呀！"猛然感到一股腥味充塞嘴中，嘴角溢出一股血流，顺着下颌而下。

宣华夫人双肩一耸，嘴唇随之张开，嘴角一撒，哇的一声大哭起来。

"究竟出了什么事？是不是……"

杨坚吐出一口鲜血，胡须随着颤抖的下颌而颤动，心中大为不安，紧紧地追问："不要哭呀！你说是不是……"

宣华夫人止住了哭声，抽抽咽咽，她感到杨坚已经猜出了几分，牙缝中道出几个带着仇恨的字眼："太子无礼！"

见杨坚的鲜血已浸染了脖颈，宣华夫人又上前替他擦拭。

杨坚圆瞪双眼，用手一推，宣华夫人向后踉跄了两步，杨坚捶床大骂："畜生啊！何足托付大事？独孤皇后，你误了我的大业，我被你所误啊……"

"爱妃，快去叫柳述、元岩速来见我！"杨坚急切地道。

宣华夫人一边点头，一边整着裙饰往外走。她的脑中仍然去不掉那幅可怕的画面。

今晨，宣华夫人起得很早。端汤送药的活都由她一人来做，那容华夫人竟托病在床，不能侍奉了，宣华夫人对此甚疑，但也没有办法。忙里忙外后，宣华夫人已是浑身湿透。

她在杨坚的床侧，几乎每日都要见官，必须得换件干净衣裳，像这样绫绸薄纱都裹在身上成何体统？透湿的衣衫紧粘在身上，丰满的娇躯，该突出的地方都形态毕露。宣华夫人走进另一间新辟的卧室，仅用四围幕帐包起来，权作宣华夫人小眠之所。

她哪里知道，在另一墙边靠椅假寐的杨广轻手轻脚地跟着她走了进来。

宣华夫人刚脱下潮湿的衣衫，就感到整个身子被一双孔武有力的手紧紧地抱住，对方身上那股浓浓的男人味，粗暴而又熟练的手指不住地上下抚摸自己光滑的胴体，在那一刹那，宣华夫人也忍不住阵阵心神荡漾。

她本能地挣脱一下，没能离开，却传来杨广淫邪的浅笑："可想死我了，在南陈建康，在班师回朝的路上，在大兴宫的每日每夜，都快把我想疯了。"

杨广又搂又抱，乱捏乱摸了一番，宣华夫人又急又躁，她猛地转身，杨广腾出的一只手正在解衣，而那一双淫邪的眼睛就在宣华夫人的额头上方……

宣华夫人再次感到自己好像是吞下了两只苍蝇，想呕吐，却又吐不出来，这哪里是送珠宝时的杨广，分明一个禽兽！

巨大的羞辱和厌恶油然而生，宣华夫人抢起巴掌就想扇过去，杨广却一手接住，阴笑道："别假正经，你这个婊子娘娘！薛道衡几句酸诗就俘获了你的芳心，我杨广过几天就是皇上，为何弄不得？！"

宣华夫人的脸颊上滚下泪珠，那是替薛道衡担忧的眼泪。她举起的手又垂下了，为所爱的人牺牲是值得的。她感到杨广膨胀的肉身已紧贴着自己，厌恶感又起，不行！老皇帝还活着，或许还有最后一救。

宣华夫人奋力一缩身，终于摆脱杨广的纠缠，抓起一条长裙奔回大宝殿寝宫。这一段短暂的路，她觉得很长很长……

柳述、元岩来到杨坚的床前，见状大惊失色。

"皇上，叫太医来——"柳述叫道。

"不！"杨坚急喘着气，"速召我儿！"

柳述道："臣这就去叫太子广！"

"不。"杨坚语含不满地制止。

"皇上不是要传召太子？"元岩疑惑，他是黄门侍郎，主管仁寿宫的警卫，他的女儿是华阳王杨楷的妃子，杨坚的孙媳妇。他和柳述一样都是重臣贵戚。

"不要，见那畜生作甚！要传杨勇！"杨坚坚决地说。

"这——"柳述面有难色，"按制应当起草诏书，下得诏书才行。"

杨坚忽然明白：太子勇早被废了，若是口头传谕，没有诏书，他近不得仁寿宫半步。

"对，快去草诏！朕要废黜太子，重立杨勇为太子。"说完，杨坚的气息微弱而短促，衰竭地垂下眼帘。

柳述、元岩退出后均知这封诏书的重要性，尽管他们不明个中原委，但扳倒

圣人可汗：隋文帝

杨广是他们的最大心愿。两个人从凌晨合议到天亮。

时间流逝了，机会丧失了。

当柳述、元岩兴冲冲地拿着诏书想让杨坚过目时，宇文述和张衡仗剑挡住了去路。

张衡捧着诏书道："柳述、元岩自恃贵戚重臣，拥兵作乱，欲趁朕病体垂危之际，举兵谋反，特诏太子广调东宫士兵，护朕仁寿宫，着将柳述、元岩逮捕下狱，钦此。"

张衡刚一念完，数十兵丁就持刀拥上来，反绑了柳述、元岩。

原来，杨素一大早入宫侍疾时，路过大宝殿，见里有灯光透出，还疑心是杨广在批发奏折，便悄悄地过去，从窗户往里一看，却是柳述、元岩鬼祟着交头接耳，表情既兴奋又诡秘。

政治嗅觉极其灵敏的杨素感到其中定有文章，侧耳细听，吓得出了一身冷汗，连忙奔杨广的密室，见杨广恰巧垂头丧气地坐着，忙道："殿下，还有心事叹息吗？殿下因何忤逆至尊？"

杨广慢答："越国公何以知之？"

杨素细说一番后，说道："事不宜迟，殿下要赶紧想法子。"

杨广冷脸如冰，默思片刻，明白只有弑君一条路可走，对张衡说："此事危急若此，慢则有祸，必须……"

张衡道："殿下，有话直说吧。依末将看，殿下只有矫诏行事，调东宫卫士入护仁寿宫，末将和宇文述带数十兵丁先把柳述和元岩捉住，然后才向皇上汇报，若皇上依准则罢，若……"他作了一个向下一拉的手势。

杨广深表赞成。

"好，就这么办！"

宇文述很快调了东宫的人马包围了仁寿宫的所有出口，原仁寿宫卫士一律放假回家。张衡、宇文述很快地在太阳将露出地平线时，逮捕柳述、元岩前往寝宫——杨坚的御榻前。

宣华夫人和众多宫女被逐赶出了寝宫。临走时，宣华夫人冲着杨坚高喊一声："皇上，醒来——！"

杨坚似乎听到这一声惊叫，但他沉湎于自己的梦中，这个梦很长很长，从出任大丞相、平定三方叛乱、建立大隋到降服突厥，征伐高丽；从灭周到平陈，再到安宁西南边陲，他不仅结束了分裂、动乱的局面，而且还树立了大国的形象。

他感到立在高高之上，成为九州之主了。

一阵脚步声踩断了他的梦，哦，柳述、元岩回来了吗？太子勇呢？怎么听不到他的声音？朕的耳朵不聋呀！

他微睁着眼，见柳述、元岩被捆在门外边，而立于自己跟前的竟是左庶子张衡、东宫开府司仪兼殿前将军宇文述。

杨坚豁然明白了，他环顾室内，咦，宣华夫人呢？只发现一堆零乱的衣服丢在地面上，寝宫中，一个宫女都没有。他不禁打了一个寒战，寒战过后，额头的皱纹中冒出了细细的汗珠，脸色蜡黄。

无神的眼睛望着门边两根大柱上的盘龙，扭动着欲上飞腾，又似抽搐扭曲，如同患有痉挛症。

杨坚知道事败了，如今的仁寿宫主人已经更换了，事实证明那高颎的眼光是准确的。

他粗喘着气，瞪着张衡。

张衡被盯得有些毛骨悚然，转羞为愤，伸出手掌轻轻地捂在杨坚的嘴上。

动作轻盈温柔，连宇文述都怀疑张衡是在替杨坚抹去嘴角的血迹。因为时间稍长，那血水都凝成块状了。

杨坚的双腿猛地往前一蹬，咽气了。时年六十又四。

不一会，皇上驾崩的消息传遍宫中，但就是传不到京城。

宣华夫人与晴雨、晴芳等宫人相顾失色，嗫嚅道："事变矣！"随即嚎哭起来。

杨广和杨素密议在发丧之前，务必办好三件事：一是杀杨勇，二是诱杨谅，三是定遗诏。

杨约闻风而动，如约而至。杨广令他以内史令的身份作为特使，火速入京，矫称杨坚诏令，缢杀杨勇，陈兵集众，控制京城，发布杨坚讣文……

谁去并州诱骗杨谅呢？很明显自己的人不行，对，就派车骑将军屈突通和宇文述同行，道是父皇病重，要他火速入京。

只是屈突通不知道杨坚早在病重期间就和杨谅相约了暗号以辨认玺书的真伪，奉假诏前往的屈突通成了杨谅的刀下鬼，并点燃并州及山东五十二州的战火……

杨素出宫，带着杨坚的假遗诏去和薛道衡商议，如何润色，方能令天下信服。

杨广也以此来试薛道衡到底对自己的忠心程度有多深，并作为杀与留的条件。

三件事除了杨谅造反外，其他两件还较为顺利，但杨谅自以为集天下精兵便可坐拥天下的认识，真是太浅薄之至了，他不懂权谋，很快地兵败被擒，幽愤而死。

二十一日，杨广在仁寿宫登上帝位，同时发丧全国。

杨坚的遗诏一时广为传诵，其忧国忧民之情溢于言表：

嗟乎！自昔晋室播迁，天下丧乱，四海不一，以至周、齐，战争相寻，年将三百。故割疆土者非一人，称帝王者非一人，书轨不同，生人涂炭。上天降鉴，爰命于朕，用登大位，岂关人力！故得拨乱反正，偃武修文，天下大同，声教远被，此又是天意欲宁区夏。所以昧旦临朝，不敢逸豫，一日万机，留心亲览，晦明寒暑，不惮劬劳，匪曰朕躬，盖为百姓故也。王公卿士，每日阙庭，刺史以下，三时朝集，何尝不罄竭心府，诚敕殷勤。义乃君臣，情兼父子。庶藉百僚智力，万国欢心，欲令率土之人，永得安乐，不谓遘疾弥留，至于大渐。此乃人生常分，何足言及，但四海百姓，衣食不丰，教化政刑，犹未尽善，兴言念此，唯以留恨。朕今年逾六十，不复称天，但筋力精神，一时劳竭。如此之事，本非为身，止欲安养百姓，所以致此。

人生子孙，谁不爱念，既为天下，事须割情。勇及秀等，并怀悖恶，既知无臣子之心，所以废黜。古人有言："知臣莫若于君，知子莫若于父。"若令勇、秀得志，共治家国，必当戮辱遍于公卿，酷毒流于人庶。今恶子孙已为百姓黜屏，好子孙足堪负荷大业。此虽朕家事，理不容隐，前对文武侍卫，具已论述。皇太子广，地居上嗣，仁孝著闻，以其行业，堪成朕志。但令内外群官，同心戮力，以此共治天下，朕虽瞑目，何所复恨。

但国家事大，不可限以常礼。既葬公徐，行之自昔，今宜遵用，不劳改定。凶礼所须，才令周事。务从节俭，不得劳人。诸州总管、刺史已下，宜各率其职，不须奔赴。自古哲王，因人作法，前帝后帝，沿革随时。律令格式，或有不便于事者，宜依前敕修改，务当政要。

呜呼，敬之哉！无坠朕命！

十月十六日，杨坚被安葬于太陵，庙号高祖。根据遗愿，只有这个遗愿是真实的，他和独孤皇后合葬一起，异穴同坟。

这里和世上数不清的墓地一样，存在着只有"天长地久"的黑暗以及漫无止境的寂寞。

虚无缥缈的烟香在盘旋着上升，宛如一个生生世世也醒不过来的梦，一个永远解不开的谜，历史就是梦，就是谜。

宣华夫人永远留在杨广所建的迷楼中，青丝白发，终了一生。

薛道衡是杨广的心病，后终于因某事触怒杨广而被杀，杨广果真指着他的尸首说，朕看你还能写出"空梁落燕泥"否？

长孙晟亡命天涯，命老荒丘古道。

杨素呢，患疽疾，遍体溃烂，号哭而死。

杨广，荒淫无度，天怒人谴，最后死于大周的遗民宇文氏后人的刀下。